W0054508

RUPERT FENEBERG

DER JUDE JESUS UND DIE HEIDEN

HERDERS BIBLISCHE STUDIEN
HERDER'S BIBLICAL STUDIES

HERAUSGEGEBEN VON
HANS-JOSEF KLAUCK UND ERICH ZENGER

_____

BAND 24

RUPERT FENEBERG
DER JUDE JESUS UND DIE HEIDEN

HERDER

FREIBURG · BASEL · WIEN
BARCELONA · ROM · NEW YORK

RUPERT FENEBERG

DER JUDE JESUS
UND DIE HEIDEN

BIOGRAPHIE UND THEOLOGIE JESU
IM MARKUSEVANGELIUM

HERDER

FREIBURG · BASEL · WIEN
BARCELONA · ROM · NEW YORK

Die Deutsche Bibliothek – CIP-Einheitsaufnahme

Feneberg, Rupert :
Der Jude Jesus und die Heiden : Biographie und
Theologie Jesu im Markusevanglium / Rupert
Feneberg. – Freiburg im Breisgau ; Basel ; Wien ;
Barcelona ; Rom ; New York : Herder, 2000
(Herders biblische Studien ; Bd. 24)
ISBN 3-451-27250-4

Texterfassung und Druckvorlage durch den Autor

© Verlag Herder Freiburg im Breisgau 2000
Umschlaggestaltung: Neil McBeath, Stuttgart
Druck und Bindung: Verlagsdruckerei Schmidt, Neustadt 2000
Gedruckt auf umweltfreundlichem, chlorfrei gebleichtem Papier
ISBN 3-451-27250-4

INHALT

EINLEITUNG

Es ist an der Zeit, dass sich die Ergebnisse des jüdisch-christlichen Gesprächs auch in der Auslegung der Evangelien stärker auswirken. In vielen Einzelfragen ist das längst der Fall, zum Beispiel in der Einschätzung der Pharisäer, in der Frage nach der Schuld am Tod Jesu oder auch in der Bewertung der sogenannten Antithesen der Bergpredigt. Aber es kommt nicht nur auf eine Korrektur in solchen Einzelfragen an. Man könnte sagen: Es bedarf heute insgesamt eines Paradigmenwechsels bei der Interpretation der Evangelien.

Die wichtigste "neue" Erkenntnis fast aller christlichen Kirchen im Verhältnis zum Judentum lautet: Der Bund Gottes mit Israel ist nicht gekündigt und nicht widerrufen. Dieser Bund besteht, weil das Ja Gottes unwiderruflich gilt und durch kein Nein des Menschen aufgehoben werden kann. Der Bund Gottes mit Israel ist nicht überholt. Israel ist also nicht durch die christliche Kirche ersetzt oder in seiner Erwählung abgelöst.

Daraus folgt: Jesus ist nicht nur als Jude geboren, er ist auch theologisch immer Jude geblieben. Für ihn war die Tora vom Sinai nicht totes Gesetz, sondern lebendiges Wort Gottes. Er hat keine Kirche gegründet, weil er eine hatte: die jüdische Synagoge. Er hat auch keine neue Religion gestiftet, weil für ihn der Bund Gottes mit Israel immer gültig geblieben war. Das unterscheidet ihn zum Beispiel von Mohammed. Das unterscheidet später das Christentum vom Islam im Verhältnis zum Judentum.

Trotzdem trennte sich nach dem jüdischen Krieg im Jahr 70 eine zunehmend eigenständig gewordene Heidenkirche vom Judentum. Die gegenseitige Ablehnung eskalierte, nicht selten bis zur offenen Feindschaft. Die Heidenkirche leugnete später oft ihre jüdische Wurzel, die Juden lehnten daraufhin ihre Vater- und Mutterschaft ab und verstießen ihren eigenen ungeliebten Spross. Die Feindschaft bekam strukturelle Züge: Können Christen ihre Identität nur wahren, wenn sie die jüdische Religion ablehnen? Müssen Christen das Judentum als dunkle Kontrastfolie missbrauchen, um die eigenen Konturen umso heller ins Licht setzen zu können?

Der Widerspruch löst sich auf, wenn man neben der bleibenden Berufung und Erwählung Israels auch seine ebenso grundsätzliche und bleibende Zuordnung zu den Heiden und damit zur ganzen Schöpfung in Betracht zieht. Die Erwählung Israels bedeutet für jeden Juden, also auch für Jesus, zunächst einen Vorrang, der allerdings allein in Gottes Gnadenwahl begründet ist. Sie bedeutet aber daneben für jeden Juden auch eine Indienstnahme für die Welt der Heiden. Dem bleibenden Vorrang der Juden entspricht eine bleibende Zuordnung und Verantwortung für die Welt. In die Erwählung der Juden ist theologisch eine Sendung für die Heiden eingestiftet. Das gilt prinzipiell und immer, also auch vor und unabhängig von Jesus und seiner Sendung.

Nicht erst Jesus hat also die angeblich partikulare Religion des Judentums universalisiert. Aber Jesus hat die schwierige Balance zwischen einer zur Wahrung der eigenen Identität notwendigen Abgrenzung und der gebotenen Öffnung zur Welt der Heiden aus dem Gleichgewicht gebracht und damit die bisherige Ordnung von Erwählung und Sendung Israels ins Wanken gebracht. Er hat das durch seine, in den Augen der jüdischen Führung, extreme und übertriebene Fremdenliebe getan. Jesus hat offenbar seine Sendung darin gesehen, in Wort und Tat die außerordentliche Fremdenliebe Gottes zu verkünden. Religionssoziologisch gesehen hat er damit die Sendung der Juden für die Welt und damit für die Heiden stärker betont als das bisher angemessen und zur Bewahrung der eigenen Erwählung zugelassen war. Wegen dieser Betonung der jüdischen Sendung "für die Vielen" hat Jesus zuletzt auch den Tod auf sich genommen. Seine Sendung bestand darin, bis zur Selbstaufgabe in Israel die außerordentliche Liebe Gottes zu den Fremden zu verkünden. Dafür hat er gelebt und dafür ist er auch gestorben.

Markus, der erste Evangelist, schrieb kurz nach dem Jahr 70 sein Evangelium unter dem Eindruck der drohenden organisatorischen Abtrennung der Heidenkirche von ihrer jüdischen Wurzel. Was die Jünger Jesu, die ihn erlebt haben, nicht einmal ahnen konnten, wurde nach dem Jahr 70 traurige Wirklichkeit. Das führte zu gewaltigen Konflikten. Betroffen davon waren in erster Linie jüdische Jesusanhänger, die von der jüdischen Führung bedrängt wurden, weil sie in der Nachfolge dieses Messias Jesus als Juden den Heidenchristen Gemeinschaft gewährten.

Aus der größeren Perspektive des Markus und seiner Gemeinde erwies sich zunehmend, dass die Fremdenliebe Gottes der Schlüssel zum Verstehen von Jesu Sendung war. Jesus hat zwar nie in seiner Verkündigung Heiden angesprochen. Aber in der Wirkungsgeschichte von vierzig Jahren Jesusnachfolge war es durch seine Botschaft zu eigenständigen Heidengemeinden neben den Synagogen gekommen. Jetzt, in der Zeit des Markus, drohte darüber hinaus sogar die gegenseitige Exkommunikation und damit die Entwicklung zu einer organisatorisch selbständigen Heidenkirche.

Aus der in dieser Wirkungsgeschichte geschärften Perspektive schrieb Markus sein Leben Jesu. Für ihn hatte das Leben Jesu ein einziges Leitthema: die Heidenfrage. Von der Heidenfrage her erschloss sich ihm der Weg Jesu, angefangen bei der Taufe Jesu und seinem ersten Auftreten in Kafarnaum bis zu seinem Tod am Kreuz. Jesus musste deshalb sterben, weil er die Sendung für die Heiden auf eine Art und Weise betont hatte, dass die jüdische Obrigkeit die Erwählung Israels in Gefahr gekommen sah. Unter dieser Perspektive schilderte Markus historisch zutreffend Jesu Weg. Selbstverständlich wollte er nicht einen Verlaufsbericht aufschreiben. Es ging ihm um eine theologische Biographie. Beides zusammen, bleibende Erwählung der Juden und bleibende Zuordnung dieser Erwählung zu den Heiden, bildete die unverrückbare Basis für das Leben Jesu, wie es Markus schrieb. In Abhängigkeit von Markus und unter demselben Leitthema, aber mit unterschiedlichen theologischen Konzepten, schrieben auch Matthäus und Lukas ihre Leben Jesu.

In der vorliegenden Arbeit wird zuerst unter der Überschrift "Überlegungen zum neutestamentlichen Geschichtsbild" das veränderte Paradigma näher erklärt. Dieser Teil dient der hermeneutischen Vorbereitung der folgenden Markusinterpretation. Die Interpretation des Evangeliums erfolgt dann entlang dem Text des Evangeliums in zwei Hauptteilen mit je drei Abschnitten.

Die Arbeit stellt keinen klassischen Markuskommentar dar, wenn das bedeutet, dass darin jeder Vers der Reihe nach behandelt, dass jede Frage, die sich aus dem Text stellt, aufgegriffen und diskutiert werden muss. Es geht im Unterschied zu diesen Kommentaren um eine Interpretation des ganzen Evangeliums im Blick auf das eine Leitthema: die Heidenfrage. Insofern muss formal jeweils das ganze Werk im Auge behalten werden. Jeder Textabschnitt wird in seinem größeren Zusammenhang belassen, in dem er steht und den er an seiner Stelle mitträgt und mitgestaltet. Inhaltlich geht es um einen Markuskommentar, in dem damit ernst gemacht wird, dass der Bund Gottes mit Israel nie gekündigt worden ist.

Diese Veröffentlichung ist kein Schnellschuss. Ich habe seit 1980 an der Pädagogischen Hochschule in Weingarten im Schnitt alle sechs Semester eine Veranstaltung zum Markusevangelium angeboten, darüber hinaus einmal in einem Semester anlässlich einer Lehrstuhlvertretung an der Universität Tübingen und dreimal im Theologischen Studienjahr an der Hagia Maria Sion (Dormition Abbey) in Jerusalem beziehungsweise in Wien.

Die Studierenden in Weingarten bereiten sich vor allem auf das Lehramt vor, werden also keine Diplomtheologen und haben nur in

Ausnahmefällen Kenntnisse in den Ursprachen des Neuen und Alten
Testaments. Das bedeutet Einschränkungen in der Studienzeit und bei
den Voraussetzungen für die biblischen Fächer. Darin liegt sicher ein
großer Nachteil. Aus der Not habe ich eine Tugend zu machen versucht. Schließlich ist auch die Bibel nicht nur für Spezialisten und
Fachexegeten geschrieben. Die Arbeit soll für eine breitere Leser-
schicht, selbstverständlich für Theologen aller Disziplinen, aber auch
für Laien lesbar sein.

Im Text sind griechische Worte nur sehr sparsam verwendet.
Wenn das in seltenen Fällen dennoch unerlässlich schien, steht daneben jeweils auch die deutsche Übersetzung. Außerdem dienen kurze
Zusammenfassungen und Wiederholungen, vor allem am Beginn der
einzelnen Abschnitte, dem leichteren Überblick. Auch Lesende, die
nur ausschnittweise einen Teil nachlesen wollen, sollen in den literarischen Zusammenhang des Evangeliums eingeführt werden. Die
Skizzen sollen die literarische Struktur des Textes erschließen helfen.
Sie sind aus den Lehrveranstaltungen entstanden und haben sich dort,
jedenfalls nach meinem Eindruck, als Verstehenshilfe gut bewährt.

Zum Schluss möchte ich mich bei vielen "heimlichen Mitarbeitern" bedanken, ohne die diese Arbeit nicht denkbar gewesen wäre.
Ausdrücklich nennen will ich zwei Gruppen: zum einen alle Partner
im christlich-jüdischen Gespräch, die mich in den vergangenen dreißig Jahren persönlich oder auch über ihre Schriften auf diesem Weg
gefördert haben; zum anderen die Studierenden, die mich durch ihre
Beiträge und Anfragen im Rahmen meiner Lehrveranstaltungen der
vergangenen zwanzig Jahre gefordert und bei der Weiterarbeit und
Verbesserung an dieser Interpretation des Markusevangeliums begleitet haben.

Die Reihe "Herders Biblische Studien" will unter anderem "der
bibelwissenschaftlichen Diskussion über das Verhältnis von Judentum und Christentum neue Impulse verleihen". Für dieses Anliegen
einen Beitrag zu leisten, ist auch das Ziel der vorliegenden Untersuchung. Mein besonderer Dank gilt den Herausgebern von HBS, in
erster Linie dem Kollegen Herrn Professor Dr. Hans-Josef Klauck, für
die Aufnahme der Arbeit in diese Reihe und dem Lektor des Verlags,
Herrn Dr. Peter Suchla, für seine freundschaftliche Begleitung und
Unterstützung bei der Aufnahme in das Verlagsprogramm und bei der
Herstellung der Druckvorlage.

Weingarten, im Oktober 1999   *Rupert Feneberg*

WIE ENTSTAND DAS MARKUSEVANGELIUM? ÜBERLEGUNGEN ZUM NEUTESTAMENTLICHEN GESCHICHTSBILD

1. Das Problem: Markus als Schöpfer der Gattung "Evangelium"

Die Antwort auf die Frage nach der Entstehung des Markusevangeliums erscheint nur auf den ersten Blick leicht. Markus hat aufgeschrieben, was er von Jesus wusste. Aber woher wusste er etwas von Jesus? Und wie zuverlässig sind seine Quellen? Im folgenden soll der Ertrag der Forschung in dieser Frage kurz zusammengefasst und auf bis heute offen gebliebene Probleme hin untersucht werden.

1. Markus war kein Augenzeuge. Er war auf Quellen angewiesen. Darüber gibt es aber keine direkten Nachrichten. Man muss sie aus dem vorliegenden Endtext des Markus erschließen. Jedenfalls ist die bequeme Annahme auszuschließen, ein anderer, der selbst Augenzeuge war, zum Beispiel Petrus, habe alles dem Markus erzählt oder gar diktiert. Schon ein erster Blick auf die Texte zeigt: Es handelt sich großenteils um Perikopenüberlieferung, also um die Überlieferung von Einzelgeschichten, die durch die Gemeinde geformt und geprägt sind. Diese Geschichten bilden, einzeln oder in kleineren Sammlungen, das Rohmaterial, aus dem Markus sein Evangelium zusammenbaute. Der einzige größere zusammenhängende Block, mit Sicherheit auch schon vor Markus schriftlich festgehalten, war die Passionsgeschichte.

Für die Frage nach der Entstehung des Markusevangeliums sind wenigstens zwei Phasen zu unterscheiden, die Überlieferung der Einzelgeschichten in der Zeit vor Markus und deren Fassung in der vorliegenden Form eines Lebens Jesu durch Markus selbst. Eduard Schweizer hat Markus mit einem Kind verglichen, das mit Perlen spielt. "Der Evangelist ist ... ein Sammler von Traditionen, die im Großen und Ganzen als Einzelgeschichten oder Einzelworte auf ihn gekommen sind, die er erst 'rahmt' und damit dem Ganzen einfügt. Man könnte ihn also mit einem Kind vergleichen, das die vor ihm liegenden Glasperlen auf eine Schnur aufreiht."[1] Beide Phasen, die Tradition und die Redaktion, werfen je für sich weitere Fragen auf.

---

1 Schweizer 4.

2. Was die Redaktion angeht, so besteht heute ein weitgehender Konsens darüber, dass Markus der Schöpfer der Gattung "Evangelium" war. Es handle sich dabei um eine "theologische Leistung ersten Ranges"[2]. Markus sei der erste Evangelist gewesen, er habe also kein Vorbild für seine Arbeit gehabt. Er habe etwas Neues geschaffen, indem er als erster die überlieferten Worte Jesu, die Wundergeschichten und die Passion in der Form eines Lebens Jesu zusammengebunden habe. Der Hinweis auf die kreative Leistung des Markus, die man als individuelle geistige Leistung letztlich nicht mehr hinterfragen kann, hat aber nur scheinbar abschließenden Charakter. Es bleibt die grundsätzliche Spannung zwischen dieser Form eines Lebens Jesu und ihrem nichtbiographischen Inhalt. Das richtige Lesen wird durch die vorliegende Form mindestens erschwert, wenn man nicht weiter gehen und von einer regelrechten Täuschung sprechen will.

Man muss sich das Problem verdeutlichen: Das Markusevangelium erweckt zwar "einen gewissen biographischen Eindruck"[3], aber Markus will gar nicht den Gang des öffentlichen Lebens Jesu darstellen. "Die Absicht, eine vollständige, zusammenhängende Darstellung des Lebens Jesu oder auch nur seiner öffentlichen Tätigkeit zu geben, lag den ersten Verkündigern des Evangeliums wie ihren Nachfolgern durchaus fern."[4]

Zwei Beobachtungen verdeutlichen angeblich diesen Befund: Es fehlen erstens alle oder doch fast alle Angaben, die für ein literarisches Portrait unverzichtbar scheinen. "Von Jesu Kindheit, Erziehung, Jugend, Berufsausbildung, den ersten Mannesjahren erfahren wir nichts. Auch hören wir nirgends etwas davon, was für einen biographisch Interessierten sehr belangreich wäre, wie Jesus aussah, welche Farbe sein Haar oder seine Augen besaßen, von welcher Körperstatur er war oder wie er sich kleidete."[5] Zweitens lässt sich aus dem Evangelium keine Entwicklung aufzeigen, "weder eine Entwicklung des Kampfes Jesu (schon 3,6 fassen die Gegner den Todesbeschluss), noch eine Entwicklung der Jünger (sie bleiben von Anfang bis zu Ende 'ohne Verständnis'), noch gar eine Entwicklung Jesu selbst"[6]. Warum dann dieser "biographische Eindruck"?

3. Der Rahmen des Evangeliums gibt also nur Auskunft über die Theologie des Markus und seiner Gemeinde, nicht über den Verlauf

---

2   Schweizer 222. Vgl. dazu Hahn, Überlegungen 180-191.
3   J. Schmid, Einleitung in das Neue Testament, Freiburg [6]1973, 217.
4   Ebd. 206.
5   Gnilka, Jesus 23.
6   Schniewind 40.

des Lebens Jesu. Damit richtet sich die Frage verstärkt auf die Traditionen, die Markus verarbeitet hat.

Das Ergebnis ist auch hier enttäuschend. Diese Traditionen reichen nicht, um ein Leben Jesu schreiben zu können. Sie sind nur "atomistisches Material", das man streng nebeneinander, auf einer Ebene sehen muss. Das "Kind" hätte seine "Glasperlen" auch unter anderen Prinzipien anordnen können. Die vorliegende Ordnung sagt nur etwas über dieses "Kind" Markus aus, nichts über Jesus. "Es ist, als ob wir ein zweidimensionales Bild sehen, während die abgebildete Wirklichkeit natürlich drei Dimensionen hat."[7]

Die Enttäuschung über den unhistorischen Evangelienrahmen wird ausgeglichen durch die Vermutung, dass die "Perlen" ohnehin wertvoller sind als die Kette, auf der sie aufgereiht sind. Auf die Perlen, nicht auf die Schnur kommt es an. Sie sind älter und enthalten die ursprüngliche Lehre Jesu. "Wir können nicht hinter die Einsicht zurück, dass die primäre Überlieferung nicht in der fortlaufenden Darstellung der Evangelien zu finden ist, sondern ausschließlich in der mündlichen Einzelüberlieferung, die hinter den uns allein erhaltenen Evangelienschriften liegt."[8]

Damit sind die Probleme aber erst benannt, nicht gelöst. Fasst man den heutigen Diskussionsstand zusammen[9], so geht es um eine Kritik der Tradition und um die Frage nach dem historischen Jesus. Denn mit "primärer Überlieferung" ist nicht einfach eine historische Erinnerung an den irdischen Jesus gemeint. Auch bei den "primären Überlieferungen" handelt es sich immer schon um Überlieferungen, die von den Lebensäußerungen und Lebensinteressen der Gemeinde geprägt sind. Sie können der historischen Erinnerung sehr nahe kommen, sie können umgeformt oder aus mehreren Situationen zusammengefasst sein, sie können auch aus eigenen Erfahrungen "gefunden" und Jesus nur in den Mund gelegt sein. Damit stellt sich die Aufgabe, eine komplizierte und verflochtene Traditionsgeschichte zu entflechten. Selbst wenn die ältesten Formen der Überlieferung feststehen, ist damit erst das früheste nachösterliche Kerygma der Urgemeinde erreicht. Ob dieses identisch ist mit Worten und Taten des historischen Jesus, also Jesus selbst zugeschrieben werden darf, kann erst mit Hilfe von zusätzlichen und nicht unumstrittenen Echtheitskriterien ermittelt werden.

---

7 Schenke, Fischer, Einleitung II 60.
8 Kümmel, Problem 49.
9 Als Beispiel für eine solche Zusammenfassung vgl. N. Perrin, Was lehrte Jesus wirklich?, Göttingen 1972, 9-51.

4. Hier ist nicht der Ort, auf die Ergebnisse der Traditionskritik im einzelnen einzugehen. Die traditionsgeschichtlichen Entwürfe sind jedenfalls so unterschiedlich, dass Ulrich Luz als - fast - einzige Gemeinsamkeit zwischen verschiedenen Lösungsangeboten "eine gewachsene Skepsis gegenüber der Tragfähigkeit traditionsgeschichtlicher Rekonstruktionen"[10] feststellen muss. Ist die Markusforschung in der Sackgasse? Diese Frage muss auch heute noch, beinahe zwanzig Jahre nach der vorbildlich scharfen Analyse von Ulrich Luz, gestellt werden, obwohl inzwischen viele neue Veröffentlichungen zu Einzelfragen des Markusevangeliums erschienen sind und obwohl inzwischen weitere Kommentarreihen ihren Markuskommentar herausgebracht haben.[11]

Die Skepsis betrifft ausdrücklich nicht die umfangreichen Einzelergebnisse dieser Monographien und Kommentare. Die Markusforschung tritt nicht auf der Stelle, sondern sie hat in den vergangenen Jahren in lebendiger Diskussion wichtige Fortschritte erzielt. Ein Kommentar hat die Aufgabe, "Forschung zu bündeln und zusammenzufassen"[12]. In dieser Funktion sind die heutigen Kommentare hervorragende und unverzichtbare Hilfen. Sie stellen eine immense Arbeitserleichterung für jede weitere Markusarbeit dar.

Die Skepsis bezieht sich auf das Konzept, das die Kommentare dem Evangelisten Markus zuschreiben. Die Kommentare gehen darin so weit auseinander, dass sie beim einfachen Bibelleser eher Verwirrung stiften als helfen. Ferdinand Hahn hat diese divergierenden Konzepte vor Augen, wenn er feststellt: "Trotz zahlloser Untersuchungen und einem enormen Aufwand an Arbeitskraft stehen wir vor dem Tatbestand immer stärker divergierender Auffassungen. Die eingeschlagenen Wege haben sich nur teilweise oder gar nicht bewährt. Es ist oft schwierig, überhaupt klare Linien und annähernd gemeinsame Tendenzen in der Markusforschung zu erkennen."[13] Im Vorwort zu dem zitierten Sammelband sagt Hahn, in der Markusforschung sei "eine völlige Orientierungs- und Ratlosigkeit eingetreten, nachdem aufgrund der bisher gültigen Prinzipien und Ergebnisse nur noch völlig divergierende Auffassungen über diese Evangelienschrift vertreten worden sind"[14].

---

10 Luz, Markusforschung 641-655, hier 653.
11 Die wichtigsten Kommentare in deutscher Sprache (seit 1980) sind von Ernst (RNT) 1981, Lührmann (HNT) 1987 und Kertelge (NEB) 1994.
12 Luz, Markusforschung 642.
13 Hahn, Überlegungen 173.
14 Ebd. 7.

5. Natürlich wirkt sich eine solche "Orientierungslosigkeit" im Konzept auch negativ auf die Akzeptanz der vielen, in sich wertvollen Einzelergebnisse aus. Damit kann man sich nicht zufrieden geben. Zunehmend erscheinen deshalb heute Untersuchungen, die "methodische Neuansätze in der Markusforschung" - so der Untertitel des Sammelbandes von Ferdinand Hahn - oder den "Versuch einer traditionsgeschichtlichen Methodologie" fordern - so Ulrich Luz zum Abschluss seiner eigenen skeptischen Analyse.[15]

So wichtig diese Forderung nach methodischen Neuansätzen ist, gerade dieser Weg hat bis heute nicht aus der "Sackgasse" geführt. Im folgenden soll es deshalb nicht zuerst um eine solche methodologische Reflexion gehen, sondern um die Koordinaten, innerhalb derer diese Reflexion stattfinden muss, nämlich um das zugrunde liegende Geschichtsbild. Es soll also im Vorfeld zu einer solchen Überprüfung der Methodologie das traditionelle Geschichtsbild kritisch untersucht werden, das in der heutigen Markusforschung ganz selbstverständlich vorausgesetzt wird. Der Kernsatz dieses traditionellen Geschichtsbildes lautet: Markus ist der Schöpfer der Gattung "Evangelium". Alle traditionsgeschichtlichen Probleme hängen mit dieser Kernaussage zusammen.

2. Das traditionelle Geschichtsbild: Von Jesus zum Markusevangelium

Das neutestamentliche Geschichtsbild erklärt, wie man sich den Weg von der Verkündigung Jesu bis zu den Evangelien vorstellen muss. So verschieden die traditionsgeschichtlichen Entwürfe der Kommentare sind, sie setzen alle dasselbe Geschichtsbild voraus.[16]

1. Nach diesem Geschichtsbild sind im wesentlichen drei Phasen zu unterscheiden: die Jesuszeit, genauer die Zeit seines öffentlichen Auftretens, die Zeit der Überlieferung in der Urgemeinde und in den

---

15   Vgl. dazu auch den ausführlichen Artikel von Hengel, Probleme 221-265.

16   Die Frage nach dem Geschichtsbild geht im Prinzip auf F.Chr. Baur (1792-1860) zurück, der die Schriften des Neuen Testaments im engen Zusammenhang mit der Geschichte der christlichen Religion und als notwendige Erzeugnisse einer bestimmten Phase in dieser Entwicklung begreifen wollte. Seine Antwort, die Unterscheidung eines engherzigen Judenchristentums von einem gesetzesfreien universalistischen Heidenchristentum bei Paulus, wurde zur Basis für das traditionelle Geschichtsbild, das in den folgenden Überlegungen kritisch untersucht und revidiert werden soll.

ältesten Gemeinden und die Zeit der Evangelien, die mit Markus beginnt.

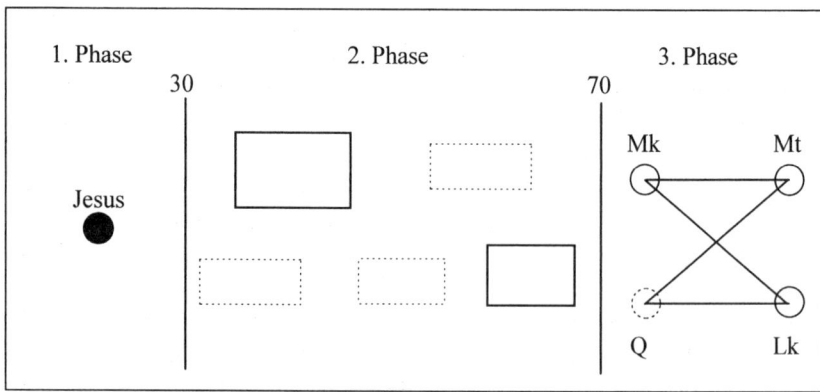

Erste Phase: Die Jesuszeit
Die Zeit des öffentlichen Auftretens des historischen Jesus dauerte sehr kurz, nach den Synoptikern gerade ein knappes Jahr. Da Jesus kein einziges Wort schriftlich hinterließ, lassen sich nur punktuell über die Rückfrage nach dem historischen Jesus einzelne Lehren und Worte Jesu mit einiger historischer Gewissheit ermitteln.[17] In der Skizze ist diese Phase mit dem Punkt vor dem Jahr 30 angedeutet.

Zweite Phase: Die Zeit der Überlieferung in der Urgemeinde
Die vierzig Jahre zwischen 30 und 70 bilden die wichtigste Phase der Traditionsgeschichte. Es ist die Zeit von Ostern bis zur Zerstörung Jerusalems und des Tempels im jüdischen Krieg. Die Botschaft und die Taten Jesu wurden zunächst mündlich weitererzählt. Schon bald kam es auch zu kleineren oder größeren Sammlungen, die zum Teil auch schriftlich gefasst wurden. Das sollen die gestrichelten und die durchgezogenen Kästchen in der Skizze andeuten. Aber beide Überlieferungsarten, die mündliche und die schriftliche, lassen sich nur aus dem vorhandenen Stoff in den Evangelien erschließen. Ein direkter Zugriff ist unmöglich, weil es aus dieser Zeit keine erhaltenen Texte gibt. Am wahrscheinlichsten ist eine frühe schriftliche Fassung der Leidensgeschichte. Auch kann mit der schriftlich verfassten Logienquelle gerechnet werden. Aber auch sie muss aus den Großevan-

---

17   Vgl. Rückfrage nach Jesus. Zur Methodik und Bedeutung der Frage nach dem historischen Jesus, hg. von K. Kertelge (QD 63), Freiburg 1974; als kurze Zusammenfassung: W. Simonis, Jesus von Nazareth. Seine Botschaft vom Reich Gottes und der Glaube der Urgemeinde, Düsseldorf 1985, 11-32.

gelien nach Matthäus und Lukas erst rekonstruiert werden. Die Frage, ob Markus sie gekannt hat, ist zumindest umstritten.

Eine Rekonstruktion der Traditionsgeschichte in dieser Zeit ist zusätzlich erschwert, weil gleichzeitig die Verkündigung des Evangeliums über die Grenzen des Landes Israel hinaus in die jüdische Diaspora und auf die Heiden hin ausgeweitet wurde. Die neuen Adressaten machten eine Übersetzung in die griechische Sprache notwendig.

Dritte Phase: Die Zeit der Evangelien
Erst um oder nach 70 beginnt die Phase der Evangelien. Als erster gestaltete Markus, gestützt auf die ihm überkommenen Überlieferungen, eine einheitliche und fortlaufende Schilderung der öffentlichen Wirksamkeit Jesu, beginnend bei seiner Taufe durch Johannes den Täufer bis zum Tod am Kreuz und zu seiner Auferweckung. In der Skizze ist neben Markus im durchgezogenen Kreis noch gestrichelt die Logienquelle eingetragen. Beide zusammen bilden jeweils für Matthäus und Lukas schriftliche Vorlagen. Sie sind neben den weiterlaufenden mündlichen und vielleicht auch schriftlichen Traditionen die Hauptquellen für die Großevangelien, die wohl in den Jahren zwischen 80 und 90 entstanden sind.[18] Das Johannesevangelium entstand in größerer Unabhängigkeit und Selbständigkeit nochmals zehn Jahre später.

2. Dieses Geschichtsbild lässt sich mit Blick auf die "völlig divergierenden Auffassungen" über den Verlauf der Traditionsgeschichte zwischen 30 und 70 noch weiter formalisieren. Die Skizze sieht dann folgendermaßen aus:

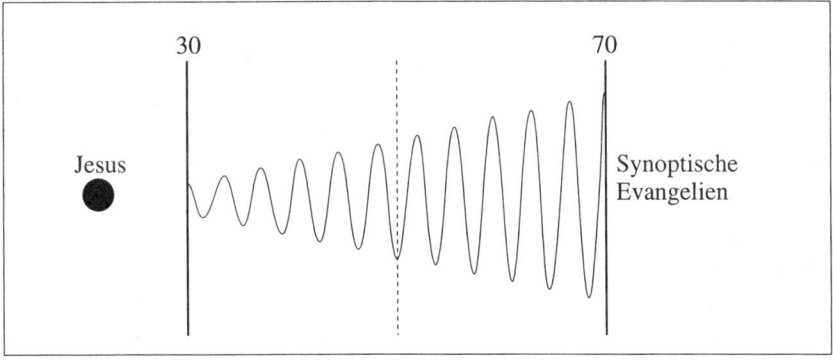

---

18 Vgl. Schenke, Fischer, Einleitung II 61-63.

Diese Skizze soll das allmähliche Anwachsen der Überlieferung nach Ostern bis zur schriftlichen Fassung in den Evangelien zeigen. Am Anfang war der Strom der Überlieferung noch sehr schmal. Die ersten Gemeinden gaben nicht alles weiter, was sie wussten. Sie wählten das aus, was ihren Bedürfnissen entsprach. Im Lauf der Zeit wuchs die Jesustradition aber gewaltig an. Das bedeutet: Viele Traditionen wurden erst in der nachösterlichen Zeit geschaffen und dann Jesus zugeschrieben.

Besonders drastisch und deshalb erfreulich unmissverständlich wird dieses "Erfinden" der Geschichten in der "Einleitung in die Schriften des Neuen Testaments" von Schenke und Fischer ausgedrückt: "Nach dem unbewusst gehandhabten Kanon: 'alles Gute stammt von Jesus' wurden in bestimmten Gruppen der Urchristenheit allmählich wohlbekannte jüdische Weisheitssprüche, jüdisch-apokalyptische Prophezeiungen, die der eigenen Erwartung entsprachen und sie stützten, Gemeinderegeln, die sich allmählich bildeten, und Aussagen des eigenen Glaubens in Bezug auf Jesus zu Worten Jesu und ließen die Tradition der Worte Jesu anwachsen."[19]

Ähnliches geschah bei den Geschichten, in denen über Jesus erzählt wird: "Bei Worten Jesu, die, wie man noch wusste, bei bestimmten Anlässen gefallen waren, stilisierte man die Anlässe ... Der Glaube an Jesus objektivierte sich in einzelnen Erzählungen, die sich an bekannte Situationen des Lebens Jesu hefteten oder entsprechende Situationen schufen. Das Bedürfnis nach einer Apologie der Katastrophe, die dem Wirken Jesu ein Ende setzte, rief da, wo es empfunden wurde, die bald kräftig knospende Urform der Leidensgeschichte hervor. Auch verherrlichte man Jesus gelegentlich schon in der palästinensischen Urchristenheit dadurch, dass man von ihm große Wundertaten, wie man sie ja auch von anderen Gottesmännern kannte, erzählte. Dieser Strom der Traditionsübermittlung, -anwendung, -umformung, und -erweiterung fand bald noch ein zweites Hauptbett in der hellenistischen Christenheit. Hier wuchsen der Überlieferung ... wiederum neue Triebe zu. Besonders die Vorstellung von Jesus als einem halbgöttlichen Wundermann fiel auf fruchtbaren Boden und trieb eine Fülle typisch hellenistischer Wundergeschichten hervor."[20]

3. So selbstverständlich und allgemein anerkannt das traditionelle Geschichtsbild auch in der neutestamentlichen Wissenschaft heute ist, es leuchtet doch keineswegs von selbst ein. Für die einfachen Bibelleser sind viele Grundannahmen in diesem Bild keineswegs überzeugend.

---

19 Ebd. 61.
20 Ebd. 61f.

Es ist schon so: Zwischen den Aussagen der theologischen Wissenschaft und der Verkündigung der Kirchen bleibt eine große Kluft: "Die Kirche lebt faktisch davon, dass die Ergebnisse der wissenschaftlichen Leben-Jesu-Forschung in ihr nicht publik sind."[21]

Nicht überzeugend ist das fast totale Nichtwissen über das Leben Jesu.[22] Ist es wirklich naheliegend und wahrscheinlich, dass die Jünger und die ersten Gemeinden nach Ostern an einer zusammenhängenden Beschreibung der öffentlichen Wirksamkeit Jesu einfach nicht interessiert waren? Wie soll man sich solche Gemeinden vorstellen, die auf der einen Seite das Naheliegende unterlassen, auf der anderen Seite scheinbar völlig frei Jesu Worte umdeuten, ergänzen oder gar neu erfinden und die Jesus Geschichten unterschieben, die so nie geschehen sind? Warum wird dieses freizügige Verfahren von den Zuhörern der ersten und zweiten Generation offensichtlich geduldet und akzeptiert, da es doch wenigstens einzelne besser gewusst haben müssen?[23]

Dieselbe Frage richtet sich noch verstärkt an den ersten Evangelisten Markus und an seine Leser: Wie konnte Markus mit den ihm vorliegenden Einzelüberlieferungen und kleineren Sammlungen so sorglos umgehen und eine neue Gattung "Evangelium" daraus schaffen, die doch der Form nach ein Leben Jesu darstellt, während sie ihrem Inhalt nach nicht als Leben Jesu verstanden werden will? Merkten die Adressaten die Täuschung nicht und, wenn doch, konnten sie diese Diskrepanz zwischen Form und Inhalt tatsächlich richtig interpretieren? Damit nicht genug! Offensichtlich waren alle Evangelisten, auch Markus, durchaus der Überzeugung, dass sie ein richtiges Leben Jesu geschrieben hatten, dass also Form und Inhalt in ihren Schriften übereinstimmen.[24] Für den "Schöpfer" der Gattung, für Markus also, ist diese Annahme natürlich besonders schwierig.

4. Die Fragen zeigen auf, dass das traditionelle Geschichtsbild tatsächlich den Menschen viel zumutet. Es ist kein Wunder, dass die Kirchen Widerstand leisteten und auch weiterhin leisten. Dass die neutestamentliche Wissenschaft dennoch in großer Übereinstimmung daran festhält, lässt sich nur aus der Forschungsgeschichte der letzten

---

21 Conzelmann, Methode 24.
22 Vgl. den bezeichnenden Titel des Jesusbuches von G. Theißen, Der Schatten des Galiläers, München 1986.
23 Vgl. dagegen Cancik, Gattung 96: "Die hellenistischen und römischen Leser des Markus werden sein Evangelium als Biographie Jesu gelesen haben." Oder ebd. 98: "Die Nicht-Juden, für die Markus schrieb, werden es als Leben Jesu verstanden haben."
24 Vgl. Käsemann, Problem, in: EVB I 193; ders., Sackgassen, in: EVB II 67.

200 Jahre verstehen.[25] Ein Meilenstein zu Beginn ist dabei die Fragestellung - nicht die Antwort - von Hermann Samuel Reimarus aus der
Zeit kurz vor 1768.[26]

Aufgrund des genauen Vergleichs der vier Evangelien kam Reimarus zum Ergebnis, dass man deutlich unterscheiden müsse zwischen dem, was Jesus vor Ostern selber gesagt und getan hat, und
dem, was die Apostel nach Ostern verkündet haben. Reimarus selbst
hielt die Jünger für Betrüger. Das ist heute kein ernsthaftes Thema
mehr. Aber es bleibt die Feststellung der Differenzen zwischen den
Evangelien. Daraus ist das traditionelle Geschichtsbild entstanden,
nach dem das Christusbild der Evangelien überwiegend in den
nachösterlichen Gemeinden geformt und gewachsen ist.

Die nächstliegende Frage war die nach den Entstehungsverhält-
nissen der Evangelien. Im 19. Jahrhundert wurde schon geklärt, dass
Markus das erste Evangelium geschrieben hat. Hoffte man daraufhin
zunächst noch, bei Markus den originalen Jesus finden zu können, so
enttäuschte William Wrede 1901 mit seinem Buch "Das Messiasgeheimnis in den Evangelien"[27] diese Hoffnung endgültig, auch wenn
sich der eigene Lösungsvorschlag von Wrede nicht durchsetzen
konnte. Markus hatte nach Wrede "keine wirkliche Anschauung mehr
vom geschichtlichen Jesus"[28]. Nicht der geschichtliche Ablauf ergibt
danach den Zusammenhang im Evangelium, sondern eine dogmatische Idee, nach Wrede die Idee vom Messiasgeheimnis. Sie sollte
zwischen der vor- und der nachösterlichen Christologie vermitteln.

Ein weiterer Meilenstein wurde die literarkritische Untersuchung
von Karl Ludwig Schmidt, "Der Rahmen der Geschichte Jesu"[29]. Be-
zeichnenderweise kommt Schmidt, wie zuvor Wrede, vor allem durch
Untersuchungen zum Markusevangelium zu seinem Ergebnis: "Die
älteste Jesusüberlieferung ist 'Perikopen'-Überlieferung, also Überlieferung einzelner Szenen und einzelner Aussprüche, die zum größten
Teil ohne feste chronologische und topographische Markierung innerhalb der Gemeinde überliefert worden sind."[30] Diese Aussagen

---

25 A. Schweitzer nennt diese Forschungsgeschichte mit Recht "eine Wahrhaf-
tigkeitstat des protestantischen Christentums", in: ders., Geschichte 42
(Vorwort zur 3. Auflage 1950). Vgl. dazu R. Feneberg, Formgeschichte.

26 Reimarus ist 1768 gestorben. G.E. Lessing gab die Schriften des Reimarus als
"Fragmente eines Ungenannten" zwischen 1774 und 1778 heraus. Am wich-
tigsten wurde das letzte 7. Fragment von 1778 mit dem Titel: "Vom Zwecke
Jesu und seiner Jünger".

27 Wrede, Messiasgeheimnis (1901) [4]1969.

28 Ebd. 129.

29 Schmidt, Rahmen (1919) [2]1964 (unveränderte Auflage).

30 Ebd. V (Vorwort).

sind im wesentlichen das Gerüst für das traditionelle Geschichtsbild geworden, das die Entstehung der Evangelien in seinen drei verschiedenen Phasen zu erklären versucht.

3. Drei Anfragen an das traditionelle Geschichtsbild

Die bisherige Darstellung des traditionellen Geschichtsbildes wird keinen Studierenden der Theologie überraschen. Sie erfolgte hier trotzdem, wenn auch in der gebotenen Kürze, weil jetzt seine scheinbare Evidenz und seine einfache und selbstverständliche Akzeptanz kritisch angefragt werden sollen. In jeder der drei Phasen - vor Ostern, in der nachösterlichen Gemeinde und bei der Entstehung der Evangelien in der Zeit nach dem jüdischen Krieg - gibt es eine solche Anfrage. Diese Anfragen sind, für sich genommen, nicht neu, reichen aber gewöhnlich nicht aus, um das Geschichtsbild insgesamt in Frage zu stellen, vermutlich deshalb, weil keine Alternative möglich scheint.

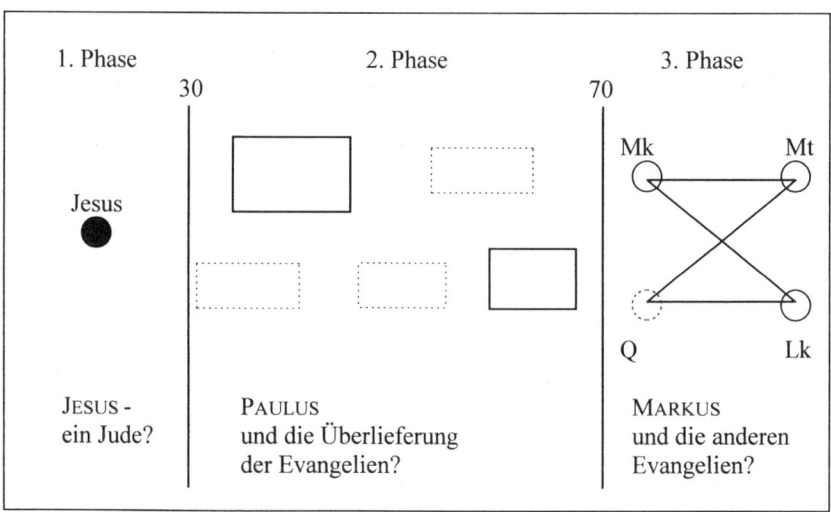

In der ersten Phase geht es um Jesus und sein Verhältnis zum Judentum, in der zweiten Phase um die Frage, warum Paulus in seinen Briefen gar nichts oder jedenfalls ganz wenig vom historischen Jesus berichtet, in der dritten Phase geht es um Markus als den "Schöpfer des Evangeliums" und um das Verhältnis des Matthäus und des Lukas zum Markusevangelium.

1. Nach einem "Schuldogma" kann man vom historischen Jesus gar nichts oder fast nichts theologisch Bedeutsames sagen. Damit bleibt auch das Verhältnis Jesu zum Judentum ungeklärt.

Wenn die Christologie anschließend nur in den nachösterlichen Gemeinden und deren Theologie begründet wird, bleibt diese ungeklärte Situation für das jüdisch-christliche Verhältnis ohne Folgen. Die nachösterliche Christologie hat mit Jesu Judesein nichts zu tun. Man könnte sagen, sie ist a-jüdisch.

Exponent dieser Position ist Rudolf Bultmann, weil er mit dem "Dass" der Existenz des irdischen Jesus und seines Kreuzestodes auskommt. Ihm reicht dieser geschichtslose Jesus als Ausgangspunkt der Theologie der nachösterlichen Gemeinden. Nicht Jesus selber, sondern "der Komplex von Gedanken, der in jener ältesten Schicht der Überlieferung vorliegt, ist der Gegenstand unserer Darstellung ... Als der Träger dieser Gedanken wird uns von der Überlieferung Jesus genannt; nach überwiegender Wahrscheinlichkeit war er es wirklich. Sollte es anders gewesen sein, so ändert sich damit das, was in dieser Überlieferung gesagt ist, in keiner Weise."[31]

Wie konsequent Bultmann bei dieser Position, auch noch dreißig Jahre später, geblieben ist, zeigt der berühmte Anfang seiner neutestamentlichen Theologie von 1958: "Die Verkündigung Jesu gehört zu den Voraussetzungen der Theologie des Neuen Testaments und ist nicht ein Teil dieser selbst. Denn die Theologie des Neuen Testaments besteht in der Entfaltung der Gedanken, in denen der christliche Glaube sich seines Gegenstandes, seines Grundes und seiner Konsequenzen versichert. Christlichen Glauben aber gibt es erst, seit es ein christliches Kerygma gibt, das heißt ein Kerygma, das Jesus Christus als Gottes eschatologische Heilstat verkündigt, und zwar Jesus Christus, den Gekreuzigten und Auferstandenen. Das geschieht erst im Kerygma der Urgemeinde, nicht schon in der Verkündigung des geschichtlichen Jesus."[32]

Die Schüler Bultmanns, allen voran Ernst Käsemann, wollten nach dem Zweiten Weltkrieg diese radikale Diskontinuität zwischen Jesus und der Urgemeinde nicht mehr hinnehmen. Ihnen reichte ein solch geschichtsloser Jesus nicht, der gerade nur den Anstoß zum nachösterlichen Glauben der Gemeinde gegeben hätte. Für Käsemann musste deshalb Jesu Geschichte in Wort, Tat und Erleiden schon "in nuce" (im Kern) das Kerygma enthalten. "Weil ich es so sehen und verstehen muss, halte ich streng an dem 'in nuce' fest, kann ich die Unterschiede zwischen Jesus und der nachösterlichen Gemeinde aufs

---

31   Bultmann, Jesus (1926) 1964, 14.
32   Bultmann, Theologie (1958) [4]1961, 1f.

deutlichste hervorheben, wehre ich mich aber ... gegen die Rede vom bloßen 'Dass des Gekommenseins', muss ich Kontinuität und Diskontinuität dialektisch ... verbinden."[33]

In Korrespondenz zu diesem Postulat hat Ernst Käsemann das "Kriterium der Unähnlichkeit" betont und neu herausgearbeitet. Dieses Kriterium wurde seitdem zum wichtigsten Instrument, um gesicherte Aussagen über den historischen Jesus machen zu können: "Einigermaßen sicheren Boden haben wir nur in einem einzigen Fall unter den Füßen, wenn nämlich Tradition aus irgendwelchen Gründen weder aus dem Judentum abgeleitet noch der Urchristenheit zugeschrieben werden kann."[34]

Man kann sagen, dass sich Käsemanns Position in der Theologie weitgehend durchgesetzt hat. Die Folge ist, dass Jesus nicht mehr nur als Anstoß für die nachösterliche Entwicklung betrachtet wird, sondern dass diese Entwicklungen schon bei Jesus selbst "in nuce" grundgelegt sind. Nicht nur der Anstoß, sondern die "Ansätze zu all diesen Entwicklungen" finden sich "bei Jesus selbst".[35]

So sympathisch diese "Neue Frage nach dem historischen Jesus" nach den Radikalismen Bultmanns war, sie hatte die paradoxe und fatale Folge, dass damit kurz nach dem Zweiten Weltkrieg und nach Auschwitz eine Verschärfung des christlichen Antijudaismus entstanden war. Es handelt sich um einen indirekten Antijudaismus, der nur im Zusammenhang mit der Christologie entsteht. Indirekt kann man diesen Antijudaismus deshalb bezeichnen, weil er einerseits mit vorurteilsfreien, guten Informationen über das Judentum als Weltreligion einhergehen kann, andererseits nur im Zusammenhang mit der Christologie und als deren Kontrast auftritt.[36]

Die christologische Frage lautet, einfach formuliert: Was ist das "Neue", das Besondere bei Jesus? Christen müssen bei dieser Frage heute besonders auf die versteckten Antijudaismen achten. Wie können Christen ihr Eigenes aussagen, ohne dadurch gleichzeitig das Judentum als Negativfolie missbrauchen zu müssen? Oder ist das Christentum, vielleicht sogar notwendig und strukturell, antijüdisch?

Die Frage stellt sich in dieser zugespitzten Form erst, seitdem im vorösterlichen Jesus selbst im Kern - "in nuce" - die Ansätze der nachösterlichen Christologie gesucht werden müssen. Denn damit lässt sich nicht mehr so einfach Jesu Judesein von der nachösterlichen

---

33 Käsemann, Sackgassen, in: EVB II 57.
34 Käsemann, Problem, in: EVB I 205. Käsemann hielt diesen epochemachenden Vortrag am 20. 10. 1953.
35 Schweizer, Jesus Christus 54. Vgl. zur Einordnung in die Geschichte der Leben-Jesu-Forschung die Übersicht bei Theißen, Merz, Jesus 30.
36 Vgl. R. Feneberg, Wege 269-275.

Christologie abtrennen. Jetzt ist der historische Jesus gleichzeitig ganz Jude und Nichtmehrjude. Er ist zwar als Jude geboren. Aber später ist er irgendwann gleichsam geistig aus dem Judentum ausgetreten. Das "Neue" und "Besondere" besteht dann folgerichtig gerade in Jesu Absetzung vom Judentum und in dessen Überwindung. Die Christologie wird, wenn auch nur indirekt, antijüdisch. Dieser Konsequenz kann man in einer solchen vorösterlich begründeten Christologie kaum entgehen, solange das Verhältnis Jesu zum Judentum nicht ausdrücklich im Geschichtsbild benannt und dahingehend positiv geklärt ist, dass Jesus eindeutig Jude war und immer geblieben ist.

Eine Stimmenthaltung, die manche vorschlagen, ist in dieser Frage nicht möglich. Entweder betreiben Christen ihre Christologie zusammen mit der Glaubensgeschichte der Juden, die bis in die Gegenwart reicht und zu der heute auch Auschwitz gehört, oder sie klammern die Frage nach dem Verhältnis von Christen und Juden bei der Christologie aus. Dann aber wird eine solche Christologie notwendig, ob bewusst oder unbewusst, antijüdisch.

Beispiele für diesen indirekten Antijudaismus kann man seitdem in vielen theologischen Veröffentlichungen über den historischen Jesus finden.[37] Schon Käsemann selbst hat ohne Zögern und ganz eindeutig formuliert, dass sich Jesus mit seinem Anspruch und seiner Sendung "aus dem Verband des Judentums gelöst" habe. "Er ist wohl Jude gewesen und setzt spätjüdische Frömmigkeit voraus, aber er zerbricht gleichzeitig mit seinem Anspruch diese Sphäre."[38]

So sehr sich Joachim Jeremias im Ansatz von Ernst Käsemann unterscheidet, in seiner Christologie kommt Jeremias zu einem ganz ähnlichen antijüdischen Ergebnis: "Es zeigte sich, dass Jesus nicht der jüdische Rabbi, Weisheitslehrer oder Prophet war, sondern dass seine Botschaft von dem Gott, der schon jetzt den Verachteten, Misshandelten, Hoffnungslosen Anteil am Heil schenkt, aller Religiosität seiner Zeit widersprach, ja das Ende des Judentums war."[39]

Auch bedeutende katholische Autoren vertreten heute noch solche Christologien. Heinz Schürmann hat in seinem Sammelband "Jesus. Gestalt und Geheimnis" aus einer früheren Veröffentlichung zum Vaterunser übernommen, dass jeder Satz des Vaterunsers jüdisch belegbar ist. Aber die "Ganzheitsgestalt in seiner Konzentration und

---

37 Ein Fundgrube für solche indirekten Antijudaismen ist nach wie vor das Buch von Ch. Klein, Theologie und Anti-Judaismus. Eine Studie zur deutschen theologischen Literatur der Gegenwart, München 1975.

38 Käsemann, Problem, in: EVB I 206. Der Begriff "spätjüdisch" ist, weil historisch falsch, seit etwa 20 Jahren obsolet geworden. Es handelt sich in dem bezeichneten Zeitraum um das Frühjudentum.

39 Jeremias, Problem 19.

Struktur" sei spezifisch und "sprengte das Judentum".[40] Joachim
Gnilka sieht den Unterschied von Jesus zum Judentum darin, dass
Jesus das Wort von der Gottesherrschaft und "nicht mehr das Wort
der Thora" verkündet habe.[41] Ein zusätzlicher Beweis sei, dass Jesus
die Jünger nicht zum Torastudium angehalten habe.[42] Die nicht- und
deshalb antijüdische Haltung Jesu zeige sich nach Gnilka darin, dass
Jesus jede legalistische Einstellung überwunden habe und dass er alle
Gesetzesauffassungen, die menschenverachtend seien, zurückgewiesen habe.[43]

Christen kennen und lesen solche Sätze so selbstverständlich,
dass sie die versteckten antijüdischen Unterstellungen oft gar nicht
mehr wahrnehmen. Kann man überhaupt noch einen Unterschied zu
dem antijüdischen Jesusbild erkennen, das gegen Ende der liberalen
Leben-Jesu-Forschung bei Adolf von Harnack fast klassisch formuliert wurde? "Er (Jesus) trat sofort den offiziellen Führern des Volkes,
in ihnen aber dem gemeinen Menschenwesen überhaupt entgegen. Sie
dachten sich Gott als den Despoten, der über dem Zeremoniell seiner
Hausordnung wacht, er atmete in der Gegenwart Gottes. Sie sahen ihn
nur in seinem Gesetze, das sie zu einem Labyrinth von Schluchten,
Irrwegen und heimlichen Ausgängen gemacht hatten, er sah und
fühlte ihn überall. Sie besaßen tausend Gebote von ihm und glaubten
ihn deshalb zu kennen; er kannte nur ein Gebot von ihm, und darum
kannte er ihn. Sie hatten aus der Religion ein irdisches Gewerbe gemacht - es gab nichts Abscheulicheres -; er verkündete den lebendigen Gott und den Adel der Seele."[44]

2. Ein zweites ungelöstes Problem im traditionellen Geschichtsbild ist
die Tatsache, dass Paulus nichts oder fast nichts aus der Jesusüberlieferung der Evangelien in seinen Briefen aufgenommen hat. Er kommt
deshalb in den ersten Skizzen des Geschichtsbildes überhaupt nicht
vor. Es scheint fast, dass Jesu Verkündigung für Paulus irrelevant
war.[45] Das ist um so erstaunlicher, als viele Herrenworte wie die
Gleichnisse, Gemeinderegeln, Worte aus der Bergpredigt für Paulus
und seine Argumentation durchaus sehr brauchbar gewesen wären.

Manche haben versucht, das Problem zu verkleinern, indem sie

---

40 Vgl. Schürmann, Jesus 63.
41 Gnilka, Jesus 259.
42 Ebd. 225.
43 Ebd. 224f.
44 A. v. Harnack, Das Wesen des Christentums (Siebenstern-TB 27), München,
    Hamburg (1900) 1964, 42f.
45 Vgl. R. Bultmann, Die Bedeutung des geschichtlichen Jesus für die Theologie
    des Paulus, in: GuV I (1929), 191.

auf die bis zu zwanzig Herrenworte verweisen, die Paulus doch zitiert oder auf die er wenigstens angespielt habe.[46] Allerdings bleibt dabei vieles unsicher. Außer der Abendmahlsüberlieferung in 1 Kor 11,23-25 gibt es keine eindeutigen Zusammenhänge mit den Traditionen der Evangelien. Gerade die Abendmahlsüberlieferung erklärt sich aber hinreichend aus dem frühchristlichen Gottesdienst.

Am eindeutigsten hat die Frage einmal mehr Walter Schmithals zusammengefasst und für sich auch gelöst.[47] Allerdings hat die Lösung kaum jemanden überzeugt und sie wurde in der Folge auch von Schmithals selbst wieder verändert. Die Problemstellung klingt bei Schmithals fast genauso wie bei Bultmann: "Jesu authentische Verkündigung scheint für Paulus irrelevant gewesen zu sein."[48] Entweder hat demnach Paulus den "historischen" Jesus bewusst weitgehend ignoriert oder er hat ihn deshalb nicht zitiert, weil er ihn gar nicht kannte.

Die erste Alternative bevorzugen zum Beispiel Johannes Weiss und Rudolf Bultmann. Aber dann gehen ihre Begründungen sehr weit auseinander und überzeugen nicht. Nach Weiss fehlte es einfach an Herrenworten, die Paulus beschäftigt hätten.[49] Bultmann beruft sich auf 2 Kor 5,16 als "theologisches Programm" des Paulus: Paulus wollte "Christus dem Fleische nach" nicht mehr kennen und hat ihn deshalb nicht verwendet.[50] Aber diese Interpretation ist schon vielfach bezweifelt und widerlegt worden.[51] Auch Schmithals lehnt sie ab.[52]

Die zweite Alternative muss erklären, wie es möglich war, dass Paulus die synoptische Jesustradition nicht kennen konnte. Schmithals referiert zuerst die Erklärung von Wilckens, nach der Paulus aus der Jerusalemer Tradition komme. Dort seien die Jesusüberlieferungen schon vorpaulinisch vergessen worden, weil man sie zunächst einfach nicht brauchte. Erst später seien sie neu entdeckt worden. Gegen die Unwahrscheinlichkeit dieser These stellt Schmithals seine eigene, nicht weniger konstruierte erste Lösung: "Trägerin dieses Traditionsgutes kann nur eine Gemeinde gewesen sein, die vom Ostergeschehen und der daraus resultierenden Bekenntnisentwicklung keine Notiz genommen hat. Es muss sich um eine Gemeinde von

---

46   Vgl. Pesch, Zwergel, Kontinuität 29; Lohse, Entstehung 66.
47   Vgl. Schmithals, Paulus 36-59; ders., Bekenntnis 60-79.
48   Schmithals, Paulus 39.
49   J. Weiss, Das Urchristentum, Göttingen 1917, 347.
50   R. Bultmann, Exegetische Probleme des zweiten Korintherbriefs (1947), in: ders., Exegetica. Aufsätze zur Erforschung des Neuen Testaments, Tübingen 1967, 298-312.
51   Vgl. Pesch, Zwergel, Kontinuität 16-22.
52   Schmithals, Paulus 41.

Jesusanhängern gehandelt haben, die nach dem Tode Jesu, den sie als den seine Botschaft beglaubigenden Tod eines Propheten interpretierte, Jesu Wirken in seinem 'historischen' Sinn fortsetzte und dazu seine Worte überlieferte. Man wird nicht fehlgehen, wenn man diese Jesus-Sekte in Galiläa sucht."[53] Schenke und Fischer schließen sich in ihrer "Einleitung in die Schriften des Neuen Testaments" dieser Deutung an: "Verständlich wird der rätselhafte Tatbestand wohl nur, wenn man annehmen dürfte, dass die Evangelientradition ... tatsächlich auch in lokalem Sinne einen anderen Bereich repräsentiert, aus einem anderen Bereich des frühen Christentums stammt als die Briefliteratur, und zwar aus einem Bereich, der aufs Ganze gesehen wohl relativ begrenzt war und bisher abseits vom Hauptgeschehen urchristlicher Entwicklung, Ausbreitung und Mission lag."[54]

Schmithals gesteht die Unhaltbarkeit dieser Spekulation in seinem 1979 erschienenen Kommentar zum Markusevangelium indirekt selbst ein, indem er neu eine Lösung vorschlägt: Paulus habe die Jesusüberlieferungen nicht gekannt, weil es sie zu seiner Zeit noch gar nicht gegeben habe. Erst nach 70 habe der Erzähler der Grundschrift des Markus die Jesusgeschichten in Form von "Stories" erfunden, um das Kerygma für die Mission attraktiver zu machen.[55]

3. Das Grundproblem aus der dritten Phase wurde schon benannt: Wie konnte Markus die Gattung "Evangelium" erfinden? Es gibt zwar eine ganze Anzahl von möglichen historischen Anlässen für die Verschriftlichung der Evangelientraditionen um das Jahr 70, von der Neronischen Verfolgung bis zur Gefahr des Ausuferns der Überlieferung, vom Generationenwechsel bis zum Ausbleiben der Parusie. Aber diese Gründe erklären nicht das Entstehen der neuen Gattung.

Daneben werden theologische Gründe genannt für den Rückgriff auf die Erzählung vom palästinischen Verkündiger, auf das "Einmal" gegenüber dem "Ein-für-alle-Mal". So sollte die Erzählung vom irdischen Jesus verhindern, "einen Mythos an die Stelle der Geschichte, ein Himmelswesen an die Stelle des Nazareners treten zu lassen"[56]. Oder es sollten die Wundertaten durch die Rückbindung an das Kreuz relativiert werden. Oder es sollte ein in Wirklichkeit unmessianischer Jesus mit dem nachösterlichen Messiasglauben vermittelt werden. Alle diese Gründe erklären, wenn sie zutreffen, nur den Zusammenschluss und die Sammlung von angeblich auseinanderdriftenden Ein-

---

53 Schmithals, Bekenntnis 71f.
54 Schenke, Fischer, Einleitung II 10.
55 Schmithals I 45f.
56 Käsemann, Sackgassen, in: EVB II 66.

zelgeschichten, nicht aber die besondere Gattung "Evangelium". Man
weiß dann immer noch nicht, warum Markus die Form einer Biographie gewählt hat, und noch weniger, warum das von seinen Adressaten akzeptiert worden ist.

Zeitlich nach dem Markusevangelium entstanden zwei weitere
Evangelien, die des Matthäus und des Lukas. Sie kennen das erste
Evangelium und verwenden es als schriftliche Vorlage. Unproblema-
tisch wäre eine Erklärung für die Unterschiede, hätten sie den Markusstoff nur einfach durch zusätzliche Überlieferungen erweitert und
ergänzt, zum Beispiel durch ihre Kindheitsgeschichten am Anfang
und die Auferstehungsberichte am Schluss. Aber dem ist nicht so. Sie
haben auch den Text aus ihrer Vorlage geändert, verkürzt und ausgebaut, stellenweise sogar durch eine Verschiebung in einen anderen
Kontext gezielt uminterpretiert. Daraus folgt: Matthäus und Lukas
wollten Markus nicht verdrängen oder ersetzen, weder durch Ergän-
zungen noch durch Verbesserungen.

Das synoptische Problem der Evangelien besteht, ähnlich wie
beim synoptischen Überlieferungsstoff, in der gleichzeitigen Abhängigkeit und Unabhängigkeit von der Vorlage. Unzureichend bleibt der
Hinweis auf die unterschiedliche Theologie der Evangelisten. Damit
ist das Problem eher benannt als gelöst. Warum konnten sie überhaupt
eine eigene theologische Konzeption entwickeln, wenn sie sich doch
auf die Markusvorlage stützten und stützen wollten. Man kann dasselbe auch von den Adressaten her fragen. Matthäus und Lukas
mussten damit rechnen, dass ihre Leser, wenigstens zum Teil, schon
das Markusevangelium kannten. Warum wurden ihre "neuen" Evangelien trotzdem von solchen Lesern akzeptiert?

Als Zusatzfrage sei noch vermerkt, dass alle Evangelien, auch das
Matthäusevangelium, original in griechischer Sprache geschrieben,
also auch gedacht sind. Es handelt sich nicht um Übersetzungen eines
vorliegenden Urevangeliums. Natürlich erklärt die Ausbreitung des
Christentums die Notwendigkeit der griechischen Sprache. Aber
warum und wo in der Geschichte der mündlichen Überlieferung fand
die Übertragung statt? Warum gibt es kein aramäisches schriftliches
Evangelium? Warum wurde das Evangelium erst um oder nach 70
erstmals aufgeschrieben?

Der Ablauf der urchristlichen Geschichte muss differenzierter als
bisher gesehen werden, damit auch das Verhältnis der Evangelien
zueinander, ihre biographische Form und ihre Erstfassung in der griechischen Sprache in den Blick kommen können.

4. Revision des traditionellen neutestamentlichen Geschichtsbildes

Jesus war Jude und er war es nicht nur biologisch, wegen seiner Abstammung, sondern auch theologisch. Die Entstehung der Evangelien muss deshalb in einem anderen Geschichtsbild beschrieben werden, in dem das Judentum auch theologisch vorkommt. Die Revision des traditionellen Geschichtsbildes beginnt mit dem Eintrag von solchen Koordinaten, in denen die Juden als von Gott erwähltes Volk vorkommen und - das ist entscheidend - auf Dauer in dieser Erwählungsrolle bestehen bleiben.

In der Paulusforschung hat eine ähnliche Revision, vor allem durch die englischsprachige Forschung, schon eingesetzt und große Beachtung gefunden. Danach ist es nicht mehr so einfach möglich, die paulinische Rechtfertigungslehre im Kontrast zu einer angeblich jüdischen Gesetzes- und Leistungsreligion zu interpretieren. Denn auch im Judentum ist das Heil allein durch Gottes Gnade und seine frei geschenkte Erwählung gegeben.[57]

Diese Revision muss auch auf die Evangelien und damit auf Jesus selbst ausgedehnt werden. Jesus musste, wie Paulus, nicht aus dem Judentum austreten. Er musste das Judentum auch nicht durch seine Liberalität oder durch ein anderes Gottesbild - man müsste hinzufügen: bis zur Unkenntlichkeit - verändern. Er war und blieb auch im theologischen Sinn Jude, weil für ihn die Erwählung Israels durch Gottes freie Gnadenwahl Ausgangspunkt und Basis seiner Sendung war und immer blieb.

Voraussetzung dieser Einsicht ist, dass auch für Jesus das Judentum nicht Gesetzes- und Leistungsreligion war. Die notwendige Konsequenz ist eine Revision des traditionellen neutestamentlichen Geschichtsbildes, in dem das Judentum theologisch nicht genügend vorkommt.

1. Jahrhundertelang waren die Kirchen davon ausgegangen, dass der "Neue Bund" den "Alten Bund" Gottes mit Israel ersetzt habe. Diese Ablösungs- oder Enterbungstheorie hat das Verhältnis der Christen zu den Juden ideologisch bestimmt. Das wichtigste theologische Ergebnis des jüdisch-christlichen Gesprächs nach 1945 ist die Einsicht, dass

---

57 Vgl. E.P. Sanders, Paulus und das palästinische Judentum. Ein Vergleich zweier Religionsstrukturen (STUNT 17), Göttingen 1985; J.D.G. Dunn, Jesus, Paul and the Law. Studies in Mark and Galatians, London, Louisville 1990, darin bes.: The New Perspective on Paul, 183-214, auch in: BJRL 65 (1983) 95-122; ders., The Theology of Paul the Apostle, Edinburgh 1998. Eine gute Übersicht zur Literatur und eine Zusammenfassung zum Thema bietet Neubrand, Abraham, bes. 56-73.

diese Ablösungstheorie falsch ist. Sie war über viele Jahrhunderte der geistige Nährboden von Verfolgungen und Pogromen gegen Juden und jüdische Gemeinschaften bis hin zum modernen rassistischen Antisemitismus.

In vielen kirchlichen Dokumenten, besonders ab Mitte der sechziger Jahre des 20. Jahrhunderts, ist die gegenteilige Position ausgesprochen: Der Bund Gottes mit Israel ist ungekündigt.[58]

Im vierten Kapitel der Erklärung über das Verhältnis der Kirche zu den nichtchristlichen Religionen "Nostra Aetate" des Zweiten Vatikanischen Konzils heißt es: "Die Juden (sind) nach dem Zeugnis der Apostel immer noch von Gott geliebt um der Väter willen; sind doch seine Gnadengaben und seine Berufung unwiderruflich."[59] Papst Johannes Paul II. hat 1980 bei seinem Deutschlandbesuch in einer Ansprache an den Zentralrat der Juden in Deutschland und an die Rabbinerkonferenz ausdrücklich von dem "nie gekündigten Alten Bund" zwischen Gott und seinem Gottesvolk gesprochen.[60] Die Synode der Evangelischen Kirche im Rheinland hat 1980 in ihrem Beschluss "Zur Erneuerung des Verhältnisses von Christen und Juden" die "fortdauernde Existenz des jüdischen Volkes" als "Zeichen der Treue Gottes gegenüber seinem Volk" interpretiert. "'Neu' bedeutet darum nicht die Ersetzung des 'Alten'. Darum verneinen wir, dass das Volk Israel von Gott verworfen oder von der Kirche überholt sei."[61]

Daraus folgt, wie Wolfgang Schweitzer in einer wichtigen Aufnahme der Arbeiten von van Buren gesagt hat: "Das Volk Israel, das Volk der Juden, ist Gottes Bundesvolk nicht nur früher gewesen, sondern es ist dies auch heute noch. Wir müssen also von jetzt an anders über Israel reden, uns anders mit diesem Volk befassen, als wir es bisher taten. Aber mit der Korrektur unserer Redeweise über Israel ist es nicht getan. Nun steht auch das Selbstverständnis der Kirche zur Diskussion; sie muss erklären, welchen Platz sie nicht mehr anstelle Israels, sondern neben Israel einnehmen kann."[62]

Die Grundkoordinaten für ein revidiertes Geschichtsbild müssen diese bleibende Erwählung Israels ausdrücken. Das wird in der folgenden Skizze durch drei parallel gezeichnete Linien verdeutlicht. Dadurch entstehen zwei Bereiche. Der eine Bereich stellt die Juden

---

58 Vgl. den Dokumentenband: Die Kirchen und das Judentum. Dokumente von 1945-1985, hg. von R. Rendtorff und H.H. Henrix, Paderborn-München 1988.
59 Ebd. 42f.
60 Ebd. 75.
61 Ebd. 594f.
62 W. Schweitzer, Jude Jesus 13f.

dar, das Volk der Erwählung, der andere Bereich alle Nichtjuden, also die Heiden.[63] Die parallelen Bereiche in der Skizze weisen auf der einen Seite auf den Unterschied zwischen Israel, dem von Gott erwählten Volk, und den Heiden, also allen übrigen Menschen, hin; auf der anderen Seite soll die Zuordnung des erwählten Volkes zu den Heiden, also zu allen Nichtjuden und damit zur Welt überhaupt, ausgedrückt werden. Parallelen schneiden sich bekanntlich nie; der Abstand bleibt, er wird aber auch nie größer. In theologischer Sprache ausgedrückt: Die Erwählung Gottes gilt unverändert und ist unwiderruflich. Aber diese Erwählung Israels ist ebenso auf Dauer eine Erwählung für die Welt, also für die Heiden. Die Koordinaten müssen gleichzeitig beides andeuten: die bleibende Erwählung Israels und seine dauernde Zuordnung zu den Heiden.[64]

Die Koordinaten sind in der Skizze als Parallelen, also nach hinten und vorne offen, gezeichnet. Denn dieses Verhältnis von Unterscheidung und Beziehung gilt biblisch von Beginn der Erwählung Abrahams an, auf die wiederum die ganze Schöpfung ausgerichtet ist[65], und es gilt auch heute und in alle Zukunft weiter.

Juden

Heiden

---

63 Die Bezeichnung "Heide" enthält in dieser Gegenübersetzung keine negativen Konnotationen. Heiden sind, von Israel aus gesehen, einfach die Nichtjuden. Als solche sind sie "Fremde".

64 Vgl. Rendtorff, Christen und Juden, bes. 78-87. Rendtorff nennt neben der Schlüsselstelle Gen 12,1-3 (Abraham) drei Stellen aus den "erzählenden Texten": Ex 18,11 (Jitro); Jos 2,11 (Rahab); 2 Kön 5,15.17 (Naaman); dazu aus den Propheten Jes 56,6f die Zulassung von Heiden (nicht: Proselyten) zum Tempelgottesdienst; in Jes 2,2-5 und Mi 4,1-5 die "Völkerwallfahrt zum Zion"; in 1 Kön 8,43 das Gebet Salomos bei der Tempeleinweihung ("dass alle Völker der Welt deinen Namen erkennen"); in Jes 45,23f; 66,23 und in Mal 1,11 zeigt sich, dass Heiden "nicht nur am Anfang der Geschichte Gottes mit der Welt und der Menschheit da waren"; Israel hat eine Aufgabe gegenüber den Heiden: Jes 55,5; 49,6; vgl. ders., Christliche Identität in Israels Gegenwart, in: EvTh 1 (1995) 3-12; vgl. Neubrand, Abraham 1-19.54f.

65 Die Urgeschichte (Gen 1-11) hat in der Bibel ätiologische Funktion hin auf die Erwählung Abrahams (Gen 12,1-4).

2. Jesus wusste sich, genau wie jeder Jude, als von Gott Erwählter. Dieses jüdische Selbstverständnis gibt am besten der Adlerspruch Gottes an Mose auf dem Sinai wieder: "Ihr habt selbst gesehen, was ich den Ägyptern getan und wie ich euch auf Adlersflügeln getragen und euch hierher zu mir gebracht habe. Und nun, wenn ihr auf meine Stimme hört und meinen Bund haltet, so sollt ihr vor allen Völkern mein Eigentum sein; denn mein ist die ganze Erde. Ihr sollt mir ein Königreich von Priestern werden und ein heiliges Volk." (Ex 19,4-6) Die Erwählung Gottes ist freie Gnade, aber auch Sendung und Auftrag. Als Gottes Eigentumsvolk ist Israel berufen, ein Priestervolk für die Welt zu sein. Die Heiden "sollen sich Segen holen" an Abraham und seinen Nachkommen (Gen 12,1-4a).

Das Judentum ist, wie das Christentum, seinem Anspruch nach eine universale Religion. Diese Religion muss universal sein, weil die Herrschaft ihres Gottes universal ist: "Mein ist die ganze Erde." Neben ihm gibt es keine anderen Götter. Das gilt für die ganze Welt, auch wenn das Geheimnis seines Namens nur Israel kennt.

Selbstverständlich ist ein von Gott versprochener Friedenskönig, ein Messias, dann nicht nur gnädiger Herrscher über Israel, sondern über alle Völker, auch über die Heiden.[66] Juden zur Zeit Jesu erwarteten nicht nur einen Messias, um die Römer zu vertreiben. In irgendeiner Form handelt es sich immer um die Errichtung einer versöhnten Herrschaft Gottes in Israel. Auf die Frage, wie diese Herrschaft aussehen wird und welche Folgen sie für die römische Fremdherrschaft haben werde, gab es vielfältige Antwortversuche.

Alle Evangelien (außer Markus) bezeugen, dass sich Jesus, zumindest seit seiner Taufe, als Messias gewusst hat, ganz gleich, ob er sich selbst so genannt hat oder nicht.[67] Als messianischer König der Juden wusste er sich immer zugleich auch bezogen auf die Heiden, auch wenn die konkrete Form dieser Beziehung in den biblischen Schriften keineswegs eindeutig festgelegt und bestimmt ist. Anzunehmen, dass das ganze Alte Testament auf eine bestimmte Messiasgestalt einlinig und trichterförmig zulaufe, ist ein christliches Missverständnis.[68]

Jesus hat zum Beispiel seine Sendung und seinen Auftrag nicht in einer unmittelbaren Verkündigung an die Heiden gesehen. Er hat deshalb, wieder nach dem einhelligen Zeugnis aller vier Evangelien, niemals von sich aus aktiv den Heiden die Frohbotschaft von der

---

66 Vgl. die Psalmen Salomos, die zwischen 70 und 50 vor Christus entstanden sind, bes. PsSal 17,21-34; 18,3.
67 Vgl. Käsemann, Problem, in: EVB I 206.
68 Vgl. Rendtorff, Christen und Juden 142-147.

Herrschaft Gottes verkündet. Aber das schließt überhaupt nicht aus, dass dennoch jedes seiner Worte, das Israel unter die Herrschaft Gottes rief, aller Welt, also auch den Heiden galt. Die Umkehr Israels bedeutet immer zugleich Heil für die Völker, weil dadurch die gnädige Herrschaft Gottes vor der ganzen Welt sichtbar wird.

3. In der folgenden Skizze soll innerhalb der parallelen Koordinaten, wie in einer Nahaufnahme, das Objektiv auf die neutestamentliche Zeit eingestellt werden, also im wesentlichen auf das erste Jahrhundert.

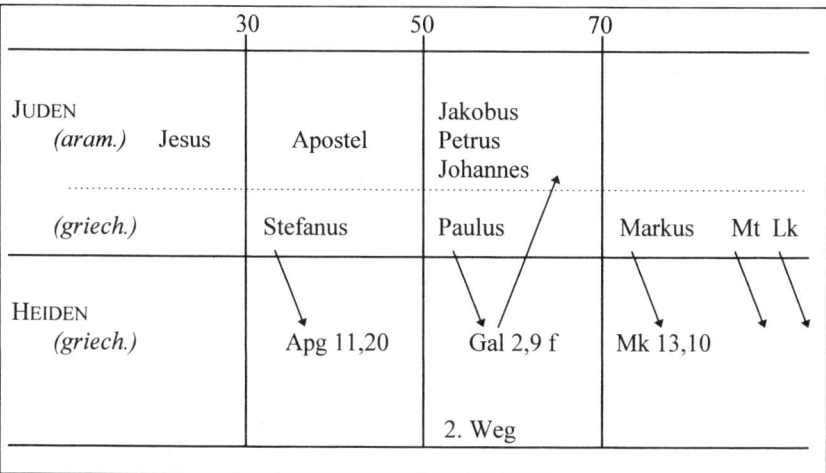

In dieser "Nahaufnahme" fällt als erstes die gestrichelte Linie innerhalb des oberen, des jüdischen Bereiches auf. Sie unterteilt den jüdischen Bereich in zwei verschieden große Abschnitte. Diese Linie soll darauf hinweisen, dass es in der jüdischen Bevölkerung im Land Israel und besonders in Jerusalem zur neutestamentlichen Zeit zwar eine Mehrheit von Juden mit Aramäisch als Muttersprache gab, aber auch eine Minderheit mit Griechisch als Muttersprache. Juden mit griechischer Muttersprache nennt die Apostelgeschichte "Hellenisten".[69] Für Jerusalem nimmt man ein Verhältnis von zwei Dritteln zu einem Drittel an, wobei zusätzlich etwa zehn Prozent von allen zweisprachig waren. Der beste Beleg für diese Annahme ist die

---

69 Apg 6,1; 9,29.

Statistik der erhaltenen Grabinschriften.[70] Sicher hat die Zahl der Juden mit griechischer Muttersprache mit zunehmender Entfernung von der Stadt auf das Land hin abgenommen. Deshalb spielte der Sprachunterschied zwischen Juden mit aramäischer und solchen mit griechischer Muttersprache in Galiläa eine geringere Rolle.

Jesus war Jude und gehört in diesen Koordinaten zum jüdisch-aramäischen Bereich. Man muss sich als Christ bewusst machen, dass Jesus zwar nie durch ein Wort oder durch irgendwelche Taten aus dem Judentum ausgetreten ist. Aber er lebte nicht auf einer jüdischen Insel. Die heidnischen Theater in Sepphoris, Cäsarea und Tiberias, die römische Verwaltung und die heidnischen Söldner aus vielen Völkern machten die Gegenwart der Heiden auch in Galiläa täglich erfahrbar. Jesus wusste also nicht nur grundsätzlich von der Bedeutung der Erwählung Israels auch für die Heiden, er begegnete täglich einzelnen Nichtjuden als Freunden, anderen, vielleicht in der Mehrzahl, als Unterdrückern oder Feinden.

Aus dieser Bestimmung der Koordinaten folgt: Das "Neue", das "Besondere" bei Jesus lässt sich nur erklären, wenn man Jesu Judesein theologisch ernst nimmt, nicht aber ohne oder gar gegen jüdische Theologie. Formal liegt das Neue in seinem Anspruch als Messias und in der - nach christlichem Glauben - besonderen Intensität seiner Gottesbeziehung, die aber natürlich nicht messbar ist.

Inhaltlich fällt in seinem öffentlichen Auftreten seine besondere Zuwendung zu Außenseitern aller Art, zu Sündern und Zöllnern, zu Aussätzigen und Heiden, zu sozialen Randgruppen, zu Fremden und zu Feinden auf. Damit überstieg er aber nicht grundsätzlich jüdische Grenzen. Er akzentuierte nur die auch in der jüdischen Religion geforderte Fremdenliebe in Wort und Tat so stark, dass die mühsam ausgeglichene und ausgehaltene Spannung zwischen der Bewahrung der jüdischen Identität als Volk der Erwählung und der jüdischen Sendung für die Welt, jedenfalls in den Augen der theologischen Führung, zunehmend aus dem Gleichgewicht geriet. Jesus übertrieb also in deren Augen die Offenheit. "Schriftgelehrte und Pharisäer, Hoher Rat und Judas, ähnlich auch die anderen Gruppen, hatten positive Gründe und verstehbare Motive, Jesus und sein Programm abzulehnen. Denn Jesus hat zwar gut biblisch, aber gegen die Erfahrung der Realität im römisch besetzten Palästina die Wertordnung umgedreht, indem er von vorbildlichen Heiden sprach, genauso wie vom Juden, der der Umkehr bedarf."[71] In einer ungünstigen Konstellation konnte

---

70 Vgl. dazu M. Hengel, Zwischen Jesus und Paulus. Die "Hellenisten", die "Sieben" und Stephanus, in: ZThK 72 (1975) 151-206, hier bes. 173f.
71 W. Feneberg, Jesus 136.

eine Zufallskoalition vieler Gruppen und auch einzelner gegen Jesus entstehen, die aus ganz verschiedenen Motiven sein Programm bekämpften. Das führte zu seiner Auslieferung an die Römer und zum Kreuzestod.

4. In der Zeitspanne zwischen dem Tod Jesu und dem jüdischen Krieg pflanzte sich dieser von Jesus durch seine Fremdenliebe ausgelöste Grundkonflikt fort. Das geschah zwangsläufig, nachdem seine Jünger seine Auferweckung und damit die Bestätigung seines Weges durch Gott erfahren hatten und daran glaubten. Dabei spitzte sich das Thema der Fremden- und Feindesliebe Jesu zunehmend auf die Heidenfrage zu. Zwei Momentaufnahmen in diesem Dauerkonflikt aus den vierzig Jahren zwischen 30 und 70 lassen den Verlauf nachzeichnen.

Zuerst eskalierte dieser Konflikt in einer Synagoge von Hellenisten in Jerusalem.[72] Stefanus verlor dabei sein Leben. Solche Hellenisten waren als Juden mit griechischer Muttersprache vielleicht schon vor einigen Generationen aus der Diaspora nach Jerusalem gezogen. Dort organisierten sie sich in Sprachgruppen und als landsmannschaftliche Gemeinschaften in eigenen Synagogen. Bei einer dieser griechischsprechenden Synagogengemeinschaften, die vermutlich aus von Zypern und Cilicien eingewanderten Juden bestand[73], führte das Programm Jesu von der Fremdenliebe zur ersten Explosion.

Die aramäischsprechenden Jesusanhänger in Jerusalem waren nach dem Bericht der Apostelgeschichte davon zunächst gar nicht betroffen (Apg 8,1). Zwei Faktoren erklären diese Tatsache: Einmal hatten zuerst nur die griechischsprechenden Synagogenverbände das Heidenproblem so hautnah erlebt. Denn die vielen Wallfahrer aus der Diaspora, Juden und mit ihnen gottesfürchtige Heiden, gingen vor allem zu ihren Landsmannschaften in Jerusalem. Wenn Jesusanhänger wegen ihres messianischen Programms der Fremdenliebe weniger als bisher auf Abgrenzung zu den Heiden hielten, dann wurde das am ehesten in den hellenistischen Synagogen der Stadt spürbar. Dort musste zuerst die mangelnde Abgrenzung zum Problem werden.

Zum anderen muss man annehmen, dass gerade die hellenistischen Gemeinden viele ältere, konservativ eingestellte Mitglieder hatten: ältere, weil diese leichter ihre Heimat in der Diaspora aufgeben konnten und das auch wollten, um in Jerusalem zu sterben und am Ölberg begraben zu werden; konservative, weil diese Menschen immerhin alle bisherigen sozialen Bindungen aufgegeben hatten für das eine Ziel, in Jerusalem fromm und gesetzestreu leben zu können.

---

72 Apg 6,1-8,3; vgl. Gal 1,13f.
73 Vgl. die Fluchtorte nach der Vertreibung in Apg 11,19.

Sie mussten jetzt solche in ihren Augen liberalen Tendenzen der Jesusanhänger besonders schmerzlich empfinden, nachdem sie ohnehin schon den Schock eines umfangreichen Wallfahrtsbetriebs hatten verkraften müssen.[74]

Vermutlich zeigte sich das Problem zum ersten Mal bei den Speisegesetzen, die in hellenistischen Gemeinden von jüdischen Jesusanhängern übertreten wurden, um mit heidnischen Gästen Tischgemeinschaft halten zu können. Solche Übertretungen waren sicher früher schon öfter vorgekommen. Aber was bisher vielleicht mit schlechtem Gewissen geduldet war, wurde jetzt von den Jesusanhängern zur Regel gemacht. Soziologisch gesehen kann man sagen: Die Jesusanhängerschaft verband Juden und gottesfürchtige Heiden mehr als die Beschneidung und die jüdischen Speisegesetze sie trennten. Der Konflikt um Stefanus in einer solchen hellenistischen Synagogengemeinde in Jerusalem führte am Ende zur Vertreibung und zur Flucht vieler Hellenisten, die aber damit zugleich die Botschaft Jesu weiter in die Diaspora hinaustrugen.

Ein qualitativ neuer Schritt war es, dass Leute aus Cypern und Cyrene in Antiochien begannen, nicht nur den dortigen Juden Jesus als Messias zu verkünden, sondern auch aktiv von sich aus Heiden mit dieser Botschaft ansprachen. Ein Rubikon war überschritten. Das bedeutete einen Übergang von der geduldeten Zulassung gottesfürchtiger Heiden in die Tischgemeinschaft zur aktiv werbenden Heidenmission. In der Apostelgeschichte ist dieser Übergang zur Heidenmission in Kapitel 11,19-20 beschrieben: "Die nun, welche sich zerstreut hatten infolge der Drangsal, die des Stefanus wegen entstanden war, zogen bis nach Phönizien und Cypern und Antiochien, und sie verkündeten das Wort niemand als nur Juden. Es gab aber unter ihnen einige Männer aus Cypern und Cyrene, die, als sie nach Antiochien kamen, auch zu den Heiden ("Hellenes") redeten, indem sie das Evangelium von dem Herrn Jesus verkündeten."[75]

Dieser Schritt zur aktiven Heidenmission, den Jesus selbst nie

---

74 Diese Aussage weicht von der Meinung Hengels ab, in: ders., Jesus und Paulus 186-196. Hengel vertritt in diesem Aufsatz die Ansicht, Hellenisten seien besonders liberal gewesen. Er muss deshalb zur Erklärung des Pogroms gegen Stefanus die von ihm selbst gewählte soziologische Erklärungsebene verlassen. Für ihn ist der geistgewirkte Enthusiasmus des Stefanus der entscheidende Grund der Verfolgung.

75 Textkritisch muss es in Apg 11,20 Ἕλληνες ("Hellenes") heißen, hier mit "Heiden" übersetzt. Die falsche Entscheidung für Ἑλληνισταί ("Hellenisten") wurde erst ab der 26. Auflage von Nestle-Aland getroffen. Hengel hat in seinem Aufsatz gezeigt, dass diese Entscheidung sinnwidrig ist. Sie ist auch textkritisch schlechter bezeugt. Vgl. Hengel, Jesus und Paulus 164f.

gegangen war, lag in der Logik der starken Betonung der Fremdenliebe bei Jesus. Die Vertriebenen hätten ja einfach schon in Jerusalem von ihrer Praxis der Tischgemeinschaft mit Heiden wieder Abstand nehmen können. Wenn sie das nicht taten, dann nur deshalb, weil sie diese Praxis in Jesu Verhalten vorgezeichnet fanden und weil sie Jesu Weg als von Gott gewollt erfahren hatten. Nur in der Treue zu dem Programm Jesu konnten sie in der Folge ihr eigenes Vertreibungs- und Flüchtlingsschicksal als von Gott zugelassen oder gar gewollt verstehen. Jetzt in der Diaspora, also in Gebieten, in denen es weitaus mehr Heiden als Juden gab, zwang das Programm Jesu sie zu dieser für sie neuen Konsequenz, dass sie den Heiden selbst die Botschaft von der Nähe Gottes, die in Jesus Christus auch ihnen, den Fremden galt, bezeugten. Der Schritt war also eine Konsequenz ihrer Jesus- nachfolge. Aber natürlich trug dieser Schritt dazu bei, dass der Konflikt mit den anderen Juden noch rascher eskalieren musste.

5. Eine zweite Momentaufnahme aus der Zeit zwischen 30 und 70 liefert der Brief des Paulus an die Galater, etwa zwanzig Jahre nach den Ereignissen um Stefanus. Es handelte sich im Prinzip um denselben Konflikt, nur dass dieser Konflikt jetzt in wesentlich größere Dimensionen hinein eskaliert war. Hauptort war dieses Mal von Anfang an Antiochien, jene antike Großstadt, in der die aus Jerusalem Vertriebenen nach dem Stefanuspogrom erstmalig aktive Heidenmission betrieben hatten. Die Tischgemeinschaft zwischen Juden und Heiden im Namen Jesu war dort schon so bekannt und selbstverständlich geworden, dass sie zur Kennzeichnung dieser Gruppe von Jesusanhängern dienen konnte. In Antiochien erhielt diese Gruppe erstmals einen Namen, den Namen "Christianer" (Apg 11,26).

Zur Hauptperson bei dieser zweiten Momentaufnahme wurde Paulus. Er war selbst Pharisäer und Hellenist, also Jude, stammte aus der Diaspora und hatte Griechisch als Muttersprache. Kurz nach der Stefanusgeschichte widerfuhr ihm seine berühmte Vision in der Nähe von Damaskus, nach seiner eigenen Interpretation eine Jesusbegegnung, die seinem Leben eine vollständig neue Richtung geben sollte. Während er zuvor die hellenistischen Jesusanhänger wegen ihrer unorthodoxen Heidenpraxis verfolgt hatte, übte er von nun an diese Praxis der Tischgemeinschaft mit Heiden und die Heidenmission selbst. Er wurde zum Jesusanhänger. Viel mehr wird in den folgenden siebzehn Jahren[76] nicht über ihn berichtet. Das Zentrum der Tätigkeit des Paulus blieb Antiochien, genauer: eine der dortigen Synagogen. Paulus wurde dort sicher bald eine Führungsgestalt, aber vielleicht

---

76 Vgl. Gal 1,18 und 2,1.

nicht die erste.[77] Alles ging gut, bis orthodoxe Juden von auswärts die Sache anmahnten. Dazu bestand objektiv Grund.

Man spürt das Risiko, das Paulus mit seinem Entschluss einging, nach Jerusalem zu gehen und dort die Zustimmung für die Praxis der Tischgemeinschaft zu erbitten. Später sagte er selbst: Infolge einer Offenbarung habe ich diesen Schritt gewagt (Gal 2,2). Paulus wich also nicht zurück. Er suchte vielmehr die Entscheidung in Jerusalem. Und er spielte mit offenen Karten, indem er den unbeschnittenen Titus als lebendigen Beweis, als "corpus delicti", mitnahm (Gal 2,1-5). Gerade deshalb vertraute er nachher fest auf die für seine Arbeit positive Entscheidung. Er hatte den Handschlag der Gemeinschaft dafür erlangt, dass er und Barnabas mit der Verkündigung des Evangeliums Jesu zu den Heiden, die Jerusalemer zu den Juden gehen sollten (Gal 2,9).

Ausgerechnet Petrus-Kephas wurde zum Anstoß für den nun folgenden offenen Konflikt. Jakobus und Kephas hatten sich in Jerusalem nicht selbst unrein machen müssen in der Tischgemeinschaft mit Heiden. Sie konnten die Erfolge der Mission in Antiochien und allgemein in der Diaspora und damit auch die dortige Vermischungspraxis von Juden und Heiden anerkennen, blieben aber selbst weit vom Schuss. Umso mehr war Paulus enttäuscht, als er, kaum nach Antiochien zurückgekehrt, erkennen musste, dass das Zugeständnis in Jerusalem, das er von den drei "Säulen" Jakobus, Kephas und Johannes erlangt hatte, doch nur theoretischen Wert besaß und schon die erste Probe der Praxis nicht bestand.

Petrus war zu Besuch nach Antiochien gekommen. Er hatte sich zwar anfangs in Antiochien mit den Heiden an einen Tisch gesetzt, als Jude mit Nichtjuden. Aber er tat es offensichtlich mit schlechtem Gewissen. Denn bei der ersten Anmahnung durch Jakobusleute aus Jerusalem fiel er um. Paulus stand damit in einem Dilemma. Entweder er akzeptierte von nun an die Bedingung der orthodoxen Juden für die Tischgemeinschaft: die Beschneidung. Dann musste er seine eigene, in jahrelanger Arbeit gewachsene Praxis in Antiochien widerrufen. Seine bisherige Missionsarbeit war dann umsonst. Denn die Heiden konnten diese Bedingung nur in seltenen Ausnahmefällen erfüllen. Oder er stand zu seiner Praxis, jetzt auch in der Theorie und in der Öffentlichkeit. Dann musste er diese Praxis theologisch verteidigen und, weil er sich in Antiochien nicht durchsetzen konnte - selbst Barnabas ließ ihn allein -, die Konsequenzen ziehen.

Es kam zum großen Streit zwischen Petrus und Paulus (Gal 2,

---

77 Barnabas scheint den Vorrang gehabt zu haben. Er wird öfter vor Paulus genannt.

11-14). In der Auseinandersetzung um die Beschneidung formulierte Paulus seine Rechtfertigungslehre (Gal 2,15) und begründete damit, dass es neben dem Weg der Beschneidung einen eigenen "Zweiten Weg" für die Unbeschnittenen gibt. In der Folge dieser Auseinandersetzung verließ Paulus Antiochien und begann seine große Missionsreise durch ganz Kleinasien und Griechenland. Von jetzt an gründete er Gemeinden unter den Heiden und suchte sie durch seine Freunde und Schüler, durch zahlreiche persönliche Briefe und durch wiederholte Besuche (2 Kor 13,1) am Leben zu erhalten. Dieser Zweite Weg wurde für Paulus zur Lebensaufgabe.

So sehr Paulus durch die Rechtfertigungslehre den Unterschied zwischen Heiden und Juden relativiert hatte, er hob ihn nicht einfach auf. Er griff nie den Weg der Beschneidung an. Im Gegenteil: Er ließ gemäß dem Gesetz den Timotheus beschneiden, weil er eine jüdische Mutter hatte (Apg 16,4). Er lehnte die Beschneidung nur für die Heiden ab. Persönlich war und blieb er stolz auf seine eigene jüdische Herkunft (Phil 3,5f), und zwar aus theologischen Gründen (Gal 2,15). Paulus ist, wie auch Jesus, nie aus dem Judentum ausgetreten. Er blieb im Gegenteil mit Leib und Seele Jude. Er versuchte auch nie eine Abspaltung vom Judentum. Er wollte im Gegenteil die jüdischen Jesusanhänger in Jerusalem auf die dort vereinbarte und mit Handschlag besiegelte Gemeinsamkeit mit dem Zweiten Weg festlegen, indem er seinerseits peinlich genau das Abkommen über die Kollekte für die Armen einhielt. Diese Gemeinsamkeit war ihm so wichtig, dass er selbst unter Einsatz seines Lebens - und Paulus kannte die Gefahr (Röm 15,31) - diese Kollekte der heidenchristlichen Gemeinden aus Mazedonien und Achaia[78] nach Jerusalem überbrachte. Mit diesem Teil der Abmachung erfüllte er aus seiner Sicht nicht nur eine soziale Verpflichtung, er anerkannte damit auch bei aller Freiheit theologisch den Vorrang der Juden und damit Israels vor den Heiden. Paulus war sich bewusst, dass seine Aufgabe der Zweite Weg war und blieb, den Juden als Anreiz zur Nacheiferung zugeordnet (Röm 11,14). Die Juden blieben weiter der "Erste Weg" und das "Erstlingsbrot" (Röm 11,16), die Wurzel, der mit den Heidengemeinden Zweige vom wilden Ölbaum eingepfropft wurden (Röm 11,17).

Wie die aus Jerusalem vertriebenen Hellenisten, geleitet vom Geist Gottes, nach dem Mord an Stefanus die Heidenmission begonnen hatten, so wurde durch Paulus ein weiterer Schritt mit der Gründung eigenständiger Heidengemeinden getan. Neu war, dass damit neben der Synagoge eigene heidenchristliche Gemeinden unter selbständiger heidnischer Führung entstanden.

---

78 Vgl. 1 Kor 16,1-4; 2 Kor 8,9; Röm 15,25-28.

6. Paulus konnte, als er in den fünfziger Jahren seine Gemeinden gründete und seine Briefe schrieb, nicht ahnen, dass schon wenige Jahre später Juden und Christen sich gegenseitig exkommunizieren würden. Ein genaues Datum für diesen Schritt lässt sich auf Grund der Quellenlage bis heute nicht angeben. Zur Zeit der Abfassung des Markusevangeliums war er sicher noch nicht vollzogen. Aber der Prozess dahin hatte eingesetzt.[79] Die jüdischen Jesusanhänger mussten mit dieser für sie bedrohlichen Entwicklung spätestens ab 70 rechnen.

Wichtigster Auslöser für diese Entwicklung war mit Sicherheit der jüdische Krieg von 66-70, mit der Zerstörung des Tempels und der Stadt an seinem Ende. In der jüdischen Geschichte war das eine der Katastrophen, an die bis heute in jährlichem Gedenken erinnert wird. Diese Katastrophe musste notwendig zu einer jüdischen Restaurationsbewegung führen, sollte sie nicht das Ende des Judentums bedeuten. Die folgende Neuorganisation des Judentums und die Bewahrung der jüdischen Identität wurden das vorrangige Anliegen. Die Jesusbewegung mit ihrem Programm der Öffnung zu den Heiden und wohl auch ihr großer Erfolg in der Diaspora machten aus jüdisch-orthodoxer Sicht einen Schnitt unvermeidlich.

Jetzt und erst jetzt wurde es schwierig und zunehmend unmöglich, gleichzeitig als Jude zum Synagogenverband zu gehören und Jesus als von Gott eingesetzten Messias der Juden zu bekennen. Damit sahen sich alle jüdischen Jesusanhänger vor die Alternative gestellt, ihren Glauben an diesen Messias Jesus aufzugeben oder, falls sie das nicht konnten oder wollten, ihre sichtbare Zugehörigkeit zur Synagoge zu verlieren. Der offiziellen Synagoge galten sie dann "wie Heiden". Sie selbst blieben in ihrem Gewissen natürlich weiterhin Juden, denen aber die Gemeinschaft verweigert wurde und die deshalb zwischen allen Stühlen saßen.

Der Druck muss, ohne dass das historisch genau zu belegen ist, ungeheuer stark geworden sein. Vermutlich sind ihm auch viele jüdische Jesusanhänger nicht gewachsen gewesen. Zunächst waren auch nicht alle jüdischen Jesusanhänger in gleicher Weise betroffen. Man muss sich vorstellen, dass die Mehrheit der jüdischen Jesusanhänger von den selbständigen heidenchristlichen Gemeinden neben den Synagogen kaum berührt waren, wenn sie weiterhin der Synagoge

---

79 Vgl. B. Wander, Trennungsprozesse zwischen Frühem Christentum und Judentum im 1. Jh. n. Chr. Datierbare Abfolgen zwischen der Hinrichtung Jesu und der Zerstörung des Jerusalemer Tempels (TANZ 16), Tübingen, Basel [2]1997.

verbunden blieben und dort zum Gottesdienst gingen. Wenn sie in ihren Häusern zusätzlich und in kleinem Kreis das Abendmahl Jesu als Gedächtnismahl hielten, war das für die anderen Juden nicht weiter anstößig, solange eben nur Juden beteiligt waren.

Das begann sich jetzt nach 70 allmählich zu ändern. Einzelne wenige Juden hatten den Heidengemeinden Gemeinschaft gewährt. Sie hatten wegen des gemeinsamen Bekenntnisses auch an den Festen und besonders an der regelmäßigen Abendmahlsfeier der Heidengemeinde teilgenommen. Sie hatten den Druck, dem jetzt zunehmend alle jüdischen Jesusanhänger ausgesetzt wurden, schon länger erlebt und ausgehalten. Wer jetzt unter der Exkommunikationsdrohung dennoch standhielt, konnte das nur, weil er diese Situation "zwischen allen Stühlen" als Fügung und Weisung Gottes verstand. Offensichtlich machte Gott den zweiten, den heidenchristlichen Weg stark, indem er den ersten jüdischen Weg für sie bis zur Unmöglichkeit erschwerte. Die Fremdenliebe wurde buchstäblich bis zur eigenen Selbstpreisgabe von ihnen gefordert.

7. In dieser Situation hatten einzelne griechischsprechende Juden, die Verfasser der Evangelien, die als Jesusanhänger in ihren eigenen Synagogengemeinden keine Zukunft mehr sahen, die Kraft und die Größe, ihre spezifische Jesustradition, die ihnen bisher als Juden vorbehalten war, den Heidenchristen zu vermitteln. Sie verkündeten den Heiden nicht mehr nur, wie Paulus, Kreuz und Auferstehung Jesu als das Erlösungsgeschehen für alle Menschen. Sie verkündeten auch das Reden und Wirken Jesu während seines öffentlichen Auftretens, schrieben also eine Biographie Jesu, die sie als den Beginn des Heilsweges auch für die Heiden sehen gelernt hatten. Mit dieser Zielsetzung entstanden nach 70 alle vier Evangelien. Sie wurden zu den Gründungsurkunden für eine zunehmend eigenständige Heidenkirche.

5. Die drei Anfragen im revidierten Geschichtsbild

Durch die Veränderung der Koordinaten gegenüber dem traditionellen Geschichtsbild ergeben sich auch neue Aspekte für die drei Anfragen, die im dritten Kapitel gestellt sind. Es ging um Jesus und sein Judesein, um Paulus und sein Verhältnis zur Evangelientradition und um Markus und die Entstehung der Gattung Evangelium. Das revidierte Geschichtsbild ermöglicht auf diese Fragen neue, zum Teil überraschende Antworten. Man kann auch genauer sagen: Alle drei Anfragen werden durch ein und dieselbe Antwort geklärt. Der entscheidende Unterschied im Geschichtsbild besteht in der Ablehnung jeder Substitution. Weil der Bund Gottes mit Israel unwiderruflich ist, sind Juden und Heiden theologisch sowohl bleibend unterschieden als auch unlösbar miteinander verbunden.

1. In der ersten Anfrage ging es um Jesus und sein Verhältnis zum Judentum. Wenn die Christologie, wie Bultmann behauptet, nur eine Sache der nachösterlichen Gemeinde gewesen wäre, also erst nach Ostern entstanden wäre, dann würde Jesu Judesein davon überhaupt nicht berührt. Dieses Judesein Jesu wäre unter diesen Umständen allerdings für das Christentum auch kaum oder gar nicht von Bedeutung.

Geht die nachösterliche Christologie aber doch, wie Käsemann betont, "in nuce" auf Jesus selbst zurück, dann gibt es nur zwei Alternativen: Entweder muss das "Neue" in einer Abgrenzung Jesu gegenüber dem Judentum bestimmt werden. Jesus hat dann das Judentum "überwunden", sich "aus dem Verband des Judentums gelöst", "sprengte das Judentum". Eine solche Christologie ist strukturell antijüdisch, weil sie das Neue bei Jesus nur im Zusammenhang mit einer Abwertung des Judentums formulieren kann. Eine solche Christologie braucht das Judentum als dunkle Kontrastfolie für die eigene Identitätsbestimmung.

Oder das "Neue" bei Jesus muss innerhalb des Judentums gesucht werden. Dann hat Jesus mit keinem Wort und an keinem Punkt seines Lebens das Judentum verlassen. Sein Judesein ist für die Christologie bleibend relevant. Daraus folgt: Eine solche Christologie hat strukturbedingt einen Zusammenhang mit dem Judentum, weil Christen nur zusammen mit der jüdischen Glaubensgeschichte und Theologie ihre Identität aussagen können.[80]

Daraus folgt nicht, dass das Christentum heute eine jüdische Sekte ist. Historisch gesehen haben sich Synagoge und Kirche nach dem Jahr 70 in selbständige Religionsgemeinschaften auseinander entwickelt. Das geschah, indem einerseits jüdische Jesusanhänger aus der Synagoge verbannt wurden und indem sich andererseits die urchristliche Gemeinde, die am Anfang fast ausschließlich aus Juden bestand, zur Zulassung des zweiten heidenchristlichen Weges durchrang, der sich zwischen den Jahren 70 und 100 zu einer, organisatorisch gesehen, unabhängigen Heidenkirche weiterentwickelte. Theologisch bleibt aber diese Heidenkirche trotz ihrer Trennung vom Judentum auf das von Gott unwiderruflich erwählte Volk Israel angewiesen. Christologie muss dieses Sonderverhältnis berücksichtigen,

---

80 Vgl. Röm 9,1-5; 11,17-24.

das sowohl bleibende Abhängigkeit als auch historisch gewordene Selbständigkeit umfasst.

Aus den Koordinaten des revidierten Geschichtsbildes folgt als Antwort auf die erste Frage: Jesus ist tatsächlich ganz im Judentum geblieben. Das "Neue" bei ihm muss innerjüdisch bestimmt werden. Es war, mit einem Wort, seine Fremdenliebe, die in den Augen seiner Gegner übertrieben war und deshalb jüdische Identität gefährdete.

Die parallelen Koordinaten dieses Geschichtsbildes zeigen an, dass das Problem der Beziehung zu den Fremden nicht nur für Jesus, sondern strukturell immer und für alle Juden vorhanden war und ist. Sicher gab es Unterschiede in der alltäglichen Erfahrung des "Fremdenproblems". In der Diaspora waren die Heiden einfach als Mehrheit allgegenwärtig, im Land Israel war dieses Verhältnis umgekehrt. Aber natürlich gab es auch in Israel überall Heiden, in den Städten mehr, auf dem Land weniger. Alle erlebten darüber hinaus die Außenseiter und "Fremden" der eigenen jüdischen Gemeinschaft, angefangen bei dauerhaft Kranken, Behinderten, Aussätzigen bis zu den Samaritanern, Zöllnern, öffentlichen Sündern und Sünderinnen.

Je mehr die eigene Erwählung bewusst ist, desto größer ist die Gefahr der ungerechtfertigten Abgrenzung und der Überheblichkeit. Erwählung bedeutet nicht nur einen Vorzug, sondern zugleich auch eine Verantwortung. Denn die Unterscheidung bürdet die Last und Verantwortung auf, mit allen "Nichterwählten" eine Beziehung zu denken und auch zu leben. Jesus hat diese Beziehung zu den "Fremden" bis zur Feindesliebe ausgeweitet und auch gelebt. Damit hat er Juden und, wie sich im Verlauf der Geschichte zeigen sollte, auch Heiden überfordert und provoziert.

2. In der zweiten Frage ging es um die überraschende Beobachtung, dass Paulus in seinen Briefen nichts von den Reden und Taten des historischen Jesus erwähnt. Die zwei theoretisch möglichen Antworten lauteten: Paulus erzählt nichts von Jesu Leben, weil er nichts davon weiß, also gar nichts erzählen kann. Oder er erzählt nichts davon, weil er das bewusst nicht will. Beide Antworten sind in dieser Form unbefriedigend und nicht hinreichend.

Im ersten Fall muss man die Träger und Vermittler der Jesusüberlieferungen in eine abgelegene Region und in eine kleine Außenseitergruppe verlagern. In Jerusalem durfte diese Gruppe jedenfalls nicht bekannt sein. Abenteuerlich erscheint diese Annahme besonders deshalb, weil natürlich auch die engsten Jünger Jesu davon nichts wissen durften. Oder wie soll man sich vorstellen, dass Jakobus und Petrus, die Paulus drei Jahre nach seinem Damaskuserlebnis über fünfzehn Tage lang in Jerusalem aufgesucht hatte (Gal 1,18f), von dieser Überlieferung nichts wussten, obwohl sie alles selbst miterlebt hatten und insofern die Quelle dieser Überlieferungen gewesen sein müssen? Oder wussten sie zwar davon, hielten diese Geschichten von Jesus aber für so irrelevant, dass sie Paulus davon überhaupt nichts erzählten?[81]

Schmithals hat sich aufgrund dieser absurd klingenden Konstruktionen in der Folge für die radikalste Konsequenz entschieden. Die Überlieferungen seien sowohl den Altaposteln als auch dem Paulus unbekannt gewesen, weil sie der Verfasser der Grundschrift des Markusevangeliums erst nach dem Jahr 70 einfach erfunden habe. Diese Konsequenz ist so radikal wie sie unwahrscheinlich ist.

Aus dieser Überlegung folgt als andere Alternative: Paulus muss die Evangelienüberlieferungen gekannt haben. Das ist spätestens von seinem ersten Jerusalembesuch an nach seinem Damaskuserlebnis anzunehmen. Vermutlich kannte er sie aber auch schon vorher, seit seiner Verfolgungszeit (Gal 1,13f). Denn warum sollte er etwas, was er gar nicht kannte, mit letztem Eifer verfolgt haben? Aus dieser zweiten, plausibelsten Annahme folgt jedoch, dass man zusätzlich erklären muss, warum Paulus die Jesusüberlieferungen zwar kannte, sie aber trotzdem nicht verwendete.

Für diese Frage nach dem seltsamen Verschweigen des Paulus ergibt sich aus den Koordinaten des revidierten Geschichtsbildes eine überraschende neue Antwortmöglichkeit: Paulus selbst gehörte als Jude zum ersten, jüdischen Bereich. Er war hellenistischer Jude, das heißt seine Muttersprache war Griechisch. Er hat zuerst aus religiösem Eifer die liberale Praxis der Tischgemeinschaft mit den Heiden bei griechischsprechenden Jesusanhängern bekämpft. Das geschah mit hoher Wahrscheinlichkeit im Rahmen einer Jerusalemer Synagogengemeinschaft (Gal 1,13). Nach seinem Damaskuserlebnis bis zum großen Konflikt mit Petrus in Antiochien, also vierzehn oder - wahrscheinlicher - siebzehn Jahre lang tat er dann nichts anderes als die von ihm vorher abgelehnte Tischgemeinschaft, vornehmlich in Antiochien, selbst zu praktizieren. Allerdings eskalierten die Probleme noch zusätzlich, weil es nicht mehr nur um die Zulassung einzelner Heiden ging, sondern auch um eine aktiv werbende Mission, in der die Heiden zu dieser Tischgemeinschaft eingeladen wurden.

Nach dem Konflikt in Antiochien, in dem Paulus offensichtlich

---

81 Paulus war drei Jahre nach seinem Damaskuserlebnis in Jerusalem. Er suchte Jakobus und Petrus auf und blieb 15 Tage. Spätestens jetzt muss Paulus Jesusüberlieferungen von Jakobus und Petrus gehört haben. Kann sich wirklich jemand vorstellen, dass sie darüber nicht gesprochen haben?

unterlag - auch Barnabas ließ ihn im Stich (Gal 2,13) -, begab sich Paulus auf seine große Missionsreise durch Kleinasien bis nach Europa, vor allem nach Griechenland. Auf dieser Missionsreise ging er einen wesentlichen Schritt weiter als die Hellenisten und begann, eigene heidenchristliche Gemeinden zu gründen, die außerhalb der Synagogengemeinschaften bleiben und selbständig weitergeführt werden sollten. Für diese Gemeinden beanspruchte er deshalb in der Folge mit Recht die Vaterschaft und er bezeichnete sich auch öfters als ihre Mutter, die ihretwegen erneut Geburtsschmerzen erleiden müsse (Gal 4, 19).

Paulus dachte dabei keineswegs an eine Ablösung des Judentums und der jüdischen Jesusanhänger durch die Heidenchristen. Er hoffte im Gegenteil, dass die Heidengemeinden den Juden insgesamt zum Anreiz würden, auch selbst diesen Jesus als Christus anzuerkennen. Er verstand seine Neugründungen als zweiten, nachgeordneten Weg. Für ihn war der Vorrang des ersten, jüdischen Weges immer selbstverständlich. Gerade darum kämpfte er zeitlebens um die Anerkennung dieses Zweiten Weges durch die "Säulen" in Jerusalem; darum überbrachte er auch selbst die Kollekte nach Jerusalem. Er wollte seinen Teil der Abmachung bis ins Letzte erfüllen. Paulus konnte sich einen von den Juden getrennten und organisatorisch unabhängigen Zweiten Weg gar nicht vorstellen. Er hat ihn auch in seinem Leben nicht mehr kennen gelernt. Sein baldiger Tod machte das unmöglich.[82]

Als Jude gehörte Paulus zum Ersten Weg. In diesem Bereich lernte er ganz selbstverständlich, zuerst als Verfolger, dann als führender Vertreter einer hellenistischen jüdischen Gemeinde in Antiochien, die Jesustraditionen kennen, wie sie von den ersten Jüngern in Jerusalem und überall weitererzählt wurden. Paulus ist, wie Jesus, nie aus dem Judentum ausgetreten. Er blieb immer Jude, und das mit Leib und Seele. Aber er verzichtete weithin auf eine jüdisch-orthodoxe Lebensweise, weil er sich zur Heidenmission berufen wusste. Das war seine besondere Sendung. Diese Mission konnte nur Erfolg haben, wenn er selbst mit diesen Heiden Tischgemeinschaft hielt und vor allem, wenn er mit ihnen das Herrenmahl feierte. Als er dann nicht mehr nur, wie andere Hellenisten auch, aktiv um Heiden warb und Heidenmission betrieb, sondern auch eigene getrennte Heidengemeinden aufbaute, musste er diesen neuen, zweiten Weg theologisch vor sich und anderen auch begründen. Das tat er mit der Verkündigung von Tod und Auferstehung Jesu als Gottes rechtfertigende

---

82 Getrennt von der Synagoge wurden diese Gemeinden bald nach dem Jahr 70, unabhängig vom Judentum nie.

und rettende Heilstat auch für die Heiden. Sie sind durch diese Tat Gottes neben dem Erwählungsbund mit Israel als Zweiter Weg der Erwählung begründet.

Damit erschließt sich auch auf die Frage nach dem Verschweigen der Jesustraditionen in der paulinischen Briefliteratur eine neue Antwortmöglichkeit. Hat Paulus die Jesustraditionen deshalb nicht erwähnt, weil sie dem Ersten Weg zugehörten? Die Heidenchristen hatten dann, vermittelt über den Kontakt mit dem Ersten Weg, durchaus Zugang zu den dort lebendigen Überlieferungen vom historischen Jesus. Aber sie hatten auch nur so Zugang. Denn dieser Jesus war Jude. Diese Feststellung hat theologisches Gewicht. Für die Heidenchristen selbst waren der Kreuzestod Jesu und seine Auferstehung als zentrale Heilsbotschaft genug. Das wurde ihr zentrales, von Paulus aufgenommenes und weiterüberliefertes Glaubensbekenntnis.[83] Aber sie waren darin nicht autark. Für die Frage nach der Person Jesu blieben sie weiter an den Ersten Weg zurückgebunden und von ihm abhängig.

Die Antwort auf die zweite Anfrage lautet also: Paulus verkündete die Jesusüberlieferungen deshalb den Heidengemeinden nicht, weil er diese gar nicht losgelöst vom Judentum und von den jüdischen Jesusanhängern sehen konnte. Die organisatorische Selbständigkeit neben der Synagoge bedeutete für Paulus keine Trennung von den jüdischen Jesusanhängern. Im Gegenteil: Die Heidengemeinden waren darauf angewiesen, dass ihnen die jüdischen Jesusnachfolger Gemeinschaft gewährten. Die Überlieferungen von Jesus waren weiter das Privileg des Ersten Weges, auf den die Heidenchristen bleibend angewiesen waren und auch sein sollten. Paulus vernachlässigte also nicht die Botschaft vom historischen Jesus. Aber er verwendete die Jesusüberlieferungen, die er nicht getrennt vom Judentum Jesu sehen konnte, in seinen Briefen an die neu gegründeten Heidengemeinden deshalb nicht, weil er die Heiden gerade nicht zur Beschneidung führen wollte.

3. In der dritten Frage ging es um die Entstehung der Evangelien, um die neue Gattung, die Markus geschaffen haben soll, um den freien Umgang der anderen synoptischen Evangelien mit ihrer literarischen Vorlage, dem Markusevangelium, und um die Tatsache, dass alle Evangelien ursprünglich in Griechisch geschrieben worden sind.

Reicht der Hinweis auf die kreative Leistung von verschiedenen individuellen Schriftstellerpersönlichkeiten wirklich aus: Markus habe die Gattung "Evangelium" geschaffen, Matthäus und Lukas

---

83 Vgl. zum Beispiel 1 Kor 15,3-5.

hätten mit souveränem Selbstbewusstsein das Markusevangelium und andere Quellen ausgewertet und daraus eigenständige Evangelien geschrieben? Diese Antwort klingt endgültig. Markus, Matthäus und Lukas haben sich eben so und nicht anders verhalten! Basta!

Die Eindeutigkeit der Antwort täuscht. Offene Fragen gibt es genug. Der Hinweis auf die Adressaten, auf die damit angesprochenen Akzeptanzprobleme, auf die innere Widersprüchlichkeit einer Gattung "Evangelium", die das öffentliche Leben Jesu in Form einer Biographie von der Taufe bei Johannes bis zum Tod und zur Auferweckung darstellt, ohne Biographie sein zu können oder auch nur sein zu wollen, die gleichzeitige Abhängigkeit und Unabhängigkeit der späteren Evangelisten von Markus, die griechische Originalfassung aller Evangelien, die zahlreichen, ganz unterschiedlichen und auch gegensätzlichen Antworten, die auf diese Fragen in den Einleitungen zum Neuen Testament gegeben werden, weisen auf ein offenes Problemfeld hin.

In einem revidierten Geschichtsbild, das die bleibende Erwählung Israels und die damit gegebene Zuordnung der Heidenwelt strukturell voraussetzt, ergibt sich eine neue zusammenhängende und aus der historischen Entwicklung begründbare Antwort.

Was Paulus hatte vermeiden wollen, wurde nach der Zerstörung Jerusalems und des Tempels nämlich Wirklichkeit. Paulus konnte den Zweiten Weg, den er mit der Gründung von heidenchristlichen Gemeinden eröffnete und dessen Anerkennung er vom Ersten Weg, also von den jüdischen Jesusanhängern immer einforderte, nie autark sehen. Für ihn war und blieb der Zweite Weg vom Ersten Weg abhängig. Er begründete also keine selbständige Heidenkirche, sondern lediglich eigenständig geführte Heidengemeinden, die durch den gekreuzigten und auferstandenen Messias neben den Bund Gottes mit Israel gestellt sind.

Über ein Jahrzehnt nach dem Tod des Paulus brach das Band zwischen jüdischen Jesusanhängern und Heidenchristen auseinander. Dieses Band war ohnehin immer stark belastet. Für die jüdischen Jesusanhänger war die enge Verbindung mit Heiden diskriminierend. Jakobus zum Beispiel, der die Kollekte der Heiden, die ihm von Paulus überbracht worden war, angenommen hatte, obwohl das Geld "heiß" war (Apg 21,18-21), wurde im Jahr 62 bei günstiger Gelegenheit Opfer des angestauten Hasses der Sadduzäer. Die Heidengemeinden ihrerseits waren in der ständigen Gefahr, ihre Rückbindung an die Juden zu vergessen, sich selbst zu rühmen (Röm 11,18f) und sich über die Juden wegen ihrer Freiheit vom Gesetz zu erheben.

Jetzt wurden die jüdischen Jesusanhänger wegen ihrer zu engen

Verbindung mit den Heidenchristen nicht länger in der Synagogengemeinschaft geduldet. Die Heidenchristen mussten sich daraufhin
zur selbständigen Heidenkirche weiterentwickeln, wollten sie sich
nicht aufgeben. Einzelne jüdische Jesusanhänger hatten in dieser
Situation die Größe, ihre ureigenen Überlieferungen von Jesus, dem
Juden, für die Heidenchristen zusammenzufassen und aufzuschreiben,
sie ihnen also zu treuen Händen zu übergeben. Sie konnten das angesichts der damit verbundenen eigenen Selbstpreisgabe nur, indem sie
die Führung Gottes in dieser Entwicklung am Werk sahen. Gott selbst
hatte danach in Jesus, seinem Sohn, die Entstehung der Heidenkirche
angestoßen und gewollt.[84] Jesus mit seiner Fremdenliebe war letztlich
"schuld" an ihrer Situation.[85]

Als erster schrieb Markus ein solches Evangelium. Seine Leitfrage dabei war die Heidenfrage. Wo und wann war schon in Jesu Worten und Taten diese Entwicklung zu einer Heidenkirche angelegt?
Matthäus und Lukas hatten dieselbe Leitfrage, beantworteten sie in
ihren Schriften aber entsprechend ihrer anderen Voraussetzungen mit
anderen Akzenten: Matthäus als Schriftgelehrter im Blick auf das
Alte Testament, Lukas mit Blick auf das Wirken des lebendigen
Geistes Gottes in der Geschichte.

Alle Evangelisten waren hellenistische Juden. Die Hellenisten
waren als erste herausgefordert, weil sie natürlich am meisten vom
Heidenproblem betroffen waren. Die Evangelien standen also nicht
am Beginn der Heidengemeinden, aber sie wurden zu den Gründungsurkunden einer eigenständigen Heidenkirche. Deren Eigen-
ständigkeit darf dennoch nicht als Autarkie missverstanden werden.
Die Rückbindung an das Volk Israel erfolgte zwar nicht mehr, wie in
den bisherigen Heidengemeinden, über jüdische Jesusanhänger, aber
sie blieb weiterhin unaufgebbar, auch wenn die Heidenkirche sie oft
vergaß und vergessen wollte[86] - die große marcionitische Versuchung.

4. Was hat sich in der Beantwortung der drei Anfragen in diesem
revidierten Geschichtsbild gegenüber dem traditionellen verändert?

Es handelt sich um drei Fragen, die jetzt inhaltlich zusammen-

---

84 Vgl. W. Schweitzer, Jude Jesus 80.
85 Ebd. 85: "Jesus wird geschildert als ein Jude, der 'den Verlorenen' nachging,
    sie heimzubringen suchte. Es scheint, dass die Kirche der Heidenvölker dar-
    aus entstanden ist, dass Jesu Jünger (die selbst auch Juden waren) zunehmend
    unter solchen 'Verlorenen' auch Heiden verstanden haben." Vgl. auch ebd.
    105.
86 W. Schweitzer zitiert, ebd. 117, zu dieser Frage P.M. van Buren mit der Aus-
    sage: "Als der Gesalbte bindet Jesus also die Völker der Welt an das Volk
    Jesu - das Volk des Bundes, das jüdische Volk."

hängen, also auch zusammen nur eine Antwort brauchen. In allen drei Anfragen ist der Hintergrund des Problems die Heidenfrage. Sie wurde bei Jesus, noch verhüllt in seiner Fremdenliebe, zum Problem und brachte ihn ans Kreuz. Daraus entwickelte sich nach Ostern die Tischgemeinschaft mit Heiden in der Synagogengemeinschaft des Stefanus und in der Konsequenz der Vertreibung der Hellenisten die Heidenmission. Dann gründete Paulus eigene Heidengemeinden als Folge seiner Niederlage und der "Vertreibung" aus seiner bisherigen Arbeit in Antiochien. Zuletzt kam es zur selbständigen Heidenkirche als Folge der Exkommunikation oder deren Androhung gegen jüdische Jesusanhänger.

Die folgende Skizze bringt noch einmal in den Grundzügen das revidierte Geschichtsbild. Zusätzlich eingetragen ist auf dem unteren heidnischen Weg die Entwicklung von der Fremdenliebe Jesu, die auch vor den Heiden nicht haltmachte, hin bis zum Beginn der Heidenkirche in der Zeit der Evangelienschreibung. Auf dem oberen jüdischen Weg sind die prominentesten Opfer dieser geschichtlichen Entwicklung benannt: Jesus, Stefanus, Paulus und Jakobus.

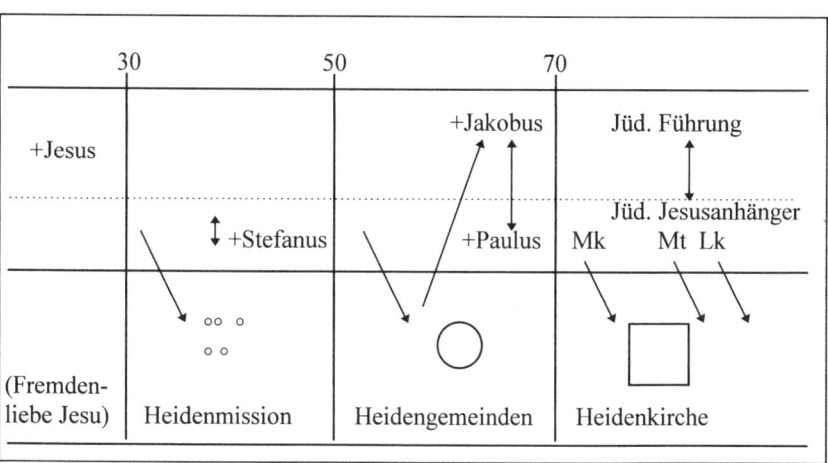

Die Entwicklung beginnt bei Jesus. Er stirbt wegen seiner "übertriebenen" Fremdenliebe am Kreuz. Der Konflikt um Stefanus entsteht unmittelbar aus der Nachfolge dieses Jesus. Er führt in der Synagoge des Stefanus zu einem Pogrom, verbunden mit einem Fall von "Lynchjustiz", und in der Folge davon zur vollständigen Zerstörung mindestens einer Gruppe von hellenistischen Jesusanhängern in Jerusalem.

Paulus muss die aramäischen "Säulen", besonders Jakobus und

Petrus, in den Konflikt seiner Synagoge in Antiochien hineinverwickeln und damit auch gefährden. Der Tod, sowohl von Paulus gegen Ende des fünften Jahrzehnts wie der des Jakobus im Jahr 62 waren in diesem Konflikt grundgelegt. Wieder war die Heidenfrage der Auslöser des Konflikts gewesen.

Markus und die anderen Evangelisten schreiben ihr Evangelium als "Betroffene" eines Konflikts, der jetzt nach dem Jahr 70 grundsätzlichen Charakter anzunehmen begann und alle jüdischen Jesusanhänger betraf, gleich ob sie Aramäisch oder Griechisch als Muttersprache hatten. Dieser Konflikt spielt sich ab zwischen den jüdischen Jesusanhängern auf der einen Seite und der jüdischen Führung, die Jesus als Messias ablehnt, auf der anderen Seite. Er wird zum gemeinsamen Leitthema aller Evangelien. Damit ist die Frage nach dem Konzept der Evangelien angesprochen. Jüdischen Jesusanhängern und Heidenchristen muss erklärt werden, warum und wie ihre jetzige Situation auf Jesus selbst zurückzuführen ist.

Die Antworten auf die drei Anfragen ergeben sich aus der strukturell gleichen, bleibenden Zuordnung und Verschiedenheit von Juden und Heiden. Gemeinsam ist in allen drei Antworten, dass es sich um innerjüdische Konflikte wegen der Heidenfrage handelt, die aber immer größere Dimensionen annehmen: Die Heiden sind immer zugleich Ursache und Nutznießer dieser Konflikte, die Juden sind jeweils die Leidtragenden.

6. Konsequenzen für das Konzept eines Evangeliums

Die Frage nach dem gesamten Konzept des Markusevangeliums soll in drei Schritten behandelt werden: erstens geht es um das Leitthema im Evangelium, zweitens um die Überlieferungsgeschichte im revidierten neutestamentlichen Geschichtsbild, drittens um eine Bewertung dieses Evangelienkonzepts.

1. Im revidierten neutestamentlichen Geschichtsbild zeigt sich ein einziges durchgehendes Leitthema für die Evangelien. Markus hat ein Leben Jesu verfasst. Aber er hat nicht einfach ein Verlaufsprotokoll aufgeschrieben, sondern er hat sein Leben Jesu unter eine einheitliche theologisch-dogmatische Fragestellung gestellt: Wie ist der innerjüdische Konflikt um die Heidenfrage, der zwischen Jesusanhängern und der jüdischen Mehrheit im Zusammenhang mit dem jüdischen Krieg in eine qualitativ neue Dimension eskaliert war, im Leben Jesu begründet?

Dabei schrieb Markus natürlich nicht als ein Historiker, der allen Seiten gerecht werden will, sondern als existentiell Betroffener und Gefährdeter, aber zugleich auch als Missionar, der der zahlenmäßig kleinen Gruppe der Jesusanhänger Mut und Kraft zusprechen will, indem er sie auf den Anfang und den bleibenden Grund ihres Weges in Jesus hinweist, und der den Heidenchristen bewusst machen will, wie groß das Geschenk ihrer Berufung in Jesus Christus ist. Sein Evangelium ist in erster Linie charismatisch angeleitete Verkündigung, nicht möglichst neutral erzählende Geschichtsschreibung.

Markus hat also ein Leitthema für sein "Leben Jesu", die Heidenfrage. Er schildert in seiner Schrift, wie Jesus seit der Taufe bei Johannes mit prophetischem Bewusstsein auftrat. Er berichtet, dass Jesus sich mit seiner Verkündigung von der Herrschaft Gottes nur an Israel wandte. Aber er bringt auch viele Beispiele dafür, dass diese Herrschaft Gottes immer zugleich Rettung und Heil für "Fremde", für Sünder und Zöllner, für Aussätzige und dämonisch Besessene und auch für Heiden bedeutete. Im Lauf seines öffentlichen Auftretens begegnete Jesus, bedingt durch seine Lebensgeschichte, durch Erfolg und Misserfolg, durch Ablehnung und Zustimmung, in seinem eigenen Verständnis also unter der Führung Gottes, dann auch den Heiden selbst. Zwar predigte er ihnen nicht, aber sie erfuhren in seinen Wundern Hilfe und bekamen darin eine Ahnung von der kommenden Herrschaft Gottes. Heiden konnten durch Jesus erleben, dass Gottes gnädiges Handeln an Israel allen Menschen zugute kommt.

Markus erzählt im weiteren Verlauf, dass Jesus zu diesem Weg stand und ihn als seine Berufung von Gott annahm. Deshalb ging er zuletzt auch nach Jerusalem. Im Tempel setzte er ein Zeichen, das der jüdischen Obrigkeit die Liebe Gottes zu den Heiden als seine messianische Sendung vorstellen sollte. Gleichzeitig war das eine Warnung an Israel vor der eigenen falschen Heilssicherheit. Wie viele Propheten vor ihm wurde er dort verkannt und als religiöser Phantast und Extremist abgelehnt. Die jüdischen Führer demonstrierten Jesus, wohin seine in ihren Augen überzogene Hochschätzung der Fremden führen musste. Sie übergaben ihn dem Heiden Pilatus, der ihn zum Tod verurteilte und hinrichten ließ.

Markus schrieb also kein Verlaufsprotokoll des Lebens Jesu. Sein Evangelium enthält deshalb viele Informationen über Jesus nicht, die manche sich erhoffen und erwarten. "Hätte er dies beabsichtigt, also eine Art Lebensgeschichte Jesu schreiben wollen, dann wäre er nicht über Herkunft, Geburt, Kindheit und Jugend Jesu, seine äußere Erscheinung und ähnliche für den Biographen wichtige Details mit

Stillschweigen hinweggegangen."[87] Aber das Evangelium weist in diesem Sinn nicht nur viele Lücken auf, es enthält auch "positive Unzusammenhänge", wie William Wrede und Albert Schweitzer übereinstimmend festgestellt haben.[88]

Daran ist die liberale Theologie bei ihren Versuchen, ein Leben Jesu zu schreiben, gescheitert. "Um ihre Leben-Jesu in Markus zu finden, muss die moderne Theologie bei diesem Evangelisten eine Menge von Dingen, und zwar immer die Hauptsachen, zwischen den Zeilen lesen und sie durch psychologische Vermutungen zum Text hinzuerfinden."[89] Schweitzer fasst zusammen: "Die psychologische Motivierung und die psychologische Verknüpfung der Ereignisse und Handlungen, die man bei Markus finden wollte, existieren nicht."[90]

Wer dennoch ein Verlaufsprotokoll aus dem Markusevangelium herausdestillieren wollte, musste zu dem problematischen Schnellzugverfahren nach dem bekannten Vergleich von Albert Schweitzer greifen. "Bisher löste man sich durch ein gewisses psychologisches Supplementärwissen Zuschlagskarten, die erlaubten, in der Leben-Jesu-Darstellung Schnellzüge zu benutzen, um nicht gezwungen zu sein, an jeder kleinen Station zu halten, umzusteigen, auf Anschluss zu warten und ihn eventuell zu verfehlen. Dieser Schalter ist nun geschlossen. Jede Perikope ist eine Station und die Anschlüsse werden nicht garantiert."[91] Bei Wrede heißt es ganz ähnlich: "Es fehlen die psychologischen und sonstigen Motivierungen, die den Vorgängen erst greifbare Gestalt geben würden. Sie fehlen aber nicht, weil sie hinzuzudenken wären, sondern weil sie überhaupt nicht gedacht sind."[92]

Wrede und Schweitzer stimmen also überein hinsichtlich der fehlenden Verbindungen und hinsichtlich der "positiven Unzusammmenhänge" in den Evangelien. In der Erklärung dieses "Systems der Unzusammenhänge" gehen sie dann getrennte Wege. Nach Schweitzer ist das "chaotische Durcheinander" der Berichte auf die "vulkanische Natur eines unermesslichen Selbstbewusstseins" zu-

---

87 Blinzler, Jesusverkündigung 72.
88 Vgl. dazu die glänzende Darstellung bei A. Schweitzer, Geschichte der Leben-Jesu-Forschung (Siebenstern TB 77-80), München, Hamburg 1966, Lizenzausgabe der 6. Aufl. von 1950 ([1]1906), hier 382-388 im Kapitel 19 mit dem Titel: "Die Kritik der modernen historischen Anschauung durch Wrede und die konsequente Eschatologie."
89 Ebd. 383.
90 Ebd. 384.
91 Ebd. 385.
92 Wrede, Messiasgeheimnis 143.

rückzuführen, dem die Evangelisten nicht gewachsen waren.[93] Wrede spricht dagegen von "verwirrten" Berichten, die anzeigen, dass Markus "von der ihm beigelegten Geschichtsauffassung kein Bewusstsein gehabt hat", sondern dass die "supranaturale Anschauung des Schriftstellers" für die Verwirrung und für "das geschichtlich Unmögliche" verantwortlich ist.[94]

Wrede und Schweitzer haben mit ihrer Analyse der "positiven Unzusammenhänge" in der Theologie weitgehend Zustimmung gefunden. Die Beweise scheinen überzeugend. Was aber, wenn Markus überhaupt kein Verlaufsprotokoll schreiben wollte? Der Maßstab stimmt nicht, im Vergleich zu dem Wrede und Schweitzer übereinstimmend die "Unzusammenhänge" festgestellt haben. Denn Markus hat ein Thema, von dem her er das Leben Jesu erzählt, die Heidenfrage.

Man muss sich in seine Lage hineinversetzen, um das zu verstehen. Markus gehört zu der relativ klein gebliebenen Gruppe der jüdischen Jesusanhänger. Sie halten Jesus für den Messias, den Gott jetzt endlich gesandt hat. Jesu messianisches Programm der Fremdenliebe verstehen sie folglich als Anruf Gottes für ihre Zeit. Jetzt nach dem jüdischen Krieg kann die jüdische Gemeinschaft offensichtlich dieses Programm Jesu, das in seiner Auswirkung in wenigen Jahrzehnten zu immer größeren, selbständigeren und auch selbstbewussteren Heidengemeinden geführt hat, nicht mehr dulden. Den Juden werden die Grenzen zwischen "innen" und "außen" zu unscharf.

Man kann diese Entwicklung geschichtlich nachvollziehen, auch verstehen und sie trotzdem bedauern. Hauptbetroffene und Hauptleidtragende sind jedenfalls die jüdischen Jesusanhänger. Sie müssen wegen ihres Messiasglaubens ihre Lebensform aufgeben. Sie gelten künftig den Juden "wie Heiden" und bleiben in ihrem eigenen Gewissen doch Juden. Sie erfahren am eigenen Leib, wie die in der Jüngerschaft Jesu vertretene und gelebte Botschaft von Gottes Liebe zum Fremden auch die Preisgabe des eigenen Lebens als Konsequenz fordern kann. Aushalten lässt sich das nur, wenn die Bindung an Jesus sehr stark ist und trägt.

Markus gibt sich und anderen darüber Rechenschaft, indem er ein Leben Jesu unter diesem Leitthema der Heidenfrage schreibt. Danach hat Jesus selbst als erster durch seine Fremdenliebe zunehmend Anstoß erregt und ist, weil er seiner Berufung durch Gott sicher war und ihr bis zuletzt treu geblieben ist, schließlich deswegen am Kreuz gestorben. Markus schreibt also ein "dogmatisches" Leben

---

93 A. Schweitzer, Geschichte 403.448.
94 Wrede, Messiasgeheimnis 21.32.

Jesu, kein Verlaufsprotokoll. Deshalb fehlen Nachrichten über Jesu Kindheit oder sein Aussehen.

2. Markus war der erste Evangelist. Aber er erfindet sein Evangelium nicht einfach.[95] Er hat sein Material aus der Überlieferung. So unterschiedlich die Ergebnisse der traditionsgeschichtlichen Forschung für dieses Material sind, über zwei Eckdaten herrscht weithin Einigkeit. Einmal gilt, dass die Geschichten als "Gebrauchsliteratur" überliefert sind. Ihr Sitz im Leben, durch den dieses Material geformt wurde, ist die "gottesdienstliche Lesung".[96] Daraus erklärt sich die Perikopenform der Überlieferung. Zum anderen ist ein deutlicher Unterschied zwischen der Überlieferung der Einzelgeschichten und der Passionsgeschichte festzustellen. Zwar ist auch die Passionsgeschichte in Perikopen unterteilt, aber sie ist zugleich deutlich geschlossener und zusammenhängender als die anderen Geschichten. Man hat den Eindruck: Die Passionsgeschichte wurde frühzeitig als Gesamterzählung vorgetragen und sie wurde dennoch gleichzeitig in Einzelabschnitten im Gottesdienst verwendet. Ein Beispiel dafür ist die Judasgeschichte. Innerhalb dieser Eckdaten lassen sich viele weitere Ergebnisse der diachronen Fragestellung zuordnen und übernehmen.

Neu hinzu im revidierten Geschichtsbild kommen zwei Beobachtungen: die Grundtendenz aller Einzelgeschichten und deren Einbindung in ein Gesamtbild von der Gestalt Jesu.

Die von Markus aufgenommenen Geschichten haben eine sachliche Ausrichtung auf die Heidenfrage. Die jüdischen Jesusanhänger stehen ja seit dem Tod Jesu ununterbrochen wegen der Heidenfrage unter Rechtfertigungsdruck. Von allem Anfang an ging es um die praktischen Konsequenzen von Jesu Fremdenliebe. Markus muss also sein Heidenthema nicht einem bis dahin neutralen Material erst überstülpen. Der ganze Stoff ist von dieser Frage schon geprägt.[97] Inhaltlich ging es schon in der mündlichen Überlieferungsphase immer um dasselbe Grundproblem, das die Jesusjünger wegen Jesu Fremdenliebe zu bewältigen hatten. Die Auseinandersetzung um die Heiden-

---

95 Am deutlichsten ist das behauptet im Markuskommentar von Schmithals, der die Grundschrift des Markusevangeliums für eine geniale Erfindung eines kreativen Erzählers hält. Vgl. Schmithals I 45f.
96 Vgl. Hahn, Überlegungen 191.
97 Vgl. P. Dschulnigg, Sprache, Redaktion und Intention des Markus-Evangeliums. Eigentümlichkeiten der Sprache des Markus-Evangeliums und ihre Bedeutung für die Redaktionskritik (SBB 11), Stuttgart 1984, 301 u.ö.. Dschulnigg sieht formal diese Ausrichtung, hat aber noch kein inhaltliches Leitthema für sie.

frage war geradezu das Antriebselement, das die Überlieferung von Jesus in Bewegung hielt.

Die zweite Beobachtung setzt noch stärker das revidierte Geschichtsbild voraus. Nach diesem Geschichtsbild gibt es einen breiten Strom für alle Jesusüberlieferungen, das Judentum. In diesen Strom eingebettet erzählen jüdische Jesusanhänger die Geschichten vom jüdischen Messias Jesus weiter. Heidenchristen haben daran zunächst nur vermittelt Anteil, insofern sie als Heiden an den Ersten Weg zurückgebunden und von ihm abhängig bleiben.

Unter dieser Voraussetzung ist es nicht mehr so selbstverständlich, dass die Jünger und die ersten Gemeinden nur "atomistisches Material" über Jesus weitergaben, das man aufgrund der Quellenlage also nur "nebeneinander", "sozusagen auf eine Ebene" projizieren darf.[98] Ist es wirklich auch nur wahrscheinlich, dass die ersten Jünger an Jesus nur in dieser "spröden" Form der Einzelgeschichten Interesse hatten, dass also ein Gesamtbild von Jesus und damit ein Leben Jesu in diesen Überlieferungen nicht vorkam? Soll wirklich erst Markus als Sammler diese Traditionen gerahmt und einem Ganzen eingefügt haben?[99] So sehr die wissenschaftliche Theologie diese These heute vertritt, wirklich überzeugen konnte sie damit die einfachen Gläubigen und auch die praktischen Seelsorger nie. Heute herrscht eher Waffenstillstand in dieser Frage. Beide Lager bleiben bei ihrer Meinung. Im übrigen meidet man das Thema.

Im revidierten Geschichtsbild öffnet sich ein festes und abgegrenztes Strombett, in dem die Überlieferungen von Jesus weitergegeben wurden. Wenn jüdische Jesusanhänger von diesem Jesus erzählen, weil sie ihn für den Messias halten, dann ist ihre selbstverständliche Annahme, dass diese Überlieferungen im Judentum ihren Sitz im Leben haben und behalten. Jesu Fremdenliebe löst ja in ihrem Verständnis nicht das Judentum auf, sondern bringt es zur Erfüllung seiner Erwählung und Sendung. Solche Überlieferungen sind keine Einzelgeschichten von einer Person an sich, einem historischen Jesus, sondern von einem Juden, der seine besondere messianische Sendung aus dem Wort Gottes, also aus der Bibel theologisch deutet.[100]

Wenn zum Beispiel beim Herrenmahl Geschichten von Jesus erzählt werden, dann müssen diese Geschichten nicht "atomistisches Material" sein. Die Zuhörer hatten selbstverständlich immer eine Gesamtvorstellung von diesem Jesus als Messias und sie wussten auch ganz genau, wo im Leben Jesu die aktuelle Geschichte hingehört.

---

98 Vgl. Schenke, Fischer, Einleitung II 58-60.
99 Vgl. Schweizer 4.
100 Vgl. dazu R. Feneberg, Formgeschichte 89-127, hier bes. 106-110.115-120.

Dieses "wo" meint natürlich nicht den genauen historischen Verlaufspunkt, also Datum und Zeit, sondern einen Ort in der theologisch gedeuteten Biographie. Diese theologische Biographie hat ihre Ausrichtung an der Heidenfrage. In Jesu Leben war es seine Fremdenliebe, die ihn schließlich nach Jerusalem und ans Kreuz brachte. Von daher konnten die Zuhörer problemlos unterscheiden, ob eine Einzelerzählung zu den Galiläischen Streitgesprächen gehörte oder erst zu den letzten Streitgesprächen in Jerusalem und am Tempel.

Die Geschichten waren nie einzelne Perlen, die erst Markus auf "die Reihe bringt", indem er sie auffädelt. Man muss die Abfolge gerade umdrehen. In den Köpfen und Herzen der jüdischen Jesusanhänger war immer die ganze Perlenkette gegenwärtig. Die einzelne Geschichte, im Gottesdienst vorgetragen, ist lediglich der Versuch, eine einzelne Perle besonders genau zu betrachten, um sie in ihrer ganzen Schönheit wahrzunehmen, so wie man sich vor einem wertvollen Bild, das man gemeinsam mit Freunden betrachtet, gegenseitig auf viele Details und Feinheiten aufmerksam macht.

Markus war zwar der erste Schriftsteller, der die Gattung "Evangelium" literarisch verwendete, aber er war nicht ihr Erfinder. Denn er hatte nicht nur eine ungeordnete Perlensammlung von Geschichten als Rohmaterial vorliegen. Er schrieb als erster dieses Leben Jesu auf, das jedem jüdischen Jesusanhänger vor Augen stand. Markus unterschied sich von den anderen durch seine literarische Leistung, nicht aber dadurch, dass er eine neue Gattung "erfand".

Diese literarische Leistung setzt auch eine Herausforderung durch seine Adressaten voraus. Wegen der Eskalation des innerjüdischen Konflikts war eine Verschriftlichung unbedingt notwendig geworden. Sie war aber nicht nur notwendig, sondern auch möglich geworden, weil sich jetzt das für die ersten Jünger anfangs noch diffuse Leitthema des Lebens Jesu von der Fremdenliebe eindeutig als Liebe zu den Heiden herauskristallisiert hatte. Nicht mangelndes Interesse am Leben Jesu in der Anfangszeit, sondern das selbstverständliche Wissen um diesen Jesus erklärt den Verlauf der Traditionsgeschichte.

Ein Vergleich aus der Literaturwissenschaft kann diese Umkehrung der heute üblichen Betrachtungsweise erläutern: Goethe hatte in einer Rezension im Winter 1805/06, also bevor er seine Autobiographie "Dichtung und Wahrheit" in Angriff nahm, einige grundsätzliche Überlegungen zur Aufgabe einer Selbstbiographie veröffentlicht, in denen er sein deutliches Interesse für eine solche Arbeit verrät.

Goethe unterscheidet zwei Arten von Selbstbiographien. "Es gibt zweierlei Arten, die Geschichte zu schreiben, eine für die Wissenden, die andere für die Nichtwissenden. Bei der ersten setzt man voraus, dass dem Leser das Einzelne bis zum Überdruss bekannt sei. Man denkt nur darauf, ihn auf eine geistreiche Weise, durch Zusammenstellungen und Andeutungen, an das zu erinnern, was er weiß, und ihm für das zerstreut Bekannte eine große Einheit der Ansicht zu überliefern oder einzuprägen. Die andere Art ist die, wo wir, selbst bei der Absicht eine große Einheit darzustellen, auch das Einzelne unnachlässlich zu überliefern verpflichtet sind. - Sollten zu unserer Zeit Männer, die über vierzig oder fünfzig Jahre im Leben stehen und wirken, ihre Biographie schreiben, so würden wir ihnen raten, die letzte Art ins Auge zu fassen. Denn außerdem, dass man sich gerade um das Nächstvorhergehende am wenigsten bekümmert, so ist unsere Zeit so reich an Taten, so entschieden an besonderem Streben, dass die Jugend und das mittlere Alter, für die man denn doch eigentlich schreibt, kaum einen Begriff hat von dem, was vor dreißig oder vierzig Jahren eigentlich dagewesen ist. Alles, was sich also in eines Menschen Leben dorther schreibt oder dorthin bezieht, muss aufs neue gegeben werden. ... In alle freien schriftlichen Darstellungen gehört Wahrheit, entweder in Bezug auf den Gegenstand oder in Bezug auf das Gefühl des Darstellenden, und so Gott will auf beides."[101]

Diese Unterscheidung mit ihren Intentionen lässt sich gut (mutatis mutandis) auf die mündliche Leben-Jesu-Überlieferung in der Zeit bis zum Jahr 70 und in die Leben-Jesu-Überlieferung der Evangelien nach dem Jahr 70 übertragen. Die erste erfolgte vor allem mündlich, in Einzelgeschichten und überwiegend im Gottesdienst als ihrem Sitz im Leben, die zweite entstand erst nach 40 Jahren Überlieferungsgeschichte und war das Werk von theologisch gebildeten einzelnen Evangelisten, die als Schriftsteller ein Gesamtbild des Lebens Jesu für ihre Zeit entwarfen.

3. Wie sieht nun dieses Leben Jesu im Markusevangelium aus? Markus reiht nicht einfach Geschichten aus dem Leben Jesu aneinander. Weder eine trockene Zusammenstellung von Ereignissen noch ein ebenso langweiliges Verlaufsprotokoll erwarten den Leser. Wer das von seinem Evangelium erhofft, wird enttäuscht. Im Evangelium finden sich nicht alle möglichen Informationen über Jesus. Details über seine Herkunft, seine Kindheit, seine Jugend fehlen ganz. Auch enthält es keine Tagesabläufe, Reisebeschreibungen oder ähnliches. Immer neue "Unzusammenhänge" tun sich für einen Leser mit solchen Erwartungen auf, Unzusammenhänge, die man entweder der schwierigen Traditionsgeschichte oder der Unfähigkeit des Markus als Redaktor und Schriftsteller anlasten muss. Dann ist es auch nicht

---

101 Goethe in einer Rezension für die "Jenaische Allgemeine Literaturzeitung" 1805/06 zu dem Buch "Bildnisse jetzt lebender Berliner Gelehrten, mit ihren Selbstbiographien", hg. von S.M. Lowe. Der Text ist zitiert aus dem Nachwort von E. Trunz zu Goethes "Aus meinem Leben. Dichtung und Wahrheit", in: Goethes Werke (Hamburger Ausgabe in 14 Bänden, hg. von E. Trunz) Bd IX (Autobiographische Schriften I), München [9]1981, 601.

mehr weit zu dem Urteil, ein Leben Jesu könne aufgrund der Quellenlage überhaupt nicht mehr geschrieben werden.

Dieses Urteil ist endgültig unter der Voraussetzung, dass nur ein
Verlaufsprotokoll eine richtige Lebensbeschreibung sein kann. Aber
diese Voraussetzung ist nicht zwingend. Die Frage ist gerade: Was ist
eine richtige Biographie? Ein weiterer Vergleich mit Goethes
"Dichtung und Wahrheit" soll die Frage beantworten helfen.[102]

Goethe begann die Arbeiten an seiner Autobiographie 1809. Es gab um diese
Zeit schon eine erste gesammelte Ausgabe seiner Werke in zwölf Bänden. Sie war
1806-1808 erschienen. Aber welches Bild machten sich die Leser von dem Autor?
"Wie sollten die Leser dieses Verschiedenartige als Zusammenhang erkennen? ...
Er selbst wusste, dass es innerlich alles aus einer Mitte hervorgegangen war und
zutiefst eine Einheit bildete."[103] Goethe war inzwischen 60 Jahre alt. Er hatte in
den letzten Jahren schwere Krankheit durchgemacht. Besonders der Tod Schillers,
des viel Jüngeren, hatte ihn betroffen gemacht.

"Goethe kannte den damaligen Stand der Biographie genau."[104] Biographien
bestanden in trockenen Zusammenstellungen von Lebensereignissen und Bücher-
titeln. Auch über sich selbst konnte er schon solche Biographien nachlesen, zum
Beispiel in dem "Lexicon deutscher Dichter", das 1807 erschienen war. Goethe
schauderte vor dem Gedanken, nur in dieser Form fortzuleben. Deshalb fasste er
den Entschluss, eine Autobiographie zu schreiben.

Er hatte sich schon länger Gedanken gemacht darüber, was eine Biographie
sein solle. Für ihn ging es darum, den großen Zusammenhang sichtbar zu machen,
das Ich, seine Entelechie. "Was nützten die bloßen Tatsachen?"[105] Solche Tat-
sachenbiographen sind für ihn "Nekrologen", weil sie, "weit schlimmer als der
Tod, eine Personalität zerstören."[106] Goethe "hat als einziger in seiner Zeit gewusst, dass die Biographie nicht nur Sache des Wissens sei, sondern ebenso-
sehr der Darstellungskunst."[107]

Diese Kunst der Darstellung ist verlangt, weil das Leben als Ganzes dargestellt werden soll. Es kommt Goethe auf eine Zusammenschau der Entwicklungs-
linien an. "Dichtung und Wahrheit" ist ein Alterswerk und nur als solches denkbar. "Vom Gesamt erhält das einzelne Bedeutung. Alles, was an seiner Autobiographie Deutung ist und als solche nur im Alter möglich war, nannte er 'Dichtung'.
Die Einzelheiten - wie die chronologischen Schemata sie sammelten - nannte er
'Wahrheit'. 'Wahrheit und Dichtung' (wie der Titel anfangs lautete) heißt also: die
Tatsachen und ihr Zusammenhang. Altes und Neues schiebt sich übereinander -
die Jugend als Stoff und Erlebniskraft, das Alter als Zusammenschau und

---

102 Die folgenden Gedanken entstammen dem Nachwort von E. Trunz, ebd.
    601-639.
103 Ebd. 601.
104 Ebd. 602.
105 Ebd. 603.
106 Ebd. Goethe an Zelter am 29. 5. 1801.
107 Ebd.

Deutungskraft - und ergibt die Reife."[108] "Dichtung und Wahrheit" entstand aus der Beziehung von gegenwärtigem Interesse und geschichtlichem Stoff.

Goethe ging auch so vor, dass er zuerst Ereignisse seines Lebens in "Schemata" sammelte. "Auf diese Weise entstand ein Überblick über das eigene Leben und den Hintergrund der Zeitgeschichte. Für die Darstellung galt es nun, diese Anordnung wieder zu verlassen und nach inneren Zusammenhängen zu ordnen."[109] In einem Brief an Schiller 1802 nannte er diese beiden Komponenten: "Bei einiger Reflexion ... fiel mir auf, was man für ein interessantes Werk zusammenschreiben könnte, wenn man das, was man erlebt hat, mit der Übersicht, die einem die Jahre geben, mit gutem Humor aufzeichnete."[110] Ganz ähnlich schrieb er 1830, zwei Jahre vor seinem Tod, an König Ludwig I. von Bayern: "Denn es war mein ernstestes Bestreben das eigentlich Grundwahre, das, insofern ich es einsah, in meinem Leben obgewaltet hatte, möglichst darzustellen und auszudrücken. Wenn aber ein solches in späteren Jahren nicht möglich ist, ohne die Rückerinnerung und also die Einbildungskraft wirken zu lassen, und man also immer in den Fall kommt, gewissermaßen das dichterische Vermögen auszuüben, so ist klar, dass man mehr die Resultate und, wie wir uns das Vergangene jetzt denken, als die Einzelheiten, wie sie sich damals ereigneten, aufstellen und hervorheben werde."[111]

Zurück zum Markusevangelium! Markus hat keine langweilige Zusammenstellung von Ereignissen aus dem Leben Jesu aufgeschrieben, sondern eine wirkliche Biographie verfasst. Es handelt sich um ein Kunstwerk, in dem die Ereignisse, genau wie bei Goethe, aus dem Abstand von vierzig Jahren betrachtet und zusammengefasst werden, nur dass es sich nicht um eine Autobiographie handelt. Die Zusammenschau erfolgte unter dem Leitthema der Liebe zu den Heiden. Das war die Übersicht, die den Jesusjüngern aus den vierzig Jahren zugewachsen war. Natürlich hielt Markus sein Werk deshalb nicht für eine Erfindung, weil er sein "Leben Jesu" unter ein Leitthema stellte. Das Thema selbst und die Ereignisse waren nicht von ihm. Sie stammten von Jesus selbst und waren ihm zuverlässig aus der Traditionsgeschichte überliefert. Seine Aufgabe war die literarische Fassung und damit die Darstellungskunst.

Was folgt daraus für das Konzept eines Evangeliums? Aus der

---

108 Ebd. 611. Goethe hatte den ursprünglichen Titel "Wahrheit und Dichtung" in "Dichtung und Wahrheit" aus euphonischen Gründen geändert. Die zwei gleichen Laute "t" und "d" hintereinander störten ihn. Er nahm dafür als mögliches Missverständnis in Kauf, dass man seine Biographie als teils erfunden, teils wahr verstand. In Wirklichkeit handelt es sich um "verdichtete" Wahrheit. Vgl. ebd. 640 (Anmerkungen zu Titel und Vorwort).

109 Ebd. 607.

110 Ebd.: Goethe an Schiller am 19. 1. 1802.

111 Ebd. 640 (Anmerkungen): Goethe an König Ludwig I. von Bayern am 12.1.1830.

Feststellung Wredes, dass es sich auch im ersten Evangelium um "dogmatische Texte" handelt, folgt schon logisch nicht, dass sie deshalb nicht zu einer Biographie Jesu gehören können.[112] Im Gegenteil: Eine neutrale, objektive Biographie kann es überhaupt nicht geben. Wer dieses Ideal vertritt, übersieht, dass er immer schon durch sein Material, seine Erinnerung, durch die Auswahl des Stoffes gestaltet und wertet. Markus sieht im Leben Jesu eine Mitte, einen Leitfaden, die Heidenfrage. Deshalb gestaltet er sein Evangelium von diesem Konzept her. Das Markusevangelium enthält ein Leben Jesu, allerdings ein "dogmatisches" Leben Jesu.

Ein solches Evangelium muss keinen durchgehenden äußeren Ablauf des Lebens Jesu bringen. Der Verfasser kann aus seinem Überblick Aspekte bündeln und dafür auseinanderliegende Ereignisse zusammenfassen. Aber selbstverständlich hat das Evangelium eine innere Dynamik, eine Dynamik auf der Erzählebene.

Bei Markus geht es um eine Entwicklung des Lebens Jesu in der Heidenfrage. Er erzählt, wie Jesus unter der Führung Gottes "lernt" und so seinen Weg geht. Unter diesem Leitthema gibt es also eine Entwicklung, einen Weg Jesu. Das ist die notwendige Voraussetzung dafür, dass man sinnvoll von einer Biographie sprechen kann. Markus erzählt im ersten Teil seines Lebens Jesu, wie Jesus sein öffentliches Auftreten in der Synagoge beginnt, wie er als Wanderprediger durch das Land zieht, wie er mit den Pharisäern in Konflikt gerät, wie er seine Jünger beruft und aussendet und wie er zu Heilstaten auch im Heidenland geradezu genötigt wird. Am Ende des ersten Teils weiß Jesus, jetzt als Messias, dass er mit seinem Programm der besonderen Liebe Gottes zu den Fremden in die Hauptstadt, nach Jerusalem gehen muss. Er tut das, obwohl er nach menschlicher Erwartung damit unbedingt scheitern muss. Er tut es dennoch, weil er sich von Gott dazu berufen weiß. In Jerusalem stirbt er am Kreuz. Markus schließt sein Evangelium damit, dass Gott Jesus mit diesem Weg in der Auferweckung bestätigt hat.

Der Weg, den Markus schildert, war wirklich der Weg Jesu. Markus erfindet nichts. Aber er hat vom Ende dieses Weges her eine Gesamtperspektive und zusätzlich einen durch die inzwischen vierzigjährige Wirkungsgeschichte geschärften Blick. Er kann als Erzähler jede Einzelgeschichte als Baustein an der richtigen Stelle verwenden, weil er deren wesentliche Bedeutung kennt.

Insofern weiß Markus mehr als Jesus[113] oder die ersten Jünger.

---

112 Vgl. R. Feneberg, Formgeschichte 97 u. ö..

113 Dieser Satz ist als eine literarische und historische, nicht als dogmatische Aussage zu verstehen. Diese ist schon deshalb theologisch nicht zu bean-

Jesus konnte in diesem Sinn zum Beispiel nicht wissen, dass es, durch ihn ausgelöst, nach dem Jahr 70 zu einer selbständigen Heidenkirche kommen würde. Die Gegner Jesu können im Nachhinein mit einigem Recht sagen, dass Jesus seinen Weg zu radikal verfocht, dass sie seinen "Extremismus" richtig eingeschätzt haben. Seine Fremdenliebe gefährdete wirklich jüdische Identität. Seine Anhänger können mit gleichem Recht behaupten, dass die Entfremdung der Heidenkirche von dem Ersten Weg nicht zwingend hätte kommen müssen, dass bei mehr jüdischer Toleranz manche späteren Irrwege dieser Heidenkirche vermeidbar gewesen wären. Markus urteilt von einer theologischen Warte aus: Jesus war Anfang und Urheber dieser Geschichte. Er war es in Treue zu seiner Sendung. Letztlich ist also nicht Jesus "schuld", sondern Gott selbst, der Israel erwählt und gleichzeitig in seiner Sendung überfordert hat.

7. Anmerkungen zur Methode

Mit dem Geschichtsbild sind die Koordinaten festgelegt, in deren Rahmen die methodologische Reflexion einzubringen ist. Denn für die Interpretationsmethode eines Evangeliums hängt alles davon ab, wie man sich die Tätigkeit des Evangelisten vorstellt. Diese Vorstellung hängt aber ihrerseits wieder von dem Geschichtsbild ab, das man sich von der neutestamentlichen Zeit macht.

1. Weil das Evangelium ein literarisches Ganzes ist, folgt als erstes methodisches Prinzip das Prinzip der Suffizienz des Textes. Abgesehen von ganz wenigen textkritischen Problemen, deren Entstehung sich aus der vielfältigen Textüberlieferung gut erklären lässt, ist von der Stimmigkeit und Vollständigkeit des vorhandenen Textes auszugehen. Weder Zuschlagskarten, mit denen man an einzelnen Stationen vorbeifahren kann, noch irgendwelche Ausflüge auf Nebenstrecken der Phantasie und der projizierenden Psychologie sind erlaubt. Markus ist als Schriftsteller zu sehen[114], sein Werk muss als vollständiges literarisches Ganzes, als "autosemantische Einheit" ernstgenommen werden.

---

standen, weil Jesus auch ganz Mensch war. Zum Menschsein gehört immer die offene Zukunft. Über die Gottessohnschaft Jesu und vor allem, wie diese mit dem vollen Menschsein Jesu zusammengeht, ist dabei nichts ausgesagt. Im übrigen hat auch das Konzil von Chalcedon nur die Tatsache, nicht das "Wie" des Zusammengehens ausgesagt.

114 Vgl. Luz, Markusforschung 647.

Aus diesem Prinzip folgt notwendig die synchrone Betrachtung des Evangeliums. Statt des Kindes, das Perlen auf eine Schnur aufreiht, ist der Evangelist der Architekt, der zwar die Baumaterialien nicht selber herstellt, der aber für das Gesamtwerk voll verantwortlich ist, weil er allein alle Materialien auswählt und zuordnet.[115]

2. Die synchrone Fragestellung ist in den vergangenen Jahren verstärkt in der Bibelwissenschaft gefordert und übernommen worden.[116] Nur ist sie bisher überwiegend aus Skepsis und Resignation geboren: Weil die Traditionskritik so weit auseinanderliegende Ergebnisse aufwies, verlagerte man das Interesse von der historischen Welt des Autors oder der ihm vorgegebenen Traditionen auf die erzählte Welt im Text. Literaturwissenschaft und historische Kritik werden dabei alternativ gesehen. Sie müssen nachträglich wieder in Beziehung zueinander gebracht werden. Im ersten Fall geht es um den Text selber, im anderen Fall schaut der historische Kritiker auf irgendetwas hinter dem Text.[117]

Offen bleibt also das Problem der Zuordnung von Synchronie und Diachronie. Mit einem sowohl "diachron" als auch "synchron" ist es aber nicht getan, auch nicht mit der methodischen Vorordnung der Synchronie vor der Diachronie als Grundaxiom der Literarkritik.[118] Die klassischen Kommentare bleiben deshalb überwiegend bei der diachronen Analyse, weil das "vertraute Gefilde" sind.[119] Josef Ernst verzichtet sogar ausdrücklich "auf eine heute in Mode gekommene synchrone Erklärung". Sie nehme die "Tiefenstrukturen" des Textes

---

115 Der Vergleich stammt von Luz, ebd. 646. Die englische Sprache unterscheidet zwischen "source criticism" und "literary criticism".
116 Als Beispiele seien genannt: Klauck, Jünger 1-26 (weitere Hinweise auf frühere Ansätze ebd. 3, Anm. 8); vgl. auch Breytenbach, Nachfolge; Markus-Philologie. Historische, literargeschichtliche und stilistische Untersuchungen zum zweiten Evangelium (WUNT 33), hg. von H. Cancik, Tübingen 1984; Der Erzähler des Evangeliums. Methodische Neuansätze in der Markusforschung (SBS 118/119), hg. von F. Hahn, Stuttgart 1985 (darin bes. die Aufsätze von Vorster, Hahn, Breytenbach); Frankemölle, Matthäus-Kommentar 1 und 2; P. Müller, Jesus; Klauck, Vorspiel; K. Löning, Das Geschichtswerk des Lukas. Bd. I: Israels Hoffnung und Gottes Geheimnisse (Urban TB 455), Stuttgart 1997.
117 Vgl. die Beschreibung von D.O. Via bei N.R. Petersen, Literary criticism for New Testament critics. Philadelphia 1978, 5; vgl. auch W.Vorster, Markus - Sammler, Redaktor, Autor oder Erzähler?, in: Der Erzähler des Evangeliums, hg. von F. Hahn, Stuttgart 1985, 31.
118 Vgl. Theobald, Primat 161-186.
119 Vgl. Luz, Markusforschung, bes. 647-649 (zum Markuskommentar von Gnilka).

nicht wahr.[120] Nur die diachrone Methode könne Aufschluss über die Sinnschichten des Textes geben.

Das Problem der Zuordnung stellt sich aber gar nicht in dieser Form, wenn die historische Welt nicht irgendwo hinter der erzählten Welt zu suchen ist, sondern in ihr selbst intendiert ist. Denn diese Alternative zwischen der historischen und der erzählten Welt ist nicht zwingend. Wie das Beispiel von Goethes Autobiographie zeigt, geht es bei einer Biographie nie nur um ein Verlaufsprotokoll, das dann angeblich mehr historisch sein soll. Die Darstellungskunst verlangt gerade eine Behandlung des wirklich Geschehenen ("Wahrheit") aus der Übersicht des Erzählers ("Dichtung"), der schon einen deutlichen Abstand von den Ereignissen hat.

Wenn dasselbe auch für die Evangelien gilt, folgt als weitere methodische Regel, dass es sich um wirkliche Biographien handelt. Was bei Goethe der Altersabstand von fast vierzig Jahren bringt, nämlich Überblick und Klärung seiner damaligen Wege, das leistet beim Markusevangelium eine vierzigjährige Traditionsgeschichte, in der sich die Jesusgeschichte auf das Heidenproblem hin zunehmend gebündelt hat.

3. Die Erzählung des Markus vom Leben Jesu enthält aus dieser Perspektive eine Entwicklung und einen Weg, auf dem sich das erzählte Ich entfaltet und zu seinem Ziel kommt. Damit sind grundsätzlich auch psychologische Aussagen möglich.[121] Am Anfang dieser Erzählung werden sich die späteren Entwicklungen erst leise andeuten. Wie in einem guten Kriminalroman sind die Verwicklungen dieses Lebens zwar schon angelegt, ohne dass sie aber der Leser gleich in ihrer Bedeutung erkennen kann. Wer einen solchen Roman ein zweites Mal liest, also den Gesamtzusammenhang schon kennt, wird dann auch in solchen leisen Andeutungen die spätere Entfaltung schon entdecken.

Die "Verdichtung", in der Markus aus seiner Übersicht das Leben Jesu darstellen will, ist die Heidenfrage. Diese Perspektive hat er sich nicht selbst gewählt. Sie ist ihm durch die Überlieferungsgeschichte vorgegeben. Sie hat sich immer deutlicher im Verlauf dieser vierzigjährigen Geschichte als der Einheitspunkt des Lebens Jesu herauskristallisiert. Im Vergleich gesagt: Der Architekt Markus verwendet viele Baumaterialien. Für die Auswahl dieser Materialien ist er voll verantwortlich. Aber auch ein Architekt könnte aus Steinen kein Holzhaus bauen.

---

120 Ernst 5 (Vorwort).
121 Vgl. Cancik, Gattung 99

4. Daraus folgt, dass die Hauptgliederung im hermeneutischen Zirkel aus der Textbeobachtung und dem Leitthema dieses Lebens Jesu erarbeitet werden muss. Dabei dürfen grundsätzlich keine "Unzusammenhänge" bleiben. Die "Unzusammenhänge" und die "Unordnung", die Albert Schweitzer in den Evangelien zusammengestellt hat[122], sind am Maßstab eines Verlaufsprotokolls gemessen. Für Schweitzer erklärt sich diese "Unordnung", weil etwas Dogmatisches in die Ablaufschilderung des Lebens Jesu hineinrage, "etwas, das sich um die Ereignisse, die den äußeren Verlauf desselben ausmachen, nicht kümmert"[123]. Wenn aber dieser Maßstab nicht stimmt, dann sind die sogenannten "Unzusammenhänge" literarische Hinweise auf eine andere Komposition, die es aufzudecken gilt.

Das soll an einem Beispiel verdeutlicht werden: Am Ende des ersten Kapitels steht bei Markus, dass Jesus wegen des großen Zulaufs nicht mehr offen in eine Stadt hineingehen konnte (Mk 1,45); am Anfang des zweiten Kapitels, also im nächsten Satz, heißt es, dass Jesus nach einigen Tagen wieder in Kafarnaum war (Mk 2,1). Wenn es um einen Verlauf ginge, wäre darin ein Bruch zu sehen. Der Evangelist hätte dann einfach zwei Traditionsblöcke aneinandergereiht und sich nicht um einen glatteren Übergang bemüht, aus welchen Gründen auch immer. Wenn es aber um die Darstellung eines zusammenhängenden Leitthemas im Leben Jesu geht, dann handelt es sich an dieser Stelle nicht um einen Bruch, sondern um einen Szenenwechsel. Der Schriftsteller beginnt ein neues Kapitel mit einer neuen Szene und mit einem neuen "Bühnenbild", nachdem er einen ersten Überblick geboten hat. Der angebliche Bruch ist also ein Kompositionshinweis und nicht Produkt eines ziemlich unfähigen Verfassers.

Natürlich wird es bei diesem Verfahren weiterhin schwierige Stellen geben, deren Interpretation nicht recht zu gelingen scheint. Die Arbeit der Interpretation kommt nie an ein Ende. Aber wie bei anderen Interpretationen auch, muss die erste Reaktion auf eine solche Schwierigkeit das Eingeständnis der eigenen Kurzsichtigkeit und Unfähigkeit sein. Wer Markus als Schriftsteller ernst nimmt, kann ihm nicht vorhalten, er sei nicht Herr über seinen Stoff geworden, wie das Bultmann getan hat.[124] Scheinbare "Unzusammenhänge" dürfen nicht zu Schlussfolgerungen führen wie: Markus verfüge über keinen Kompositionsplan; er sei literarisch und theologisch anspruchslos; er sei Amateur-Schriftsteller gewesen; sein Werk sei von "unliterarischer Schriftlichkeit"; der Verfasser Markus sei in einer

---

122 A. Schweitzer, Geschichte 383-387.
123 Ebd. 388.
124 Bultmann, Geschichte 375.

Weise von seiner Tradition abhängig, dass man ihn deshalb für einen "konservativen Redaktor" ohne eigene Konzeption halten müsse.[125]
Fast klassisch hat diese Einschätzung der Nichttheologe Günther Zuntz anzugreifen gewagt. Er habe den Eindruck gewonnen, "die Schätzung dessen, was die Evangelisten selbst, und speziell Markus, geleistet haben, (sei) auf ein Minimum reduziert worden"[126]. "Sie erscheinen in dieser Sicht als bloße Kompilatoren von umlaufenden Berichten verschiedener Art; wenn ihnen überhaupt eine aktive Rolle zugestanden wird, besteht sie darin, dass sie einigermaßen zusammenhängende Berichte durch abstruse Einlagen verdarben. Auf dieser Basis lösen sich alle ernsthaften Probleme der Komposition mit Leichtigkeit; denn was immer dem Kritiker unvereinbar scheint mit guter alter Tradition, wird dem dummen Evangelisten in die Schuhe geschoben. Ist das nicht ein recht fragwürdiges Axiom? Dies Büchlein, welches zweitausend Jahre hindurch ... Millionen von Lesern inspiriert und erschüttert hat: es wäre die Produktion eines tollpatschigen Interpolators?"[127]

5. Zur Kontrolle der Interpretation des Markusevangeliums gibt es noch eine weitere methodische Hilfe im besonderen Fall der synoptischen Evangelien. Markus war der erste Evangelist. Er schrieb ein "dogmatisches" Leben Jesu, indem er die Kirche aus Juden und Heiden zu seiner Zeit auf Jesu Fremdenliebe zurückführte. Matthäus und Lukas haben ihn gekannt und als literarische Quelle benützt. Die meisten Exegeten sind sich einig darin, dass sie damit nicht Markus kritisieren, korrigieren oder ersetzen wollten.[128] Gerade deshalb stellt die Art ihrer Quellenbenutzung ein großes Problem dar. Wie konnten Matthäus und Lukas in ein und dieselbe Geschichte, die sie bei Markus gefunden haben, Gemeinsamkeiten und Verschiedenheiten hineintragen? Wie erklärt sich ihre Abhängigkeit und Selbständigkeit zugleich bei der Art und Weise ihrer Quellenbenutzung?
In einem Geschichtsbild, in dem das Judentum theologisch ernst genommen wird, kann es mehrere und auch unterschiedliche Leben Jesu geben, ohne dass diesen ihre biographische Qualität abgesprochen werden müsste. Es kann mehrere theologische Konzepte geben, die untereinander verschieden sind und sich dennoch in der Haupt-

---

125 Vgl. Pesch I 1-69 (Einleitung).
126 Zuntz, Heide 221.
127 Ebd.
128 Eine Ausnahme stellt die Einleitung von Schenke, Fischer, Einleitung II dar. Danach wollte jedes Evangelium ursprünglich das allein maßgebende sein (ebd. 13). Keines habe sich allerdings mit diesem Anspruch durchsetzen können (ebd. 63).

aussage nicht gegenseitig widerlegen. Die Verschiedenheit geht auf unterschiedliche Entwürfe zurück, die Fremdenliebe Jesu auf dem Hintergrund der Tora, also unter der Weisung und Führung Gottes, zu beschreiben und zu erklären. Matthäus und Lukas haben dasselbe Leitthema für ein Leben Jesu aus der eigenen Tradition und sie haben es zugleich bei Markus nachgelesen und dort auch richtig verstanden.

Matthäus ist der gebildete Schriftgelehrte, der noch ganz anders als schon Markus aus der Bibel belegen kann, dass und wie dieser Weg Jesu mit dem Wort Gottes in der Bibel übereinstimmt. Lukas, der das beste Griechisch schreibt, erklärt den Gebildeten seiner Zeit diesen Weg Jesu und den Weg der nachösterlichen Kirche. Er schildert, wie der Geist Gottes zuerst Jesus und dann die Jünger dahin führt, dass auch die Heiden von Gott geliebte "Fremde" in einer eigenständigen Kirche aus Juden und Heiden werden konnten.

Die verschiedenen theologischen Konzepte erklären gleichzeitig ihre Abhängigkeit und ihre Unabhängigkeit gegenüber dem Markustext. Die Unabhängigkeit zeigt sich in den Abänderungen, die sie vornehmen, sei es in der Reihenfolge, sei es in der Wortwahl, sei es in der konzeptionellen Gestaltung. Nicht ein Verlaufsprotokoll ist der Maßstab. Es geht um die Mitte, um das Leitthema im Leben Jesu. Die Begründung der Heidenproblematik in Jesu Fremdenliebe ist verständlich zu machen und zu verkünden. Sie kann bei der Pluralität jüdischer Theologie und jüdischer Traditionen literarisch und theologisch selbstverständlich in vielfältiger Form erfolgen. Solche verschiedenen Konzepte können gleichzeitig zutreffend sein, auch wenn sich in Details auf der Verlaufsebene Widersprüche feststellen lassen.[129]

Jeder, der schon einmal eine Autobiographie zu schreiben versucht hat, weiß, dass eine solche Biographie im weiteren Leben nicht einfach ergänzt werden kann. Sie müsste alle paar Jahre neu geschrieben werden, weil sich der Standpunkt des Verfassers und damit die Perspektive für sein Leben verändert. Ein vielleicht sehr schmerzhaftes Trennungserlebnis kann aus dem Abstand von ein paar Jahren eine völlig neue Bewertung erfahren, wenn sich in der Folge dieser Trennung ein vorher nicht denkbarer neuer Weg eröffnet hat. Dabei verliert in der Erinnerung das schmerzhafte Erlebnis nicht seinen schlimmen Beigeschmack, aber der Stachel erfährt eine andere Bewertung.

---

129 Es sind grundsätzlich immer mehrere verschiedene Biographien nebeneinander denkbar, die sich nicht gegenseitig ausschließen müssen. Auch Hilfshypothesen, die die Existenz von vier Evangelien erklären sollen, sind nicht erforderlich. Vgl. Frankemölle, Matthäus-Kommentar 1, der (ebd. 10f) annimmt, dass wohl Matthäus selbst, nicht aber seine Adressaten das Markusevangelium gekannt hätten.

Ein Vergleich mit der Situation der Synoptiker ließe sich simulieren, wenn man drei verschiedenen Menschen den Auftrag gäbe, je einzeln eine Biographie von einer Person der Öffentlichkeit, zum Beispiel von einem Papst oder von einem berühmten Künstler zu schreiben. Voraussetzung für ein Gelingen des Experiments wäre darüber hinaus, dass allen drei Autoren im Wesentlichen dieselben Quellen zur Verfügung stehen.

Für die Interpretation des Markusevangeliums bedeutet das, dass durch die beiden anderen synoptischen Evangelien eine Kontrolle möglich wird. Matthäus und Lukas sind mit ihren Evangelien die ersten, wenn auch indirekten Exegeten des Markus. Sie kennen das Markusevangelium und sie haben sein Konzept verstanden. Sie schreiben trotzdem dasselbe Leben Jesu neu, weil sie aufgrund ihrer anderen Herkunft, Ausbildung und Erfahrung, mit anderen Adressaten und etwa fünfzehn Jahre später als Markus ein eigenes Konzept für dieses Leben Jesu entwickeln. Sie sind andere theologische und literarische Persönlichkeiten.

Da sie Markus nicht ablehnen oder korrigieren, lässt sich mit ihren Evangelien eine Art Gegenprobe für Interpretationen im Markusevangelium anstellen. Immer wenn sie von Markus abweichen, muss sich diese Abweichung aus ihrem anderen Konzept ableiten lassen, ausgenommen einige wenige rein sprachlich begründete Veränderungen. Im Prinzip ist deshalb keine einzige Abweichung willkürlich und grundlos erfolgt. An vielen Stellen wird sich der Grund nicht ganz leicht erkennen lassen, an manchen Stellen ist die Abweichung nicht sehr aussagekräftig. Aber an einigen Stellen ist sie auch leicht nachzuvollziehen und kann dann eine indirekte Bestätigung für die Markusinterpretation darstellen. Das Ergebnis lautet dann formal: Matthäus und Lukas haben Markus und sein Konzept richtig verstanden, weil sie ihre Vorlage aufgrund ihres anderen Konzepts an dieser Stelle geändert haben. Warum hat zum Beispiel Matthäus die wichtige Erzählung vom ersten Auftreten Jesu in der Synagoge (Mk 1,21-28) ausgelassen? Warum hat Lukas die Nazaretperikope von Mk 6,1-6 in seinem Evangelium wesentlich erweitert und an den Beginn des öffentlichen Auftretens Jesu gestellt? Es spricht viel für die Vermutung, dass sich beide Fragen mit den bei Matthäus und Lukas vorangestellten Kindheitsgeschichten beantworten lassen.

6. Die einzelnen methodischen Schritte sind keineswegs neu. Sie bekommen in der folgenden Untersuchung des Markusevangeliums ihr besonderes Profil, weil sie innerhalb der Koordinaten des revidierten Geschichtsbildes angewendet werden. Danach ist Jesus theologisch

Jude gewesen und er hat das Judentum auch nie verlassen. Aber er hat die dem Judentum durch die Erwählung theologisch eingestiftete Beziehung zu den Heiden vertieft und insofern auch verändert, weil er, jedenfalls in den Augen seiner Gegner, die Fremdenliebe zu radikal praktizierte.

Dabei hat Jesus diese Veränderung nach der Biographie des Markus weder bewusst von Anfang an intendiert noch deren Wirkungsgeschichte vorausgesehen. Erst aus dem Abstand von vierzig Jahren und aus der Kenntnis des Geschichtsverlaufs wird sichtbar, welche Dynamik und Sprengkraft in jeder einzelnen Phase des Lebens Jesu steckte. Markus machte es sich zur Aufgabe, dieses Leben so nachzuerzählen, dass die in diesen vierzig Jahren eingetretenen Veränderungen von Jesus angestoßen und verursacht erscheinen.

Der Erzähler will also einerseits schon von Beginn seines Lebens Jesu an die kleinsten Spuren dieser Entwicklung aufzeigen. Auf der anderen Seite will er diese Spuren als Teil einer Lebensgeschichte erzählen, in der sich diese Entwicklung allmählich immer deutlicher ausgeprägt hat. Am Ende soll in der Biographie Jesu das von Gott bestimmte Heidenthema sichtbar sein. Denn diese eine Voraussetzung ist für den Erzähler selbstverständlich: Jesus hat seinen Weg nicht willkürlich oder zufällig absolviert. Er war von Anfang an der Mann Gottes. Von Gott weiß er sich auserwählt und gesandt. Jeden Schritt macht er ausschließlich unter seiner Führung.

7. Eine feste Gliederung für das Evangelium lässt sich nicht im Voraus festlegen. Inhaltliche und formale Gesichtspunkte müssen sich bei der Suche nach der Gliederung jeweils wechselseitig verifizieren.[130]

Heuristisch wird im folgenden die heute weithin übliche Einteilung des Markusevangeliums in insgesamt sechs größere Abschnitte übernommen, die sich in zwei Hauptteile mit je drei Abschnitten zusammenfassen lassen, mit dem Einschnitt nach dem Christusbekenntnis des Petrus in Mk 8,29f.[131] Erst am Ende wird sich zeigen, inwieweit sich diese Gliederung bewährt.

---

130 Lang, Kompositionsanalyse 2.
131 Vgl. Lang, ebd. 1–24, hier bes. 12f; eine gute Übersicht über die verschiedenen Gliederungsversuche auch bei R. Pesch, Naherwartungen, Tradition und Redaktion in Markus 13, Düsseldorf 1968, 48–73, bes. 50–53.

Gliederung des Evangeliums

ERSTER HAUPTTEIL: Mk 1,1-8,30

1. Abschnitt: Jesu Macht in Wort und Tat	Mk 1,1-3,6
2. Abschnitt: Der Lehrer und seine Schüler	Mk 3,7-6,13
3. Abschnitt: Jesus und die Heiden	Mk 6,14-8,30

ZWEITER HAUPTTEIL: Mk 8,31-16,8

1. Abschnitt: Der König auf dem Weg in seine Stadt	Mk 8,31-10,52
2. Abschnitt: Der König verkündet im Tempel sein Programm	Mk 11,1-13,37
3. Abschnitt: Der König wird am Kreuz inthronisiert	Mk 14,1-16,8

Nach dieser Gliederung richtet sich auch die folgende Untersuchung des Lebens Jesu im Markusevangelium. Es geht in diesen sechs Abschnitten nicht um einen klassischen Kommentar zum Evangelium des Markus, in dem jeder einzelne Vers vorkommen und erklärt sein muss. Es handelt sich dennoch um eine Art Kommentar, nämlich um einen Kommentar, in dem das einzelne jeweils in den Gesamtzusammenhang des Lebens Jesu, wie es Markus erzählt hat, gestellt wird. Vielleicht lässt sich diese Kommentierung mit den Ausgrabungsarbeiten von Archäologen vergleichen. Dort werden Gräben und Stollen gezogen, um Längs- und Querschnitte zu erhalten, die allmählich einen Überblick über die ganze Ausgrabungsstätte und deren Geschichte ermöglichen. Ein grobes, zu Beginn sehr hypothetisches Konzept wird dabei zunehmend bestätigt, ergänzt, verfeinert und auch korrigiert.

ERSTER HAUPTTEIL: Mk 1,1-8,30

1. Abschnitt: Jesu Macht in Wort und Tat (Mk 1,1-3,6)

Der erste Abschnitt im Markusevangelium macht einen unübersicht-
lichen Eindruck. Viele Einzelgeschichten scheinen ziemlich willkürlich aneinandergereiht. Dennoch lassen sich drei größere Einheiten
unterscheiden: der Prolog (Mk 1,1-15), in dem Jesus im Zusammenhang mit Johannes dem Täufer eingeführt und vorgestellt wird; die
Erzählung von den ersten Schritten Jesu in die Öffentlichkeit in und
um Kafarnaum herum (Mk 1,16-45); das erste Aufeinandertreffen mit
jüdischen Theologen, den Schriftgelehrten, die zu Jesus Stellung
nehmen müssen und die ihn nach einer Reihe von Lehrauseinander-
setzungen als Lehrer ablehnen (Mk 2,1-3,6).

Die folgenden Schritte wollen besonders der inneren Dynamik
nachgehen, mit der Markus sein Evangelium in diesem ersten Abschnitt eröffnet. Der literarische Spannungsbogen verdankt sich nach
der Einführung und Vorstellung Jesu (1.1.) vor allem dem Schlüsselerlebnis in der Synagoge von Kafarnaum (1.2.). Erst dadurch wird
Jesus zum Wanderprediger (1.3.). Um Missverständnisse auszuschließen, muss er seinen prophetischen Anspruch ausdrücklich anmelden (1.4.). Literarisch leitet dieser Schritt zugleich über zur anschließenden theologischen Auseinandersetzung mit den Schriftgelehrten, die mit seiner Ablehnung als Lehrer endet (1.5.). Im letzten
Schritt wird die literarische Komposition des ersten Abschnitts nochmals im Zusammenhang betrachtet, um seine Einheit und Geschlos-
senheit sichtbar zu machen (1.6.).

1.1. Jesus wird im Zusammenhang mit Johannes dem Täufer
eingeführt und vorgestellt (Mk 1,1-15)

1. Die Grenze[1] zwischen dem Prolog und dem ersten öffentlichen
Auftreten Jesu bildet der programmatische Satz vom Beginn der Ver-

---

[1] Mit dieser Formulierung soll der Streit unentschieden bleiben, wie weit der
Prolog reicht. Es genügt hier, wenn der summarische Satz in Mk 1,14f als
Programm und Überschrift für die folgende Erzählung von Jesu Weg ver-
standen wird.

kündigung Jesu in Mk 1,14f: "Nachdem aber Johannes ausgeliefert wurde, kam Jesus nach Galiläa, verkündigend das Evangelium Gottes und sagend: 'Erfüllt ist die Zeit!' Und: 'Nahe gekommen ist das Gottesreich! Kehrt um und glaubt an das Evangelium!'"[2]

Johannes der Täufer muss jetzt von der Bühne abtreten. Er kommt ins Gefängnis. Jesus tritt auf, indem er nach Galiläa geht und dort das Evangelium Gottes verkündet. Zusammengefasst handelt es sich dabei um die Ansage der Gottesherrschaft und um den damit korrespondierenden Ruf zur Umkehr (Mk 1,15).

In diesem programmatischen Satz ist nicht nur das Thema für das ganze Markusevangelium angegeben, er führt darüber hinaus durch den Vergleich mit dem Auftreten Johannes des Täufers literarisch sehr geschickt zur Frage nach Jesu erstem Auftreten in der Öffentlichkeit. Wie beginnt Jesus im Vergleich zu Johannes?

Der allererste Satz des Evangeliums ist Überschrift und Ankündigung zugleich: "Anfang des Evangeliums Jesu Christi" (Mk 1,1). Die Ankündigung klingt bescheiden. Markus will erzählen, wie alles angefangen hat. Auf den ersten Blick könnte man mit der Antwort in Mk 1,14f die Sache als erledigt ansehen. Die Leser haben erfahren, dass Jesus nach der Gefangennahme Johannes des Täufers seine eigene Verkündigung begonnen hat. Jesus macht es anders als Johannes. Er predigt nicht in der Wüste, sondern er beginnt in Galiläa, seinem Heimatland (Mk 1,9).

2. Für den aufmerksamen Leser genügt aber diese Auskunft schon nicht mehr. Denn der Erzähler hat durch seinen Vergleich mit Johannes die Frage längst erweitert und vertieft. Das Schicksal Johannes des Täufers klingt im Vergleich mit an. Wohin wird der Weg Jesu führen und wie wird er enden? Außerdem geht es nicht nur um den äußeren Unterschied des Ortes und um den Zeitpunkt, sondern auch um die Art und Weise des ersten öffentlichen Auftretens Jesu. Wie unterscheidet sich Jesus darin von Johannes? Das ist jetzt die Fragestellung, die den ersten Abschnitt bis Mk 3,6 bestimmt.

Die Frage lässt sich noch in einem wichtigen Punkt genauer eingrenzen. Dafür muss allerdings der Text streng synchron gelesen werden. Das bedeutet, dass keine Informationen von späteren Textstellen im Markusevangelium oder gar von anderen Evangelien zum Verständnis notwendig sind. Sie dürfen in einem ersten Lesen

---

2 Die vorliegende Übersetzung lehnt sich eng an das griechische Original an. Sie ist in diesem Fall (und bei den meisten weiteren Zitaten) entnommen aus: Synoptisches Arbeitsbuch zu den Evangelien. Bd. 1: Synopse nach Markus, bearb. und konkordant übersetzt von R. Pesch u.a. Zürich, Gütersloh 1980.

gar nicht herangezogen werden, um die vom Autor angezielte offene Fragehaltung beim Leser zu erreichen. Wenn der Text eine "auto-semantische Einheit" darstellt, ist er auch in sich suffizient. Dieses Axiom gilt ebenso für den Aufbau der Erzählung. Der Autor hat alles gesagt, was er sagen wollte. Er hat weggelassen, was er für seine Er-zählung an dieser Stelle nicht oder noch nicht sagen wollte. Er wusste immer beim Schreiben, wohin seine Erzählung führen sollte.[3]

Die Leser müssen sich in die Rolle von Erstlesern versetzen und ihr Vorwissen vergessen. Natürlich ist das psychologisch nur mög-lich, wenn sie nicht nur blasse Informationen erwarten, sondern das Evangelium als literarisches Werk verstehen, das eine eigene Dyna-mik und Spannung hat und das sie in die Biographie Jesu einführen will. Die Leser müssen sich vom Autor führen lassen wollen.

Unter dieser Voraussetzung hat ein Leser nach dem Prolog und dem Programmsatz in Mk 1,14f einige Punkte erfahren, in denen sich Jesus von Johannes unterscheidet, aber auch einige, in denen sich beide ähnlich oder gleich sind: Jesus predigt nicht, wie Johannes, in der Wüste, sondern er tritt am Anfang in einer Synagoge in Galiläa auf; er tauft nicht, wie Johannes, mit Wasser (Mk 1,8). Er verkündet also nur das Evangelium Gottes, ohne das Zeichen der Taufspendung (Mk 1,14). Allerdings ist seine Predigt besonders geisterfüllt (Mk 1,8), sodass Johannes von einer Taufe mit Heiligem Geist spricht, die Jesus durch seine Predigt vermittelt (Mk 1,8). Für Johan-nes ist Jesus auch eindeutig "der Stärkere" (Mk 1,7).

Jesus erfährt bei seiner eigenen Taufe durch Johannes von der Himmelsstimme seine ihm von Gott zugewiesene Rolle: "Du bist mein geliebter Sohn, an dem ich Wohlgefallen gefunden habe" (Mk 1,11). Der schriftkundige Leser erkennt die biblischen Anspie-lungen dieses Satzes und damit sein besonderes Gewicht. Alle drei Teile des Alten Testaments[4], also der Bibel Jesu, klingen an: aus der Tora die Stelle Gen 22,2, wo Gott Isaak, den Sohn Abrahams, den "geliebten Sohn" nennt; aus den Propheten Jes 42,1, das erste Gottes-knechtslied, wo Gott von der Erwählung seines Knechts spricht, an dem er sein Wohlgefallen hat; aus den Schriften Ps 2,7, wo die Erwählung des Königs durch Gott proklamiert wird: "Mein Sohn bist du; heute habe ich dich gezeugt."

---

3   Vgl. Zuntz, Heide 205-222. Für Zuntz war Markus ein "seiner Darstellungs-kunst bewusster Meister" (ebd. 213), das Gegenteil eines "tollpatschigen Interpolators" (ebd. 221).

4   Die hebräische Bibel hat drei Hauptteile: die fünf Bücher Mose (Tora), die Propheten (Nebiim) und die Schriften (Ketubim). Die Anfangsbuchstaben der hebräischen Titel dieser drei Teile ergeben das Kunstwort TaNaK als Name für den ganzen Kanon.

Dem steht gegenüber, dass Johannes in Mk 1,2f durch ein Dreifachzitat aus Ex 23,20, Mal 3,1 und Jes 40,3 als Endzeitbote Gottes vorgestellt wird. Er wird Israel wie ein schützender Engel vorausgehen und es geleiten (Ex 23,20). Als Bote Gottes wird er den Weg bahnen und ebnen (Mal 3,1; Jes 40,3). Johannes trägt bei seinem Auftreten in der Wüste die Kleidung des Elija (Mk 1,6).[5] Auch die Rolle des Johannes ist also biblisch sehr hoch bewertet, obwohl ein Rangunterschied bleibt. Literarisch wird der Unterschied zusätzlich dadurch deutlich, dass der Erzähler die Belege für die Rolle des Johannes selbst zitiert (Mk 1,2f), während er bei Jesus die Himmelsstimme sprechen lässt (Mk 1,10f).

3. Damit sind die Rollen von Johannes und Jesus klar unterschieden[6], aber über den Unterschieden darf die große Gemeinsamkeit zwischen beiden nicht vergessen werden. Beide sind als herausgehobene prophetische Gestalten dargestellt, beide sind eindeutig von Gott berufen und zur Verkündigung gesandt.

Jesus anerkennt diese Erwählung und Sendung des Johannes von Beginn an ausdrücklich, indem er sich von ihm taufen lässt. Das schließt ein, dass er auch die Verkündigung durch Johannes, also dessen Gottesansage uneingeschränkt gelten lässt. Nirgends gibt es einen Hinweis darauf, dass Jesus sich zunächst taufen lässt, sich dann aber innerlich von Johannes abwendet und damit einen Wandel in seinem Gottesbild erfährt.[7]

Johannes weist seinerseits auf die Geistbegabung des nach ihm Kommenden hin (Mk 1,8). Daraus folgt aber nicht, dass seine Wassertaufe "geistlos", als bloßer Ritus vor sich geht. Schon die im Text folgende Taufe Jesu beweist das Gegenteil: Jesu Taufe bei Johannes ist unmittelbarer Anlass für die Vision der Taube als Symbol des herabkommenden Geistes (Mk 1,10).

Die Verkündigung der beiden mag verschieden sein nach ihrer Art und Weise. Der Erzähler lässt daran keinen Zweifel, dass Jesu Verkündigung durch ihre Kraft und ihre Geisterfülltheit besonders ausgezeichnet ist. Jesus ist der Stärkere. Aber dem Inhalt nach gibt es

---

5   Nach 2 Kön 1,8 erkennt der König Ahasja an der Beschreibung der Kleidung sofort, dass es sich um Elija handelt.

6   Mit diesem Vergleich sind literarisch die Dialoge, die im dritten Abschnitt nach diesem Unterschied fragen, vorbereitet. Vgl. Mk 6,14-16 und Mk 8, 27-29.

7   Anders z.B. Haenchen 60f.75. Haenchen spricht von einem "tiefen Wandel" in Jesu Gottesbild, der zwischen Jesu Taufe und seiner ersten Verkündigung eingetreten sein muss. Ähnlich auch bei Limbeck, Gesetz 97-100.

keinen Unterschied in der Verkündigung von Johannes und Jesus.
Beiden geht es um die Verkündigung des kommenden Reiches Gottes
und damit im Zusammenhang um die Umkehr der Menschen. Die
Gottesherrschaft und die Umkehr und Vergebung der Sünden sind bei
Johannes wie auch bei Jesus zwei Seiten derselben Medaille. Wo
Gottes Herrschaft anbricht und sich durchsetzt, weicht die Herrschaft
der Sünde. Und umgekehrt: Wo Befreiung von der Sünde gelingt, ist
das ein Hinweis darauf, dass Gottes Herrschaft schon da ist. Johannes
wie Jesus verkünden dasselbe Evangelium, dieselbe Frohbotschaft.[8]

Markus verwendet bei beiden dasselbe Wort "verkünden"
(κηρύσσειν): für Johannes in Mk 1,4.7 und für Jesus in Mk 1,14. Er
führt beide im Kontext des deuterojesajanischen Freudenboten ein
(Jes 52,7). Auch wenn er bei Johannes den Begriff "Evangelium"
nicht verwendet, ist doch klar, dass dieser für Markus nicht nur Buß-
prediger ist. Auch Johannes ist in erster Linie Prediger der Frohbotschaft, der die Menschen mit dem Zeichen der Wassertaufe zu einem
neuen Leben unter der Herrschaft Gottes führen will.[9]

Alle Versuche, allein aus Mk 1,14f im Vergleich zu Mk 1,4, also
ohne Zusatzinformationen aus anderen Texten, einen inhaltlichen
Unterschied zwischen der Predigt Jesu und der des Täufers zu ermitteln, sind literarisch nicht zu belegen. Weder lässt sich Johannes inhaltlich auf die Gerichts-, Buß- und Drohpredigt eingrenzen[10], noch
kann man seine Predigt auf die Zeit der Erwartung und Verheißung
beschränken. Auch den Unterschied in der Motivierung der Umkehr
zu suchen, kann nicht überzeugen: Jesus habe zuerst die heilbringen-
de Herrschaft Gottes verkündet und daraufhin Buße gefordert, während Johannes die Umkehr als Bringschuld und Leistung des Menschen fordere, damit Gott seine Herrschaft endlich einrichte.[11]

---

8   Gegen Versuche, Johannes von Jesus inhaltlich abzugrenzen, z.B. neu bei
     Theißen, Merz, Jesus 197: Jesus verkünde das Gekommensein des Reiches
     Gottes, Johannes lebe in der Nächsterwartung.

9   Auch bei der Berufung der Zwölf fehlt das Wort "Evangelium" (Mk 3,14);
     bei ihrer Aussendung ist ausdrücklich nur von der Umkehr die Rede
     (Mk 6,12), die sie verkünden sollen.

10   Vgl. Baumann, Gerechtigkeit 208-216, hier 212.

11   Vgl. z.B. Schweizer 24; Pesch I 103. Auch viele Monographien über Johan-
     nes den Täufer sehen darin den Hauptunterschied. Vgl. J. Becker, Johannes
     der Täufer und Jesus von Nazareth (BSt 63), Neukirchen 1972, bes. 97: Der
     Gott Jesu habe als "opus proprium" die Güte und die Liebe. Deshalb spreche
     Jesus "von der Gottesherrschaft als jetziger Heilsgabe mit zukünftiger
     Lebensfolge ... und nicht vom Gericht. Hier liegt der fundamentale Unter-
     schied zum Täufer", ebd.

4. Das zusammenfassende Ergebnis mag für manche überraschend sein: Auf der einen Seite ist Jesus auch theologisch Jude geblieben. Er sagt deshalb in Mk 1,14f inhaltlich nichts Neues an. Er sagt also nichts, was nicht auch in seiner Bibel, dem "Alten Testament", als grundsätzliche Heilszusage Gottes an sein Volk zu finden ist. Johannes verkündet auf der anderen Seite als jüdischer Prophet eine wirkliche Frohbotschaft. Er spricht vom kommenden Reich Gottes und verkündet deshalb die Befreiung des Menschen von der Sünde. Auf diese Botschaft hin sollen sich die Menschen bei ihm taufen lassen. Auf sie lässt sich auch Jesus bei ihm taufen. Man muss ernst machen mit dieser Konsequenz: Rechtfertigungslehre ist keine ausschließlich christliche Botschaft, die man zuerst Johannes absprechen muss, um sie dann Jesus allein zuschreiben zu können. Jesus und Johannes verkünden tatsächlich denselben Gott.

Markus hat in seinem Prolog die Frage nach Jesu erstem Auftreten geschickt gelenkt. Jesus sollte von den Lesern mit Johannes verglichen werden. Dieser Vergleich erscheint zu Beginn ganz harmlos, gerade weil er sich zunächst nicht auf den Inhalt der Verkündigung, sondern "nur" auf den anderen Weg Jesu bezieht. Die Frage nach dem "Anfang des Evangeliums Jesu Christi" (Mk 1,1) könnte damit schon beantwortet erscheinen. Jesus sagt nichts Neues, aber er ist der Stärkere. Er tauft nicht, im Unterschied zu Johannes. Er predigt "nur" das Wort von Gott, und das erfüllt von Heiligem Geist.

Allerdings ist Johannes der Täufer wegen seiner Botschaft von Herodes Antipas ins Gefängnis geworfen worden. Für Jesus war diese Unrechtstat Anlass und Auslöser dafür, dass er selbst als Verkünder dieser Botschaft von der Herrschaft Gottes öffentlich auftrat. Die Erwartungen sind geweckt. Wie geht es nach diesem Anfang weiter? Jesus geht nach Kafarnaum in Galiläa. Wie wird es ihm bei seiner Verkündigung gehen? Mit dieser Frage begleitet der Leser Jesus weiter in die Synagoge zu seiner ersten Predigt.

1.2. In der Synagoge von Kafarnaum - ein Schlüsselerlebnis für Jesus (Mk 1,21-28)

1. Der erste öffentliche Auftritt Jesu beginnt ganz unspektakulär. Er geht am Sabbat in die Synagoge und ergreift das Wort zur Lehre. Das ist nichts Ungewöhnliches. Jeder kann dazu eingeladen werden, der das Wort Gottes kennt und es auslegen will. "Jesus ist nicht Revolutionär; er fügt sich in das normale religiöse Leben seines Volkes."[12]

---

12 Schweizer 27.

Doch jetzt entsteht etwas Revolutionäres durch Jesu Macht in
Wort und Tat. Zuerst geraten die Zuhörer über seine Lehre ganz außer
sich. "Denn er lehrte sie wie einer, der Macht hat, und nicht wie die
Schriftgelehrten" (Mk 1,22). Unmittelbar danach schreit ein besessener Mensch in der Synagoge laut auf. Der unreine Geist spricht Jesus
an und provoziert ihn: "Wir wissen, wer du bist: der Heilige Gottes!"
(Mk 1,24) Jesus nimmt die Herausforderung an und vertreibt durch
einen Befehl den unreinen Geist. Die Zuhörer sind so betroffen über
Jesu Macht in Wort und Tat, dass sie erschreckt fragen: "Was ist das?
Eine neue Lehre in Macht; und den unreinen Geistern gebietet er und
sie gehorchen ihm" (Mk 1,27).

Wenn man diese Erzählung in der vom Autor festgelegten Form
ernst nimmt, sie also nicht sofort durch literar- und traditionskritische
Operationen verändert oder gar verstümmelt, dann werden zwei häufig begangene Sackgassen der Interpretation vermieden.

2. Man verfehlt die Pointe der Anfangsgeschichte, wenn man das erste Erschaudern der Zuhörer über die Macht, die Jesus ausstrahlt, sofort auf das folgende Wunder bezieht. Bei Eduard Schweizer heißt es
nicht ganz eindeutig: "Nicht das unterscheidet Jesus also von anderen,
dass er etwas ganz anderes lehrt, sondern dass er in solcher Vollmacht
lehrt, dass etwas geschieht: Menschen werden in Bewegung gesetzt
und Kranke werden geheilt."[13] Damit wird die doppelte Erfahrung der
Macht Jesu im Wort und in der Tat in eins zusammengezogen.
Markus sagt aber ausdrücklich, dass die Menschen zunächst einfach
über seine Lehre, schon bevor sich das Wunder ereignet, außer sich
sind (Mk 1,22).[14] Dann folgt erst das Wunder. Auch am Ende bleiben
beide Ereignisse deutlich unterschieden. Die Menschen erschrecken
einmal wegen seiner Lehre mit Macht, zum anderen wegen seiner
Herrschaft über die unreinen Geister.[15]

3. Während über diese Unterscheidung von machtvoller Lehre und
machtvoller Tat Jesu noch weitgehend Einigkeit besteht, stellen die
meisten Ausleger die Frage nach dem Inhalt der neuen Lehre Jesu in
den Mittelpunkt ihrer Überlegungen: Warum sind die Zuhörer außer
sich? Was hat Jesus Neues gesagt? Zwei Texthinweise haben diese
Fragestellung nach dem Inhalt der Lehre Jesu angestoßen: einmal der

---

13 Ebd. 27.
14 Vgl. Schmithals I 118f: "Jesus setzt sich mit seinem Wort gegen die Hörer
    durch. Darüber erschrecken die Menschen."
15 Gegen Klostermann 17f, der mit Hinweis auf sekundäre Lesarten zu Mk 1,27
    die Macht direkt auf das Wunder bezieht: "Eine neue Lehre mit Vollmacht:
    sogar den unreinen Geistern gebietet er."

Vergleich mit den Schriftgelehrten in Mk 1,22, den die Zuhörer in der Synagoge ziehen, und zum anderen der Hinweis auf das Erschrecken dieser Zuhörer über Jesu "neue Lehre mit Macht" in Mk 1,27.

Die Frage nach dem Inhalt der Lehre Jesu lässt sich aber, jedenfalls aus dieser Erzählung in Mk 1,21-28, nicht beantworten. Markus erzählt über den Inhalt der Lehre Jesu noch gar nichts. Viele beziehen sich deshalb auf andere, spätere Textstellen im Markusevangelium. Aber solche Vergleichsstellen, wie Mk 7,1-15, dürfen in einer synchronen Interpretation nicht vorgezogen werden. Der Leser weiß jetzt noch nichts davon und er soll davon auch noch nichts wissen.

Als schon bekannte Stelle kommt nur das Summarium in Mk 1,15 in Frage. Dort ist die Predigt Jesu als Frohbotschaft und Umkehrruf zusammengefasst. Aber dieser Hinweis reicht keinesfalls aus. Denn dort ist kein Gegensatz zur Lehre der Schriftgelehrten ausgesagt oder impliziert. Wer dennoch daran festhält, kommt nicht ohne Spekulationen aus. Dabei wird entweder die Frohbotschaft von der Gottesherrschaft den Schriftgelehrten pauschal abgesprochen oder es werden der jüdischen Vorstellung von der Gottesherrschaft irgendwelche Defizite angedichtet. Das ist der Fall, wenn angeblich Juden von der Gottesherrschaft nur im Status der Erwartung und Hoffnung sprechen können, Jesus aber im Gegensatz dazu die Erfüllung in der Gegenwart meine.[16] Bei Lührmann heißt es lapidar: Jesu Macht sei "die Nähe des Reiches Gottes, die den Schriftgelehrten eben fehlt"[17].

Schon Josef Schmid hat dieser Lösung widersprochen: Jesu Aussagen über das Gottesreich seien überwiegend zukünftig, daneben an einigen Stellen auch gegenwärtig gemeint. Und er fährt fort: "Dieser Doppelcharakter des Gottesreiches entspricht auch der jüdischen Anschauung, an die Jesus anknüpft, aber mit dem Unterschied, dass nach Jesu Lehre die Gegenwart des Gottesreiches nicht bloß eine verborgene ist."[18] Für Schmid selbst liegt der Unterschied also darin, dass die Gegenwart der Gottesherrschaft bei Jesus offenbar sei, nach Schmid allerdings nur für die Augen des Glaubens. Wo bleibt da noch ein Unterschied zu den Schriftgelehrten?

4. Wenn ein Unterschied zwischen der Lehre Jesu und der der Schriftgelehrten aus diesem Text nicht am Inhalt festgemacht werden kann, bleibt allein die Macht, mit der Jesus von Gott spricht. Zweifel-

---

16 Schmithals I 119f: "Jesus bringt den 'Neuen Bund' (2 Kor 3,6); die Neuheit seiner Botschaft ist ... eschatologische Neuheit ... Die Schriftgelehrten bleiben dagegen im Status der Erwartung und insofern dem alten Äon verbunden."

17 Lührmann 50. Vgl. auch Pesch I 120; Schnackenburg 38.48; Limbeck 29.

18 Schmid 37.

los will der Autor auf die Machtfrage hinführen: "Er lehrte sie wie
einer, der Macht hat, und nicht wie ihre Schriftgelehrten" (Mk 1,22).

Dieser Satz enthält eine positive Aussage über die Macht Jesus,
die aber um des besseren Kontrasts willen in den Kommentaren mit
zusätzlichen negativen Aussagen über die Lehre der Schriftgelehrten
gestützt wird. Solche negativen Aussagen stehen an dieser Stelle nicht
im Text des Markus, sind also von außen eingetragen.

Solche Aussagen müssen darüber hinaus fast zwingend antijüdisch verstanden werden, wenn die fehlende Macht bei den Schriftgelehrten mit Hinweisen auf die jüdische Art der Schriftauslegung
begründet wird. Eduard Schweizer schildert zum Beispiel die immer
skrupulöser werdende Gesetzlichkeit der Schriftgelehrten und schließt
daraus auf den Unterschied zu Jesus: "Der Unterschied zu Jesus
besteht darin, dass sie nur eine abgeleitete Vollmacht besitzen und
beanspruchen, nämlich die, das Gesetz, das allein Vollmacht besitzt,
richtig auszulegen. Sie besitzen den Geist gewissermaßen nur in der
'Konserve'."[19] Josef Ernst übernimmt den Ausdruck vom
"abgedroschenen Gerede" der Schriftgelehrten, die damit den
ursprünglichen Willen Gottes verfehlten.[20] "Das bloße Wiederholen
und Herumdrehen von Worten sei bei den Schriftgelehrten 'leeres
Gerede'."[21] Nach Joachim Gnilka konnte Jesus "aus unmittelbarer
Autorität" sprechen, während die Schriftgelehrten nur "Gesetz und
Überlieferung auslegen"[22]. Bei Bas van Iersel werden die Schrift-
gelehrten als Menschen vorgestellt, "deren Lehren vorwiegend auf der
Vollmacht früherer Autoritäten beruht"[23], während Jesus die Kraft des
Heiligen Geistes habe. Nach Julius Schniewind steht Jesu Verkündi-
gung "im Gegensatz zur Art der Schriftkundigen, deren Wort nichts

---

19 Schweizer 27. Vgl. zu dem harten Bild von der "Konserve" G. Schrenk,
    πατήρ, in: ThWNT V (1954) 981: "Die Formel wird dadurch unlebendig, dass
    sie gar nicht Ausdruck für ein radikales Ernstmachen mit Gottes Vaterschaft
    ist. Sie erscheint wie aufgeklebt auf das ganz andersartige System einer
    Gesetzesauffassung, die gerade der väterlichen Unbedingtheit widerstreitet.
    Was Israel im Vaternamen hat, schaut aus nach einer Auswertung, die un-
    vergleichlich mehr in die Tiefe geht, sich über alle bloße Formelhaftigkeit er-
    hebt, nicht mehr an irgendein Verdienst gebunden ist oder bloß Anrecht einer
    Elite oder eines angesehenen Lehrers ist, auch nicht nur durch den Druck der
    Not und den Verlust kultischer Garantien gefördert wird. Die Bausteine
    liegen da, aber der Geist des wahren Vaterglaubens fehlt noch." Als Kritik zu
    diesen stereotypen Antijudaismen vgl. R. Feneberg, Abba - Vater. Eine not-
    wendige Besinnung, in: KuI 3 (1988) 41-52.
20 Ernst 63.
21 Ebd. 65.
22 Gnilka I 79; ganz ähnlich auch Schmid 42.
23 Van Iersel 97.

ist als Auslegung einzelner Schriftworte zur genauen Festlegung des Lebenswandels und zur Entfaltung von Glaubenssätzen"[24].

Allen diesen Beispielen gemeinsam ist der Versuch, die Macht Jesu durch Diskriminierung der jüdischen Schriftgelehrten positiv zu beschreiben. Indirekt wird auch das Alte Testament entwertet, wenn die Methode der Schriftgelehrten, Gesetz und Überlieferung auszulegen, Jesus überhaupt abgesprochen wird. Hat Jesus denn eine andere Bibel gehabt oder gar keine? Nein! Er hat in seiner Verkündigung sicher methodisch nichts anderes getan als die Schriftgelehrten, nämlich die Tora zu lesen und sie dann auszulegen.[25] Allgemein lässt sich feststellen: Je pauschaler die Positionen gegenübergestellt werden, desto härter fallen die negativen Urteile aus.[26]

5. Der Evangelist hat davon nichts gesagt. Die erzählerische Dynamik des Textes lebt an dieser Schlüsselstelle gerade davon, dass der Leser weder durch den Hinweis auf das Wunder, noch durch neue Inhalte in der Lehre Jesu, auch nicht durch eine neue Methode aus der Spannung entlassen wird. Die Menschen vergleichen Jesus, wie im Prolog mit Johannes dem Täufer, jetzt mit den Schriftgelehrten. Sie sind von Jesu Lehre fasziniert, bevor er ein erstes Wunder gewirkt hat. Sie empfinden seine Lehre als "neu", obwohl er nichts Neues sagt. Er redet, wie die Schriftgelehrten, von der anbrechenden Herrschaft Gottes und er ruft, wie sie, die Menschen zur Umkehr. Den Schriftgelehrten wird nirgends im Text die Redlichkeit, Kompetenz oder Ernsthaftigkeit abgesprochen, wenn sie die Tora vorlesen und auslegen. Sie sprechen schließlich vom selben Gott wie Jesus. Auch Jesus kann nur lehren, indem er die Tora auslegt. Sie ist das lebendige Wort Gottes für ihn wie für alle Juden. Der Unterschied liegt allein in der Macht. Die Menschen spüren die Kraft und das Charisma Jesu

---

24 Schniewind 52.

25 Vgl. dazu die neueren Veröffentlichungen von E. Zenger, die eine andere Grundeinstellung der Christen zum Alten Testament als dem "Ersten Testament" vermitteln wollen: E. Zenger, Das Erste Testament. Die jüdische Bibel und die Christen, Düsseldorf 1991; ders., Am Fuß des Sinai. Gottesbilder des Ersten Testaments, Düsseldorf 1993.

26 Ein Schulbeispiel für diesen Mechanismus findet sich bei E. Drewermann, Das Markusevangelium. Erster Teil: Mk 1,1 bis 9,13, Olten, Freiburg 1987 (Klappentext): "Besonders radikal unterscheidet sich Jesus von den 'Schriftgelehrten'. In ihnen sieht er die gefährlichste Menschengruppe. Denn sie betreiben nicht nur die Entpersönlichung des einzelnen durch strengste kollektive Vorschriften, sondern versklaven den Geist und vergiften die Seele des Menschen durch starre Glaubenssätze im Namen Gottes, die nicht hinterfragt werden dürfen."

und sind betroffen. Weder die formale "rhetorische Qualität"[27] noch der "gesteigerte Informationswert" noch eine "bibelfreie" Methode machen das Neue aus, sondern allein die Macht, mit der Jesus predigt, "weil er nicht über Gott, Messias, Mensch und Welt redet, sondern weil sein Wort als Gottes Wort den Menschen in seiner Welt trifft"[28].

Daraus folgt nicht, dass die Schriftgelehrten nur gelehrt über Gott daherreden. Natürlich ist es ein Problem und eine Gefahr jedes Verkündens und Auslegens, dass nicht Gottes Wort selbst zum Tragen kommt, sondern nur die eigene Botschaft transportiert wird. Bei Jesus spüren die Menschen jedenfalls eindeutig, dass er glaubt, was er sagt, dass also für ihn Gottes Herrschaft eine Wirklichkeit ist, die in seinem Leben zählt, die ihm mehr gilt als die Mächte dieser Welt. Sie spüren, dass er in seinem Glauben sicher ist. Deshalb lehrt er mit Macht und eben nicht wie die Schriftgelehrten. Für sie ist klar: "Hier redet einer von Gott so, als ob es ihn wirklich gäbe"[29].

6. Halten wir an dieser Stelle kurz Rückschau! Was weiß der Leser bis jetzt von Jesus? Mit welchen Fragen begleiten sie Jesus aus der Synagoge von Kafarnaum heraus?

Nach dem Prolog weiß der Leser, dass Jesus ein Mann Gottes ist, wohl ein Prophet wie Johannes, voll des Heiligen Geistes. Johannes hat es angekündigt (Mk 1,8), die Himmelsstimme bei der Taufe hat es bestätigt (Mk 1,10f). Von diesem Geist lässt sich Jesus führen, zuerst in die Wüste (Mk 1,12), dann nach der Gefangennahme Johannes des Täufers zu seiner eigenen Verkündigung in Galiläa. Im Unterschied zu Johannes tauft Jesus nicht und er predigt nicht draußen in der Wüste. Er geht - ordentlich, wie sich das gehört - am Sabbat in die Synagoge und beginnt dort mit seiner Lehre.

Die Leser mögen sich fragen, was Jesus dazu gebracht hat, nicht in die Fußstapfen des Johannes zu treten. Waren es seine "Exerzitien" in der Wüste? (Mk 1,12f) War es die objektive Gefahr, die nach der Gefangennahme des Johannes durch Herodes Antipas dessen Sympathisanten drohte und die jeder erkennen musste? Diese Fragen werden im Text nicht beantwortet. Die Leser müssen sich mit dem Hinweis begnügen, dass Jesus seinen Weg unter der Führung des Geistes Gottes sucht und geht. Dieser Weg führt Jesus jetzt in die Synagoge von Kafarnaum zu seinem ersten Auftritt in der Öffentlichkeit. Das

---

27 Schmid 42 hat natürlich Recht, wenn er sagt, dass Jesu Macht "nicht auf die packende rednerische Form der Predigt bezogen werden kann".
28 Schmithals I 119.
29 R. Feneberg, Das erste öffentliche Auftreten Jesu. Zu Mk 1,21-28, in: Entschluss 45 (1990) 12, 28-30.

Schlüsselerlebnis dort ist Jesu Macht, zuerst im Wort und dann in der Wundertat.

Durch den Szenenwechsel von der Wüste bei Johannes zur Synagoge hat der Erzähler Markus vorbereitet, dass jetzt nicht mehr Johannes, sondern die Schriftgelehrten mit Jesus verglichen werden. Sie treten noch nicht selber auf; vielleicht sind sie auch gar nicht anwesend. Aber in den Köpfen der Menschen werden sie neben Jesus gestellt und mit ihm verglichen. Wie ein noch fernes Donnergrollen kündigt sich hier ein möglicher Konflikt an. Aufmerksame Leser mögen sich schon hier fragen, ob das gutgehen kann. Wie werden die Schriftgelehrten reagieren, wenn sie das ungeheure Echo von Jesu Predigt im Volk wahrnehmen. Da sammelt sich Sprengstoff an. Zunächst bleibt dieser Sprengstoff fast unbemerkt, verdeckt von dem zweiten Machterweis Jesu, seinem ersten Wunder, bei dem Jesus einen Menschen von einem unreinen Geist befreit.

Geht man davon aus, dass Markus alles gesagt hat, was für seine Erzählung vom Leben Jesu für den Leser notwendig ist, dass er aber auch nicht mehr als dieses Notwendige sagt, weil sonst durch Zusatzinformationen die Spannung verloren ginge, dann warten nach dem Schlüsselerlebnis in Mk 1,21-28 zwei Erzählfäden auf ihre Fortsetzung: einmal der machtvolle Eindruck der Lehre Jesu, zum anderen das Wunder. Beide Fragen stehen in einem ambivalenten Verhältnis zueinander. Das eine Mal geht es direkt um Gott und indirekt um Jesus und seine noch unausgesprochene Konkurrenz zu den Schriftgelehrten; das andere Mal geht es für die Menschen in der Synagoge direkt und unmittelbar um Jesus als Wundertäter und nur indirekt um Gott und seine Herrschaft, weil ein Dämon vertrieben worden ist.

Was jetzt folgt, wäre bei uns heute nicht viel anders als es damals in Kafarnaum tatsächlich war. Die eher theologisch-theoretisch klingende Frage nach der Gottesherrschaft tritt zunächst zurück hinter dem überwältigenden Eindruck, den das Wunder gemacht hat. Zuerst bestimmt also das Wunder die folgenden Szenen und damit den äußeren Verlauf des Lebens Jesu. Die Frage nach der machtvollen Lehre über die Gottesherrschaft enthält aber den größeren Konfliktstoff, weil sie die Auseinandersetzung mit den Schriftgelehrten ankündigt und vorbereitet.

1.3. Jesus wird Wanderprediger (Mk 1,21-45)

In diesem und im folgenden Schritt geht es um die Aufnahme der zwei in Mk 1,21-28 begonnenen Erzählfäden. Im ersten Faden han-

delt es sich um die äußere Entwicklung des Lebens Jesu: Was geschieht, sobald die Menschen merken, dass Jesus ein Wundertäter ist?
Das erzählt Markus in Mk 1,21-45. Im zweiten Faden geht es dann
um die fast unvermeidliche Auseinandersetzung mit den Schriftgelehrten. Betrachten sie Jesus als Mann Gottes, also als Prophet, den
sie anerkennen müssen, oder als Verführer des Volkes, als Scharlatan,
der noch zusätzlich besonders gefährlich ist, weil er das Volk durch
seine Wunder übertölpeln und für sich einnehmen kann? Das erzählt
Markus in Mk 2,1-3,6.

1. Das Wunder in der Synagoge ist Jesu allererstes Wunder. Es wird
zu einem einschneidenden Ereignis, das sein Leben sofort und radikal
verändert.

Wer Markus eine Kompetenz für einen größeren Erzählzusammenhang gar nicht zugestehen will, weil angeblich deutlich sei, "wie
die älteste Tradition aus Einzelstücken bestand und der Zusammenhang das Sekundäre" ist[30], für den stellt sich auch diese Frage nach
den Konsequenzen des ersten Wunders nicht. Folglich erscheint die
Abfolge der Geschichten in Mk 1,21-45 ohne innere Logik. Diese
Geschichten werden im Gegenteil zu einem Beispiel dafür, dass Markus "eben noch nicht in dem Maße Herr über den Stoff geworden
(ist), dass er eine Gliederung wagen könnte"[31].

Die einzelnen Überschriften in der deutschen katholischen
"Einheitsübersetzung" geben einen Eindruck davon, wie zusammen-
gewürfelt die Einzelgeschichten verstanden werden. Sie vermitteln
am Ende den Eindruck einer nur losen additiven Aufreihung, die
lediglich durch den Ort Kafarnaum, wenigstens zu Beginn, lose miteinander verbunden sind. In der "Einheitsübersetzung" sind es fünf
Überschriften, die den Erzählfluss unterbrechen: "Jesus in der Synagoge von Kafarnaum" (Mk 1,21-28); "die Heilung der Schwiegermutter des Petrus" (Mk 1,29-31); "die Heilung von Besessenen und
Kranken" (Mk 1,32-34); "Aufbruch aus Kafarnaum" (Mk 1,35-39);
"die Heilung eines Aussätzigen" (Mk 1,40-45).

Die Überschriften sind nicht sehr aussagekräftig. Wie könnten sie
es auch sein, wenn als Gliederungselement nur eine "gewisse Einheit"
aus örtlich und zeitlich zusammengeschlossenen Szenen gesehen
wird?[32] Es bleibt ein "Tag vollmächtigen Wirkens in Kafarnaum"[33]

---

30 Bultmann, Geschichte 362.
31 Ebd. 375.
32 Schmid 40; vgl. Bultmann, Geschichte 257.
33 Pesch I 116; vgl. auch schon Schniewind 52 oder Grundmann 57.

von "paradigmatischer Bedeutung"[34]. Seine genaue Abgrenzung ist wegen der Angabe Kafarnaum als Hauptgliederungsmerkmal strittig. Manche trennen schon nach Mk 1,31 (Lohmeyer), andere nach Mk 1,34 (Schniewind, Pesch) oder gar erst nach Mk 1,39 (Wellhausen). Walter Schmithals macht aus der Not sogar noch eine Tugend. Nach ihm ist das Fehlen von eindeutigen Orts- und Zeitangaben in diesem Kapitel Absicht, weil "unsere Geschichte exemplarisch Jesu Wirken allerorten und zu jeder Zeit" darstellen will.[35]

Einig sind sich weiter viele, dass die abschließende Heilung eines Aussätzigen (Mk 1,40-45) literarisch recht isoliert steht. Man vermisst dabei topographische und chronologische Verbindungen.[36] Statt daraus den Schluss zu ziehen, dass nicht diese Angaben die primären Strukturelemente in diesem Kapitel sind, wird dem Markus der angeblich fehlende Zusammenhang angelastet. Die vom ersten Wunder in der Synagoge ausgehende Dynamik wird durch diese Abtrennung voll abgebremst. Was Josef Ernst für das ganze Markusevangelium behauptet, träfe danach besonders für dieses erste Kapitel zu: "Eine überzeugende Gliederung ... ist wegen des Fehlens eindeutiger Kriterien schwierig, wenn nicht gar unmöglich."[37] Und: "Ein klar durchdachtes und wohlproportioniertes System ist nicht zu erkennen."[38]

2. Kehren wir nochmals zum Ausgangspunkt zurück: Markus hat geschickt die Spannung aufgebaut, indem er Jesus im Vergleich zu Johannes dem Täufer eingeführt hat. Er hat die Frage auf die Art und Weise des Auftretens Jesu zugespitzt. Das erreicht er, weil er Jesus ganz als Jude auftreten lässt, der weder inhaltlich noch der Form nach irgendwie aus diesem Rahmen fällt. Theologisch-inhaltlich spricht er, wie die Schriftgelehrten, von der Gottesherrschaft. Er beginnt sein öffentliches Auftreten ganz normal an einem Sabbat in der Synagoge. Die Ersterfahrung der Menschen mit Jesus, die alle weitere Aufmerksamkeit bindet, ist allein seine Macht, zuerst im Wort und dann auch

---

34 Gnilka I 86.
35 Schmithals I 136; vgl. auch ebd. 132.
36 Schmithals I 135 fügt in seiner Übersetzung zur Stelle Mk 1,40 recht frei ein "einmal" ein ("Einmal kommt ein Aussätziger zu ihm") und betont damit die gewollte Nichtverbindung dieser Geschichte mit den vorhergegangenen Ereignissen. Vgl. auch die ähnliche Übersetzung in: "Die Gute Nachricht. Die Bibel in heutigem Deutsch", hg. von der Deutschen Bibelgesellschaft, Stuttgart 1982: "Einmal kam ein Aussätziger zu Jesus."
37 Ernst 17 (Einleitung).
38 Ebd. 55.

in der Wundertat.[39] Das wurde auch für Jesus selbst zur Schlüsselerfahrung.

In die Synagoge von Kafarnaum kam Jesus nicht als Wundertäter. Er lehrte nur, das aber mit solcher Macht, dass die Menschen darüber ganz außer sich geraten. Zum Wunder kam es erst, als ein Besessener plötzlich aufschreit und der Dämon Jesus dann mit seinen Worten provoziert: "Was haben wir mit dir zu tun, Jesus von Nazaret? Bist du gekommen, uns zu verderben? Ich weiß, wer du bist: der Heilige Gottes!" (Mk 1,24) Daraufhin befiehlt Jesus dem unreinen Geist: "Verstumme und fahre aus aus ihm!" (Mk 1,25)

Die Initiative ging also von dem Menschen mit dem unreinen Geist aus. Man darf sich dessen Auftritt nicht so vorstellen, dass alle in der Synagoge über diesen Besessenen vorher Bescheid wussten. Im Gegenteil: Dieser Mensch war wahrscheinlich so unauffällig wie alle anderen Synagogenbesucher auch. Es steht nicht einmal da, ob es ein Mann oder eine Frau war. Vermutlich wusste dieser Mensch selbst nicht richtig Bescheid über sich.[40] Sonst wäre er überhaupt nicht in der Synagoge und schon gar nicht am Sabbat anzutreffen gewesen.

Jetzt, da Jesus mit Macht von Gott und seiner Herrschaft spricht und da alle noch ganz entsetzt darüber sind, schreit dieser einzelne Mensch auf. Der unreine Geist wird entdeckt; besser: er entlarvt sich selbst angesichts der in Jesu Verkündigung gegenwärtigen Herrschaft Gottes. Er weiß, dass er daneben nicht bestehen kann. Der Dämon in dem Besessenen durchschaut den für ihn verderblichen Zusammenhang zwischen der Herrschaft Gottes, die Jesus verkündet, und seiner eigenen Herrschaft über einen armen Menschen.

Diese Situation führt zum ersten Wunder Jesu. Er ist nicht von vornherein als Wundertäter gekommen und aufgetreten. Das Wunder widerfährt ihm gleichsam. Das Ereignis kam für alle Anwesenden, auch für Jesus selbst, gleichermaßen überraschend. Der Sieg der Gottesherrschaft über einen Dämon war sofort offensichtlich. Selbstverständlich kam an dieser Stelle kein Mensch auf die Idee, wegen des Sabbats Einwände gegen die Dämonenaustreibung zu erheben.[41]

---

39 Man muss sich die abstumpfende Wirkung immer wieder bewusst machen, die beim häufigen Lesen und Hören derselben Texte leicht auftritt. Besonders gilt das für die Bibelleser. Man kennt die Texte fast auswendig. Sie sind nicht mehr neu. Umso mehr kommt es darauf an, sich literarisch vom Erzähler führen zu lassen und den Text nicht nur als Transportmittel für irgendwelche Informationen zu verstehen.

40 Vgl. Limbeck 32.

41 Gegen Lührmann 49.65, der meint, die Frage des Sabbat spiele für Markus und seine Leser schon keine Rolle mehr, weil die Sabbatgesetze durch Jesus um 70 längst überholt gewesen seien. Vgl. auch Schweizer 29.

3. Das Wunder "widerfährt" also nach der Erzählung des Markus auch Jesus selbst. Und es hat sofort gewaltige Konsequenzen. Die folgende Erzählung bis Mk 1,45 bekommt von diesem Erstwunder Jesu ihre ganze Dynamik und auch ihre Struktur. Diese Dynamik kommt nur in den Blick, wenn man Jesus nicht von vorneherein als Wundertäter ansieht. Das Überraschende und das Unerwartete bei diesem Wunder in der Synagoge gibt den folgenden Geschichten im ersten Kapitel literarisch einen gewaltigen Schub und eine zunehmende Beschleunigung.

Man muss sich ausmalen, was heute in irgendeiner Kleinstadt geschehen würde, wenn ein Wunderheiler käme und Erfolg hätte. Stellen wir uns vor, ein Mensch, der in seinem ganzen Leben noch keinen Schritt allein gehen konnte und immer auf den Rollstuhl angewiesen war, kann plötzlich aufstehen und gehen.[42] Das Leben in dieser Stadt wäre von heute auf morgen vollkommen verändert. Alles wäre von diesem Ereignis geprägt.

Ganz ähnlich ging es damals in Kafarnaum weiter. Die Ereignisse überschlagen sich fast. Literarisches Merkmal für das "Allegro", in dem die folgenden Geschichten erzählt werden, ist das immer wiederholte "sogleich", "sofort" (εὐθύς). Dieses "sogleich" kommt im ersten Kapitel des Markusevangeliums elfmal vor, davon neunmal zwischen Mk 1,14 und Mk 1,45.[43] Das liegt nicht an dem vermeintlich schlechten Griechisch des Markus, also an seiner mangelnden Sprachkompetenz, aufgrund derer er nur plumpe additive Verbindungen zustande gebracht habe.[44] Markus hat im Gegenteil dieses "sogleich" ganz gezielt eingesetzt, wenn er den Gang der Ereignisse in seiner Erzählung beschleunigen wollte. Man kann sich in der Gegenprobe überlegen, wo das "sogleich" fehlt, obwohl es möglich gewesen wäre. Es steht nicht bei Johannes dem Täufer. Es steht auch nicht in dem Summarium Mk 1,14f oder in Mk 1,32-39. Besonders auffällig ist das Fehlen in Mk 1,35. Diese Stelle wirkt wie eine Pause, ein Atemholen. Jesus geht allein hinaus und verweilt beim Gebet.

4. Statt einen Tag in Kafarnaum als "exemplarische Darstellung von Jesu Tat und Wort"[45] oder irgendeine topographische Angabe als

---

42 Ein ganz ähnliches Beispiel erzählt das Johannesevangelium in Joh 9 von einem Menschen, der von Geburt an blind war.

43 Nach der Wortstatistik kommt εὐθύς 54-mal im NT vor, davon 42-mal allein bei Markus.

44 Vgl. die Hauptthese von M. Reiser, Syntax und Stil des Markusevangeliums im Licht der hellenistischen Volksliteratur (WUNT 11), Tübingen 1984.

45 Lang, Kompositionsanalyse 9; vgl. ebd. 7.

Strukturprinzip für das Wirken Jesu in Mk 1,21-45 zu suchen, ist in diesem Abschnitt auf die Dynamik der Ausbreitung dieses Wirkens Jesu als Gliederungsprinzip zu achten. Markus erzählt in einem ersten Durchgang den äußeren Verlauf des Lebens Jesu in Galiläa vollständig. Sein Thema lautet deshalb: Jesus wird Wanderprediger!

Bei den auf das Wunder folgenden Ereignissen lassen sich vier Stufen unterscheiden:

Jesus wird durch seine Wunder zum Wanderprediger (Mk 1,21-45)

Jesus, der Wundertäter	Die Menschen
1. In der *Synagoge von Kafarnaum* (Mk 1,21)	Sein Ruf verbreitet sich sogleich *überall hin in das ganze Umland Galiläas* (Mk 1,28)
2. Im *Haus* des Simon und Andreas (Mk 1,29)	*Die ganze Stadt war versammelt* an der Tür (Mk 1,33)
3. In den *Synagogen in ganz Galiläa* (Mk 1,39)	Lasst uns *anderswohin* ziehen *in die anliegenden Flecken* (Mk 1,38)
4. *Draußen an abgelegenen Orten* (Mk 1,45)	Sie kamen zu ihm *von überallher* (Mk 1,45)

---

1. Stufe
Jesus fängt in der Synagoge in Kafarnaum mit seiner Verkündigung an. Kafarnaum ist zusammen mit den jeweils etwa fünf Kilometer entfernten Städten Betsaida und Chorazin gleichsam sein "Pfarrverband", in dem er zu Hause ist. "Sogleich" nach dem Wunder verbreitet sich das Gerücht über Jesus "überall" (πανταχοῦ) in das ganze Umland von Galiläa (Mk 1,28). Das geschieht in Windeseile, schneller als Jesus die Synagoge verlassen kann. Sie gehen dann "sogleich", also fast fluchtartig, in das Haus des Simon und Andreas. Zufällig ist dort die Schwiegermutter des Simon schwer erkrankt. Natürlich weisen sie Jesus "sogleich" darauf hin und so kommt es zum zweiten Wunder (Mk 1,29-31).

2. Stufe
Inzwischen hat das Gerücht seine Wirkung getan. Die Bewohner der Stadt warten gerade noch ab, bis der Sabbat vorüber ist, also bis zum Abend. Die doppelte Zeitangabe in Mk 1,32 unterstreicht ihre theologische Bedeutung. Es geht nicht um die Festlegung einer Uhrzeit,

sondern um das Ende des Sabbat. Jetzt dürfen wieder Lasten getragen werden. Man kann die Kranken bringen, ohne den Sabbat zu verletzen. Folglich bringen sie jetzt alle Kranken und Besessenen: "Und die ganze Stadt war an der Tür versammelt (ἐπισυνηγμένη)" (Mk 1,33). Jesus ist die Sensation, Zielpunkt der Hoffnung und wohl auch der Skepsis aller in der Stadt, jedenfalls Tagesgespräch. Stellen wir uns wieder die Kontrollfrage: Ginge es bei uns heute nicht ganz ähnlich zu?

3. Stufe
Am nächsten Morgen zieht sich Jesus allein zum Gebet zurück (Mk 1,35). Offenbar entscheidet sich bei diesem Gebet sein weiterer Weg. Er teilt Simon und dessen Begleitern mit, dass er von jetzt an in Galiläa Wanderprediger werden will: "Lasset uns anderswohin (ἀλλαχοῦ) gehen" (Mk 1,38). Von nun an zieht er in ganz Galiläa umher, verkündet das Evangelium in den Synagogen und wirkt Wunder.

4. Stufe
Auf der letzten Stufe verliert Jesus auch die Synagogen als Stützpunkte. Denn der vom Aussatz Geheilte gehorcht dem Schweigegebot Jesu nicht.[46] Er geht auch nicht, wie befohlen, zum Priester zur Feststellung seiner Reinigung. Jesu Versuch, die Wirkung des Wunders klein zu halten und es als Rückgewinnung eines Frommen für das "Joch der Tora" zu interpretieren, misslingt. Statt sich beim Priester "kultfähig" erklären zu lassen und somit seinen "Dienst an der Gottesherrschaft" wieder aufzunehmen, redet er "Vieles" (πολλά) von Jesus. Jedenfalls kann dieser daraufhin überhaupt nicht mehr offen in eine Stadt und damit auch in die Synagogen hineingehen, will er nicht missverstanden werden. Aber die Menschen kommen dennoch weiter "von überallher" (πάντοθεν) zu ihm (Mk 1,45).

5. Jesus hat nach der Gefangennahme des Täufers seinen Weg in die Öffentlichkeit begonnen. Das "Dass" war damit entschieden. Das "Wie" blieb aber vorerst noch ganz offen. In seinem ersten Kapitel erzählt Markus, auf welchen Weg Jesus von Gott geführt wird. Denn Jesus trifft nicht einfach nach Lust und Laune irgendwelche Entscheidungen, sondern er reagiert auf Ereignisse von außen, indem er diese Ereignisse als von Gott gewollt ansieht und die Konsequenzen daraus für seinen Weg im Gebet sucht.

Nach Markus beginnt Jesus nicht einfach von vorneherein seinen

---

46 In der Symbolik dieser Heilung vom Aussatz wird auf die Auserwählung Israels angespielt. Vgl. Lev 19,2-32.

Weg als Wanderprediger. So steht es in den Evangelien nach Matthäus und nach Lukas. In diesen beiden Evangelien ist durch die vorauserzählte "Kindheitsgeschichte" Jesu Rolle vor dem ersten öffentlichen Auftreten theologisch schon geklärt. Markus erzählt im Unterschied dazu, wie Jesus erst seine Rolle findet. Er ist nicht Wanderprediger von Anfang an, sondern er wird es.[47]

Am Ende des ersten Kapitels ist der äußere Ablauf des Lebens Jesu in Galiläa vollständig fertig erzählt. Kurz zusammengefasst lautet die Handlung: Jesus beginnt in der Synagoge. Dort wird er durch den Besessenen, der ihn provoziert, zum Wundertäter. Das Gerücht über ihn als Wundertäter verbreitet sich. Die Menschen kommen in Scharen. Er entschließt sich deshalb jetzt, Wanderprediger zu werden. Zuletzt bleibt er draußen an einsamen Orten. Aber auch das rettet ihn nicht vor den Menschen. Jetzt drängen sie von sich aus zu ihm und suchen seine Hilfe.

Die treibende Kraft für diese Entwicklung war das Wunder, das Jesus selbst zuerst gleichsam passiert. Aber Jesus ist deshalb nicht einfach ein "Getriebener". Für ihn wird seine Wunderkraft zur Frage, wie es weitergehen soll. Was soll er tun? Natürlich suchen die Menschen ihn wegen seiner Wunderkraft. Suchen sie darin auch Gott, den er verkünden will? Die Entscheidung Jesu fällt im Gebet (Mk 1,35). Jesus teilt sie Simon und den anderen mit: "Lasst uns anderswohin gehen, in die benachbarten Marktflecken, damit ich auch dort predige" (Mk 1,38). Hier gründet sein Entschluss, Wanderprediger zu werden. Markus erzählt nicht den Inhalt des Gebets, sondern nur sein Ergebnis. Jesus nutzt die Sensation seiner Wunder und seinen Ruf für

---

47 Diese Aussage widerspricht nicht der dogmatischen Aussage, dass Jesus Sohn Gottes und selber Gott war. Das Konzil von Chalcedon hat definiert, dass durch das Gottsein Jesu seine menschliche Natur nicht verschwindet oder verkürzt wird. Beide Naturen sind "unvermischt und ungetrennt" ganz in Jesus da. Zu einem wahren Menschsein gehört, dass die Zukunft offen ist. Auch Jesus weiß als Mensch nicht, wie sein Leben verlaufen wird. Diese dogmatisch richtige Aussage ist zugleich dafür Voraussetzung, dass man psychologische Aussagen über Jesus machen kann. Der Erzähler Markus scheut solche Aussagen keineswegs. Allerdings macht er sie nur sehr diskret, indem er sie meist nur durch den Zusammenhang und den Fortschritt der Erzählung andeutet. Solche psychologischen Aussagen dürfen nicht mit den Psychologisierungsversuchen verwechselt werden, wie sie bei den "Leben-Jesu-Büchern" im 19. Jahrhundert üblich waren und seit Wrede und Schweitzer, jedenfalls in der wissenschaftlichen Exegese, absolut verpönt sind. Diese Psychologisierungen sollten Lücken im Text ausfüllen, und das mit Hilfe der eigenen psychologischen Phantasie. Im Gegensatz dazu kann es nur um solche psychologischen Aussagen gehen, die der Text selbst hergibt und verlangt.

die Ausweitung seiner Verkündigungstätigkeit "in ganz Galiläa" (Mk 1,39).[48]

6. Markus erzählt insgesamt nur dreimal von Jesus, dass er betet. Jedesmal handelt es sich um eine wichtige Entscheidungssituation, die in seinem Leben besondere Bedeutung erlangte. In Mk 1,35 entscheidet sich, dass Jesus Wanderprediger wird; in Mk 6,46 beginnt sein Weg ins Land der Heiden; in Mk 14,32-42 steht Jesus vor seinem Leidensweg und vor seinem Tod.

In einer guten Biographie wäre die Tatsache an sich, dass Jesus betet, nicht besonders erwähnenswert gewesen. Für jeden frommen Juden ist es doch selbstverständlich, dass er überhaupt betet und dass er das täglich und auch täglich mehrmals tut. Allein auffällig ist, dass es von Markus eigens vermerkt wird. Markus erzählt nur davon, weil es sich um besondere Stellen im Leben Jesu handelt, in denen eine Entscheidung fällt, die seinen ganzen weiteren Weg bestimmen wird.

Wer das Evangelium nicht als "Leben Jesu" versteht, kann nur die Tatsache des Betens Jesu, nicht den besonderen Ort im Ablauf dieses Lebens kommentieren. Entsprechend formal und allgemein fallen die Erläuterungen zu dieser Stelle Mk 1,35 in den Kommentaren aus. Schweizer schreibt: "Es (das Beten) gehört wesentlich zu seinem Dienst, der dadurch vor Überaktivität wie vor Trägheit bewahrt bleibt. Zugleich ist es Flucht vor einer begeisterten Anerkennung, die doch nicht Nachfolge sein will."[49] Nach Pesch wirkt Jesu Gebet "als Vorbereitung der umfassenden Aktivität"[50]. Nach Gnilka will "der Evangelist das Besondere des Tuns Jesu herausstellen. Gebet und Verkündigungsauftrag stehen in einem unlöslichen Zusammenhang."[51] Schmithals kommentiert, der Erzähler wolle nur sagen, dass "Jesus überhaupt in und aus dem Gebet lebte"[52]. Nach Lührmann "findet Jesus Ruhe, indem er sich zum Gebet zurückzieht"[53]. Kertelge liest in der Stelle, dass Jesus "nicht 'von Natur aus' der ruhelose Wandermissionar" ist, sondern sich an den einsamen Orten wohl aufgehoben weiß "bei seinem Vater"[54]. Ernst meint: "Die kurze Notiz gibt in ihrer

---

48 Es liegt also kein Widerspruch darin, dass Jesus als Wanderprediger wieder Wunder wirkt, also genau dasselbe in ganz Galiläa tut, was er in Kafarnaum getan hat: predigen und Dämonen austreiben (Mk 1,39).
49 Schweizer 30.
50 Pesch I 139.
51 Gnilka I 88.
52 Schmithals I 135.
53 Lührmann 53.
54 Kertelge 28.

unaufdringlichen Schlichtheit ganz einfach Einblick in die Frömmigkeit Jesu."[55]

Die Entscheidung Jesu in Mk 1,35-38 hat auch für seine Begleiter, die zwei Brüderpaare Simon und Andreas sowie Jakobus und
Johannes, einschneidende Konsequenzen. Bis zu dieser Stelle hat
Markus nämlich noch nicht von diesen vier Begleitern als "Jünger"
gesprochen, sondern sie einfach mit ihren Namen bezeichnet.[56] Solange Jesus in der Synagogenstruktur lehren wollte, dachte er offensichtlich noch nicht an eine eigene Jüngerschaft. Die ganze Synagoge
war als Adressatin angesprochen.

Von dem Entschluss Jesu an, Wanderprediger zu werden, verwendet Markus für Jesus und seine Begleiter zusammen den gemeinsamen Plural, zum erstenmal in Mk 1,38: "Lasst uns anderswohin
gehen!" Hier liegt der Ansatz zu einer eigenen Jüngerschaft.[57] Bei der
nächsten Erwähnung in Mk 2,16 nennt Markus diese Begleiter ganz
selbstverständlich Jesu "Jünger".

1.4. Jesus meldet seinen prophetischen Anspruch an (Mk 1,40-2,12)

Dieser Textausschnitt verbindet im Rahmen des ersten Abschnitts
(Mk 1,1-3,6) zum einen das letzte Ereignis der zweiten Texteinheit
(Mk 1,40-45), in der Jesu äußere Entwicklung erzählt wird, und zum
anderen die erste Geschichte der dritten Texteinheit (Mk 2,1-12), in
der es um die theologische Auseinandersetzung Jesu mit den Schriftgelehrten geht. Der äußere Weg des Lebens Jesu, vorangetrieben
durch die Tatsache, dass er Wunder tun kann, wird abgeschlossen: Er
ist zum Wanderprediger geworden. Nun steht die Auseinandersetzung
um Jesu machtvolle Lehre bevor, die die Synagogenbesucher schon
bei seinem ersten Auftreten so beeindruckt hat: "Was ist das? Eine
neue Lehre mit Macht." (Mk 1,27)

1. Der Erzähler Markus hat diese Frage literarisch schon wieder vorbereitet: Die Menschen haben Jesu Auftreten mit dem ihrer Schrift-

---

55 Ernst 72.

56 Gegen Grundmann 62, der meint, die Nennung des Namens weise auf
    persönliche Erinnerungen des Simon hin.

57 Dass Lukas die Stelle bei Markus so verstanden und interpretiert hat, zeigen
    seine Abänderungen. Er verschiebt einmal die Geschichte mit den zwei
    Brüderpaaren, die bei Markus vor Jesu Auftritt in der Synagoge von
    Kafarnaum steht, auf diese Stelle nach Mk 1,35 und er baut sie an dieser
    neuen Stelle zu einer richtigen Berufungs- und Nachfolgegeschichte aus
    (Lk 5,1-11). Bei ihm wird also hier und erst hier Jüngerschaft begründet.

gelehrten verglichen und sie haben nach dem Neuen in seiner Lehre gefragt, obwohl er nichts Neues sagt. Der Erzählfaden ist aufgenommen, wird jedoch zunächst von der anderen Frage nach der Wundermacht und deren Konsequenzen in den Hintergrund gedrängt.

Aber die Frage nach der Lehre Jesu ist nur aufgeschoben, nicht aufgehoben. Was geschieht, wenn die Schriftgelehrten erfahren, dass die Menschen sie mit Jesus vergleichen und dass dieser Vergleich für sie nicht günstig ausfällt. "Er lehrte mit Macht und nicht wie ihre Schriftgelehrten" (Mk 1,22). Wie werden sich die Schriftgelehrten verhalten, wenn sie selbst Jesus begegnen, wenn sie also unmittelbar mit dieser machtvollen Lehre konfrontiert sind? Die Spannung wächst durch den Aufschub eher noch an. Denn Jesu Entwicklung zum Wanderprediger kommt deshalb so rasch voran, weil er großen Zulauf hat. Der Vergleich mit den Schriftgelehrten bekommt durch den äußeren Erfolg Jesu zusätzliche Dynamik. Die Leser sind auf den bevorstehenden Konflikt vorbereitet. Die Schriftgelehrten haben ein Problem mit Jesus.

Allerdings haben nicht nur die Schriftgelehrten ein Problem. Auch Jesus selbst steht vor der neuen Frage, die sich durch seine Wunderkraft stellt. Inhaltlich kündigt sich der Themenwechsel an. Zu Beginn spricht Jesus von der Gottesherrschaft. Die Zuhörer fragen nach dieser Lehre und sind über die machtvolle Predigt erstaunt (Mk 1,27). Die Frage nach dem Lehrer stellen sie aber noch nicht.[58] Das Wunder überlagert vorerst alles. Jesus ist für sie zunächst der Wundermann. Wie soll Jesus darauf reagieren?

Der Leser gewinnt den Eindruck, dass Jesus mit seiner Person zu Beginn ganz hinter seiner Verkündigung von Gott und dessen Herrschaft zurücktreten will. Die Wunder werden ihm aber dabei zu einem Problem, weil sie zunehmend ihn selbst in den Mittelpunkt der Aufmerksamkeit rücken und dadurch sein einziges Anliegen, Gott zu verkünden, in den Hintergrund drängen.

Aber hat Jesus eine Alternative? Er hat die ersten Wunder als Durchsetzung der Macht Gottes über Dämonen und Krankheiten erlebt. Seine Verkündigung von der heilbringenden Herrschaft Gottes wirkt sich für die Menschen unmittelbar und ganzheitlich aus. Sie werden durch seine Wundermacht auch an ihrem Leib gesund. Jesus kann jetzt mit seinen Wundern nicht aufhören, will er nicht seine Verkündigung insgesamt aufgeben. Über kurz oder lang muss er für sich und für seine Adressaten ausdrücklich die Frage nach seiner eigenen Rolle bei dieser Verkündigung stellen.

---

58 Gegen Pesch I 118.124, der annimmt, dass sich dieser Chorschluss als Frage ursprünglich auf die Person bezogen haben müsse.

In der letzten Geschichte des zweiten Abschnitts, bei der Heilung des Aussätzigen (Mk 1,40-45), ist es so weit. Die Situation zwingt Jesus unausweichlich zu einer Stellungnahme über seine eigene Rolle. Denn der Geheilte lässt sich nach dem Wunder nicht zum Lob Gottes wegschicken. Er hält sich nicht an Jesu Befehl und auch nicht an die gesetzlichen Vorschriften. Er geht weder zum Priester, noch bringt er das vorgeschriebene Dankopfer. Er beginnt auf eigene Faust "Vieles" (πολλά) zu verkünden und herumzuerzählen, offensichtlich über Jesus, den Wundertäter. Denn als Folge davon berichtet Markus, dass Jesus nicht mehr offen in eine Stadt hineingehen konnte.

Jesus hat das durchaus vorausgesehen und ihn deshalb "angeschnaubt" und "hinausgeworfen".[59] Aber das hat nichts geholfen. Das Wunder droht seine Botschaft zu überdecken. Der Geheilte erzählt, psychologisch durchaus verständlich, "Vieles" von dem Wundermann Jesus und nichts von der Herrschaft Gottes, deren Verkündigung Jesu erstes Anliegen ist.

Jesus kann der Frage nach seiner Person jetzt nicht mehr ausweichen, will er nicht die falsche Alternative stehen lassen, die durch das Verhalten des geheilten Aussätzigen entstanden ist: Muss der Wundermann Jesus gerühmt werden oder muss man Gott loben? Natürlich ist das für Jesus keine Frage. Er muss die Alternative zurückweisen. Offen bleibt zunächst nur, wo und wie er die geeignete Antwort gibt.

2. Bevor diese Antwort untersucht wird, muss kurz die Erzähltechnik des Evangelisten. Markus beachtet werden. Markus schiebt eine kleine Pause ein, die gerade zum Szenenwechsel reicht. Nicht mehr die Dynamik, die das erste Wunder auslöst, strukturiert die folgende Erzählung. In der nächsten dritten Einheit des ersten Abschnitts von Mk 2,1-3,6 geht es um eine theologische Auseinandersetzung. Kompetente Partner dafür sind die Schriftgelehrten, die in allen fünf Szenen dieser Einheit als Gegenpol zu Jesus dabei sind. Alle anderen Personen treten nur zusätzlich und begleitend in der Erzählung auf, wenn es die Geschichte erfordert, ohne dass etwas über ihren Auftritt oder ihren Abgang gesagt wird.

Der Einschnitt nach Mk 1,45 wird durch ein neues Bühnenbild markiert. Jesus sitzt jetzt in einem Haus in Kafarnaum und lehrt. Die äußere Dynamik der zweiten Einheit von Mk 1,16-45 ist ganz zur Ruhe gekommen. Die Spannung verlagert sich ausschließlich auf die bevorstehenden inhaltlichen Auseinandersetzungen mit den Schriftgelehrten. Die folgenden Ortswechsel, die zwischen Mk 2,1 und 3,6

---

59 Übersetzung der beiden Verben von 1,43 nach Münchener Neues Testament (MNT).

ohne verbindende Übergänge angegeben sind, beschränken sich auf
das Mindestmaß, das notwendig ist, um die jeweilige Geschichte
erzählen zu können: das Haus, der See, das Gehen durch die Saaten,
die Synagoge. Der Erzähler steigert noch die äußere Ruhe nach der
Dynamik der vorigen Szene, indem er dreimal mit dem Wörtchen
"wieder" (πάλιν) bei den Ortsangaben erinnert, dass der jeweilige
Ausschnitt aus dem Bühnenbild der vorigen Einheit schon bekannt
ist: Jesus kommt "wieder" nach Kafarnaum (Mk 2,1; vgl. Mk 1,21); er
geht "wieder" zum See hinaus (Mk 2,13; vgl. Mk 1,16); er kommt
"wieder" in die Synagoge (Mk 3,1; vgl. Mk 1,21).

Die Bruchstelle zwischen Mk 1,45 und Mk 2,1 ist keineswegs der
"dürftige Übergang"[60], der nur mühsam den Widerspruch verdecke,
dass Jesus nach Mk 1,45 in keine Stadt mehr offen hineingehen
konnte und dass er dann im nächsten Vers Mk 2,1 doch in Kafarnaum
sitzt und lehrt. Es handelt sich vielmehr um ein Scharnier zwischen
zwei Szenen. Die Bruchstelle ist eine "Sollbruchstelle". Der Leser soll
auf der einen Seite durch das neue Bühnenbild mitbekommen, dass
ein Themenwechsel stattfindet; auf der anderen Seite muss er den inneren Zusammenhang der folgenden Auseinandersetzungen um Jesu
Lehre mit seinem machtvollen Auftreten in den Wundertaten wahrnehmen.

Markus kennzeichnet deshalb diesen Übergang durch mehrere
literarische Brücken, die den Bruch abfedern helfen: er lässt "einige
Tage" verstreichen; Jesus weilt "wieder", wie zu Beginn, in
Kafarnaum; er sitzt "in einem Haus", wohl im schon eingeführten
Haus des Simon (Mk 2,1; vgl. Mk 1,29); es herrscht größtes Gedränge. Mit dem Gedränge wird der große Zulauf des Volks in der vorigen
Einheit aufgenommen und in Vorbereitung der folgenden Szene mit
dem Gelähmten sogar noch gesteigert. Dort war die ganze Stadt vor
der Türe versammelt (Mk 1,33). Jetzt war kein Platz mehr da, "nicht
einmal vor der Tür" (Mk 2,2). Es handelt sich zunächst um dieselben
Personen und Personengruppen wie zuvor, wobei die Jünger noch
keine tragende Rolle haben und deshalb nur in der zweiten, dritten
und vierten Geschichte genannt werden. Erst in der Mitte der ersten
Geschichte, erfahren die Leser, dass jetzt auch Schriftgelehrte anwesend sind (Mk 2,6). Sie werden in den folgenden fünf Geschichten
die Hauptpersonen neben Jesus. Alle anderen bleiben Statisten.

In der ganzen zweiten Einheit von Mk 1,16-45 waren die Schriftgelehrten gar nicht anwesend. Jesus hat dort überhaupt noch keine
Gegner oder gar Feinde.[61] Die Klärung der theologischen Fronten

---

60 Schmithals I 148.
61 Gegen Luhrmann 56f.

steht erst noch bevor. Jetzt in der dritten Einheit treten die Schriftgelehrten als kompetente Partner auf. Aufmerksame Leser sind allerdings auf die folgende theologische Auseinandersetzung mit den
Schriftgelehrten, auf die sich jetzt alles konzentriert, schon seit
Mk 1,22 vorbereitet.

3. Wer ist zu rühmen: Gott oder Jesus? Das war die Frage, die der geheilte Aussätzige durch sein Verhalten gestellt hat. Markus lässt die
Konfusion, die mit dieser Frage aufkommt, literarisch in Mk 1,45
anklingen: Der Geheilte verkündet "Vieles" und er "erzählt das Wort
herum". Das steht im Kontrast zu der Sprache Jesu in Mk 2,2: Jesus
"sagt das Wort" von der Gottesherrschaft. Das ist klar und eindeutig.
Der Geheilte spricht jedenfalls so unklar, dass die Menschen nicht
nach der Herrschaft Gottes fragen, aus der heraus Jesus alle Wunder
wirkt, sondern dass sie den Wundertäter Jesus suchen.
    Dann folgt der Szenenwechsel. Der Leser wartet gespannt auf
Jesu Antwort. Sie kommt sofort, ohne dass Jesus nochmals angefragt
werden muss. Die Schriftgelehrten werden erst nachträglich in Mk 2,6
eingeführt, literarisch auch ein Hinweis darauf, dass Jesus selbst die
Initiative in den folgenden Auseinandersetzungen ergreifen will. In
seiner Antwort stellt Jesus klar, dass es ihm ausschließlich um Gott
geht. Zugleich meldet er aber damit auch für seine Person seinen prophetischen Anspruch an. Der Leser weiß schon, dass er der von Gott
geliebte Sohn ist (Mk 1,11). Jetzt präsentiert sich Jesus den Schriftgelehrten gegenüber als "Menschensohn", der von Gott Vollmacht
hat, Sünden zu vergeben (Mk 2,10). Er ist also ein Mann Gottes, weil
seine Wundermacht von Gott ist. Die beabsichtigte logische Konsequenz lautet: Also ist auch seine machtvolle Lehre von Gott.

4. Die Dämonen haben den inneren Zusammenhang der Wunder Jesu
mit seiner Verkündigung der Gottesherrschaft sofort wahrgenommen.
Der erste Dämon hatte sich ja selbst entlarvt (Mk 1,23), weil er von
der machtvollen Lehre Jesu getroffen war. Damit hatte er auch das
erste Wunder Jesu provoziert. Diese Dämonen lässt Jesus nicht reden
(Mk 1,34; vgl. Mk 1,25), weil er ihr Zeugnis nicht akzeptieren kann.
Er bringt sie problemlos durch einen Befehl zum Schweigen.
    Bei den Menschen ist ihm der Versuch, von sich weg und auf
Gott hinzulenken, misslungen (Mk 1,45). Sie suchen, anders als die
Dämonen, in ihm zunehmend nur den Wundertäter. Damit ist Jesus
zum Selbstzeugnis gezwungen. Er muss seinen prophetischen Anspruch anmelden, um seinen Verkündigungsauftrag fortführen zu
können.

Eine theoretische Belehrung erscheint zwecklos. Deshalb unternimmt Jesus jetzt den für das ganze Evangelium einmaligen Versuch, seine offenkundige Wundermacht als Beweis dafür zu verwenden, dass sein Wort von Gott ist.[62] Jesus spricht dem Gelähmten zuerst die Sündenvergebung zu (Mk 2,5). Das kommt völlig überraschend und ohne jede Vorbereitung. Die Anwesenden werden zum Nachdenken provoziert. Jetzt sind zum ersten Mal auch fachkundige Theologen dabei, wie der Erzähler sofort nachträgt: die Schriftgelehrten. Diese müssen sich fragen: Entweder er lästert gegen Gott oder sein Wort ist so machtvoll, wie er mit der Sündenvergebung behauptet, weil es wirklich von Gott selbst kommt. Jesus lässt keinen Zweifel daran. Er beansprucht genau diese Vollmacht und damit eine besondere prophetische Sendung von Gott[63] und er wirkt dann zum Beweis dieses Anspruchs das allen sichtbare Heilungswunder an dem Gelähmten (Mk 2,10f).

Damit hat Jesus die Frage nach seiner Person erstmals beantwortet. Man kann auch sagen: Er hat gelernt, dass er die Botschaft von der Herrschaft Gottes nicht verkünden kann, ohne dass er als Bote dabei auch zur Sprache kommt. Der Ausgangspunkt für diesen Lernprozess war die Macht, mit der er in Wort und Tat aufgetreten war und zu der er sich jetzt auch mit seiner Person bekennen musste. Zugleich ist damit die Dynamik der äußeren Entwicklung hin zum Wanderprediger auf die innere theologische Ebene verlagert. Die Entwicklung verläuft dort nicht weniger dynamisch. Darüber berichtet Markus in den folgenden fünf Geschichten. Es handelt sich in fünf Schritten um Auseinandersetzungen mit den Schriftgelehrten (Mk 2,1-3,6).

---

62 Schmithals I 161 überlegt, ob "Jesus mit der Heilung, die dann als Mirakel zu verstehen wäre, den Beweis für das Recht auf Sündenvergebung und damit für seine göttliche Vollmacht führen will". Aber "obschon Mk mit 10a in diese Richtung weist, wäre das eine missliche Pointe; denn dann wäre jeder der zahlreichen antiken Wundertäter auch im Besitz der eschatologischen Heilsvollmacht - ein für den Erzähler unmöglicher Gedanke". Dieser Einwand träfe nur zu, wenn eine solche Vollmacht von diesen Wundertätern in demselben Zusammenhang auch tatsächlich beansprucht würde, in dem Jesus das getan hat.

63 Der Titel "Menschensohn" hat, vor allem wegen der Echtheitsfrage, eine komplizierte Forschungsgeschichte. Innerhalb des ersten Hauptteils bis Mk 8,30 kommt er nur hier in Mk 2,10 und in Mk 2,28 vor. Im Markusevangelium ist es der erste Hoheitstitel, den Jesus für sich beansprucht. Die Bezugsstellen aus der Bibel (93-mal bei Ez; Dan 7) und aus den Spätschriften (Hen 37-71; 4 Esra 13) sind so breit, dass die Gesprächspartner Jesu an dieser Stelle nicht an eine apokalyptische Vision ("auf den Wolken des Himmels") denken mussten. Jedenfalls verstanden alle, dass er für seine Verkündigung göttliche Sendung und prophetische Vollmacht beanspruchte.

1.5. Jesu theologische Auseinandersetzung mit den Schriftgelehrten und seine Ablehnung als Lehrer (Mk 2,1-3,6)

Literarisch vorbereitet ist die jetzt folgende theologische Auseinandersetzung durch zwei Momente: Die Zuhörer haben zum einen Jesu machtvolle Verkündigung in der Synagoge mit der Predigt der Schriftgelehrten verglichen. Die Schriftgelehrten sehen in ihren Augen neben Jesus "alt" aus. Jesu Wundermacht hat zum anderen für einen Riesenzulauf gesorgt. Für Außenstehende schwimmt Jesus auf einer Erfolgswelle.

Jesus selbst hat die theologische Auseinandersetzung, die jetzt fällig ist, eröffnet. Er hat seine Macht in der Lehre aus seiner Sendung von Gott her gedeutet und diese Deutung durch ein Heilungswunder zu belegen versucht (Mk 2,1-12). Jesus musste seinen prophetischen Anspruch anmelden, weil in den Augen der Menschen seine Wunderkraft seine Sendung in den Hintergrund zu drängen drohte. Er war zu diesem Schritt gezwungen, damit sich die Menschen nicht nur mit ihm als Wundertäter beschäftigten, sondern damit sie sich weiter mit seiner Botschaft auseinandersetzen mussten.

1. Der Evangelist Markus erzählt diese Auseinandersetzung in fünf kurzen Szenen. Sie verlaufen im Vergleich zur Entwicklung in Mk 1,16-45 äußerlich sehr ruhig. Ein Ortswechsel kommt nur vor, wenn er für den Inhalt der nächsten Geschichte notwendig ist. Jeweils eine neue Situation wird zum Auslöser für die weitere theologische Diskussion. Es handelt sich dabei um Situationen aus dem Alltag. Eine Ausnahme macht nur die erste Szene. Aus der Situation ergibt sich dann jeweils eine Frage an Jesus als Lehrer. Kompetente Fragesteller sind jetzt in jeder Geschichte die Schriftgelehrten. In der dritten Szene sind sie es nur indirekt durch ihre Lebenspraxis, die zum Vergleich herausfordert. Sie prüfen Jesu theologischen Anspruch.

Die Szenen selbst sind nur durch sparsame Mittel literarisch und inhaltlich miteinander verknüpft. Die ersten beiden Szenen verbindet das Stichwort "Sünde" und "Sünder", die letzten beiden das Stichwort "Sabbat". In der zweiten, dritten und vierten Szene treten zusätzlich zu den Hauptkontrahenten die Jünger auf, allerdings nur in einer Statistenrolle. Gemeinsam ist diesen drei mittleren Szenen, dass es um Essen oder Nichtessen geht: um ein Mahl, um das Fasten, um den Hunger.

Gleich, ob es sich bei dem Text insgesamt um eine ältere vormarkinische Sammlung handelt[64], oder ob nur Teile zu einer solchen

---

64   Vgl. Kuhn, Sammlungen, hier bes. 18-24.

älteren Sammlung gehören [65], Markus jedenfalls verwendet diese fünf Geschichten, um zu erzählen, wie die von Jesus selbst in Gang gebrachte theologische Auseinandersetzung um seine Person zunehmend konfliktreicher wird und am Ende bis zur völligen Ablehnung Jesu durch die Schriftgelehrten eskaliert. Die theologischen Gesprächspartner von Mk 2,1-12 sind am Ende in Mk 3,6 zu entschiedenen Gegnern seines Anspruchs geworden. Die Dynamik und die Wucht dieser Eskalation in der Auseinandersetzung sind ganz in den inneren geistigen Bereich verlagert. Die Dynamik wird durch den Kontrast zu dem ganz ruhigen äußeren Ablauf in diesen fünf Szenen noch besonders unterstrichen.

2. Die Steigerung vom Mk 2,1-12 hin zu Mk 3,1-6 ist schon oft behauptet, allerdings auch häufig bestritten worden. Die Entscheidung in dieser Frage hängt vor allem davon ab, wie man die erste Geschichte in Mk 2,1-12 versteht.[66]

Wenn es in dieser ersten Geschichte um den "gewichtigsten Vorwurf" geht, kann es dazu keine Steigerung mehr geben. Diese erste Geschichte wird aus diesem Grund auch oft von der "Sammlung vormarkinischer Geschichten" ganz ausgenommen. Oder die Sammlung bestehe überhaupt nur aus lose miteinander verbundenen Einzelgeschichten, also ohne jede Dynamik in der Abfolge, die die Gemeinde lediglich aus praktischen Gründen für ihren Gebrauch zusammengestellt habe.[67] Der Zusammenhang dieser Erzählungen untereinander hat dann keine Bedeutung.

Zu prüfen ist, ob es in Mk 2,1-12 wirklich um den "gewichtigsten Vorwurf" geht: Die Geschichte Mk 2,1-12 beginnt überhaupt nicht mit einem Vorwurf, sondern mit einem Anspruch, den Jesus selbst erhebt. Die Schriftgelehrten werden im Text erst anschließend eingeführt. Auf keinen Fall geht von ihnen die erste Initiative aus.

Aus dem Kontext ist darüber hinaus klar, dass Jesus selbst jetzt nach der Erfahrung des großen Zulaufs wegen seiner Wundermacht die Alternative "Gott oder Jesus" bekämpfen will und deshalb diesen

---

65 Vgl.Gnilka I 131f; ebd. in Anm. 5 auch weitere Belege für diese Position.

66 Vgl. Kuhn, Sammlungen 20f: Kuhn lehnt in der Diskussion gegen Albertz eine Steigerung der Konflikte ab, vor allem mit der Behauptung, dass der Vorwurf der Schriftgelehrten in der ersten Perikope eindeutig der schwerste sei.

67 Vgl. Kuhn, ebd. 24, der sich auf Schmidt, Rahmen 103f beruft: "Die christliche Gemeinde in ihrer Verkündigung, in ihrer Auseinandersetzung mit dem Judentum bedurfte solcher Geschichtenreihen und hat sie aus praktischen Gründen zusammengestellt." Nach Schmidt geschah diese Zusammenstellung mit großer Wahrscheinlichkeit schon vor Markus.

Anspruch, ein Mann Gottes zu sein, erhebt. Der Zuspruch der Sündenvergebung steht also im Kontext der vorangegangenen Wundertaten. Mit diesem Zuspruch setzt sich Jesus gerade nicht an Gottes
Stelle, sondern er behauptet damit ganz im Gegenteil, dass seine
Wundermacht nicht aus irgendwelchen geheimen und dunklen Kräf-
ten, sondern tatsächlich von Gott stammt. Der verwendete Titel
"Menschensohn" aus Dan 7,13f macht zusätzlich deutlich, dass er nur
im Auftrag Gottes handelt, wenn er auf Erden Sündennachlass
zuspricht (Mk 2,10).

Jesus will in diesem Anspruch seiner prophetischen Sendung gerade nicht in Konkurrenz neben oder gegen Gott gesehen werden. Die
Frage nach dem "Subjekt des im Mk 2,5 berichteten Vergebungs-
geschehens"[68] muss man in dieser Alternative zuerst konstruieren, um
dann Jesus gegen Gott ausspielen zu können. Denn auf diese fatale
Alternative läuft es hinaus, wenn man fragt: "Handelt es sich bei dem
Wort Mk 2,5b um die Ansage und Verkündigung dessen, was einzig
und allein Gott tut, oder um einen schöpferischen Zuspruch, der als
solcher wirkt, was er sagt?"[69] An anderer Stelle kommt diese Alternative noch deutlicher: Mk 2,5b sei ein Wort, "das die Wirklichkeit der
Vergebung nicht bloß ansagt und zusagt, sondern sie selbst schafft"[70].
Was aber ist genau der Unterschied zwischen einem Wort Jesu "als
eine vollmächtige Zusage der von Gott geschenkten Vergebung" und
als "ein wirkmächtiges Wort also, durch das Jesus eben jene Wirklichkeit stiftet, von der er redet"[71]?

Für Hofius ist gerade die Reaktion der Schriftgelehrten der Beleg
dafür, dass man diese Alternative aufstellen müsse. Die Schriftgelehrten hätten auf die Zusage einer von Gott geschenkten Vergebung
nicht mit dem Vorwurf der Gotteslästerung reagieren können, wie es
Markus erzählt. Aber haben sie wirklich diesen Vorwurf der Gotteslästerung erhoben? Eine Frage ist schließlich noch kein Vorwurf. Und
was erschien ihnen im Zweifelsfall als gotteslästerlich?

Zunächst ist schon oft festgestellt worden, dass Jesus den Ver-
gebungszuspruch im "Passivum divinum", also als Umschreibung
eines Handelns Gottes formuliert: "Deine Sünden sind dir vergeben."
Die sachgemäße, freie Übersetzung lautet deshalb tatsächlich so, wie

---

68 Gegen Hofius, der die Frage so gestellt hat in: ders., Zuspruch 125. Vgl. auch
     Theißen, Merz, Jesus 281: "Nach den Texten handelt nicht Gott, sondern
     Jesus."
69 Hofius, Zuspruch 126.
70 Ebd. 135.
71 Ebd. 127.

sie Hofius als falsch ablehnt: "Gott vergibt dir jetzt deine Sünden."[72] Viele Kommentare vertreten genau diese Position. Bei Kertelge heißt es zum Beispiel: "Es ist also die von Gott her Jesus zukommende Vollmacht, auf die sich sein sündenvergebendes Wirken hier 'auf Erden' gründet."[73] Schweizer formuliert in ähnlicher Richtung: "Dass es nämlich Gott ist, der durch ihn Sünden vergibt, ist durch Jesu Formulierung keineswegs bestritten."[74] Die Zusage der Sündenvergebung ist den Schriftgelehrten darüber hinaus selbstverständlich auch aus der täglichen Liturgie und aus vielen Gebeten bekannt. Der "Jom Kippur", der "Große Versöhnungstag" ist ganz davon geprägt. Natürlich ist es bei diesem Zuspruch in der Liturgie dennoch immer Gott allein, der Sünden vergeben kann und vergibt.

Die Überlegung der Schriftgelehrten, ob das nicht Gotteslästerung sei, folgt allein aus diesem überaus hohen Sendungsanspruch, den Jesus erhebt. Niemand von den Schriftgelehrten unterstellt, dass Jesus allein, also an Stelle Gottes und ohne Gottes Wirken, Sünden vergeben wollte. Vergleichen lässt sich Jesu Verhalten am ehesten mit dem des Propheten Natan, der in 2 Sam 12,13 dem sündigen David Gottes Vergebung vollmächtig zuspricht. Die Schriftgelehrten fragen sich an dieser Stelle also, ob Jesus tun darf, was der große Prophet Natan getan hat.

Die Schriftgelehrten reagieren auf Jesu prophetischen Anspruch völlig programmgemäß, wenn sie sich in ihrem Herzen fragen, ob ihm dieser hohe Anspruch zusteht. Jesus hat genau diese Frage mit seinem Verhalten und seinem Anspruch angezielt und gewollt. Erst nachdem er diesen Anspruch erhoben hat, werden die Schriftgelehrten (Mk 2,6) in der Geschichte erwähnt. Im Evangelium treten sie jetzt zum ersten Mal leibhaftig selber auf. Sie sind als die Theologen jetzt seine Hauptadressaten. Sie überlegen in ihrem Herzen und sie sollen überlegen, ob das nicht eine Gotteslästerung ist. Darin liegt noch kein Vorwurf. Es ist ihre Aufgabe und Verantwortung als Schriftgelehrte, einen solchen Sendungsanspruch, wie ihn Jesus erhebt, zu prüfen.[75]

---

72 Ebd. 126. Hofius zitiert selbst ausführlich die Gegenposition zu seiner Meinung, z.B. J. Jeremias, Die Gleichnisse Jesu, Göttingen [8]1970, 122; dazu 206 Anm. 4; ders., Neutestamentliche Theologie I 21f.116; Pesch I 156-161; Kuhn, Sammlungen 132; Theißen, Wundergeschichten 166 bzw. 68f; P.Fiedler, Jesus und die Sünder (BET 3), Frankfurt, Bern 1976, bes. 97ff; Klostermann 23. Vgl. auch Schmid 55-58; Klauck, Vorspiel 87.

73 Kertelge 33.

74 Schweizer 33.

75 Der Zwischensatz "er lästert" steht zwischen zwei Fragesätzen, von denen der erste real, der zweite aber nur rhetorisch gemeint ist. Der Zwischensatz muss also nicht eine Feststellung sein. Er kann auch als Fragesatz interpretiert

3. Die Schriftgelehrten sind nicht von vorneherein gegen Jesus vor-
eingenommen. Noch einmal: Es ist überhaupt ihr erster Auftritt im
Evangelium. Sie sollen sich über Jesu Anspruch Gedanken machen,
weil Jesus jetzt auf diesem Weg über theologisch kompetente
Gesprächspartner seine prophetische Vollmacht öffentlich bekannt
machen will. Darin, dass Jesus "die Gedanken der Schriftgelehrten"
(Mk 2,8) erkennt, liegt keine besondere "göttliche Macht und Fähig-
keit"[76]. Die Überlegung der Schriftgelehrten ist von Jesus an dieser
Stelle selbst provoziert.

Das folgende Heilungswunder entscheidet für alle Beteiligten die
Frage eindeutig, ob Jesus Gott lästert oder ob er in Gottes Vollmacht
spricht. "Alle" sind außer sich, preisen Gott und sagen: So etwas
haben wir noch nie gesehen (Mk 2,12). Der Erzähler Markus macht
keine Ausnahme: "Alle" loben Gott. Das schließt im Ablauf der
Erzählung auch die Schriftgelehrten ein.[77]

Die Interpretation von Schmid, in Mk 2,12 sei an die Gegner
nicht mehr gedacht[78], setzt voraus, dass es diese Gegner im Evangelium bisher überhaupt gibt. Das ist aber bei einer synchronen Text-
rezeption gerade nicht der Fall. Lührmann glaubt ebenfalls, dass die
Schriftgelehrten in Mk 2,12 nicht mitgemeint sein können. Er bezieht
sich bei seinem Ausschluss der Schriftgelehrten direkt auf Mk 1,22
und seine Interpretation dort: Den Schriftgelehrten fehle eben die
Nähe des Reiches Gottes.[79] Entsprechend heißt es dann, dass in
Mk 2,12 das "Lob aller" nicht die Schriftgelehrten mitmeinen könne.
Den "Widerspruch zwischen dem Lob aller (12) und dem ja doch
wohl als fortdauernd gedachten Widerspruch der Schriftgelehrten"[80]
erklärt er damit, dass die Geschichte von der Sündenvergebung und
damit der ganze Auftritt der Schriftgelehrten (Mk 2,5b-10) im
ursprünglichen Text nicht enthalten gewesen sei.

Gegen diese Interpretationen ist festzuhalten: Mit keinem Wort ist

---

werden, dessen erweitertes Fragezeichen die folgende rhetorische Fragestellung darstellt.

76 Gegen Hofius, Zuspruch 130 Anm. 19.

77 Schweizer 32 interpretiert Mk 2,12 in diesem Sinn. Er liefert allerdings gleich
einen Widerspruch: Die Schriftgelehrten wären nach Mk 2,12 in dem "alle"
mitgemeint, "was dem sonstigen Bild (schon 2,16) völlig widerspricht".
Bemerkenswert ist, dass sich Schweizer mit dieser Behauptung nicht auf
Mk 1,22 beruft, sondern auf Mk 2,16, also auf eine Stelle, die erst nach der
Geschichte von der Sündenvergebung kommt. Eine solche Bezugnahme ist in
einer synchronen, leserorientierten Interpretation natürlich nicht erlaubt.

78 Schmid 59.

79 Lührmann 50.

80 Ebd. 56.

im bisherigen Verlauf angedeutet, dass die Schriftgelehrten Jesu Gegner werden müssen oder gar schon von vornherein sind. Im Gegenteil: Jesus konfrontiert sie selbst erstmalig mit seinem Anspruch und sie anerkennen schließlich in Mk 2,12 seine Vollmacht. Diese Anerkennung ist sogar die Voraussetzung dafür, dass sie in den Situationen der folgenden Geschichten zuerst über Jesus und dann bei Jesus selbst als Lehrer nachfragen und ihn verstehen wollen. Einem festgestellten Gotteslästerer würde diese Ehre sicher nicht mehr zuteil.

4. Die Steigerung von Mk 2,1-3,6 lässt sich durch einen Strukturvergleich der fünf Geschichten deutlich machen. In der folgenden Skizze werden nur die drei Fragen nach dem handelnden Subjekt (wer?), den direkten Adressaten (wen?) und dem Thema der Anfrage (was?) herausgestellt, um diese Struktur sichtbar zu machen.

Die Auseinandersetzung eskaliert (Mk 2,1-3,6)					
	Mk 2,1-12	Mk 2,13-17	Mk 2,18-22	Mk 2,23-28	Mk 3,1-6
wer?	einige der Schriftgelehrten	die Schriftgelehrten der Pharisäer	„sie" (Zuhörer)	Pharisäer	„sie" (Pharisäer)
wen?	überlegen in ihren Herzen	fragen Jünger	fragen Jesus	fragen Jesus	beobachten Jesus, um ihn anzuklagen
was?	Macht Jesu	Speisegebote (für Jesus)	Fasten (für Jünger)	Sabbat (für Jünger)	Sabbat (für Jesus)

Mk 2,1-12

In der ersten Geschichte geht es noch nicht um eine feindliche Auseinandersetzung. Der Erzähler weist darauf hin, wie vorsichtig sich die Schriftgelehrten verhalten. Man hat den Eindruck, dass sie sich an dieser Stelle noch nicht einmal getrauen, ihn zu fragen. Es sind, wieder literarisch abgeschwächt, auch nur "einige der Schriftgelehrten", die lediglich in ihrem Herzen zu überlegen beginnen. Offensichtlich sollen sie überlegen, welche Sendung und Macht Jesus mit seiner Vergebungszusage beansprucht. Da Jesus ihre Überlegungen selbst provoziert hat, ist es kein Wunder, dass er diese Überlegungen "erkennt" und diese dann durch das folgende Heilungswunder beantwortet.[81]

Mk 2,13-17

In der zweiten Geschichte fragen "die Schriftgelehrten der Pharisäer" überhaupt erstmals etwas aus eigener Initiative. Aber zunächst bleiben sie weiter äußerst vorsichtig und zurückhaltend. Sie fragen nur im Hintergrund bei den Jüngern nach Jesu Praxis anlässlich des Gastmahls bei den Zöllnern und Sündern. Denn er hat sich von Zöllnern und Sündern zu einem Festmahl einladen lassen. Er kann in dieser Situation die jüdischen Speise- und Reinheitsvorschriften nicht einhalten. Danach werden jetzt die Jünger gefragt.

Jesus hat die Frage gehört und antwortet selbst. Seine Antwort lehnt sich an eine Stelle im Buch Exodus an. Dort heißt es unmittelbar nach dem rettenden Durchzug durch das Meer: "Gott ist dein Arzt" (Ex 15,26). Das ist auch die Begründung für sein jetziges Verhalten.

Die Frage der Schriftgelehrten war weder aggressiv gemeint noch war es eine Fangfrage. Weil sie Jesu Anspruch als Lehrer[82] kennen, müssen sie sogar nach seiner Lebenspraxis fragen, wenn sie etwas Auffälliges beobachten. Eine Übertretung der Speisevorschriften stellt für sich genommen keine Sünde dar. Aber als Lehrer führt Jesus auch durch sein Beispiel und sein ganzes Verhalten seine Schüler zur Tora. Jesus lässt die Frage durchaus gelten und nimmt sie ernst.[83] Er antwortet nicht, dass ihm die Speisegesetze gleichgültig seien oder dass sie überhaupt unwichtig seien. Er gibt in seiner Antwort indirekt zu, dass er sie jetzt absichtlich übertritt. Nicht die Starken und Gesunden, sondern die Kranken bedürfen des Arztes. Für Jesus heißt das, dass er zu gegebener Zeit Speisegesetze übertreten muss wegen seiner besonderen Sendung zu den Außenseitern und den Sündern.[84]

---

81 Ein Leitwort in dieser Geschichte ist das dreimalige οὕτως ("so"). In Mk 2,7 fragen sie sich: "Wie redet dieser so?" In Mk 2,8 erkennt Jesus in seinem Geist, dass sie "so" denken. In Mk 2,12 loben alle Gott und sagen, dass sie noch nie "so" (etwas) gesehen haben.

82 Vgl. auch Mk 2,13.

83 Jesu Antwort in Mk 2,17 ist deshalb weder sarkastisch noch gar ironisch zu verstehen.

84 Vgl. die 8. Beracha des Achtzehngebets: "Heile uns, Gott, und wir sind geheilt; hilf uns, und es ist uns geholfen; denn du bist unser Ruhm und Stolz! Sende uns eine vollkommene Heilung und Genesung für jedes Leid und Weh; du bist der Allwaltende, der allesvermögende Gott und Herr, ein treuer Arzt, verlässlich und voll Erbarmen! Gelobt seist du Gott, der heilt die Kinder Israels!"

Mk 2,18-22

Die dritte Geschichte beginnt damit, dass eher neutrale Beobachter die Eröffnungsfrage stellen. "Einige" vergleichen die Jünger des Johannes und die Pharisäer mit den Jüngern Jesu und stellen fest: Jesu Jünger fasten nicht. Die Frage richtet diese neutrale Gruppe direkt an Jesus. Es ist die erste Frage in dieser Abfolge, die sich unmittelbar an Jesus richtet. Auch jetzt ist es nur eine recht vorsichtige Anfrage. Sie fragen nur nach dem Verhalten seiner Jünger. Es handelt sich eher um eine Verständnisfrage: Warum gibt es diesen Unterschied in der Fastenpraxis? Jesus selbst und sein Verhalten stehen dabei nicht zur Debatte. Aber als Lehrer seiner Jünger ist er der richtige Adressat auch für diese Frage. Denn er ist als Lehrer für seine Jünger und deren Praxis verantwortlich.

Wieder ist es eine legitime, echte Frage. Wieder geht es nicht um eine Sünde. Die Frage richtet sich nur nach der Lebensform und damit nach der Frömmigkeit, also nach der Spiritualität. Die Antwort Jesu hat keinerlei antijüdischen Unterton. Jesus gesteht die Bedeutung des Fastens für die gemeindliche Praxis[85] durchaus zu, spricht aber gleichzeitig von seiner ganz einzigartigen Sendung. Jetzt ist Hochzeit und Jesus ist der Bräutigam. In zwei Bildern spricht Jesus von dem "Neuen", das er gebracht hat. Der neue Flicken (Mk 2,21) und der neue Wein (Mk 2,22) bedeuten keine Abschaffung oder Ablösung des jeweils alten.[86] Diese Bilder illustrieren die neue Macht, mit der Jesus lehrt und mit der er schon seine ersten Zuhörer in der Synagoge beeindruckt hat (Mk 1,27).

Mk 2,23-28

In der vierten Geschichte fragen die Pharisäer erstmals Jesus unmittelbar an, weil die Jünger ihrer Meinung nach das Sabbatgesetz übertreten. Im Grund ist das eine Frage nach der richtigen Auslegung des Gesetzes. Noch geht es nur um die Jünger, nicht um Jesus selbst.

Nach einer ersten kasuistischen Antwort, in der ein Vergleich mit einem ähnlichen Fall bei David gezogen wird, erinnert Jesus die Pharisäer daran, dass der Sabbat grundsätzlich für den Menschen da ist und nicht umgekehrt. Darin klingt eine leise Kritik an der Frage an. Ist das Ährenraufen nicht eine Bagatelle? Die Schlussantwort Mk 2,28 schließt über das Menschensohnwort an die machtvolle pro-

---

85 Durch die eingrenzende Formulierung in Mk 2,19 ist positiv festgehalten, dass das Fasten für die christliche Gemeinde unverzichtbar ist und offensichtlich auch in der Gemeinde des Markus geschätzt und geübt wird.

86 Vgl. die Interpretation der anderen Synoptiker Mt 9,17 ("beide bleiben erhalten") und Lk 5,39 ("der alte Wein ist besser").

phetische Sendung Jesu in Mk 2,10 an und beansprucht, daraus abgeleitet, auch die Kompetenz über die Auslegung des Sabbatgesetzes.[87]

Mk 3,1-6
Erst in der letzten der fünf Geschichten geht es um Jesu eigenes Verhalten am Sabbat. Die Pharisäer[88] stellen gar keine Frage mehr. Sie
sind schon vor dieser fünften Geschichte seine entschiedenen Gegner
geworden. Sie stellen ihm mit dem Menschen[89], der eine gelähmte
Hand hat, eine regelrechte Falle. Sie wissen schon vorher genau, was
sie wollen. In Mk 3,5 heißt es deshalb, dass Jesus betrübt ist über die
Verhärtung ihres Herzens. Sie fragen nicht mehr mit offenen Herzen,
wie in der ersten der fünf Geschichten (Mk 2,6; 2,8). Sie fragen überhaupt nicht mehr. Sie brauchen nur noch einen allgemein akzeptablen
Grund für ihre Ablehnung. Einen solchen Grund brauchen sie nicht
mehr für sich, sondern nur für die Öffentlichkeit, die ihm nachrennt.
Jetzt sollen alle einsehen, warum sie Jesus ablehnen und warum sie
sich sogar mit den Herodianern gegen ihn zusammentun.

Jesus hat den Sabbat verletzt. Das ist der offizielle und auch nach
außen vermittelbare Grund dafür, dass sie ihn als Lehrer ablehnen. In
Wirklichkeit ist diese Sabbatauseinandersetzung natürlich ein Vorwand. Die ganze Richtung passt ihnen nicht: Jesus mit seinen Wundern, der riesige Zulauf, das Verglichenwerden mit Jesus in den Köpfen der Menschen, sein Zusammensein mit den Außenseitern, seine
Spiritualität außerhalb des Gewohnten, sein Macht- und Sendungsanspruch.

Jesus hat dieses Manöver durchschaut. Er weiß, dass sie sich jetzt
innerlich gegen ihn festgelegt haben und sagt es ihnen auch. Es geht
ihnen in Wirklichkeit gar nicht um den Sabbat, sondern um seinen
Anspruch als Lehrer. Für Jesus selbst ist die Heilung des Menschen
mit der gelähmten Hand keine Sabbatverletzung. Wer sagt, dass Jesus
mit dieser Heilung den Sabbat verletzt habe, übernimmt die Sprache
seiner Gegner. Er hat weder den Sabbat noch die Sabbatgesetze
abschaffen oder abschwächen wollen. Im Gegenteil: Er muss, auch
wenn es ihm in seinem Ansehen und Ruf bei den Menschen Schaden

---

87 Es geht in Mk 2,28 gerade nicht darum, "die Sabbatgesetzgebung zu ändern",
    Schmithals I 190. Jesus bringt also nicht die "Freiheit vom Gesetz" dadurch,
    dass er den Sabbat abschafft.
88 In Mk 3,2 fehlt noch die Angabe darüber, wer genau das Subjekt ist. Es heißt
    nur: "Sie beobachteten ihn." Aus Mk 3,6 geht hervor, dass die Pharisäer
    Subjekt des Handelns sind. Sie wollen ihn jetzt anklagen und schließen sich
    am Ende sogar mit den Herodianern zusammen, um gegen ihn effektiver vor-
    gehen zu können.
89 Wieder bleibt, wie in Mk 1,23 offen, ob es ein Mann oder eine Frau ist.

bringen wird, den Kranken gerade am Sabbat heilen, weil der Sabbat ein Tag Gottes ist[90], also ein Tag für das Gute und gegen das Böse, ein Tag für das Leben und gegen den Tod (Mk 3,4), ein Tag, an dem allein Gott handelt und an dem deshalb der Mensch von seiner Arbeit ausruht und nur zuhört.

1.6. Die literarische Komposition von Mk 1,21-3,6

Wie literarisch gekonnt Markus diesen ersten Abschnitt seines Evangeliums entwirft, soll zum Schluss eine literarische Kompositionsanalyse zeigen. In ihr werden die beiden Einheiten von Mk 1,21-1,45 und von Mk 2,1-3,6 in ihrem Gesamtzusammenhang genauer betrachtet.

Literarische Komposition von Mk 1,21-3,6			
Jesus wird Wanderprediger		Schriftgelehrte werden Jesu Gegner	
Mk 1,21-28	*Mk 1,40-45*	*Mk 2,1-12*	*Mk 3,1-6*
1. Wunder widerfährt Jesus	2. Wunder eher widerwillig	3. Wunder Initiative bei Jesus	4.Wunder Initiative bei Pharisäer
als Folge seiner machtvollen Lehre über die Gottesherrschaft	wegen der Gefahr der Personalisierung auf Jesus	als Beleg für Jesu Sendung	als Beleg gegen Jesu Sendung
am Sabbat in der Synagoge von Kafarnaum			am Sabbat in der Synagoge von Kafarnaum

1. Die Skizze zeigt die vier Eckpunkte als Säulen, auf denen diese zwei Einheiten ruhen. In der ersten Einheit wird Jesu Weg von seinem öffentlichen Auftritt in der Synagoge bis zu seinem Dasein als Wan-

derprediger und dessen Abschluss erzählt. In der zweiten Einheit werden seine theologischen Auseinandersetzungen mit den Schriftgelehrten erzählt, die nach einem friedlichen Beginn zunehmend an Schärfe gewinnen und am Schluss mit der Ablehnung Jesu als Lehrer enden.

Die vier Eckpunkte sind jeweils Wundergeschichten. Es sind dies im übrigen die einzigen Wundererzählungen in dem ganzen Abschnitt bis Mk 3,6, rechnet man am Anfang die Heilung der Schwiegermutter des Petrus noch zum ersten Wunder hinzu, weil Jesus seine Wundertätigkeit mit einem Dämonenwunder und einer Krankenheilung, den beiden typischen Heilungswundern, begonnen hat.[91]

Die äußeren beiden Wunder in diesem ganzen Abschnitt (Mk 1,21-3,6), die Dämonenaustreibung und die Heilung des Menschen mit der erstarrten Hand, spielen jeweils an einem Sabbat, in der Synagoge von Kafarnaum.[92] Wie weit der zurückgelegte Weg dazwischen ist, zeigt die völlig unterschiedliche Reaktion der Anwesenden. Im ersten Fall nimmt niemand Anstoß daran, dass Jesus am Sabbat heilt. Der Dämon hat sich erst an Ort und Stelle im Hören der machtvollen Rede Jesu entlarvt. Offensichtlich erfahren die Menschen diese Besessenheit als akuten Notfall. In der Heilungstat Jesu kommt der Sabbat geradezu zu seinem Ziel. Die Menschen sind positiv betroffen darüber, dass auch die unreinen Geister Jesus gehorchen müssen. Im zweiten Fall wird das Wunder dagegen als grobe Sabbatverletzung gewertet. Es handelt sich dieses Mal nicht um einen Notfall. Das geht eindeutig aus der "Versuchsanordnung" hervor. Sie konfrontieren Jesus mit einem Menschen, der eine gelähmte Hand hat, also mit einem Langzeitkranken, eher mit einem Behinderten ohne akute Schmerzprobleme. Jesus heilt den Menschen demnach am Sabbat. Die Pharisäer sind inzwischen gegen Jesus festgelegt. Ihr Urteil ist schon im Voraus gefällt. Sie brauchen nur einen eindeutigen Anklagepunkt, mit dem sie ihre Ablehnung in der Öffentlichkeit begründen können.

Durch diese Geschichte war die Sabbatfrage zu dem zentralen Konfliktpunkt zwischen Jesus und den Pharisäern geworden. Darauf weist schon die herausragende kompositorische Stellung des Sabbatkonflikts am Ende dieses ersten Abschnitts hin. Im Markusevangelium ist es die einzige Konfliktgeschichte, in der es um den Sabbat

---

91 Das sind die typischen zwei Wundertaten, in denen sich immer Jesu machtvolle Lehre über die beginnende Gottesherrschaft zum Heil des Menschen auswirkt. Vgl. Mk 1,32.34; 1,39 zusammen mit 1,40-45; 3,10f; 6,7 und 6,13.

92 In Mk 3,6 wird nicht ausdrücklich Kafarnaum erwähnt, ist aber aus Mk 2,1 zu erschließen. Das gilt besonders, wenn man Mk 2,1-3,6 als geschlossenen Erzählbogen versteht.

geht. Es gibt darüber hinaus keine weitere Auseinandersetzung um den Sabbat, rechnet man die unmittelbar vorausliegende Geschichte vom Ährenraufen am Sabbat als Auftaktgeschichte zu dieser Geschichte Mk 3,1-6 hinzu. In Mk 2,23-28 handelte es sich zudem nur um eine mögliche Sabbatverletzung, die, wenn überhaupt, nur die Jünger Jesu begangen hatten. Jesus selbst war ausdrücklich nicht am Ährenraufen beteiligt und wurde lediglich als Lehrer dieser Jünger nach einer Stellungnahme gefragt.

2. In der Skizze ist auch der äußere und der innere Weg Jesu von Mk 1,21-3,6 eingetragen. Jesus beginnt sein öffentliches Auftreten an einem Sabbat in der Synagoge, indem er mit Macht lehrt. Es ist eine der zwei Stellen im ganzen Markusevangelium, in der erzählt wird, dass Jesus in einer Synagoge lehrt.[93] In dieser ersten Sabbat- und Synagogengeschichte stehen sich Jesu machtvolle Lehre von der Gottesherrschaft und die Dämonen gegenüber. Der Leser hat den Eindruck, dass Jesus an dieser Stelle und auch in den folgenden Sammelberichten die Dämonen ganz leicht besiegt.[94] Die Dämonen werden zum "Verstummen" (Mk 1,25) gebracht und sie "verderben" (ἀπολλύναι) durch Jesus (Mk 1,24), wie sie selbst im Voraus wissen.

Ganz anders sind die Fronten in der zweiten Sabbat- und Synagogengeschichte Mk 3,1-6. Nicht mehr Dämonen, sondern Menschen, nämlich die Pharisäer, sind Jesu Gegner. Zwar "schweigen sie", ganz ähnlich wie die Dämonen im Gegenüber zu Jesus, von sich aus auf seine Vorhaltungen hin (Mk 3,4). So leicht Jesus die Dämonen besiegen konnte, die Menschen kann er nicht so einfach ausschalten. Denn das widerspräche seiner Sendung. Sie sind deshalb für ihn, wenn sie ihn ablehnen, viel gefährlicher als alle Dämonen. Das "Verderben" trifft folgerichtig in diesem Konflikt nicht sie, sondern es richtet sich gegen Jesus (Mk 3,6).

Wie sollte es auch anders sein? Jesus ist gekommen, um die Gottesherrschaft den Menschen zu verkünden. Das tut er mit Macht, sowohl im Wort wie in der Tat. Entsprechend kraftvoll werden die Dämonen besiegt. Jetzt, im Konflikt mit den Pharisäern, ist die Situation für Jesus ungleich schwieriger. Denn er weiß sich ja zu den Menschen mit dieser Botschaft gesandt. Um sie muss er werben. Diejenigen, für die er gesandt ist, kann er nicht einfach besiegen. Sie lehnen natürlich nicht die Gottesherrschaft ab. Aber sie lehnen ihn als Lehrer und Propheten dieser Botschaft ab. Dagegen kann sich Jesus nicht wehren wie gegen die Dämonen.

---

93 Vgl. Mk 6,2.
94 Vgl. Mk 1,32.43.39; 3,11f.

3. Die vier Wunder an den Eckpunkten dieser Komposition haben eine ganz unterschiedliche Bedeutung und Funktion. Das erste Wunder in der Synagoge in Mk 1,21-28 war für Jesus ein Widerfahrnis. Es ergibt sich aus seiner machtvollen Lehre wie von selbst, weil diese Lehre als Wort Gottes den Dämon in dem besessenen Menschen provoziert und weil der sich daraufhin selbst entlarvt hat. Daraus folgt für den äußeren Weg Jesu, dass er zum Wanderprediger wird.

Das zweite Wunder steht am Ende dieses Weges zum Wanderprediger. Jesus wirkt dieses Wunder jetzt eher widerwillig, weil er die Gefahr der Personalisierung richtig erkennt und voraussieht, sie aber nicht mehr abwehren kann. Die Menschen fragen zunehmend nur nach dem Wundertäter Jesus und nicht nach Gott, von dem seine Macht doch kommt.

Diese Personalisierung durch den geheilten Aussätzigen zwingt Jesus jetzt, seinen Sendungsanspruch öffentlich zu behaupten und zu vertreten. Jesus erhebt einen prophetischen Anspruch und verwendet dazu das dritte ausführlich erzählte Wunder, die Heilung des Gelähmten in Mk 2,1-12, um diesen Anspruch zu belegen. Zunächst hat er damit Erfolg. Aber mit diesem Wunder ist zugleich die theologische Auseinandersetzung mit den Schriftgelehrten um seine Person eröffnet. Die Schriftgelehrten bedenken zwar zunächst in ihrem Herzen den Anspruch Jesu. Aber am Ende in Mk 3,5 sind ihre Herzen verhärtet und sie lehnen Jesus ab.

Dieser Prozess wird in der vierten Wundergeschichte in Mk 3,1-6 abschließend erzählt. Die Pharisäer haben jetzt den Spieß umgedreht. Wie Jesus in der dritten Wundergeschichte das Wunder als Beleg für seine Sendung verwendet hat, so gebrauchen sie in der vierten Geschichte das Wunder als Gegenbeleg gegen Jesu Sendungsanspruch. Sie beobachten ihn, ob er das Wunder am Sabbat tut, weil sie einen Anklagepunkt suchen, der allen einleuchtet.

Daraus folgt: Ein Wunder eignet sich grundsätzlich nicht als Beweismittel für irgendetwas. Es kommt in dieser Funktion auch im ganzen Evangelium nicht mehr vor. Der Grund für das Versagen dieses Mittels liegt darin, dass alles von der jeweiligen Versuchsanordnung abhängt und damit von dem, der diese Versuchsanordnung erstellt. Im einen Fall, beim dritten Wunder, bestimmt Jesus, was das Wunder beweisen soll. Im anderen Fall, beim vierten Wunder, kommt die Versuchsanordnung von seinen Gegnern. Jesus sieht die Falle selbstverständlich, aber er kann sie doch nicht vermeiden. Wirkt er das Wunder, dann haben sie den gesuchten Anklagepunkt gefunden. Er verletzt dann in ihren Augen den Sabbat und muss deshalb als Lehrer abgelehnt werden. Wirkt er das Wunder aber nicht, dann verleugnet er seinen prophetischen Anspruch, den er kurz zuvor mit dem dritten Wunder erhoben und belegt hat. Denn als Mann Gottes muss er, wenn er das überhaupt vermag, gerade am Sabbat, dem Tag Gottes, heilen und helfen.

4. Die Komposition der Erzählung von Mk 1,21-3,6 ist überaus gekonnt. Hier darf man wirklich nicht von der Unbeholfenheit und Tollpatschigkeit des Erzählers, von seiner Abhängigkeit von irgendwelchen Vorlagen, denen er hilflos ausgeliefert gewesen sei, oder von seinen begrenzten darstellerischen Fähigkeiten sprechen. Aber natürlich reicht nicht die einfache Beschreibung dieser kunstvollen Komposition. Es kommt auf die Interpretation an, also auf die Frage, was der Evangelist Markus mit dieser Erzählung, so wie sie ist, vermitteln will. Die Form lässt sich von der Sache, um die es geht, nicht trennen.

Die Leser werden auf dem Weg Jesu von seinem ersten Auftreten bis zu seiner Ablehnung durch die Pharisäer mitgenommen und erleben dabei in höchster Dramatik und Dynamik sehr verdichtet mit, wie Jesus seinen Weg unter der Führung Gottes findet und geht. Obwohl die Darstellung im Blick auf das Gefühlsmäßige geradezu asketisch ist, beschwört sie eine Welt von Gefühlen. Ohne dass ausdrückliche psychologische Hinweise gegeben werden, ist eine Entwicklung Jesu und der Schriftgelehrten deutlicher gegenwärtig, als wenn sie in Worten ausgemalt worden wäre. Die Erzählung kommt fast durchweg ohne psychologische Hinweise aus. Dennoch ist sie von höchster äußerer und innerer Handlungsdichte.

Markus erreicht das im ersten Kapitel durch die einfache Abfolge der vier Stationen, bei denen der Zulauf und damit der äußere Erfolg Jesu immer mehr anwächst. Die Leser erleben in ihrer Vorstellungskraft mit, wie dieser Erfolg Jesus zu einem Wanderprediger werden lässt. Nur der Hinweis auf das Gebet Jesu vor der entscheidenden Wende und sein äußerst heftiger, aber vergeblicher Versuch, den geheilten Aussätzigen zum Schweigen zu bringen, geben erste direkte Anleitungen zum Verstehen der inneren Entwicklung.

Im zweiten Kapitel und bis Mk 3,6 erzeugt Markus die Dynamik in der Eskalation des Konflikts mit den Schriftgelehrten durch die steigende Intensität der Fragestellungen. Am Ende, in Mk 3,1-6, weiß der Leser, ohne dass bis dahin eine einzige ausdrückliche psychologische Erklärung zum Verhalten der Schriftgelehrten gegeben wurde, dass die Entwicklung dieser Schriftgelehrten Jesus gegenüber negativ verlaufen ist. Die Sabbatfrage zum Schluss war nur noch ein Vorwand für sie, um vor der Öffentlichkeit, vielleicht auch vor sich selbst, bestehen zu können.

Denn in Wahrheit ging es jetzt für sie gar nicht mehr um ein Sabbatgesetz, sondern um die Person Jesu. Sie lehnen ihn als Lehrer ab, weil sie ihn als Konkurrenten fürchten: sein Eintreten für Außenseiter, seine Macht im Wort und in der Tat, sein öffentlicher prophetischer Anspruch und der Titel Menschensohn, das "Neue", das die Menschen in ihm erkennen und das er mit den Bildern vom Bräutigam, vom neuen Flicken und vom neuen Wein bestätigt. Man kann gut verstehen, dass sie diese Konkurrenz fürchten. Aber zugleich dürfen sie das weder sich noch den anderen eingestehen. Sie können also weder den Erfolg Jesu noch die Tatsache, dass er Wunder tun kann und dass er größeren Zulauf als sie hat, als Ablehnungsgründe zugeben. Deshalb brauchen sie die Sabbatübertretung als Vorwand.

2. ABSCHNITT: DER LEHRER UND SEINE JÜNGER (MK 3,7-6,13)

Mit Mk 3,6 ist der erste Abschnitt im Evangelium abgeschlossen. Der Versuch Jesu, die theologischen Autoritäten, die Schriftgelehrten, für sich zu gewinnen, ist gescheitert. Sie erkennen ihn als Lehrer nicht an. Im Gegenteil: Sie sind jetzt seine Gegner geworden und wollen ihn verderben. Ist damit der "Anfang des Evangeliums Jesu Christi" (Mk 1,1) schon zu seinem Ende gekommen?

Was kann Jesus in dieser Lage tun? Theoretisch bleiben ihm zwei Möglichkeiten: Er kann entweder aufgeben,weil ihn die institutionelle "Synagoge" nicht brauchen kann. Oder er muss sich zurückziehen und einen anderen Weg suchen, um seine Botschaft vom Reich Gottes zu verbreiten, nachdem ihm der offizielle Weg über die vorhandenen traditionellen Strukturen verbaut worden ist. Jesus wählt die zweite Möglichkeit. Er wendet sich seinen Jüngern zu. Zwölf davon beruft er in einer besonderen und neuen Form. Sie sollen mit ihm sein (Mk 3,14), damit er sie dann aussende zur Verkündigung (Mk 3,14; 6,7).

In fünf Themen soll der Jesusbiographie des Markus in diesem zweiten Abschnitt seines Evangeliums nachgegangen werden. Welche Konsequenzen hat diese Entscheidung Jesu zur Jüngerschulung für seinen weiteren Weg? Der "Anfang des Evangeliums" geht also doch noch weiter, aber die Rolle, die Jesus dabei spielt, verändert sich zwangsläufig. Die "Biographie Jesu", die Markus schreiben will, ist noch nicht am Ende. Im Gegenteil: Sie wird immer spannender.

In einem ersten Thema geht es um die Rahmung dieses zweiten Abschnitts (2.1.): Der Erzähler Markus verwendet dafür die Berufung und die Aussendung der Zwölf. Man kann davon ausgehen, dass alles, was in diesem Abschnitt erzählt wird, deshalb auch im engen Zusammenhang mit dieser Berufung und Sendung der Zwölf steht.

Innerhalb dieses Rahmens geht es im zweiten Thema um das noch offene Problem der Wundermacht Jesu (2.2.). Wie gehen seine Gegner mit der Tatsache um, dass er Wunder tun kann? Diese Frage bildet literarisch und inhaltlich die Überleitung vom ersten zum zweiten Abschnitt, vom öffentlichen Auftreten Jesu in der Synagoge zur Bildung seiner eigenen Jüngerschule, seiner "Jeschiwa".

Es folgt als drittes Thema im Gleichniskapitel (Mk 4,1-34) eine Unterweisung über das Reich Gottes (2.3.). In dieser Unterweisung setzt Jesus innerhalb der Verkündigung vom Reich Gottes zum ersten Mal einen eigenen inhaltlichen Akzent, der deshalb notwendig ist, weil er jetzt bei den offiziellen Vertretern der Synagoge verfemt ist. In den Gleichnissen betont er den kleinen und unscheinbaren Beginn der Gottesherrschaft. Dieser kleine Beginn darf seine Jünger aber nicht unsicher machen. Die Herrschaft Gottes wird sich trotzdem unfehlbar durchsetzen.

Im vierten Thema fragen die Jünger nach Jesu Rolle als Lehrer (2.4.). Zum ersten Mal fragen sie nach seiner Person direkt: "Wer ist dieser?" Durch die besondere Jüngerschulung kommen nicht nur die Jünger zu einer neuen Aufgabe. Auch Jesus, der bisher in der Synagoge gelehrt hat, erhält als ihr Lehrer für sie ein neues Profil. Die folgenden Machttaten, die größten im ganzen Evangelium, bestätigen die einzigartige Sendung Jesu.

Das fünfte Thema greift die erste Begegnung Jesu mit einem Heiden auf (2.5.). Auf seinem Rückzug trifft Jesus einen von Dämonen besessenen Heiden auf der Ostseite des Sees in der Landschaft um Gerasa. Er vertreibt den Dämon. Aber was bedeutet diese Heilung eines Heiden für seinen weiteren Weg?

Die Hauptthemen in diesem Abschnitt klingen schon deutlich in dem sogenannten Sammelbericht[1] Mk 3,7-12 an, der an der Nahtstelle zwischen dem ersten und dem zweiten Abschnitt eingefügt ist. Der Rückzug Jesu, der zugleich der Beginn der eigenen Jüngerschulung ist, wird schon in Mk 3,7 und in Mk 3,9 eingeleitet. Die Auseinandersetzung mit den Schriftgelehrten über die Herkunft und Ursache der Wunderkraft Jesu hängt unmittelbar damit zusammen: Jesu Wundermacht ist so groß, dass ihn die Schar richtiggehend bedrängt. Jesus heilt viele. Die Hoffnung der Kranken auf Heilung ist weiter angewachsen. Allein durch den Kontakt mit ihm erwarten sie sich Hilfe (Mk 3,10). Das zwingt seine Gegner zu einer eigenen Stellungnahme. Wie interpretieren sie die Wundermacht Jesu? Auch die "Seinigen" (Mk 3,21) müssen sich über die einzigartige Rolle Jesu Gedanken machen.

Die Dämonen reagieren wieder als erste (Mk 3,11). Zwar kann sie Jesus offenbar leicht zum Schweigen bringen (Mk 3,12). Aber sobald sie einen Menschen mit ihrer Gewalt unterdrücken, entstehen Konflikte. Was geschieht, wenn Jesus Heiden begegnet, die von Dämonen geknechtet sind? Genau deswegen, weil Dämonen auch Heiden quälen, kommt es zu einer ersten direkten Begegnung Jesu mit einem Heiden (Mk 5,1-20). Diese Begegnung ist durch Aufzählung der Ortschaften, auch rein heidnischer Orte, aus denen die Menschen zu Jesus kommen, vorbereitet (Mk 3,8).

---

1   Es handelt sich weniger um einen Sammelbericht, der bisherige Ereignisse zusammenfasst, als vielmehr um eine Ouvertüre zum folgenden zweiten Abschnitt, in der die weiteren Hauptthemen anklingen. Literarisch federt dieser Übergang den harten Einschnitt zwischen der Sabbatgeschichte Mk 3,1-6 und der Berufungsgeschichte Mk 3,13-19 ab.

2.1. Jesus beruft die Zwölf (Mk 3,13-19), um sie zu senden (Mk 6,6b-13)

1. Literarisch ist die Rahmung des zweiten Abschnitts mit der Berufung am Anfang und der Aussendung der Jünger am Schluss sehr deutlich sichtbar gemacht. Jesus beruft unter seinen Jüngern die, "die er selber wollte". Damit schuf er die "Zwölf", "dass sie bei ihm seien und dass er sie sende" (Mk 3,13f; 6,7). Innerhalb des ersten Hauptteils bis Mk 8,30 kommen überhaupt nur in diesem zweiten Abschnitt die "Zwölf" vor, insgesamt viermal.[2]

Diese Zwölf sollen nach ihrer Unterweisung den Auftrag bekommen, genau dasselbe zu tun, was Jesus bisher allein getan hat. Sie sollen verkündigen (Mk 3,14; 6,12.30), sie sollen Dämonen austreiben (Mk 3,15; 6,7) und sie sollen Kranke heilen (Mk 6,13).

In der Verkündigung kann es, wie bei Jesus selbst (Mk 1,15), nur um die kommende Gottesherrschaft und die damit verbundene Umkehr (Mk 6,12) gehen. Wie in Mk 1,21f für Jesus steht auch bei den Zwölf jetzt kein Wort darüber, was sie verkündigen. Der Inhalt ihrer Verkündigung steht überhaupt nicht zur Frage. Er steht deshalb nicht da, weil er selbstverständlich ist. Es geht um Gott und seine Herrschaft. Darin unterscheiden sie sich nicht von jüdischen Theologen und Schriftgelehrten. Man darf hinzufügen: Auch in der Methode gibt es keinen Unterschied. Es geht um das Wort Gottes, also um die Tora und die Propheten, die sie vortragen und auslegen. Wie Jesus haben sie dabei große Erfolge, die sie voll Stolz am Ende ihrer Unternehmung erzählen (Mk 6,30).

Wie bei Jesus selbst ist ihre Verkündigung begleitet von Machttaten. Sie treiben Dämonen aus und heilen Kranke. Offensichtlich kann Jesus mit seiner Sendung sowohl seine Macht in der Lehre, auf die hin die Menschen ganz außer sich geraten waren[3], als auch seine Wundermacht weitergeben (Mk 3,15; 6,7). Allerdings stoßen die Zwölf, ebenso wie er, auch auf Ablehnung, die sie verkraften müssen (Mk 6,11).

2. Für die Zwölf beginnt damit etwas Neues. Bisher konnten sie weder erwarten noch überhaupt erahnen, dass sich das Wort Jesu von den Menschenfischern (Mk 1,17) so rasch und auf diese Art und Weise erfüllen sollte. Am Anfang, am See in Mk 1,16-20, war es nur um eine erste Einladung an vier junge Fischer, zwei Brüderpaare, gegangen. Jesus hatte sie eingeladen, ihn zu begleiten. Sie sollten

---

2   Mk 3,14.16; 4,10; 6,7.
3   Mk 1,22.27; 2,10.

einmal zu Menschenfischern werden. Markus lässt hier noch völlig offen, wie und wann das geschehen soll.[4]

Von Jüngern ist an dieser Stelle in Mk 1,16-20 noch nicht die Rede.[5] Es kann auch noch keine Rede davon sein, weil Jesu eigener Weg um diese Zeit noch nicht festgelegt ist. Zunächst geht er ja nur in die Synagoge zur Verkündigung. Die Vier begleiten ihn dabei, haben aber keine eigenständige, fest umschriebene Rolle.

Markus verbindet zunächst durch die Einladung an die Vier in Mk 1,16-20 nur die Geschichte in der Synagoge (Mk 1,21-28) literarisch mit der folgenden Wundererzählung, die im Haus des Simon und des Andreas geschieht und bei der diese Vier anwesend sind (Mk 1,29-31).[6] Bis Mk 1,38 bleibt in der Erzählung offen, ob die Vier Jesus nur für kurze Zeit begleiten, ob sie sich vielleicht nur einen Tag von der Arbeit freinehmen, wie lange sie also den Vater mit den Taglöhnern allein lassen. Die Erzählung ist sehr genau. Nur für das gemeinsame Gehen in Mk 1,21 und in Mk 1,29 verwendet sie vor Mk 1,38 den Plural. Weil Jesus noch allein aktiv ist, erscheint sonst

---

4   Bei Markus heißt es an dieser Stelle (Mk 1,17) betont futurisch: "Ich werde machen (ποιήσω), dass ihr Menschenfischer werdet (γενέσθαι)." Matthäus und Lukas übernehmen die futurische Bedeutung nicht, weil in ihrem Evangelium die Jüngerschaft jetzt sofort beginnt. Matthäus streicht das γενέσθαι ("werden"), das den futurischen Sinn ausmacht. Bei Matthäus heißt es deshalb direkt: "Ich werde euch zu Menschenfischer machen." (Mt 4,19) Lukas bringt die Erzählung später (Lk 5,1-11) und in einem anderen Zusammenhang.

5   Matthäus macht durch kleine Änderungen eine eindeutige Berufungsgeschichte aus der noch offenen Einladung im Markustext (Mk 1,16-20). Vgl. in Mt 4,18-22 die Verschiebung von εὐθύς ("sogleich") nach Mt 4,22. Nach der Markusvorlage müsste es in Mt 4,21 stehen. Matthäus streicht außerdem aus seiner Markusvorlage die Mitteilung, dass der Vater nicht allein zurückbleibt, weil er Tagelöhner hat. In Mt 4,22 verwendet Matthäus das Verb "nachfolgen" also als Terminus technicus, während Markus an dieser Stelle nur allgemein davon spricht, dass die Vier ὀπίσω αὐτοῦ ("hinter ihm") hergehen (Mk 1,20). Von da aus ist auch das ἀκολουθεῖν ("nachfolgen") in Mk 1,18 zu verstehen. Es handelt sich an dieser Stelle bei Markus nicht um Nachfolge im theologischen Sinn. Matthäus hat Markus genau so gelesen und ändert deshalb die Einladung an die Vier bei Markus in eine richtige Berufungsgeschichte zur Nachfolge um. Die Geschichte bekommt dadurch einen ganz anderen Stellenwert in seiner Biographie Jesu.

6   Die Einladung an die Vier in Mk 1,16-20 mag etwas unvorbereitet und überraschend kommen nach der Programmnotiz in Mk 1,14f. Markus kann sie aber schlecht erst im weiteren Verlauf des ersten Kapitels bringen, weil es dort darum geht, dass Jesus wegen seiner Wunderkraft und durch den immer größeren Zulauf von außen zum Wanderprediger wird. Hier würde eine Geschichte, in der Jesus selbst Zuhörer einlädt, die Dynamik des äußeren Geschehens unterbrechen.

der Singular, obwohl die Begleiter durchaus anwesend sind. Die Vier bilden also mit Jesus zusammen noch keine geschlossene Gruppe. Sie werden deshalb jeweils einzeln mit ihren Namen aufgezählt in Mk 1,16.19 und in Mk 1,29 oder als ganz lockere Gruppe benannt in Mk 1,36: "Simon und seine Begleiter." Erst in Mk 3,16 erhält Simon den Beinamen Petrus. Bis dahin bleibt es beim Namen Simon.[7]

Der Status der Begleiter Jesu ändert sich also zum ersten Mal, als er zum Wanderprediger wird. Von da an nennt Markus diejenigen, die ihn weiter begleiten, auch "Jünger". Erst in Mk 1,38 ist entschieden, dass Jesus Wanderprediger wird. Diese Entscheidung macht aus den bisherigen Begleitern Jünger. Der Leser erfährt von dieser Jüngerschaft eher beiläufig in Mk 2,16.[8] In der dritten Einheit des ersten Abschnitts (Mk 2,1-3,6) sind die Jünger zwar als Gruppe soziologisch identifizierbar, sie haben aber vorerst weiter nur eine stumme Statistenrolle.[9] Zunächst steht die Begegnung Jesu mit den Schriftgelehrten im Mittelpunkt der Erzählung.

Im zweiten Abschnitt erfolgt eine weitere Bestimmung ihrer Rolle. Jesus wählt die "Zwölf" aus und macht sie zu seinen Mitarbeitern. Er will sie aussenden. Das hängt mit der Ablehnung zusammen, die Jesus von der offiziellen Synagoge erfährt. Denn jetzt braucht er seine Jünger als Multiplikatoren. Deshalb beginnt er jetzt die Jüngerschulung, eine "Jeschiwa", zur Vorbereitung ihrer Aussendung. Mit der Berufung der Zwölf in Mk 3,13-19 bekommt die Jüngerschaft also nochmals eine neue Qualität. In seinem Auftrag werden diese Zwölf in sechs Zweiergruppen (Mk 6,7) herumziehen und seine Botschaft hinaustragen.

Vier aus diesem Zwölferkreis werden in der Berufungserzählung in Mk 3,16-19 besonders herausgehoben. Alle Vier spielen auch im weiteren Verlauf eine besondere Rolle. Drei dieser Vier erhalten einen Beinamen: Simon soll Petrus heißen (Mk 3,16); die beiden Brüder Jakobus und Johannes heißen Boanerges, das bedeutet Donnersöhne, wie Markus für seine offenbar sprachlich gemischte Leserschaft übersetzt (Mk 3,17). Diese Drei werden zu den engsten

---

7 Das angeblich vertrautere Simon steht nicht deshalb, weil hier eine persönliche Erinnerung oder Erzählung vorliegt, sondern weil Markus genau ist in seinem Text. Erst mit der Auswahl der Zwölf kommt es zu dieser Namensgebung, die Jesus selbst vornimmt.

8 In Mk 2,16 wird zum ersten Mal im Evangelium ausdrücklich von Jüngern Jesu gesprochen.

9 Die Jünger antworten nicht selbst, obwohl sie gefragt sind in Mk 2,16; sie werden von Leuten mit anderen Jüngern verglichen in Mk 2,18; sie reißen am Sabbat Ähren ab und geben damit den Anlass für ein Streitgespräch der Pharisäer mit Jesus in Mk 2,23.

Vertrauten Jesu in den folgenden Geschichten.[10] Beim Vierten, bei Judas, erwähnt der Erzähler Markus ausdrücklich schon an dieser Stelle, dass er später Jesus ausgeliefert hat (Mk 3,19).

3. Die Rolle der Jünger in der Markuserzählung wird also erst allmählich, jeweils im Zusammenhang mit dem Weg Jesu, näher definiert. Solange noch nicht feststeht, wie der weitere Weg Jesu verläuft, kann Markus auch nicht genauer erzählen, was aus seinen Begleitern wird. Die Frage nach ihrer Aufgabe in der Zukunft ist in der Einladung am See zwar schon aufgeworfen, beantwortet wird sie erst allmählich im Zusammenhang mit der weiteren Entwicklung des Weges Jesu.

Die Jünger werden von der Dynamik des Weges Jesu mitgerissen. Als sie am ersten Tag eingeladen worden waren und tatsächlich mitgegangen sind, hatten sie sich noch nicht träumen lassen, dass sie so rasch zu Jüngern eines neuen Wanderpredigers werden sollten. Als diese Jünger konnten sie wiederum nicht damit rechnen, dass einige so rasch in einer Jüngerschule zu Mitarbeitern einer neuen Basisbewegung werden würden. Dieselbe Dynamik, die den Weg Jesu vorangetrieben hatte, hat ebenso rasch auch den Weg der Jünger verändert.

Für Jesus selbst bedeutet der Entschluss, Jünger für eine Aussendung vorzubereiten und zu unterweisen, auch einen Rückzug (Mk 3,7). Von jetzt an lehrt er nicht mehr in Kafarnaum in der Synagoge, sondern draußen am See. Weil ihm eine große Menge nachläuft und ihn weiter bedrängt, lässt er ein Boot bereitstellen (Mk 3,9), in das er dann in Mk 4,1 auch einsteigt und von dem aus er die Menge belehrt.

Dieser Ortswechsel hat durchaus symbolische Bedeutung. Der Rückzug bezieht sich nicht auf die Menge allgemein, sondern auf die offizielle Synagoge und deren Pharisäer und Schriftgelehrte, die ihn in Mk 3,6 abgelehnt haben. Dadurch war ja sein Rückzug veranlasst worden. Jesus lehrt auch im zweiten Abschnitt, wie bisher, die Menge, die zu ihm kommt.[11] Auch die symbolische Zwölfzahl weist darauf hin, dass Jesus mit seiner Jüngerschule weiter ganz Israel im Blick behält. Eine spätere Aussendung der Zwölf wäre zudem überflüssig, wäre die Menge selbst gar nicht mehr das Ziel der Sendung Jesu.

---

10 Vgl. Mk 5,37; 9,2; 13,3 (hier zusätzlich mit Andreas); 14,33.

11 In Mk 4,1f steht dreimal das Wort "lehren" oder "Lehre". Außerdem ist die folgende Lehre durch das πάλιν ("wieder") in Mk 4,1 rückgebunden an Mk 2,13-17. Dort war Jesus zum ersten Mal lehrend am See und die ganze Menge war hinausgekommen. Später, in Mk 6,2 lehrt er auch selbst noch einmal in einer Synagoge, allerdings nicht mehr in Kafarnaum, sondern in Nazaret.

2.2. Jesu Gegner müssen seine Wundermacht deuten (Mk 3,22-30)

1. Jesus hat von sich aus die Konsequenzen aus der Ablehnung durch die Pharisäer gezogen. Er hat sich für eine selbständige Jüngerschule entschieden und dazu den Zwölferkreis ins Leben gerufen. Jetzt haben aber seine Gegner, die Schriftgelehrten, noch ein Problem. Jesus hat bei seinem ersten Auftreten in der Synagoge die Menschen doppelt fasziniert, einmal durch seine Macht im Wort und dann durch seine Macht in der Tat. Diese Wundermacht hat Jesus schließlich zum Wanderprediger werden lassen.

So überraschend sich das erste Wunder in der Synagoge ereignete, für Jesus lag darin weder ein Widerspruch noch gar eine Konkurrenz zu seinem Verkündigungsauftrag. Die Wunder waren für ihn eine innere Folge seiner Botschaft von der guten Herrschaft Gottes. Aber die Menschen sahen das anders. Sie begannen den Verkünder und den Wundertäter zu unterscheiden. Man kann verstehen, dass sie stärker von den Wundern hingerissen waren.

Zuletzt sah Jesus sich deshalb gezwungen, selbst seinen besonderen Sendungsanspruch mit dieser Wundermacht ausdrücklich in Zusammenhang zu bringen (Mk 2,1-12), um nicht als Wundertäter gegen Gott ausgespielt zu werden. Damit war aber zugleich das Gespräch mit den Theologen eröffnet. Jetzt musste er in den folgenden Dialogen mit den Schriftgelehrten nicht nur seine prophetische Sendung erklären, er musste zugleich seine Wunder als Bestätigung seiner Sendung behaupten.

Konnten die Schriftgelehrten bei der Frage der prophetischen Sendung noch mitreden, weil sie ihre eigene Aufgabe prinzipiell ähnlich verstanden, bei der Wundermacht waren sie ihm nicht mehr ebenbürtig. Am Ende dieser Gespräche, in Mk 3,1-6 stand ihre negative Entscheidung fest: Sie lehnten ihn als Lehrer ab. Der Vorwand dafür, den sie einmal für sich selbst, dann aber besonders auch für die Öffentlichkeit brauchten, wurde die Sabbatfrage. Wegen seiner Sabbatpraxis wollten sie Jesus anklagen (Mk 3,2) und ihn zu einem Irrlehrer machen.

2. Markus erzählt nicht, wie dieses negative Ergebnis der Schriftgelehrten auf die Menschen gewirkt hat. Ganz leicht werden sie es nicht angenommen haben, nachdem sie von der Lehre Jesu gleich zu Beginn so betroffen waren und den Unterschied zur Verkündigung ihrer Schriftgelehrten auch deutlich gemerkt haben. Jesus hat mit Macht von Gott gesprochen und dann auch noch Wunder folgen lassen. Jetzt haben ihn die Schriftgelehrten zum Irrlehrer erklärt. Damit

fordern sie die Menschen auf, ihm nicht weiter zuzuhören. Die Tatsache, dass sie weiter in Scharen Jesus nachgelaufen sind, zeigt, dass die Schriftgelehrten mit dieser Aufforderung vor großen Schwierigkeiten stehen.

Wie sollen die Schriftgelehrten dieses Urteil in der Öffentlichkeit durchsetzen, da er doch eindeutig Wunder tun kann? Die Tatsache der Wunder Jesu ist ja für alle unbestreibar und auch unbestritten. Niemand kann die Erfolge Jesu bei den Kranken und Besessenen leugnen. Diese Erfolge bilden jetzt das Hauptproblem seiner Gegner.

Der Erzähler Markus verstärkt noch literarisch diesen Eindruck, indem er an der Nahtstelle zwischen dem ersten und zweiten Abschnitt, also nach der Ablehnung Jesu durch die Schriftgelehrten, die Größe dieser Wundermacht hervorhebt. Er erreicht das durch die Betonung des Zulaufs, der inzwischen weit über die Grenzen von Galiläa hinausreicht (Mk 3,7f). Darüber hinaus heilt Jesus inzwischen offensichtlich viele allein schon dadurch, dass sie ihn einfach berühren (Mk 3,9f). Das verstärkt nochmals den Eindruck seiner Macht.

Seine Gegner sind also zu einer Stellungnahme gezwungen, wollen sie ihre Absage an Jesus als Lehrer bei den Menschen durchsetzen. Im Grund haben sie dabei nur die eine Möglichkeit, die sie dann auch ergreifen. Sie müssen die Wunder Jesu bestätigen und sie gleichzeitig dem Teufel und seiner Macht zuschreiben. Damit geben sie die Tatsache der Wunder bei Jesus zu, bestreiten aber, dass sie von Gott kommen. Genau das wird ihre Behauptung gegenüber der Menge: "Durch den Fürsten der Dämonen treibt er die Dämonen aus!" (Mk 3,22)

Um dieser Behauptung noch größeres Gewicht zu verleihen, kommen dafür sogar Schriftgelehrte aus Jerusalem. Die örtlichen Autoritäten haben zwar bisher ausgereicht, seine Lehre abzulehnen (Mk 3,1-6). Für die Ablehnung der Wundermacht, die inzwischen ein landesweites Echo gefunden hat, werden aber höhere theologische Autoritäten bemüht. Solche höheren Autoritäten sind auch erforderlich. Denn beweisen können sie ihren Spruch nicht. Was geschieht, wenn die Menschen ihnen einfach nicht glauben?

3. Allerdings ist Jesus grundsätzlich in keiner besseren Lage. Auch er kann nur behaupten, aber nicht beweisen, dass seine Wundermacht von Gott kommt. Er wirbt zwar um ihre Einsicht, indem er auf den Sinn der Dämonenaustreibungen hinweist (Mk 3,23-27): Es ist doch äußerst unwahrscheinlich, dass er mit dem Obersten der Dämonen die Dämonen austreibt. Aber ein schlüssiger Beweis ist das nicht. Es könnte ja ein Täuschungsmanöver sein. Zuletzt bleibt es eine Glau-

bensfrage: Kommt seine sie provozierende Wundermacht von Gott oder vom Teufel? Jesus weiß das und er merkt auch, dass er mit seinem Anspruch jetzt keine Entscheidung herbeizwingen kann. Deshalb sagt er ihnen noch zusätzlich das Wort von der Sünde wider den Heiligen Geist, die in Ewigkeit nicht nachgelassen wird (Mk 3,28f). Jesus kann die Behauptung seiner Gegner, er habe einen unreinen Geist (Mk 3,30), nicht einfach widerlegen. Aber er fragt die Jerusalemer Autoritäten, ob sie nicht den Heiligen Geist selbst lästern, wenn sie so reden. Würden sie nur ihn ablehnen und ihm nicht glauben, dann wäre das nicht so schlimm und eine vergebbare Sünde. Aber steckt vielleicht hinter ihrer Ablehnung seiner Person eine weit größere Dimension? Lehnen sie nicht das Wirken des Geistes Gottes selbst ab, wenn sie gegen ihn lästern? Der Evangelist Markus sagt nicht, dass Jesus die Schriftgelehrten aus Jerusalem für immer verurteilt hat, weil sie sich dieser Sünde wider den Heiligen Geist schuldig gemacht haben. Jesus sagt an dieser Stelle nur in hypothetischer Form, dass eine Sünde wider den Heiligen Geist nicht vergeben werden könne.

Der Erzähler lässt etwas von der inneren Unsicherheit dieser Schriftgelehrten im Zusammenhang mit Jesus anklingen. Sie sind von Jerusalem gekommen. Aber sie sprechen nicht direkt mit ihm, sondern nur über ihn in der dritten Person: "Er treibt durch den Fürsten der Dämonen die Dämonen aus" (Mk 3,22) und "er hat einen unreinen Geist" (Mk 3,30).[12] Die Schriftgelehrten wollen zwar die Menge Jesus abspenstig machen. Sie wagen es aber nicht, Jesus selbst anzugreifen.

Mit dieser Unsicherheit der Schriftgelehrten kontrastiert Jesu Souveränität. Mit drei Hinweisen unterstreicht der Erzähler Markus, wie sicher und sendungsbewusst Jesus auftritt. Jesus sucht erstens das offene Gegenüber. Er spricht die Schriftgelehrten, die nur über ihn geredet haben[13], direkt an (Mk 3,23) und sagt ihnen ein Gleichnis, um sie von ihrer Einstellung abzubringen. Es folgt zweitens die feierliche autoritative Formel "Amen, ich sage euch!" (Mk 3,28) als Einleitung für die anschließende Warnung, die dadurch ein besonderes Gewicht erhält.[14] Ihnen soll bewusst gemacht werden, wie gewichtig ihre ablehnende Einstellung in Wahrheit ist. Natürlich spricht auch aus dem Inhalt dieser Warnung Jesu außerordentliches Sendungsbewusst-

---

12 Mk 3,22 und Mk 3,30 sind die Rahmenverse für Jesu Gegenrede mit dem Gleichnis über das entzweite Haus und die Sünde wider den Heiligen Geist.

13 Auch in der folgenden Szene sagen die Schriftgelehrten kein Wort zu Jesus selbst.

14 Diese Formel "Amen, ich sage euch" kommt im ersten Hauptteil des Markusevangeliums nur zweimal vor: an dieser Stelle in Mk 3,28 und in Mk 8,12 bei der Zeichenforderung der Pharisäer.

sein. Versündigen sie sich drittens nur gegen ihn oder lehnen sie den Geist Gottes selber ab?[15]

4. Die Frage richtet sich unmittelbar an die Schriftgelehrten, die seine Sendung nicht nur ablehnen, sondern die ihn sogar in der schlimmsten Weise verleumden. Mittelbar hat Markus die Frage aber auch an "die Seinigen" (Mk 3,21) und an seine engsten Verwandten, an Mutter, Brüder und Schwestern (Mk 3,31) gerichtet. Denn literarisch bilden die zwei Szenen mit den "Seinigen" (Mk 3,20f) und mit den Verwandten (Mk 3,31-35) den äußeren Rahmen für die Auseinandersetzung mit den Schriftgelehrten.

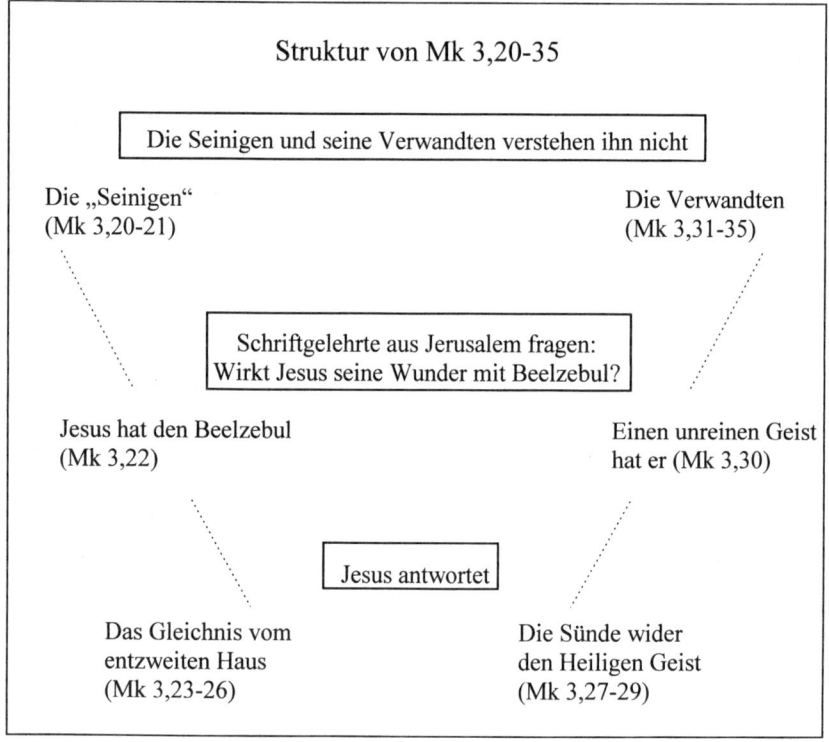

Struktur von Mk 3,20-35

Die Seinigen und seine Verwandten verstehen ihn nicht

Die „Seinigen"
(Mk 3,20-21)

Die Verwandten
(Mk 3,31-35)

Schriftgelehrte aus Jerusalem fragen:
Wirkt Jesus seine Wunder mit Beelzebul?

Jesus hat den Beelzebul
(Mk 3,22)

Einen unreinen Geist
hat er (Mk 3,30)

Jesus antwortet

Das Gleichnis vom
entzweiten Haus
(Mk 3,23-26)

Die Sünde wider
den Heiligen Geist
(Mk 3,27-29)

---

15 Über die Sünde wider den Heiligen Geist ist unendlich viel spekuliert worden, besonders über ihre Unvergebbarkeit. Bei einer synchronen Lektüre des Evangeliums bezieht sich diese Sünde hier ausschließlich auf die Frage, ob sie nur Jesus und seine Taten ablehnen oder ob darin nicht auch eine Auflehnung gegen den Geist Gottes selber steckt. Die entscheidende Frage, die Jesus aber offen lässt, ist die, ob ihnen die Dimension ihrer Ablehnung bewusst ist. In diesem Fall wäre die Sünde unvergebbar. Eine Umkehr hin zu Gott gegen Gott kann es nicht geben.

Die Schriftgelehrten behaupten zweimal, am Anfang (Mk 3,22) und am Ende des Streitgesprächs (Mk 3,30), dass er einen unreinen Geist hat. Die "Seinigen" und die Verwandten sagen es nicht in theologischer Form. Aber der Sache nach trennen sie, ähnlich wie die Schriftgelehrten, Jesu Person von seiner Sendung. Sie müssen sich deshalb genauso fragen lassen, ob sie wissen, was sie tun. Wenn sie das wissen, dann versündigen sie sich gegen den Geist Gottes, sobald sie wegen irdischer Wichtigkeiten zwar ihn suchen und schützen wollen, seine Botschaft aber für zweitrangig halten und übergehen.

Natürlich macht es einen Unterschied, ob Jesu Angehörige ihm gut gesinnt sind und ihn deshalb von seiner Aufgabe abhalten wollen, oder ob Gegner, die ihn anklagen, ihm Böses wollen und deshalb seinen Sendungsanspruch leugnen. Aber beide Male geht es letztlich um dieselbe Frage nach der Aufgabe und Sendung Jesu. Geht es ihnen wirklich nur um Jesus, dem sie, je nach ihrer Herkunft, Gutes oder Böses wünschen? Oder lehnen sie sich nicht doch gegen den Geist Gottes selbst auf, dem sie nichts zutrauen? Geht es den einen nur um Jesus, dem sie helfen wollen? Lehnen die anderen nur diesen Jesus ab? Beide sind sich darin einig, dass sie nicht seine machtvolle Botschaft wollen, die sie und ihre Tradition herausfordert und beunruhigt.

Jesus selbst ist sich seiner Sendung aus dem Geist Gottes ganz sicher.[16] Für ihn ist das keine Frage. Aber wie ist das mit den anderen? Gibt es für sie nicht auch vernünftige Gründe, an seiner Sendung zu zweifeln? Jesus lässt diese Gewissensfrage uneingeschränkt zu. Aber er nennt zum Schluss ein Kriterium, das jeder für sich anwenden kann: "Wer immer den Willen Gottes tut, der ist mir Bruder und Schwester und Mutter" (Mk 3,35). Jesus verlangt also jetzt keine ausdrückliche Entscheidung mehr für oder gegen sich. Er ist sich seiner Sendung so sicher, dass er stattdessen nur eine Entscheidung für Gott einfordert. Diese Entscheidung zeigt sich im Tun des Willens Gottes.

Wer den Willen Gottes tut, dem fühlt sich Jesus wie ein Sohn oder ein Bruder zugehörig. Darin steckt eine bedeutungsvolle Umkehrung der bisherigen Diskussion. Jesus sagt nicht, dass Menschen, die den Willen Gottes tun, zu ihm gehören, sondern dass er zu ihnen gehört. Das Ergebnis bleibt gleich: eine enge geistige Verwandtschaft. Aber Jesus macht sich jetzt nicht zum Maßstab. Der Maßstab ist allein der Wille Gottes und das Tun dieses Willens. Nicht daran, ob die Menschen glauben, dass seine Macht im Wort und in der Tat von Gott ist, entscheidet sich die innere Zusammengehörigkeit. Die

---

16 Vgl. die Himmelsstimme in Mk 1,11, die bei Markus nur Jesus selbst hört.

Entscheidung darüber liegt nur am Tun des Willens Gottes. Was die Menschen explizit von Jesus halten, ist dabei nicht entscheidend.[17]

2.3. Die unscheinbaren Anfänge der Gottesherrschaft (Mk 4,1-34)

Erinnern wir uns an den Zusammenhang: Jesus hatte in der Synagoge mit Macht gelehrt und dann, ebenfalls noch in der Synagoge, das erste Wunder gewirkt. Markus hat in einem ersten Durchgang ausführlich von Jesu Wundertaten und deren Auswirkung auf Jesu weiteren Weg berichtet (Mk 1,21-45). In einer weiteren Sequenz schildert er, wie es wegen seiner machtvollen Lehre zur Auseinandersetzung mit den Schriftgelehrten gekommen war und wohin diese geführt hatte (Mk 2,1-3,6). Sein Vollmachtsanspruch wurde von den Schriftgelehrten abgelehnt. Jesus zog sich daraufhin von der offiziellen Synagoge zurück und berief die Zwölf, um sie später auszusenden.

Aber sofort und vollständig gelingt ihm dieser Rückzug nicht. Schriftgelehrte kommen aus Jerusalem und greifen seine Wundertaten an. Das müssen sie auch aus ihrer Sicht, um in der Öffentlichkeit mit ihrer Ablehnung durchzukommen. Sie machen das äußerst geschickt, weil sie nicht die Tatsache der Wunder Jesu in Frage stellen. Das würde ihnen niemand glauben. Sie "verteufeln" die Herkunft dieser Wunder: Jesus treibe mit dem Obersten der Teufel Dämonen aus. Das lässt sich weder beweisen noch widerlegen. Die Schriftgelehrten haben also, in umgekehrter Reihenfolge zur Erzählfolge, über Jesu erste Schritte in der Öffentlichkeit zunächst Jesu Vollmacht in der Lehre (Mk 2,1-3,6) und dann seine Wundermacht (Mk 3,22-30) abgelehnt.

Der Erzähler hat mit dieser doppelten Reaktion zugleich den ersten und den zweiten Abschnitt seines Evangeliums verzahnt. Der Leser weiß schon, welche äußeren Folgen diese doppelte Ablehnung für den weiteren Verlauf des Lebens Jesu hat. Jesus gründet seine Jüngerschule, indem er Zwölf auswählt, dass sie "mit ihm" seien, damit er sie dann senden könne. Wie wirkt sich die Ablehnung aber auf seine Botschaft aus? Was verändert sich in seiner Lehre?

1. Jesus hat am Ende die Auseinandersetzung mit den Schriftgelehrten über seine Macht abgebrochen und sie auf die Ausgangsfrage nach

---

17 Dieser Satz ist in seiner Aussage bei einer synchronen Lektüre des Evangeliums streng auf diese Stelle und diesen Zusammenhang der Erzählung zu beziehen.

der Gottesherrschaft zurückgeführt. Der Erzähler hat dazu die kurze
Episode über die Verwandten Jesu eingefügt, die an der Nahtstelle zur
folgenden Verkündigung über die Gottesherrschaft steht: Entscheidend ist das Tun des Willens Gottes, nicht irgendeine äußere Verwandtschaft. "Wer immer den Willen Gottes tut, dieser ist mir Bruder
und Schwester und Mutter" (Mk 3,35).

Neben der inhaltlichen Rückbindung an das Tun des Willens
Gottes, dem im ersten Gleichnis das Fruchtbringen entspricht, ist die
folgende Verkündigung auch formal an das bisherige Geschehen
angebunden. Markus betont zunächst, dass Jesus jetzt wieder lehrt.[18]
Er schließt ausdrücklich mit dem "wieder" an die Szene am See in
Mk 2,13 an. In Anlehnung und Fortführung von Mk 3,9, wo Jesus ein
kleines Boot am See wegen des Gedränges[19] bereitstellen ließ, steigt
er jetzt aus demselben Grund in das Boot ein, setzt sich dort und lehrt
vom Schiff aus die Menge am Ufer.

Markus hat bisher in seinem Evangelium nichts über den Inhalt
von Jesu Verkündigung gesagt. In Mk 1,1-15 hat er Jesus im Vergleich zu Johannes dem Täufer eingeführt, in Mk 1,21-28 im Vergleich zu den Schriftgelehrten. Für beide Fälle galt: Jesus lehrt zwar
auf neue Art und Weise, aber er sagt nichts inhaltlich Neues. Den
Menschen fällt als Unterschied die ungleich größere Geistbegabung
und die Macht auf, mit der Jesus spricht. Von einem anderen Inhalt
der Verkündigung Jesu hören die Anwesenden nichts. Jetzt in den
drei Gleichnissen von Mk 4,1-34 erfahren die Leser zum ersten Mal
"Vieles" vom Inhalt der Lehre Jesu.[20]

Aber auch jetzt sagt Jesus nichts inhaltlich Neues. Er setzt lediglich einen besonderen Akzent, indem er nacheinander drei Gleichnisse vom Gottesreich erzählt, in denen jeweils der unscheinbare und
kleine Beginn der Herrschaft Gottes betont wird. Der Sämann sät auf
vier verschiedene Böden. Nur einer bringt Frucht (Mk 4,3-9). Die
Gleichnisse vom Senfkorn (Mk 4,21-25) und von der selbstwachsen-
den Saat (Mk 4,26-29) sollen den Hörer auf den unscheinbaren
Anfang des Gottesreiches einstellen und vorbereiten.

Die drei Gleichnisse passen inhaltlich im Ablauf der Erzählung
zur Situation des Rückzugs Jesu nach der Auseinandersetzung mit
den Schriftgelehrten. Sie passen besonders zur Unterweisung der

---

18 Dreimal steht zum Beginn des Gleichniskapitels in Mk 4,1f, dass Jesus lehrt.
19 In Mk 3,9 geht es um den Wundertäter. Es fehlt dort jeder Hinweis darauf,
    dass Jesus lehrt. Deshalb muss man Mk 4,1 auch auf Mk 2,13 zurückbe-
    ziehen.
20 Die Kommentare vermerken in der Regel diese Beobachtung, sehen aber
    schon in Mk 1,14f eine erste inhaltliche Besonderheit der Lehre Jesu im
    Vergleich zu Johannes dem Täufer. Vgl. z.B. Kertelge 45; Schweizer 46.

Zwölf, die jetzt notwendig geworden ist. Sie richten sich gegen die drohende Resignation der Boten, die vielleicht gar keinen oder nur geringen Erfolg für ihre Arbeit erfahren werden. Jesus sagt ihnen im Gleichnis, dass es natürlich ist, dass der Samen beim Säen auch auf unfruchtbaren Boden fällt (Mk 4,3-9). Außerdem sind die Boten gar nicht selbst für das Wachsen verantwortlich (Mk 4,26-29) und sie sollen am Beispiel des Senfkorns lernen, wie etwas Großes auch aus einem ganz kleinen Anfang werden kann (Mk 4,30-32). Sie sollen dennoch das Wort[21] offen, ohne Maß und auch über ihr vermeintliches Vermögen hinaus aussäen (Mk 4,21-25).

2. Bei dieser Verkündigung kommt es entscheidend auf das richtige Hören an. Das Wort "Hören" verwendet der Erzähler Markus im vierten Kapitel allein dreizehn Mal. Nach dem Vorwurf der Schriftgelehrten, er treibe die Dämonen mit dem Obersten der Dämonen aus, betont Jesus, dass es auf das richtige Hören ankommt.

Jesus hat erkannt, dass er die Schriftgelehrten nicht für sich gewinnen kann, weil sie sich gar nicht überzeugen lassen wollen. Diese Einsicht hat ihn zu dem harten Wort von der Sünde wider den Heiligen Geist geführt, die nicht vergeben werden kann. Jesus hat nicht gesagt, dass die Schriftgelehrten diese Sünde tatsächlich begangen haben. Er spricht nur hypothetisch, weil er offen lassen will, ob die Schriftgelehrten diese Sünde wider den Heiligen Geist begangen haben.[22]

Damit die allgemeine Formulierung in Jesu Wort von der Sünde wider den Heiligen Geist nicht einfach überlesen und umgedeutet wird, hat Markus im folgenden Gleichniskapitel das Jesajazitat[23] vom Geheimnis der Verstockung eingeschoben (Mk 4,12). Schon Jesaja hat keine Erklärung für das Phänomen der Verstockung. Letztlich ist es also ein Geheimnis der Gnade Gottes, ob ein Mensch richtig hören kann oder nicht.

Bei einer synchronen Lektüre wirkt das Wort von der Verstockung an dieser Stelle nicht wie eine weitere Verurteilung, sondern eher wie eine Entschuldigung für die Schriftgelehrten nach dem harten Satz in Mk 3,29: Vielleicht sind sie doch nur verstockt! Gleichzeitig verallgemeinert das Verstockungszitat wieder die Warnung Jesu. Sie gilt jedem Menschen. Jeder einzelne muss sich fragen, ob er sich nicht schuldhaft dem Geist Gottes verschließt.

---

21 In der Auslegung des Gleichnisses vom Sämann in Mk 4,13-20 steht achtmal für den Samen der λόγος ("Wort"), den die Boten überallhin tragen sollen.
22 Vgl. Schweizer 48; gegen Kertelge 44.
23 Vgl. Jes 6,9f und Dtn 29,4.

3. Die Zwölf hat er "geschaffen", "damit sie mit ihm seien und damit er sie sende zu verkündigen und Vollmacht zu haben, die Dämonen auszutreiben" (Mk 3,14f). Deswegen erklärt Jesus ihnen getrennt für sich (Mk 4,10.34) die Gleichnisse. Denn sie durchschauen allein die Gleichnisse nicht (Mk 4,13) und sie brauchen für ihren Auftrag der Verkündigung deren "Auflösung" (Mk 4,34). Damit und mit der Vollmacht über die Dämonen und über Krankheiten (Mk 3,15; 6,7.13) wird ihnen tatsächlich das Geheimnis des Reiches Gottes anvertraut (Mk 4,11).

Die Sonderstellung der Jünger und vor allem der Zwölf (Mk 4,10) ist keine Garantie dafür, dass sie selbst für sich in jedem Fall richtig hören und sehen, dass sie also nicht verstockt sein können. Ihr Sendungsauftrag, den sie bekommen sollen, bietet keine Gewähr dafür, dass sie für sich selbst den Himmel schon sicher haben. Der Erzähler weist zum Beispiel ausdrücklich darauf hin, dass zu den Zwölf auch Judas gehört, der ihn später ausgeliefert hat (Mk 3,19). Unmittelbar nach den Gleichnissen und deren Auslegung erweisen sich dieselben Jünger als feige Versager, die noch immer nicht glauben (Mk 4,40). Offensichtlich haben sie selbst nicht richtig hingehört und noch nicht verstanden.

Das Geheimnis des Reiches Gottes, das den Zwölf gegeben wird (Mk 4,11), darf also nur auf die Macht bezogen werden, mit der sie, wie Jesus selbst, durch ihr Wort und durch ihre Taten das gegenwärtige Gottesreich in Anfängen erfahren lassen können. Sie stehen trotzdem vor der Aufgabe, für ihr eigenes Leben richtig hinzuhören.

Jesus hat seine Gleichnisse weiter an alle gerichtet (Mk 4,1).[24] Alle will er belehren (Mk 4,1f). Alle sollen und können grundsätzlich Hörer des Wortes werden (Mk 4,33). Schon die allgemein formulierte Einleitung zu den Gleichnissen hat diesen weiten Raum geöffnet: "Wer immer den Willen Gottes tut, der ist mir Bruder und Schwester und Mutter" (Mk 3,35). Das erste folgende Gleichnis von dem Sämann nimmt dieses Thema in derselben Weite auf: Jeder soll Frucht bringen, indem er das Wort richtig hört und aufnimmt. Das einzige Kriterium dafür bleibt das Tun des Willens Gottes.

2.4. Die Jünger fragen: "Wer ist dieser?" (Mk 4,35-41)

Berufung und Aussendung der Zwölf rahmen den zweiten Abschnitt (Mk 3,7-6,13) des ersten Hauptteils des Evangeliums. Am Innenrand

---

24 Vgl. Mk 2,13.

dieses Rahmens steht zu Beginn (Mk 3,22-30) die Ablehnung Jesu mit seinen Wundern durch die Schriftgelehrten aus Jerusalem. Wirkt er Wunder mit der Kraft Gottes oder mit dem Obersten der Dämonen? Der Sache nach ist damit die Glaubensfrage um die Person Jesu gestellt. Am Ende (Mk 6,1-6) kann Jesus nur staunend den Unglauben seiner Landsleute aus Nazaret zur Kenntnis nehmen.

Dazwischen geht es um zwei größere Einheiten: zuerst um die Lehre Jesu von der - wenn auch in unscheinbarer Form und in kleinen Anfängen - angebrochenen Gottesherrschaft (Mk 4,1-34), die von allen, auch von den Jüngern, das richtige Hören verlangt, dann um den Lehrer selbst (Mk 4,35-5,43). Den Übergang zwischen den beiden Einheiten bildet die Geschichte vom Seesturm (Mk 4,35-41). Nach den Schriftgelehrten, die Jesus zusammen mit seiner Lehre und seinen Machttaten abgelehnt haben, werden die Jünger von seiner Lehre, die Entscheidung verlangt und Scheidung bewirkt, zur Frage nach dem Lehrer gelenkt: "Wer ist dieser?" (Mk 4,41) Unmittelbarer Anlass dafür ist das Wunder auf dem See.

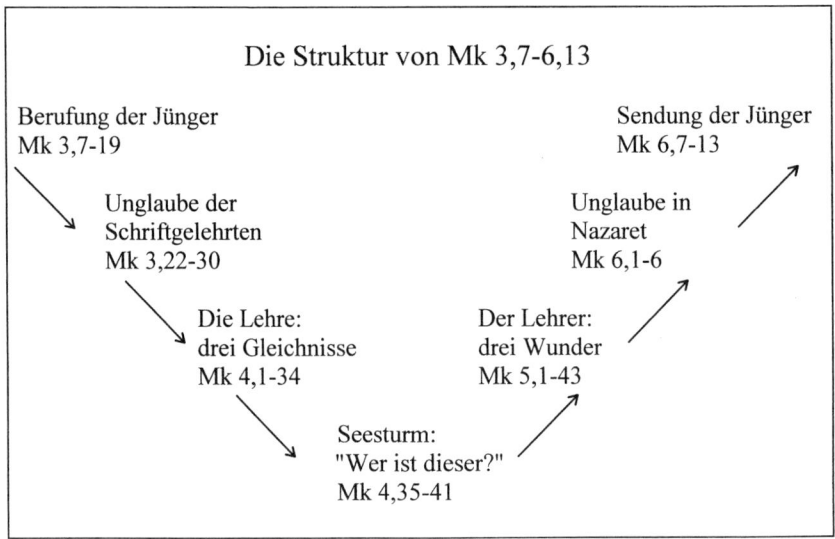

1. Der Erzähler hat die Geschichte von der Sturmstillung eng mit den vorangehenden Einheiten des zweiten Abschnitts verbunden. Es ist Abend und Jesus hat seine Unterweisung beendet (Mk 4,35). Er befindet sich schon im ganzen zweiten Abschnitt auf dem Rückzug von den Pharisäern und Schriftgelehrten. Zum ersten Mal hat Markus den Rückzug in Mk 3,7 erwähnt. Der See und das Boot darauf werden ab jetzt zum äußeren Zeichen des Rückzugs.

In Mk 3,9 lässt Jesus wegen des Gedränges der Menge ein kleines Boot zunächst nur bereitstellen. In den folgenden Szenen befindet sich Jesus selbst noch an Land. Das ist notwendig. Denn es geht um Jesu Wundermacht und deren Herkunft. Viele werden geheilt, einfach indem sie ihn berühren. Dazu muss er am Land und erreichbar sein.

Danach steigt Jesus in das Boot ein (Mk 4,1), setzt sich im Boot und beginnt mit seiner Lehre. Das Boot wird zu seiner "Lehrkanzel"[25]. Die Lehre richtet sich weiter an alle. Man muss ihn jetzt zwar nicht mehr anfassen, wohl aber hören können. Deshalb lehrt er in dieser Szene vom Boot aus, das am Ufer liegt.

Am selben Tag, als es Abend geworden war und er aufgehört hatte zu lehren, lässt er sich von dort auf die Gegenseite hinüberfahren. Jesus ergreift dazu die Initiative (Mk 4,35). Das ist dem Erzähler wichtig im Blick auf die nächste Geschichte von der Stillung des Seesturms und im Blick auf die übernächste Geschichte, die auf der anderen Seeseite in der Gegend von Gerasa spielt. Beide Geschichten sind für die Biographie Jesu von besonderer Bedeutung.

Der Erzähler hat natürlich nicht vergessen, dass Jesus schon seit Mk 4,1f im Boot sitzt und vom Boot aus gelehrt hatte. Deshalb können ihn jetzt, nach seiner Aufforderung, die Jünger im Boot "mitnehmen, wie er war" (Mk 4,35) und einfach losfahren.[26] Literarisch sind mit dem Rückzug Jesu verbunden: zum einen seine besondere Hinwendung zu den Jüngern, zum anderen seine Überfahrt nach Gerasa und die erste unmittelbare Begegnung mit einem von Dämonen besessenen Heiden.

Man darf allerdings die Angaben mit dem Boot nicht einfach als äußeren Verlaufsbericht über diesen Tag im Sinn einer Reisebeschreibung verstehen. Der See und das Boot haben für den Fortgang der biographischen Erzählung vor allem symbolischen Sinn. Man kann deshalb nicht danach fragen, wie es Jesus wohl geschafft habe, zwischendurch gesondert mit den Jüngern im Boot über die Gleichnisse zu sprechen, etwa: Hat Jesus in Mk 4,10 und in Mk 4,34 vielleicht Pausen eingelegt, um mit den Jüngern allein sprechen zu können? Hat er dann wieder die allgemeine Unterweisung fortgesetzt?

---

25 Ernst 127.

26 Matthäus und Lukas haben diesen Zusammenhang aufgegeben. Jesus hat bei ihnen nicht vom Boot aus gelehrt, vgl. Mt 13,1 und Lk 8,4. Deshalb müssen sie jetzt vor der Überfahrt den Markustext ändern. Jesus muss zuerst bei ihnen ins Boot einsteigen, damit sie losfahren können. Matthäus macht aus dieser Bemerkung darüber hinaus eine Nachfolgegeschichte, im Anschluss an die Nachfolgesprüche in Mt 8,18-22: Jesus steigt ins Boot und seine Jünger "folgen ihm nach".

Auch die literarkritische Vermutung, hier sei eine alte Erzählung der Gleichnisse durch Einschübe unterbrochen worden und der Redaktor habe übersehen, dass er die dadurch entstandenen Brüche glätten müsse, geht zunächst von einer real dargestellten Ablauf der Ereignisse aus. Danach sind es "Ungeschicklichkeiten" des Redaktors bei der Einarbeitung der Tradition, die zu Brüchen führten, die aber in der erzählten Situation als störend empfunden werden müssen.[27]

Symbolisch ist der See im ganzen zweiten Abschnitt der Ort des Rückzugs von der bisherigen Verkündigung Jesu und das Boot der Ort seiner besonderen Zuwendung zu den Jüngern. Wie im nächsten Abschnitt noch zu zeigen sein wird, ist die Landschaft im Westen des Sees typologisch das Land der Juden, im Osten das Land der Heiden.

Die Zwölf sollen "mit ihm" sein (Mk 3,14), damit er sie sende. Jesus sitzt jetzt mit den Jüngern buchstäblich in einem Boot. Der See steht im Kontrast zur Synagoge, dem Ort des ersten Auftretens Jesu (Mk 1,21-28) und letztendlich auch dem Ort der Ablehnung durch die Schriftgelehrten (Mk 3,1-6). Als Konsequenz dieser Ablehnung wendet sich Jesus im zweiten Abschnitt in besonderer Weise seinen Jüngern zu, um mit ihnen seine eigene Mission aufzubauen. Die Zwölfzahl zeigt an, dass es ihm dabei weiter um ganz Israel geht. Nicht das Ziel seiner Sendung, nur der Weg dazu hat sich gegenüber dem ersten Abschnitt geändert.

2. Nach der Lehre geht es um den Lehrer selbst.[28] Die Szene im Boot ist einfach. Jesus schläft im Heck. Es geht allein um die Gegenwart dieses Lehrers, nicht um irgendeine Aktivität.[29] Die Jünger kämpfen mit dem aufkommenden Sturm. Als die Gefahr zu groß wird, wecken sie ihn. Er bewirkt allein durch sein Wort die Sturmstillung. Dann fragt er sie: "Was seid ihr feige? Noch nicht habt ihr Glauben?" (Mk 4,40) Sie "fürchten sich in großer Furcht" und sagen zueinander: "Wer also ist dieser, dass auch der Wind und das Meer ihm gehorchen?" (Mk 4,41) Damit ist zum ersten Mal die Frage nach seiner Person gestellt.

Jesus hat diese Frage nach seiner Person selbst provoziert: durch sein Schlafen im Sturm, durch das Wunder auf dem See und anschlie-

---

27 Vgl. Schweizer 43; Ernst 110.

28 Zum ersten Mal wird Jesus in Mk 4,38 als "Lehrer" bezeichnet, obwohl er von Anfang an gelehrt hat. Im Mund der eigenen Jünger ist er jetzt "ihr Lehrer", von dem sie in der Not Hilfe erwarten.

29 Natürliche Erklärungen für das Schlafen, wie zum Beispiel die Anstrengungen des vergangenen Tages, bleiben zu sehr an der Oberfläche. Vgl. Ernst 150.

ßend durch seine Frage nach ihrem Glauben.[30] Die Zwölf müssen für ihre Mission lernen, dass sie nicht Jünger eines gewöhnlichen Wanderpredigers und Lehrers sind. Sie sollen sich jetzt nach seiner Unterweisung über die in aller Kleinheit doch schon gegenwärtige Gottesherrschaft mit dem Geheimnis seiner Person auseinandersetzen. Wer ist dieser, "mit dem" (Mk 3,14) sie sind, von dem sie die Vollmacht gegen die Dämonen erhalten und in dessen Namen sie verkünden werden?

Dieses Geheimnis lässt sich allerdings nicht in einem Titel oder in einer Formel fassen. Jesus stellt sich also nicht hin und teilt den Jüngern mit, er sei der Messias oder der Sohn Gottes. Die Jünger wären danach immer noch bei sich und ihren eigenen Vorstellungen, Erwartungen und Ideen von einem Messias oder Gottessohn. Er lässt sie seine einzigartige Macht und Sendung, seine besondere Gottnähe spüren und verlangt, dass sie sich auf diese Erfahrung einlassen.

Das ist ein weiterer Schritt auf dem Weg hin zu einer expliziten Christologie. Der Erzähler Markus hat diese Frage von Anfang an vorbereitet und braucht sie deshalb jetzt nur aufzunehmen und weiterzuführen.

Es begann schon mit dem ersten öffentlichen Auftreten Jesu in der Synagoge. Die Menschen haben dort seine Lehre sofort mit der der Schriftgelehrten verglichen. Der Unterschied lag für sie in der Macht, mit der Jesus redete und anschließend auch Wunder tat. So fragten sie auch nach dem Besonderen seiner Lehre: "Was ist das? Eine neue Lehre mit Macht?" (Mk 1,27)

Anschließend hatte der geheilte Aussätzige durch seinen Ungehorsam (Mk 1,45) Jesus gezwungen, sich ausdrücklich als Mann Gottes zu bekennen: Seine Macht im Wort und in den Wundern kommt allein von Gott. Die Schriftgelehrten haben diesen Anspruch gehört. In einer ersten Reaktion haben sie ihn gelten lassen, aber schließlich doch abgelehnt. In ihrer Überlegung in Mk 2,7 ist zum ersten Mal auch die Frage nach seiner Person mit angeklungen: "Was spricht dieser so?" Aber der Akzent lag an dieser Stelle noch auf dem

---

30 Die Frage nach dem "Messiasgeheimnis im Markusevangelium" lässt sich von dieser Aussage her nicht mehr pauschal für das ganze Evangelium beantworten. Die Antwort ändert sich parallel zur Entwicklung des Lebens Jesu: Jesus weist im ersten Abschnitt das "Zeugnis" der Dämonen, die ihn kennen, zurück. Gegenüber Menschen will er zunächst die Personalisierung seiner Botschaft vermeiden (Mk 1,45), erhebt dann aber, als das nicht gelingt, entschieden seinen Anspruch (Mk 2,1-3,6). Im zweiten Abschnitt provoziert er sogar selbst nach der Unterweisung in Gleichnissen seine Jünger zur Frage nach seiner Person (Mk 4,35-41).

"so", also auf dem Inhalt seiner Lehre, nicht auf der Person.[31] Entsprechend wiederholte sich am Schluss der Szene dieses "so": "So etwas haben wir noch nie gesehen!" (Mk 2,12) Jetzt nach dem Seesturm fragen erstmalig die Jünger direkt nach der Person: "Wer ist dieser?" (Mk 4,41)

Wie sorgfältig der Erzähler diese neue Fragestellung vorbereitet hat, zeigt ein Vergleich zwischen dem ersten Wunder Jesu in der Synagoge, das sich gegen einen Dämon richtet (Mk 1,21-28) und dem Wunder von der Stillung des Seesturms (Mk 4,35-41). Schon der Wortbestand ist auffällig. Vier Verben, die den Ablauf des Geschehens prägen, sind identisch: "verderben" (Mk 1,24 und 4,38), "befehlen" (Mk 1,25 und 4,39), "verstummen" (Mk 1,25 und 4,39) und "gehorchen" (Mk 1,27 und 4,41). Um so auffälliger ist der Unterschied in der Fragestellung: In der ersten Geschichte fragen die Menschen nach der "Lehre": "Was ist das? Eine neue Lehre mit Macht?" (Mk 1,27) In der zweiten Geschichte fragen die Jünger nach dem "Lehrer". "Wer ist dieser?" (Mk 4,41)[32]

3. Darauf bezieht sich auch Jesu Bemerkung von der Feigheit und seine Frage: "Habt ihr noch keinen Glauben?" (Mk 4,40) Die Frage zielt also in dieser Geschichte nicht allgemein auf den Gottesglauben der Jünger, sondern auf Jesu Anspruch als Lehrer und auf seine Sendung von Gott. Wie weit nehmen sie ihm seinen Anspruch ab, ein Mann Gottes zu sein?

Nicht eindeutig ist deshalb die folgende Interpretation: "Jesus ruft hier nicht Gott an, sondern handelt selbst, als stünde er an Gottes Stelle."[33] Denn diese Aussage könnte so aufgefasst werden, als handle Jesus allein, ohne oder unabhängig von Gott, weil er selbst Gott ist. Gnilka bringt diese Entgegensetzung ganz ausdrücklich: "Die Voll-

---

31 Das Wortspiel in der griechischen Sprache lässt sich im Deutschen nicht nachahmen. Im Griechischen stehen die zwei Worte für οὗτος ("dieser") und οὕτως ("so") nebeneinander. Sie klingen fast gleich und unterscheiden sich nur in der Länge des o-Lauts am Ende. Die Länge wird in der Schrift durch verschiedene Akzente auf der ersten Wortsilbe angezeigt.

32 Der Vergleich der Dämonenaustreibung in Mk 1,21-28 und besonders der Topik des Chorschlusses Mk 1,27 "mit der strukturell und topisch eng verwandten Seesturmerzählung" (Pesch I 118) beweist in einer synchronen Lesart gerade nicht, dass Mk 1,27 ursprünglich wie Mk 4,41 gelautet haben müsse: "Wer ist dieser?" (gegen Pesch ebd.; Ernst 62). Es geht im Gegenteil in der Erzählung des Lebens Jesu um den Unterschied der Frage an dieser Stelle im Vergleich zur ersten Frage nach Jesu Lehre in Mk 1,27: "Was ist das? Eine neue Lehre mit Macht!". Erst in Mk 4,41 fragen die Jünger nach Jesu Person.

33 Schweizer 61.

macht, die im Alten Testament Jahwe zugesprochen wird", gelte in dieser Geschichte von Jesus, "der nicht wie Jona durch Gebet, sondern aus eigener Machtfülle das Wunderbare geschehen lässt".[34] Danach würde Jesus also in seiner Frage im Anschluss an die Sturmstillung meinen, sie sollten an ihn wie an Gott glauben. Um einen solchen Vergleich geht es aber überhaupt nicht. Im Gegenteil. Die Jünger erfahren durch das Wunder der Sturmstillung gerade die einzigartige Sendung Jesu und seine besondere Nähe zu Gott. In diesem Sinn sollen sie an ihren Lehrer Jesus "glauben".

Die Jünger haben nicht einfach keinen Glauben. Immerhin haben sie sich wegen der Botschaft von der Gottesherrschaft, die Jesus verkündet, auf ihn eingelassen, also wegen Gott. Deshalb sind sie seine Jünger geworden. Sie haben seine Macht im Wort und in den Wundern erlebt und sie haben die Anschuldigung der Schriftgelehrten aus Jerusalem gehört, er wirke seine Wunder aus der Kraft des Obersten der Dämonen und nicht aus der Kraft Gottes. Das ist jetzt nach dem Seesturm auch ihre Frage. Die Jünger sollen glauben, dass er der "Sachwalter Gottes"[35] ist und dass er "in Gottes Vollmacht handelt"[36]. Besser geeignet sind deshalb Formulierungen wie: Die Jünger sollen mit der in Jesus wirkenden Macht Gottes rechnen[37], oder: Die Geschichten zeigen, dass Jesus "zwar nicht Gott selber ist, dem Sturm und Meer gehorchen, wohl aber der, der von Gott in seinem Handeln gerechtfertigt wird"[38].

Darauf weist auch die Art des Wunders selbst hin. In Anlehnung an viele Psalmen, besonders an Ps 107,23-31, und in deutlicher Überbietung von Jona 1 wird dieses Wunder erzählt.[39] Ein bibelkundiger Leser muss sofort mithören: Jesus ist weit größer als Jona.[40] Damit hat er sich aber nicht Gott gleichgestellt. Nur muss er wegen des Wunders nicht erst zu Gott beten und sich darüber hinaus, wie Jona, selbst ins Meer stürzen, weil er sich seiner Nähe zu Gott offensichtlich jederzeit sicher ist. Den unscheinbaren Beginn dieser Herrschaft, den er gerade in seinen drei Gleichnissen vom Samen gelehrt hat, hat Jesus selbst wirklich geglaubt. Im Wunder von der Stillung des Seesturms wird für ihn ein Zipfel von dieser Herrschaft sichtbar.

---

34 Gnilka I 196.
35 Ernst 152.
36 Pesch I 273.
37 Vgl. Kertelge 54.
38 Lührmann 97.
39 Vgl. Pesch I 276: "Dass Mk 4,35-41 eine freie Nacherzählung von Jona 1 mit Hilfe von Ps 107,23ff vorliegt, eine als Überbietungserzählung intendierte Rettungswundergeschichte, geht aus der Analyse deutlich hervor."
40 Mt 12,41 und Lk 11,32 haben diesen Vergleich ausdrücklich gezogen.

"Die Chaosmächte sind auch jetzt wie am Schöpfungsmorgen gebannt."[41]

Das Besondere des Wunders auf dem See liegt darin, dass diese Erfahrung der Gottesherrschaft allein mit der Gegenwart ihres Lehrers Jesus verknüpft ist. Jesus kann ihnen Feigheit vorwerfen (Mk 4,40), weil ihr Glauben an Gott, der selbstverständlich auch den Sieg über alle Chaosmächte einschließen müsste, bei der ersten Probe nicht trägt. Von diesem Glauben an die Herrschaft Gottes hat Jesus als ihr Lehrer gesprochen und wegen dieses Glaubens haben sie sich in seine Jüngerschaft rufen lassen.

Deshalb fragt sie Jesus jetzt nach ihrem Glauben in Bezug auf seine Person: "Noch nicht habt ihr Glauben?" (Mk 4,40) Diese Frage richtet sich also danach, ob sie den Glauben haben, dass Jesus von Gott gesandt ist, ob demnach seine Macht im Wort und in den Wundertaten von Gott kommt oder nicht. Dahinter richtet sich die Frage natürlich auch an die Echtheit ihres Gottesglaubens selbst. Denn wenn sie Jesus seinen machtvollen und einzigartigen Sendungsanspruch abnehmen, dann dürfen sie nicht bei der ersten sichtbaren Bedrohung durch die Chaosmächte verzweifeln. Die Jünger wissen übrigens von ihrer eigenen Inkonsequenz. Denn sie wecken Jesus und sprechen ihn als Lehrer an. Seine bloße Gegenwart im Schiff reicht ihnen in ihrer Not nicht mehr. Aber dennoch erwarten sie mit ihrem Wecken die Hilfe von Gott. Sie wecken ihn ja nicht, um gute Ratschläge zu bekommen oder eine weitere Ruderkraft gegen den Sturm zu gewinnen.

4. Das Wunder vom Seesturm leitet drei aufeinander folgende Wundergeschichten ein, die enger zusammengehören. Es sind zusammen die vier größten Wunder im Markusevangelium überhaupt: nach der Sturmstillung folgt zuerst eine große Dämonenaustreibung bei Gerasa (Mk 5,1-20), dann die Heilung der blutflüssigen Frau (Mk 5,25-34)[42] und zuletzt eine Totenerweckung an einem zwölfjährigen Mädchen (Mk 5,21-24.35-43)[43].

In den drei Wundergeschichten wird die Frage der Jünger "Wer ist dieser?" (Mk 4,41) sachlich aufgenommen und fortgeführt. Es geht

---

41 Ernst 152.
42 Angespielt ist dabei auf Gott "als Arzt" (vgl. Ex 15,26), der dem kranken Menschen hilft, wo menschliche Ärzte nicht mehr helfen können (Mk 5,26). Vgl. auch Mk 2,17.
43 Die Leute vom Synagogenvorsteher, die ihm melden, dass das Mädchen inzwischen gestorben ist, nennen Jesus ausdrücklich einen "Lehrer", wie zuvor die Jünger im Boot. Das sind innerhalb des ersten Hauptteils bis Mk 8,30 die einzigen zwei Stellen, an denen Jesus als "Lehrer" bezeichnet wird.

jeweils um den Glauben der Menschen an Jesu einzigartige Nähe zu Gott und um seine besondere Sendung. Nicht in Frage steht ihr Glauben an Gott überhaupt. Nach der zusammenfassenden Darstellung der Lehre in Mk 4,1-34 soll jetzt auch der Lehrer vorgestellt werden. Das geht nicht einfach mit einem Titel. Die Menschen sollen das ureigenste Geheimnis Jesu, seine Nähe zu Gott, erfahren.

Die Frage Jesu nach dem Glauben an seine Sendung wird durch den Erfolg und die Größe der Wunder gestützt. Die Reihe der Wunder enthält alle Bereiche der Welt und des menschlichen Lebens, in denen sich die umfassende Macht Gottes bewährt. Schon das Wunder vom Seesturm hat in dem Sieg über das Chaos das Schöpfungswunder des Anfangs wiederholt. Das letzte der drei Wunder ist Zeichen für den Sieg über den Tod. Davor stehen die beiden Wunderarten, die immer schon Jesu Verkündigung an die Menschen begleitet haben: die Vertreibung von Dämonen und die Heilung von Krankheiten.

Ein Blick auf die Wortstatistik zeigt, dass es in jeder dieser Wundergeschichten um den Glauben an Jesu besondere Sendung von Gott geht. Nur in diesen Wundererzählungen kommt, abgesehen von der Überschrift in Mk 1,15 und abgesehen von einer Ausnahme in Mk 2,5[44], innerhalb des ersten Hauptteils des Evangeliums bis Mk 8,30 das Wort "Glaube" beziehungsweise "glauben" vor. Das Wort kommt als Substantiv oder Verbum insgesamt dreimal vor, in jeder Wundergeschichte einmal.[45] Es fehlt nur in der Geschichte von der Dämonenaustreibung in Gerasa, wohl weil diese Geschichte bei Heiden spielt. Dort wird "glauben" an Jesu Sendung dadurch ersetzt, dass der Geheilte am Ende in Mk 5,20, entgegen der Weisung Jesu, einfach weiterverkündet, was Jesus ihm getan hat.

In jeder der Wundergeschichten sagt zusätzlich der Erzähler, dass die Betroffenen "sich fürchten". Dieses Verbum "sich fürchten" kommt im ersten Hauptteil insgesamt sechsmal vor, je einmal in diesen Wundergeschichten und darüber hinaus bei Herodes gegenüber Johannes dem Täufer (Mk 6,20) und in der Geschichte vom Wandeln auf dem See in Mk 6,50. Es ist jeweils nach den Wundern der Hinweis darauf, dass die Betroffenen dem Geheimnis Gottes in Jesus begegnet sind. Sie haben Jesu Gottnähe erfahren und gespürt.

Mit der Frage nach dem Glauben an Jesu Sendung und mit der

---

44 In Mk 2,5 sieht Jesus den "Glauben" der Vier, die den Gelähmten vom Dach herab vor Jesus gebracht haben. Dieser "Glaube" bezieht sich auf Gott und seine Herrschaft. Entsprechend folgt als erstes die Zusage der Sündenvergebung im Namen Gottes durch Jesus.

45 Innerhalb des zweiten Abschnitts (Mk 3,7-6,13) kontrastiert dieser "Glaube" mit dem "Unglauben", den Jesus bei seinen Landsleuten in Nazaret erfährt (Mk 6,6).

Aussage, dass sie sich fürchten, hat der Erzähler Markus die Frage nach Jesu Person eröffnet. Die Jünger sind dem Geheimnis Jesu auf der Spur. Jesus selbst hat die Frage provoziert. An dieser Stelle wird noch kein Bekenntnis der Jünger als Antwort erwartet.[46] Die Erzählung wird jeweils mit der Reaktion der Furcht abgeschlossen, die auf die Epiphanie des Göttlichen in Jesus folgt. Mit diesem Schlussmotiv stimmt wieder der Abschluss der Jonageschichte überein.

Die Geschichte ist damit aber nicht abgeschlossen. Für den Leser der Biographie Jesu ist gleichzeitig eine neue Spur gelegt: "Wer ist dieser?" (Mk 4,41) Der Erzähler verwendet noch keine Titel, die ja doch nicht eindeutig wären. Nur zum Abschluss der Wunderreihe, bei seinem Auftreten in der Synagoge von Nazaret, erwähnt er beiläufig und ganz selbstverständlich, dass Jesus sich selbst mit den Propheten vergleicht: "Ein Prophet ist nirgends verachtet, außer in seiner Vaterstadt und bei seinen Verwandten und in seinem Hause" (Mk 6,4). Im nächsten Abschnitt (Mk 6,14-8,30) wird die Frage nach dem richtigen Titel beziehungsweise nach der Rolle Jesu zum Thema. Markus rahmt deshalb mit dieser Frage den ganzen dritten Abschnitt.

2.5. Die Heilung des besessenen Heiden - ein neues Schlüsselerlebnis für Jesus (Mk 5,1-20)

Mit dem Wunder auf dem See hat Jesus selbst die Frage nach seiner Person angestoßen. Die Jünger fragen daraufhin: "Wer ist dieser?" (Mk 4,41) Diese Frage ist nicht einfach mit einem Titel oder einer Beschreibung zu erledigen. Wie soll irgendjemand, wie soll auch Jesus selbst darauf antworten? Die Jünger sind auf das Geheimnis seiner Person gestoßen. Dieses Geheimnis lässt sich im Unterschied zu einem Rätsel nicht einfach auflösen. Man kann ihm nur verschieden nahe kommen. Bei einem Geheimnis gilt: Je näher man ihm kommt, desto geheimnisvoller wird es.[47]

Der Erzähler hat im zweiten Abschnitt zunächst mit der Lehre Jesu begonnen und dann, von der Seesturmgeschichte an, mit der Lehre die Frage nach dem Lehrer verknüpft. Die biographische Frage nach Jesu Person ist also aus seinem inhaltlichen Anliegen heraus entstanden und gewachsen. Ging es zuerst nur um den "Anfang des

---

46 Gegen Ernst 151.
47 Vgl. K. Rahner, Über den Begriff des Geheimnisses in der katholischen Theologie, in: ders., Schriften zur Theologie Bd. 4, Einsiedeln, Zürich, Köln 1961, 51-99.

Evangeliums Jesu Christi" (Mk 1,1), so hat jetzt der Erzähler zunehmend den Boten mit seiner Frohbotschaft von der Gottesherrschaft in
den Vordergrund gerückt.[48] Die Frage nach dem Boten bestimmt
immer deutlicher die weitere Erzählung. In der Erzählung von der
Heilung des Besessenen in Gerasa geht es um eine weitere Akzentu-
ierung in dieser Frage.

1. Der Leser erfährt im folgenden dritten Abschnitt des ersten Hauptteils (Mk 6,14-8,30) von einem unerwarteten und für die Jünger ganz
neuen Verhalten Jesu, das sein Geheimnis für sie nur noch weiter vergrößert. Die Frage wird immer spannender: Wer ist dieser Jesus?
Jesus geht nämlich in diesem dritten Abschnitt ins heidnische Aus-
land im Norden und von dort in die heidnische Dekapolis im Osten
des Sees Gennesaret. Und er wirkt auch dort bei den Heiden mehrere
Wunder.

Diesen Schritt hat der Erzähler Markus während des zweiten
Abschnitts (Mk 3,7-6,13) fast nebenbei schon vorbereitet und eingeleitet, und zwar in der Erzählung von der Dämonenaustreibung am
entgegengesetzten Ufer des Sees im Land der Gerasener (Mk 5,1-20).
Jesus war in zwei Etappen seines Rückzugs von den jüdischen
Schriftgelehrten und damit von der offiziellen Synagoge zum See
gelangt (Mk 3,7.9) und von da auf das Boot (Mk 4,1) bei seiner Lehre
von der Gottesherrschaft. Mit diesem Boot war er über den See gefahren (Mk 4,35-41) und in das Land der Gerasener gekommen. Dort
läuft ihm sofort ein von Dämonen Besessener entgegen, wirft sich
vor ihm auf die Knie und beginnt zu schreien und mit ihm zu reden
(Mk 5,6f).

Wie soll sich Jesus verhalten? Er kann diesem Dämon nicht ausweichen. Lässt er sich aber auf ihn ein, dann kann das bisher unge-
ahnte Konsequenzen haben. So kommt es schließlich auch. Für den
Weg Jesu wird diese Begegnung zu einem neuen zweiten Schlüsselerlebnis, ganz ähnlich dem ersten Schlüsselerlebnis Jesu in der Synagoge von Kafarnaum. Beide Male handelt es sich um eine Auseinandersetzung mit einem Besessenen (Mk 1,21-28).

Jesus interpretiert diese für ihn "zufällige" Begegnung mit Dämonen im Heidenland als Hinweis für seinen weiteren Weg. Aus der
Sicht Jesu ist dieser Besessene im Heidenland nicht nur ein zufälliges
Widerfahrnis, sondern er ist ihm von Gott geschickt. Jesus muss sich
also fragen, was dieses Wunder im Heidenland für seinen ihm von

---

48   Hier kündigt sich für den Genitiv "Jesu Christi" in Mk 1,1 der allmähliche
     Bedeutungsübergang vom Genitivus subjectivus zum Genitivus objectivus
     an.

Gott bestimmten Weg bedeutet. Und er muss danach handeln. Aus der Sicht der Jünger ist das Wunder bei Gerasa vorerst nur ein neues Wunder unter vielen anderen, das Jesu Macht beweist. Ein Leser kann hier noch nicht erkennen, welche besonderen Konsequenzen diese Begegnung Jesu mit einem Besessenen im Heidenland für Jesu weiteren Weg haben wird. Genau das ist die Frage, die der Erzähler im nächsten Abschnitt aufgreifen will (Mk 6,14-8,30).

2. Wie bei seinem ersten Auftreten in der Synagoge in Mk 1,21-28 tritt beim Rückzug Jesu über den See wieder ein überraschendes Ereignis ein, das seine weitere Biographie entscheidend beeinflusst. Die beiden Geschichten lassen sich gut vergleichen:[49] In beiden Fällen tritt ein Mensch mit einem unreinen Geist auf. Beide Male wird Jesus durch einen Besessenen zum Eingreifen herausgefordert. Beide Male vertreibt er mühelos die Dämonen. Beide Male gibt dieses Ereignis seinem Weg eine neue Richtung, die bisher nicht vorhergesehen war. Beide Male nimmt Jesus das Ereignis als Fügung Gottes und beugt sich den Konsequenzen.

In die Synagoge war Jesus gegangen, um zu lehren (Mk 1,21). Die Menschen hatten sofort seine besondere Macht erspürt und waren dabei ganz außer sich geraten. Zusätzlich hatte sich ein Mensch, der von einem Dämon besessen war, selbst entlarvt. Der böse Geist in ihm war, provoziert von der Macht Gottes im Wort Jesu, überführt worden. Er hatte in dem machtvollen Wort Jesu sein Verderben kommen sehen und deshalb in dem Besessenen laut aufgeschrien.

Über den See war Jesus zunächst nur aus dem einen Grund gefahren, weil er sich von den Schriftgelehrten zurückziehen wollte (Mk 3,7), die ihn als Boten Gottes und damit als Lehrer abgelehnt hatten.[50] Er hatte nach dieser Ablehnung seine eigene "Jeschiwa" gegründet, indem er die Zwölf gerufen hatte, damit sie "mit ihm" seien (Mk 3,13-19) und dass er sie aussende (Mk 6,7-13). Mit ihnen wollte er allein sein. Im Land der Gerasener, auf der anderen, östlichen Seite des Sees, war Jesus erneut und ähnlich überraschend wie in der Synagoge von Kafarnaum (Mk 1,23) ein Mensch mit einem unreinen Geist begegnet. Dieser hatte sich vor ihm niedergeworfen und ihn als Mann Gottes angesprochen. Der Dämon hatte ihn damit herausge-

---

49 Die vergleichbare Struktur dieser Geschichte in Mk 5,1-20 mit Mk 1,21-28 wird häufig in den Kommentaren gesehen, z.B. Schmithals I 265.266 oder Pesch I 284.292.

50 Insofern kann man mit Pesch I 282 sagen, dass die Ablehnung durch die Schriftgelehrten (nicht: durch Israel) zur Ursache (besser: zum Anlass) für die Heidenmission wurde.

fordert. Jesus lässt sich, wie in Mk 1,25, darauf ein und vertreibt den Dämon.

Die Konsequenzen dieses ersten Wunders im Heidenland berichtet der Erzähler nicht sofort.[51] Der Leser muss sich noch etwas gedulden. Zunächst ist nur eine erste Spur gelegt, deren Bedeutung der Leser noch nicht richtig einschätzen kann und auch nicht soll. Erst im nächsten Abschnitt berichtet der Erzähler die Konsequenz, dass sich Jesus zu einer Reise ins Heidenland entschließt (Mk 7,24). Wie bei seinem Entschluss, Wanderprediger zu werden (Mk 1,38), geht Jesus aus eigenem Entschluss, weiß sich aber geführt vom Willen Gottes, dem er unbedingt gehorchen will.

3. Die literarkritische Analyse von Mk 5,1-20 hat zu vielen, oft sehr komplizierten traditionsgeschichtlichen Hypothesen über die Entstehung dieser Erzählung geführt. Die Erklärungen sind untereinander äußerst widersprüchlich. Einen Konsens gibt es nicht.[52] Manche Erklärungen offenbaren mehr die Hilflosigkeit des Interpreten vor diesem Text als dass sie eine Hilfe zum Verstehen bieten. So erklären sich nach Schweizer diese literarkritischen Beobachtungen als "Unebenheiten", die aber auch einfach "auf unbeholfenes Erzählen" zurückgehen können: In Mk 5,6 handle es sich um eine "nicht ganz geschickte Wiederaufnahme des Fadens", Mk 5,8 sei einfach ein "ungeschickter Einschub irgendeines Erzählers im Lauf der Tradition", der etwas nicht mehr verstanden habe.[53]

Die wichtigsten literarkritischen Beobachtungen sind die Doppelung der Begegnung in Mk 5,2 und Mk 5,6, die Doppelung der Bitte der Dämonen in Mk 5,10 und Mk 5,12, die in Mk 5,8 nachgetragene Mitteilung, dass Jesus schon vorher den Befehl zum Ausfahren gesprochen hatte, und die doppelte Schlussbildung in Mk 5,15-17 und in Mk 5,18-20.

Alle diese Beobachtungen lassen sich erklären, wenn man davon ausgeht, dass Markus die Geschichte von der Dämonenaustreibung im Gerasenerland gezielt im Vergleich und in Überbietung der ersten Dämonenaustreibung in Mk 1,21-28 erzählen wollte. Er hat dann den Bezug der beiden Geschichten schon beim Aufschreiben mitgedacht

---

51 Vgl. F. Annen, Heil für die Heiden. Zur Bedeutung der Geschichte der Tradition vom besessenen Gerasener (Mk 5,1-20 parr), Frankfurt 1976. Annen, ebd. 188, zeigt, dass es primär um eine innerjüdische Auseinandersetzung wegen der Heidenmission geht.

52 Pesch I 292 nimmt insgesamt vier Entwicklungsstufen an. Für Gnilka I 200 reicht dagegen die Annahme, dass diese Erzählung noch nahe dem mündlichen Stadium war, um die Ausführlichkeit und Komplexität zu erklären.

53 Schweizer 63.

und er hat die beiden Dämonenaustreibungen jeweils absichtlich an
den Anfang eines neuen Schrittes im Leben Jesu gestellt.[54]

Dabei hat er beide Geschichten im engsten Zusammenhang und in
gegenseitiger Abhängigkeit gesehen. Die Steigerung von Mk 1,21-28
nach Mk 5,1-20 zeigt an, dass es sich im ersten Fall um einen Besessenen unter den Juden, im zweiten Fall um einen Besessenen unter
den Heiden handelt. Jesus begegnet der widergöttlichen Macht nicht
nur bei den Juden, sondern auch bei den Heiden. Bei den Heiden
wüten die Dämonen sogar noch viel stärker. Für Jesus bedeutet das,
dass er jetzt auch bei den Heiden von der Gewalt der Dämonen und
damit von der Not der Menschen herausgefordert wird. Er - und ein
aufmerksamer Leser mit ihm - muss sich natürlich fragen, was diese
Herausforderung für seinen weiteren Weg bedeutet, was also Gott von
ihm will. Markus nimmt diesen Faden in der zweiten Hälfte des
nächsten Abschnitts (Mk 7,1-8,26) wieder auf.

4. Ein Vergleich von Mk 1,21-28 mit Mk 5,1-20 kann die geschickte
Erzählstrategie des Markus in diesem Punkt deutlich machen.
Die Grundelemente der beiden Erzählungen sind gleich. Beide Male
begegnet Jesus "ein Mensch mit einem unreinen Geist"[55]. Beide Male
kommt es zum Dialog, in dem der radikale Gegensatz zwischen Jesus
und den Dämonen ausgesagt wird: "Was ist zwischen uns und dir?"
(Mk 1,24), beziehungsweise: "Was ist zwischen mir und dir?"
(Mk 5,7) Dann folgt der Befehl an die Dämonen, aus dem Menschen
auszufahren, und die Nachricht vom Erfolg der Austreibung. Der
Besessene ist geheilt worden.

Aber die Erzählungen sind von Anfang an auf den Unterschied[56]
von dem Geschehen bei den Juden und bei den Heiden angelegt.
Schon der äußere Rahmen der beiden Geschichten weist darauf hin.
Im ersten Fall ist es die Synagoge von Kafarnaum, in die Jesus
hineingeht (Mk 1,21) und am Ende wieder herauskommt (Mk 1,29).
Im anderen Fall steigt Jesus aus dem Boot (Mk 5,2) und kommt auf
das Land (Mk 4,35; 5,1). Am Ende steigt er wieder in das Boot ein
(Mk 5,18). Diese Handlung spielt auf der Ostseite des Sees, in der

---

54 Es gibt im ganzen Evangelium nur vier Erzählungen über Dämonenaus-
    treibungen, die alle jeweils am Beginn eines solchen neuen Schrittes im
    Leben Jesu stehen: Mk 1,21-28; 5,1-20; 7,24-30; 9,14-29.

55 Beide Geschichten bringen je dreimal den unreinen Geist, beim dritten Mal
    jeweils im Plural: unreine Geister.

56 Schmithals I 267-273 stellt statt der Heiden das Thema Sünde in den Mittel-
    punkt. Mit seinen theologischen und stellenweise auch nur allegorischen
    Deutungen zur Sünde geht er weit über den Text hinaus und verschiebt den
    Hauptakzent der Erzählung.

Dekapolis also, dem Land der Heiden. Weitere Hinweise darauf, dass es sich um eine Dämonengeschichte bei Heiden handelt, sind: Der Besessene wohnt in den Grabhöhlen, also an unreinen Orten. Er bezeichnet Jesus mit dem bei Heiden möglichen "Sohn Gottes, des Höchsten"[57]. Die Schweine, noch dazu in dieser Anzahl, sind als unreine Tiere nur im Heidenland denkbar. Außerdem fehlt nur in dieser zweiten Wundergeschichte innerhalb der vier großen Wunder (Mk 4,35-5,43) das Stichwort vom "Glauben". Die Heiden sind - typologisch gesprochen - weiter entfernt vom Reich Gottes als die Juden. Sie glauben nicht an den Gott Israels. Sie können also auch nicht Jesu besondere Beziehung zu dem Gott Israels "glauben".

Im Unterschied zu seinem ersten öffentlichen Auftreten bei den Juden "lehrt" Jesus auch nicht im Land der Heiden, hier nicht und überhaupt nie. In der Synagoge lehrte Jesus mit Macht (Mk 1,22). Eine erste sichtbare Wirkung seiner Lehre war, dass sich ein Mensch mit einem unreinen Geist entlarvt hat, indem er aufschrie (Mk 1,23). Damit war das folgende Austreibungswunder eingeleitet. Bei den Heiden im Gerasener Land bedarf es keiner Entlarvung. Der Besessene ist allgemein bekannt. Jeder kennt ihn. Er hat Tobsuchtsanfälle, lässt sich nicht bändigen und fesseln, schreit "nachts und tags"[58] herum, wohnt in den Grabkammern und zerfleischt sich selbst mit Steinen. Der besessene Heide ist also viel schlimmer daran als der Jude, der immerhin am Synagogengottesdienst teilnimmt, der sich ganz unauffällig verhält und der sich erst vor der Macht Jesu offenbaren muss. Statt mit der Selbstentlarvung beginnt deshalb die Erzählung bei dem besessenen Heiden gleich mit der Selbstvorstellung und Selbstunterwerfung (Mk 5,2.6). Jesus lehrt im Heidenland nicht.[59] Allein sein Erscheinen besiegt im Grund schon den Dämon.

Aus dem anderen Anfang der Geschichte folgen alle weiteren Abweichungen. Der Mensch in der Synagoge "schreit auf" und entlarvt damit seinen unreinen Geist. Dann "sagt" er, relativ zivilisiert, seinen Spruch: "Was ist zwischen uns und dir?"[60] Der überraschende Plural sagt aus, dass immer viele Dämonen den Menschen in ihrer Gewalt haben. Diese wissen sofort, dass Jesu Macht ihr Verderben sein wird.

---

57 Vgl. Mk 3,11.
58 Nach jüdischer Tageseinteilung beginnt jeder Tag am Abend mit dem Sonnenuntergang. Also kommt in der Aufzählung zuerst die Nacht, dann der Tag. Diese jüdische Zählung spielt eine große Rolle bei der Chronologie der letzten Woche Jesu in Jerusalem.
59 Vgl. auch Mk 3,7-12.
60 Die Formulierung spielt an den Vorwurf der Witwe gegenüber dem Prophet Elija in 1 Kön 17,18 (LXX) an

Der Dämon in der Synagoge - wieder im Singular - nennt Jesus den "Heiligen Gottes". Daraufhin befiehlt Jesus: "Verstumme!" und: "Fahre aus aus ihm!" (Mk 1,23-25) Jetzt erst wird das verderbliche Wirken des unreinen Geistes offen sichtbar, wenn auch im Vergleich zum Heidendämon immer noch sehr gemäßigt. Der unreine Geist "zerrt ihn" und fährt dann mit einem lauten Ruf aus (Mk 1,26). Der besessene Heide wird dagegen allein durch die Gegenwart Jesu besiegt. Er kommt, gegen sein sonstiges Verhalten, vollkommen gebändigt, Jesus entgegen (Mk 5,2). Da er schon öffentlich bekannt ist, dient das Schreien nicht der Entlarvung, sondern seiner Kennzeichnung. Auch Jesus "schreit" er, schon besiegt, mit lauter Stimme den Spruch entgegen: "Was ist zwischen mir und dir?" Und er nennt Jesus, wieder für Heiden passend, "Sohn Gottes, des Höchsten" (Mk 5,7).

Die folgende Austreibungserzählung hat der Erzähler, entsprechend der weit schlimmeren Lage des besessenen Heiden, ebenfalls verändert. Er schiebt noch einen zweiten Dialog ein, mit dem er einleitet, dass diese Dämonen nicht bloß irgendwohin ausgetrieben werden, sondern in die Schweine fahren und damit sich letztlich selbst vernichten. Literarisch bindet Markus diesen Dialog an den Austreibungsbefehl (Mk 5,8), auf den der Dämon mit der Bitte reagiert, ihn nicht zu quälen.[61] Langweilig wäre es gewesen, hätte Markus nur von dem Befehl und seinem Erfolg berichtet. Der Dämon hatte sich ja schon von Anfang an selbst (Mk 5,2) unterworfen. Der Dämon mit seiner Bitte, nicht gequält zu werden, weiß sich von Jesus bedroht. Sein "Verderben", wie in der Synagogengeschichte in Mk 1,24, hat er damit, allerdings nur ganz kurz, verzögert.

Dem Erzähler gibt das Zeit und Gelegenheit, das Verderben dieses Dämons in schwankhafter Form noch drastischer auszumalen. Das geschieht in zwei Stufen. Zunächst fragt Jesus nach dem Namen des Dämons. Das Selbstentlarvungsmotiv aus der Synagogengeschichte ist in dieser Erzählung noch nicht verwendet. Der Dämon war ja hier bekannt. Jetzt wird es in der Namensfrage aufgenommen. Indem der Dämon gehorsam seinen Namen sagen muss, bestätigt er Jesu Macht über sich. Zugleich kann der Erzähler das andere Motiv von der Vielzahl der Dämonen, die den Menschen besetzt halten, damit verbinden und deutlicher hervorheben als in der Synagogengeschichte: Dort war die Vielzahl der Dämonen nur durch die einfache und unvermittelte Verwendung des Plurals in der Frage: "Was

---

61 Die Veränderung verrät großes erzählerisches Geschick. Das ist das Gegenteil von einer "Verschlimmbesserung" zu Mk 1,23-25, wie Schmithals I 265 meint.

ist zwischen uns und dir?" (Mk 1,24) eingeführt. Jetzt ist eine eigene kleine Geschichte daraus entstanden. Das Entlarvungsmotiv bezieht sich auf die Anzahl der Dämonen, nicht mehr auf die Tatsache der Besessenheit: "Legion ist mein Name, denn viele sind wir!" (Mk 5,9). Markus hat dafür absichtlich im ersten Dialog beim "heidnischen" Dämon die im alttestamentlichen Zitat (1 Kön 18,17) ursprüngliche Formulierung im Singular beibehalten[62], anders als in der Synagogengeschichte. Mit dieser Geschichte ist vorbereitet, dass diese Vielzahl von Dämonen dann in die 2000 Schweine einfahren kann.

Das ist die zweite Stufe des durch den Dialog verzögerten Verderbens. Dieses fällt umso radikaler aus. Die Dämonen dürfen jetzt nach eigenem Wunsch in die Schweine fahren. Aber sie bleiben damit nicht im Land, wie sie angenommen hatten (Mk 5,10), sondern sie liefern sich selbst den Schweinen aus, die allesamt panikartig in den See stürzen und ersaufen. Die Dämonen bei den Heiden werden also nicht nur einfach ausgetrieben, wie in der ersten Geschichte, sondern sie vernichten sich letztlich selbst.

Zweifellos ist diese Erzählung von der Vernichtung der Dämonen in den Schweinen nicht frei von schwankhaften Zügen. Dem Erzähler Markus ist es wichtig zu zeigen, wie die Dämonen sich täuschen und wie sie sich selbst vernichten, weil darin nochmals die Souveränität Jesu unterstrichen, gleichzeitig aber am Schicksal dieser Dämonen die viel schlimmere Lage der besessenen Heiden erkennbar wird. Das Motiv von den Schweinen hat der Erzähler aus Jes 65,1-7. Er ließ sich anregen von den genauso gebrauchten Begriffsfeldern "Gräber", "Höhlen" und "Schweinefleisch", die dort in einer Rede gegen die Götzendiener zusammengeordnet sind: "Die in Gräbern sitzen und in Höhlen liegen die Nacht durch, die da Schweinefleisch essen und Greuelbrühe haben in ihren Geschirren" (Jes 65,4).

5. Die Geschichte im Gerasener Land hat einen doppelten Schluss. Zunächst erzählt Markus in Mk 5,14-17, wie auch die Heiden in diesem Wunder die Nähe Gottes in Jesus erfahren. Deshalb "fürchteten sie sich" (Mk 5,15), wie zuvor bei der Sturmstillung die Jünger und nachher die blutflüssige Frau oder der Synagogenvorsteher Jairus. Diese "Furcht" ist Anzeichen dafür, dass sie dem Geheimnis Jesu begegnet sind. Das ist, auch wenn sie alle das an dieser Stelle noch gar nicht wissen, eine erste Antwort auf die Frage,

---

62 Die wechselnde Verwendung des Singulars und des Plurals ist nicht dem Nebeneinander von Tradition und Redaktion zuzuschreiben, also letztlich der Ungeschicklichkeit des Redaktors oder auch seiner Treue zur Tradition, wie Bultmann, Geschichte 369, meint.

die nur die Jünger ausdrücklich und auch diese nur unter sich stellen: "Wer ist dieser?" (Mk 4,41)

In einem zweiten Schluss (Mk 5,18-20) bittet der von den Dämonen befreite Mensch Jesus, dass er "mit ihm" sein dürfe. Das ist keine einfache Nachfolgebitte. Der Leser weiß seit Mk 3,14, dass Jesus die Zwölf ausgewählt und berufen hat, dass sie "mit ihm" seien und damit er sie sende. Diese Zahl hat symbolischen Rang und ist voll. Jesus weiß sich weiter zu ganz Israel gesandt und diese Sendung will er mit der Aussendung der Zwölf symbolisch fortführen und erfüllen. Dazu ist der geheilte Heide weder befähigt - er "hat" die "Lehre" nicht, noch ist er dazu berufen, in Israel zu verkünden. Aber natürlich darf und soll der Geheilte den Seinen erzählen, was der Herr ihm Großes getan hat (Mk 5,19).

Markus hat wieder sehr genau in seiner Erzählung unterschieden: Jesus wollte, dass er das Große, das der Herr ihm getan hat, weiterberichtet. Mit "der Herr" meint er nicht sich, sondern Gott. Der Geheilte verhält sich aber ganz ähnlich, wie der vom Aussatz Befreite in Mk 1,45. Er verkündigt in der Dekapolis nicht, dass Gott sich seiner erbarmt hat, sondern was Jesus ihm Großes getan hat. Der Geheilte hält sich also an den Wundertäter, nicht an Gott. Wieder, wie in Mk 1,45, steht Jesus vor der Alternative, dass die Menschen ihn gegen Gott ausspielen wollen. Das kann er nicht akzeptieren.

Ein Unterschied zu Mk 1,45 besteht darin, dass es sich jetzt um einen Heiden handelt. Muss Jesus darauf ebenfalls reagieren, auch wenn es sich "nur" um Heiden handelt? Wie kann er überhaupt darauf antworten, da er doch nur zu Israel gesandt ist? Wie kann er den Heiden seine Sendung von Gott erklären, da sie doch keine Schrift und keine Schriftgelehrten haben, denen gegenüber er theologisch seinen Anspruch erheben könnte, wie er das nach dem Aussätzigenwunder mit dem Zuspruch der Sündenvergebung (Mk 2,1-12) getan hatte? Vorerst bleiben diese Fragen offen.

3. ABSCHNITT: JESUS UND DIE HEIDEN (MK 6,14-8,30)

In diesem Abschnitt wird die Frage nach der Person Jesu zum Hauptthema. Sie wird vor allem durch das Verhalten Jesu gegenüber den Heiden bestimmt. Schon der Rahmen des ganzen Abschnitts weist auf die Frage nach Jesus hin (3.1.). Das Heidenthema hat Markus längst und fast nebenbei in der bisherigen Erzählung vorbereitet (3.2.). Das gilt besonders von dem Itinerar, mit dem er jetzt den Leser auf dem Weg Jesu zwischen Juden und Heiden führen will (3.3.). Im Nebeneinander der beiden Brotvermehrungen bei den Juden und bei den Heiden wird die Frage nach Jesu Person zum ersten Mal beantwortet. Im Zeichen bekommen auch die Heiden durch Jesus Anteil an der Heilsgabe Gottes (3.4.). Anschließend bestätigt eine Einzelanalyse des Weges Jesu im Heidenland diese Antwort auf die Frage nach Jesu Person (3.5.). Das abschließende Christusbekenntnis des Petrus ist Ausdruck für das Neue bei Jesus, das die Jünger auf diesem Weg erlebt haben (3.6.).

3.1. Zur literarischen Struktur: Der Rahmen von Mk 6,14-8,30

Die beiden Stellen Mk 6,14-16 und Mk 8,27-29 sind vom Erzähler parallel gestaltet. Sie bilden literarisch den Rahmen für den dritten Abschnitt in der theologischen Jesusbiographie des Markus. Inhaltlich geht es um die Aufnahme und Weiterführung der seit der Seesturmerzählung im zweiten Abschnitt gestellten Frage nach der Person Jesu: "Wer ist dieser?" (Mk 4,41)

Wie die Jünger die Frage nach der Person Jesu (Mk 4,41) für sich beantworten, hat der Erzähler im ganzen zweiten Abschnitt offen gelassen. Auch im dritten Abschnitt des Evangeliums (Mk 6,14-8,30) steht von einem Bekenntnis bis zum Schluss in Mk 8,29 nichts. Aber der Erzähler hat die Frage keineswegs vergessen, sondern sogar noch zugespitzt. Während der Leser auf eine Antwort der Jünger wartet, wird diese Antwort für diese immer schwieriger. Denn die Jünger werden im dritten Abschnitt mit einem neuen Verhalten Jesu konfrontiert: Jesus geht ins Heidenland. Die Jünger erleben mit, dass Jesus auch dort Wunder tut und dass er deshalb in Auseinandersetzungen mit den Pharisäern und Schriftgelehrten gerät.

Der Leser wird mehrfach während dieser Erzählung daran erinnert, dass die Antwort der Jünger noch aussteht und dass sie noch keineswegs positiv vorentschieden ist. Mehrere Bemerkungen über das Unverständnis der Jünger und ihr verhärtetes Herz halten die Frage nach dem Bekenntnis für die Leser weiter offen.[1] Andere greifen inzwischen die Frage auf, wer Jesus sei.

Rahmen von Mk 6,14-8,30			
Rahmen des 3. Abschnitts	Mk 6,14-16	*Leitfrage: „Wer ist dieser?" (Mk 8,27-29)*	Mk 8,27-29
Fragesteller	Herodes Mk 6,14		Jesus Mk 8,27
Drei Antworten zur Auswahl	Mk 6,14f	1. Johannes der Täufer 2. Elija 3. Ein Prophet	Mk 8,28
Antwortgeber	Herodes		Petrus
Antwort	Der auferweckte Johannes Mk 6,16		Der Christus Mk 8,29

Herodes hatte von Jesus gehört: "Sein Name war nämlich bekannt geworden" (Mk 6,14). Mit seiner Frage nach Jesus beginnt der dritte Abschnitt. Drei sehr hohe Vergleiche aus den Propheten stehen als Antwort zur Wahl: der von den Toten auferweckte Johannes der Täufer, Elija oder irgendeiner der Propheten. Alle drei Vorschläge benennen Jesus eindeutig als prophetische Gestalt. Literarisch ist der Prophetentitel schon in Mk 6,4 vorbereitet: Jesus selbst hat sich in Nazaret so bezeichnet. Dass die Menschen in der Mehrzahl Johannes für einen echten Propheten halten, wird in Mk 11,32 nochmals wiederholt. Herodes entscheidet sich bei Jesus für das erste Angebot, für Johannes den Täufer (Mk 6,14f).

Erst zum Schluss des ganzen Abschnitts und von Jesus selbst angestoßen folgt die Antwort der Jünger. Sie wiederholen zuerst wortgleich die Antwortmöglichkeiten, die bei den Leuten umlaufen und die auch Herodes vorgelegt worden waren: Johannes, Elija oder

---

1   Vgl. Mk 6,52; 7,18; 8,16-21.

irgendein Prophet (Mk 8,28). Petrus bekennt schließlich auf Jesu betonte Nachfrage und im Namen der Jünger: "Du bist der Christus!" (Mk 8,29) Der Weg dahin ist das Thema des dritten Abschnitts.

3.2. Hinweise auf Heiden in der bisherigen Erzählung vom Weg Jesu (Mk 1,1-3,6; 3,7-6,13)

Jesus lebt, wie alle Juden, in einer vorgegebenen Zuordnung auf die Heiden. Die besondere Erwählung der Juden schließt diese Zuordnung strukturell ein. Wenn Israel seine Erwählung lebt, dann dient das immer auch den Heiden. Denn die Gottesherrschaft, die in der Erwählung Israels bezeugt wird, ist universal, betrifft also alle Menschen.

Markus erzählt in diesem Gesamtrahmen der Erwählung Israels von einer besonderen Berufung und Sendung Jesu. Von der Berufung berichtet er gleich zu Beginn des Evangeliums, bei der Taufe Jesu (Mk 1,9-11). Damit steht aber nur das "Dass", noch nicht das "Wie" dieser Sendung fest. Das Leben Jesu muss diese Frage nach dem "Wie" erst klären. Welche Rolle die Heidenfrage für den Weg Jesu bekommen soll, ist am Anfang noch nicht zu erkennen. Der Erzähler nimmt deshalb den Leser in seiner Biographie Jesu auf einen Weg mit, auf den sich Jesus unter der Führung Gottes einlässt und bei dem ihn der Leser begleiten soll. Jesus und mit ihm die Leser "lernen" schrittweise und gleichsam beim Gehen, wie seine Sendung aussieht. Einige Schritte auf diesem Weg sind jetzt am Beginn des dritten Abschnitts schon getan.

1. Im ersten Abschnitt des Evangeliums gibt es noch keine ausdrücklichen Hinweise dafür, dass Jesus einmal in das Land der Heiden gehen wird und dass seine Sendung eine besondere Affinität zur Heidenfrage bekommen wird. Trotzdem lassen sich im Nachhinein erste Spuren feststellen. Es ist wie bei einer Ouvertüre. Die Motive klingen alle schon an, bedürfen aber noch der Entfaltung, damit man sie zuordnen und verstehen kann.

Im Eingangsvers (Mk 1,1) wird dem Leser nur angekündigt, es gehe um den "Anfang des Evangeliums Jesu Christi". In Mk 1,14f wird darauf schon eine erste Antwort gegeben: Jesus hat sich von Johannes angesprochen gefühlt und er hat sich von ihm taufen lassen. Er verkündet nach dessen Gefangennahme ebenfalls in der Öffentlichkeit das Evangelium von der Herrschaft Gottes, nur macht er es anders als Johannes. Er geht nicht in die Wüste, sondern er beginnt in der Synagoge in Kafarnaum. Damit könnte die Erzählung inhaltlich schließen. Aber natürlich sind längst tiefere Erwartungen des Lesers geweckt: Wie geht es nach diesem "Anfang" weiter?

In den folgenden zwei Einheiten des ersten Abschnitts (Mk 1,16-3,6) kommen die Heiden weiter nicht ausdrücklich vor. Der Leser hat nur von der Macht erfahren, mit der Jesus in Wort und Tat auftrat. Seine Lehre erschien den Menschen wie neu, seine Wunder machten ihn zu einer gesuchten öffentlichen Gestalt. Während er aber ausschließlich von Gott und seiner Herrschaft reden wollte, rückten die Menschen zunehmend ihn selbst in den Mittelpunkt. Die Schriftgelehrten waren durch die dadurch entstandene Konkurrenz herausgefordert. Zuerst lehnten sie seine Lehrvollmacht, dann - schon im Übergang zum zweiten Abschnitt - seine Wundermacht ab.

Die Heiden kommen dabei zwar nicht vor. Aber immerhin ist Jesus durch diese Entwicklung, verursacht durch seine Wunderkraft, zum Wanderprediger geworden. Als Wanderprediger muss er sich in "unreine" Häuser einladen lassen, weil er nicht die umfassende Güte Gottes lehren kann, wenn er gleich darauf wieder die Tischgemeinschaft mit den Zöllnern und Sündern (Mk 2,15) ablehnen würde. Da ist der Schritt zu den Heiden nicht mehr so weit.[2] In diese Verlegenheit war Johannes als Wüstenprediger nie gekommen.

Die Wunder haben noch eine andere Konsequenz. Sie ziehen auch Menschen aus Heidengebieten an, die von Jesus gehört hatten. Die Menschen kommen nicht nur von Galiläa und Judäa, von Jerusalem und Idumäa, sondern auch von jenseits des Jordan[3] und von Tyrus und Sidon (Mk 3,7f). Die letzten drei Angaben benennen heidnische Gebiete oder Städte. Mit diesem ersten Hinweis auf die Heidengebiete beginnt Markus den zweiten Abschnitt. Die Leser und mit ihnen Jesus wissen es an dieser Stelle noch nicht. Aber es sind genau die Orte in der Aufzählung genannt, die Jesus dann im dritten Abschnitt bei seiner Reise ins Heidenland aufsuchen wird.[4]

2. Im zweiten Abschnitt (Mk 3,7-6,13) werden die Spuren und Hinweise auf Heiden schon deutlicher.

Zunächst berichtet Markus, wie Jesus, als Konsequenz der Ab-

---

2   Bei Matthäus 5,46f ist die Gleichsetzung zwischen Zöllnern und Heiden vollzogen.

3   "Jenseits des Jordan" meint die Dekapolis. Vgl. Mk 7,31.

4   Jesus kommt im weiteren Verlauf in alle genannten Orte mit Ausnahme von Idumäa. Idumäa zählt nur noch halb zum Heidenland. In die Aufzählung könnte es wegen Herodes aufgenommen sein. Herodes, mit dem Jesus indirekt zu tun bekommt, stammt aus Idumäa. Vgl. Mk 3,6; 8,15; 12,13, sowie die Erzählung Mk 6,14-29.

lehnung durch die Schriftgelehrten, vorbei an den traditionellen Strukturen eine eigene Jüngerschule aufbaut, um seine Botschaft vom Reich Gottes weiter verbreiten zu können. Zum ersten Mal erfährt der Leser im Zusammenhang damit etwas von dem Inhalt dieser Botschaft. Jesus sagt auch dabei nichts "Neues", aber er betont die Unscheinbarkeit des Anfangs: Die Gottesherrschaft ist schon Wirklichkeit, auch wenn der äußere Anschein dagegen spricht.

Jesus wollte seine Botschaft mit diesem Schritt zur Jüngerschule nicht auf seine Jünger oder gar nur auf die Zwölf eingrenzen. Die Zwölfzahl war im Gegenteil Symbol dafür, dass er weiter ganz Israel ansprechen wollte. Er hatte nur die Methode geändert. Er hatte die Zwölf berufen, um sie als "Multiplikatoren" aussenden zu können. Auch er selbst lehrte deshalb daneben weiter die Menge und nicht nur die Jünger.

Nach Markus kam es also auch jetzt nicht zu einer Ablösung Israels oder "der Juden"[5] durch die Berufung der Zwölf. Jesus trennte sich zu keinem Zeitpunkt seines Lebens von der Synagoge.[6] Er behandelte die Jünger nicht so, als ob in Zukunft nur noch sie allein die Adressaten der Botschaft wären. Dann hätte er sie nicht aussenden müssen. Um das Missverständnis der Ablösung von Israel beim Leser zu vermeiden, erwähnt der Erzähler oft genug, dass die Jünger nichts verstanden, dass sie Angst hatten und feige waren, dass einer von ihnen sogar später zum Verräter wurde. Auch die Jünger waren gefragt, ob sie "hören" und Frucht bringen wollten oder ob sie zu den Verstockten zählen würden. Damit war ein Kriterium eingeführt, das grundsätzlich alle Menschen in gleicher Weise betrifft. Es gilt für die Juden, ob sie seine Jünger sind oder nicht. Es kann auch Heiden betreffen.

Am Anfang des Evangeliums hatten die Menschen die Macht Jesu gespürt und deshalb gefragt: "Was ist das? Eine neue Lehre mit Vollmacht!" (Mk 1,27) Jetzt in der Mitte des zweiten Abschnitts fragen die Jünger nach ihrem Lehrer selbst: "Wer ist dieser?" (Mk 4,41) Sie haben in der Sicherheit und Souveränität, mit der Jesus von der Herrschaft Gottes sprach, und in seinen Wundern erfahren, dass in diesem Lehrer selbst die Macht Gottes ganz nahe war, also nicht nur im Inhalt seiner Botschaft. Damit verbindet sich für sie die Frage, wer dieser Lehrer sei, mit der Frage, ob sie seiner Berufung

---

5 Gegen Kuhn, Sammlungen 221: "Der Kontrast zwischen den beiden Abschnitten ... ist deutlich beabsichtigt: die Feindschaft der jüdischen Autoritäten (1,40-3,5) und die Hinwendung Jesu zu den Heiden unter Abwendung von den Juden (7,1-8,21 bzw. 15)."

6 Zum Abschluss des zweiten Abschnitts lehrt Jesus erneut in der Synagoge von Nazaret (Mk 6,1-6).

und Sendung von Gott trauen. Der Erzähler weist jetzt immer wieder
darauf hin, dass die Menschen, die Jesus "begegnen", "sich fürchten",
dass sie also etwas von seiner einzigartigen Nähe zu Gott gespürt
haben.[7] Am Schluss dieses Abschnitts erzählt Markus von der
Aussendung der Jünger (Mk 6,17-13) und etwas später von ihrer
Rückkehr und ihrem Erfolg (Mk 6,30).

3. An dieser Stelle hätte der Erzähler seine Erzählung wieder ab-
schließen können. Zusammengefasst weiß der Leser jetzt, dass Jesus
von den Schriftgelehrten abgelehnt worden ist, dass er daraufhin eine
eigene Jüngerschule begonnen hat, dass er die Jünger dann ausgesandt hat und dass diese in ihrer Sendung erfolgreich waren. Jetzt gibt
es also eine eigene Jesusbewegung, man könnte sagen: eine typische
Basisbewegung.

Aber mit einem solchen Schluss wäre ein aufmerksamer Leser
jetzt nicht mehr zufrieden gestellt. Mindestens zwei Fragen sind
angesprochen, die nach weiteren Antworten geradezu rufen. Die erste
Frage betrifft das Verhalten der Jünger: Wie reagieren sie auf die
Erfahrung der besonderen Nähe Gottes in Jesus? Die zweite, noch
wichtigere Frage betrifft Jesus: Welche Konsequenzen zieht er selbst
aus seinem ersten Wunder bei einem Heiden? Darauf geht Markus
zuerst ein. Für die Jünger wird die Frage nach seiner Person damit
noch schwieriger.

Das erste Wunder bei einem besessenen Heiden im Gerasener
Land ist Jesus genauso unerwartet widerfahren wie das Wunder in der
Synagoge in Kafarnaum bei seinem ersten öffentlichen Auftreten.
Beide Male handelte es sich um einen Dämon, der einen Menschen
gefesselt hatte. Der erste entlarvt sich selbst im Hören der machtvollen Lehre Jesu, der zweite ist schon längst öffentlich bekannt. Er
unterwirft sich freiwillig Jesus, sobald dieser auch nur auftaucht. In
beiden Fällen "muss" Jesus den Dämon vertreiben.

Für den Erzähler Markus sind diese Dämonenaustreibungen literarische Wegmarken, an denen sich eine weitere Richtungsentschei-
dung im Leben Jesu festmachen lässt. Diese beiden Wunder haben
jeweils Schlüsselfunktionen für seinen weiteren Weg. Das erste
Wunder (Mk 1,21-28) machte ihn letztlich zum Wanderprediger. Die
Folgen des zweiten Wunders (Mk 5,1-20) sind vorerst noch offen.
Wie soll Jesus darauf reagieren? Die Frage nach dem "Anfang des

---

7   Von den Jüngern sagt der Erzähler in diesem Abschnitten zweimal, dass sie
    sich fürchten: einmal nach dem Seesturmwunder in Mk 4,41 und einmal - im
    Mund Jesu - nach dem Seewandel in Mk 6,50.

Evangeliums Jesu Christi" ist damit endgültig zu einem "Selbstläufer" geworden. Der Leser ist neugierig gemacht und will wissen, wie es weitergeht. Der gerade Weg des Anfangs hat schon zu mehreren Weggabelungen geführt. Jesus musste sich jeweils unter der Führung Gottes entscheiden. Immer mehr gewinnt für Jesu Weg dabei die Frage an Gewicht, welche Bedeutung die besondere Erwählung der Juden für die Heiden hat und was das mit seiner spezifischen Sendung zu tun hat.

Die entscheidende Herausforderung für Jesus bei dieser ersten Dämonenaustreibung im Heidenland ist weniger das Wunder selbst, sondern die Tatsache, dass der geheilte Heide das Wunder nicht als Gottes erbarmende Tat weitererzählt, sondern "verkündigt", was Jesus ihm getan hat (Mk 5,19f). Der Fall liegt damit ganz ähnlich wie bei dem geheilten Aussätzigen in Mk 1,40-45. Beide Male kommen die Geheilten in ihrer Reaktion bis zur Verkündigung über Jesus. Sie rühmen den Wundertäter, danken aber nicht Gott.

Ein solches Verhalten ist für Jesus nicht einfacher Ungehorsam, den er übergehen könnte, sondern eine von Gott zugelassene und gewollte Herausforderung. Er muss seine Rolle im Verhältnis zu Gott neu verstehen und dann den Menschen erklären. Im ersten Fall, bei dem vom Aussatz Geheilten, geschieht das, indem er vor den Schrift-gelehrten seinen prophetischen Sendungsanspruch ausdrücklich erhebt. Das kann bei den Heiden im Gerasener Land nicht ausreichen. Auf der einen Seite hat Jesus dort gar nicht gelehrt. Der Besessene hat sich einfach auf das Kommen Jesu und seine Nähe hin unterworfen. Auf der anderen Seite fehlen bei den Heiden die theoretischen Vor-aussetzungen, die notwendig wären, um seine Sendung zu interpre-tieren. Sie haben die Tora nicht.[8]

Mehr sagt der Erzähler an dieser Stelle nicht. Die Spannung wird, literarisch kunstvoll, zuerst noch vergrößert, weil weitere große Wun-der erzählt werden, in denen Menschen dem Geheimnis der Person Jesu nahekommen, sich "fürchten" und nach ihrem Glauben an das Wirken Gottes in Jesus angefragt werden (Mk 5,21-43).

4. Um es vorwegzunehmen: Markus erzählt keineswegs, dass Jesus jetzt einfach zu den Heiden geht und auch dort das Evangelium von der Gottesherrschaft verkündet. Das tut Jesus hier und auch später

---

8 Diese Aussagen sind nicht historisch oder geographisch gemeint, sondern typologisch. Natürlich gibt es im Land der Gerasener auch gebildete Heiden, die die Tora kennen. Sicher gibt es auch gottesfürchtige Heiden, die mit dem Judentum sympathisieren, also auch daran denken, Proselyten (Juden) zu werden und die deshalb schon jetzt weitgehend nach der Tora leben.

nie.[9] An keiner Stelle steht im Evangelium, dass Jesus die Heiden belehrt, ihnen also die Tora bringt.[10] Jesus lässt sich aber auf eine Reise in das Heidenland ein.

Dabei wird eine gewisse Ambivalenz sichtbar. Einerseits deutet Markus an, dass sich Jesus eher zögerlich und beinahe ungewollt auf diese Reise begibt. Deshalb heißt es: "Er wollte es niemand merken lassen" (Mk 7,24). Andererseits musste er seine Jünger nach der Brotvermehrung richtiggehend zum Wegfahren drängen und "nötigen" (Mk 6,45).[11] Diese letzte Szene hängt zwar bei Markus nicht direkt mit der Heidenreise in Mk 7,24 zusammen, weil er zuvor noch die große theoretische Auseinandersetzung um die Fragen der Reinheit und Unreinheit der Speisen erzählen muss (Mk 7,1-23). Der Sache nach gibt sie dennoch richtig wieder, dass sich Jesus, ganz ähnlich wie nach der Ablehnung durch die Schriftgelehrten in Mk 3,1-6, weiter auf dem Rückzug befindet.

Die Reise ist dennoch geplant und deshalb nicht nur ein Rückzug. Jesus wollte sich nach der Dämonenaustreibung im Gerasenerland, die er als gottgewolltes Ereignis verstehen und deuten musste, offensichtlich bewusst auf Erfahrungen mit den Heiden einlassen und sich so der Führung Gottes überlassen. Wohin ihn dieser Weg geführt hat, erzählt Markus ausführlich im ganzen dritten Abschnitt seines Evangeliums (Mk 6,14-8,30).

3.3. Das Itinerar von Mk 3,7 bis Mk 8,30 - ein Leitfaden für den Weg Jesu zwischen Juden und Heiden

Zu Beginn des zweiten Abschnitts (Mk 3,7.9) hatte der Erzähler den See als Ort des Rückzugs zum ersten Mal genannt. Das Boot wurde zu einem Symbol dieses Rückzugs und gleichzeitig zum Symbol der besonderen Zuwendung Jesu zu seinen Jüngern (Mk 4,1.36). Dieser Rückzug und die erste Überfahrt mit dem Boot hat Jesus auch zum ersten Mal in das Heidenland geführt. Literarisch hat Markus also den Rückzug, den Beginn der Jüngerschulung und die erste Begegnung

---

9   Diese Aussage gilt für alle Evangelien. Sie trifft sicher auch historisch zu: Jesus ist nie zu Heiden gegangen mit dem Ziel, den Heiden das Evangelium zu verkündigen.

10   Es wäre wieder ein Einstieg in die Ablösungstheorie, wenn Jesus von nun an ohne die Juden oder an den Juden vorbei den Heiden das Evangelium verkünden wollte.

11   Vgl. die dazugehörige haggadische Erzählung bei Joh 6,14f: Sie wollen ihn zum König machen.

mit einem Heiden eng verzahnt. Der scheinbare kurze "Anfang des Evangeliums Jesu Christi" (Mk 1,1) bekommt damit eine neue Dynamik, der ein Leser unbedingt weiter nachgehen soll.

Die Begegnung mit dem besessenen Heiden (Mk 5,1-20) wurde zu einem neuen Schlüsselerlebnis für Jesus und veränderte seinen weiteren Weg entscheidend. Was nur als Rückzugsbewegung begonnen hatte, bekam jetzt eine unerwartete eigene Perspektive. Der Rückzug wurde zum Beginn eines neuen Schrittes im Leben Jesu, eines Schrittes, der ihn zuletzt nach Jerusalem und in den Tod führen sollte.

1. Erinnert sei an die Ausgangssituation, in der der Erzähler Markus sein Evangelium schrieb:[12] Für jüdische Jesusanhänger war die enge Verbindung mit den Heidenchristen im Verlauf von vierzig Jahren immer schwieriger und gefährlicher geworden. Im Zusammenhang mit der drohenden Exkommunikation begann die allmähliche Entwicklung der Heidengemeinden hin zu einer selbständigen Heidenkirche. Die Hauptleidtragenden dieser Entwicklung waren die jüdischen Jesusanhänger, die eine solche Entwicklung zur Heidenkirche angestoßen, aber in der gegenwärtigen Form natürlich nie vorausgesehen und beabsichtigt hatten. Wenn sie jetzt dennoch dazu standen, konnten sie das nur, weil sie in dieser geschichtlichen Entwicklung die Führung Gottes sahen. Gott selbst hatte mit Jesus, seinem Sohn, die Entstehung der Heidenkirche verursacht.

Markus schrieb sein Evangelium unter dieser Leitfrage: Wo und wie im Leben Jesu, in seinen Worten und Taten, ist diese Entwicklung zur Heidenkirche angelegt? Am Beginn des öffentlichen Auftretens Jesu war davon noch nichts zu beobachten gewesen. Jesus war Jude und wusste sich, wie frühere Propheten auch, nur zu Israel gesandt. Erste Spuren, die auf die Heidenfrage hinweisen, wie zum Beispiel Jesu besondere Liebe zu den Außenseitern und Fremden, hatte der Erzähler zwar schon im ersten Abschnitt eingestreut. Der Leser konnte sie an dieser Stelle des Lebens Jesu aber noch keineswegs in ihrer vollen Bedeutung für den weiteren Weg Jesu verstehen. Erst im zweiten Abschnitt, in der Erzählung von der Dämonenaustreibung im Gerasener Land (Mk 5,1-20), begegnete Jesus erstmals ausdrücklich der Heidenfrage. Im dritten Abschnitt (Mk 6,14-8,30) rückt die Heidenfrage in den Mittelpunkt der Darstellung. Erstmals wird jetzt diese Frage zum Thema.

Nicht nur inhaltlich, sondern auch literarisch hat Markus den

---

12 Die folgenden Aussagen stützen sich auf das revidierte neutestamentliche Geschichtsbild, das im Einleitungsteil erklärt ist.

Leser ganz gezielt im ersten Hauptteil darauf vorbereitet. Der See, der als Ort des Rückzugs eingeführt war (Mk 3,9), wurde nach der Heilung des besessenen Heiden auf dem östlichen Ufer zu einem Unterscheidungssymbol: im Westen des Sees die Juden, im Osten die Heiden. Das Boot, anfangs nur Symbol der besonderen Gemeinschaft Jesu mit seinen Jüngern, wurde zum verbindenden Vehikel, auf dem Jesus mit seinen Jüngern im weiteren Verlauf zwischen dem Land der Juden und dem der Heiden hin- und herwechseln konnte.

2. Schon der Befund der Wortstatistik ist auffällig. Der See kommt im ganzen Evangelium 19-mal vor, davon 14-mal in den Abschnitten zwischen Mk 3,7 und 8,30. Die übrigen fünf Nennungen des Sees hängen zweimal (Mk 1,16) mit der Tätigkeit der späteren Jünger als Fischer zusammen. Jesus trifft die zwei Brüderpaare bei der Arbeit am See und spricht dort seine Einladung aus. Zwei Nennungen kommen in einer traditionellen Verbindung im Spruchgut vor (Mk 9,42; 11,23). Dass außerdem die Begegnung mit Levi in Mk 2,13 am See stattfand, kann man schon als entfernte Hinführung auf den späteren schrittweisen Rückzug in Mk 3,9 und in Mk 4,1 verstehen. Das "wieder" in der Einleitung zu Mk 4,1 ("Und wieder begann er zu lehren am See") lässt sich nur auf diese Begegnung Jesu mit Levi in Mk 2,13 beziehen.[13]

Das Boot kommt insgesamt 18-mal vor, einmal als "Bötchen"[14]. Mit Ausnahme von den zwei Vorkommen in der Fischerszene am See in Mk 1,16-20 liegen alle Nennungen des Bootes zwischen Mk 3,7 und Mk 8,30, also in den Abschnitten zwei und drei.

Den See und das Boot darauf nutzt Markus für ein Itinerar Jesu, also eine Beschreibung des Reisewegs, mit dem er den zweiten und den dritten Abschnitt literarisch strukturiert. Der Leser wird so schrittweise auf die Heidenfrage vorbereitet. Er begleitet gleichsam lernend Jesus auf seinem Weg. Auch Jesus selbst hat auf seinem Weg unter der Führung Gottes schon gelernt, dass er Wanderprediger werden und dass er eine eigene Jüngerschaft aufbauen sollte. Die Tatsache, dass dabei jetzt auch die Heiden unmittelbar von seiner Sendung betroffen wurden, musste erneut seine Antwort herausfordern.

Der Befund aus der Wortstatistik und die Textbeobachtungen von Mk 3,7 bis Mk 8,30 weisen deutlich auf ein solches Itinerar hin. Das

---

13 Es gibt vor Mk 4,1 keine andere Stelle, an der Jesus am See weilt und gleichzeitig lehrt. Das "wieder" in Mk 2,13 steht im Kontrast zu Kafarnaum in Mk 2,1 und in Aufnahme des Sees in Mk 1,16-20. Dort war Jesus zum ersten Mal am See, aber ohne zu lehren.

14 Übersetzung von Pesch zu Mk 3,9 in: Synoptisches Arbeitsbuch zu den Evangelien (Bd.1: Markus), Zürich, Einsiedeln, Köln, Gütersloh 1980.

wird auch in den meisten Kommentaren festgestellt. Ebenso wird das Itinerar meist[15] mit der Heidenfrage irgendwie in Verbindung gebracht. Gerasa ist eine wichtige Stadt der Dekapolis, also eines überwiegend heidnischen Landes. Tyros und Sidon sind ohnehin seit je heidnische Städte.

Allerdings bleiben bei diesem Itinerar historische Ungereimtheiten stehen, die nicht einleuchtend erklärt sind. Denn natürlich hat es um diese Zeit, historisch gesehen, viele Heiden auch auf der Westseite des Sees gegeben. Natürlich lebten umgekehrt auch Juden auf der Ostseite des Sees. Eine religiöse oder gar ethnische Trennung zwischen Juden und Heiden auf den beiden Seeseiten lässt sich historisch nicht belegen.

Noch wichtiger sind die topographischen Unstimmigkeiten. Die wichtigsten sind folgende: Gerasa (Mk 5,1-20) liegt nicht am See, sondern etwa 60 Kilometer südöstlich davon entfernt. Auch das Land der Gerasener hat nicht bis zum See gereicht; Gerasa hat also auch kein Ufer am See. Der See ist aber für die folgende Geschichte unbedingt notwendig, weil dort zum Schluss die Schweine ertrinken sollen.[16] Eine Lücke im Itinerar scheint auch zwischen Mk 6,1-6 und Mk 6,30-32 zu klaffen. Zuerst ist Jesus in Nazaret und in den Dörfern dort. Anschließend treffen ihn die Jünger aber wieder unmittelbar am See (Mk 6,30). Denn in Mk 6,32 können alle einfach in ein Boot einsteigen und wegfahren. In Mk 6,45 sollen die Jünger allein nach Betsaida, also auf die Ostseite des Sees hinüberfahren. Nachdem Jesus zu den Jüngern über das Wasser gegangen und in das Boot gestiegen ist, landen sie aber in Gennesaret, also auf der Westseite (Mk 6,53).[17]

Besondere Schwierigkeiten macht die Angabe in Mk 7,31: "Und nachdem er das Gebiet von Tyros wieder verlassen hatte, kam er über Sidon an den galiläischen See, mitten in das Gebiet der Dekapolis." Vor allem dieser Vers hat zu der Ansicht beigetragen, dass Markus keine oder nur sehr vage Kenntnisse vom Land gehabt haben könne.[18]

---

15 Eine wichtige Ausnahme bildet Schmithals I 265: Es gehe in Mk 5,1-20 nicht darum, ob am anderen Ufer Juden oder Heiden sind. Vgl. dagegen Kertelge 108 oder Annen, Heil, passim.

16 Vgl. Schweizer 63: "Es scheint, dass Markus keine direkten geographischen Kenntnisse von Palästina besitzt." In diese Richtung kommentieren viele Einleitungen und Kommentare; vgl. Lührmann 6f, 132.229 und öfter.

17 Vgl. Gnilka I 266.

18 Vgl. Pesch I 359 (vgl. zusätzlich I 10); Schweizer 87: "Man muss sich die Unmöglichkeit des Reiseweges an einem Beispiel der eigenen Gegend klarmachen (z.B. von Darmstadt über Frankfurt nach Mannheim mitten durchs Neckartal...)." Vom Urteil zu diesem Vers, das weitgehend, wenn auch

Probleme für ein stimmiges geographisches Itinerar machen auch die Angaben bei der zweiten Brotvermehrung (Mk 8,1-9). Zuerst befindet sich Jesus mit der Menge in der Wüste. Die Menschen drohen zu verhungern. Sie haben nichts zu essen dabei, nur sieben Brote und wenige kleine Fische. In der Wüste wäre allerdings der Wassermangel viel schlimmer gewesen. Oder gibt es keinen Wassermangel, weil sie sich direkt am Ufer des Sees befinden? Denn in Mk 8,10 können sie einfach in das Boot einsteigen. Aber dann entsteht eine andere Schwierigkeit. Die Menschen wären in Wirklichkeit nicht weit entfernt gewesen von den nächsten Orten, in denen sie hätten einkaufen können. Die Not wäre viel kleiner und jedenfalls nicht lebensbedrohlich gewesen. Sie hätten in drei Tagen und Nächten auch längst anfangen können zu fischen und sich selbst zu versorgen.

Wegen dieser Probleme ziehen es manche vor, das Itinerar literarisch überhaupt nicht zu beachten.[19] Andere sprechen nur von Traditionssplittern einer vormarkinischen Wundersammlung, auf die das Itinerar noch hinweise und entwerten so die Angaben des Itinerars.[20] Einige führen alle Ortsangaben konsequent auf den Redaktor Markus zurück, der damit eine "verbindende Klammer" schaffen wollte.[21] Auch hier hat das Itinerar keine oder kaum eine theologische Bedeutung.

Gemeinsam ist diesen Versuchen, dass sie den ausschließlich typologischen Charakter des Itinerars nicht sehen. Die topographischen Unstimmigkeiten gehen bei ihnen folglich auf die fehlende geographische Kenntnis des Markus zurück, gleich ob sein Beitrag nur das Sammeln der Traditionen war oder ob er als Redaktor das Itinerar selbst geschaffen hat.

3. Bei diesem Itinerar geht es aber um typologische Aussagen, nicht etwa um eine geographisch und topographisch korrekte Reisebeschreibung. Entscheidend ist: Jesus bewegt sich zwischen dem Land der Juden im Westen des Sees und dem Land der Heiden im Osten. Wer diesen typologischen Charakter des Itinerars und damit seine in-

---

weniger karikierend, einhellig angenommen ist, hängt stark die Verfasserfrage für das ganze Evangelium ab: Wer war der Evangelist Markus? Wo hat er sein Evangelium geschrieben? Wie zuverlässig ist die Papiasstelle, in der das Evangelium mit Petrus in Verbindung gebracht wird? War Markus wirklich der Schüler des Petrus?

19 K.L. Schmidt, Rahmen 146, kann lediglich Trümmerstücke eines Itinerars erkennen.

20 Z.B. Pesch I 230.267f.282.295.345.357.391.

21 Z.B. Gnilka I 133.156.193.200.210.254.266.290.305. Ähnlich auch Lohse, Entstehung 72.

haltliche Ausrichtung auf Juden und Heiden nicht sieht, muss sich an den historischen und geographischen Ungereimtheiten stoßen.

Der Leser erhält durch das Itinerar eine erste Orientierung und eine zusätzliche Interpretationshilfe. Er kann jeweils am Leitfaden des Itinerars entlang leicht unterscheiden, ob Jesus gerade bei den Juden oder bei den Heiden ist. Manche Schwierigkeiten der Interpretation klären sich schon durch den jeweiligen jüdischen oder heidnischen Kontext.

Typologisch gesehen ist das Itinerar ganz exakt. Daraus dürfen deshalb keine Schlüsse gezogen werden über die geographische Kenntnis oder Unkenntnis des Erzählers und, als Konsequenz davon, über seine Herkunft und über den Abfassungsort des Evangeliums.

Schon aus der Wortstatistik war ersichtlich, dass dieses typologisch-topographische Itinerar nur die beiden Abschnitte des Evangeliums von Mk 3,7 bis Mk 8,30 strukturieren soll. Genauer: Im zweiten Abschnitt (Mk 3,7-6,13) wird der Leser durch viele Hinweise darauf vorbereitet, dass er das Itinerar, typologisch zutreffend, im dritten Abschnitt (Mk 6,14-8,30) richtig lesen kann. Denn erst in diesem dritten Abschnitt ist Markus in seiner Biographie Jesu so weit fortgeschritten, dass er erzählen kann und muss, wie Jesus unter der Führung Gottes auf die Herausforderung durch die Heiden reagiert.

Die folgende Skizze ist von unten nach oben zu lesen. In der Skizze sind alle im Text vorkommenden Ortsnamen und Gebiete eingetragen. Der Erzähler hat vorwiegend die Landschaften benannt. Die Ortsnamen dienen der zusätzlichen Kennzeichnung der Gegend.[22]

Unbedingt zutreffend ist lediglich die Aufteilung der Ortsangaben auf die West- und auf die Ostseite des Sees, nicht ihre geographische Lage dort. Der Erzähler achtet in seinem Itinerar darauf genau, ob sich Jesus im Westen oder im Osten befindet. Die Ortsangaben sind dafür eine Hilfe.

Neben den Ortsangaben verwendet Markus dafür auch die Richtungsangabe "zum jenseitigen Ufer" oder "auf die Gegenseite".[23] Die

---

22 In Mk 6,6 sind es die Dörfer um Nazaret; in Mk 6,56 zieht Jesus durch Dörfer, Städte und Höfe um Gennesaret; in Mk 7,24 ist er im Gebiet von Tyrus, von wo er in Mk 7,31 in das Gebiet der Dekapolis gelangt; in Mk 8,10 landen sie in der Landschaft von Dalmanuta; den Blinden in Mk 8,23 heilt er außerhalb des Dorfs; in Mk 8,27 sind Jesus und die Jünger in den Dörfern um Cäsarea Philippi.

23 Εἰς τὸ πέραν ("auf die Gegenseite") kommt im Markusevangelium insgesamt 5-mal vor, und zwar ausschließlich in diesem Itinerar: Mk 4,35; 5,1.21; 6,45; 8,13. Je nach Ausgangspunkt kann die Gegenseite im Westen oder im Osten liegen. Darüber hinaus verwendet Markus zweimal (Mk 3,8 und Mk 10,1) das πέραν τοῦ Ἰορδάνου ("jenseits des Jordan"), hier also

Richtung ist jeweils vom Ausgangspunkt her zu verstehen. Für Markus ist sie in diesem typologischen Itinerar besonders wichtig. Der ganze "Weg" wird im nachfolgenden Text kurz kommentiert.

Anmerkungen zu den einzelnen Stationen im Itinerar:
Mk 3,7-9: Jesus zieht sich nach der Ablehnung durch die Schrift-gelehrten an den See zurück.[24] Wegen der andrängenden Menge lässt Jesus ein kleines Boot bereithalten.[25] Der Rückzug nach der Ausein-andersetzung mit den Schriftgelehrten wird zugleich der Beginn für die zunächst ungeplanten Reisen ins Heidenland. Der Text enthält darüber hinaus die Aufzählung von heidnischen Gegenden und Orten, in die Jesus im Verlauf der folgenden Erzählungen gelangen wird. In keiner dieser Geschichten berichtet Markus, dass Jesus lehrt. Jesus lehrt nicht bei den Heiden, weil er sich nur zu Juden gesandt weiß.[26] Das bleibt so, auch wenn er im Zusammenhang mit dem Rückzug das Land der Heiden betreten muss und dort noch größerer Not der Men-schen begegnet als bei Juden. Er lässt sich zunehmend darauf ein, weil er diesen Weg als von Gott gewollt versteht. Das ändert aber nicht sein Missionsprogramm.
Mk 4,1f: Jetzt ist Jesus zusammen mit den Jüngern in dem Boot. Begründung dafür ist wieder, wie in Mk 3,9, die große Schar. Dreimal weist der Erzähler darauf hin, dass Jesus im Boot sitzend "lehrt". Die Geschichte spielt am westlichen Ufer, also auf der jüdischen Seite.
Mk 4,35f: Jesus ergreift die Initiative. Er will auf die "Gegenseite", also nach Osten. Der Erzähler bezieht sich auf die Situation in Mk 4,1f. Jesus sitzt im Boot. Deshalb können ihn jetzt die Jünger, "wie er war im Boot", mitnehmen.
Mk 5,1f: Sie kommen zum östlichen Ufer, verlassen das Boot und betreten zum ersten Mal das "heidnische" Land der Gerasener. In der folgenden Geschichte wird nicht berichtet, dass Jesus lehrt.
Mk 5,18: Jesus steigt nach der Heilung des Besessenen wieder in das Boot ein.

Hinweis auf heidnisches Land. Zweimal innerhalb des Itinerars steht auch das Partizip: διαπεράς (auf die Gegenseite "übersetzend"), in Mk 5,21 und in Mk 6,53.

24 Ἀναχωρεῖν ("sich zurückziehen") ist bei Markus Hapaxlegomenon, kommt also im Evangelium nur an dieser Stelle vor.

25 Das Boot mag für sich genommen "störend" sein; aber es ist eben "Vorgriff" und Vorbereitung auf Mk 4,1 und das ganze folgende Itinerar (gegen Ernst 110).

26 Vgl. Mt 10,5f; 15,24. Man kann deshalb bei der Aufzählung dieser Orte nicht von einem späteren Missionsgebiet Jesu sprechen. Historisch zutreffend ist die Aussage, dass Jesus nie direkt den Heiden gepredigt hat.

Jesus bei Juden und Heiden

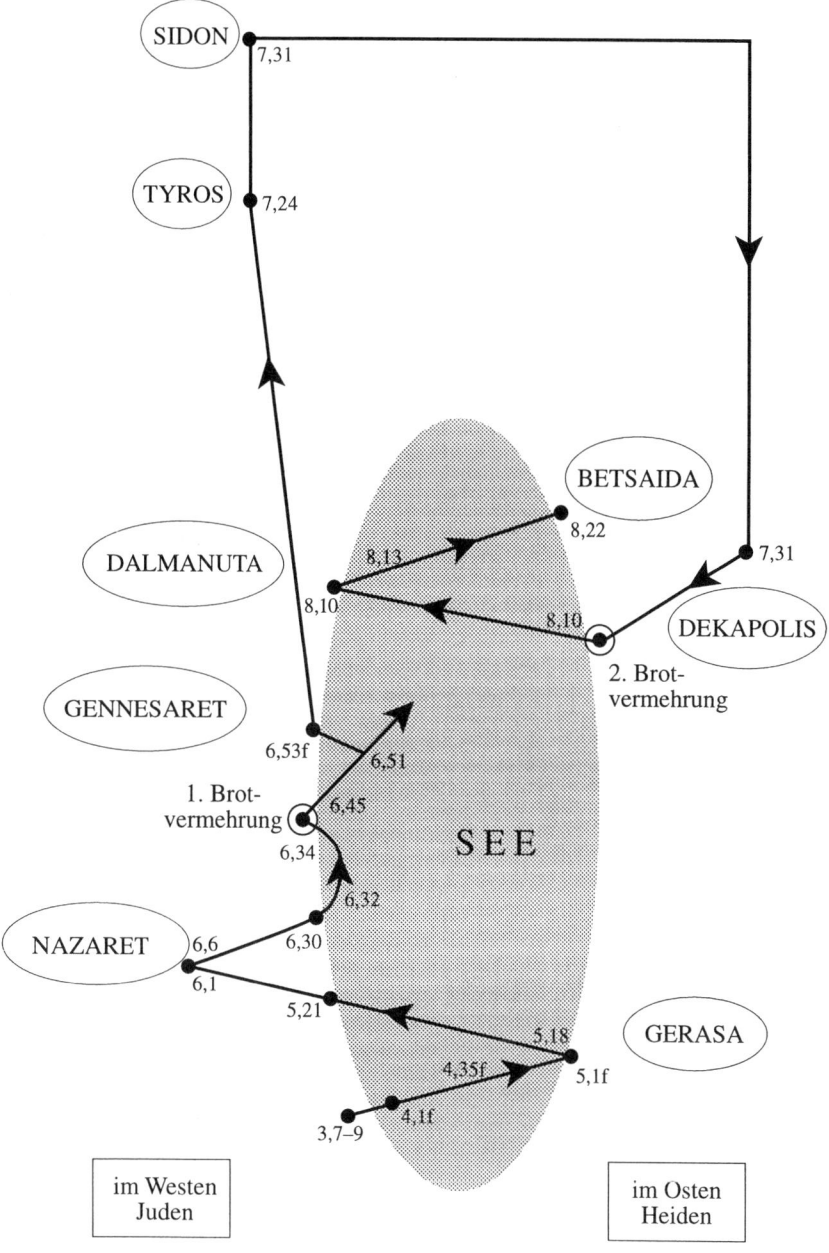

Mk 5,21: Jesus "setzt über" auf die "Gegenseite", jetzt also nach Westen. Die folgenden zwei Wunder spielen auf der jüdischen Seite. Ein Synagogenvorsteher kommt vor und es ist vom Glauben an Jesu Sendung die Rede. Beides würde nicht zur heidnischen Ostseite passen.

Mk 6,1.6: Wie Gerasa im Osten liegt Nazaret im Westen nicht direkt am See, aber es gehört natürlich zum jüdischen Westteil. Hier lehrt Jesus wieder, in Nazaret selbst und in den Dörfern ringsum. Hier sendet er auch seine Jünger auf ihre Missionsreise aus.

Mk 6,30-32: Jesus erwartet die Jünger irgendwo am See zurück. Deshalb können sie auf der Suche nach einem "einsamen Ort" sofort in das Boot einsteigen und wegfahren.

Mk 6,34: Sie landen wieder am selben Ufer, also auf der Westseite, an einem "einsamen Ort". Die Menschen konnten deshalb der Fahrt des Bootes zusehen und seinen Insassen dann zu Fuß zuvorkommen. Jesus beginnt dort auch wieder, wie im Westteil üblich, zu lehren.

Mk 6,45: Die Jünger fahren, von Jesus "genötigt", allein ab auf die Gegenseite, also nach Osten. Als Ziel oder Richtung ist zusätzlich die Stadt Betsaida angegeben, die im heidnischen Ostteil liegt.

Mk 6,51: Sie haben Gegenwind und kommen die ganze Nacht kaum voran. Jesus befindet sich allein auf der Westseite und sieht sie vom Land aus (Mk 6,48). Dann kommt er über den See zu ihnen in das Boot.

Mk 6,53f: "Und da sie [Jesus und die Jünger] übergesetzt hatten zum Land, kamen sie nach Gennesaret und legten an. Und da sie herauskamen aus dem Boot, gleich bemerkten sie [die Menschen] ihn." Ausgangspunkt dieses "Übersetzens" ist die Stelle, an der Jesus zu den Jüngern in das Boot gestiegen war (Mk 6,51). Sie waren also gar nicht in Betsaida angekommen. Betsaida war nur Zielangabe in Mk 6,45. Dieses Ziel hatten sie wegen des Gegenwindes aber nicht erreicht.[27] In Mk 6,48 ist ausdrücklich vermerkt, dass Jesus sie vom Land aus sieht, und das, obwohl sie schon fast die ganze Nacht gerudert sind. Sie sind also weiterhin nah an der Westseite des Sees. In Mk 6,54 sind sie wieder in Gennesaret, also eindeutig im Westen und

---

27   Vgl. Gnilka I 266. Gnilka selbst gibt sich ohne theologische Erklärung mit dem Hinweis auf eine redaktionelle Lösung zufrieden. Anders Pesch I 359, nach dem Mk 6,45 durchaus historisch mit Mk 6,53 harmoniert, auch wenn die Jünger wirklich bis Betsaida gefahren sind: "Der Redaktor rechnet also mit einem Voranfahren in Richtung Betsaida und einer Rückkehr zum Ufer, wo die Menge wieder zusammenströmt (6,53-56)." Diese Interpretation ist vom Text her denkbar, typologisch aber nicht sinnvoll, weil keine neue Geschichte, die mit Heiden zu tun haben müsste, in Betsaida erzählt wird.

damit auf der jüdischen Seite des Sees.[28] Das ist deshalb wichtig, weil die folgende Rede über Rein und Unrein (Mk 7,1-23) nur am Westufer möglich ist. Nur im Westen, auf der jüdischen Seite, kommen Pharisäer und Schriftgelehrte zusammen und stellen ihn zur Rede. *Mk 7,24:* Jesus begibt sich in das Gebiet von Tyros. Tyros ist unstrittig heidnisches Gebiet.[29] Die Frau wird eindeutig als Heidin vorgestellt.[30] Das folgende Wunder, eine Besessenenheilung, geschieht also an der Tochter einer Heidin.

Mk 7,31: "Und wiederum hinausgegangen aus dem Gebiet von Tyrus, kam er durch Sidon zum Meer von Galiläa mitten in das Gebiet der Dekapolis." Der Text beweist für viele die geographische Inkompetenz des Markus, weil Sidon im Norden von Tyros liegt.[31] Immerhin ist nach anderen[32] eine Reise in die Dekapolis von Sidon aus entweder über Damaskus oder über Cäsarea Philippi auf alten Römerstraßen möglich. Von beiden Städten konnte man jeweils leicht die Dekapolis erreichen.

Liest man das ganze Itinerar typologisch, ist die topographische Stimmigkeit der Reiseroute nicht mehr primär wichtig. Unverzichtbar für die folgenden Geschichten ist nur, dass sich Jesus weiter im Heidenland bewegt und dass er zuletzt wieder auf der Ostseite des Sees ankommt. Dort spielen die folgenden zwei Wundergeschichten, die Heilung des Taubstummen und die zweite Brotvermehrung. Die geographische Möglichkeit einer solchen Reiseroute ist sekundär natürlich dennoch sehr erwünscht, denn die typologischen Aussagen müssen zwar nicht geographisch exakt stimmen, dürfen aber auch nicht völlig willkürlich und frei erfunden sein.[33]

---

28 Ein zusätzlicher Hinweis auf die jüdische Westseite ist der folgende Bericht vom Zusammenlaufen der Menschen. Jesus ist dort schon allgemein bekannt (Mk 6,54f).

29 Van Iersel 284 Anm. 9 vertritt allen Ernstes die Ansicht, Jesus habe nie vor seiner Reise nach Jerusalem die Grenzen Galiläas überschritten. Man müsse annehmen, dass nach Markus sowohl Tyrus und Sidon als auch das Land der Gerasener einen Teil von Galiläa bildeten. Der See liege mitten in Galiläa und bilde nicht seine Grenze. Diese Thesen erklären sich nur aus den stark konstruierten Oppositionen van Iersels zwischen Galiläa und Jerusalem auf der einen Seite, dem "Weg" auf der anderen Seite.

30 In dieser Gegend hat auch Elija ein Wunder bei einer heidnischen Frau, der Witwe von Sarepta, gewirkt; vgl. 1 Kön 17,8ff.

31 Nach Schweizer 87 sei die Route völlig unmöglich; nach Ernst 214 sei die Auflösung der geographischen Unstimmigkeiten willkürlich und abwegig.

32 Vgl. Grundmann 18.

33 Vgl. Lang, "Über Sidon mitten ins Gebiet der Dekapolis". Geographie und Theologie in Markus 7,31, in: Festgabe für F. Lang zum 65. Geburtstag, hg. von O. Bayer und G.U. Wanzeck, Tübingen 1978, 401-427 [=ZDPV 94

Mk 8,10: Jesus steigt nach der zweiten Brotvermehrung wieder in ein Boot und kommt nach der Fahrt über den See in die Landschaft von Dalmanuta. Dalmanuta ist bis heute nicht eindeutig identifiziert, liegt aber sicher im Westen des Sees. Die Pharisäer, die ein Zeichen von Jesus fordern, treten wieder nur im jüdischen Westen des Sees auf. Es passt gut zu den im ganzen Itinerar typologisch gemeinten Angaben, dass wie bei Gerasa, bei Nazaret, auch bei Gennesaret, jetzt in Dalmanuta wieder die Landschaft oder die Gegend rings um den jeweiligen Ort genannt sind. Nicht der Ort selbst ist wichtig, sondern seine Lage westlich oder östlich vom See. Eine Ausnahme bildet Nazaret, das zuerst als Ort wichtig ist, weil die Geschichte in Mk 6,1-6a in Jesu Heimatstadt spielt. In Mk 6,6b ist die Handlung schon wieder in die Gegend um Nazaret herum verlagert.

Mk 8,13: Jesus fährt erneut über den See auf die Gegenseite. Von Dalmanuta aus gesehen geht es also zur Ostseite.

Mk 8,22: Sie kommen dieses Mal in Betsaida an. Betsaida liegt im Osten. Das ist eine nachgetragene Bestätigung dafür, dass der Abfahrtspunkt Dalmanuta im Westen liegen muss. Die Blindenheilung in Mk 8,22-26 ist demnach ein weiteres Wunder bei Heiden.

Das Itinerar ist damit abgeschlossen. Ohne jeden Übergang erzählt Markus anschließend, dass sich Jesus mit seinen Jüngern in den Dörfern rings um Cäsarea Philippi befindet (Mk 8,27). Cäsarea Philippi liegt weit nördlich des Sees, in der Nähe der Jordanquellen. Cäsarea Philippi passt schon von seiner Lage her nicht mehr in die Juden-Heiden-Typologie. Es wird zum Ausgangspunkt eines neuen Itinerars, das im nächsten Abschnitt (Mk 8,31-10,52) vom äußersten Norden nach Süden, bis nach Jerusalem führt.

(1978) 145-160]. Die Konsequenzen, die Lang (ebd. 417) zieht, treffen auch zu, wenn die Reise über Damaskus unbeweisbar bleibt: "Hinsichtlich der Verfasserfrage ist es nicht mehr zwingend, dem Evangelisten wegen mangelnder Kenntnis des Landes die Herkunft aus Palästina abzuerkennen, denn der Vers lässt sich sehr wohl in Übereinstimmung mit den geographischen Gegebenheiten interpretieren. Und weil der Reisebericht 7,24-8,9 bis in Einzelheiten hinein eine einheitliche und theologisch reflektierte Konzeption erkennen lässt, ist methodisch davon auszugehen, dass Markus auch sonst in seinem Evangelium jede Zeile mit Bedacht gestaltet und nirgends nur - wie in traditionsgeschichtlicher Analyse gar zu oft vorausgesetzt - übernommene Tradition mehr oder weniger gedankenlos reproduziert hat."

3.4. Die zwei Brotvermehrungen bei Juden (Mk 6,32-44) und bei Heiden (Mk 8,1-9)

Das Itinerar bildet den Leitfaden für eine ganze Reihe von Geschichten, in denen sich Jesus zunehmend auf das Heidenabenteuer einlässt. Markus will den Leser die Spannung auf diesem Weg Jesu miterleben lassen. Die einzelnen Schritte Jesu erscheinen nirgends vorausgeplant oder gar vorausberechnet. Jesus lässt sich im Gegenteil auf seinem Weg von Gott führen, indem er seine jeweiligen Gegenüber und die jeweilige Situation als von Gott gegeben und gewollt versteht und darauf eingeht.

Bevor diesem Weg im nächsten Kapitel genauer nachgegangen werden soll, sind zuerst die zwei wichtigsten Punkte auf diesem Weg, die beiden Brotvermehrungen, näher zu betrachten. Der ganze dritte Abschnitt des Evangeliums (Mk 6,14-8,30) ist darauf ausgerichtet. Dieser Abschnitt ist mit Recht der "Abschnitt von den Broten"[34] genannt worden. Schon die Wortstatistik weist darauf hin. Der dritte Abschnitt enthält 17-mal das Verb "essen" bei insgesamt 28 Vorkommen im ganzen Evangelium und 17-mal das Substantiv "Brot" bei insgesamt 21 Vorkommen. Gehäuft treten diese Worte auf in den zwei Brotvermehrungen, in der Lehrrede über "Rein und Unrein" und in der zusammenfassenden Reflexion über das Geschehen bei der abschließenden Überfahrt nach Betsaida (Mk 8,14-21).

In beiden Brotvermehrungen geht es symbolisch um die Heilsgabe der Gottesherrschaft, die Jesus beim Mahl mitteilt. Beide ragen wie zwei Gipfel auf diesem Wegabschnitt heraus. Wie Bergwanderer, die zuerst mit dem Fernglas ihre bevorstehende Tagesstrecke betrachten und sich dabei die verschiedenen Merkmale besonders einprägen, ist deshalb zunächst der Blick auf diese Gipfel zu richten. Beim Vergleich fällt sofort die Ähnlichkeit der zwei Gipfel in die Augen. Je genauer man hinsieht, desto deutlicher werden dann aber auch die Unterschiede sichtbar.

Jesus hat in den beiden wunderbaren Mählern ein Zeichen der Heilsgabe gesetzt: zuerst auf der Westseite des Sees bei Juden und dann auch auf der Ostseite bei Heiden. Das Zeichen ist beide Male ganz ähnlich, sodass man literarisch schon oft eine Doppelüberlieferung ein und desselben Wunders angenommen hat.

Aber Vorsicht! Die Ähnlichkeit ist beabsichtigt, damit durch sie die Unterschiede besonders augenfällig werden. Jesus hat den Unterschied der Erwählung durch die zwei Brotvermehrungen keineswegs aufgehoben, sondern im Gegenteil betont. Dennoch fühlen sich die

---

34 Van Iersel 132.

Schriftgelehrten und Pharisäer durch die Vergleichbarkeit der Heilsgabe herausgefordert. An ihrer Reaktion und auch am völligen Unverständnis der eigenen Jünger lässt Markus das Konfliktpotential erahnen, das sich im Verhalten Jesu zusammenbraut.

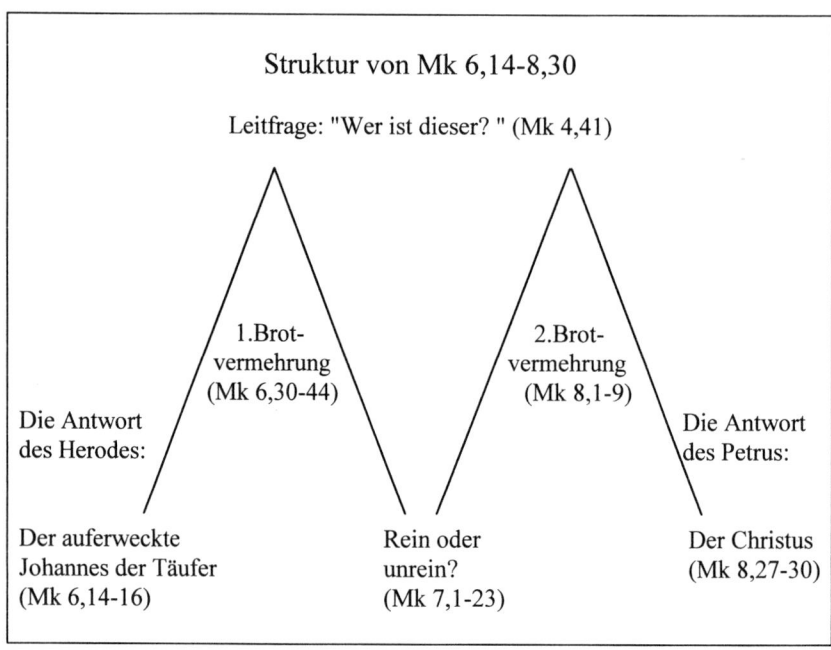

Struktur von Mk 6,14-8,30

Leitfrage: "Wer ist dieser? " (Mk 4,41)

1.Brot-
vermehrung
(Mk 6,30-44)

2.Brot-
vermehrung
(Mk 8,1-9)

Die Antwort
des Herodes:

Die Antwort
des Petrus:

Der auferweckte
Johannes der Täufer
(Mk 6,14-16)

Rein oder
unrein?
(Mk 7,1-23)

Der Christus
(Mk 8,27-30)

1. Markus betont die zeichenhafte Bedeutung des Geschehens durch seine literarische Komposition. Die erste Brotvermehrung (Mk 6,32-44) steht am Schluss der galiläischen Tätigkeit Jesu. Die ganze anwesende. Menge wird durch die Brotvermehrung symbolisch "zur Gemeinde des Reiches Gottes zusammengeschlossen. Insofern hat sie sakramentalen Sinn; Jesus gibt Anteil an der Gottesherrschaft."

Im ersten Abschnitt (Mk 1,1-3,6) hat Markus erzählt, wie Jesus machtvoll in Wort und Tat als Bote der Gottesherrschaft aufgetreten war. Am Ende dieses Abschnitts lehnen ihn zwar die Schriftgelehrten ab (Mk 3,1-6), die Menge aber belagert ihn so, "dass sie nicht einmal Brot essen können" (Mk 3,20). Als Folge der Ablehnung durch die Schriftgelehrten beruft Jesus im zweiten Abschnitt die Zwölf. Am Ende dieses Abschnitts sendet er sie aus. Sie lehren und wirken Wunder, wie Jesus selbst, ausgestattet mit seiner Vollmacht (Mk 6,7-13). Nach ihrer Rückkehr berichten sie alles, was sie getan und was sie gelehrt hatten. Wieder war dabei der Andrang der Menschen so groß, "dass sie nicht zu essen Gelegenheit fanden"[35] (Mk 6,31). Zweimal also hat Markus bisher schon erzählt, dass Jesus und seine Jünger wegen des Andrangs der Menge nicht zum Essen kommen. Auch ein dritter Versuch misslingt gründlich. Jesus fährt mit seinen Jüngern im Boot zu einem abgelegenen Ort, um mit den Jüngern allein zu sein. Doch viele merken ihre Absicht, sehen sie hinfahren und kommen ihnen zu Fuß zuvor. Es sind sogar mehr als je zuvor, wie Markus ausdrücklich anmerkt. Nicht nur diejenigen, die sie hinfahren sahen, sondern viele "aus all den Städten" (Mk 6,33) hatten davon erfahren und waren dort zusammengeströmt.

Daraufhin gibt Jesus den Versuch auf, sich mit den Jüngern zurückzuziehen, um ausruhen und essen zu können. Er wendet sich aus Mitleid der Menge zu. Zunächst lehrt er sie "viel". Denn sie waren wie Schafe, die keine Hirten haben.[36] Am Abend kommt es dann mit der gesamten Menge zum gemeinsamen Mahl. Es ist das erste Mahl, das im Evangelium erzählt wird und bei dem Jesus selbst und mit ihm zusammen die Jünger die Gastgeber sind.[37]

Markus unterstreicht den sakramentalen Charakter dieses ersten Mahls, indem er einmal den Zusammenhang mit der Verkündigung von der Gottesherrschaft in Wort und Tat hervorhebt. Letztlich hat der Verkündigungsauftrag Jesu zu diesem Mahl gebracht. Zum anderen ist ein großes Wunder notwendig, um die ganze Menge sättigen zu können. Jeder Jude versteht die sakramentale Bedeutung dieses außergewöhnlichen Mahls. Es handelt sich um eine zeichenhafte Vorwegnahme des endzeitlichen Freudenmahls in der Herrschaft Gottes.[38] Zunächst erinnert die Brotvermehrung an das Mannawunder in der Wüste.[39] In Psalmen lebt dieses Wunder weiter.[40] Dann fallen die Gemeinsamkeiten mit den Speisewundern des Elija (1 Kön 17,7-16) und des Elischa (2 Kön 4,1-7) in den "frühen Prophetenbüchern" auf. Literarisch am meisten Ähnlichkeit hat die Brotvermehrung Jesu mit dem Brotwunder bei Elischa in 2 Kön 4,42-44. Dort reichen

---

35 Vgl. Mk 3,20.
36 In Num 27,17 bittet Mose Gott um einen Nachfolger als Führer und Hirte für Israel, bevor er sterben muss. Vgl. auch das ganze Kapitel Ez 34, bes. Ez 34,23, Sach 13,7 und Psalm 23.
37 Beim Mahl in Mk 2,13-17 war Jesus selber Gast bei den Zöllnern und Sündern.
38 Das wird in fast allen Kommentaren so interpretiert: Schmithals I 326f spricht von der "Gabe des Lebens", Lührmann 120 von der Nähe der Gottesherrschaft, die angezeigt wird, Schweizer 77 von einem messianischen Sakrament.
39 Ex 16; Num 11,4-9.
40 Vgl. besonders Ps 78,18-30.

zwanzig Brote für 100 Männer. "Und sie aßen und ließen noch übrig nach dem Wort des Herrn" (2 Kön 4,44).

Hinter der sakramentalen Bedeutung tritt bei Markus die historische Frage auffällig zurück.[41] Markus lässt sogar offen, ob die Menge von dem Wunder überhaupt etwas gemerkt hat. Jedenfalls wird im Unterschied zu anderen Wunderberichten von der Menge keine Reaktion berichtet. Nur die Jünger wissen davon. Sie haben Jesus ja vorgeschlagen, die Menschen zu entlassen, damit sie sich etwas zum Essen kaufen können. Im Auftrag Jesu haben sie sich dann noch genau vergewissert: Sie haben nur fünf Brote und zwei Fische dabei, mehr nicht. Dazu passt auch, dass Jesus nur seine Jünger anschließend zur Abfahrt "nötigen" muss (Mk 6,45). Markus belässt es bei dieser Andeutung über die Wirkung des Wunders: Jesus muss die Jünger, und offenbar nur sie, von einem massiv-realistischen Verständnis auf die sakramentale Ebene zurückholen.[42]

An dieser Stelle könnte das Evangelium wieder gut enden. Die galiläische Wirksamkeit Jesu hätte sogar ein Happyend. Vorbei an der offiziellen Synagoge, die Jesus nicht anerkannt hat, ist es zu einem sicher wunderschönen Gemeinschaftserlebnis gekommen. Die Vielen, die Jesus suchen, erleben in seiner Mahlgemeinschaft einen Vorgeschmack des Himmels, draußen, fernab von der Welt, an einem einsamen Ort. Alle werden satt und es bleibt sogar noch reichlich übrig.

2. Während die Leser noch diesem Erlebnis nachsinnen und vielleicht dabei verweilen möchten, geht Jesus seinen Weg in eine neue Richtung weiter. Dieser Weg führt ihn nach der ersten Brotvermehrung, die im Westen des Sees stattfand (Mk 6,32-44), zu einer zweiten Brotvermehrung im Osten (Mk 8,1-9). Je mehr den Lesern die symbolische Bedeutung des ersten Mahls im Hinblick auf das kommende Reich Gottes aufgegangen war, desto mehr müssen sie provoziert sein davon, dass Markus bald darauf ein ähnliches Mahl Jesu bei Heiden erzählt. Nicht nur Juden, sondern auch Heiden bekommen Anteil an diesem wahrhaft königlichen Gastmahl. Darin liegt für Juden eine große Herausforderung. Für die weitere Biographie Jesu ist dieses Nebeneinander der zwei Brotvermehrungen wieder eine Schlüsselstelle. Die ganze Dynamik des dritten Abschnitts (Mk 6,14-8,30) steckt in dem Nebeneinander dieser beiden Brotvermehrungen.

---

41 Vgl. Pesch I 355f, der aus diesem Grund den Text als Produkt der frühen judenchristlichen Theologie, nicht der Historie Jesu ansieht.

42 Vgl. Joh 6,14f. Johannes überlegt zusätzlich, - wenn er Markus gekannt hat, dann wohl aus dieser Vorlage Mk 6,45 - welche Wirkung das Wunder beim Volk gehabt hat und erzählt, dass das Volk ihn daraufhin zu seinem König machen will.

Wer diese Dynamik auf die Heidenfrage hin nicht erkennt, ist leicht geneigt, einen der beiden Gipfel als Fata Morgana historisch oder traditionsgeschichtlich wegerklären zu wollen. Auf diese Art werden in Kommentaren die zwei Brotvermehrungen oft aus einer Quelle abgeleitet.

Ein paar Beispiele sollen das belegen: Nach Haenchen handelt es sich bei der zweiten Brotvermehrung lediglich um eine Variante der ersten Brotvermehrung in Mk 6. Markus habe wegen der verschiedenen Zahlen, die sich im Lauf der Überlieferung verändert hätten, angenommen, dass hier von einem anderen Ereignis berichtet werde. Das gegenüber der ersten Variante veränderte Jesusbild habe er wohl gar nicht bemerkt.[43]

Ganz ähnlich meint Schweizer, es handle sich um "die gleiche Geschichte mit etwas verschiedenen Einzelheiten"[44]. Markus habe darin zwei unterschiedliche Ereignisse gesehen und sie deshalb auch nicht direkt hintereinanderstellen wollen. Eine zusätzliche Begründung ist für Schweizer: "Die völlige Ahnungslosigkeit der Jünger (8,4) wäre nach 6,32-44 psychologisch natürlich undenkbar. Aber erst Markus hat ja beide Varianten nebeneinandergestellt."[45]

Noch allgemeiner meint Schniewind zu den zwei Brotvermehrungen: "Die Unterschiede zeigen nur das Lebendige der Überlieferung."[46]

Auch nach Schmithals handelt es sich bei der zweiten Brotvermehrung um eine "selbständige Variante" zur ersten Geschichte. Sie sei eine im wesentlichen ungeschickte Nachbildung der ersten Variante, ohne eigene poetische Gestaltungskraft, von Markus redaktionell verfasst, um das bevorstehende Messiasbekenntnis einzuleiten. "Eine andere Bedeutung ... hat der redaktionelle Bericht 8,1-10 offensichtlich nicht."[47]

Gnilka erkennt dagegen zwei vormarkinische "Ausfaltungen einer gemeinsamen Grundtradition"[48]. Die erste Brotvermehrung sei im palästinischen Judentum, die zweite in hellenistisch-christlicher Tradition geformt.[49] Eine zusätzliche, unterschiedliche inhaltliche Ausrichtung auf das Judentum und auf die Heidenwelt lehnt Gnilka

---

43 Haenchen 279.
44 Schweizer 77.
45 Ebd. 88. Vgl. auch van Iersel 145.
46 Schniewind 110.
47 Schmithals I 365. Vgl. auch Lührmann 135.
48 Gnilka I 255.
49 Ebd. 258.301.

als zu unsicher ab.[50] Auch Autoren, die diese doppelte inhaltliche Ausrichtung der zwei Brotvermehrungen auf Juden und Heiden sehen, unterstellen meist nur einen redaktionellen Eingriff des Markus, der den weiteren Fortgang der Mission zu den Heiden vorbereiten wollte und deshalb eine ihm schon vorliegende Variante mit der neuen Ausrichtung zusätzlich aufgenommen habe.[51] Das Ergebnis ist dasselbe: Die Doppelung der Brotvermehrung entsteht nach diesen Aussagen immer irgendwo in der Überlieferungsgeschichte, ist jedenfalls nicht auf Jesus selbst zurückzuführen.

Gerade darauf kommt es aber an dieser Stelle an.[52] Der Weg, den Jesus in diesem dritten Abschnitt geht, hat zwei Gipfel. Diese dürfen nicht verwechselt werden, obwohl sie auf den ersten Blick sehr ähnlich aussehen. Vor allem durch sein genaues Itinerar hat Markus dafür gesorgt, dass ein Leser die zwei Brotvermehrungen deutlich unterscheiden kann. Die erste Brotvermehrung spielt auf der Westseite des Sees, typologisch also bei den Juden. Jesus hat die Jünger in der Gegend von Nazaret ausgesandt (Mk 6,7). Sie treffen ihn wieder am See. Denn von dort können sie mit dem Boot anschließend wegfahren (Mk 6,32).[53] Dass sich dieses Treffen auf dem Westufer ereignet, ist zusätzlich daraus ersichtlich, dass sie nach der Brotvermehrung, die auf derselben Seite wie das Treffen erzählt ist (Mk 6,33), auf die Gegenseite in Richtung Betsaida fahren sollen (Mk 6,45).

Die zweite Brotvermehrung geschieht in der Dekapolis, also im Osten des Sees und damit typologisch bei den Heiden (Mk 7,31). Auch die nachfolgende Reiseroute ist typologisch stimmig. Sie fahren nach der zweiten Brotvermehrung über den See nach Dalmanuta, das im Westen liegt (Mk 8,10), und anschließend von dort aus wieder nach Osten auf die Gegenseite nach Betsaida (Mk 8,13.22).

3. Im Folgenden sollen die zwei Erzählungen genauer verglichen werden unter dieser Vorgabe aus dem Itinerar, dass es sich um eine Brotvermehrung bei Juden und um eine bei Heiden handelt.

---

50   Ebd. 304. Zu dieser Frage ganz ähnlich Schweizer 88; Schniewind 109;
     Schmithals I 365; Lührmann 134; Schmid 146f.
51   Vgl. Pesch I 356.400; Ernst 218-221; van Iersel 157; Kertelge 79.
52   Vgl. das πάλιν ("wieder") in Mk 8,1.
53   Haenchen 244f überlegt, wie es möglich war, dass alle Jünger gleichzeitig
     wieder bei Jesus eintreffen. Seine Schlussfolgerung: Es handle sich nicht um
     ein wirklich ereignetes Geschehen, sondern um eine selbst entworfene Szene.
     Haenchen verwendet damit wieder die Alternative zwischen Ereignis und
     Erzählung. Nach Markus handelt es sich natürlich um eine typologische Sze-
     ne, die aber in seiner Sicht das wirklich Geschehene wiedergibt.

Synopse von Mk 6,32-44 und Mk 8,1-9

Mk 6,32-44

32 Und sie fuhren fort in dem Boot an einen abgelegenen Ort, für sich.
33 Und sie sahen sie hinfahren, und es bemerkten viele und liefen zu Fuß von all den Städten dort zusammen und kamen ihnen zuvor.
34 Und herausgekommen, sah er eine große Schar;

und er bekam Mitleid mit ihnen, weil sie waren wie Schafe, die keinen Hirten haben. Und er fing an, sie viel zu lehren.
35 Und da es schon späte Stunde geworden, traten herzu zu ihm seine Jünger (und) sagten: "Abgelegen ist der Ort und schon späte Stunde.
36 Entlasse sie, damit sie fortgehen zu den Höfen und Dörfern ringsum, sich zu essen kaufen!"
37 Er aber antwortete, sprach zu ihnen: "Gebt ihr ihnen zu essen!" Und sie sagten zu ihm: "Sollen wir fortgehen, für zweihundert Denare Brote kaufen und ihnen zu essen geben?"
38 Er aber sagt ihnen: "Wie viele Brote habt ihr? Geht hin! Seht!" Und da sie (es) erkundet hatten, sagen sie: "Fünf, und zwei Fische!"
39 Und er gebot ihnen, sie sollten alle lagern lassen, Mahlgemeinschaft um Mahlgemeinschaft auf dem grünen Gras.
40 Und sie ließen sich nieder Abteilung um Abteilung zu hundert und zu fünfzig.
41 Und er nahm die fünf Brote und die zwei Fische, blickte auf zum Himmel, sprach den Segen und brach die Brote durch und gab (sie) seinen Jüngern, daß sie ihnen vorsetzten; auch die zwei Fische teilte er allen.

42 Und alle aßen und wurden satt.
43 Und sie hoben Brocken auf, zwölf Füllungen von Körben, auch von den Fischen.
44 Und die gegessen hatten die Brote, waren fünftausend Männer.

Mk 8,1-9

1 In jenen Tagen, da wiederum eine große Schar (da) war, und sie nichts zu essen hatten, rief er die Jünger herbei, sagt ihnen:
2 "Ich habe Mitleid mit der Schar,

denn schon drei Tage harren sie aus bei mir und haben nichts zu essen.
3 Und wenn ich sie nüchtern nach ihrem Zuhause entlasse, werden sie auf dem Weg schwach werden. Und einige von ihnen sind von weit hergekommen."
4 Und es antworteten ihm seine Jünger:

"Woher wird diese einer sättigen können mit Broten bei der Wüste?"
5 Und er fragte sie: "Wie viele Brote habt ihr?" Sie aber sprachen:

"Sieben!"
6 Und er trägt der Schar auf, sich niederzulassen auf der Erde.

Und er nahm die sieben Brote, (nachdem er) den Dank gesprochen, brach er und gab (sie) seinen Jüngern, daß sie vorsetzten; und sie setzten der Schar vor.

7 Und sie hatten wenige Fischlein. Und (nachdem er) sie gesegnet, sprach er, man solle auch diese vorsetzen.
8 Und sie aßen und wurden satt. Und sie hoben Überreste von Brocken auf, sieben Flechtkörbe.

9 Es waren aber etwa Viertausend. Und er entließ sie.

Bei den Juden findet die Brotvermehrung an einem "abgelegenen Ort" statt. Dreimal weist der Erzähler darauf hin: Mk 6,31.32.35. Weil der Ort abgelegen ist, eignet er sich zum Ausruhen. Sie wollen "für sich" sein (Mk 6,31.32). Aber ringsum gibt es Städte (Mk 6,33), Dörfer und Höfe (Mk 6,36), die alle leicht noch am späten Abend (Mk 6,35) zum Einkaufen erreichbar wären (Mk 6,36).

Im Vergleich dazu ist die zweite Brotvermehrung viel dringlicher. Die Menschen um Jesus befinden sich in der Wüste.[54] Typologisch gesehen ist ihre Situation viel schlimmer: Sie sind von weit hergekommen (Mk 8,3), harren schon drei Tage aus und haben nichts zu essen (Mk 8,4). Sie wegzuschicken wäre für einige lebensgefährlich. Zu kaufen gibt es in der Wüste jedenfalls nichts (Mk 8,3).

In beiden Geschichten steht, dass Jesus mit den Menschen Mitleid bekommt. Bei den Juden ist es das Mitleid darüber, dass sie wie Schafe sind, die keine Hirten haben (Mk 6,34). Darin steckt eine Kritik an den Lehrern Israels, also an den Schriftgelehrten[55], aber auch die allgemeine Aussage, dass das Wort Gottes den Menschen immer neu ausgelegt und verkündet werden muss. Deshalb beginnt Jesus, sie "viel" zu lehren. Darüber wird es spät. Die Jünger ergreifen die Initiative und schlagen vor, die Leute wegzuschicken, damit sie sich versorgen können (Mk 6,35f). Es liegt keine wirkliche Notlage vor. Dennoch will sie Jesus nicht einfach entlassen, sondern mit ihnen und den Jüngern Mahl halten (Mk 6,37).

Die Heiden im Osten sind - wieder typologisch verstanden - weit schlechter daran. Das Mitleid Jesu bezieht sich unmittelbar auf ihre Notlage, nicht auf die fehlende Unterweisung. Sie haben nichts zu essen und sie können in der Wüste auch nicht zum Einkaufen geschickt werden. Sie sind zudem von weither gekommen. Was sie von Jesus erwarten, wird nicht gesagt. Offensichtlich reicht die Gegenwart seiner Person, dass sie das heilende Wirken Gottes spüren und erfahren.[56] Jedenfalls belehrt sie Jesus nicht.

Die Heiden haben die Tora, das Wort vom Sinai, nicht geschenkt bekommen. Sie suchen einfach die Nähe Jesu und harren schon drei

---

54 Im Griechischen wird der Unterschied zwischen dem "abgelegenen Ort" und der "Wüste" durch ein Wortspiel, das in der Übersetzung nur schwer nachzuahmen ist, noch deutlicher. Vielleicht könnte man sagen: Im Westen sind die Menschen in einem "wüstenähnlichen Ort" (ἔρημος τόπος), im Osten in der "Wüste" (ἐρημία).

55 Ez 34. Vgl. Pesch I 350.

56 In Mk 7,24 heißt es: Jesus konnte im Gebiet von Tyrus nicht verborgen bleiben. Vgl. dazu Mk 3,10 und 6,56: Schon die Gegenwart Jesu beziehungsweise die bloße Berührung der Quaste seines Gebetsmantels reicht aus, dass die Menschen geheilt werden.

Tage lang bei ihm aus. Die Jünger kommen jetzt bei den Heiden überhaupt nicht auf die Idee, dass sie Verantwortung auch für sie haben. Umso mehr werden sie davon überrascht, dass Jesus jetzt auch bei Heiden ein solches Zeichen der anbrechenden Gottesherrschaft setzen will und kann.[57] Jesus sieht die Not der Menschen, die bei den Heiden - wieder typologisch gesehen - viel größer ist als bei den Juden.[58] Deshalb ergreift er jetzt selbst die Initiative (Mk 8,2f) und hilft.

Auch die Schilderung des Mahls macht den Unterschied zwischen Juden und Heiden deutlich. Bei den Juden lagern sich die Menschen nach der Lagerordnung des Gottesvolkes (Ex 18,21.25) im Gras. Bei den Heiden gibt es das nicht. Sie lassen sich einfach, wo sie gerade sind, auf der Erde nieder. Natürlich ist der Unterschied "Gras" und "Erde" wieder nur typologisch zu verstehen. Das Klima im Westen und Osten des Sees und damit die Vegetation ist in Wirklichkeit nicht verschieden.

Juden und dann auch Heiden erfahren also im Wunder der Brot-vermehrung nacheinander die Nähe der Gottesherrschaft.[59] Selbst der Segensspruch vor dem Essen hält das Gemeinsame und zugleich den Unterschied fest. Im Westen heißt es von Jesus: "Er sprach den Segen" (Mk 6,41), im Osten: "Er sprach den Dank" (Mk 8,6).[60]

Deutlich sind auch die Unterschiede der Zahlenangaben, die in dem abschließenden Gespräch auf dem See (Mk 8,14-21) genau wiederholt werden: Im ersten Fall sind es fünf Brote, 5000 Menschen und zwölf "Körbe" mit "Brocken", im anderen Fall sind es 7 Brote, 4000 Menschen und sieben "Flechtkörbe" mit "Resten von

---

57 In dieser typologischen Sichtweise stellt sich natürlich nicht das Problem von Schweizer 88 oder Schmid 147, die Ahnungslosigkeit der Jünger in der zweiten Brotvermehrung sei psychologisch nicht denkbar und also un-verständlich.

58 Vgl. die größere Besessenheit bei Heiden in Mk 5,1-20 gegenüber dem jüdischen Besessenen in der Synagoge Mk 1,21-28.

59 Vgl. Jes 25,6f: "Und rüsten wird auf diesem Berge der Herr der Heerscharen allen Völkern (Heiden) ein Mahl von fetten Speisen, ein Mahl von alten Weinen, von fetten, markigen Speisen, von alten geläuterten Weinen. Und vernichten wird er auf diesem Berge die Hülle, von der alle Nationen umhüllt sind, und die Decke, die über alle Völker gedeckt ist."

60 Diese Unterscheidung von εὐλογεῖν und εὐχαριστεῖν ist für sich genommen wenig aussagekräftig, zumal Jesus in Mk 8,7 über die Fischlein auch "den Segen" spricht. Immerhin ist es auffällig, dass Markus und Matthäus beim letzten Abendmahl Jesu εὐλογεῖν verwenden, das Wort für das jüdische Beten, während Lukas und Paulus, die von der neuen Feier bei Heiden sprechen, εὐχαριστεῖν gebrauchen.

Brocken".[61] Unabhängig davon, wie weit man in der Deutung dieser Unterschiede und der Zahlensymbolik geht, jedenfalls will Markus die beiden Brotvermehrungen weiterhin auseinanderhalten. Die Ereignisse sind vergleichbar, aber sie dürfen nicht verwechselt werden.

4. Zum Abschluss soll nochmals gefragt werden: Was bedeutet es, dass Jesus neben Juden auch Heiden jetzt schon eine vergleichbare symbolische Anteilnahme am endgültigen himmlischen Gastmahl schenkt? Die Provokation steckt ja gerade in der Tatsache, dass es neben der ersten noch diese zweite Brotvermehrung gibt.

Literarisch äußerst geschickt[62] führt Markus den Leser zu dieser Frage, indem er die zwei Brotvermehrungen insgesamt sehr ähnlich, in Einzelheiten aber deutlich verschieden erzählt. Wie die Jünger soll der Leser staunend vor diesem Ereignis stehen: Ohne den Unterschied der Erwählung aufzuheben, hilft Jesus also auch den Heiden. Der Leser ist durch das Itinerar und die ausführliche Heidenreise schon vorbereitet. Not, Krankheit und Besessenheit gibt es auch bei Heiden, sogar in noch viel größerem Maß als bei Juden. Jetzt erfahren aber auch Heiden die Barmherzigkeit Gottes.

Bei Juden war es zuerst und vorwiegend der Mangel an geistiger Speise. Sie sind wie Schafe, die keine Hirten haben. Erst am Abend eines langen Tages wird auch der Mangel an leiblicher Speise spürbar, für Jesus der Anlass, jetzt mit ihnen nach der Verkündigung des Wortes Gottes auch gemeinsam ein festliches Mahl zu halten. Wie in einem Gottesdienst folgt also nach dem Hören auf das Wort Gottes das gemeinsame Mahl, und das in der bekannten kultischen Ordnung nach Mahlgruppen. Übrig bleiben dann ganze Brocken des ausgeteilten Brotes, ein Zeichen, wie reichlich das Mahl war, aber auch ein Hinweis auf seine kultische Ordnung.

Bei Heiden geht alles unkultisch und ganz profan zu. Es geht keine Wortverkündigung voraus. Das gemeinsame Essen ist eine lebensnotwendige Sättigung. Sie lagern einfach auf der Erde zum Essen. Auch hier ist das Mahl reichlich. Nicht "Brocken", sondern nur "Reste von Brocken" bleiben übrig, auch das ein Hinweis auf den unkultischen Vorgang des Essens mit Heiden. Selbst der Hinweis, im Westen seien es 5000 Männer gewesen, kann in dem kultischen

---

61 Im Griechischen sind die Bezeichnungen für Körbe und Flechtkörbe unterschiedlich. Übersetzungen übergehen diesen Unterschied meistens. Bei den Juden bleiben ganze Brocken übrig, bei den Heiden geht es insgesamt ungeordneter zu: Es bleiben "Reste von Brocken". Manche deuten auch die Zahlen "12" und "7" symbolisch auf Juden (12 Stämme) und Heiden.

62 Gegen Schmithals I 365.

Kontext interpretiert werden. Es geht um einen großen Minjan, die Versammlung der kultfähigen Männer zum Gottesdienst. Die Frauen werden dabei nicht mitgezählt. Bei den Heiden im Osten handelt es sich dagegen nicht um einen Gottesdienst. Es geht einfach um ein Sättigungsmahl für alle 4000 Menschen: Männer, Frauen und Kinder.[63] Alle Anwesenden werden mitgezählt, weil auch die Not alle Menschen gleich trifft.

3.5. Auf dem Weg ins Heidenland: dem Geheimnis Jesu auf der Spur (Mk 6,45-8,26)

Den Rahmen für den ganzen dritten Abschnitt (Mk 6,14-8,30) bildete die Frage nach Jesu Person, die zum ersten Mal ausdrücklich von den Jüngern nach dem Seesturmwunder gestellt wurde: "Wer ist dieser?" (Mk 4,41) Die erste Antwort, die am Anfang des dritten Abschnitts steht, zeugt bereits von einer sehr hohen Einschätzung der Menschen: Alle Welt hält ihn für einen Propheten, näherhin am ehesten für den auferweckten Johannes den Täufer (Mk 6,14.16). Markus erzählt an dieser Stelle nicht, wie Jesus dazu steht. Jesus geht einfach weiter seinen Weg, der ihn jetzt ins Heidenland führt. Am Ende des Abschnitts fragt Jesus selbst seine Jünger, für wen sie ihn halten (Mk 8,27-30). Darauf antwortet Petrus: "Du bist der Christus!" (Mk 8,29) Dazwischen ist Entscheidendes für die Biographie Jesu geschehen. Die Heiden sollen sein Schicksal werden.

In Grundzügen ist dieser Weg schon in den Blick gekommen, indem zuerst das Itinerar als Leitfaden dieses Weges zwischen Juden und Heiden und dann die beiden Brotvermehrungen als die zwei Gipfel auf diesem Weg näher betrachtet wurden. Die erzählerische Dynamik ist auf den zweiten Gipfel hin ausgerichtet. Jesus gibt, ohne die besondere Erwählung Israels aufheben zu wollen, symbolisch auch Heiden Anteil an der Heilsgabe. Im Wissen darum, wohin dieser Weg Jesus führen wird, soll jetzt noch der Weg über die einzelnen Stationen nachgegangen werden.

1. Warum geht Jesus ins Heidenland? Eine direkte Antwort auf diese Frage gibt der Erzähler Markus nicht. Aber er lenkt durch seine

---

63 Matthäus, bei dem es nicht um eine Heidenspeisung geht, interpretiert anders. Für ihn bedeutet die zweimalige Zahlenangabe mit dem Zusatz "nur Männer", dass die Gesamtzahl noch drei- bis viermal höher war, rechnet man die Frauen und die Kinder dazu. Mt 14,21, 15,38.

Beschreibung der Ausgangssituation die Frage und steigert dadurch auch die Erwartungen. Es handelt sich offensichtlich um einen ganz neuen Schritt im Leben Jesu. Das lässt sich in der Geschichte vom Wandel auf dem See (Mk 6,45-52), die nach der ersten Brotvermehrung folgt, ablesen.

Den Jüngern muss die letzte Entwicklung, die Markus zu Beginn des dritten Abschnitts erzählt, durchaus gefallen haben. Für sie hätte der "Anfang des Evangeliums Jesu Christi" (Mk 1,1) gern hier enden dürfen. Markus lässt ahnen, wie stolz sie über ihre neuerworbene Rolle gewesen sein müssen. Sie waren von Jesus nach der Jünger- schulung im zweiten Abschnitt (Mk 3,7-6,13) mit Macht zum Wundertun ausgestattet und mit dem Auftrag zur ersten selbständigen Verkündigung ausgesandt worden und sie hatten großen Erfolg gehabt. Gleich nach der Rückkehr sind sie bei der Brotvermehrung wieder an herausgehobener Stelle beteiligt.[64] Sie allein erleben das große Wunder in seinem vollen Umfang mit. Es ist also keine Über- raschung, dass ihnen diese Rolle gefällt und dass sie dabei verweilen wollen. Aber ihr Blick ist dabei ganz rückwärtsgewandt, wie sich gleich zeigen wird.

Jesus verhält sich dagegen völlig anders. Er will sie wegschicken von dem Ort dieser "Träume". Er muss sie zum Aufbruch geradezu "nötigen" (Mk 6,45). Sie sind dann allein im Boot und haben starken Gegenwind, gegen den sie die ganze Nacht über kaum ankommen. Auch Jesus ist in der folgenden Szene "allein", zurückgeblieben am Land, ohne seine Jünger (Mk 6,47).

Der aufmerksame Leser mag sich an dieser Stelle erinnern, dass Jesus unmittelbar vor der Brotvermehrung schon einmal ganz allein war. Er hatte seine Jünger ausgesandt (Mk 6,7-13). Die Zeit bis zu ihrer Rückkehr (Mk 6,30) nützte der Erzähler Markus aus, um aus- führlich über den gewaltsamen und ungerechten Tod Johannes des Täufers zu berichten (Mk 6,17-29). In der Komposition der Erzählung traf diese Nachricht also Jesus zu einem Zeitpunkt, als er ganz allein war und auf seine Jünger wartete. Jesus musste deshalb auch für sich allein mit dieser Nachricht fertig werden. Das ist der Sinn dieser lite- rarischen Komposition. Der Leser soll also an dieser Stelle keines- wegs überlegen und mutmaßen, ob Jesus vielleicht gleichzeitig und parallel zu seinen Jüngern auch selbst weiter gepredigt und Wunder getan habe.

Jetzt nach der Brotvermehrung berichtet Markus zum zweiten

---

64 Durch diese und ähnliche Erfahrungen sind später ausdrücklich erzählte "Träume" von zukünftigen Machtpositionen in Jesu Nähe literarisch und inhaltlich vorbereitet, z.B. Mk 10,35-37.

Mal[65] in seinem Evangelium, dass Jesus betet. Er steigt dazu allein auf einen Berg, um dort zu beten (Mk 6,46). Wie in Mk 1,35 handelt es sich auch hier wieder literarisch um ein Signal dafür, dass eine neue Schnittstelle und ein Wendepunkt im Leben Jesu erreicht ist. Nach dem ersten Beten wurde Jesus zum Wanderprediger, nach diesem zweiten Beten steht die große Reise ins Heidenland bevor, die seinen weiteren Weg nach Jerusalem und in den Tod einleiten sollte. Markus erzählt nicht, was Jesus dabei überlegt oder plant. Er macht lediglich deutlich, dass er den Willen Gottes sucht und dass er ohne diesen Willen Gottes nichts unternimmt. Der bevorstehende Weg ist auch für Jesus unerwartet und "neu".

Wohin dieser Weg geht, erfährt der Leser erst beim Mitgehen in den folgenden Geschichten, wenn er sich längst schon mit Jesus auf diesem neuen Weg befindet. Am Anfang des Weges ist nur klar: Jesus ist von nun an, im übertragenen Sinn, ganz allein auf diesem Weg, aber weiterhin geborgen und sicher in Gott, der ihn auf diesem Weg führt.[66] Er wird von jetzt an auch in Zukunft allein bleiben. Denn die Jünger verstehen buchstäblich nichts mehr. Am Ende heißt es sogar, dass ihr Herz verhärtet ist (Mk 6,52).

Diese Bemerkung des Markus über die Jünger kommt für den Leser überraschend, weil sie bisher kaum vorbereitet ist. Nur das getrennte Alleinsein der Jünger im Boot und Jesu auf dem Berg beim Beten hätte man als Hinweis für diese Entwicklung verstehen können. In der Abfolge der Erzählung hält das Unverständnis der Jünger die Frage nach dem "Neuen" wach, das jetzt bevorsteht. Was ist es denn, was die Jünger nicht verstehen und in ihrem Herzen auch gar nicht verstehen wollen?

Die Jünger sind allein auf dem See. Sie quälen sich beim Rudern. Jesus sieht es vom Land aus und will ihnen helfen, indem er über den See zu ihnen kommt und sich sehen lässt (Mk 6,48). Dieses an biblischen Motiven der Gotteserscheinungen angelehnte Wunder[67] reicht

---

65 Zur Erinnerung: Insgesamt gibt es bei Markus nur drei Stellen, an denen erzählt wird, dass Jesus betet, jeweils an Schnittpunkten seines Weges: Mk 1,35; 6,46; 14,32-42.

66 Der Erzähler deutet diese Situation an, indem er in den folgenden Geschichten des dritten Abschnitts Jesus häufig allein nennt, also den Singular verwendet, obwohl die Jünger dabei sind: Mk 7,1.24.31; 8,13. Werden die Jünger doch ausdrücklich genannt, dann verstehen sie nichts: Mk 7,17f; 8,1-9; 8,14-21. An drei Stellen (Mk 6,53; 8,10 und 8,22) werden die Jünger mitgenannt, aber jeweils nur in äußerer Aufnahme und Weiterführung einer vorausgehenden Szene, in der die Jünger soeben ihr Unverständnis gezeigt haben: Mk 6,52; 7,18; 8,16-21.

67 Ex 33,19.22; 34,5f; 1 Kön 19,11; vgl. auch Ernst 194f. Das bedeutet an dieser Stelle noch nicht, dass sie Jesus als Sohn Gottes hätten erkennen müssen,

ihnen aber nicht, erschreckt und verwirrt sie vielmehr. Jesus kann ihnen jedoch den bevorstehenden Weg nicht erklären, weil er ihn selbst im einzelnen noch nicht kennt. Zu ihrer Beruhigung kann er nur auf sich selbst verweisen und ihnen seine Nähe schenken: "Fasst Mut! Ich bin es. Fürchtet euch nicht!" (Mk 6,50)[68] Dann steigt er zu ihnen in das Boot. Die Formel "Ich bin es!" macht die Frage nach seiner Person noch dringlicher. Wer ist der, auf den sie sich eingelassen haben und der jetzt für sie so unverständliche und überraschende neue Wege gehen will?

2. Bevor Markus die Reise Jesu ins Heidenland erzählt, bringt er noch eine ausführliche "Lehrrede über Rein und Unrein" in Mk 7,1-23. Es handelt sich um die letzte Erzählung vor der Reise. Sie dient im Zusammenhang des Evangeliums der theoretischen Vorbereitung der bevorstehenden Ereignisse im Heidenland.[69]

Durch den Zwischenbericht über die Heilungen zuvor in Gennesaret (Mk 6,53-56) ist eindeutig klargestellt, dass sich Jesus wieder auf der Westseite des Sees aufhält, also typologisch gesehen bei Juden. Das ist notwendig, denn nur hier, im Westen des Sees, versammeln sich jetzt Pharisäer bei ihm und darüber hinaus auch wieder einige Schriftgelehrte[70], die von Jerusalem hinzugekommen waren (Mk 7,1). Das gibt der folgenden Rede über "Rein und Unrein" eine besondere Bedeutung. Wie in Mk 3,22 handelt es sich auch in Mk 7,1 um die Klärung einer grundsätzlichen Frage. Es geht um die Bedeutung der Ritualgesetze.

Mk 7,1-23 weist mehrere Brüche und Einschnitte auf, die schon zu vielen form- und traditionsgeschichtlichen Hypothesen Anlass gaben. Vor allem aus Mk 7,15 wurde früher in großer Übereinstim-

---

aber sie hätten seine Nähe zu Gott und seine Sicherheit und Geborgenheit in Gott wahrnehmen können und deshalb Vertrauen zu seinem Weg fassen können.

68   Im Johannesevangelium hat diese Formel "Ich bin es!" den Evangelisten zu mehreren Erweiterungen inspiriert. Die Formel wird dort in vielfacher Form meditiert: Ich bin das Brot, das Licht, das lebendige Wasser, der Weinstock, der gute Hirte. Damit ist noch keine direkte literarische Abhängigkeit des Johannes von Markus behauptet. Sie ist allerdings auch nicht ausgeschlossen. Man muss sich neu fragen, ob Johannes das Markusevangelium nicht doch gekannt haben kann.

69   Vgl. dagegen Lührmann 129, für den Mk 7,1-23 einen Fremdkörper darstellt, "da inhaltlich keine Beziehungen zum Kontext bestehen".

70   Schriftgelehrte von Jerusalem waren schon in Mk 3,22 gekommen. Dort ging es um die erste größere theoretische Auseinandersetzung. Die Schriftgelehrten wollten die Wundermacht Jesu dem Obersten der Dämonen zuschreiben, um das Volk von Jesus trotz dieser Macht abspenstig machen zu können.

mung auf einen grundsätzlichen Bruch Jesu mit dem Judentum seiner Zeit geschlossen: "Nichts ist, das von außerhalb des Menschen in ihn hineinkommt, das ihn verunreinigen kann. Vielmehr was aus dem Menschen herauskommt, ist das den Menschen Verunreinigende." (Mk 7,15)

Die meisten Autoren berufen sich dabei auf Ernst Käsemann, der neben Mk 2,27 diesen Vers Mk 7,15 als Hauptbeispiel für das Unähnlichkeitskriterium anführt.[71] Sein Ergebnis an dieser Stelle lautet: "Jesus hat mit einer unerhörten Souveränität am Wortlaut der Tora und der Autorität des Moses vorübergehen können."[72]

Heute nimmt die Zahl derer zu, die in Mk 7,1-23 keine grundsätzliche Torakritik Jesu sehen. Allerdings stützen sich diese Aussagen meist auf traditionsgeschichtliche Annahmen, nach denen die entscheidenden Aussagen, vor allem Mk 7,15, zwar gesetzeskritisch sind, aber nicht von Jesus selbst stammen.[73]

Geht man in einer synchronen Sicht davon aus, dass Markus diesen Text (Mk 7,1-23) bewusst und mit schriftstellerischer Kompetenz so zusammengestellt und an diese Stelle vor die Heidenreise Jesu gerückt hat, dann weisen die literarkritischen Beobachtungen auf verschiedene Schritte einer Gesamtkomposition hin, die man nicht auseinanderreißen darf.

Im einem ersten Schritt (Mk 7,1-5) kommen Pharisäer und Jerusalemer Schriftgelehrte mit einer fast freundlichen und eher harmlosen Frage nach der Bedeutung des rituellen Händewaschens zu Jesus. Im Unterschied zu Mk 3,22 versammeln sie sich dieses Mal bei Jesus und richten ihre Frage auch an ihn selbst.[74] In dieser ersten

---

71 Käsemann, Problem, in: EVB I 205-208.
72 Ebd. 208. Vgl. ders., Der Ruf der Freiheit, Tübingen 1968. Die Frage des ersten Kapitels lautet: "War Jesus liberal?" Darauf folgt eine im Prinzip bejahende Antwort, ebd. 19-53.
73 Eine gute Übersicht gibt G. Dautzenberg, Jesus und die Tora, in: Die Tora als Kanon für Juden und Christen, hg. von E. Zenger, Freiburg, Basel, Wien 1996, 345-378, bes. 355-362. Dautzenberg selbst bekennt sich zur Position "Nicht jesuanisch und gesetzeskritisch", hebt aber in den folgenden einschränkenden Bemerkungen die Klassifizierung "gesetzeskritisch" praktisch wieder auf. Vgl. auch für die frühere Diskussion P. Fiedler, Jesus und die Sünder (BET 3), Frankfurt 1976, bes. 249-255.
74 In Mk 3,22 reden sie noch "über Jesus" und seine Wunder in der dritten Person. Jesus muss sich dort selbst in das Gespräch einmischen. Auch Mk 3,23 ("Er rief sie herbei.") lässt offen, ob es überhaupt zu einem Gespräch Jesu mit den Schriftgelehrten gekommen ist oder ob Jesus in der folgenden Rede nur vor der Menge die Anschuldigungen der Schriftgelehrten aufgreift und zurückweist.

Fragestellung geht es noch gar nicht um die Tora des Mose[75], sondern nur um die "Überlieferung der Alten" (Mk 7,3.5).

Ein Leser, der nicht von seiner christlichen Auslegungstradition herkommend auf eine antijüdische Antwort Jesu eingestellt ist, wonach diese Frager mit ihrem Problem entweder nicht ernst genommen sind[76] oder ihnen von vorneherein geistloser Nomismus unterstellt wird[77], muss heraushören, dass die Schriftgelehrten aus Jerusalem den eher noch angewachsenen Einfluss Jesu in Galiläa registriert haben. Sie nehmen Jesus ernster als bisher (Mk 3,22) und sie wollen mit ihm ins Gespräch kommen. Anlass bieten die Jünger, die sich nicht an all die beim Essen vorgeschriebenen rituellen Waschungen halten. Solche Übertretungen sind für die Begleitung eines Wanderpredigers sicher nicht besonders selten und auffällig. Die Riten sind daheim in einem geordneten Haushalt leichter einzuhalten.

Der zweite Schritt (Mk 7,6-13) führt weit über die gestellte Frage hinaus. Wäre es ein wirkliches Gesprächsprotokoll, das Markus hier aufgezeichnet hätte, müsste man Jesu Verhalten ungerecht und auch unfair nennen. Er gibt keine richtige Antwort auf die Frage, die ihm gestellt wurde, sondern er ergreift die Gelegenheit zu einer grundsätzlichen Aussage: Die Tora, das Gebot Gottes, darf durch keinen Brauch und durch keine Regel außer Kraft gesetzt werden. Solche Regeln nennt Jesus jetzt im Anschluss an die prophetische Kritik aus Jes 29,13 "Menschensatzungen", nicht mehr, wie vorher die Schriftgelehrten in ihrer Frage "Überlieferung der Alten".

Von der Reaktion der Schriftgelehrten und Pharisäer wird bei Markus anschließend nichts mehr berichtet. Ein unvoreingenommener Leser kann durchaus annehmen, dass sie in der Sache mit Jesus einverstanden sind, zumindest sein können. Das Prophetenwort aus Jesaja kennen sie selbstverständlich und sie wissen auch, dass gerade Fromme immer in Gefahr sind, "Heuchler" zu werden, wenn ihre "Werke" zum Ersatz für die innere Einstellung werden. Sie müssen sich überhaupt nicht angegriffen fühlen, weil das Extrembeispiel, das Jesus gewählt hat, sie selbst kaum betrifft. Im Gegenteil: Sie kennen die populäre zeitgenössische Diskussion um die Korbanregel. Es handelt sich dabei nicht um einen allgemein geübten Brauch, sondern eher um ein extremes Schulbeispiel, an dem die Möglichkeit des Missbrauchs der Religion besonders deutlich aufgezeigt werden kann.

Natürlich ist die Versuchung zur Psychologisierung in die ent-

---

75 Genannt werden vor allem Lev 11-14 und Dtn 14,4-21.
76 Schweizer 84 vermutet "ironische Polemik gegen unverständliche Gesetzespraktiken im Namen des gesunden Menschenverstands".
77 Vgl. Ernst 200-205.

gegengesetzte Richtung hier groß. In einem wirklichen Gespräch müssten die Fragesteller verärgert sein, einmal über die Verschiebung ihrer Frage und dann auch über die pauschale Anrede, in der Jesus ihnen die Korbanregel als "ihre Überlieferung" unterstellt und sie undifferenziert als "Heuchler" bezeichnet.[78]

Bei Markus fehlen aber solche Andeutungen vollständig. Er wechselt sogar die Kulisse ab Mk 7,14, sodass die folgende Aussage nicht als Unterstellung gegen die Frager missverstanden werden kann. Ihm kommt es in einem dritten Schritt (Mk 7,14-23) darauf an, die grundsätzlich festgestellte Hierarchie zwischen ganz verschiedenen Arten von Gesetzen auf das Verhältnis von Speisegesetzen und ethischen Normen anzuwenden. Wirklich verunreinigt wird der Mensch durch das, was aus seinem Herzen kommt, nicht durch irgendwelche Speisen, die von außen in ihn hineinkommen. Insofern wenden sich die Aussagen in Mk 7,15 und Mk 7,19, gleichgültig aus welcher Traditionsschicht sie kommen, nicht grundsätzlich gegen das Judentum, sondern sie relativieren die Bedeutung der Speisevorschriften. Ethische Normen sind in jedem Fall wichtiger. Auch ein frommer Jude hat mit einer solchen theoretischen Bewertung keine Schwierigkeit. Das schließt allerdings nicht aus, dass in der Praxis dennoch Probleme entstehen, wenn er selbst oder andere Juden mit Heiden Tischgemeinschaft halten wollen.

Die Gesamtkomposition der drei Schritte in Mk 7,1-23 führt auf diese Einstufung der rituellen Regeln hin: Sie sind weit weniger wichtig als die ethischen Normen. Ähnlich haben Matthäus (Mt 23,23.25f) und Lukas (Lk 11,39-42) in Aufnahme eines Textes aus der Logienquelle an anderer Stelle das Anliegen Jesu interpretiert: Die Pharisäer sollen zuerst das Inwendige rein machen, deswegen aber nicht das Äußere lassen.

3. In der Abfolge des Markusevangeliums hat Jesus damit seine bevorstehende Reise ins Heidenland theoretisch vorbereitet und sein Handeln dort einschließlich der Tischgemeinschaft mit Heiden gerechtfertigt. In diesen Zusammenhang mit der Heidenfrage passt es auch, dass die Jünger dabei weiter (nach Mk 6,52) unverständig bleiben und nichts davon begreifen (Mk 7,18). Ginge es nur um die Rechtfertigung ihrer Unterlassung der vorgeschriebenen Hände-

---

78 Matthäus hat mit einer solchen Interpretation den Markustext ergänzt und verändert (Mt 15,12): Die Jünger weisen dort Jesus auf eine negative Reaktion der Pharisäer hin und der muss darauf eingehen (Mt 15,13f). Die Rede beginnt allerdings auch, anders als bei Markus, mit einem direkten Gegenvorwurf Jesu (Mt 15,3).

waschung beim Essen, hätten sie bei der Rede Jesu sicher keine Verständnisschwierigkeiten gehabt.

Jesus hat aber damit nicht die Unterscheidung zwischen "heilig und profan", zwischen "rein und unrein" aufgegeben: "Es ist schwer vorstellbar, dass Jesus erlaubt hätte, Schweinefleisch oder Krabben zu essen, weil sie dem Menschen äußerlich bleiben, auch wenn er sie schluckt."[79] Natürlich hat er auch selbst, trotz Mk 7,15, nicht von nun an begonnen, Schweinefleisch und Krabben zu essen. Das hat Jesus in seinem ganzen Leben sicher nie getan. Er will aber in das Land der Heiden reisen. Dort muss er auch "unreine" Häuser betreten und also einzelne Speisegesetze übertreten. Schon im ersten Vers nach der Redekomposition in Mk 7,24 leitet Markus dazu über.

Natürlich hat Markus darüber hinaus auch das Problem seiner Adressaten im Blick, deren Gemeinden an der Frage der Tischgemeinschaft mit Heiden zu zerbrechen drohen, jedenfalls in großen Konflikten stehen. Was schon in den paulinischen Gemeinden zwanzig Jahre früher zu erheblichen Spannungen geführt hatte[80], wird jetzt nach dem Jahr 70 für sie zur Zerreißprobe. Sie kann allein mit Berufung auf Jesus und seinen Umgang mit den Heiden erfolgreich bestanden werden. Jesus hat durch seine Rede und mit seiner Reise ihre derzeitige Praxis vorbereitet und ermöglicht.

Selbstverständlich halten fromme Juden weiter die Speisegesetze. Das ist überhaupt keine Frage, wenn sie unter sich sind. Aber jüdische Jesusanhänger haben in der Wirkungsgeschichte des Lebens Jesu lernen müssen, dass Heiden nicht Juden werden und dass sie sich deshalb auch nicht an jüdische Ritualgesetze halten müssen. Essen Juden und Heiden getrennt, dann gibt es auch weiterhin keine Probleme. Halten Juden und Heiden in der Jesusnachfolge aber Tischgemeinschaft, dann braucht es Kompromisse. Auch Heiden ist dabei Rücksichtnahme abverlangt (1 Kor 10,23-33; Apg 15,20.28f). Juden müssen aber das größere Zugeständnis machen, wollen sie die Gemeinschaft mit den Heiden aufrecht erhalten. Jüdische Jesusanhänger müssen die Tischgemeinschaft mit Heiden höher schätzen als ihre eigene Überlieferung.[81] Basis dafür ist im Evangelium diese Aussage Jesu in Mk 7,15 und die darin festgestellte Hierarchie der Gesetze: Ethische Normen sind bei weitem wichtiger als Speisegesetze (Mk 7,17-23).

---

79 Chr. Burchard, Jesus von Nazaret, in: J. Becker u.a., Die Anfänge des Christentums, Stuttgart 1987, 47.
80 Vgl. 1 Kor 10,23-33; Röm 14,14.
81 Vgl. Gal 2,11-14.

4. Es folgt der eigentliche Reisebericht, bei dem Jesus insgesamt vier große Wunder jeweils für Heiden wirkt. Neben dem Wunder in Gerasa (Mk 5,1-20) sind das die einzigen "Heidenwunder" im Markusevangelium.

Die Dämonenaustreibung in Gerasa war auch für Jesus überraschend gekommen. Er war auf dem Rückzug (Mk 4,35f). Der Dämon im besessenen Heiden hatte das Wunder selbst provoziert. Auch jetzt kommen alle vier Wunder wegen der Not der Menschen zustande. Er kann ihnen einfach nicht ausweichen. Jesus geht nicht wegen der Not der Heiden in ihr Gebiet. Im Gegenteil: Er will verborgen bleiben (Mk 7,24.36; 8,26). Diese Wunder widerfahren Jesus. Mehr noch! Er zieht allein durch seine Gegenwart die Nöte der Menschen gleichsam magisch an.

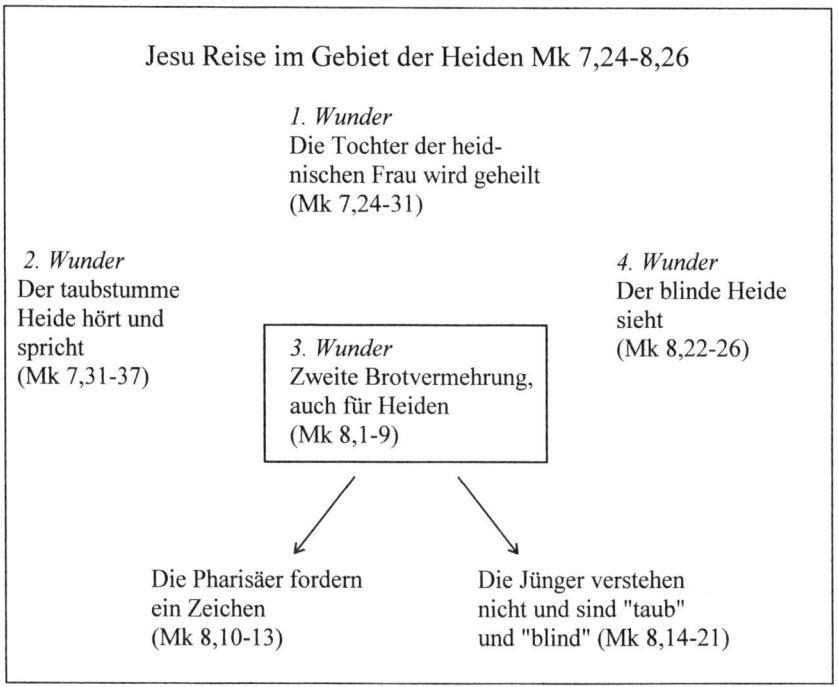

Jesu Reise im Gebiet der Heiden Mk 7,24-8,26

1. Wunder
Die Tochter der heidnischen Frau wird geheilt
(Mk 7,24-31)

2. Wunder
Der taubstumme Heide hört und spricht
(Mk 7,31-37)

3. Wunder
Zweite Brotvermehrung, auch für Heiden
(Mk 8,1-9)

4. Wunder
Der blinde Heide sieht
(Mk 8,22-26)

Die Pharisäer fordern ein Zeichen
(Mk 8,10-13)

Die Jünger verstehen nicht und sind "taub" und "blind" (Mk 8,14-21)

Die erste dieser Wundergeschichten hat Auftaktcharakter.[82] Zunächst: Es handelt sich eindeutig um ein Heidenwunder. Jesus hat sich in heidnisches Gebiet, in die Gegend von Tyrus begeben. Sofort kommt

---

82 Zum dritten Mal im Leben Jesu steht eine Dämonenheilung am Beginn eines neuen Abschnittes: vgl. Mk 1,21-28 und 5,1-20.

eine Frau aus Syrophönizien, also eine Heidin, die eine besessene Tochter hat, und bittet ihn um Hilfe.[83] Der folgende Dialog macht klar, dass Jesus nicht von Anfang an seine Sendung so verstanden hat, dass auch Heiden durch ihn die Herrschaft Gottes erfahren sollen. Zugleich zeigt er aber auch, dass Jesus der demütigen und hoffnungsvollen Antwort der Frau nicht widerstehen kann. Denn sie bezweifelt nicht den Erwählungsvorrang der Juden[84], aber sie beharrt wegen ihrer Not auf ihrer Bitte.[85]

Von Tyrus aus zieht Jesus mitten in die heidnische Dekapolis im Osten des Sees. Höhepunkt dieses Weges ist das Zeichen der Heilsgabe im gemeinsamen Mahl auch an Heiden (Mk 8,1-9). Jesus ist, wie zuvor bei Juden, der wundertätige Gastgeber auch für die Heiden. Gerahmt ist dieses Zeichen von zwei Heilungswundern, die zusammen an Jes 35,5f erinnern[86]: Zuerst wird ein Taubstummer zu Jesus gebracht (Mk 7,31-37), dann ein Blinder (Mk 8,22-26).

Dass es sich dabei jeweils um ein Wunder bei Heiden handelt, geht einmal aus dem Itinerar hervor. Der Taubstumme wird in der Dekapolis, der Blinde in Betsaida geheilt, also beide im Osten des Sees. Dann ist der Lobruf nach der Heilung des Taubstummen ein Lobruf auf den Schöpfer. Schöpfungslob ist ein auch den Heiden mögliches Lob Gottes.

Das wichtigste Kennzeichen dafür, dass es sich bei den beiden Wundern um Heidenwunder handelt, ist die Tatsache, dass die Heilung stufenweise und langsam vor sich geht. Es sind die einzigen zwei Wundererzählungen in den synoptischen Evangelien überhaupt, in denen Jesus so kompliziert heilt.[87] Dieses komplizierte Heilen Jesu

---

83   In der Nähe von Tyrus liegt Sarepta, das durch die Wunder des Elija an einer ebenfalls heidnischen Witwe jedem Juden bekannt ist (1 Kön 17,8-24). Vgl. auch die Anspielung in Lk 4,26.

84   Das "zuerst" in Mk 7,27 ist gerade nicht eine "zeitlich befristete" Bevorzugung Israels, gegen Gnilka I 294, sondern weist auf den bleibenden Erwählungsunterschied hin.

85   Mt 15,28 interpretiert die Antwort der Frau bei Markus und spricht ohne Scheu vom Glauben dieser Frau; vgl. auch Lk 7,9. Heiden (und Samariter) können selbstverständlich den größeren Glauben (Mt 8,10), die größere Liebe (Lk 10,29-32; 7,36-50), die größere Dankbarkeit (Lk 17,11-19) haben, ohne dass dadurch der Vorrang der Erwählung Israels grundsätzlich aufgehoben ist.

86   Für Pesch I 399 ist es "gewollt-gekonnte Inszenierung der Realisierung der Verheißung von Jes 35,5f".

87   Vergleichbar mit diesen zwei Erzählungen ist in allen drei Synoptikern nur noch die schwankhaft erzählte Austreibung der Dämonen in die Schweineherde und deren Selbstvernichtung im See (Mk 5,1-20). Auch hier handelt es sich um ein Heidenwunder. Vgl. Mt 8,28-34; Lk 8,26-39.

ist hier ein literarischer Hinweis darauf, dass es sich um Heidenwunder handelt. Alle komplizierten Theorien der Auslegung für diese komplizierten Wunder sind nach dieser Einsicht unnötig. Oft sind solche Theorien aus apologetischen Motiven entstanden. Konnte Jesus etwa nicht, wie sonst, einfach durch sein Wort helfen? War seine Macht hier begrenzt? Das durfte nicht sein. Also wird betont, es handle sich um magisch anmutende und primitive[88] Wundererzählungen, die Markus übernommen habe, oder Jesus selbst habe sich an die bei Juden übliche Besprechung von Krankheiten angelehnt, natürlich ohne das tatsächlich nötig zu haben.[89]

Auch die Tatsache, dass diese zwei Wunder zu dem relativ seltenen Sondergut des Markus gehören, bei Matthäus und Lukas also fehlen, weist darauf hin, dass sowohl Matthäus als auch Lukas diese komplizierten Heilungen bei Markus als Signal für Heidenwunder gelesen haben, ihrerseits aber wegen ihres anderen Konzepts dieses Thema an dieser Stelle nicht übernehmen wollten. Lukas hat die ganze Heidenreise von Markus (Mk 6,45-8,26) einfach ausgelassen, weil nach seinem Konzept die Ausweitung der Botschaft Jesu zu den Heiden erst im zweiten Teil seines Evangeliums, in der Apostelgeschichte, erzählt werden sollte.[90] Matthäus hat die Heidenreise aus dem Markusstoff ohne diese beiden Wundergeschichten zwar aufgenommen, aber alle Akzente getilgt, die auf die Heidenreise hinweisen.[91]

5. Auch für Jesus ist diese Reise in das Gebiet der Heiden ein neuer Schritt in seinem Leben, den er zwar allein, aber geborgen und sicher in seiner Sendung durch Gott geht. Welche Folgen dieser Weg für ihn selbst endgültig haben sollte, erzählt Markus erst im zweiten Hauptteil des Evangeliums (Mk 8,31-16,8). Aber schon jetzt deutet er an, dass dieser Schritt Jesu gewaltige Auswirkungen nach sich ziehen sollte. Markus berichtet nämlich zum Abschluss, welche Konsequen-

---

88 Vgl. Schniewind 109; Lührmann 132.
89 Vgl. Schmid 144. Nicht Jesu Macht war geringer, sondern der Kranke sollte auf die Heilung seelisch vorbereitet werden, ebd. 145.
90 Vgl. Mk 7,1-23 mit Apg 10,1-11.18, bes. 10,15. Oft wurde wegen dieser auffälligen Lücke im Lukasevangelium überlegt, ob Lukas eine ältere Grundschrift des Mk vorgelegen habe, in der Mk 6,45-8,26 einfach gefehlt habe, vgl. z.B. Schniewind 99. Diese Annahme setzt wieder voraus, dass man Markus als konzeptlosen Sammler umlaufender Traditionsstücke ansieht. Dann kommt es auf ein paar Geschichten mehr oder weniger nicht an.
91 Die Begegnung mit der heidnischen Frau wird bei Mt zu einer Glaubensgeschichte (Mt 15,28); die zweite Brotvermehrung (Mt 15,32-39) ist nicht spezifisch auf Heiden ausgerichtet wie bei Markus; die Jünger verstehen jeweils Jesu Tun (Mt 14,33) und seine Erklärungen (Mt 16,12).

zen das Verhalten Jesu bei den Pharisäern und bei seinen eigenen
Jüngern hat.

Die Heidenreise wird nach der Brotvermehrung durch eine Fahrt
auf die Westseite des Sees unterbrochen. Dieser Aufenthalt auf der
Westseite gibt Markus Gelegenheit, die radikale Ablehnung dieses
Schritts durch die Pharisäer mitzuteilen. Das Gespräch auf der Fahrt
zurück nach der östlichen Seite, nach Betsaida, verrät das Unverständnis auch der eigenen Jünger.

Die Pharisäer verlangen ein Zeichen vom Himmel (Mk 8,11). Die
Zeichenforderung gilt an dieser Stelle nicht der Lehre und den Taten
Jesu allgemein, sondern sie bezieht sich unmittelbar nur auf die
Heidenreise und darin besonders auf die soeben erzählte Brotvermeh-
rung auch bei Heiden. Jesus weist die Zeichenforderung bei Markus
grundsätzlich zurück.[92] Auch Matthäus und Lukas haben die Zeichen-
forderung bei Markus auf Jesu Verhalten gegenüber Heiden gedeutet.
Sie nehmen den Markustext auf und betonen in ihrem zusätzlichen
Hinweis auf das Zeichen des Jona, dass es um die Heidenfrage geht.[93]

Im Gespräch mit den eigenen Jüngern im Boot greift Jesus zuerst
selbst die Szene nochmals auf und warnt seine Jünger vor dem Sauerteig der Pharisäer und dem Sauerteig des Herodes (Mk 8,15). Markus
hat literarisch die Verbindung zum "Sauerteig" über das Stichwort
"Brot" hergestellt und er schließt nochmals an den soeben zurück-
gelegten Weg über die zwei Gipfel der Brotvermehrungen an, wobei
die besondere Herausforderung in der Ähnlichkeit des Heilszeichens
auch für Heiden lag.

Inhaltlich bedeutet diese Warnung Jesu vor dem Sauerteig der
Pharisäer die Annahme der Gegnerschaft zu ihnen. Die Pharisäer
hatten ihn zusammen mit den Herodianern nach seinem machtvollen
Auftreten in den Wundern und dann in der Lehre schon seit langem
abgelehnt (Mk 3,6). In Mk 3,6 wird von Jesus keine Reaktion auf
diese Ablehnung erzählt, offensichtlich weil er in diesem Moment die
Anerkennung seiner machtvollen Sendung in Wort und Tat ruhig Gott
selbst überlassen konnte. Jetzt, nach der Heidenreise hat seine
Sendung einen besonderen inhaltlichen Akzent erhalten. Indem die
Pharisäer ein Zeichen vom Himmel verlangen, fordern sie Gott selbst
heraus. Sie bezweifeln mit ihrer Forderung, dass Gott ein solches
Heilszeichen auch für die Heiden wollen kann. Dagegen muss sich
Jesus ausdrücklich wenden. Er lehnt die Zeichenforderung deshalb

---

92   Nach Mk 3,28, wo es um die Sünde gegen den Heiligen Geist ging, steht hier
     in Mk 8,12 zum zweiten Mal im ersten Hauptteil die feierliche Formel:
     "Amen, ich sage euch!"
93   Mt 16,4; Lk 11,29. Vgl. auch die Erklärung in Mt 12,38-41.

zunächst grundsätzlich ab und warnt daraufhin auch seine Jünger vor dem Sauerteig der Pharisäer und der Herodianer. Dieser Sauerteig meint also an dieser Stelle nicht eine bestimmte Lehre oder Haltung der Pharisäer[94], sondern gezielt ihre Ablehnung der von Jesus gezeigten Liebe zu Heiden.

Die Jünger selbst bleiben nach der Heidenreise Jesu weiter ohne jedes Verständnis. Während Jesus für die Pharisäer mit dem Bild vom Sauerteig an das Thema "Brot" anschließt, weist er die Jünger bei der Fahrt über den See[95] auf die beiden großen Brotwunder hin, die sie doch miterlebt haben. Auch hier geht es gezielt um das Heidenthema. Was sich schon bei der theoretischen Vorbereitung in Mk 7,18 angebahnt hat, zeigt sich jetzt eindeutig: Sie begreifen und verstehen nicht (Mk 8,17).[96]

Jetzt klärt sich auch die überraschende Aussage des Evangelisten in Mk 6,52: "Sie waren nicht verständig geworden über den Broten, vielmehr war ihr Herz verhärtet." Dort haben sie sich nicht genügend auf Jesus eingelassen, der sie zum richtigen Verstehen seines ersten Brotwunders nur auf seine Person und seine besondere Nähe zu Gott hinweisen konnte: "Ich bin es!" (Mk 6,50) Sie haben sich nicht auf Jesu Person eingelassen und sie sind deshalb für seinen unerwarteten und neuen Schritt zu den Heiden auch nicht vorbereitet.

Nach dem zweiten Brotwunder auch bei den Heiden fragt Jesus sie selbst: "Haltet ihr euer Herz verhärtet? Augen habt ihr und seht nicht und Ohren habt ihr und hört nicht!" (Mk 8,17f) Die Frage ist in ihrer Bedeutung literarisch vorbereitet. Denn ein verhärtetes Herz zeigten bisher nur die Pharisäer angesichts des machtvollen Auftretens Jesu (Mk 3,5). Jetzt gilt dasselbe von den Jüngern. Das

---

94 Anders Mt und Lk: Matthäus bezieht den Sauerteig ausdrücklich auf die Lehre der Pharisäer (Mt 16,12), Lukas auf ihre Heuchelei (Lk 12,1). Beide haben den Hinweis auf den Sauerteig der Herodianer von Markus gestrichen. Auf die Herodianer würden beide Interpretationen, die Lehre und die Heuchelei, nicht passen.

95 Es handelt sich um die dritte Bootsfahrt im Evangelium. Dreimal sind die Jünger mit Jesus im Boot, verstehen ihn aber nicht. Nach der Sturmstillung (Mk 4,35-41) sagt Jesus zu den Jüngern auf deren Frage nach seiner Sendung: "Habt ihr noch keinen Glauben?" Nach dem Seewandel und Jesu Hinweis auf seine Person: "Ich bin es!" (Mk 6,45-52) stellt der Evangelist fest, dass ihr Herz verhärtet ist und sie nichts verstehen. Nach der Heidenreise Jesu und auf der Fahrt nach Betsaida (Mk 8,14-21) fragt Jesus erneut: "Haltet ihr euer Herz verhärtet?" und "Versteht ihr noch nicht?"

96 In Mk 7,18 und 8,17 sind dieselben Wortstämme in umgekehrter Reihenfolge gebraucht: Jesus fragt die Jünger beide Male, ob auch sie ohne Begreifen sind (ἀσύνετοί ἐστε;) und ob sie (noch) nicht verstehen (οὐ νοεῖτε;).

Verstockungszitat aus Jes 6,9f[97], das in Mk 4,11f ausdrücklich denen draußen, also gerade nicht den Jüngern galt, gebraucht Jesus jetzt im Zusammenhang mit der Heidenfrage für die eigenen Jünger: Sie haben Augen und sehen nicht; sie haben Ohren und hören nicht.[98] Im Gegensatz zu einem taubstummen (Mk 7,31-37) und einem blinden Heiden (Mk 8,22-26), denen Jesus die Ohren und Augen aufgetan hat, sind die Jünger immer noch taub und blind und verstehen nichts (Mk 8,21). Die Lehre für den Leser kann nur heißen: Die Menschen, Juden wie Heiden, sind von sich aus unfähig, die Wege Gottes zu verstehen. Nur wem durch ein Wunder Ohren und Augen aufgetan werden, der kann hören und sehen.

3.6. Das Christusbekenntnis des Petrus (Mk 8,29)

Am Ende des dritten Abschnitts bekennt Petrus im Namen der Jünger: "Du bist der Christus!" (Mk 8,29) Dieses Bekenntnis hat literarisch ein großes Gewicht. Zum ersten Mal überhaupt im Markusevangelium wird Jesus jetzt am Ende des ersten Hauptteils als der Christus bezeichnet. Der Erzähler Markus ist da angekommen, wo er nach seiner eigenen Überschrift immer hatte hinkommen wollen. In der Überschrift hatte er angekündigt, "den Anfang des Evangeliums Jesu Christi" (Mk 1,1) aufschreiben zu wollen.

Könnte Markus an dieser Stelle nicht sein Evangelium enden lassen? Jetzt ist doch Jesus endgültig als Messias eingeführt, der Anfang seines Evangeliums also abgeschlossen. Der Leser weiß: Dieser Jesus ist "der Gesalbte", "der Christus", "der Sohn Davids", "der Messias", der von nun an das Evangelium Gottes verkünden und die Menschen zur Umkehr rufen wird (Mk 1,14f). Auf den ersten Blick trifft das zu. Aber die Dynamik der Erzählung reicht längst in weitere Dimensionen: Was ist das für ein Evangelium, das dieser Christus verkünden will? Wohin führen die neuen Wege, die Jesus mit seinem Wirken im Heidenland beschritten hat und die die Jünger nicht mehr verstehen? Zunehmend rückt darüber hinaus auch die Frage nach dem Weg und dem Schicksal Jesu selbst in den Mittelpunkt: Wo und wie wird der Anfang dieses Boten des Evangeliums enden?

---

97 Vgl. auch Jer 5,21; Ez 12,2.

98 Kommentare, die Markus überwiegend als Sammler von Traditionen sehen, haben mit dem krassen Gegensatz von Mk 4,12 zu Mk 8,18 wenig Schwierigkeiten. Innerhalb einer synchronen, leserorientierten Darlegung löst sich der Gegensatz, wenn man die neue unterschiedliche Situation nach der Heidenreise in Betracht zieht.

Die große literarische Bedeutung des Christusbekenntnisses in Mk 8,29 wird in allen Kommentaren gewürdigt, selbst in solchen, die sonst fast nur traditionsgeschichtlich-diachron nach der Bedeutung einer einzelnen Perikope fragen und den Evangelisten vorwiegend als Sammler sehen wollen.[99] Jedenfalls hier in Mk 8,29 wird die Redaktionsarbeit des Evangelisten in irgendeiner Form von allen Seiten anerkannt. In einer literarisch-synchronen Analyse lassen sich zu dem Christusbekenntnis des Petrus darüber hinaus drei inhaltliche Aussagen machen.

1. Schon weit vor dem Christusbekenntnis, am Ende des zweiten Abschnitts, erzählt Markus, dass die Menschen Jesus für einen Propheten halten (Mk 6,14f). Jesus weiß das auch selbst und er benützt diesen Titel ganz selbstverständlich, als er in seiner Vaterstadt Nazaret auf Ablehnung stößt und das Sprichwort von dem zu Hause verkannten Propheten auf sich anwendet. Der Prophetentitel ist ein hoher Titel. Im Markusevangelium wird er neben Jesus nur Johannes dem Täufer zugesprochen.[100]

Auch die Jünger kennen selbstverständlich diesen Ruf und Anspruch Jesu als Prophet und beantworten folglich damit seine Frage, für wen ihn die Menschen halten (Mk 8,27f). Die weitere Frage Jesu enthält keine Zurückweisung dieses Titels "Prophet", sondern stellt eher seine Präzisierung und Fortführung dar: "Ihr aber, für wen haltet ihr mich?" (Mk 8,29) Offensichtlich setzt Jesus voraus, dass seine Jünger jetzt eine genauere und weitergehendere Antwort als die Menge geben können. Diese Antwort erfolgt durch Petrus: "Du bist der Christus!" (Mk 8,29)

Worin unterscheidet sich der Christustitel vom Titel eines Pro-

---

99 Vgl. Bultmann, Geschichte 375: "Den einzigen wirklichen Abschnitt ... bildet 8,27ff., das Petrus-Bekenntnis." Bultmann hält also, ebd. 365, eine "gewisse primitive Verknüpfung" für ausreichend, um das Evangelium als Ganzes zu erklären. Ebd. 374 heißt es deshalb lapidar: "Der chronologische Aufriss des Ganzen, d.h. die Darstellung von Taufe, erstem Auftreten und Wirksamkeit bis zur Reise nach Jerusalem und zum Kreuzestode war das Gegebene." Anders Pesch, I 15-32, der zwar auch Markus vorwiegend als Sammler und als "konservativen Redaktor" sieht. Das Messiasbekenntnis stehe aber nach Pesch am Beginn einer großen zusammenhängenden Passionsgeschichte, die Markus vorgelegen und die historisch sehr zuverlässig schon aus der ersten Hälfte der dreißiger Jahre den Leidensweg Jesu schriftlich festgehalten habe. Vgl. den Exkurs in Pesch II 1-27.

100 Ausdrücklich wird Johannes in Mk 11,32 Prophet genannt, indirekt durch den Vergleich mit Elija oder irgendeinem Propheten auch in Mk 6,15 und Mk 8,28. Jesus vergleicht sich selbst mit einem Propheten in Mk 6,4. Die Menschen halten ihn für einen Propheten nach Mk 6,14f und Mk 8,28.

pheten? In der Abfolge des Markusevangeliums ist der Prophetentitel schon in der Nazaretgeschichte (Mk 6,1-6) vor dem dritten Abschnitt (Mk 6,14-8,30) eingeführt. Daraus folgt, dass der Christustitel erst durch die Erfahrungen der Jünger[101] innerhalb dieses dritten Abschnitts inhaltlich begründet und gefüllt ist. In diesem Abschnitt geht es aber um Jesu Weg in das Heidenland. Die Hinwendung Jesu zu die notleidenden Heiden führt dazu, dass Petrus und die Jünger über den Prophetentitel hinaus zum Christusbekenntnis kommen.

Der Christustitel ist also nicht einfach nur in irgendeiner Weise höherrangig als der Prophetentitel. Er enthält im Evangelium des Markus eine inhaltliche Füllung und Zuspitzung, die mit dem Prophetentitel nicht verbunden ist. Der Christustitel beschreibt Jesus ganz eng im Zusammenhang mit seiner Heidenreise. Diese Heidenreise hat den Jüngern Jesu Gottes außerordentliche Liebe zu den Heiden gezeigt. Als Christus ist Jesus folglich für Petrus und die anderen Jünger nicht nur ein in Wort und Tat machtvoller Prophet Gottes, sondern der von Gott "Gesalbte", der als König über Juden und auch Heiden herrschen wird.[102]

Die Jünger bringen ihre neue, zusätzliche Erfahrung auf ihrem Weg mit Jesus durch das Heidenland in diesem Bekenntnis zum Ausdruck. Dem widerspricht nicht, dass die Jünger auf diesem Weg, obwohl sie alles sahen und hörten, nichts mehr verstanden und dass ihr Herz verhärtet blieb.[103] Das Nichtverstehen hatte in Jesu Heiden- und Fremdenliebe ja einen klar bezeichneten Grund. Dieses Verhalten Jesu war für sie so neu, dass der allgemeine Prophetentitel dafür nicht ausreichte.

Zwar gab es auch unter den biblischen Propheten einzelne, die die gnädige Herrschaft Gottes auch über die Heiden in Wort und Zeichen angesagt und angezeigt hatten. Matthäus und Lukas erwähnen solche

---

101 Nach der Markuserzählung sind nur die Jünger, nicht die Menge oder irgendwelche Gegner diesen Weg Jesu mitgegangen. Nur sie haben diese Erfahrungen gemacht und können deshalb von Jesus jetzt gesondert und zusätzlich zu einem Bekenntnis aufgefordert werden.

102 Für dieses Verständnis des Christustitels gab es in frühjüdischen Schriften durchaus Hinweise, z.B. PsSal 17. Auf keinen Fall kann man den Christustitel als Königstitel nur für die Heiden verstehen und dann ein Ende der Erwählung der Juden herauslesen.

103 In Mk 6,52 sagt der Erzähler, dass ihr Herz verhärtet war. Er stellt die Jünger damit auf eine Stufe mit den Pharisäern in Mk 3,5, die Jesus beobachteten, um ihn anklagen zu können. In Mk 8,17 fragt Jesus die Jünger in Aufnahme von Mk 6,52 und in deutlicher Verschärfung direkt: "Haltet ihr euer Herz (weiter) verhärtet?" Die Verhärtung dauert also an. Sie verstehen nichts mehr vom Wandel auf dem See an bis zum Ende der Heidenreise. Vgl. auch Mk 7,18.

Beispiele.[104] Aber die einzelnen Namen waren für Markus offensichtlich nicht ausreichend, um sie als Vorbilder für Jesus und sein neues Verhalten im Heidenland heranziehen zu können.

Die Jünger konnten sich jetzt nur von Jesus abwenden, weil sie ihn nicht mehr verstanden[105], oder sie mussten ihn in ihrem Nichtverstehen auf seinem Weg in das Heidenland auf eine neue Weise qualifizieren und ihn anders sehen lernen. Jesus ist für sie nicht mehr nur der Prophet, der ihnen die Botschaft von der Gottesherrschaft gültig verkündet, sondern auch der Messias, das heißt der König, der über sie herrschen und ihnen vorangehen soll auf einem Weg, den sie selbst und allein nicht mehr gehen können. Indem die Jünger Jesus den Königstitel zusprechen, bekennen sie also auf der einen Seite gerade, dass sie Jesu Weg nicht mehr verstehen; auf der anderen Seite unterwerfen sie sich damit, anders als die Pharisäer und Herodianer, seiner Herrschaft und bekennen sich zu ihm.[106]

2. Die These vom "Messiasgeheimnis" im Markusevangelium erscheint durch diese Analyse in einem neuen Licht. Die These geht zurück auf das Buch von Wrede: "Das Messiasgeheimnis in den Evangelien".[107] Das Buch ist erstmals 1901 erschienen. Danach habe Markus das in Wirklichkeit unmessianisch verlaufene irdische Leben Jesu dem nachösterlichen Glauben der Urkirche an Jesus als den Messias und Gottessohn angleichen wollen. Die Idee zu dieser Konstruktion habe Markus schon in seiner Tradition vorgefunden und nur übernehmen und ausbauen müssen.

Wie ist der Textbefund? Jesus hat einmal am Ende des ersten Hauptteils (Mk 8,30) und einmal im zweiten Hauptteil des Evangeliums (Mk 8,31-16,8) den Jüngern ein zeitlich befristetes Redeverbot über seine Person erteilt: zuerst in Mk 8,30 nach dem Messiasbekenntnis des Petrus, dann in Mk 9,9f nach der Verklärung auf dem Berg, nachdem Petrus, Jakobus und Johannes gesehen hatten, wie Jesus zusammen mit Mose und Elija redete, und die Stimme aus den Wolken gehört hatten, die sie auf Jesus als den geliebten Sohn hinwies. Diese zwei Schweigegebote erfolgen also zu einem Zeitpunkt,

104 Vgl. Elija und Elischa in Lk 4,25-27; Jona in Mt 12,41; 16,4; Lk 11,29f.
105 Sicher haben viele so reagiert. Vgl. die Parallele in Joh 6,66.
106 In den Parallelstellen des Johannesevangeliums (Joh 6,44.65 und Joh 6,68) wird dieser scheinbare Widerspruch erklärt: Niemand kann von sich aus zu Jesus kommen, es sei ihm denn vom Vater gegeben. Petrus gesteht dieses Unvermögen ein und kommt gerade darin zu einem Bekenntnis, wenn er dann sagt: "Herr, zu wem sollten wir gehen?"
107 W. Wrede, Das Messiasgeheimnis in den Evangelien. Zugleich ein Beitrag zum Verständnis des Markusevangeliums, Göttingen (1901) [4]1969.

in dem Jesus schon auf dem Weg nach Jerusalem und zum Kreuzestod ist.

Allgemein gesehen reichen die Redeverbote bis zur Auferweckung. Sie haben "eine zeitlich begrenzte Verhüllungsabsicht, die mit der Offenbarungsgeschichte des Menschensohnes zusammenhängt"[108]. Die Jünger sollen keine christologischen Aussagen machen, bevor Jesus seinen Weg durch Leiden und Tod bis zur Auferstehung gegangen ist. Selbstverständlich kann man also in diesem Zusammenhang mit Recht von einem "Messiasgeheimnis" sprechen.

Allerdings haben diese Verbote nicht die programmatische Bedeutung für das ganze Evangelium, die Wrede ihnen gegeben hatte. Die Schweigegebote ergeben sich einfach aus der Tatsache, dass die Jünger erst noch den ganzen Christus kennenlernen müssen, bevor sie ihn verkünden können.

Was den ersten Teil des Markusevangeliums (Mk 1,1-8,30) angeht, so ist die These von Wrede von Anfang an heftig umstritten gewesen. Zunächst ging es vorwiegend um seine Interpretation, nach der mit dem Messiasgeheimnis das angeblich unmessianische Leben Jesu mit dem österlichen Christuszeugnis vermittelt werden sollte. In diesem Punkt hat sich die Theorie von Wrede nie durchsetzen können.

In den letzten Jahren wurde aber darüber hinaus zunehmend auch der Befund selbst in Frage gestellt. Gibt es überhaupt ein solches Messiasgeheimnis im ersten Hauptteil des Markusevangeliums? Wrede hatte die verschiedenen Schweigegebote, ob an die Jünger oder an die Dämonen gerichtet, die Parabeltheorie (Mk 4,11f) und das Jüngerunverständnis als Belege angeführt. Heute fragen viele, ob hinter diesen Befunden überhaupt ein einheitliches Konzept liege. Das "Wundergeheimnis" müsse doch von dem eigentlichen Messiasgeheimnis unterschieden werden, in dem es um die Person Jesu gehe.[109] Das "Wundergeheimnis" gehe ausschließlich auf vormarkinische Tradition zurück. Diese müsse deutlich von den redaktionellen Stellen unterschieden werden.[110] Die markinische Parabeltheorie habe zudem mit dem eigentlichen Messiasgeheimnis nichts zu tun.[111]

Die Kritik an der These vom Messiasgeheimnis im Markusevangelium wird am deutlichsten von denen geäußert, die Markus eine eigenständige theologische Leistung absprechen. Diese sehen in

---

108 Schnackenburg, Person 84.
109 Vgl. U. Luz, Das Geheimnismotiv und die markinische Christologie, in: ZNW 56 (1965) 9-30.
110 Theissen, Wundergeschichten 144f.
111 Räisänen, "Messiasgeheimnis" 160.

Markus eher den Sammler von Traditionen "mit einigen eigenen Gedanken. ... So wird man es sich gefallen lassen müssen, im ältesten Evangelisten mehr einen Tradenten und weniger einen Theologen bzw. Hermeneuten zu sehen, als die neuere Forschung im allgemeinen vorausgesetzt hat."[112] Räisänen und Pesch gehen mit ihrer Kritik am Messiasgeheimnis Hand in Hand. Bei Pesch heißt es zum Beispiel: "Man wird nicht nur die Frage aufwerfen müssen, ob es überhaupt eine bzw. *eine* Christologie des Markus gibt, man wird vielmehr auch kaum anders antworten können als so: Markus hat keine erkennbar eigenständige christologische Konzeption."[113] Deshalb gebe es bei Markus nur unterschiedlich konzipierte, in verschiedenem Traditionsmaterial ausgeprägte Christologien.[114] Pesch kommt folgerichtig, wie auch Räisänen, zum Ergebnis: Die Konstruktion einer markinischen Messias-Geheimnis-Theorie erweist sich als unhaltbar.

Die vorliegende synchrone Untersuchung des ersten Teils des Markusevangeliums führt zu demselben Ergebnis: Das Messiasgeheimnis im ersten Teil des Markusevangeliums existiert tatsächlich nicht. Das Ergebnis ist dasselbe, aber mit einer entgegengesetzten Begründung. Es geht Markus im ganzen ersten Hauptteil des Evangeliums nicht um ein Messiasgeheimnis, das Jesus zu hüten trachtet und weswegen er die verschiedenen Schweigegebote ausspricht. Der Grund liegt aber nicht darin, dass der angeblich "konservative Redaktor" Markus überhaupt kein eigenes Konzept hat. Im Gegenteil: Sein Konzept ist äußerst konsequent. Es besteht gerade darin, ein wirkliches Leben Jesu zu schreiben und darin zu erzählen, wie Jesus schrittweise unter der Führung Gottes und herausgefordert von den Menschen, Freunden und Gegnern, seinen Weg sucht, dabei seine Sendung selber immer deutlicher kennenlernt und sich dadurch zunehmend auch inhaltlich auf die Fremden- und Heidenliebe festlegt.

Erst durch die Heidenreise in Mk 6,45-8,26 ist das Messiasbekenntnis des Petrus in Mk 8,29 überhaupt möglich geworden. Denn erst damit hat sich inhaltlich geklärt, in welche Richtung Jesu besondere Aufgabe gehen sollte. Jesus ist für Petrus der Christus geworden, das heißt: der jüdische Gesalbte Gottes, der sich in einer verschwenderischen Großzügigkeit und Liebe auch für die Not bei den Heiden einsetzen und auch bei ihnen Gottes Heil anzeigen und wahrmachen soll.

---

112 Ebd. 167f.
113 Pesch II 40f.
114 Pesch II 145; ähnlich schreibt Schnackenburg vom Durchkreuzen verschiedener Darstellungstendenzen. Es entstehe "ein vielseitiges, nicht völlig stimmiges Bild Jesu", in: ders., Person 88f.

Es gibt, literarisch gesehen, vor Mk 8,29 deshalb kein Messiasgeheimnis, weil Markus mit dem Christustitel inhaltlich Jesu besondere Heidenliebe aussagen will, zu der er aber in seiner Jesusbiographie erst am Ende des ersten Hauptteils des Evangeliums gelangt
ist. Das Messiasgeheimnis ist also nicht nur nach vorne zu begrenzen:
bis zur Auferweckung. Es hat auch nach rückwärts eine Grenze in
Mk 8,29. Vorher kann es in einer synchronen Lesart des Evangeliums
kein Messiasgeheimnis geben, weil es diesen Titel für Jesus bis dahin
noch gar nicht gibt.

Die verschiedenen Belege, die Wrede und in seinem Gefolge
viele andere für das Messiasgeheimnis anführen, treffen nicht auf die
Geheimnistheorie zu. Sie lassen sich einzeln ohne die Theorie vom
Messiasgeheimnis aus dem unterschiedlichen Ort und Kontext innerhalb dieser Jesusbiographie verstehen und erklären.

Die Dämonen, die jeweils im Zusammenhang mit den Wundern
Jesus als Mann Gottes kundmachen wollen, lässt Jesus nicht reden
(Mk 1,25; 1,34; 3,12). Er will sich nicht von den Dämonen Zeugnis
geben lassen. Sie führen darüber hinaus in die Irre, weil sie von dem
Ziel Jesu, seiner Lehre, ablenken wollen. Die Zurückweisung der
Dämonen durch Jesus ist auch immer sofort erfolgreich. Das Volk,
das jeweils anwesend war (Mk 1,25; 3,12), erreichen die Dämonen
nicht.

Die zwei Schweigegebote an Geheilte in Mk 1,44f und Mk 5,19f
bleiben im Gegensatz zu Jesu Abwehr der Dämonenzeugnisse ohne
Erfolg. Im Fortgang der Erzählung sind es zwei Schlüsselstellen, an
denen Jesus jeweils vergeblich versucht, von sich als Wundertäter ab-
und auf das Lob Gottes hinzulenken. An beiden Stellen, einmal bei
Juden und einmal bei Heiden, muss Jesus erkennen, dass er als Bote
in die Botschaft von der Gottesherrschaft immer mehr hineinverwi-
ckelt wird. Die Frage nach seiner Person gewinnt an Dynamik.

Auf der Heidenreise entstehen alle Wunder aus einer unmittelbaren Not der Menschen. Jesus zieht die leidenden und hilfesu-
chenden Menschen einfach durch seine Gegenwart von selbst an. Er
hilft, zunächst durchaus widerstrebend. Aber die Wunder sind hier
nicht einfach Zeichen für seine Botschaft von der Gottesherrschaft.
Denn Jesus lehrt bei Heiden überhaupt nicht. Deshalb geschehen die
Wunder abseits und ohne zusätzliche theologische Deutung (Mk 7,24;
7,33.36; 8,23.26). Umso stärker wiegt das theologische Verständnis
des Wunders, das die Heiden von sich aus (Mk 7,36f) einbringen.

Ähnlich lässt sich das Schweigegebot nach der Totenerweckung
in Mk 5,43 verstehen. Markus wollte dieses größte Wunder nicht
theologisch gewichten. Es wird auch im ganzen Evangelium nicht

mehr erwähnt.[115] Vermutlich hätte dieses Wunder im Ablauf der Markuserzählung zu viel Aufmerksamkeit beansprucht und von der allmählichen Hinführung auf die Aufgabe Jesu als Messias auch für die Heiden abgelenkt.

Davon zu unterscheiden ist das durchgehende Jüngerunverständnis auf der ganzen Heidenreise zwischen Mk 6,45-8,26. Auffällig ist der Gegensatz zu Mk 4,11f. Dort war gerade den Jüngern das Geheimnis des Reiches Gottes gegeben. Jetzt, nach der Heidenreise, verstehen sie nichts mehr, ihr Herz ist verhärtet (Mk 6,52) und sie halten es auch verhärtet (Mk 8,17) bei Jesu Tun auf diesem Weg. Ein Schweigegebot für die Jünger braucht es in diesem dritten Abschnitt wahrlich nicht. Sie verstehen ohnehin nichts. Erst als Jesus sie fragt: "Ihr aber, für wen haltet ihr mich?" (Mk 8,29) finden sie aus ihrer Erstarrung, indem sie ihn als Gesalbten Gottes bekennen und ihn damit vom prophetischen Lehrer zu ihrem König machen.

3. Vor dem Messiasbekenntnis des Petrus in Mk 8,29 gibt es für Jesus kein Messiasgeheimnis zu wahren, weil nach der Erzählung des Markus Jesus selber dieses Geheimnis noch gar nicht kennt und folglich auch nicht aussprechen oder verbieten kann. Auch Jesus selbst musste auf seinem Weg unter der Führung Gottes erst lernen, was genau seine Aufgabe und Sendung sein sollte. Genau diesen Weg will Markus in seiner Biographie Jesu erzählen. Will man trotzdem von einem Messiasgeheimnis im ersten Hauptteil des Evangeliums sprechen, so müsste sich dieses Geheimnis auch auf Jesus selbst beziehen. Beide Seiten, Jesus und seine Jünger, wussten von der prophetischen Sendung Jesu; beide mussten aber nach dem Markusevangelium erst lernen, worin genau diese Sendung bestand.

Markus hatte in Mk 1,1 nur angekündigt, den "Anfang des Evangeliums Jesu Christi" erzählen zu wollen. Der Genitiv in dieser Formulierung "Evangelium Jesu Christi" war im ersten Hauptteil eindeutig als Genitivus subjectivus zu lesen. Es handelte sich um den Anfang des Evangeliums, das Jesus verkündigen wollte. Aber diese Erzählung des Anfangs lenkte den Leser Schritt für Schritt auf die Frage nach dem weiteren Leben Jesu, weil sich mit jeder Antwort zugleich neue Fragen auftaten. Die Person Jesu rückte zunehmend in den Mittelpunkt, bis in Mk 8,29 das ausdrückliche Bekenntnis des Petrus erfolgte: "Du bist der Christus!"

Könnte Markus an dieser Stelle nicht sein Evangelium enden lassen? Jetzt ist doch Jesus endgültig als Messias eingeführt, der

---

115 Anders Mt 11,5 und Lk 7,22. Vgl. auch die Lazarusgeschichte in Joh 11, die in Joh 12,9-11 in ihrer Wirkung weiterverfolgt wird.

Anfang seines Evangeliums also abgeschlossen. Der Leser weiß: Dieser Jesus ist "der Gesalbte", "der Christus", "der Sohn Davids", "der Messias", der von nun an das Evangelium Gottes verkünden und die Menschen zur Umkehr rufen wird (Mk 1,14f). Auf den ersten Blick trifft das zu. Aber die Dynamik der Erzählung reicht längst in weitere Dimensionen: Was ist das für ein Evangelium, das dieser Christus verkünden will? Wohin führen die neuen Wege, die Jesus mit seinem Wirken im Heidenland beschritten hat und die die Jünger nicht mehr verstehen? Zunehmend gewinnt darüber hinaus die Frage nach dem Weg und dem Schicksal Jesu an Gewicht: Wo und wie wird der Weg dieses Boten des Evangeliums enden? Der Genitivus subjectivus in der Überschrift wandelt sich ganz allmählich zu einem Genitivus objectivus, weil dieser Jesus Christus selbst zum Inhalt des Evangeliums wird.

Zusammenfassend ist festzustellen: Der Weg Jesu in die Öffentlichkeit begann nach der Taufe Jesu und der damit verbundenen Berufungserfahrung. Die erste eigenständige Verkündigung erfolgte nach der Gefangennahme des Täufers. Jesus und seine Zuhörer erlebten dabei gemeinsam die überraschende Macht seines Wortes. Die Zuhörer wurden dadurch zu Vergleichen mit den Schriftgelehrten angeregt, die diesen nicht gefallen konnten. Jesus "widerfuhr" bei der Verkündigung sein erstes Wunder. Dadurch und letztlich im darauf folgenden Gebet wurde er zum Wanderprediger.

Die Geheilten stellten zunehmend ihn selbst als Wundertäter in den Mittelpunkt und nicht Gott, der ihn gesandt hatte. Es ging immer mehr um seine Person, ob er das wollte oder nicht. Dafür sorgten schon seine Gegner, die ihn herausforderten und denen gegenüber er den Anspruch seiner Sendung durch Gott ausdrücklich vertreten musste. Schriftgelehrte lehnten ihn ab, indem sie seine Wunder dem Obersten der Dämonen zuschrieben. Durch seinen anschließenden Rückzug auf die Jüngerunterweisung und die Jüngersendung geriet er in deren Kreis noch mehr in den Mittelpunkt. Immer deutlicher stellte sich für sie die Frage nach ihrem Lehrer: "Wer ist dieser?" (Mk 4,41)

Während er weiter den Kampf um den Glauben an seine Sendung führen musste, kam es zu einem ersten unmittelbaren Kontakt mit einem besessenen Menschen unter den Heiden in Gerasa. Von dort aus ließ er sich in der Folge und wieder nach einer Gebetsnacht auf den Weg in das Heidengebiet und zu den Heiden leiten. Von deren Not herausgefordert kam es zu vier großen Wundern auch bei den Heiden. Symbolischer Höhepunkt, aber auch stärkste Provokation für die gegnerischen Pharisäer wurde das zweite Wunder der Brotvermehrung, in dem Jesus Heiden in ähnlicher Weise Anteil an der

kommenden Gottesherrschaft anbot, wie er das zuvor beim Brotwunder am Westufer des Sees bei Juden getan hatte.

In der Jesusbiographie des Markus wird der Leser in die Dynamik
dieser Entwicklung hineingezogen. Das Schicksal des Boten Jesu erscheint immer mehr mit seiner Botschaft unlöslich verbunden. Am
Ende des ersten Hauptteils steht das explizite christologische Bekenntnis des Petrus, das für Markus zugleich den Anfang und das
Thema des zweiten Hauptteils seines Evangeliums bilden wird.

ZWEITER HAUPTTEIL: MK 8,31-16,8

1. ABSCHNITT: DER KÖNIG AUF DEM WEG IN SEINE STADT
(MK 8,31-10,52)

In diesem ersten Abschnitt des zweiten Hauptteils erzählt Markus, welche unmittelbaren Folgen das Christusbekenntnis des Petrus hat: für Jesus selbst und für seine Jünger. Denn Jesus begibt sich jetzt auf seinen letzten Weg nach Jerusalem und er lädt dabei seine Jünger zur Nachfolge ein.

In den folgenden Kapiteln soll zuerst die literarische Komposition dieses Abschnitts untersucht werden: Drei Stationen auf dem Weg nach Jerusalem (1.1.). Dann geht es um Jesu Deutung seiner eigenen Person im Verhältnis zu seiner Sendung: die Botschaft und ihr Bote (1.2.). Anschließend richtet sich der Blick auf die Nachfolge, zu der Jesus die Jünger und andere Begleiter auf seinem Weg nach Jerusalem einlädt (1.3.). Zuletzt wird im Vergleich mit Johannes dem Täufer die Aufgabe Jesu theologisch näher bestimmt: Johannes der Täufer - ein Wegweiser für Jesus (1.4.). Anlass dazu bietet ein Wort Jesu an drei seiner Jünger nach der Verklärung, in dem er Johannes dem Täufer die Elijarolle zuspricht und dadurch auch sich selber deutet.

1.1. Zur literarischen Komposition: Drei Stationen auf dem Weg nach Jerusalem (Mk 8,31; 9,31; 10,32-34)

1. Die literarische Struktur des Abschnitts Mk 8,31-10,52 ist durchsichtig. Jesus zieht mit seinen Jüngern von ganz im Norden nach Süden: durch Galiläa, Peräa und Judäa über Jericho nach Jerusalem. Insgesamt dreimal spricht Jesus auf diesem Weg zu seinen Jüngern über sein bevorstehendes Leiden, seinen Tod und seine Auferweckung.[1] Das sind die drei Stationen in diesem Abschnitt.

---

1 Der Begriff "Leidensweissagungen" wird vermieden, weil er nicht die ganze Ankündigung zusammenfasst. Jesus spricht jeweils von seinem bevorstehenden Tod und von seiner Gewissheit der Auferstehung "nach drei Tagen". Vgl. dazu K. Lehmann, Auferweckt am dritten Tag nach der Schrift (QD 38), Freiburg 1968, ²1969.

Drei Stationen auf dem Weg nach Jerusalem (Mk 8,31-10,52)			
	Ankündigung von Tod und Auferweckung	Unverständnis der Jünger	Nachfolge
1. Station: Cäserea Philippi (Mk 8,27-9,29)	Mk 8,31	Mk 8,32f	Mk 8,34-38
2. Station: Galiläa (Mk 9,30-10,31)	Mk 9,31	Mk 9,32-35	Mk 9,36-41 Mk 10,17-27 Mk 10,28-31
3. Station: Peräa und jenseits des Jordan (Mk 10,32-52)	Mk 10,32-34	Mk 10,35-41	Mk 10,42-45 Mk 10,46-52

Jesus und die Jünger nähern sich der Stadt Jerusalem. An jeder Station verwendet der Erzähler dasselbe Schema: Es erfolgt eine Ankündigung Jesu von seinem bevorstehenden Tod und seiner Auferweckung. Dann kommt ein Hinweis darauf, dass die Jünger nichts davon verstehen. Jedesmal wird zusätzlich in verschiedener Breite das Thema "Nachfolge" behandelt. Jesus ruft seine Jünger zur Nachfolge auf. Die Jünger reagieren dreimal negativ darauf: ohne Verständnis, mit Angst und auch mit Ablehnung. Sie kümmern sich um den eigenen Vorteil und um die besten Plätze für sich, während Jesus als künftiger König von seinem bevorstehenden Leidensweg spricht.

Innerhalb dieser Komposition lässt der Erzähler Markus alle Themen der zweiten Hälfte seines Evangeliums anklingen: Es geht einerseits um Jesus als den König, der symbolisch das Land der zwölf Stämme Israels in Besitz nimmt, bevor er in "seine" Stadt einzieht. Während er sich in drei Stationen diesem Ziel Jerusalem nähert, kündigt er seinen Jüngern seinen bevorstehenden Tod, aber auch seine Auferweckung an. Damit will er ihnen seine besondere ihm von Gott zugedachte Aufgabe als König erklären. Auf diesem Weg durch das Land in seine Stadt lädt Jesus andererseits seine Jünger zur Nachfolge ein. Diese verstehen wenig oder nichts. Sie können oder wollen ihm jetzt nicht folgen, auch wenn sie, äußerlich gesehen, bei ihm bleiben und mit ihm nach Jerusalem hinaufgehen.

Durch diese Konstellation erreicht der Erzähler in diesem Abschnitt eine Differenzierung zwischen dem "Jetzt" der Gegenwart Jesu auf dem Weg nach Jerusalem und dem "Dann" der Gemeinde nach der Auferweckung (Mk 9,9). Jesu Unterweisung trifft jetzt auf Unverständnis. Sie wird aber zur lebendigen Gemeinderegel nach Ostern und spiegelt insofern das Leben der Gemeinde des Markus nach dem Jahr 70. Das "Vorangehen" Jesu nach Jerusalem (Mk 10,32) bleibt somit ein Alleingang. Erst nach seinem Tod beim erneuten "Vorangehen" (Mk 14,28; 16,7) nach Galiläa findet er Nachfolger, die sein Wort hören (Mk 9,7) und es befolgen. Der literarische Ort für die Gemeinderegeln ist deshalb im Markusevangelium dieser erste Abschnitt des zweiten Hauptteils.[2]

2. Den Ausgangspunkt dieses Weges bilden die Dörfer um Cäsarea Philippi. Diese Stadt, das alte Paneas an den Jordanquellen, hatte der Tetrarch Philippus zu einer seiner beiden Residenzstädte ausgebaut. Die andere war Betsaida-Julias am Nordostende des Sees Gennesaret, die Stadt, in der Jesus am Ende des Ersten Hauptteils den Blinden geheilt hatte (Mk 8,22-26).

Mit Cäsarea Philippi beginnt ein völlig neues und selbständiges Itinerar, das man nicht mit dem vorherigen Itinerar zusammenkoppeln darf. Dort ging es jeweils um die Fahrten über den See, also von Westen nach Osten und zurück. Dieses Itinerar war literarisch schon im Abschnitt davor (Mk 3,7-6,13) durch das Boot vorbereitet worden, das zugleich die Lehrkanzel Jesu und seine Rückzugsmöglichkeit war. Auf diesem Rückzug von Galiläa über den See, also nach Osten, war Jesus zum ersten Mal im Gerasener Land einem besessenen Heiden begegnet und von ihm und seiner Not herausgefordert worden. Damit waren die beiden Ufer des Sees im Westen und im Osten typologisch als Land der Juden und als Land der Heiden eingeführt. Das Boot ist das Vehikel, mit dem die Szenen im Westen und im Osten des Sees gleichzeitig verbunden und unterschieden werden.

Markus hat das neue Itinerar von Nord nach Süd in keiner Weise mit dem vorigen von West nach Ost verbunden. Die Frage macht deshalb keinen Sinn, wie Jesus von Betsaida, dem Ort der letzten Geschichte im Ersten Hauptteil (Mk 8,22-26) nach Cäsarea Philippi (Mk 8,27) gelangt sei, oder warum Markus die Reise dorthin nicht

---

2   Matthäus hat viele Stellen aus diesem Abschnitt des Markus in die Bergpredigt (Mt 5,1-7,28) aufgenommen. Die "Gemeinderegel" in Mt 18 hat im Unterschied dazu inhaltliche Parallelen vor allem im zweiten Abschnitt des zweiten Hauptteils bei Markus, z.B. die Notwendigkeit der Vergebung (Mk 11,20-26).

erzählt habe. Mit dem Weg von Cäsarea Philippi nach Jerusalem beginnt für Markus ein neuer Abschnitt.

Auch dieses neue Itinerar hat eine typologische Bedeutung, aber eine andere als das Itinerar zwischen dem Westen und dem Osten des Sees im vorigen Abschnitt. Jetzt geht es um die symbolische Besitzergreifung des Landes durch den neuen König. Das Ziel ist der Einzug als künftiger König in seine Stadt und die Inthronisation in der Stadt Davids als König.

In diesem Itinerar ist vor allem der Weg betont[3], im Unterschied zum See und zum Boot im vorher verwendeten Itinerar. Markus hebt an den entscheidenden drei Stellen, an denen Jesus von seinem in Jerusalem bevorstehenden Leiden, Sterben und Auferstehen spricht, jeweils ausdrücklich hervor, dass sie sich auf dem Weg befinden. Mit dem Wegmotiv hat er dann auch jeweils, typologisch naheliegend, das Nachfolgethema verbunden.

In der folgenden Skizze sind alle im Text aufgeführten Ortsangaben genannt: Landschaften, Städte und zweimal ein "Berg". Zusätzlich sind entlang der Strecke außerhalb der Ortsangaben die sieben Stellen eingetragen, in denen Markus ausdrücklich den Begriff "Weg" verwendet.

Die Ortsangaben sind in diesem Itinerar sparsam verwendet: neben Cäsarea Philippi (Mk 8,27) kommen nur die Städte Kafarnaum (Mk 9,33), Jericho (Mk 10,46) und Jerusalem (Mk 10,32) vor. Dabei denkt Markus nicht einfach in geographischen Kategorien. Denn in Mk 10,32f ziehen sie schon "hinauf" nach Jerusalem, obwohl sie noch gar nicht am tiefsten Punkt der Reise, in Jericho, angelangt sind.[4] Bei der dritten Station, in Mk 10,32 steht also eine zusammenfassende Angabe, die das Ziel des gesamten Weges benennt.

Zweimal ist bei der Verklärung "ein Berg" genannt (Mk 9,2.9), der aber nicht näher beschrieben wird. Der Leser mag an den Berg denken, auf dem Jesus die Zwölf in seine Jüngerschule berief (Mk 3,13), oder an den Berg, auf dem er allein nach der ersten Brotvermehrung betete, während seine Jünger über den See fahren wollten und gegen den Wind kaum ankamen (Mk 6,46). Der Erzähler will jedenfalls keine genaueren geographischen Angaben machen. Der Berg ist an keiner dieser Stellen eindeutig lokalisiert.

---

3   Vgl. die Stellenangaben in der Skizze. Siebenmal (Mk 8,27 dazu gerechnet) wird in diesem Abschnitt ausdrücklich der Weg genannt: Mk 8,27; 9,33.34; 10,17.32.46.52.

4   Jericho, der topographisch tiefste Punkt, wird erst in Mk 10,46 erreicht und auch gleich wieder in 10,46 verlassen.

Jesus und seine Jünger auf dem Weg nach Jerusalem

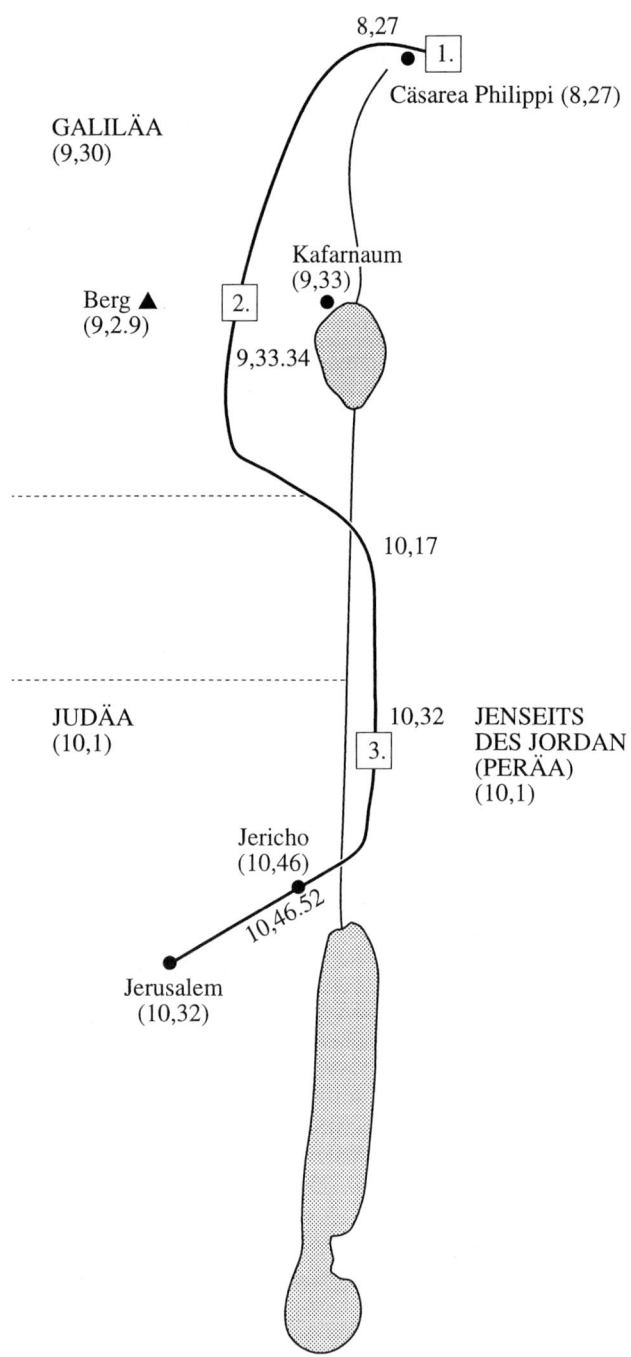

Darüber hinaus sind drei Landschaftsnamen in diesem Erzählabschnitt verwendet: Jesus zieht zuerst durch Galiläa (Mk 9,30) und er kommt dann in das Gebiet von Judäa und jenseits des Jordan (Mk 10,1). Der theologisch-typologische Charakter dieses Weges ist deutlich. Es handelt sich nicht um geographisch und politisch exakte Angaben. Samarien ist für den Erzähler überhaupt nicht existent. Der Erzähler denkt nicht in den geographischen, sondern in theologischen Kategorien. Ein Wallfahrer aus Galiläa, der zu einem Fest nach Jerusalem zieht, meidet den kürzesten Weg über Samaria. Zum einen galten die Bewohner von Samaria als Ketzer, weil sie den Tempel in Jerusalem nicht anerkannten, zum anderen war deshalb dieser Weg gerade anlässlich der Jerusalemwallfahrt für Pilger besonders gefährlich.

Galiläa ist der Ausgangspunkt des Weges Jesu. Das Gebiet von Judäa (Mk 10,1) mit der Hauptstadt Jerusalem ist sein Ziel. Peräa, das Gebiet "jenseits des Jordan" (Mk 10,1), wird genannt, weil Jesus über Jericho nach Jerusalem "hinaufgezogen" ist. Dieser Weg im Jordantal ermöglichte den Wallfahrern Galiläas die Umgehung Samariens.

Darüber hinaus war das Ostjordanland Peräa auch das Land, in dem nach der Tradition Johannes der Täufer aufgetreten war, bis ihn sein Landesherr Herodes Antipas hatte verhaften und umbringen lassen.[5] Das hat für den Erzähler eine zusätzliche symbolische Bedeutung. Markus bringt deshalb auf diesem Weg das wichtige Gespräch Jesu mit seinen Jüngern über Johannes den Täufer. In seiner Aussage vergleicht sich Jesus mit Johannes, indem er seine Aufgabe als König von der Aufgabe des Johannes als wiedergekommenen Elija unterscheidet, gleichzeitig aber sein eigenes Todesschicksal mit dem gewaltsamen Tod des Johannes vergleicht (Mk 9,11-13).

Dem Erzähler ist offenbar auch wichtig, dass Jesus als König auf diesem Weg vom äußersten Norden durch das ganze Land der ehemaligen zwölf Stämme zieht und damit symbolisch seine Herrschaft über ganz Israel antritt. Auch hier handelt es sich um idealtypische Vorstellungen eines Zwölfstämmelandes, das es in dieser Form historisch nie gegeben hat.

3. Literarisch wichtiger als die einzelnen Ortsangaben ist in diesem Abschnitt der Weg. Das Wegmotiv kennzeichnet den ganzen

---

5   Johannes der Täufer war am Jordan, vermutlich im Osten des Jordan, aufgetreten und hatte hier auch Jesus vor dessen öffentlichem Auftreten in Galiläa getauft. Denn das Gebiet "jenseits des Jordan" (Peräa) gehörte neben Galiläa (ohne Landverbindung) zum Herrschaftsgebiet des Herodes Antipas (vgl. Mk 1,5). Dieser Herodes Antipas hatte Johannes töten lassen, nach Josephus, Ant 18,118, in der östlich des Toten Meeres gelegenen Festung Macharus.

Abschnitt von Mk 8,31-10,52. Es gibt dem Erzähler darüber hinaus die Möglichkeit, an den entscheidenden Stellen Jesus allein mit seinen Jüngern sprechen zu lassen, obwohl sie zwischendurch immer wieder der Menge begegnen. Gerade dadurch wird aber die Tatsache besonders hervorgehoben, dass sich die Lehrgespräche in diesem Abschnitt - mit der einen Ausnahme in Mk 10,1-12 - jeweils nur an die Jünger richten.

Das gilt für alle drei Ankündigungen des Todes und der Auferweckung. Nur die Jünger hören diese Ankündigungen: Vor der ersten Ankündigung betont der Erzähler, dass Jesus und die Jünger "hinausgegangen" waren. Auf dem "Weg" (Mk 8,27) redet Jesus dann ausdrücklich allein seine Jünger an und fragt sie, für wen die Menschen ihn halten. Dann fragt sie Jesus nach ihrer Meinung: "Ihr aber, wer sagt ihr, dass ich sei?" (Mk 8,29). Weil Petrus für alle die Antwort gibt: "Du bist der Christus!", richtet Jesus das folgende Schweigegebot und die erste Ankündigung des Todes und der Auferweckung an alle anwesenden Jünger (Mk 8,30.31). Diese Rollenverteilung wiederholt sich: Petrus widerspricht ihm allein, Jesus wendet sich vor den Jüngern gegen das Wort des Petrus (Mk 8,32f).

Auch die zweite Ankündigung des Todes und der Auferweckung erfolgt unterwegs, wie die nachgestellte Frage Jesu (Mk 9,33.34) belegt. Die Ankündigung hatte der Erzähler schon durch die Bemerkung eingeleitet, dass sie "hinausgegangen" waren, "durch Galiläa zogen" und dass Jesus nicht wollte, dass es jemand merke (Mk 9,30). Das anschließende Gespräch findet zwar in Kafarnaum statt, aber "im Haus" (Mk 9,33), wie Markus gleich hinzufügt, sodass Jesus auch dabei mit den Jüngern allein ist.

Die dritte Ankündigung seines Todes und der Auferweckung erfolgt "auf dem Weg beim Hinaufsteigen nach Jerusalem". Zwar sind hier viele dabei auf dem Weg. Aber der Erzähler fügt ausdrücklich hinzu, dass Jesus die Ankündigung nur an "die Zwölf" richtet, die er beiseite nimmt und gesondert für sich anspricht (Mk 10,32).

Diese drei Schlüsselszenen spielen sich also ausschließlich zwischen Jesus und den Jüngern ab. Dazwischen tritt zwar immer wieder die Menge in Erscheinung. Aber gerade darin sieht der Erzähler Markus die literarische Möglichkeit, die Exklusivität der Jüngerrolle in diesem Abschnitt jeweils neu zu unterstreichen. Die Beteiligung der Menge dazwischen lässt sich zudem an jeder Stelle durch das erzählte Geschehen erklären.

Die Menge wird zweimal im Zusammenhang mit Nachfolgeworten Jesu erwähnt: nach der ersten (Mk 8,34) und vor der dritten Ankündigung des Todes und der Auferweckung (Mk 10,32). Beide

Male geht es um die Unterscheidung der Nachfolgenden von denen, die nur mit Jesus gehen. Die Nachfolgesprüche von Mk 8,34-38 richten sich an alle. Aber nicht alle, die sie hören, werden wirkliche Nachfolger. In Mk 10,32 wird folgerichtig eindeutig unterschieden, dass die Mitgehenden "erschaudern", die Nachfolgenden aber "sich fürchten".

Nach den ersten Nachfolgeworten in Mk 8,34-38, die an die anwesende "Menge" und die Jünger gerichtet sind, berichtet der Erzähler jeweils genau, welche Personen und Personengruppen in der weiteren Szenenfolge beteiligt sind. In Mk 9,2 geht Jesus allein mit drei namentlich genannten Jüngern - Petrus, Jakobus und Johannes - zum Berg der Verklärung. In Mk 9,14 stoßen diese mit Jesus auf die zurückgebliebenen Jünger, die nach der Erzählvorstellung weiter mit der Menge[6] zusammengeblieben sind. Die Menge ist für die folgende Szene wieder unerlässlich, weil es um das Verhältnis der Jünger zur Welt geht. Ohne Jesus erweist sich die frühere Wunderkraft der Jünger[7] als hinfällig. Jesus muss selbst den stummen Geist austreiben. Das folgende Lehrgespräch betrifft aber schon wieder allein die Jünger. Die Menge merkt nichts davon, denn die Jünger gehen mit Jesus "ins Haus" (Mk 9,28) und erst dort fragen sie ihn wegen ihres Unvermögens.

Von da an bleiben die Jünger allein mit Jesus bis Mk 10,1: Nach dem Gespräch im Haus (Mk 9,28) sind sie für sich auf dem Weg (Mk 9,30); dann kommen sie nach Kafarnaum und sind wieder für sich "im Haus" (Mk 9,33). Dort "setzt sich" Jesus zur Lehre an die Zwölf (Mk 9,35) und bleibt dort, bis er "aufsteht" zum Weg nach Judäa und Peräa (Mk 10,1).

Erst jetzt kommen wieder die "Mengen" hinzu, die für die nächsten Szenen gebraucht werden. Sie hören das folgende Lehrgespräch mit den Pharisäern mit, in dem die Pharisäer nach der Ehescheidung fragen. Das ist als Gesetzesfrage eine Sache der Pharisäer, die aber alle angeht (Mk 10,1-12). Anschließend bringen sie Kinder zu Jesus (Mk 10,13-16). Beim "Hinausgehen auf den Weg" (Mk 10,17) kommt noch der reiche junge Mann, der Jesus etwas fragen will (Mk 10,17-22). Die folgenden Gespräche sind schon wieder allein mit den Jüngern (Mk 10,23f). Nur in einer Bemerkung in Mk 10,32 macht der Erzähler deutlich, dass andere Leute noch in der Nähe sind. Die Gespräche vorher (Mk 10,23-31) und nachher (Mk 10,32) hören diese aber nicht. Erst beim Verlassen von Jericho ist die Menge wieder

---

6 Das Wort "Menge" kommt im folgenden Abschnitt viermal knapp hintereinander vor: Mk 9,14.15.17.25.

7 Vgl. Mk 3,15; 6,7.

beteiligt (Mk 10,46) und spielt eine Rolle, zuerst bei der Abweisung des blinden Bettlers (Mk 10,48), dann um diesen zu ermutigen (Mk 10,49).

1.2. Die Botschaft und ihr Bote (Mk 8,35; 10,29)

Der dritte Abschnitt des ersten Hauptteils (Mk 6,14-8,30) war von der Frage nach der Person Jesu gerahmt, für wen die Menschen Jesus halten (Mk 6,14-16 und Mk 8,27-29). Der folgende erste Abschnitt des zweiten Hauptteils (Mk 8,31-10,52) ist von der Antwort auf diese Frage eingerahmt: Du bist der Christus!

In Mk 8,29 spricht Petrus für alle Jünger dieses Christusbekenntnis. Am Ende des Abschnitts in Mk 10,46-52 ist es der blinde Bettler Bartimäus, der Jesus den "Sohn Davids" nennt und damit sagt, dass er Jesus für den erwarteten Gesalbten, also den Christus hält.[8] Die letzte Szene spielt in aller Öffentlichkeit. Sie zeigt, dass zumindest das Gerücht, Jesus könnte der Messias sein, längst alle erreicht hatte. Mit diesem Rahmen ist auch das Thema dieses Abschnitts (Mk 8,31-10,52) benannt: Jesus ist der Christus.[9] Das Thema ist also die Christologie.

1. Man muss dieses Thema allerdings strikt im Gesamtzusammenhang belassen. Es geht nicht um eine allgemeine Frage nach dem erwarteten Christus bei Juden, nach seiner Sendung und nach seinem Auftreten, so als hätte es dazu eine einheitliche und allgemein anerkannte Vorstellung in der damaligen Zeit gegeben.[10] Das Christusbekenntnis des Petrus muss im Kontext des Evangeliums strikt an seiner Stelle belassen werden. Es hat in der Heidenreise Jesu seine unmittelbare Vorgeschichte. Petrus bekennt diesen Jesus, der die Heilsgabe Gottes auch Heiden gebracht hat, als Christus. Der Christustitel erhält damit eine besondere inhaltliche Zuspitzung.

---

8   Ein literarischer Vergleich von Mk 8,27-33 und Mk 10,46-52 zeigt die enge Verbindung der beiden Rahmenperikopen dieses Abschnitts. Die Begriffe "Weg", "anherrschen", "geh hin" kommen jeweils in beiden Texten vor. Zur genaueren Analyse vgl. P. Müller, Jesus 122-124.

9   Sieht man von Mk 1,1, der Überschrift ab, taucht hier an der Nahtstelle vom ersten zum zweiten Hauptteil im Bekenntnis des Petrus (Mk 8,29) der Christustitel zum ersten Mal im Evangelium auf. Weitere Vorkommen, alle im zweiten Hauptteil, sind: 9,41; 12,35; 13,21; 14,61; 15,32.

10 Auch PsSal 17f stellt selbstverständlich nur eine Variante der Messiaserwartung dar. Vgl. R. Mayer, War Jesus der Messias? Geschichte der Messiasse Israels in drei Jahrtausenden, Tübingen 1998.

Dieser Christus hat allerdings mit seiner Botschaft von der Fremden- und Heidenliebe Gottes keineswegs den Unterschied der Erwählung zwischen Juden und Heiden aufgehoben. Im Gegenteil: Er betont in einer für viele Juden provozierenden und übertriebenen Weise die Erwählung Israels für das Heil der ganzen Welt. Man kann auch sagen: Er betont die Erwählung der Juden für die Heiden. Die Jünger sind von dieser Zuspitzung der Tora selbstverständlich ebenfalls provoziert, aber sie lassen trotzdem nicht von diesem Jesus und bekennen ihn deshalb als ihren König.

Mit dem Christusbekenntnis der Jünger ist es aber nicht getan. Missverständnisse sind weiterhin möglich. Die unmittelbar folgende Zurückweisung des Petrus beweist es (Mk 8,32f).[11] Jetzt muss Jesus selbst erklären, auf welche Art und Weise er sein Christusamt ausüben will: Was bedeutet das Amt dieses Christus für seinen weiteren Weg? Das folgende Itinerar und die dreimalige Ansage seines bevorstehenden Todes und seiner Auferweckung an die Jünger sind die literarischen Mittel des Erzählers, um darauf eine Antwort zu geben.

Nach der Erzählung des Markus hat Jesus die Initiative dazu ergriffen. Er hatte schon die Frage nach seiner Person in Mk 8,27 selbst aufgeworfen, ganz im Gegensatz zu seinem Verhalten am Anfang seines öffentlichen Auftretens. Am Beginn des Evangeliums war es Jesus immer nur um seine Botschaft gegangen. Er hatte sich dagegen gewehrt, dass die Menschen von Anfang an und zunehmend mehr, vor allem wegen seiner Wundermacht, nach seiner Person fragten (Mk 1,44; 5,19). Gegen Jesu Widerstand rückte dennoch im weiteren Verlauf immer mehr seine Person in den Vordergrund (Mk 4,41). Für ihn wurde schließlich in dieser Entwicklung der Wille Gottes sichtbar. Deshalb musste er Stellung beziehen. Dieser Prozess der zunehmenden Personalisierung gibt dem ganzen ersten Hauptteil des Evangeliums seine innere Dynamik.

2. Der zweite Hauptteil des Evangeliums hat durch den von Petrus ausgesprochenen Christustitel sein Thema bekommen. Damit steht das Schicksal Jesu, also sein Weg bis zum Tod und zu seiner Auferweckung, im Mittelpunkt der weiteren Erzählung und Verkündigung. Den Anstoß dazu hat Jesu Frage gegeben. Jetzt gibt er auch selbst die Antwort.[12]

---

11 Gegen Überlegungen bei M. Horstmann, Studien zur markinischen Christologie. Mk 8,27-9,13 als Zugang zum Christusbild des zweiten Evangeliums (NTA NF 6), Münster 1969. Horstmann meint, ebd. 28, Petrus habe sein Bekenntnis gleich wieder zurückgenommen.

12 Im ersten Hauptteil beziehen sich die Begriff "Lehre", "Lehrer" und "lehren" immer auf die Verkündigung der Gottesherrschaft (z B Mk 1,22.27; 4,1.2),

Im ersten Abschnitt des zweiten Hauptteils (Mk 8,31-10,52) geht
es also zum ersten Mal im Evangelium um eine explizite Christologie:
Jesus spricht nicht mehr nur über seine Botschaft von der Herrschaft
Gottes, sondern über sich selber und über seine Rolle als Bote. Aber
auch hier ist genau auf den literarischen und inhaltlichen Zusammenhang zu achten. Es ist ja nicht so, dass das Evangelium des Markus
einfach zwei getrennte Hauptteile enthält: einen ersten Teil, in dem
von Jesu Evangelium über die Gottesherrschaft die Rede ist, und
einen zweiten Teil, in dem es um Jesu Person geht.

Die beiden Teile sind eng verbunden, weil sowohl die Jünger als
auch Jesus selbst den Christustitel auf seine bisherige Evangeliums-
verkündigung beziehen. Diese hatte sich schrittweise auf Gottes
besondere "Heidenliebe" zugespitzt. Das Ergebnis des ersten Hauptteils war gerade deshalb der Christustitel, weil Jesus in seiner Verkündigung von der Gottesherrschaft immer deutlicher die Liebe
Gottes für die Heiden betont hat.

Jesus überschreitet damit keinesfalls die Botschaft der Tora
Gottes vom Sinai. Aber in der Zuspitzung auf die Erwählung Israels
für die Nichtjuden provoziert er die Juden und überfordert sie
zugleich. Jesus weiß das. Er muss es zunehmend schmerzlich auf
seinem ihm von Gott bestimmten Weg erfahren. Aber er weiß sich
auch in dieser Profilierung seiner Sendung für die Heiden von Gott
geführt und steht deshalb mit seiner ganzen Person für diese Sendung
ein. Wenn Jesus jetzt den Titel "Christus" für sich akzeptiert, dann
übernimmt er gleichzeitig diese inhaltliche Profilierung seiner
Sendung als gottgewollt.

Die Annahme des Christustitels bedeutet für Jesus, dass er sich
der Einzigartigkeit seiner Sendung genau bewusst ist. Literarisch
heißt das, dass Jesus von jetzt an seine Person mit seiner besonderen
Botschaft von der Herrschaft Gottes in einen exklusiv engen Zusammenhang bringen muss. Zweimal im folgenden Abschnitt, am Beginn
und gegen Ende, verwendet er deshalb die unerhört starke und völlig
neue Parallelisierung "um meinet- und des Evangeliums willen"
(Mk 8,35 und Mk 10,29).

Zusätzlich erscheint in ähnlicher Funktion in der Mitte dieses Abschnitts (Mk 8,31-10,52) viermal die Formel "auf meinen (deinen)

---

im ersten Abschnitt des zweiten Hauptteils beziehen sich diese Begriffe auf
die Christologie, insofern Jesus allein zu seinen Jüngern spricht, z.B.
Mk 8,31; 9,31 (vergleichbar 10,32). Bezeichnende Ausnahme ist Mk 10,35:
Jakobus und Johannes haben von der neuen Fragestellung noch nichts verstanden.

Namen hin"[13], die zum Abschluss noch ausdrücklich auf die Zugehörigkeit zu dem Christus gedeutet wird (Mk 9,41). In dieser Formel ist die Verbindung vom ersten zum zweiten Hauptteil des Evangeliums enthalten.

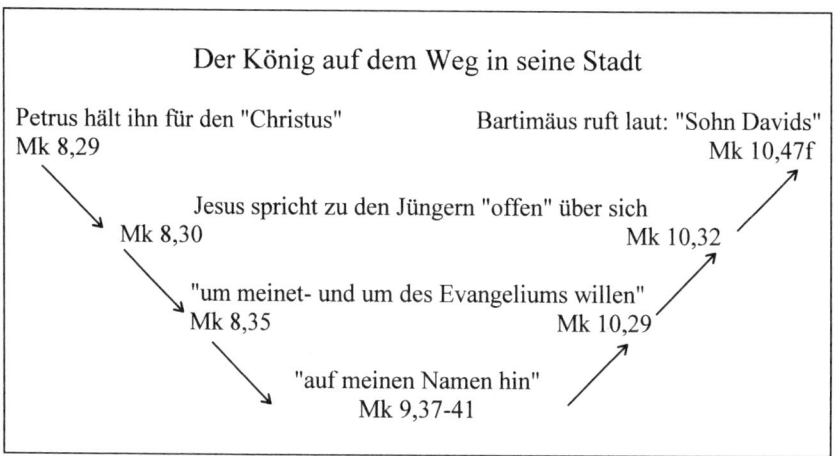

Ab jetzt spricht Jesus in Fortsetzung seiner Verkündigung von der Gottesherrschaft "frei heraus" (Mk 8,32)[14] über sich und seinen bevorstehenden Weg. Er selbst wird also zum Thema seiner Verkündigung.[15] Die Jünger sind Hörende, die - zeitlich begrenzt bis zu seiner Auferweckung (Mk 9,9f) - nichts verstehen. Er gebietet ihnen deshalb zu Beginn dieses Abschnitts, "dass sie niemandem sagten über ihn" (περὶ αὐτοῦ) (Mk 8,30). Man darf hier nicht zur leichteren Lesbarkeit einfügen: "etwas" über ihn. Damit würde die intendierte christologische Thematik verfehlt. In freier Übersetzung muss man sagen: Er verbietet ihnen, "ihn zu verkünden". Im Verbot wird das Thema des folgenden Abschnitts gleich zu Beginn ausdrücklich benannt und am Ende des gesamten Abschnitts wird dieses christolo-

---

13 Nach der zweiten Ankündigung des Todes und der Auferweckung: Mk 9,37.38.39.41.

14 Das verwendete Wort παρρησία (frei heraus) kommt nur hier in Mk 8,32 im Markusevangelium vor. Es kündet das im Vergleich zum ersten Hauptteil des Evangeliums neue Verhalten Jesu an. Ab jetzt gehört seine Person zu seiner Botschaft. Deshalb wird sie selbst zum zentralen Thema.

15 In der ersten und zweiten Ankündigung seines Todes und seiner Auferweckung steht in diesem Abschnitt das Verb "lehren" im Zusammenhang mit einer christologischen Aussage. In der dritten Ankündigung steht dafür "sagen", aber deutlich im Sinn der Lehre über seinen zukünftigen Weg.

gische Thema nochmals wiederholt: "Er fing an, ihnen zu sagen, was ihm (αὐτῷ) zustoßen werde" (Mk 10,32). Damit hat Markus, vergleichbar dem doppelten "um meinet- und des Evangeliums willen", auch durch den zweifachen Hinweis, dass es jetzt "um ihn" (Mk 8,30; 10,32) geht, den ganzen Abschnitt 8,31-10,52 gerahmt.

Zurückblickend ist festzuhalten: Am Beginn des Markusevangeliums stand wie eine Überschrift der Satz: "Anfang des Evangeliums Jesu Christi" (Mk 1,1). Im ersten Hauptteil musste dieser Genitiv als Genitivus subjectivus verstanden werden. Es ging um den Anfang des Evangeliums, das von Jesus verkündet wurde. Die Erzählung entwickelte aber ihre eigene Dynamik. Immer stärker wurde nach dem Boten dieser Botschaft gefragt. Im Rückblick muss man von einer zunehmenden Betonung der "impliziten Christologie" in diesem ersten Hauptteil sprechen, weil zunehmend nach dem Boten selbst gefragt wurde.

Zum Schluss des ersten Hauptteils kam es dann erstmalig zum expliziten Christusbekenntnis. Die Botschaft hatte ihren Träger immer deutlicher und, wie sich noch herausstellen wird, auf völlig einzigartige Weise qualifiziert.

Die Erzählung ist aber nicht einfach auf ein neues Thema übergegangen, wenn sie jetzt explizit von diesem Boten berichtet. Im Gegenteil: Sie erzählt weiter von demselben Evangelium, indem sie von dem Boten und seinem Weg in den Tod berichtet. Der Satz in der Überschrift des Evangeliums kann deshalb im Rückblick vom zweiten Hauptteil an nicht mehr nur als Genitivus subjectivus gelesen werden, sondern er muss auch als Genitivus objectivus verstanden werden: Es handelt sich in dem Evangelium um das Evangelium, das Jesus von Nazaret verkündet und zugleich um das Evangelium über oder von diesem Jesus als Christus Gottes.

Im Zusammenhang des Evangeliums ergeben sich daraus für die explizite Christologie des zweiten Hauptteils fünf Feststellungen:

a) Im ersten Hauptteil kann es noch gar keine explizite Christologie geben, weil Jesus zwar von einer besonderen Erwählung und Sendung seit seiner Taufe weiß, weil er aber erst noch in drei großen Abschnitten lernen und erfahren musste, was die ihm von Gott zugedachte besondere Aufgabe bei der Verkündigung der Gottesherrschaft sein sollte.

b) Die explizite Christologie im zweiten Hauptteil ist durch das Evangelium von der Fremden- und Heidenliebe Jesu im ersten Hauptteil inhaltlich vorbereitet und definiert.

c) Weil Jesus nach der Heidenreise nicht nur das "Dass", sondern auch das "Wie" seiner Sendung kennt und auch von deren Einzigartigkeit weiß, akzeptiert er jetzt für sich den Titel "Christus". Insofern gibt es im Markusevangelium von jetzt an, also schon vorösterlich, eine explizite Christologie im Munde Jesu.

d) Indem das Evangelium im zweiten Hauptteil von Jesus als dem Christus erzählt, will es die Verkündigung Jesu aus dem ersten Hauptteil bruchlos weiterführen.

e) Jesus überschreitet mit seinem Evangelium von der Fremden- und Heidenliebe Gottes nirgends die Tora. Er betont lediglich die in der Tora längst enthaltene Botschaft von der unerhörten Liebe Gottes auch zum Fremden und zum Sünder in einzigartiger Art und Weise. Diese Einzigartigkeit hat ihn auch als Boten qualifiziert, sodass von jetzt an im Schicksal des Boten auch immer die Botschaft von der Gottesherrschaft mitausgesagt und weitergeführt wird.

3. Die wichtigste christologische Aussage in diesem Abschnitt wird sowohl in Jesu Verhalten als auch in seiner Lehre deutlich: Jesus zieht als der Christus nach Jerusalem und interpretiert dies für seine Jünger durch seine Todes- und Auferweckungsankündigungen.

Jesus war als frommer Jude selbstverständlich schon oft in seinem Leben in Jerusalem.[16] Dieser letzte Weg nach Jerusalem war aber etwas anderes. Er geht jetzt als Christus-König in seine eigene Stadt, in die Königsstadt, die Stadt Davids. Dem dient zunächst der Weg durch das ganze Land, der symbolisch die Inbesitznahme seiner Herrschaft darstellt. Deshalb benützt Markus den Weg im ganzen Abschnitt als Leitmotiv. Dem entspricht auch der triumphale Einzug in die Stadt am Beginn des nächsten Abschnitts (Mk 11,1-11).

Die Jünger und auch alle anderen Mitgehenden verstehen, dass Jesus dieses Mal nicht nur als gewöhnlicher Pilger nach Jerusalem geht.[17] In Mk 10,32 wird deutlich unterschieden zwischen den Mitgehenden, die "erschaudern" und den Jüngern, die "nachfolgen". Beide Gruppen ahnen die bevorstehende Katastrophe. Die Mitgehenden erleben das Geschehen noch aus einer gewissen Distanz mit, weil sie sich nicht selbst mit ihrem Leben gefährdet und betroffen fühlen müssen. Die Nachfolgenden "fürchten sich", weil sie damit rechnen, dass sie ebenfalls in die jetzt offenbar unvermeidliche Katastrophe hineingezogen werden.

---

16 Für diese Aussage braucht es nicht den Rückgriff auf die lukanische Kindheitsgeschichte (Lk 2,21-52). Ein frommer Jude, der so nah bei der Stadt Jerusalem lebt, ist selbstverständlich oft in seinem Leben in der heiligen Stadt. Anlass bieten vor allem die jährlichen drei Wallfahrtsfeste.

17 Noch weniger ist Jesus als Tourist gekommen, wie man wegen des "Herumblickens" in Mk 11,11 annehmen könnte.

Literarisch wird die Spannung zusätzlich dadurch erhöht, dass vorerst in diesem Abschnitt (Mk 8,31-10.52) noch nicht erzählt wird, was Jesus in Jerusalem vorhat. Erst nach seiner Ankunft wird gesagt, was Jesus in Jerusalem wirklich tut und lehrt. Die Spannung, die damit aufgebaut wird, löst sich also erst im folgenden Abschnitt (Mk 11,1-13,37) mit einer Zeichenhandlung und deren Deutung durch Jesus, in der sogenannten Tempelreinigung (Mk 11,15-19).

Aber auch ohne dieses Wissen erleben alle mit, dass Jesus äußerst zielstrebig als König nach Jerusalem geht, und alle verstehen, dass er zusammen mit der Verkündigung seiner Botschaft seinen Anspruch dort öffentlich erheben wird. Sein Königsanspruch hängt ja mit dieser Botschaft zusammen. Beide, Königsanspruch und Botschaft, sind durch die extreme Fremden- und Heidenliebe Gottes inhaltlich definiert. Jesus hat bei seiner Verkündigung von der Gottesherrschaft, zuletzt bei seiner Reise in das Heidenland, diese Botschaft als seine besondere, ihm von Gott zugedachte Sendung erfahren.

Jesus ist sich seines Ziels und seiner einzigartigen Rolle dabei offensichtlich vollständig sicher. Das zeigt sich nicht nur an der Entschlossenheit, mit der er nach Jerusalem geht, sondern auch an der "offenen" (Mk 8,32) Ankündigung seines weiteren Geschicks. Jetzt geht es ihm zusammen mit der Botschaft zugleich um sich selbst (Mk 8,30; 10,32). Deshalb hat er an drei Stationen auf dem Weg in die Stadt seinen dort bevorstehenden Tod angekündigt.

Darüber hinaus durchzieht dieses Thema seines Leidens und Sterbens den ganzen ersten Abschnitt dieses zweiten Hauptteils (Mk 8,31-10,52). Nach der ersten Station in Mk 8,31 erklärt Jesus beim Abstieg vom Berg der Verklärung, dass der Menschensohn viel leiden werde und dass er verachtet werde (Mk 9,12f). Nach der dritten Station in Mk 10,32-34 folgen für sein bevorstehendes Sterben die Bildworte vom Becher, den er trinken wird, und von der Taufe, mit der er getauft werden soll. Im Anschluss daran spricht er von der Umkehrung der bei Heiden geltenden Maßstäbe. Nicht diejenigen sind groß, die Macht ausüben, sondern diejenigen, die Diener sind und Knecht aller. Das gilt auch bis in den Tod: "Der Menschensohn kam nicht, um bedient zu werden, sondern zu dienen und sein Leben zu geben als Ersatzgabe (als Lösegeld) anstelle (zugunsten) Vieler" (Mk 10,45).

4. Die Frage, ob Jesus von seinem bevorstehenden Tod wissen konnte, ob er mit der Möglichkeit oder mit der Wahrscheinlichkeit seines Todes gerechnet hat, ob er vielleicht sogar seines Todesschicksals gewiss war, stellt sich im Markusevangelium von einer neuen Seite. Er war sich deshalb seines bevorstehenden Todes völlig sicher, weil

er dieses Schicksal selbst durch seinen Königszug nach Jerusalem, durch seinen Einzug und durch sein Auftreten in Jerusalem provozieren wollte.[18] Das bedeutet natürlich keineswegs, dass er gern gestorben ist, wohl aber, dass er freiwillig gestorben ist. Richtig verstanden kann man deshalb durchaus sagen, dass er an seinem Tod selbst "schuld" war.

Jesus geht nach Jerusalem, um seine besondere Sendung, die Verkündigung von der Gottesherrschaft auch für Heiden, zu proklamieren. Mit dieser Botschaft muss er, menschlich gesprochen, scheitern. In Kurzfassung lässt sich deshalb auch sagen: Er geht bewusst nach Jerusalem, um zu sterben.[19]

Der Leser erlebt, genau wie die Mitgehenden und die Jünger, zunehmend die Unausweichlichkeit der Katastrophe. Im bisherigen Evangelium hatte er die Ablehnung der Botschaft Jesu durch die Schriftgelehrten und Pharisäer (Mk 3,22; 7,1) erfahren. Diese Ablehnung hatte sich in der Zeichenforderung der Pharisäer nach der Heidenspeisung in Mk 8,10-13 zugespitzt. Deren Zusammengehen mit den Herodianern (Mk 3,6) zeigt, für wie gefährlich sie diese jesuanische Interpretation der Tora halten. Jesus hatte das durchschaut und daraufhin seine Jünger vor dem Sauerteig der Pharisäer und des Herodes gewarnt (Mk 8,15). Schon in dieser ungewöhnlichen Koalition war das politische Interesse seiner Gegner sichtbar. Wenn er nun zusätzlich mit dem Königsanspruch nach Jerusalem geht, dann müssen alle dortigen jüdischen Obrigkeiten, der Hohe Rat mit dem Hohenpriester, mit den Schriftgelehrten und Ältesten (Mk 11,27), durch seinen Anspruch provoziert sein und ihn ablehnen. Zusätzlich ist jeder Messiasanspruch in Jerusalem ohnehin besonders gefährlich, weil er die römische Besatzungsmacht mit ihrem Präfekten an der Spitze auf den Plan rufen muss.[20] Auch ein rein religiöser Anspruch hat ja politische Auswirkungen, insofern er die Massen mobilisieren kann.

---

18 Im Sinn des Markusevangeliums kann man deshalb nicht von "vaticinia ex eventu" sprechen. Literarisch gesehen sind es keine Weissagungen (vaticinia), sondern Absichtserklärungen. Er selbst will dieses Geschick ins Rollen bringen. Es geht also überhaupt nicht darum, dass irgendwann "der Widerstand der jüdischen Führer und das wachsende Unverständnis breiter Schichten des Volkes", Ernst 236f, Jesus den Gedanken an das Scheitern nahegebracht habe.

19 Ähnlich hat schon A. Schweitzer formuliert in: ders., Geschichte 444f: "Jesus bricht also gegen Ostern nach Jerusalem auf, einzig um dort zu sterben. 'Es ist', sagt auch Wrede, 'ohne Frage die Meinung des Markus, dass Jesus nach Jerusalem zieht, weil er dort sterben will...'"

20 Vgl. Joh 11,47f.

Das alles weiß Jesus. Er muss trotzdem nach Jerusalem, weil er sich seiner Sendung durch Gott sicher ist und bleibt, auch wenn ihn dieser Weg in den Tod führen wird. Jesus erklärt diese Gottgewolltheit seinen Jüngern, indem er von der "Notwendigkeit"[21] seines Weges spricht. Weil es sich für ihn um "die Sache Gottes" handelt, weist er Petrus so scharf zurück (Mk 8,33). Wie sicher Jesus weiß, dass dieser Weg für ihn der Wille Gottes ist, zeigt jeweils die Verbindung seiner Todesankündigung mit der Ansage seiner Auferweckung. Das gilt von allen drei Stationen des Zuges nach Jerusalem und zusätzlich vom Gespräch mit seinen Jüngern nach der Verklärung (Mk 9,9-13). Auch der Tod ist keine Grenze für die Macht Gottes. Auch im Tod weiß sich Jesus von Gott getragen.

Literarisch kommt diese Gewissheit in der unterschiedlichen Verwendung des Titels "Menschensohn" innerhalb der verschiedenen Phasen des Evangeliums zum Ausdruck. Im ersten Hauptteil kommt der Titel Menschensohn nur zweimal vor, in Mk 2,10 und in Mk 2,28. Beide Male verwendet ihn Jesus für sich, um seine Macht in den Wundern und in der Lehre aus seiner Sendung von Gott herzuleiten. Im ersten Abschnitt des zweiten Hauptteils wird der Titel siebenmal[22] verwendet, sechsmal davon, um den bevorstehenden Weg in das Leiden und in den Tod ebenfalls als Gottes Wille den Jüngern zu erklären. Jesus belehrt so seine Jünger, dass der Christus, der als Menschensohn in Vollmacht gehandelt und gelehrt hat, der leidende Menschensohn sein wird. Das Sterben des Menschensohns ist kein Beweis dafür, dass er von Gott verlassen sein wird. Das Sterben wird im Gegenteil als "göttliche Notwendigkeit" für den Christus Gottes angekündigt, auch wenn Jesus voraussetzen muss, dass die Jünger diese Aussage jetzt nicht verstehen.

An der siebten Stelle in Mk 8,38 erscheint der Titel "Menschensohn" entsprechend dem Verständnis von Dan 7,10-14 als richterliche Gestalt der Endzeit.[23] Gleich ob Jesus auch hier schon sich selbst als diese richterliche Endzeitgestalt an der Seite Gottes gesehen hat oder ob er damit eine von sich verschiedene richterliche Gestalt gemeint hat, für die aber die Stellung der Menschen gegenüber seiner Person zum Maßstab für die Heilsentscheidung wird[24], in

---

21 Das griechische δεῖ ("es muss geschehen") steht im Markusevangelium nur im zweiten Hauptteil, in dem es um seinen Weg in den Tod geht, dort insgesamt fünfmal; zweimal davon im ersten Abschnitt: Mk 8,31; 9,11.

22 Mk 8,31.38; 9,9.12.31; 10,33.45.

23 Vgl. auch Mk 13,26 und 14,62.

24 Die Mehrzahl der Exegeten neigt dieser These zu. Vgl. F. Hahn, Art. υἱός, in: EWNT III 929, und ders., Christologische Hoheitstitel. Ihre Geschichte im frühen Christentum (UTB 1837), Göttingen, 5. erweiterte Aufl. 1995, 13-53.

beiden Fällen ist die Gültigkeit seiner gottgegebenen Sendung auch über seinen Tod hinaus festgehalten.

Wie mit der Ankündigung von seiner Auferweckung will Jesus auch mit diesem Spruch vom kommenden Menschensohnrichter die Jünger auf seinen Tod vorbereiten. Der Tod kann ihn und seine Sendung nicht widerlegen, weil die Macht Gottes über den Tod hinausreicht. In Jerusalem wird er später den Sadduzäern, die nicht an die Auferstehung glauben, erklären: "Nicht ist er ein Gott von Toten, sondern von Lebenden!" (Mk 12,27)

1.3. Der Christus ruft in seine Nachfolge

Am Ende des ersten Hauptteils hat Petrus im Namen der Jünger Jesus als den Christus bezeichnet (Mk 8,29). Christus bedeutet "der Messias", "der Gesalbte". Der Titel spielt auf die bei der Inthronisation eines Königs übliche Salbung an. Die Jünger halten ihn also jetzt für den schon lange erwarteten königlichen Messias, den Sohn Davids. Denn aus Davids Stamm sollte der Messias hervorgehen.[25]

Der Königstitel ist an dieser Stelle im Evangelium neu. Er wird, angestoßen durch Jesus selbst, zum ersten Mal im Evangelium ausgesprochen. Für Jesus heißt das, dass er als König im Zusammenhang mit seiner bisherigen Botschaft wegen der Liebe Gottes zu den Fremden bis in den Tod gehen wird.

Aber auch für die Jünger stehen Entscheidungen bevor, die ihre ganze Existenz betreffen und denen sie nicht ausweichen können. Was werden sie tun, wenn dieser König, der selber in den Tod gehen wird, sie in seine Nachfolge ruft? Genau das geschieht im folgenden Abschnitt. Jesus belehrt die Jünger "offen" über seine für ihn "tödliche" Königsherrschaft (Mk 8,31) und er ruft sie in seine Nachfolge. Er kann den Jüngern diese Entscheidung nicht ersparen, will er den Christustitel für sich selber ernstnehmen.

1. Die große Bedeutung des Nachfolgethemas in diesem ersten Abschnitt des zweiten Hauptteils wird allgemein gesehen. Die Nachfolge ist zusammen mit der Christologie das Hauptthema dieses Abschnitts.

---

25 David wurde von Samuel zum König gesalbt (1 Sam 16,13). In der Natanverheißung (2 Sam 7,12f) erfährt David, dass dieses Königtum ewigen Bestand haben werde. In PsSal 17f aus dem ersten vorchristlichen Jahrhundert ist diese Messiaserwartung eines königlichen Messias aus dem Haus und Geschlecht Davids bezeugt.

Auf der synchronen Textebene wird darüber hinaus auch ein
enger Zusammenhang zwischen diesen beiden Hauptthemen sichtbar.
Wenn es erst jetzt, nach Jesu Heidenreise, zu einer expliziten Christologie gekommen ist, dann geht es auch erst jetzt, davon abhängig,
erstmalig in der Markuserzählung explizit um die Nachfolge. Drei
Texthinweise bestätigen diese Annahme:

a) Das Verbum "nachfolgen" kommt im Markusevangelium oft
vor, insgesamt zwanzigmal. Aber die Wortbedeutung ist nicht einheitlich. Nur im ersten Abschnitt des zweiten Hauptteils, also zwischen Mk 8,30-10,52, handelt es sich in allen vorkommenden sieben
Fällen[26] um den theologischen "terminus technicus" der Nachfolge:
Ein Jünger folgt einem Lehrer nach.

An allen anderen Stellen außerhalb dieses Textabschnitts ist das
Verb nicht in diesem theologischen Sinn gebraucht, sondern bezeichnet das neutrale "Mitgehen" der Menge (Mk 3,7), einer großen Schar
(Mk 5,24) oder auch einiger Jünger (Mk 5,37). Auch der junge Mann
in der Passionsgeschichte geht in diesem unspezifischen Sinn dem
gefangenen Jesus nach (Mk 14,51)[27], so wie gleich darauf Petrus dem
gefangenen Jesus nur, wie Markus zur Klarstellung einfügt, von fern
nachfolgt (Mk 14,54).

Ein besonders gutes Beispiel für diese unspezifische Verwendung
des Wortes "nachfolgen" bei Markus enthält die Geschichte vom Einzug Jesu in Jerusalem. Jesus reitet auf einem jungen Esel, die Menschen breiten auf dem Weg ihre Kleider und Büschel von den Äckern
aus. Sie begleiten dann den Zug, wobei einige vor dem Esel, andere
hinter dem Esel gehen. Diese letzte Gruppe nennt Markus
"Nachfolgende" (Mk 11,9).

b) Schon immer ist aufgefallen, dass Markus bei der Berufung
der Zwölf in Mk 3,14 das Wort Nachfolge vermeidet. Jesus ruft sie,
damit sie "mit ihm" seien und damit er sie sende. Diese Berufung
(Mk 3,13-19) und die später folgende Sendung (Mk 6,7-13) rahmen
den zweiten Abschnitt des ersten Hauptteils. Dazwischen liegt die
Jüngerschulung. Folgerichtig werden die Jünger jetzt "Apostel", also
"Gesandte" genannt (Mk 6,30).[28] Als Gesandte sind sie aber noch
keine "Nachfolger" im theologischen Sinn.

---

26 Mk 8,34; 9,38.38; 10,21.28.32.52.
27 Zweimal verwendet Markus für die nichttheologische Bedeutung auch das
    Kompositum συνακολουθεῖν (mitgehen): Mk 5,37 und Mk 14,51.
28 Auch der Begriff "Apostel" (= Gesandte) hat bei Markus noch wenig theo-
    logisches Gewicht. Er wird im ganzen Evangelium nur hier verwendet und
    bezeichnet die neue Aufgabe der Jünger. Erst in den anderen synoptischen
    Evangelien wird dieser Begriff Anlass zu theologischer Reflexion und
    dadurch zu einem eigenen Titel weiterentwickelt.

c) Der These, dass das Thema "Nachfolge" bei Markus erst nach dem Christustitel in Mk 8,29 vorkommt und vorkommen kann, scheint zu widersprechen, dass Jesus gleich zu Beginn seines öffentlichen Auftretens die zwei Brüderpaare eingeladen hat, ihm nachzufolgen. In dieser Geschichte (Mk 1,16-20) gebraucht Jesus erstmals das Wort "nachfolgen" (ἀκολουθεῖν).

Schon bei der Behandlung dieser Stelle (Mk 1,16-20) wurde darauf hingewiesen, dass die Einladung an die zwei Brüderpaare in der Markuserzählung auf der synchronen Textebene noch keine Einladung zur "Nachfolge" bedeutet.[29] Jesus wird erst im Verlauf des ersten Kapitels zum Wanderprediger. Als solcher hat er erst von der Mitte des ersten Abschnitts an ständige Begleiter, die von da an seine Jünger sind.[30] Im zweiten Abschnitt ruft er die Zwölf, dass sie "mit ihm" seien und dass er sie sende. Da geht es noch nicht um "Nachfolge". Erst nach dem Christusbekenntnis in Mk 8,29 ist ausdrücklich von "Nachfolge" die Rede.

Die genaue Textanalyse zeigt, dass Jesus in Mk 1,18 zwar das Wort "nachfolgen" (ἀκολουθεῖν) verwendet, aber dieses "nachfolgen" dem in Mk 1,17 und Mk 1,20 gebrauchten Hauptbegriff für diese Einladung: "Auf, mir nach!" (δεῦτε ὀπίσω μου[31]) untergeordnet ist. Der Erzähler verwendet also "nachfolgen" in Mk 1,18 unspezifisch, um die positive Reaktion der beiden Brüderpaare auf Jesu Aufforderung hin auszudrücken: Sie lassen sich einladen. Sehr frei interpretiert kann man sagen: Jesus lädt die Vier ein. Diese nehmen sich einen Tag frei und gehen mit ihm.

Auch die weitere Verwendung von "mir nach" (ὀπίσω μου) im Evangelium belegt diesen Gebrauch, meint jedenfalls nicht "Nachfolge" im theologischen Sinn: Jesus als der Stärkere wird "hinter" Johannes kommen (Mk 1,7). Petrus wird von Jesus in Mk 8,33 Satan genannt. Jesus meint sicher keine Nachfolge, wenn er dann sagt: "Zurück! Hinter mich!" (Mk 8,33) In der Endzeitrede heißt es: Der auf dem Feld soll sich, wenn die Verwüstung kommt, nicht "nach hinten" umwenden.[32]

In Mk 8,34 kommen beide Begriffe im Kontrast zueinander vor:

---

29 Diese Unterscheidung fehlt bei Klauck, Die erzählerische Rolle der Jünger im Markusevangelium. Eine narrative Analyse, in: NT 24 (1982) 1-26.

30 Erstmalig kommt der Begriff "Jünger" in Mk 2,15 vor.

31 Wörtlich übersetzt heißt es in Mk 1,17: "Auf, hinter mich!" Diese wörtliche Übersetzung klingt im Deutschen nicht schön, hat aber den Vorteil, dass der Anklang an das Wort "Nachfolge" entsprechend dem griechischen Original vermieden wird.

32 In Anspielung auf die Frau von Lot in Gen 19,24.

"Wenn einer mir nach ('hinter mich') gehen will, verleugne er sich selbst und trage sein Kreuz und folge mir!" Das "hinter mich gehen" ist noch nicht "Nachfolge". Nur so gibt der Satz einen Sinn.[33]

Zusammenfassend ist festzuhalten: In Mk 8,34 wird zum ersten Mal "nachfolgen" im spezifisch theologischen Sinn gebraucht und durch diese Kontrastformulierung zu dem "hinter mich gehen" auch verständlich eingeführt. Ganz ähnlich unterscheidet Markus am Ende dieses Abschnitts Menschen, denen Jesus nur nach Jerusalem "vorangeht" und die also hinter ihm herziehen, und solche, die "nachfolgen" (Mk 10,32). Mk 8,34 und Mk 10,32 bilden eine Klammer um diesen Abschnitt mit den beiden Hauptthemen Christologie und Nachfolge.

Matthäus hat das "Nachfolgen" in seiner Vorlage aus Markus (Mk 1,16-20) offensichtlich auch in diesem unspezifischen Sinn gelesen. Das ergibt sich aus der Beobachtung, dass er für sein Evangelium diesen Text durch einige gezielte Veränderungen umgestaltet hat. Dadurch ist der Text bei Matthäus (Mt 4,18-22) zu einer Nachfolgegeschichte geworden: Nach Markus werden die Jünger irgendwann in der Zukunft Menschenfischer, bei Matthäus sofort durch den Ruf Jesu[34]. Matthäus verschiebt das "sogleich" (εὐθύς) vom Ruf Jesu (Mk 1,20) auf die für die Nachfolge typische Reaktion der beiden Brüder: "Sogleich" ließen sie das Boot (Mt 4,22). Er unterstreicht die Radikalität der Nachfolge, indem er hinzufügt: "Sie ließen sogleich das Boot und ihren Vater" (Mt 4,22). Die Lohnknechte, die bei Markus zurückbleiben und die die Härte beim Zurücklassen des Vaters abschwächen (Mk 1,20), erwähnt Matthäus dagegen überhaupt nicht. Vor allem aber ändert Matthäus das abschließende "ihm nach" bei Mk 1,20 in "sie folgten ihm nach" (Mt 4,22) und macht damit im Gegensatz zu Markus in seiner Erzählung die Nachfolge zum Leitbegriff.

Wenn in Mk 1,17 "nachfolgen" nicht im theologischen Sinn

---

33 Seit der 26. Auflage haben Nestle-Aland an dieser Stelle das textkritisch viel schlechter bezeugte ὀπίσω μου ἀκολουθεῖν ("hinter mir nachfolgen") statt des besser bezeugten ὀπίσω μου ἐλθεῖν ("hinter mich kommen") in den Text aufgenommen. Das einzige, aber unzureichende Argument gegen die bisherige Lesart ist die Feststellung, es handle sich um den schwierigeren Text. Schwieriger ist diese neue Lesart insofern, als sie dem Text einen tautologischen Sinn verleiht: Wenn einer mir nachfolgen will, folge mir nach.

34 Klauck, Jünger 7, weist darauf hin, dass die Beauftragung in Mk 1,17 nur in futurischer Form erfolgt. Sie steht mit Mk 13,10 in Verbindung, wird aber auch dort noch nicht eingelöst. Matthäus streicht das γενέσθαι ("werden") von Mk 1,17.

gebraucht ist, gibt es keinen Grund mehr, die beiden anderen Stellen in der Levi- und Zöllnergeschichte (Mk 2,13-17) spezifisch als "Nachfolge" zu verstehen. In Mk 2,14 entspricht die Einladung Jesu der allgemeinen Einladung von Mk 1,17. Die Wiederholung in Mk 2,15, die den vielen Zöllnern und Sündern gilt, handelt ohnehin nur von einem äußeren Mitgehen.

Als Ergebnis dieser Überlegungen ist also festzuhalten: Das Thema Nachfolge kommt im Markusevangelium tatsächlich erst ab Mk 8,34 im theologischen Sinn vor. Dazu passt, dass dieses Thema eine explizite Christologie voraussetzt, die es im Evangelium erst seit dem Petrusbekenntnis in Mk 8,29 gibt. Im Ablauf des Evangeliums kann man vorher höchstens von Vorstufen der Nachfolge sprechen, die sich auf den expliziten Nachfolgeruf weiterentwickelt haben. Inhaltlich ist dieser Nachfolgeruf durch den Erzählzusammenhang gemeinsam mit dem Christustitel genau definiert: Es geht um die Nachfolge dieses Christus, der mit seiner Botschaft von der Liebe Gottes auch zu den Fremden und Heiden nach Jerusalem und damit in den sicheren Tod zieht. Wenn die Zwölf ihm jetzt nachfolgen, dann führt auch ihr Weg in den Tod.

2. Diese Konsequenz können die Jünger bei ihrem ersten Aussprechen des Christustitels in Mk 8,29 noch nicht erkennen. Noch steht die erste Ankündigung des Todes und der Auferweckung aus. Das unmittelbar nach dem Christusbekenntnis folgende Schweigegebot Jesu (Mk 8,30) ist literarisch notwendig, um Zeit und Raum zur christologischen Belehrung der Jünger zu schaffen, die wiederum Voraussetzung für den Nachfolgeruf ist.

Jesus hat mit dem Schweigegebot "über ihn" (Mk 8,30) keineswegs den Christustitel zurückgewiesen. Das Schweigegebot an die Jünger belegt im Gegenteil gerade, dass er den Titel für sich durchaus akzeptiert, seine Bekanntmachung durch die Jünger aber noch verhindern will. Er ist wirklich der Christus, aber die Jünger sollen ihn bis zu seiner Auferweckung nicht verkünden (Mk 8,30; 9,9).[35]

Als der neue König ergreift Jesus zuerst symbolisch von Israel Besitz, indem er das Land durchwandert, beginnend im Norden in Cäsarea Philippi. Zum Abschluss dieses Weges wird er dann in seine Stadt, in die Stadt Davids einziehen, um sich dort als König inthronisieren zu lassen. Auf dem Weg dorthin kann er den Jüngern sein weiteres Geschick als Christus erklären. Darin steckt kein wunderbares Vorherwissen, sondern die feste Absicht, in Jerusalem sein

---

35 Nur in dieser Phase kann man deshalb, wie schon gezeigt, von einem Messiasgeheimnis im Markusevangelium sprechen.

Programm von der gnädigen Herrschaft Gottes auch für die Heiden zu proklamieren. Dieser Schritt muss zum tödlichen Konflikt mit den geistlichen und weltlichen Gewalten führen.

Jesus belehrt auf dem Weg nach Jerusalem seine Jünger über sein messianisches Programm und dessen Konsequenzen, weil er sie jetzt als der kommende König in seine Nachfolge rufen will. Die Jünger müssen genau wissen, auf wen und auf was sie sich einlassen sollen. Deshalb betont Markus zu Beginn dieser Unterweisung (Mk 8,32), dass Jesus "frei heraus das Wort sagt."

Der Weg nach Jerusalem ist für den Erzähler Markus also literarisches Stilmittel, einerseits um den Königsanspruch Jesu schon durch sein zielstrebiges Verhalten anzumelden, andererseits um das Nachfolgethema schrittweise aufzugreifen und seine Jünger in die neue Situation einzuführen. Auf dem weiteren Weg muss sich zeigen, ob die Jünger Jesus nur äußerlich begleiten oder ob sie ihm auch innerlich nachfolgen (Mk 10,32).

In einem ersten Schritt belehrt Jesus die Jünger über seinen bevorstehenden Tod und die Auferweckung nach drei Tagen. Auf den "herrischen" Widerspruch des Petrus (Mk 8,32) folgt mit demselben Verb "anherrschen"[36] die harte Zurückweisung des Petrus durch Jesus (Mk 8,33). Petrus hat hier noch nicht einmal gemerkt, dass Jesu Aussage über sein bevorstehendes Geschick auch für ihn selbst Konsequenzen haben muss. Er widerspricht zunächst nur der Todesansage Jesu. Dass die Nachfolge dieses Königs auch für die Jünger selbst gefährlich werden und ihr Leben kosten kann, sagt Jesus deshalb ausdrücklich im Nachfolgespruch über "das Leben retten oder es verlieren" (Mk 8,34-37). Diese Bedrohung steht aber nicht isoliert. Es folgt in der Verklärungsgeschichte für drei der Jünger eine Erfahrung der Macht des Gottesreiches (Mk 9,1-8), die Jesus am Ende ausdrücklich auf die gleichzeitig angesagte Auferweckung von den Toten deutet (Mk 9,10f). Die Jünger sollen verstehen, dass der Tod Jesu sein "muss", dass aber die Macht Gottes nicht mit dem Tod endet.

Jesus wiederholt auf dem Weg durch Galiläa seine Lehre über den bevorstehenden Tod und die Auferweckung (Mk 9,31). Noch hat der Erzähler nicht gesagt, dass sie nach Jerusalem unterwegs sind. Aber sie sind auf dem Weg durch Galiläa (Mk 9,30). Die Richtung ist also schon angezeigt. Die Jünger hören zum zweiten Mal das bedrohliche Todeswort. Ausdrücklich heißt es, dass sie Jesus wieder nicht verstanden haben. Aber sie sind betroffen, wohl weil sie die schlimme Bedeutung ahnen. Sie fürchten sich nachzufragen (Mk 9,32).

Von Mk 10,1 an ist die Richtung eindeutig. Jesus und die Jünger

---

36 Mk 8,32.33: ἐπιτιμᾶν ("anherrschen").

kommen nach Judäa und bewegen sich auf der alten Pilgerstraße "jenseits des Jordan". Erst unmittelbar vor der dritten und ausführlichsten Erklärung Jesu über sein bevorstehendes Geschick, "das ihm zustoßen werde" (Mk 10,32), sagt Markus zum ersten Mal ausdrücklich, wohin die Reise geht. "Sie waren aber auf dem Weg beim Hinaufsteigen nach Jerusalem" (Mk 10,32).

Was sie schon auf dem Weg geahnt haben müssen, ist nun sicher. Hatten sie sich in Mk 9,32 noch gefürchtet nachzufragen, so fürchten sie sich jetzt vor dem weiteren Weg und dem Ziel: seinem sicheren und ihrem möglichen Tod in Jerusalem. Jetzt gibt es keinen Zweifel mehr. Die Jünger haben genau verstanden, wie vor allem die Frage der beiden Zebedaiden Jakobus und Johannes belegt. Deren Frage zielt schon auf ihre Plätze nach dem Tod. Sie wollen in der "Herrlichkeit" Jesu an seiner Seite sitzen. Auch Jesus antwortet in dieser Dimension, indem er sie in Anspielung auf seinen bevorstehenden Tod fragt, ob sie ebenfalls den Becher, den er trinken wird, trinken, und ob sie mit der Taufe, mit der er getauft wird, getauft werden können (Mk 10,38f).

3. Dennoch lässt die Erzählung in diesem Abschnitt vollkommen offen, ob es zu einer wirklichen Nachfolge der Jünger kommen wird. An allen drei Stationen des Weges, an denen Jesus seinen Tod und seine Auferstehung ankündigt, reagieren die Jünger mit Unverständnis (Mk 8,32f; 9,32-34; 10,35-41) und Furcht (Mk 9,32; 10,32). In den jeweils folgenden Szenen geht es zwar um das Thema "Nachfolge". Jesus lehrt, aber die Jünger verstehen auch weiterhin wenig und fallen eher durch falsches Verhalten (Mk 8,32; 10,13) und falsche Fragen (Mk 9,34; 10,35) auf. Jesus lehrt, was Nachfolge bedeutet (Mk 8,34-38), was von dem "fremden Nachfolger" zu halten ist (Mk 9,38-41), wie schwierig Nachfolge für einen Reichen ist (Mk 10,17-27), was der Lohn der Nachfolge ist (Mk 10,28-31) und wie in der Nachfolge die bei Heiden übliche Rangordnung umgekehrt wird (Mk 10,42-45). Am Schluss wird einzig vom blinden Bettler Bartimäus, den Jesus geheilt hat, definitiv gesagt, dass er Jesus auf dem Weg "nachfolgt" (Mk 10,52).

Der Nachfolgeruf Jesu enthält die Aufforderung an die Jünger, mit ihm in den Tod zu ziehen, allerdings auch immer die sichere Zusage, dass ihr Tod nicht das letzte sein wird. Zusammen mit Jesus sollen die Jünger in den Tod gehen und also an der Auferweckung teilhaben. Jesus ist sich seiner Sendung durch Gott sicher. Die Todesansage ist an allen drei Stationen des Weges nach Jerusalem mit der Auferweckungsgewissheit verbunden. Die Formel "nach drei Tagen"

(Mk 8,31; 9,31; 10,34) drückt die Sicherheit dieser Erwartung und die Endgültigkeit des erwarteten gnädigen Heilshandelns durch Gott auch im Tod aus.[37] Die, die ihm nachfolgen, werden also wegen Jesus und wegen seines Evangeliums auch ihr Leben verlieren (Mk 8,35). Am Ende werden sie es aber gerade so retten (Mk 8,36f).

Nach der ersten Todesansage widerspricht ihm Petrus (Mk 8,32). Dieser Widerspruch betrifft im Erzählzusammenhang zunächst ausschließlich die Notwendigkeit des Todes für Jesus. Jesus ist aber darin sicher. Für ihn gibt es deshalb keine Alternative, weil er den Weg nach Jerusalem als "Gedanken Gottes" (Mk 8,33) und damit als seine Sendung nach der Heidenreise erkannt hat. Er weist deshalb Petrus scharf ab. Petrus denkt Menschengedanken, beeinflusst vom Satan.[38]

Der folgende Ruf an Petrus "hinter mich" (Mk 8,33) unterstreicht die Entschiedenheit Jesu auf seinem bevorstehenden Weg, enthält aber nicht nur eine Abweisung. Denn im nächsten Satz nimmt Jesus das "hinter mich" auf und fordert darüber hinaus zu seiner "Nachfolge" auf: Wer "hinter mir kommen" will, soll mir "nachfolgen"! (Mk 8,34) Wie der Zusammenhang und die folgenden Erklärungen (Mk 8,35-38) belegen, ist damit der Weg in den Tod auch für die Jünger gemeint. Der Erzähler sagt nicht direkt, wie die Jünger das aufnehmen. Aber die weiteren Erzählungen machen ihre Ablehnung und ihre Distanzierung von Jesus und seinem Weg deutlich. So haben sie nicht gewettet.

Eingeleitet wird die neue Rolle der Jünger durch die vierte und letzte Dämonenaustreibung im Evangelium. Wie auch bisher schon, enthält das Auftreten eines Dämons Signalwirkung für eine jeweils fällige Wende in der Geschichte.[39] Dieses Mal steht nicht die Wundermacht Jesu im Mittelpunkt, sondern das Versagen der Jünger.[40] Sie sind in Mk 9,19 zusammen mit der "Schar" das "ungläubige Geschlecht"[41]. In Mk 8,38 war der Menschensohn einem

---

37 Vgl. dazu K. Lehmann, Auferweckt am dritten Tag nach der Schrift (QD 38), Freiburg 1968.

38 Vgl. auch die Versuchung Jesu durch den Satan nach der Taufe (Mk 1,12f).

39 Zur Erinnerung: In Mk 1,21-28 geschieht das Wunder, durch das Jesus zum Wanderprediger wird; in Mk 5,1-20 wird die Heidenreise vorbereitet; in Mk 7,24-30 muss Jesus bei der heidnischen Frau das erste Wunder auf dieser Heidenreise wirken.

40 Vgl. Lührmann 141. Der Dämon ist stumm. Nach dem Christusbekenntnis des Petrus ist die Rolle Jesu für ihn selbst und für die Jünger geklärt. Die bloße Begegnung Jesu mit dem Dämon reicht hin, um dessen Widerstand zu wecken (Mk 9,20). Ein Gespräch, wie bei den ersten beiden Dämonenaustreibungen, findet nicht statt.

41 Vgl. auch Mk 9,23f.

"ehebrecherischen und sündigen Geschlecht" als Richter gegenüber-gestellt. Die Jünger waren dort noch, bildlich gesprochen, auf der Seite des Menschensohns und sie standen deshalb mit ihm zusammen diesem Geschlecht gegenüber. Jetzt gehören sie selbst zu diesem "ungläubigen Geschlecht" und versagen gegenüber dem Dämon, weil Jesus nicht bei ihnen ist (Mk 9,19).

Wie weit die innere Trennung schon fortgeschritten ist, zeigt ihr Verhalten nach Jesu zweiter Todesankündigung. Statt sich damit auseinanderzusetzen (Mk 9,32), streiten sie lieber über das Erbe, und das, obwohl der Erblasser noch lebt. Sie beginnen einen Rangstreit: "Wer wird der Größere sein?" (Mk 9,33-35)

Nach der dritten Todesankündigung geht es ihnen um die Ehren-plätze im Himmel: Wer bekommt die Plätze zur Rechten und zur Linken Jesu in seiner Herrlichkeit (Mk 10,35-44)? Mit dem mögli-chen Tod rechnen sie also. Das zeigt die Tatsache, dass sie sich jetzt auch über das "Danach" Gedanken machen. Ihre Furcht vor dem Weitergehen nach Jerusalem (Mk 10,32) beweist, dass sie sich auch keine Illusionen machen. Jakobus und Johannes, die als erste die Ehrenplätze an den Seiten Jesu erbitten, bestätigen auf die Rückfrage Jesu ausdrücklich, dass sie mit der Taufe Jesu, die ihm bevorsteht, und mit dem Becher, den Jesus trinken wird, auch kalkulieren.

Aber die äußere Gleichheit täuscht. Sie erwarten zwar als Beglei-ter Jesu, dass auch sie in Jerusalem den Tod finden können. Aber die Bedeutung des Todes Jesu haben sie nicht verstanden. Jesus erklärt ihnen, dass diese Taufe und dieser Becher die Umkehrung der bei Heiden geltenden Rangordnung (Mk 10,42) bedeutet: Erste-Letzte und Letzte-Erste (Mk 10,43f).[42] Die Jünger erstreben gerade das Gegenteil.

In der Dynamik der Erzählung des Lebens Jesu ist damit ein wichtiger neuer Schritt vorbereitet. Jesus wird im Tod, der mit seiner Sendung zusammenhängt, allein sein. Die Jünger haben sich innerlich weit entfernt. Die Flucht der Jünger (Mk 14,50), das Versagen des Petrus (Mk 14,66-72), das Schlafen in Getsemani (Mk 14,32-42) und Jesu einsamer Tod auf Golgota sind im Grund vorprogrammiert.[43]

4. Im Versagen der Jünger auf den Nachfolgeruf Jesu liegt eine deut-liche Steigerung. Markus betont, dass wirklich alle Jünger dabei

---

42 Vgl. auch Mk 9,35 und 10,31. Im Johannesevangelium wird diese Um-kehrung der üblichen Rangordnung haggadisch durch die Erzählung von der Fußwaschung interpretiert (Joh 13,1-20).

43 Das Johannesevangelium erzählt ausmalend zusätzlich, dass Jesus selbst seine Häscher auffordert, die Jünger gehen zu lassen (Joh 18,7f). Ihr Tod hat für Jesu Sendung und damit für seine Verfolger keine Relevanz mehr.

beteiligt sind[44] und er lässt in seiner Erzählung durchaus offen, ob diese Jünger überhaupt Nachfolger werden. Darin steckt natürlich zugleich eine Anfrage an die nachösterliche Gemeinde, für die Markus schreibt. "Bei euch soll es nicht so sein!" (Mk 10,43) Bezeichnend für das Versagen ist die Frage des Petrus nach dem Lohn für die Nachfolge. Er geht selbstverständlich davon aus, dass sie alle dazugehören: "Siehe, wir haben alles gelassen und sind dir nachgefolgt!" (Mk 10,28) Der Leser weiß schon (Mk 9,34) und bekommt es gleich wieder bestätigt (Mk 10,37.41), dass das überhaupt nicht stimmt. Sie haben jetzt ihre Rangordnung und dann die Ehrenplätze im kommenden Gottesreich im Sinn. Jesus antwortet auch nur hypothetisch: "Niemand ist, der verlassen hat um meinetwillen und um des Evangeliums willen..., der nicht Hundertfältiges empfängt ..." (Mk 10,29f). Der Streit um die besten Plätze legt nicht gerade nahe, dass die Jünger bisher wirklich wegen Jesus und wegen des Evangeliums alles verlassen haben.[45]

Für Jesus bedeutet also das zunehmende und dauernde Versagen der Jünger auf seinen Nachfolgeruf, dass er allein in den Tod gehen muss. Diese Erkenntnis führt ihn zu einer letzten, bisher nicht aussagbaren Deutung seines Todes.

Die Taufe Jesu (Mk 1,9-11) war ein Erwählungsakt. Durch die Himmelsstimme wurde Jesus mit dem Gottesknecht verglichen, der Gottes Wohlgefallen hat.[46] Jetzt spricht Jesus in Anspielung auf diesen Erwählungsakt im Angesicht des Todes erneut von einer Taufe, mit der er getauft werden soll (Mk 10,38). Daraus folgt für Jesu eigenes Todesverständnis:

a) Er geht bewusst diesen Weg, weil das zu seinem messianischen Auftrag gehört. Die Frage, ob Jesus seinen Tod vorausgesehen oder - geahnt hat, stellt sich von der Erzählung her nicht. Denn er hat das

---

44 In Mk 8,32f spricht Petrus für alle. Das Versagen in Mk 9,14-29 betrifft zwar nur die Neun, die nicht bei der Verklärung dabei waren. Aber alle Drei holen in den folgenden Szenen ihr Versagen ausdrücklich nach: Johannes nimmt in Mk 9,38 Anstoss am fremden Nachfolger, Petrus stellt als erster und für alle Zwölf die Frage nach der Belohnung (Mk 10,28), Jakobus und Johannes wollen dann die Plätze an der Seite Jesu (Mk 10,35), woraufhin sich alle übrigen Zehn, also auch Petrus, empören (Mk 10,41).

45 Matthäus hat ebenfalls diese Bedingtheit der Zusage bei Markus herausgelesen und deshalb den Text in eine positive Verheißung umgeändert. In Mt 19,28 bestätigt Jesus im Unterschied zu Markus ausdrücklich, dass sie ihm nachgefolgt sind, also alles verlassen haben, wie Petrus gefragt hat (Mt 19,27). Dann erfolgt die direkte Zusage: Die Zwölf werden die Richter der zwölf Stämme Israels werden (Mt 19,28). Entsprechend schließt auch die folgende Lohnzusage die Zwölf direkt ein (Mt 19,29).

46 Vgl. die Anrede im ersten Gottesknechtslied (Jes 42,1).

kommende Todesschicksal nicht nur geahnt, er hat es bewusst herbeigeführt.

b) Dieser Weg in den Tod ist für Jesus von Gott gewollt: Es handelt sich um Gottes Sache (Mk 8,33); es "muss" deshalb alles so geschehen (Mk 8,31)[47]; die Auferweckung durch Gottes Heilshandeln
ist ihm dabei so gewiss wie der Tod.

c) Aus der Erkenntnis Jesu, dass er allein in den Tod gehen muss,
folgt darüber hinaus, dass die Heilsbedeutung Jesu auch seinen Tod
umfassen wird. Schon bei der Dämonenaustreibung (Mk 9,14-29) hat
Jesus erfahren, dass seine Jünger ohne ihn ohnmächtig sind. Er muss
für immer bei ihnen bleiben. Sein Tod und die Auferweckung "nach
drei Tagen" sind Voraussetzung und Grund für diese bleibende
Gegenwart.

Die folgenden Unterweisungen bekommen durch die Dehnung der
Zeit zwischen Tod und Auferweckung Jesu einerseits und seiner er-
warteten Wiederkunft andererseits für die Gemeinde besonderes
Gewicht. Diese ist gegründet in seinem Namen, wenn sie Kinder
aufnimmt, in Vollmacht Dämonen austreibt oder in seinem Namen die
Botschaft verkündet (Mk 9,35-41).

Die Jünger haben sich dem Weg Jesu und damit Gottes Plan verweigert. Indem sie die in der Welt geltende Rangordnung auch für
sich beanspruchen, geben sie Jesus Anlass, die Umkehrung dieser
Werte in der Herrschaft Gottes zu lehren. Die Gemeinde des Markus
im Jahr 70 erwartet nicht mehr die Auferweckung Jesu, sondern seine
Wiederkunft. Sie befindet sich somit in einer Zwischenzeit. Sie lebt
jetzt im Glauben an die Gegenwart des Auferstandenen in ihrer
Gemeinde und in Erwartung seines endgültigen Kommens.

Für diese Zwischenzeit gilt es, in Jesu Namen zusammenzu-
bleiben und die durch ihn gelehrte Rangordnung in der Gemeinde zu
leben. Literarisch eingerahmt vom Streit der Jünger um die besten
Plätze hier in dieser Welt (Mk 9,33-35) und dann in seiner
"Herrlichkeit" (Mk 10,35-44) stehen deshalb im Markusevangelium
an dieser Stelle die sogenannten Gemeinderegeln, in denen es nach
den Sprüchen über das Ärgernisgeben, das Salz und den Frieden
(Mk 9,42-50) um Ehescheidung (Mk 10,1-12), Kinder in der Gemeinde (Mk 10,13-16) und um Armut und Reichtum (Mk 10,17-27) geht.[48]

---

47 Ähnlich auch das Passivum divinum in allen drei Ankündigungen des Todes.
48 Vgl. dazu R. Busemann, Die Jüngergemeinde nach Markus 10. Eine redaktionsgeschichtliche Untersuchung des 10. Kapitels im Markusevangelium,
Bonn 1983.

1.4. Johannes der Täufer - ein Wegweiser für Jesus (Mk 9,11-13)

Jesus geht mit seiner Botschaft von der außerordentlichen Liebe Gottes zu den Fremden nach Jerusalem, obwohl er weiß, dass er damit nicht durchkommen wird. Er muss dorthin, weil er sich im Zusammenhang mit dieser Botschaft nicht nur als Prophet erfahren hat, sondern weil er gelernt hat, dass er der Christus ist. Er ist nicht nur der prophetische Verkünder dieser Botschaft, sondern auch der König, der mit seiner ganzen Person für seine Botschaft einstehen muss. Er identifiziert sein eigenes Schicksal mit dem seiner Botschaft. Für ihn ist dieser Weg nach Jerusalem gottgewollt, sein drohender Tod also "notwendig".

Auf dem Weg wird immer mehr deutlich, dass seine Jünger nichts verstehen, dass sie sich seinem Ruf zur Nachfolge dauernd versagen und dass er folglich allein sterben wird. In einigen Bemerkungen des Erzählers klingt schon an, dass dieses Versagen der Jünger grundsätzlichen und strukturellen Charakter hat. Der Gegensatz zum Anliegen Jesu wird am Ende geradezu grotesk, wenn die Jünger von den besten Plätzen und vom Herrschen reden, während Jesus vom Sterben und vom Dienen spricht.

Einmal, in Mk 9,15, hat Jesus auch diejenigen seiner Jünger, die allein geblieben waren, ausdrücklich zu dem "ungläubigen Geschlecht" gerechnet (Mk 9,15). Und der darauf folgende Ausruf macht klar, dass sie ohne ihn wirklich nichts vermögen: "Bis wann soll ich bei euch sein? Bis wann euch ertragen?" (Mk 9,15) Die an dieser Stelle noch unausgesprochene Antwort kann nur lauten: Immer! Allein sind sie unfähig zum Glauben. Damit bekommt aber der einsame Tod Jesu eine unmittelbare Heilsbedeutung. Er wird als der Auferstandene ihnen "vorangehen"[49] und immer bei ihnen sein. Offensichtlich ist sich die nachösterliche Gemeinde des Markus dieser bleibenden Gegenwart des Auferstandenen in ihrer Mitte vollständig gewiss.

Der Tod ist heilsbedeutsam, weil er die dauernde Gegenwart des Christus in seiner Gemeinde eröffnet. Aber hat der Tod auch in sich eine Heilswirksamkeit? Diese Frage beantwortet Jesus, indem er sich mit Johannes dem Täufer vergleicht. Der Vergleich führt darauf hin, dass Jesus seinen bevorstehenden Tod nicht nur als den Tod des "leidenden Gerechten", sondern auch als stellvertretenden Sühnetod

---

49 Vgl. die doppelte Ankündigung des Vorausgehens nach Galiläa in Mk 14,28 und Mk 16,7.

für die "Vielen" deuten wird.[50] Die "Vielen" meint bei Deuterojesaja immer die Heiden.

1. Der Erzähler des Evangeliums hat schrittweise den Vergleich mit Johannes dem Täufer schon im ganzen ersten Hauptteil eingeleitet und damit den Leser auf den Zielpunkt dieses Vergleichs im zweiten Hauptteil vorbereitet.

Die Konkordanz zeigt, dass Johannes der Täufer insgesamt 15-mal im Markusevangelium genannt wird. Das ist nicht gerade oft, zumal Johannes davon allein fünfmal in der legendarischen Geschichte von seinem gewaltsamen Ende erwähnt wird. Die anderen Nennungen verteilen sich über den ganzen ersten Hauptteil. Zweimal wird er darüber hinaus in einer Szene im zweiten Hauptteil erwähnt.

Johannes der Täufer im Markusevangelium

Zuordnung	Mk 1,4.6	Einführung des Johannes
	Mk 1,9	Taufe Jesu durch Johannes
Absetzung	Mk 1,14	Beginn des öffentlichen Auftretens Jesu
	Mk 2,18	Vergleich der Jünger beim Fasten
	Mk 6,14.16	Jesus - der auferweckte Johannes?
	Mk 6,17.18.20.24.25	Das gewaltsame Ende des Johannes
	Mk 8,28	Das Messiasbekenntnis des Petrus
Vergleich	Mk 11,30.32	Die Vollmachtsfrage

---

2. Johannes der Täufer ist in der Jesusbiographie des Markus ein Wegweiser Jesu. Er ist die wichtigste Bezugsperson Jesu, ohne selbst davon zu wissen. Im ganzen Markusevangelium gibt es keine Stelle, an der Johannes Jesus in seiner Besonderheit wahrnimmt. Die Himmelsstimme bei der Taufe richtet sich nur an Jesus und wird nach der Erzählung von niemandem sonst wahrgenommen.[51]

Am Verhältnis zu Johannes dem Täufer kann Markus den besonderen Weg Jesu sichtbar machen. Dabei lassen sich drei Schritte

---

50 Vgl. die Überlegungen bei Baumann, Gerechtigkeit 218: Jesus habe mit hoher historischer Wahrscheinlichkeit selbst seinen Tod als stellvertretenden Sühnetod gedeutet und das beim letzten Abendmahl auch ausgesprochen.

51 Erst bei Matthäus erkennt Johannes Jesus und spricht mit ihm: vor der Taufe (Mt 3,14f) und durch zwei Jünger, die er vom Gefängnis aus sendet (Mt 11,2-6).

unterscheiden: die Zuordnung Jesu zu Johannes in der Taufe, die Absetzung Jesu von Johannes nach dessen Gefangennahme, der Vergleich Jesu mit Johannes nach dessen Tod.

a) Jesus lässt sich von Johannes taufen. Darin drückt sich eine hohe Wertschätzung für Johannes aus. Es lagen ja spirituelle Angebote von verschiedenen Gruppen vor. Im Markusevangelium sind erwähnt: Pharisäer, Sadduzäer, Herodianer. Darüber hinaus gab es jedenfalls noch die Essener, die wohl in Qumran ihr Zentrum hatten. Zu keiner dieser Gruppen geht Jesus. Für ihn ist klar: Er lässt sich von Johannes taufen.

Der Erzähler Markus führt Johannes mit einem biblischen Dreifachzitat[52] ein. Johannes ist der Bote Gottes, der Rufer in der Wüste, der dem Herrn die Wege ebnen wird (Mk 1,2f). Dieser Johannes zieht sofort zahlreiche Menschen an (Mk 1,5). Er hat sogar eigene Jünger, die ihm nachfolgen (Mk 2,28). Die Menschen halten ihn für einen Propheten. In Mk 6,14-16 und in Mk 8,28 wird er in eine Reihe mit Elija oder einem der anderen Propheten gestellt. In Mk 11,32 wagen es die jüdischen Oberen, die Jesus nach seiner Vollmacht fragen, nicht, Johannes das Prophetenamt abzusprechen. Sie fürchten die Menge, die Johannes eindeutig für einen Propheten hält. Auch Herodes, der ihn töten lässt, versagt ihm nicht seine Anerkennung. Er hört ihn gern, obwohl ihn Johannes verlegen macht, und er hält ihn für "gerecht und heilig" (Mk 6,20).[53]

Es bleibt, literarisch betrachtet, gar keine Zeit für die Annahme, dass Jesus ein Johannesjünger geworden sei.[54] Markus erzählt, dass er "sofort" nach der Taufe vom Geist in die Wüste geschickt wurde (Mk 1,12). Hier wartet er in vierzigtägigen Exerzitien auf den weiteren Anruf Gottes.

b) Dieser Anruf kommt in einer harten Form, wenn auch nicht ganz überraschend. Johannes wird von Herodes gefangengesetzt, "aus dem Verkehr gezogen". Was soll Jesus jetzt tun? Seine Sendung ist es offensichtlich nicht, an die Stelle des Johannes zu treten. Das tun

---

52 Ex 23,20; Mal 3,1; Jes 40,3. Die ersten beiden Zitate sind über das Botenthema verbunden, das zweite und dritte über das "Bereiten der Wege".

53 Die anderen Evangelien bringen noch weitere hohe Attribute von Johannes. Er wagt offene Worte (Mt 3,7-12); er kann beten (Lk 11,7); er ist größer als die Propheten (Mt 11,9; Lk 7,26); auf ihn läuft das ganze Alte Testament zu (Mt 11,13; Lk 16,16).

54 Vgl. Limbeck, Gesetz 202f Anm.10: "Jesus konnte sich von Johannes taufen lassen, auch ohne anschließend ein Täuferjünger werden zu wollen. Die Tatsache, dass Jesus sich nach der Taufe in die Wüste begab, könnte vielmehr gerade darauf hinweisen, dass Jesus sich keineswegs darüber im klaren war, wie es weitergehen sollte."

schon die offiziellen Johannesjünger. Sie predigen und taufen weiter.
Und sie finden ein lang dauerndes starkes Echo im Volk. Dieser
Johannes bleibt unvergessen (Mk 2,18; 11,32).[55]

Für Jesus wird die Gefangennahme des Täufers zum Anstoß, nach
Galiläa zu gehen und dort selbst öffentlich aufzutreten (Mk 1,14f).
Damit beginnt die Absetzung Jesu von Johannes dem Täufer. Von
Johannes unterscheidet ihn zunächst nicht ein anderer Inhalt seiner
Verkündigung[56], sondern nur die Art und Weise seines Auftretens.
Jesus wird kein Wüstenprediger, sondern er beginnt am Sabbat in der
Synagoge (Mk 1,21). Er tauft folglich auch nicht wie Johannes mit
der Wassertaufe, sondern er verkündet, und zwar geisterfüllt, das
Evangelium von der nahen Herrschaft Gottes.

Die Macht seines Wortes lässt schon beim ersten Auftreten den
Dämon in dem besessenen Menschen aufschreien. Jesus wird provoziert und wirkt sein erstes Wunder. Das Wunder vervielfacht wiederum den Zulauf der Menschen. Jesus wird in der Konsequenz dieses
Ereignisses zum Wanderprediger (Mk 1,38). Als Wanderprediger
kommt er später auch in "unreine" Häuser. Er nimmt an Gastmählern
bei Zöllnern und Sündern teil und muss dabei Reinheitsvorschriften
übertreten (Mk 2,16). Für die Jünger hat das zur Konsequenz, dass sie
nicht fasten wie die Jünger des Johannes und die Pharisäer und dass
Jesus deshalb angefragt wird (Mk 2,18).

In zwei Punkten ist die Absetzung von Johannes besonders deutlich: Johannes hat erstens keine Wunder gewirkt. Markus erzählt
nicht nur keine Wunder des Johannes, er lässt Herodes und seine
Gesprächspartner zusätzlich die Vermutung äußern, dass Jesus der
von den Toten auferweckte Johannes sein könnte, der deshalb, also
wegen der Auferweckung, Wunderkräfte habe (Mk 6,14.16).[57] Im
Rückschluss ist klar: Johannes hatte vor seiner Auferweckung ausdrücklich keine solchen Kräfte.

Johannes gilt zweitens als Asket. Das gilt auch für seine Jünger,
die deshalb durch ihr starkes Fasten auffallen (Mk 2,18). Von den
Jesusjüngern gilt das Gegenteil: Sie fasten nicht. Jesus verteidigt ihr

---

55 Die Jünger des Johannes gibt es noch lange nach seinem Tod und weit verbreitet, z. B. in Kleinasien, vgl. Apg 18,24-19,7, bes. 19,3f.

56 Darin liegt gerade die Pointe der ganzen Erzählung mit Johannes als Wegweiser Jesu; gegen Limbeck, Gesetz 97f, der annimmt, Jesus habe zunächst
ein erschreckendes Gottesbild gehabt, das sich dann in einer Vision radikal
geändert habe. Nur so werde erklärbar, warum sich Jesus überhaupt habe
taufen lassen. Die Voraussetzung dieser Hypothese ist die Annahme, dass
Johannes ein solches negatives Gottesbild gehabt haben müsse. Vgl. auch
Haenchen 60f.75.

57 Vgl. Joh 10,41.

Verhalten damit, dass sie Hochzeitsgäste sind. Deshalb können sie jetzt nicht fasten (Mk 2,19). Nach der erweiterten Erzählung des Matthäus gilt Jesus umgekehrt bald als Fresser und Säufer: "Johannes ist gekommen, der aß nicht und trank nicht; da sagen sie: er hat einen Dämon. Der Sohn des Menschen ist gekommen, der isst und trinkt; da sagen sie: Siehe, ein Schlemmer und Zecher, Freund mit Zöllnern und Sündern!" (Mt 11,18f)

c) Der Leser hat erstmals durch die Fragen und Überlegungen des Herodes davon erfahren, dass Johannes tot ist (Mk 6,14.16). Erst danach bringt Markus die ausführliche Erzählung darüber, wie Johannes umgekommen ist (Mk 6,17-29).

Außenstehende - Herodes gehört dazu - blicken zurück. Ihnen wird Johannes ein Maßstab, um Jesus einzuordnen. Herodes hat den Johannes im Gefängnis als "gerecht und heilig" kennengelernt (Mk 6,20). Jesus kennt er nicht persönlich. Aber er hat von ihm gehört. Danach vergleicht er ihn mit Johannes. Jesus ist für ihn wie Johannes, nur dass er noch zusätzlich die Macht hat, Wunder zu tun. Andere vergleichen Jesus mit Elija oder einem der Propheten (Mk 6,15). Auch die Jünger kennen diese Vergleiche genau und wiederholen sie in derselben Reihenfolge, als Jesus sie nach der Meinung der Leute fragt (Mk 8,28). Auffällig ist, dass sie alle keinen Unterschied in der Lehre zwischen Johannes und Jesus feststellen. Sie sehen Johannes und Jesus ganz nahe beieinander, nur dass der eine tot ist und der andere lebt und Wunder tut. Sie vergleichen beide, Johannes und Jesus, mit den großen Propheten.[58]

Jesus selbst blickt nach vorn. Für ihn ist der Tod des Johannes, wie zuvor dessen Gefangennahme, ein Signal, das einen neuen Schritt auf seinem Weg auslöst. Denn der Tod des Johannes eröffnet den dritten Abschnitt des Evangeliums (Mk 6,7-8,30), in dem Jesus in das Heidenland geht, dort durch Wunder die Menschen das Heil Gottes spüren lässt und auch ihnen im Zeichen der Brotvermehrung daran Anteil gibt. Die Jünger bekennen ihn daraufhin am Ende dieses Abschnitts als den Christus, den Gesalbten Gottes (Mk 8,29). Damit haben sie ihn eindeutig von Johannes zu unterscheiden gelernt. Jesu Zuwendung zu den Heiden ist sein besonderer Weg, der ihn von den anderen Propheten abhebt.

Der Vergleich mit Johannes legt sich für die Jünger schon deshalb nicht nahe, weil Johannes umgebracht worden war. Dieses Schicksal können sie für ihren Lehrer nicht wünschen. Aber gerade darin ver-

---

58 Jesus bestätigt später indirekt diesen Vergleich, indem er ihn selbst benützt, um in der Vollmachtsfrage seinen Gegnern zu antworten. Er bringt sie damit in große Verlegenheit (Mk 11,29-33).

stehen sie Jesus und seinen Weg nicht mehr (Mk 8,30). Jesus selbst weiß, dass er als Messias noch viel stärker als jeder Prophet mit seinem Leben für seine Botschaft einstehen muss. Der Tod des Johannes ist für ihn also nicht nur der Auslöser für einen neuen Schritt auf seinem Weg, sondern zugleich auch ein Hinweis auf sein eigenes Schicksal. Jesu Zuwendung zu den Heiden wird ihn als Messias viel zwingender in den Tod führen als jede prophetische Verkündigung von der Herrschaft Gottes. Deshalb muss er jetzt nach Jerusalem gehen und selbst seinen Tod provozieren. Auf dem Weg dorthin geht es immer wieder um dieses Thema von seinem bevorstehenden Leiden und Sterben. Worin die Jünger Jesus von Johannes unterscheiden wollten, nämlich im gewaltsamen Todesschicksal, gerade darin sieht sich Jesus selbst dem Johannes ganz nah.

3. Johannes der Täufer ist zum Wegweiser für Jesus geworden. Dieser Wegweiser hat ihn seinen eigenen Weg klären und finden lassen. Schon auf dem Weg nach Jerusalem deutet Jesus nun ausdrücklich theologisch sein Verhältnis zu Johannes. Er tut es, indem er selbst Johannes zu dem wiedergekommenen Elija macht. Die Gelegenheit dazu bietet eine Frage der drei Jünger, die bei der Verklärung dabei waren: Petrus, Jakobus und Johannes. "Und sie fragten ihn: Warum sagen die Schriftgelehrten, zuvor müsse Elija kommen? Er aber sprach zu ihnen: Elija kommt zuvor und stellt alles her; und wie steht über den Sohn des Menschen geschrieben? Dass er viel leiden und verachtet werden soll. Aber ich sage euch: Elija ist wirklich gekommen, und sie taten ihm, was sie wollten, wie über ihn geschrieben steht" (Mk 9,11-13).

In diesem Text ist zwar Johannes nicht ausdrücklich genannt. Aber die Anspielung Jesu auf Johannes ist völlig eindeutig.[59] Jesus erkennt dem Johannes die Elijawürde zu. Das ist nicht eine allgemeine Einsicht der Zeitgenossen, sondern eine Entscheidung Jesu und also eine Deutung, die Jesus selbst vornimmt.[60] Sie enthält eine einzigartige Hochschätzung des Johannes, die nicht mehr nur persönlich gemeint ist, sondern seine heilsgeschichtliche Rolle beschreibt. Zugleich gibt sie Jesus Gelegenheit, seine eigene Aufgabe im Vergleich zu diesem Johannes-Elija zu deuten.

Elija ist nie gestorben, sondern in den Himmel mit einem feurigen Wagen aufgefahren (2 Kön 2,11). Nach Meinung der Schriftgelehrten

---

59 Vgl. die Interpretation in der Parallele bei Mt 17,13 und von dort aus bei Mt 11,14.
60 Vgl. A. Schweitzer, Geschichte 429: "Der Täufer wird zum Elias nur durch die Tat des messianischen Selbstbewusstseins Jesu."

ist deshalb Elija der Endzeitbote vor dem großen Gerichtstag. So steht es am Ende des letzten Prophetenbuches, bei Maleachi 3,23: "Siehe, ich sende euch den Propheten Elija, ehe der große und furchtbare Tag des Herrn kommt."

Das wissen nicht nur die Schriftgelehrten (Mk 9,11). Auch für die drei Jünger ist diese Erwartung theologisches Allgemeinwissen. Auch Jesus bestätigt das, indem er auf ihre Frage eingeht. Bei der Kreuzigung verraten sogar die spottenden Zuschauer, dass sie diese Elijaerwartung kennen: "Wir wollen sehen! Vielleicht kommt ja Elija, um ihm vom Kreuz herabzuhelfen" (Mk 15,35f).

In der Liturgie hat dieser Glaube vom wiederkommenden Elija seinen festen Platz gefunden. Vor jeder Beschneidung wird das Kind auf den "Sessel des Elija" gelegt. Beim Seder (Passamahl) wird der "Becher des Elija" bis an den Rand gefüllt und auch die Tür einen Spalt breit offen gelassen, um so die Hoffnung auf sein Kommen auszudrücken. In der Haftara (Prophetenlesung) am Großen Sabbat, dem Sabbat vor dem Passafest, wird der Text über das Kommen des Elija vor dem Gericht aus Maleachi 3,23f gelesen.

Die Aufgabe des Endzeitboten Elija ist bei Maleachi so beschrieben: "Er wird das Herz der Väter den Söhnen und das Herz der Söhne den Vätern wieder zuwenden, dass ich nicht komme und das Land mit dem Banne schlage" (Mal 3,24). Elija soll also Versöhnung stiften und damit dem Zorn Gottes im Gericht zuvorkommen, dass er nicht pauschal das ganze Land vernichte. In der weisheitlichen Meditation bei Jesus Sirach wird die Aufgabe des Elija mit Bezug auf die Maleachiaussage etwas ausführlicher beschrieben: "Von dir (Elija) sagt die Schrift, du stehst bereit für die Endzeit, um den Zorn zu beschwichtigen, bevor er entbrennt, um den Söhnen das Herz der Väter zuzuwenden und Jakobs Stämme wieder aufzurichten" (Sir 48,10).

Diese doppelte Aufgabe des Elija als Endzeitboten darf man nicht psychologisch oder politisch missverstehen. Sie hat theologische Qualität. Sowohl die Versöhnung der Generationen wie das Aufrichten der Stämme Israels geschieht allein durch das Tun der Tora, wie Maleachi unmittelbar vor dem Elijawort erklärt: "Seid eingedenk des Gesetzes des Mose (der Tora), meines Knechts, dem ich am Horeb für ganz Israel Satzungen und Rechte aufgetragen habe" (Mal 3,22). Die Aufgabe des Elija ist, zusammengefasst, Israel an seinen Bund zu erinnern, Israel also "zum Tun und zum Hören" der Tora (Ex 24,7) zu bringen. Versöhnung der Generationen bedeutet, dass die Söhne und Töchter das ihnen von den Vätern und Müttern überlieferte Wort Gottes annehmen und dass umgekehrt die Eltern nichts anderes als dieses Wort Gottes ihren Kindern weitergeben. "Aufrichten" der

Stämme Israels bedeutet, dass Israel insgesamt seinen Bund mit Gott lebt und erfüllt.[61]

Jesus erklärt also Johannes zu dem in der Endzeit erwarteten Gottesboten Elija und behauptet damit nicht mehr und nicht weniger, als dass jetzt der große und furchtbare Tag des Herrn tatsächlich im Anbrechen ist.[62]

4. Diese Zuschreibung (Mk 9,13) der Elijarolle an Johannes den Täufer mag vielleicht überraschen. Bei näherem Nachlesen zeigt sich aber, dass der Erzähler Markus diese Aufgabe des Johannes literarisch schon längst hat anklingen lassen.

Gleich zu Beginn hat der Evangelist Johannes den Täufer eingeführt, indem er Maleachi 3,1 zitiert hat: "Siehe, ich sende meinen Boten vor deinem Angesicht her, der herrichten soll deinen Weg"[63]. Dieser Satz ist die prophetische Aufnahme der Verheißung in der Tora: "Siehe, ich sende einen Engel vor dir her, dich zu behüten auf dem Wege und dich an die Stätte zu bringen, die ich bestimmt habe" (Ex 23,20). In Mal 3,23 wird dieser erwartete Bote mit Elija ausdrücklich benannt. Damit war die Zuschreibung der Elijarolle auf Johannes schon in Mk 1,2 vorbereitet. Jesus selbst hat dann diese Identifizierung des Boten Johannes mit Elija ausdrücklich vorgenommen (Mk 9,11-13).[64]

Johannes tritt in der Kleidung und mit den Merkmalen des Elija auf[65], dem Mantel aus Kamelhaaren und dem ledernen Gürtel (Mk 1,6), und gibt damit zu verstehen, in welche Tradition er sich

---

61 Eine vergleichbare Deutung enthält eine rabbinische Aussage von der Erfüllung des Sabbats: "Würden die Israeliten zwei Sabbate nach Vorschrift halten, so würden sie sofort erlöst werden" (R. Schimon ben Jochai, Schabbat 118b). R. Lewi spitzt zu: "Wenn die Israeliten auch nur einen Sabbat, wie es sich gehört, beobachteten, so käme der Sohn Davids" (Schemot Rabba XXV zu Ex 16,29).

62 Auf die Elija- und Elischa-Traditionen wird häufig im Neuen Testament angespielt. Vgl. dazu J.M. Nützel, Elija- und Elischa-Traditionen im Neuen Testament, in: BiKi 41 (1986) 160-171; M. Öhler, Elia im Neuen Testament. Untersuchungen zur Bedeutung des alttestamentlichen Propheten im frühen Christentum (BZNW 88), Berlin, New York 1997.

63 Der Name "Maleachi" bedeutet "mein Bote". Vermutlich hat das ganze Buch Maleachi von daher seinen Namen. Diese Beobachtung stammt von Klauck, Vorspiel 49.

64 Matthäus hat auch das erste Maleachizitat vom Boten (Mal 3,1) schon Jesus in den Mund gelegt. Er begnügt sich deshalb bei der Einführung des Täufers in Mt 3,3 mit dem Jesajazitat (Jes 40,3) und bringt das erste Maleachizitat erst in Mt 11,10, das zweite gleich darauf in Mt 11,14.

65 Vgl. 2 Kön 1,8.

selbst gestellt sieht. Bei der Frage, wer wohl Jesus ist, stehen zweimal
Elija und Johannes der Täufer unmittelbar nebeneinander.[66] Elija ist
dabei der einzige namentlich genannte Prophet. Der Erzähler hat
damit schon den hohen Rang des Johannes angedeutet, ohne sich vorerst näher festzulegen.

Unmittelbar vor der Zuschreibung der Elijarolle an Johannes den
Täufer durch Jesus (Mk 9,11-13) treten Mose und Elija in der Ver-
klärung zusammen mit Jesus auf. Damit ist nochmals die große
Bedeutung des Elija in Erinnerung gerufen. Elija steht neben dem
wichtigsten Propheten überhaupt[67] und dem einzigartigen Mittler und
Boten Gottes, neben Mose. Der bibelkundige Leser wird dabei die
Zuordnung von Mose und Elija, wie sie Maleachi vornimmt, nicht
vergessen (Mal 3,22f). Es geht um die Tora, die Gott allein durch
Mose gegeben hat. Diese Tora des Mose soll Elija als Endzeitbote
dem Volk ins Herz schreiben.

5. Johannes der Täufer war für Jesus bis zu seinem Gang nach Jeru-
salem ein Wegweiser. Indem er zuletzt Johannes als den erwarteten
Endzeitboten Elija deutet, sagt Jesus zugleich etwas über seine eigene
Rolle aus.

Es wäre falsch, die Endzeit nochmals zu unterteilen, als ob
Johannes-Elija nur bis zum Beginn der Endzeit gelten und dann von
Jesus verdrängt werden würde. Johannes-Elija ist nicht der Vorläufer
Jesu, sondern der "Vorläufer" und Bote Gottes.[68] Innerhalb dieser
Endzeit gibt es kein Nacheinander, sondern nur verschiedene Aufga-
ben. Denn die Endzeit ist wirklich angebrochen.

Johannes ist der erwartete Elija, der durch die Verkündigung von
Gottes Wort Versöhnung bringen und Israel wiederherstellen wird.
Jesus hat zu Beginn seine Aufgabe nicht von der des Johannes unterschieden. Jetzt nach der Absetzung von Johannes und in seiner Rolle
als Christus weiß er, dass seine Aufgabe die besondere Zuwendung
und Liebe Gottes zu den Heiden ist. Damit ist Jesus ebenfalls Endzeitbote. Aber für seine besondere Aufgabe bietet sich ein anderes
biblisches Muster an: der Gottesknecht.

---

66 Mk 6,14f und Mk 8,28.
67 Vgl. Dtn 18,18.
68 Klauck, Vorspiel 55. 62. 84, betont, dass Elija in jüdischer Sicht der erwartete
    letzte Bote vor dem Kommen Gottes ist, meint allerdings, dass es der
    "christlichen Interpretationsarbeit" zuzuschreiben sei, dass der Täufer in der
    Rolle des Elija zum Vorläufer des Messias Jesus geworden sei. Vgl. Zeller,
    Elija 154f.158; G. Dautzenberg, Elija im Markusevangelium, in: The Four
    Gospels (FS F. Neirynck; BETL 100), ed. by F. van Segbroeck u.a., Leuven
    1992, Vol.II 1077-1094.

Auch diesen Titel hat der Erzähler Markus schon lange in seinem Evangelium literarisch eingeführt und die Leser darauf vorbereitet, ganz ähnlich wie beim Elijatitel für Johannes. In der Taufe nennt die Himmelsstimme Jesus den "geliebten Sohn" und fügt die Formel des ersten Gottesknechtslieds (Jes 42,1) an: "An dir fand ich Wohlgefallen!" (Mk 1,11) Die Stimme aus der Wolke bei der Verklärung richtet sich an die anwesenden Jünger und wiederholt diese Anrede: "Dieser ist mein Sohn, der geliebte" (Mk 9,7). Markus erklärt an diesen Stellen noch nicht die Bedeutung dieser Anrede in der Sprache der Gottesknechtslieder. Aber Bibelkenner wissen natürlich, dass die Hauptaufgabe des Gottesknechts schon im ersten Gottesknechtslied sein Zeugnis für die Heiden ist.[69]

Bei Markus folgt erst nach diesen beiden Anspielungen das Gespräch Jesu mit den drei Jüngern, in dem er Johannes die Elijarolle zuspricht (Mk 9,11-13). In diesem Gespräch enthält die Frage der Jünger eine Anspielung auf das zweite Gottesknechtslied (Jes 49,1-9), die Antwort Jesu Anspielungen auf das dritte (Jes 50,4-9) und vierte Gottesknechtslied (Jes 52,13-53,12).

Die Jünger fragen nach Elija, der alles "wiederherstellen" werde (Mk 9,12).[70] Im zweiten Gottesknechtslied steht dieselbe Formulierung, aber mit dem bemerkenswerten Zusatz: "Zuwenig ist es, dass du mein Knecht sein solltest, nur um die Stämme Jakobs aufzurichten und die Geretteten Israels zurückzubringen (wiederherzustellen); so will ich dich denn zum Licht der Heiden machen, dass mein Heil reiche bis an das Ende der Erde" (Jes 49,6).

Markus erklärt diese Anspielung nicht weiter, sondern überlässt sie dem Bibelverständnis seiner Leser.[71] Er legt das ganze Gewicht auf die folgende Antwort Jesu, in der sein bevorstehender Tod als Tod des leidenden Gottesknechts verstanden wird. Jesus bringt in seiner Antwort den Vergleich des Schicksals des Johannes mit seinem eigenen: An Johannes-Elija taten sie, wie sie wollten (Mk 9,13); der Menschensohn wird viel leiden und verachtet werden (Mk 9,12). Beide Aussagen werden gerahmt und gewichtet mit dem Zusatz, dass es

---

69　Vgl. Jes 42,1-6 (LXX): Der Gottesknecht soll die Wahrheit zu den Heiden hinaustragen (Jes 42,1), die Heiden sollen auf seinen Namen hoffen (Jes 42,4), er wird zum Licht für die Heiden (Jes 42,6).

70　Vgl. auch Ps 14,7.

71　Der Evangelist Markus erklärt diesen Zusammenhang nicht, wohl aber nehmen die beiden von Markus abhängigen Evangelien Matthäus und Lukas diesen theologischen Topos auf und erklären ihn: Licht für die Heiden, z.B. Mt 4,16 oder Lk 2,32.

so geschrieben steht.[72] Sprachlich klingen in dieser Antwort das dritte (Jes 50,7) und das vierte Gottesknechtslied (Jes 53,3f) an.

Damit ist die Antwort auf Jesu eigene Rolle vorbereitet. Mit Johannes dem Täufer verbindet ihn der prophetische Auftrag[73] für die Endzeit und der gewaltsame Tod. Verschieden ist ihre Aufgabe. Während Johannes-Elija Israel "wiederherstellen" soll, muss Jesus Gottes Liebe auch zu den Heiden verkünden. Diese Aufgabe ist in der Bibel besonders eindringlich im Gottesknecht bei Deuterojesaja vorabgebildet. Für den Erzähler Markus ist weniger der Titel selbst wichtig.[74] Für ihn ist bedeutsam, dass er mit diesem Vergleich Jesu bevorstehenden Tod als stellvertretenden Sühnetod für die "Vielen" - und das sind nach Deuterojesaja die Heiden - genauer deuten kann.

In Mk 10,45, also fast am Ende des ersten Abschnitts im zweiten Hauptteil, deutet Jesus ausdrücklich seinen Tod in Anlehnung an Jes 53,10-12 als stellvertretenden Sühnetod: "Denn der Menschensohn kam nicht, um bedient zu werden, sondern zu dienen und sein Leben zu geben als Ersatzgabe anstelle Vieler"[75].

Nach der ersten Todesansage ging es für alle um das "Leben retten oder es verlieren" (Mk 8,35). Nach der zweiten Todesansage mussten seine Jünger hören: "Wer Erster sein will, sei aller Diener!" (Mk 9,35) Jetzt nach der dritten Todesansage und nach dem Versagen aller geht es allein um das Leben Jesu, das er als Knecht aller geben wird und das eine "Ersatzgabe" für die Heiden sein wird.[76] Die Heiden (die "Vielen") werden durch seinen Tod ohne ihr Zutun und in Opposition zu ihrem eigenen Verhalten[77] gerettet.

Am Ende des Weges, auf dem Jesus seinen Jüngern sein Christus-

---

72 Für Elija bietet sich als Bezugsstelle vor allem 1 Kön 19,10 an. Aber der Akzent liegt ohnehin auf dem Schicksal des "Menschensohns". Dort steht der Schrifthinweis auch in der Frageform: "Wieso steht geschrieben über den Menschensohn?" Der Leser ist eingeladen, darüber nachzudenken und, auf diese Fragestellung aufmerksam gemacht, weiterzulesen.

73 Vgl. Mk 11,29-32.

74 Markus ändert die Anrede schon in Mk 1,11 und in Mk 9,7 ab, indem er statt "Knecht" jetzt "Sohn" sagt, im Unterschied zu Matthäus, der die Parallelen zum Gottesknecht an wichtigen Stellen ausbaut, vgl. Mt 8,17 und 12,17-21.

75 Wiederholt wird diese Formel nur noch einmal: beim letzten Abendmahl in Mk 14,24.

76 Markus hat in 10,43f den "Diener aller" von Mk 9,35 aufgenommen und dann zum "Knecht aller" verändert. Damit wird die anschließende Anspielung an den Gottesknecht deutlicher. Umgekehrt hat Markus Jes 53,12 vom Passiv in das Aktiv umgeformt: Jesu Leben wird nicht, wie beim Gottesknecht, in den Tod dahingegeben, sondern er gibt es selbst für die Vielen.

77 Vgl. Mk 10,42: Bei den Heiden zählt das Herrschen und die Großen üben Macht aus.

amt gedeutet und sie dabei zur Nachfolge eingeladen hat, ist er vollkommen allein. Der einzige, der ihm auf seinem Weg "nachfolgt" (Mk 10,52), ist der blinde Bettler Bartimäus, dem Jesus kraft seines Amtes die Augen geöffnet hat. Denn dessen Hilferuf richtete sich an Jesus als den "Sohn Davids".

Gleichzeitig enthält dieser Hilferuf das erste öffentliche Messiasbekenntnis, das von der Menge zuerst noch abgewehrt wird. Dann aber, da der Blinde beharrlich weiterruft und Jesus ihn hört, unterstützen die Menschen diesen Ruf. Die Szene leitet über zum Einzug in Jerusalem, den Jesus selbst als messianischen Einzug vor der Öffentlichkeit inszeniert.

2. Abschnitt: Der König verkündet im Tempel sein Programm (Mk 11,1-13,37)

Nur die Jünger, und mit ihnen die Leser des Evangeliums, wissen nach dem Zug Jesu durch das ganze Zwölfstämmeland und vor dem Einzug in Jerusalem, wie Jesus sein Messiasamt selbst versteht. Die Jünger haben ihm am Ende des ersten Hauptteils auf seine Frage hin, für wen sie ihn halten, den Christustitel zugesprochen (Mk 8,29). Jesus hat ihnen am Anfang des zweiten Hauptteils seine messianische Aufgabe und sein eigenes Schicksal, das damit unlösbar verbunden ist, gedeutet.

Auf dem Weg nach Jerusalem hat er ihnen allein und abseits von der Menge zugleich erklärt, dass ihn als Christus sein Programm von der Liebe Gottes auch zu den Heiden das Leben kosten werde. Er ist sich seiner Sendung so sicher, dass er nicht nur trotz des drohenden Todes dabei bleibt. Er identifiziert ab jetzt darüber hinaus sein eigenes Schicksal mit diesem Evangelium (Mk 8,35; 10,29): Nicht nur obwohl er sterben muss, sondern durch seinen Tod wird Gottes Liebe auch den Heiden verkündet. Das Schicksal des messianischen Boten wird mit seiner Botschaft unlösbar verbunden. Der Tod Jesu wird selbst heilsbedeutsam.

Jesus hat damit den Jüngern seine Christologie erklärt. Die Jünger haben sehr wohl verstanden, dass auch ihr Weg nach Jerusalem zusammen mit diesem zu allem entschlossenen Jesus lebensgefährlich ist. Sie haben zwar auch das Wort von der Auferweckung nach dem Tod gehört. Aber das können sie jetzt noch nicht verstehen (Mk 9,10). Aus dem Unverständnis seiner Jünger hat Jesus gelernt, dass er allein diesen Weg in den Tod gehen muss. In Anlehnung an das vierte Gottesknechtslied interpretiert er daraufhin seinen Tod noch genauer als Sühnetod für die "Vielen" (Mk 10,45).

Jesus hat in diesem christologischen Abschnitt seinen Jüngern die kommenden Ereignisse theologisch gedeutet. Es handelt sich, literarisch betrachtet, nicht um Zukunftsweissagungen, mit denen er seine Jünger aus göttlichem Vorherwissen auf die kommenden Ereignisse vorbereiten wollte. Er ist entschlossen, diese Ereignisse durch sein Verhalten in Jerusalem selbst auszulösen. Hätte sich Jesus einzig und allein als frommer Pilger verstanden, der zum Passafest nach Jerusalem gehen will, dann hätte ihm dort mit Sicherheit niemand ein Härchen gekrümmt.

Damit richtet sich jetzt die ganze Spannung auf das Verhalten Jesu in der Stadt. Was wird er tun? Wie wird er dort auftreten, um sich und sein Programm öffentlich vorzustellen?

In den folgenden Kapiteln sollen als wichtigste Aspekte herausgehoben werden: der messianische Einzug Jesu in Jerusalem (2.2.),
die Zeichenhandlung und die dazugehörige Proklamation seiner
Botschaft im Tempel (2.3.), der sich daraus ergebende Konflikt mit
den höchsten jüdischen Autoritäten in der Stadt und im Tempel (2.4.),
die theologischen Auseinandersetzungen um seinen Anspruch (2.5.)
und die abschließende Vorbereitung der Jünger auf die Zeit nach seinem Tod (2.6.). Diesen Kapiteln soll ein Überblick über die typologische Chronologie der Heiligen Woche in den letzten beiden Abschnitten vorangestellt werden. Denn das Wochenschema strukturiert literarisch die restliche Jesusbiographie des Markus von Mk 11,1 bis
Mk 16,8 (2.1.).

2.1. Die Heilige Woche - der literarische Leitfaden für die letzten Tage des Lebens Jesu (Mk 11,1-16,8)

1. Mit dem Einzug Jesu in Jerusalem beginnt die "Heilige Woche". Es
dauert genau noch eine Woche, bis Jesus am Kreuz stirbt und dann
von den Toten auferweckt wird. Markus benützt den Wochenablauf
zur literarischen Strukturierung der letzten Ereignisse im Leben Jesu.
Die Heilige Woche gliedert den Rest des Evangeliums, also den
ganzen zweiten und dritten Abschnitt des zweiten Hauptteils im
Evangelium.
    Diese chronologische Strukturierung hat, ähnlich wie die beiden
geographischen Itinerarien in den Abschnitten vorher, typologischen
und damit theologischen Charakter. Es handelt sich weder im ersten
Fall um topographisch noch jetzt im zweiten Fall um historisch exakte
Angaben. Markus hat die Stilmittel deshalb auch nicht literarisch
miteinander vermischt, weder die beiden geographischen Itinerarien
untereinander noch diese mit dem chronologischen Ablauf der letzten
Woche. Die Verbindung liegt in der inhaltlichen Entfaltung der Biographie Jesu.
    Auf dem Weg vom Norden nach Süden durch das ganze Land hat
Jesus den Jüngern seine Christologie mit der Ankündigung seines
Todes und seiner Auferweckung expliziert (Mk 8,31-10,52). In der
Heiligen Woche wird erzählt, wie Jesus selbst durch sein Verhalten in
Jerusalem den Konflikt provoziert (Mk 11,1-13,37) und wie er
daraufhin die Konsequenzen erleidet, am Kreuz stirbt und von Gott
auferweckt wird (Mk 14,1-16,8).

2. Die literarische Struktur der Heiligen Woche lässt sich schematisch
als ein Pendeln Jesu zwischen Betanien und Jerusalem beschreiben.

Jesus kommt von Betanien her und zieht über den Ölberg in die Stadt. Zum Übernachten geht er jeweils nach Betanien zurück. Das gilt für die ganze Woche mit Ausnahme der letzten Nacht vor seinem Tod. Nach dem Passamahl bleibt er entsprechend der Vorschrift innerhalb der erweiterten Stadtgrenze von Jerusalem, am Ölberg. Dort wird er verhaftet.

In der folgenden Skizze ist dieses Pendeln zwischen Betanien und Jerusalem eingetragen. Die Zahlen verweisen auf die Stellen, in denen Markus jeweils durch einen Ortswechsel oder einen kurzen Hinweis die Tage voneinander abgrenzt. Am linken Rand werden die Wochentage mit den üblichen Namen bezeichnet und durchgezählt. Am rechten Rand stehen die theologischen Hauptthemen der einzelnen Tage.

Am ersten Tag erzählt Markus nur den Einzug Jesu in Jerusalem. Dabei werden schon in Mk 11,1 alle Orte genannt, die in den folgenden Geschichten eine Rolle spielen: Jerusalem, Betfage und Betanien am Ölberg.[1] Aus dieser Reihenfolge und aus der eindeutigen Zielangabe Betanien am Ende des Tages in Mk 11,11 ist für die Leser klar, dass Jesus von Betanien nach Jerusalem gegangen ist. In Jerusalem geht Jesus zum Tempel und "schaut ringsum alles an". Am Abend (Mk 11,11) geht er wieder nach Betanien hinaus und übernachtet dort (Mk 11,12).

Am zweiten Tag verflucht Jesus auf dem Weg von Betanien nach Jerusalem den Feigenbaum (Mk 11,13f). Von Mk 11,15 an befindet sich Jesus im Tempel. Dort folgt in einer prophetischen Zeichenhandlung die sogenannte Tempelreinigung und Jesu deutendes Wort. In Mk 11,19 verlassen Jesus und die Zwölf die Stadt.

Markus erzählt nicht umständlich und langweilig, dass sie dann wieder nach Betanien gegangen sind und dort übernachtet haben. Für den Leser ist das dennoch eindeutig. Denn am nächsten Morgen, also am dritten Tag, kommen sie beim erneuten Gang nach Jerusalem an dem inzwischen verdorrten Feigenbaum vorbei, befinden sich also auf demselben Weg (Mk 11,20). Ab Mk 11,27 sind sie wieder in der Stadt. Nach einem vollen Tagesprogramm mit der Vollmachtsfrage und den daran anschließenden theologischen Auseinandersetzungen

---

1   Betfage kommt in den (synoptischen) Evangelien nur hier vor. Es ist nicht eindeutig zu lokalisieren. In der geographischen Vorstellung der Erzählung werden die Orte der Reihe nach aufgezählt von Westen nach Osten. Zuerst wird Jerusalem genannt. Im Osten der Stadt liegt der Ölberg. An dessen östlichem Abhang liegt Betanien. Vielleicht erklärt sich die Nennung von Betfage einfach etymologisch: Betfage bedeutet Feigenhaus (vgl. Gnilka II 115). Dazu passt, dass Jesus in den nächsten Tagen zweimal an einem Feigenbaum vorbeikommt: Mk 11,12-14 und Mk 11,20-26.

Die Heilige Woche

Jesus zwischen Betanien und Jerusalem (Mk 11,1 – 16,8)

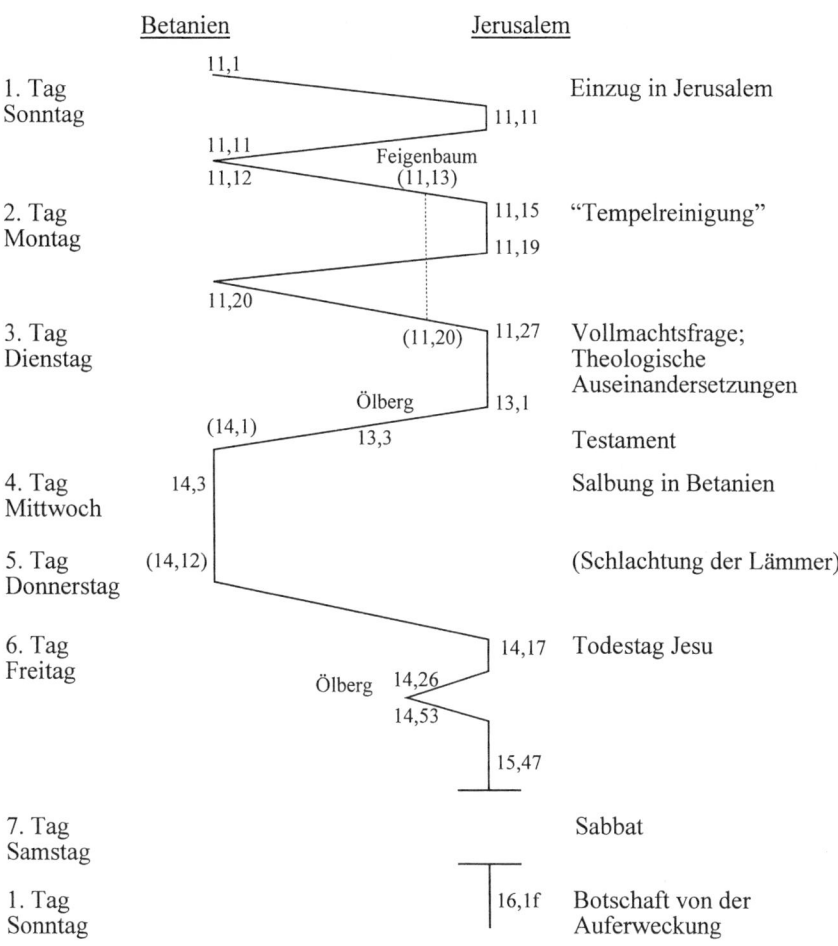

verlassen sie den Tempel (Mk 13,1) und gehen zum Ölberg (Mk 13,3).[2] Dort machen sie nochmals Halt. Im Blick auf den Tempel bereitet Jesus in der sogenannten Endzeitrede vier seiner Jünger gesondert "für sich" auf die Zeit nach seinem Tod vor. Diese Rede gehört noch zum dritten Tag.[3]

Die Tageszählung stirbt damit aber nicht ab.[4] In Mk 13,1 verlassen sie den Tempel und in Mk 13,3 ist mit dem Ölberg die alte Richtung nach Betanien angegeben. Dem Erzähler genügt bei der Salbungsgeschichte der Hinweis, dass sie sich in Betanien befinden (Mk 14,3). An diesem vierten Tag ziehen sie nicht nach Jerusalem.[5]

Auch am fünften Tag, dem Tag, an dem im Tempel die Lämmer für das Passamahl geschlachtet werden, bleiben sie noch den ganzen Tag über in Betanien. Durch den kurzen Hinweis auf das Passamahl "nach zwei Tagen" (Mk 14,1) ist der Leser darauf vorbereitet. Indirekt erfahren sie das auch aus einem Gespräch über die Vorbereitung des Passamahls. Zwei der Jünger werden dazu an diesem Tag in die Stadt vorausgehen (Mk 14,12).

Am Abend des fünften Tages, nach jüdischer Zählung[6] am Beginn des sechsten Tages, geht Jesus selbst mit den Zwölf nach Jerusalem (Mk 14,17). Damit beginnt der letzte ganze Tag im Leben Jesu. Nach dem Mahl verlässt er die Stadt nicht mehr, bis sie ihn nach Golgota, an die Hinrichtungsstelle vor die Stadt, führen. Dort stirbt er und wird noch vor Beginn des Sabbat am Abend des sechsten Tages in einem Felsengrab bestattet.

In Mk 15,42 wird der Abend des Begräbnisses als Rüsttag und Vorsabbat bezeichnet. Der Todestag ist also eindeutig ein Freitag. Daraus folgt auch, dass der siebte Tag in dieser Zählung ein Sabbat sein muss. Von da aus lassen sich demnach auch alle anderen vergangenen Tage dieser Woche eindeutig bestimmen, beginnend mit dem Einzug am Sonntag, dem ersten Wochentag.

---

2   In Mk 13,1 wird nur das Verlassen des Tempels, nicht das Verlassen Jerusalems erwähnt. Der Ölberg gehört noch zum erweiterten Stadtbezirk. Die Endzeitrede findet also nicht mehr im Tempel, aber noch im Stadtbezirk Jerusalem statt.

3   Gegen Stock, Gliederung 484, der annimmt, Markus habe das Ende des dritten Tages eindeutig durch den topographischen Wechsel in Mk 13,1 festgelegt.

4   Gegen Gnilka II 119.

5   Markus lässt erkennen, dass nur Judas allein an diesem Tag, nach der Salbung in Betanien, in die Stadt geht (Mk 14,10f).

6   Gegen Schmithals I 59, der das Wochenschema ähnlich sieht, aber die jüdische Tageseinteilung nicht beachtet. Der jüdische Tag beginnt mit dem Sonnenuntergang und dem Sichtbarwerden der ersten Sterne am Abend. Daraus folgt, dass das Abendmahl zum Freitag gehört, ebenso die Grablegung.

Nach dem Sabbat kaufen die Frauen Öle zur Salbung. Im Ablauf der Erzählung geschieht das am Abend nach dem Sabbat (Mk 16,1). Dieser Abend zählt schon zum Ersten Wochentag, also zum Sonntag. Vorher können und dürfen die Frauen nicht einkaufen. In Mk 16,2 wird in Abhebung[7] vom Einkauf am Abend ausdrücklich gesagt, dass die Frauen zur Salbung sehr früh am Morgen des Ersten Wochentages bei Sonnenaufgang zum Grab gehen (Mk 16,2) und dort die Botschaft von der Auferweckung hören.

3. Der typologische Charakter dieser Chronologie wird verkannt, wenn man daraus unmittelbar historische Aussagen zum Leben Jesu abzulesen versucht, aber auch, wenn man diese Chronologie nur als redaktionelles Konstrukt des Markus versteht.[8] Aus der typologischen Chronologie der Heiligen Woche lassen sich keine unmittelbaren historischen Schlüsse ziehen. Natürlich bezweifelt dennoch niemand, dass Jesus wirklich zum Passafest nach Jerusalem gezogen ist und dass er dort in der zeitlichen Nähe des Festes gekreuzigt worden ist.

Der typologische Charakter dieser Chronologie wird auch missachtet, wenn man versucht, die Chronologie nach rückwärts zu verlängern und fortzuschreiben. Auf die Frage, wann Jesus in Jericho angekommen ist und wann er von dort zum Zug nach Jerusalem wieder aufgebrochen ist, gibt der Text keine Antwort.[9] Aus demselben Grund sind auch andere historisch begründete Einwände gegen die typologische Form nicht stichhaltig: Der dritte Tag sei überladen, wäre "über Gebühr herausgestellt und inhaltlich zu stark betont"[10].

Die typologische Struktur verlangt die vollständige Zählung aller sieben beziehungsweise acht Tage durch die ganze Woche. Eine

---

7 In der Parallelen bei Mt 28,1 und bei Lk 23,56f ist diese Unterscheidung zwischen dem Vorabend und dem Morgen gestrichen.

8 Ähnlich wie um die Jahrhundertwende A. Schweitzer für die historische und Wrede für die literarkritische Lösung standen, gelten heute als die eindeutigsten Vertreter der beiden entgegengesetzten Positionen Pesch und Schmithals.

9 Gegen Pesch II 323, der meint, Jesus sei am Freitag nach Jericho gekommen, habe dort am Sabbat einen Ruhetag verbracht und sei am Sonntag nach Jerusalem gegangen. Versteht man die Notiz in Mk 10,46 als historisch exakte Beschreibung und bindet sie ohne Einschnitt mit Mk 11,1 zusammen, dann bekäme der Tag des Einzugs eine falsche Gewichtung. Jesus hätte zuerst an diesem Tag noch den Bartimäus bei Jericho geheilt. Er wäre dann nach Jerusalem gegangen. Dort konnte er wegen der Entfernung erst gegen Abend ankommen. Der Einzug wäre dann erst am Abend dieses Tages erfolgt. Dem entspräche noch, dass an diesem Tag nichts weiter berichtet wird, weil es schon spät war (Mk 11,11).

10 Ernst 317.

getrennte Zählung von einzelnen Tagen würde diese Struktur zerstören: Gnilka meint zum Beispiel, nach dem dritten Tag sterbe die Zählung ab[11], man könne nur eine Zählung von drei Tagen feststellen. Nach Lührmann beginnt mit Mk 14,1 eine neue Zählung, die nicht an die vorige anknüpfe, sondern vom Passafest zurückrechne.[12]

Die anderen Evangelisten haben das Wochenschema bei Markus ebenfalls nicht historisch, sondern typologisch gelesen. Matthäus und Lukas können sich gerade deshalb die Freiheit nehmen, nur die Passatypologie aus ihrer Vorlage zu übernehmen, das Wochenschema aber bei ihren Evangelien nicht anzuwenden. Beide lösen das Schema gleich zu Beginn auf, indem sie den Tag des Einzugs und die "Tempelreinigung", also den ersten und den zweiten Tag bei Markus, zusammenlegen. Bei Matthäus wird die Geschichte vom Feigenbaum in einem Zug erzählt, bei Lukas begegnet sie in diesem Zusammenhang gar nicht. Der Aufenthalt in Jerusalem wird bei Lukas summarisch in Lk 20,1 und Lk 21,37 zusammengefasst, die Ereignisse werden nicht auf einzelne Tage aufgeteilt.

Johannes hat eine von Markus und den anderen Synoptikern verschiedene Typologie. Nach seinem Evangelium stirbt Jesus zwar auch am Freitag, aber dieser Freitag ist nicht der Passatag, sondern der Rüsttag zum Passafest. Nach Johannes fallen also der Sabbat und das Passafest im Todesjahr Jesu zusammen.[13] Jesus stirbt genau zu der Zeit, in der im Tempel die Lämmer für das Fest geschlachtet werden. Auch bei Johannes ist der Tod Jesu also auf das Passafest bezogen. Nur seine Typologie hat er gegenüber den Synoptikern anders gewichtet.

Historisch sind die Datierungen der Synoptiker auf der einen, des Johannes auf der anderen Seite unvereinbar. Die Widersprüche lösen sich auf, wenn die Datierungen typologisch gewertet werden und wenn diese Wertung auch den Evangelisten selbst zugestanden wird. Allerdings lassen diese Datierungen dann auch keine direkten historischen Rückschlüsse zu. Mehr als die historische Aussage, dass Jesus gezielt zum Passa nach Jerusalem gezogen ist und dass er dort im Zusammenhang mit dem Fest getötet worden ist, erlauben die Evangelien nicht.

Wenn man den typologischen Charakter der Wochenzählung erkennt, fällt die akribisch genaue Einhaltung dieses Schemas im Markusevangelium auf. In großer Meisterschaft hat der Erzähler mit

---

11 Gnilka II 220 Anm. 8.
12 Lührmann 186.229; vgl. auch C. Dahm, Israel im Markusevangelium. Frankfurt 1991, 134f.300f; Stock, Gliederung 481-515, bes. 483.
13 Vgl. Joh 18,28; 19,31.36.

sparsamsten Mitteln, in ganz verschiedenen Formen, ohne die Erzählung mit formalen Zählmethoden zu belasten und den Leser zu langweilen, das Schema immer wieder eingespielt. Der doppelte Bezug auf den Feigenbaum in Mk 11,12-14 und in Mk 11,20-26 dient zum Beispiel der Trennung und gleichzeitig der Verbindung vom zweiten zum dritten Tag. In Mk 13,1 und Mk 13,3 reichen der Weggang vom Tempel und die Angabe der Richtung zum Ölberg. Erst in Mk 14,3 wird Betanien wieder ausdrücklich genannt. In Mk 14,1 werden auch die zwei Tage mitgezählt, in denen Jesus nicht nach Jerusalem geht, damit der Leser nicht den Wochenüberblick aus dem Auge verliert.

4. Der typologische Charakter ist von Markus nicht erstmalig geschaffen, sondern er ist in einer vierzigjährigen Geschichte der Begehung dieses Gedächtnisses gewachsen und von Markus übernommen worden. Diese Chronologie ist kultisch begründet. Weil diese Woche von da her typologisch zu verstehen ist und um Missverständnisse auszuschließen, hat man sie mit Recht die "Heilige Woche" genannt. Markus hat das Wochenschema also nicht erfunden. Er hat es längst aus der kultischen Begehung der Passionswoche gekannt.[14] "Vom Kult der Urgemeinde her haben wir die Passionsberichte unserer Evangelien zu verstehen"[15], nicht umgekehrt von den Passionsberichten her den Kult. Daraus kann man zugespitzt folgern: Das historische Interesse bedarf der Erklärung, nicht das kultische.[16]

Wer das Wochenschema für die letzten Tage Jesu allein als redaktionelles Konstrukt begreifen will, kann seine Bedeutung für die Biographie Jesu nicht sehen. Besonders hart zeigen das die Urteile Bultmanns über diese angebliche redaktionelle Arbeit des Markus. Markus habe die jerusalemische Wirksamkeit Jesu samt der Passion "etwas unbeholfen in die Folge von sieben Wochentagen gepresst"[17]. Dieses Urteil gelte auch von anderen ähnlichen redaktionellen Verbindungen im Evangelium. Danach "hält eine gewisse primitive Verknüpfung das Evangelium als Ganzes zusammen"[18].

Allerdings darf man die kultische Begehung nicht statisch und unabhängig von der geschichtlichen Entwicklung betrachten. Die

---

14 Gegen Schmithals I 59, der meint, der Evangelist habe als erster dieses Schema geschaffen und zwar ausdrücklich deshalb, um eine gottesdienstliche Begehung der Passionswoche zu begründen. Vgl. R. Feneberg, Passafeier 99-109. Allerdings bleibt anzumerken, dass Schmithals, ebd., die Einteilung der Heiligen Woche sehr exakt beschreibt.

15 Bertram, Leidensgeschichte 7.

16 Vgl. Schille, Leiden 161-205, hier 167.

17 Bultmann, Geschichte 365.

18 Ebd.

kultische Begehung enthält selbst historische Züge. Bis zum Markusevangelium hat das Herrenmahl eine vierzigjährige Geschichte hinter
sich. Davon ist die Markuserzählung geprägt. In der Erinnerung an
Jesus hielten jüdische Jesusanhänger von Anfang an ihr Herrenmahl.
In dieser Erinnerungsfeier allein lag noch kein Konfliktgrund im Verhältnis zu den übrigen Juden. Nur hellenistische, also griechischsprechende Juden verletzten wegen dieser Jesusanhängerschaft beim
gemeinsamen Mahl zunehmend die gebotene Abgrenzung zu den
Heiden. "Aus Sicht der Jesusanhänger zwang sie die Verbindung mit
ihrem Herrn zu einer engeren Gemeinschaft als theologisch bisher
zulässig und soziologisch in einer jüdischen Synagogengemeinschaft
erträglich war."[19] Betroffen von diesem Konflikt waren also nicht so
sehr die Heidenchristen, sondern die jüdischen Jesusanhänger, die mit
den heidnischen Christen Gemeinschaft hielten.

Mit der Zerstörung des Tempels bekam dieser Konflikt eine neue
Qualität. Er spitzte sich im Passafest zu. Auch die Juden in Jerusalem
konnten jetzt das Passafest nur noch in verkürzter Form, ohne das
geschlachtete Lamm, feiern. Damit wurde das Passafest dem bei den
Heidenchristen zum selben Termin gefeierten Osterfest zu ähnlich.
Jüdische Jesusanhänger wurden daraufhin vor die Alternative gestellt,
ihre Gemeinschaft mit den Heidenchristen oder die Teilnahme am
jüdischen Gemeindeleben aufzugeben. Zugespitzt war es die Alternative zwischen der Teilnahme an der mit Heidenchristen gefeierten
Eucharistie oder am jüdischen Passafest. Das ganze Markusevangelium spiegelt diese Zwangslage wider. Jesu letztes Mahl war zum
Symbol des Konflikts geworden. Jüdische Jesusanhänger konnten,
wenn sie mit Heidenchristen das Herrenmahl begingen, nicht mehr
weiter Passa teilnehmen, obwohl gerade an diesem Fest Jesu
Botschaft von der extremen Fremdenliebe Gottes zu ihrer höchsten
Entfaltung gekommen war.

Markus ist als "Architekt" seines Textes für die Auswahl seines
Stoffs und die Gesamtkomposition verantwortlich. Er hat das Material
aber nicht geschaffen, sondern vorgefunden.[20] Dieses Material ist

---

19 R. Feneberg, Passa und Eucharistie 2,12. Vgl. E. Stegemann, Zwischen Juden
    und Heiden, "mehr" als Juden und Heiden? Neutestamentliche Anmerkungen
    zur Identitätsproblematik des frühen Christentums, in: KuI 9 (1994) 53-69.
    Stegemann spricht von einer "programmatischen Kommensalität", ebd. 57.

20 Auch die für den Gottesdienstgebrauch geeignete Perikopenform aller
    Geschichten im Evangelium weist auf ihren kultischen Ursprung hin. Der
    Eindruck der größeren Nähe zum historischen Verlauf der Passionsgeschichte
    mit ihrer unmittelbaren Vorgeschichte in Jerusalem gegenüber den übrigen
    Teilen des Evangeliums ergibt sich einmal aus der strengen Strukturierung
    nach dem Wochenschema der Heiligen Woche und zum anderen aus der Tat

zunächst noch in diffuser Form auf den wachsenden Konflikt um die Heidenfrage ausgerichtet. In vierzig Jahren hat sich dieser Konflikt zunehmend im Passa- und Osterfest gebündelt. Schließlich hat Jesus den Weg zu einer immer selbständigeren Heidenkirche begründet und geebnet, indem er seine Botschaft von der Fremdenliebe Gottes am Passafest bis nach Jerusalem getragen und dort mit der Selbstpreisgabe in seinem Tod besiegelt hat. In der Heiligen Woche ist also sowohl die unablösbare Verbindung der Kirche mit dem Judentum als auch ihre organisatorische Abtrennung als Heidenkirche verankert.

2.2. Jesus tritt erstmalig als Messias auf (Mk 11,1-11)

1. In Mk 8,29 hat Petrus im Namen aller Jünger zum ersten Mal Jesus den Christustitel zugesprochen. Das geschah im Anschluss an die Heidenreise. Jesus hat diesen Titel angenommen. Das zeigt sein Entschluss, jetzt nach Jerusalem zu gehen (Mk 8,30-10,52). Er geht nicht als einfacher Pilger dorthin, sondern mit der Absicht, seine Botschaft dort öffentlich zu vertreten. Er geht diesen Weg, obwohl er weiß, dass ihn diese Botschaft in Jerusalem das Leben kosten wird. In drei Etappen erklärt er den Jüngern seine Sendung bis in den Tod. Die Aufforderung zur Nachfolge bleibt vorerst ohne positives Echo. Zum Schluss weiß Jesus, dass er einem einsamen Tod entgegengeht.

Bei der Auslegung seiner Christologie auf diesem Weg war Jesus mit den Jüngern jeweils allein gewesen. Der Abschnitt endet damit, dass der blinde Bartimäus Jesus als Sohn Davids bezeichnet. Er tut das in aller Öffentlichkeit, indem er laut schreit: "Sohn Davids, Jesus, erbarme dich meiner!" (Mk 10,47) Viele wollen ihn zum Schweigen bringen. Daraufhin schreit er noch mehr: "Sohn Davids, erbarme dich meiner!" (Mk 10,48)[21] Der Blinde ist der erste im ganzen Evangelium, der Jesus öffentlich den Messias nennt. Denn der Messias-Christus ist nach der allgemeinen Erwartung eben dieser kommende Sohn Davids.[22]

Der Erzähler Markus hat mit dieser Geschichte vom blinden

---

sache, dass dieses Schema, im Unterschied zu den geographisch ausgerichteten Itinerarien zuvor, selbst chronologischen Charakter trägt. Das legt den unzulässigen Schluss auf eine größere Nähe zum historischen Bericht nahe.

21 Beim zweiten Ruf fehlt die Wiederholung des Namens Jesu. Dadurch wird der Titel noch mehr hervorgehoben, die Anrede kommt ganz absolut.

22 Vgl. 2 Sam 7,12-16. Der Titel "Sohn Davids" hat in nachexilischer Zeit eschatologischen Sinn bekommen und ist in frühjüdischer und damit neutestamentlicher Zeit geläufig, z.B. PsSal 17,21.

Bettler Bartimäus die Leser wissen lassen, dass inzwischen nicht nur die Jünger Jesus als Christus kennen. Offensichtlich munkeln jetzt schon alle darüber. Sogar der blinde Bettler hat davon gehört und er ergreift seine Chance, um Jesus auf sich aufmerksam zu machen. Die Menge verwehrt es ihm zunächst, aber nicht deshalb, weil sie den Titel zurückweist, sondern eher, weil sie das Schreien für unpassend hält. Der Blinde spricht aus, woran sie alle schon längst gedacht haben. Als Jesus schließlich auf ihn hört, ermutigen sie ihn noch zusätzlich, ohne ihn irgendwie zu korrigieren (Mk 10,49).[23]

Auch Jesus selbst weist weder den Titel zurück noch gibt er einen Schweigebefehl.[24] Der Schweigebefehl fehlt hier, sodass man nur im ersten Abschnitt des zweiten Hauptteils (Mk 8,30-10,52)[25] sinnvoll von einem Messiasgeheimnis sprechen kann. Vorher gibt es den Christustitel noch gar nicht. In der letzten Geschichte dieses Abschnitts wird das Geheimnis durch den Hilferuf des Blinden gebrochen. Was Bartimäus laut hinausruft, wird in dem folgenden Abschnitt zum Thema: Jesus tritt erstmals selbst in der Öffentlichkeit als Messias auf.

Der Wechsel vom "Christus" am Beginn in Mk 8,29 zum "Sohn Davids" am Schluss in Mk 10,47f erklärt sich als Überleitung auf die Anfangsgeschichte des nächsten Abschnitts, den Einzug in Jerusalem (Mk 11,1-11). In dieser Geschichte stellt sich Jesus zum ersten Mal selbst als Messias vor, indem er die messianischen Zeichen für sich beansprucht. Die Menge versteht diese Zeichen als Hinweise auf den Sohn Davids und begrüßt ihn als solchen (Mk 11,9f).

2. Der Einzug wird von Markus sorgfältig inszeniert. Zunächst sind schon alle Begleiter Jesu, und mit ihnen die Leser, durch den vorangehenden Abschnitt auf dieses Ziel ausgerichtet. Der Weg von Cäsarea Philippi im äußersten Norden durch das ganze Zwölfstäm-

---

23 Die Geschichte der Blindenheilung in Mk 10,46-52 ist in ihrem Wortbestand eng an die erste Dämonenaustreibung in der Synagoge in Kafarnaum (Mk 1,21-28) angelehnt. Folgende drei Verben sind in beiden Geschichten verwendet: κράζειν ("schreien"), ἐπιτιμᾶν ("anherrschen") und φωνεῖν ("rufen"), außerdem im Imperativ φιμοῦν oder σιωπᾶν ("verstummen", "schweigen") in zwei verschiedenen griechischen Verben, die aber in Mk 4,39 auch direkt nebeneinander stehen. Hinzu kommt jeweils als Anrede oder Bezeichnung der Titel "Jesus Nazarener".

24 Der Titel "Sohn Davids" ist der Christustitel. Aus dem Fehlen des Schweigebefehls auf einen defizienten Titel (Schmithals II 479) oder auf "unangemessene Kategorien" der Christologie (Lührmann 183) zu schließen, ist deshalb nicht begründet.

25 Vgl. Mk 8,30 und Mk 9,9.

meland nach Jerusalem[26] war die symbolische Inbesitznahme des Landes durch seinen neuen König. Jetzt steht der Einzug in seine Königsstadt bevor. Nicht nur die Jünger, die Jesus in Cäsarea Philippi den Christustitel zugesprochen haben, sondern alle Mitgehenden wissen, dass Jesus nicht als gewöhnlicher Pilger nach Jerusalem geht. Die einen erschaudern, die anderen fürchten sich (Mk 10,32). Auf der letzten Etappe, nach Jericho, hat es der Blinde laut hinausgerufen: Jesus ist der Sohn Davids. Er kommt als König in seine Stadt.

In der Nähe der Stadt Jerusalem verzögert Markus den Einzug. Durch die Nennung der Ortsnamen Betfage und Betanien am Ölberg versammelt er, literarisch gesehen, nochmals den Zug vor der Stadt. Die folgenden Tage wird dann Jesus zwischen Betanien und Jerusalem pendeln. Dazwischen liegt der Ölberg.

Die Leser, die mit den Begleitern Jesu auf den bevorstehenden messianischen Einzug Jesu schon längst eingestellt sind, erhalten ab jetzt eine ganze Reihe von messianischen Zeichen. Ein erstes Zeichen ist der Weg über den Ölberg.[27] Der König kommt vom Ölberg in die Stadt. Das steht schon beim Propheten Sacharja (Sach 14,4).[28]

Dann sollen zwei Jünger einen Esel für den Einzug besorgen. Denn Jesus will auf einem Esel reitend in die Stadt einziehen. Damit wählt er gezielt für seinen Einzug das Symbol des messianischen Friedenskönigs, das zweite Zeichen: "Siehe, dein König kommt zu dir; gerecht und siegreich ist er. Demütig ist er und reitet auf einem Esel, auf dem Füllen einer Eselin" (Sach 9,9).[29] Das Zitat sagt auch inhaltlich etwas über diesen König aus und nimmt damit Mk 10,42-45 auf. Er ist ein Friedenskönig, gerecht und demütig, der nicht mit den Mächtigen unter den Heiden zu vergleichen ist. Der Erzähler macht den Leser auf den biblischen Zusammenhang in Sacharja zusätzlich aufmerksam, indem er Jesus ausdrücklich nach einem jungen Esel verlangen lässt, auf dem noch niemand geritten ist. So steht es in Sach 9,9.

Markus spielt darüber hinaus auch auf den Jakobsegen in

---

26 In Mk 10,32 wird das Thema des ersten Abschnitts im zweiten Hauptteil zusammengefasst: "Sie waren auf dem Weg beim Hinaufsteigen nach Jerusalem." Jesus wiederholt es nochmals in Mk 10,33.

27 Der Weg über den Ölberg ist auffällig, weil der übliche Pilgerweg von Jericho nicht über Betanien führte. Vgl. Gnilka II 116.

28 Flavius Josephus berichtet von einem Ägypter, der zur Zeit des Prokurators Felix als Messiasprätendent vom Ölberg aus in die Stadt kommen wollte. Vgl. JosAnt 20,169; Bell 2,262.

29 Der Esel ist auch bei der Königssalbung Salomos durch Zadok und Natan das Reittier. David leiht seinen eigenen Maulesel für die Krönung Salomos, des Sohnes Davids, der dadurch besonders legitimiert wird (1 Kön 1,32-18).

Gen 49,10f an, in dem Jakob dem Haus Juda das Zepter auf Dauer zuspricht, "bis dass der Herrscher kommt, dem die Völker gehorchen". Dann heißt es in Gen 49,11: "Er bindet seinen Esel an den Weinstock und an die Rebe das Füllen seiner Eselin." In Mk 11,2-6 wird umständlich das Anbinden und Losbinden des Eselfüllens erwähnt, damit auch wirklich jeder Leser den messianischen Kontext aus dem Jakobsegen versteht.

Die didaktische Absicht ist so deutlich, dass man auch bei dem auffälligen Zwischengespräch eine vergleichbare messianische Absicht annehmen muss. In Mk 11,3 heißt es: "Wenn einer zu euch spricht: 'Was tut ihr dies?', sprecht: 'Sein Herr bedarf (seiner) und gleich sendet er ihn [den Esel] wieder hierher!'" Die Bemerkung vom Zurückschicken halten viele für so kleinkariert, dass sie sie nur als schlechte Interpolation sehen können.[30] Viel näher liegt es aber, den zweiten Satzteil als Ergänzung und damit Erklärung des ersten Teils zu lesen, auf den es dem Erzähler ankommt. Im ersten Satzteil bezeichnet sich Jesus als Herr dieses Esels. Damit will er sich nicht zu dessen Besitzer machen. Jesus ist "sein Herr"[31], weil er als Messias Anspruch auf dieses Symbol erheben muss. Er verdrängt also nicht die rechtmäßigen Besitzansprüche. Zugespitzt gesagt: Jesus gehört nicht der Esel, sondern das Symbol.

Die Menschen verstehen diese Symbole und ihren Anspruch. Sie antworten deshalb ihrerseits mit dem Ausbreiten der Kleider und mit dem Hosannaruf, für den Erzähler ein drittes Zeichen in dieser kurzen Geschichte dafür, dass Jesus als Messias in die Stadt einzieht. Das Kleiderausbreiten ist alter Brauch bei der Inthronisation eines Königs[32], der Hosannaruf (Ps 118,25) ist Teil des Hallel, das die Psalmen 113 bis 118 umfasst und das bei jedem Wallfahrtsfest mehrfach liturgische Verwendung findet. Das Hosanna allein war kultischer Festruf[33], mit dem zum Beispiel die Priester ankommende

---

30   Schmithals II 490 meint zum Beispiel, dass nur ein skrupelhafter Abschreiber den Vorgang so psychologisieren konnte. Er habe damit den theologischen Sinn verdorben, der besagt, dass nicht Menschen am Werk sind, sondern dass Gott sein Werk tut.

31   Diese Selbstbezeichnung Jesu ist im Evangelium einmalig und hat gerade deshalb vielfach zu steilen theologischen Hypothesen verführt. Die einfache literarische Erklärung wird kaum oder gar nicht in Erwägung gezogen.

32   Vgl. 2 Kön 9,13.

33   Den Ruf "Hosanna" hat Markus in der hebräischen Sprache belassen statt der komplizierten griechischen Fassung: "Ach, Herr, hilf doch! Ach, Herr, lass wohl gelingen!" Dagegen hat er den folgenden Psalmtext nach der griechischen Übersetzung der LXX (Ps 117,26) zitiert. Das spricht für eine liturgisch geprägte Form dieses Festrufs, der auch früh in der christlichen Liturgie nachweisbar ist, neben den Evangelien in Did 10,6.

Wallfahrer aus dem Innern des Tempelbezirks begrüßten. Markus hat den Ruf "Hosanna" nicht isoliert zitiert, sondern den Text aus Ps 118,26 angefügt: "Gesegnet der Kommende im Namen des Herrn!" Weil dieser Ruf immer noch nicht eindeutig messianisch zu verstehen ist - jeder Wallfahrer konnte so begrüßt werden - , fügt er als eigenen Kommentar noch hinzu: "Gesegnet das kommende Reich unseres Vaters David!" und wiederholt dann den Hosannaruf (Mk 11,10). Zusammen mit dem Kleiderausbreiten ist dieser erweiterte und kommentierte Festruf eine eindeutige Zeichenhandlung der beteiligten Menschen. Sie begrüßen Jesus damit als den Messias.

3. Der Einzug wird so erzählt, dass die Initiative ganz bei Jesus liegt. Die Menschen können am Ende gar nicht anders als dem messianischen Anspruch Jesu mit einem messianischen Ruf antworten. Jesus stellt sich zum ersten Mal öffentlich selbst als Messias vor.[34] Das ist das ganze Programm des ersten Tages.

Die Erzählung unterstreicht durch alle Einzelheiten den offiziellen Charakter dieser Vorstellung: durch die genaue Vorbereitung, durch die Symbolsprache, durch den letzten Vers mit Jesu Ankunft in Jerusalem und im Tempel. Die ungewöhnliche Vorbereitung des Einzugs durch die zwei Jünger erhöht das Gewicht der folgenden Ereignisse.[35] Zudem stimmt sie den Leser auf die dabei verwendete, besonders dichte Symbolsprache ein.

In Mk 11,11 fällt die Verwendung des Singulars auf: "Er kam hinein nach Jerusalem, in den Tempel" (Mk 11,11).[36] Das Ziel des ganzen Tages war Jesu eigene Proklamation als Messias. Und die ist mit dem Betreten der Stadt und des Tempels erreicht. Markus kommt es im Unterschied zu Matthäus nicht auf die gewaltige Menge und auf den feierlichen Charakter des Einzugs an, sondern nur auf den offiziellen Akt der Selbstvorstellung.[37] Bei Markus ist zwar auch von "vielen" die Rede, die Jesus als Messias begrüßen (Mk 11,8). In der Abfolge der Erzählung sind das aber nur die Mitgehenden, die ihn von Jericho her begleitet haben. In Mk 10,48 waren es "viele", die den Blinden zunächst abweisen wollten. Die Bewohner der Stadt sind bei Markus in der Einzugserzählung noch gar nicht genannt.

---

34 Vgl. Stock, Gliederung 481 Anm.4.
35 Ein ähnliches Stilmittel verwendet Markus nur noch beim letzten Mahl Jesu. Auch hier sendet Jesus zwei seiner Jünger mit genauen Anweisungen voraus, um das Passamahl vorzubereiten (Mk 14,12-16).
36 In Mk 10,32; 11,1.12.15.19.27 steht jeweils der Plural, d.h die Begleiter Jesu werden wieder miteinbezogen.
37 Matthäus spricht von "riesigen Scharen", die beteiligt sind (Mt 21,8f) und von einem Erbeben der ganzen Stadt (Mt 21,10).

Damit wird die Spannung und das ganze Gewicht noch mehr auf den nächstfolgenden Tag verlegt. Was wird dieser Messias sagen? Was ist seine Botschaft? Und vor allem: Wie wird er auftreten? Die Spannung wird noch durch zwei abschließende Hinweise erhöht: "Er kam nach Jerusalem, in den Tempel" und "er schaute sich ringsum alles an" (Mk 11,11).

Der erste Hinweis kündigt den Tempel als Ort der erwarteten Botschaft und damit natürlich auch der daran anschließenden Auseinandersetzungen an. Der "Tempel" kommt im Markusevangelium achtmal vor, davon siebenmal hier im zweiten Abschnitt des zweiten Hauptteils, einmal im dritten Abschnitt.[38]

Der zweite Hinweis, das "Herumschauen", ist ein Wort, das vorwiegend Markus verwendet.[39] Jesus kommt natürlich nicht als Tourist, der den Tempel besichtigen will. Rein historisch betrachtet ist das schon deshalb unwahrscheinlich, weil man davon ausgehen muss, dass Jesus - als Jude, der etwa dreißig Jahre alt war - in seinem Leben schon oft, vor allem zu den Wallfahrtsfesten in Jerusalem war. Er betritt also sicher nicht zum ersten Mal in seinem Leben den Tempel, er betritt ihn aber zum ersten Mal offiziell als Messias.

4. Die Einzugsgeschichte ist symbolisch aufgeladen. Sie steht zwischen der ebenfalls symbolisch gemeinten Inbesitznahme des Landes und der Inthronisation als König, die für Jesus am Ende der Heiligen Woche am Kreuz stattfinden wird. Jesus proklamiert sich selbst in aller Öffentlichkeit als Messias. Das ist das Thema des ersten Tages der Heiligen Woche.

Markus hat durch den typologischen Leitfaden der Heiligen Woche und durch die vielen Einzelhinweise auf die Symbolik alles getan, um den Leser auf diese symbolische Dimension der Einzugsgeschichte hinzuweisen und also manche historischen Fragen gar nicht erst aufkommen zu lassen. Es handelt sich im Evangelium um eine theologisch-dogmatische Biographie, nicht um einen Verlaufsbericht dieses Tages, der auch nur vermeintlich objektiv wäre.

Abwegig sind deshalb psychologisierende Vermutungen wie die, dass Jesus den Besitzer des Esels gekannt und schon vorher Verab-

---

38 Das Wort ἱερόν ("Tempel") steht bei Markus achtmal: 11,11.15.16.27; 12,35; 13,1.3; 14,49.

39 Περιβλέπεσθαι ("herumschauen") kommt im ganzen NT nur sechsmal vor, fünfmal davon bei Mk: Mk 3,5.34; 5,32; 10,23; 11,11 und einmal bei Lk 6,10. Es wird ausschließlich von Jesus verwendet und fällt jeweils mit einer Pause des Schweigens zusammen, die voller Spannung ist. Vgl. Stock, Gliederung 486 Anm. 9.

redungen getroffen habe. Nicht wichtig ist dem Erzähler neben dem Symbol auch ein vermutetes göttliches oder prophetisches Vorherwissen bei der Beschaffung des Esels.[40] Die Geschichte antwortet überhaupt nicht auf Fragen wie: Wo ist Jesus auf den Esel aufgestiegen, in Betanien oder erst kurz vor der Stadt? Wo ist er wieder abgestiegen, da er doch sicher den Tempel selbst nur zu Fuß betreten hat? Die Reaktion der Stadt, der jüdischen Behörde oder der Römer ist überhaupt noch nicht im Blick. Man braucht deshalb auch nicht darüber nachzudenken, wie klein der Festzug gewesen sein muss oder wie schnell der Jubel außerhalb Jerusalems abgeflaut sein muss, um zu erklären, warum niemand gegen Jesus eingeschritten ist.[41] Kein Wort auch bis hierher über ein "feindseliges Jerusalem", aus dem sich Jesus gleich wieder nach Betanien zurückzieht.[42] Das schnelle Verlassen des Tempels in Mk 11,11 erklärt sich nicht damit, dass Jesus nur das Terrain erkunden wollte für die geplante Eroberung des Tempels, wie phantasiereiche Jesusbücher seit dem 19. Jahrhundert immer wieder behaupten, um Jesus als politischen Aufrührer beschreiben zu können. Das schnelle Verlassen des Tempels folgt aber auch nicht daraus, dass es an diesem Tag einfach zu spät für die Tempelreinigung geworden sei.[43]

Nach Markus hat dieser Tag ein einziges Thema: Die Proklamation Jesu als Messias in der Öffentlichkeit. Dem dient die ganze Symbolik des Einzugs. Der Leser soll die neue Qualität dieses Schrittes im Leben Jesu verstehen.

2.3. Der Messias verkündet Gottes Liebe zu den Heiden (Mk 11,15-18)

Am ersten Tag der Woche, also am Sonntag, hat sich Jesus erstmalig öffentlich als Messias proklamiert. Der zweite Tag, der Montag, ist ganz für die Botschaft dieses Messias reserviert. Jesus verkündet sie in feierlicher Form durch eine Zeichenhandlung, die sogenannte Tempelreinigung[44], und durch deren Deutung mit dem doppelten

---

40 Schmithals II 489f; Ernst 319f.
41 Schweizer 130.
42 Gnilka II 119f. Vgl. auch Ernst 323: Jerusalem als Ort der Ablehnung.
43 Schmithals II 483. Schmithals bemerkt, ebd. 482, zusätzlich, dass die Aufteilung des Einzugs und der Tempelreinigung bei Markus "wenig glücklich" sei.
44 Der Begriff "Tempelreinigung" lässt sich nicht einfach vermeiden, weil er allgemein üblich ist. Er impliziert aber fast zwingend Vorverständnisse, die erst noch zu prüfen sind. Hat Jesus den Tempel nur reformieren wollen? Hat

Bibelzitat aus Jes 56,7 und Jer 7,11. Markus hat diese Botschaft betont, indem er den zweiten Tag nur darauf beschränkt. Die Botschaft ist besonders kurz und knapp. Die Kürze unterstreicht hier die Bedeutung der Botschaft. Die Rahmung dieses Tages durch die doppelte Erwähnung des Feigenbaums[45] und seine klare Begrenzung dadurch am Beginn (Mk 11,12) und am Ende (Mk 11,19) machen es dem Leser leicht.[46]

Es handelt sich um die Regierungserklärung des neuen Königs. Der Inhalt dieser Regierungserklärung ist die Liebe Gottes zu den Heiden. Das ist nicht so neu wie es christliche Augen und Ohren gern hätten, die den finsteren jüdischen Hintergrund für das eigene christliche Licht brauchen.[47] Der positive Blick auf die Heidenwelt gehört durchaus zum jüdischen Verständnis der Gottesherrschaft.[48] Neu ist, dass Jesus diesen Punkt jetzt öffentlich und feierlich als sein messianisches Programm hervorhebt und proklamiert.

1. Markus erzählt nicht viel über die historischen Umstände der "Tempelreinigung". Es kann sich nur um eine lokal begrenzte Aktion in dem riesigen, 470 mal 300 m messenden Tempelbezirk gehandelt haben.[49] Auszuschließen sind Spekulationen über eine Beteiligung

---

er den Tempel und seinen Gottesdienst abschaffen wollen? Gibt es eine dritte Möglichkeit?

45 Mk 11,12-14 und Mk 11,20-26 rahmen diesen zweiten Tag; vgl. Mk 11,12 und 11,19f.

46 Schmithals II 482f.499 sieht richtig, dass Markus durch Mk 11,11 und die Aufteilung der Geschichte vom Feigenbaum einen weiteren Tag gewinnt. Nur ist das für ihn "die wenig glückliche Schilderung des Markus" (482), vielleicht "von dem wenig talentierten Schriftsteller Markus" (499) selbst. Matthäus macht diese Aufteilung nicht mit und verbindet deshalb Einzug und Tempelreinigung ohne Unterbrechung.

47 Der Jude Leo Baeck hat 1906 aus diesem Grund in Reaktion auf Adolf von Harnacks "Wesen des Christentum" sein Buch "Das Wesen des Judentums" geschrieben. Franz Rosenzweig bemerkt dazu 1923 (zit. aus dem Klappentext der 7. Auflage, Wiesbaden o.J., unveränderter Nachdruck der 4. Auflage von 1925): "Harnacks Wesen des Christentums, dies Buch, das in der üblichen gelehrten Ahnungslosigkeit ein Judentum schildert, dessen einzige Existenzmöglichkeit darin besteht, dass es den finsteren Hintergrund für das christliche Licht bildet, und das ohne diese Funktion an seiner eigenen Lebensunwahrscheinlichkeit zusammenbrechen müsste, hat Baeck veranlasst, für sich und für uns das Judentum, wie es nicht als Folie für etwas anderes, sondern in sich selber, in seiner eigenen Rundheit und Fülle ist, zu schildern."

48 Vgl. Baeck, Judentum, bes. das Kapitel "Offenbarung und Weltreligion", ebd. 56-81.

49 Pesch II 198; Schweizer 131.

der Jünger.[50] Somit bleibt: Es handelt sich um eine prophetische Zeichenhandlung, die in einem äußeren Teil des Tempels, vermutlich im Vorhof der Heiden stattfand. Diese Vermutung liegt wegen der Art der Zeichenhandlung nahe. Jesus vertreibt Geldwechsler und Taubenverkäufer und stößt deren Tische und Sitze um. Und er verhindert, dass weiter Gerät durch den Tempel getragen wird (Mk 11,15f). Diese Einrichtungen des Tempels gehören in den Vorhof der Heiden.[51] Auch die anschließende Deutung dieser Zeichenhandlung auf das Heidenthema passt gut zu diesem Ort im Tempel (Mk 11,17).

Die Zeichenhandlung selbst war auf der einen Seite so klein, dass sie weder die Römer, die zu den Festzeiten am Tempel besonders wachsam waren, noch die jüdischen Autoritäten sofort mitbekommen haben. Diese hören anschließend davon (Mk 11,18), vielleicht von der Tempelpolizei. Die Polizei hat mit der Wiederherstellung der Ordnung offenbar kein Problem. Die erste Frage der Oberen am folgenden Tag richtet sich deshalb auch nicht nach der verursachten Unordnung, sondern nach der Vollmacht, die Jesus beansprucht hat. Aus Sicht der Polizei war das Auftreten Jesu nicht mehr als ein Vorkommnis.

Die Zeichenhandlung war auf der anderen Seite so groß, dass eine Menge von Menschen sie miterleben. Diese Menschen geraten außer sich, nicht über Jesu Aktion allein, sondern über deren anschließende Deutung. Es tritt dieselbe Wirkung ein wie schon bei seinem ersten Auftreten in der Synagoge von Kafarnaum (Mk 1,22). Die Menschen sind begeistert und außer sich über seine Lehre. Offensichtlich hat er die Menschen durch dieses Auftreten auch in Jerusalem gewinnen können. Sein Charisma wirkt ansteckend. Die Hohenpriester und die Schriftgelehrten müssen damit rechnen, dass sich diese Menschen mit Jesus solidarisieren werden, wenn sie etwas gegen Jesus unternehmen wollen. Sie fürchten ihn deswegen (Mk 11,18).

2. Der Schlüssel zum Verständnis dieser Zeichenhandlung liegt in Jesu deutenden Worten. Es sind nur zwei kurze Prophetenworte, die Jesus zitiert. Das erste steht bei Tritojesaja (Jes 56,7). Jesus nimmt dieses Prophetenwort auf und erinnert seine Zuhörer damit an ihre Verantwortung für die Heiden: "Steht nicht geschrieben: 'Mein Haus

---

50   Gegen Grundmann 310. Dafür gibt es keine Anhaltspunkte im Text. Auch widerspräche eine solche Beteiligung der Jünger der programmatischen messianischen Zielsetzung dieser Aktion und dem Versagen der Jünger im vorigen Abschnitt. Jesus ist bei seinem messianischen Auftreten auf sich allein gestellt.

51   Vgl. die Beschreibungen bei Limbeck 161-164.

wird Gebetshaus gerufen werden für alle Heiden?"[52] (Mk 11,17)
Tritojesaja schreibt um 515, also nach dem babylonischen Exil, aus
Anlass des Tempelneubaus und der Neueinrichtung seines Kults. Im
näheren Kontext (Jes 56,1-8) geht es darum, dass in dem neuen Tempel auch der Fremdling und der Unbeschnittene willkommen sind,
sofern sie sich dem Herrn anschließen. Gott wird nicht nur die Ver-
sprengten Israels sammeln, sondern darüber hinaus noch mehr.[53]

Das zweite Prophetenwort stammt aus Jeremias Tempelrede
(Jer 7,1-15). Jeremia hat gefragt: "Ist denn dieses Haus, das nach
meinem Namen genannt ist, in euren Augen eine Räuberhöhle geworden?" (Jer 7,11) Jesus hat die Frage als Aussage formuliert: "Ihr aber
habt es zur Räuberhöhle gemacht!" (Mk 11,17) Jeremia schreibt diesen Teil seiner Botschaften im letzten Jahrzehnt des siebten vorchristlichen Jahrhunderts, zwischen 609 und 605. Der salomonische
Tempel steht noch, ist aber hoch gefährdet. Der Prophet sieht seinen
Untergang nahe. Seine Begründung dafür liegt in der Tempelkritik.
Ist der Tempel nicht wie eine Räuberhöhle geworden? Draußen
werden Fremdlinge, Witwen und Waisen bedrückt (Jer 7,6), der ganze
Dekalog wird missachtet (Jer 7,9); dann kommen dieselben Menschen
in den Tempel und sagen: "Wir sind geborgen!" (Jer 7,10)

Jesus erklärt mit diesen beiden Prophetenworten seine Zeichenhandlung im Vorhof der Heiden als endzeitliches Hinzukommen der
Heiden. Beide Prophetenworte machen das Verhalten zu den Fremden
zum Maßstab für den richtigen Gebrauch des Tempels. Beides
zusammen, die Zeichenhandlung im Tempel und ihre Deutung, stellen
das messianische Programm Jesu dar. Er verkündet als Messias die
vorbehaltlose Liebe Gottes auch zu den Heiden. Im messianischen
Auftreten und in der Zeichenhandlung steckt die machtvolle Ansage:
Jetzt ist diese Endzeit da! In der Lehre Jesu wird die Fremdenliebe
Gottes zum Kennzeichen der jetzigen Zeit gemacht.

---

52 Markus kann in der griechischen Sprache den Begriff ἔθνος (Volk = Heiden)
    und λαός (Volk = Volk Israel) unterscheiden. In deutschen Bibelausgaben
    werden beide Bedeutungen meist nicht auseinandergehalten. Im Markusevan-
    gelium kommt ἔθνος (Heiden) nur im ersten und zweiten Abschnitt des
    zweiten Hauptteils vor: Mk 10,33.42; 11,17; 13,8.10; λαός (Volk Israel, aus-
    erwähltes Volk) steht nur in Mk 7,6 und in Mk 14,2.

53 Jes 56,8. Der ganze Text nimmt ein Thema aus Deuterojesaja, besonders aus
    den Gottesknechtsliedern, auf. Vgl. aus dem zweiten Gottesknechtslied
    Jes 49,6: "Zu wenig ist es, dass du mein Knecht sein solltest, nur um die
    Stämme Jakobs aufzurichten und die Geretteten Israels zurückzubringen (zu
    sammeln); so will ich dich denn zum Licht der Heiden machen, dass mein
    Heil reiche bis an das Ende der Erde."

3. Offensichtlich haben sowohl die Menge als auch die Hohenpriester und Schriftgelehrten, denen vom Auftreten Jesu im Tempel berichtet wird, diese messianische Regierungserklärung Jesu verstanden. Die Menge ist davon begeistert, die Hohenpriester wollen ihn deswegen ausschalten.

Was war daran so provozierend? In der Mehrzahl gehen die Kommentatoren davon aus, dass Jesus den Tempel mit seinem messianischen Programm überhaupt abschaffen wollte. Manche diskutieren zuerst, ob er vielleicht nur eine Reform des Tempels angestrebt habe. Sie lehnen aber überwiegend diese Interpretation und deshalb auch die Bezeichnung "Tempelreinigung"[54] dafür ab. Es sei nichts über besondere Missstände im Tempelbetrieb dieser Zeit bekannt.[55] Jesu Auftreten sei keine Protesthandlung gewesen, mit der er einen angeblich "korrumpierten Kult" habe reformieren wollen, sondern er habe den Tempel überhaupt abschaffen wollen.[56]

Ein paar Belege für diese Behauptung seien angefügt: Gnilka meint, der Tempelbetrieb sei grundsätzlich "unwürdig"[57] gewesen. Das Vorgehen Jesu sei "nicht als dessen Säuberung, sondern als Ausdruck der Abschaffung seines Kultes"[58] zu betrachten. Der Tempel sei bei Markus "stets negativ qualifiziert", "als Ort, an dem sich das Gericht über das alte Gottesvolk zu erkennen geben wird"[59]. Gnilka fasst zusammen: "Der Tempel und mit ihm Jerusalem und Israel haben aufgehört, ihre heilsgeschichtliche Rolle zu spielen."[60]

Grundmann spricht immer wieder von der "Unwürdigkeit Israels", die im Einzug in die Stadt "bezeugt" und bei der Tempelreinigung "enthüllt" werde.[61] Nach Ernst steht "hinter der Aktion Jesu eine symbolische Handlung, welche den jüdischen Tempelkult grundsätzlich in Frage stellte"[62]. "Der Tempel als Ausdruck der äußeren

---

54 Vgl. Stock, Gliederung 501: Der Begriff "Tempelreinigung" lege den Reformgedanken nahe und sei deshalb "nicht besonders günstig". Vgl. auch Kertelge 110: "Tempelreinigung" treffe das Auftreten Jesu "nur ungenau", "da dieser Ausdruck an eine Wiederherstellung der kultischen Bestimmung des Tempels denken lässt".

55 Gnilka II 128.

56 Gnilka II 128f.

57 Gnilka II 119.

58 Gnilka II 129.

59 Gnilka II 120.

60 Gnilka II 131.

61 Grundmann 307f. Die erste Auflage dieses Kommentars erschien 1959 (!), also lang nach den zwölf Jahren des Nationalsozialismus und auch lange, nachdem Grundmann seiner "braunen" Vergangenheit abgeschworen und sich für seine "theologischen" Exzesse in dieser Zeit entschuldigt hat.

62 Ernst 329.

heilsmittlerischen Rolle Israels ist von jetzt an ohne Bedeutung."[63]

Zwei Gründe für die Abschaffung des Tempelkults durch Jesus werden bevorzugt genannt: Jesus habe den Tempel für alle Völker geöffnet und er habe den Opferdienst und das damit verbundene gesetzliche Denken durch den Gebetsgottesdienst ersetzt. Nur das sei "wahrer Gottesdienst"[64]. Der universale Heilswille Gottes stehe in unübersehbarem Gegensatz zur faktischen Tempelpraxis. "Das zu einer 'Räuberhöhle' verkommene Haus Gottes wird von einem neuen, für alle Völker offenen 'Haus des Gebetes' abgelöst werden."[65]

Schweizer sieht die Tempelreinigung "als grundsätzliche Aufhebung einer rein-innerjüdischen Institution"[66]. Deshalb gelte: "Die vom Gesetz verliehene Abgeschlossenheit Israels ist aufgehoben"[67].

Dabei gehe es nach Lührmann nicht nur um die Beseitigung irgendwelcher Unsitten am Tempel, sondern um eine andere Bestimmung seiner Funktion: Das Ziel sei ein "nicht vom Opfer her bestimmter Tempel, sondern ... opferlose Synagoge, offen auch für die 'Heiden', nicht nur für Israeliten"[68].

Der Opferkult im Tempel wird von Schmithals "fundamental" negativ bewertet. "Der Mensch drängt sich mit seinem frommen oder zumindest ordentlichen Handeln dorthin, wo allein Gott handeln darf, und verdrängt so Gottes Gottheit. Er besetzt den Ort der gnädigen Gegenwart Gottes mit seiner sonntäglich-religiösen und seiner alltäglich-profanen Leistung."[69]

Nach Limbeck ist nicht die Anbetung durch die Heiden, sondern der Tempelgottesdienst Israels für Jesus das Problem gewesen. Zwar hätten die Menschen auch dort zu Gott Vertrauen gezeigt. "Aber es war eben falsches Vertrauen - so als ob es eine automatisch wirkende Kraft des Gottesdienstes geben würde."[70] Die Teilnehmer am Tempelkult hätten offenbar nur äußerlich Gebete gesprochen, wären aber nicht bereit gewesen, "auf Gott einzugehen"[71].

Im Ergebnis lassen sich diese Aussagen in den Kommentaren zur "Tempelreinigung" nur als Substitution Israels durch die Kirche verstehen. Mit der Zeichenhandlung im Tempel und mit dem anschließenden deutenden Wort habe Jesus den Tempel als besonderen Ort

---

63 Ebd.
64 Vgl. Kertelge 110f.
65 Scholtissek, Vollmacht 219.
66 Schweizer 133.
67 Ebd.
68 Lührmann 193.
69 Schmithals II 493.
70 Limbeck 169.
71 Ebd.

der Gottesverehrung abgeschafft und damit Israel "aus dem Dienst der Offenbarung entlassen"[72]. Da die Hauptelemente dieser Geschichte der "Tempelreinigung" von allen für historisch echt gehalten werden, habe demnach Jesus selbst den Bund Gottes mit Israel aufgehoben und durch einen neuen Bund ersetzt.

Man könnte hier fragen, ob sich dann das Zweite Vatikanische Konzil in seiner Erklärung "Nostra Aetate" gegen Jesus selbst gestellt hat. Wie passt zu diesen Auslegungen der "Tempelreinigung" die Aussage des Konzils, dass den Juden der Bund Gottes gehört? Wie passt dazu die Ansprache des Papstes Johannes Paul II. in Mainz 1980, in der er die Juden das "Gottesvolk des von Gott nie gekündigten Alten Bundes" nennt?[73] Oder wie kann man die bekannte Anrede desselben Papstes bei seinem Besuch der Großen Synagoge in Rom verstehen: "Ihr seid unsere bevorzugten Brüder und, so könnte man gewissermaßen sagen, unsere älteren Brüder."[74]

Am deutlichsten für die Substitutionstheorie sprechen sich dieselben Autoren aus, wenn sie die Geschichte von der Verfluchung des Feigenbaums interpretieren. Diese Geschichte rahmt die "Tempelreinigung" (Mk 11,12-14 und Mk 11,20-26). Die Verfluchung des Feigenbaums wird als Verfluchung Israels[75] zum rahmenden Kommentar für Jesu Auftritt im Tempel.

Auch dazu ein paar Beispiele: Nach Gnilka handle es sich um ein Strafwunder, das "von Anfang an symbolisch auf Israel gemünzt war"[76]. Markus habe diese Erzählung nur enger mit Jerusalem und dem Tempel verbunden, ohne ihren grundsätzlichen Sinn zu verändern. Gnilka will dem verheerenden antijüdischen Sinn dieser Deutung den Stachel nehmen, macht aber die Sache damit eher noch schlimmer: "Des Sinnes seines Daseins beraubt, wird der verdorrte Feigenbaum zum Ausdruck der Verwerfung Israels beziehungsweise zum Sinnbild dafür, dass Israel aufgehört hat, Gottes erwähltes Volk zu sein. Damit ist kein Urteil über den einzelnen Israeliten gefällt,

---

72 Diese Formulierung gebrauchte M. Faulhaber, Kardinal und Erzbischof von München und Freising, in seiner ersten Adventspredigt, gehalten zur Verteidigung des Alten Testaments am 3. 12. 1933, in: ders., Das Alte Testament und seine Erfüllung im Christentum, München 1933, 4.

73 Die Kirchen und das Judentum. Dokumente von 1945-1985, 74-77, hier 75.

74 Ebd. 106-111, hier 109.

75 Am eindringlichsten unter den Exegeten warnt Pesch II 197 vor dieser Deutung. Sie sei durch den Text nicht belegt. Es gehe um die Macht seines Wortes als Macht des Glaubens; außerdem trage diese exegetisch falsche Deutung antijüdische Tendenzen in das Neue Testament ein, "von denen abzurücken christliche Theologie mehr denn je verpflichtet ist" (ebd. II 195).

76 Gnilka II 123.

aber im heilsgeschichtlichen Sinn ein Schlussstrich unter die Geschichte Gottes mit seinem Volk gezogen."[77]

Bei Schweizer ist der Fluch über den Feigenbaum "ein prophetisches Zeichen für das Gericht Gottes über das verstockte Israel"[78]. Kertelge meint, die Rahmung mit der Symbolgeschichte vom verdorrten Feigenbaum nehme gleichnisartig "das Gericht über den Tempel und damit über Israel vorweg, das die Zeichen der anbrechenden Gottesherrschaft nicht erkennt"[79]. Nach Ernst zeige der Vergleich mit dem Feigenbaum, dass sich Israel dem Heilsangebot Gottes verschlossen und die ihm gegebene Zeit nicht genützt habe. Das Strafurteil sei endgültig. "Israel, das seine Bestimmung verkannt und zu der ihm zugedachten Zeit keine Frucht gebracht hat, hat nun aufgehört, Gottes erwähltes Volk zu sein."[80]

Man kann sich fragen, ob eine Menge, die überwiegend aus Wallfahrern bestand, wirklich so außer sich geraten wäre, wenn Jesus den Tempel hätte abschaffen wollen? Vermutlich hätte sie ihm doch überhaupt nicht zugehört. Jesus wäre für sie im schlimmsten Fall ein Unruhestifter gewesen, seine Zeichenhandlung nur ein "Vorkommnis". Die Hohenpriester und Schriftgelehrten hätten sicher nicht eingreifen müssen. Die Tempelpolizei hätte ausgereicht.

4. Die Lehre Jesu in Mk 11,17 bietet keinen Anhalt dafür, dass er den Tempel abschaffen wollte. Weder die Aussage, es handle sich um ein Gebetshaus, noch der Zusatz "für alle Heiden" stellt etwas grundsätzlich Neues für einen jüdischen Frommen dar. Schon die Tatsache, dass Jesus bei seiner Auslegung "nur" die Bibel zitiert hat, spricht für diese Feststellung.[81]

Nichts berechtigt zu der Unterstellung, Juden, die nach tagelanger Wallfahrt zum Tempel gekommen sind, hätten nur äußerlich gebetet; ihr Gebet sei durch das Opfer zu einer leeren Hülse geworden; sie hätten den Gottesdienst als automatisch wirkende Kraft verstanden; durch ein gesetzliches Leistungsdenken sei ihr Gebet grundsätzlich

---

77 Gnilka II 125.
78 Schweizer 134.
79 Kertelge 112.
80 Ernst 326.
81 Lührmann 193 kommentiert zu Recht, dass bei Deuterojesaja eine sakralrechtliche Entscheidung gemeint sei, nach der auch Eunuchen und Fremdlinge am Kult des erwarteten Jerusalemer Tempels teilnehmen dürfen. Natürlich sei damit nicht der Opferkult abgeschafft worden. Warum dasselbe Wort bei Jesus dennoch "den Charakter einer grundsätzlichen Aussage über den Zweck des Jerusalemer Tempels" erhalten haben soll, wird von Lührmann nicht erklärt.

verdorben gewesen. Es stimmt auch nicht, dass der Tempel eine rein-innerjüdische Institution gewesen ist. Erst Jesus habe dann den Tempelgottesdienst für die Heiden öffnen wollen. Schon die Tatsache, dass es einen Vorhof der Heiden im Tempelbezirk gab, hätte gegen eine solche pauschale These vorsichtig machen müssen. Der "Vorhof der Heiden" war kein Platz für Touristen, die vielleicht als Voyeure den Juden beim Beten zuschauen wollten.[82] Der Vorhof der Heiden drückt aus, dass die Heiden immer ihren Platz ganz nahe beim Gottesdienst hatten. Sie sind als Fremdlinge eingeladen zur Teilnahme. Sie sollen sowohl ihre Anliegen im Gebet vorbringen als auch eigene Opfergaben darbringen lassen. Den Heiden war das Betreten des inneren Bezirks verboten. Aber dass sie Gott nicht anbeten durften, ist falsch und eine Unterstellung.[83]

Bei der Einweihung des Tempels (2 Kön 8) spricht Salomo den Fremden nicht nur das Recht zu, auch im Tempel zu beten. Er bittet sogar selbst Gott um die Erhörung dieses Gebets der Fremden: "Auch wenn ein Fremder, der nicht zu deinem Volke Israel gehört, aus fernem Lande kommt um deines Namens willen - denn sie werden hören von deinem großen Namen und deiner starken Hand und deinem ausgereckten Arm -, wenn er kommt und vor diesem Hause betet, so wollest du im Himmel, der Stätte, da du thronst, es hören und alles tun, worum dich der Fremde anruft, damit alle Völker auf Erden deinen Namen erkennen und dich fürchten wie dein Volk Israel und erfahren, dass dieses Haus, das ich gebaut habe, nach deinem Namen genannt ist" (1 Kön 8,41-43).

Das zweite Zitat in Mk 11,17, genommen aus der Tempelrede des Jeremia, nennt den Tempel eine Räuberhöhle. Auch mit diesem Bild wird keineswegs die Abschaffung des Tempels gefordert. Eine Räuberhöhle ist ein Treffpunkt und Rückzugsort von Räubern, die von ihren Raubzügen heimkommen. In einer Räuberhöhle werden gerade nicht weitere Untaten verübt.

Genauso interpretiert Jeremia seinen Vergleich des Tempels mit einer Räuberhöhle: "Verlasst euch nicht auf täuschende Worte wie diese: Der Tempel des Herrn, der Tempel des Herrn, der Tempel des Herrn ist hier" (Jer 7,4). Draußen bedrückt ihr Fremdlinge, Waise und

---

82 Solches konnte ich 1989 in Jerusalem beobachten, als einige (christliche!) Touristen an der Westmauer des Tempels die Zettel mit den Gebetsanliegen herausgezogen und als Trophäen mitgenommen haben.

83 Gegen Limbeck 168. Vgl. dazu auch Mal 1,11: "Vom Aufgang der Sonne bis zu ihrem Niedergang ist mein Name herrlich unter den Völkern (Heiden), und allerorten wird meinem Namen reine Opfergabe verbrannt; denn groß ist mein Name unter den Völkern (Heiden), spricht der Herr der Heerscharen."

Witwen. Wie könnt ihr dort stehlen, morden, die Ehe brechen, Mein-
eide schwören und anderen Göttern nachlaufen und dann hierher
kommen und sprechen: 'Wir sind geborgen'? Ihr kommt nur, um all
diese Greuel weiter treiben zu können.[84] Nicht der Tempel muss also
abgeschafft werden, sondern die Untaten draußen müssen aufhören.
Dann ist der Tempel keine Räuberhöhle mehr.

5. Die Menge und die Hohenpriester verstehen schon richtig, dass
Jesus weder den Tempel abschaffen noch den Bund Gottes mit Israel
für beendet erklären wollte. Er hat sich im Gegenteil schon mit seiner
Proklamation als Messias beim Einzug am ersten Tag der Woche an
die Spitze dieses Bundesvolkes gesetzt. Durch sein Regierungsprogramm von der Liebe Gottes zu den Heiden jetzt am zweiten Tag
erhält sein Messiasanspruch einen inhaltlichen Schwerpunkt. Neu ist
dabei nicht der Gedanke an das endzeitliche Hinzukommen der
Heiden. Neu ist zum einen, dass Jesus als Messias das zu seiner
Hauptaufgabe macht. Neu ist zum anderen, dass er seine Zeit als
messianische Endzeit versteht und dass er deshalb selbst weitere
Schritte zugunsten der Heiden unternimmt. Die Zeichenhandlung im
Tempel und deren anschließende Deutung verkünden in feierlicher
und offizieller Form, was Jesus schon im Lauf seines öffentlichen
Auftretens und besonders seit seiner Heidenreise (Mk 7,24-8,26) als
seine Sendung kennengelernt und anerkannt hat.

Matthäus und Lukas haben diese messianische Interpretation der
Tempelreinigung nicht übernommen. Sie ändern gemeinsam die
Stelle zu einer einfachen Tempelkritik und bestätigen damit indirekt
die herausgehobene programmatische Bedeutung der Stelle bei
Markus. Bei Matthäus (Mt 21,13) und Lukas (19,46) ist das Zitat aus
Deuterojesaja jeweils verkürzt übernommen. Es fehlt der Zusatz: "für
alle Heiden". Außerdem trennen beide die folgende negative Reaktion
der jüdischen Obrigkeit von dem Tempelereignis ab. Bei Matthäus
bezieht sich diese Kritik auf das Schreien der Kinder, die auf Heilungen Jesu hin ihn den Sohn Davids nennen. Bei Lukas zielt die Kritik
auf die tägliche Lehre Jesu im Tempel (Lk 19,47; 20,1), also nicht
speziell auf die Tempelreinigung.[85]

Die Menge ist bei Markus vom Auftreten dieses Messias Gottes
im Tempel begeistert: Endlich soll eintreten, woran alle im Prinzip
glauben. Die Hohenpriester und Schriftgelehrten fürchten ihn aus

---

84 Vgl. Jer 7,6.9f.
85 An diesem Beispiel zeigt sich, wie problematisch es sein kann, wenn man
    wegen der Synopse für alle drei Evangelien gleiche Perikopenüberschriften
    sucht.

demselben Grund und bleiben skeptisch: Wie wird diese Menge reagieren, wenn alles nicht stimmt? Wie lässt sich eine solche Enttäuschung verkraften?[86] Natürlich lässt sich ihre Skepsis gegen Jesus zusätzlich aus der Angst um Besitzstände psychologisch erklären.

6. Liest man das Evangelium als Biographie Jesu synchron, dann kommt der Einsatz des Messias Jesus für die Heiden an dieser Stelle keineswegs unerwartet. Der Leser hat seit dem ersten öffentlichen Auftreten Jesu in der Synagoge von Kafarnaum miterlebt, wie Jesus durch seine Wunderkraft zum Wanderprediger wurde, wie es daraufhin zum Konflikt mit den Schriftgelehrten kam, wie er sich zunehmend mit seiner Botschaft identifizieren musste und wie er auf dem Rückzug von seiner Verkündigung der Not und dem Elend bei den Heiden begegnete (Mk 5,1-20). Auch die anschließende Heidenreise entstand eher zufällig und aus einem Rückzug (Mk 7,24). An deren Ende wurde er zum ersten Mal als "Christus" bezeichnet (Mk 8,29). Im ersten Abschnitt des zweiten Hauptteils (Mk 8,30-10,52) hat ihnen Jesus selbst erklärt, was dieses Christussein für ihn bedeuten sollte.

Es stimmt also nicht, dass die feierliche und programmatische Erklärung dieses Messias Jesus im Tempel völlig unerwartet und überraschend kommt. Zusammen mit den Jüngern wissen die Leser spätestens seit dem Messiasbekenntnis von Cäsarea Philippi um dieses Programm. Zusammen mit den Begleitern Jesu, den Jüngern und der Menge, erwarten und befürchten sie (Mk 10,32) ein provozierendes Auftreten Jesu als Messias in Jerusalem.

Für die Leser begann dieses provokative Auftreten mit dem Einzug in die Stadt, bei dem sich Jesus zum ersten Mal als Messias öffentlich vorgestellt hat. Der folgende zweite Tag der Heiligen Woche, bei dem er im Tempel sein Regierungsprogramm als Messias verkündet, ist deshalb nicht nur formal-emotional, sondern durchaus konkret-inhaltlich mit dem ersten Tag durch einen großen Spannungsbogen verbunden.[87] Dennoch kommt sachlich dieser Szene im Tempel am zweiten Tag eine Schlüsselstellung in der Biographie Jesu zu. Denn hier hat sich letztlich das weitere Schicksal Jesu entschieden.

Der Erzähler hat diese Szene dem ersten öffentlichen Auftreten Jesu in Kafarnaum angeglichen, allerdings mit bemerkenswerten Abweichungen. Zunächst das Gemeinsame: Jesus kommt in die Syn-

---

86 Im Johannesevangelium ist diese Überlegung des Hohenpriesters (Kajaphas) ausführlicher dargelegt: Es ist besser, wenn ein Mensch für das Volk stirbt und nicht das ganze Volk umkommt (Vgl. Joh 11,49f; 18,14).

87 Gegen Stock, Gliederung 486.

agoge (Mk 1,21) beziehungsweise in den Tempel (Mk 11,15) und lehrte (Mk 1,21; Mk 11,17). Beide Male geraten die Zuhörer außer sich über seine Lehre (Mk 1,22; Mk 11,18). In beiden Fällen sind die Schriftgelehrten nicht anwesend, spielen aber dennoch eine Rolle. In Kafarnaum vergleichen die Zuhörer Jesu machtvolle Lehre mit der ihrer Schriftgelehrten (Mk 1,22). Anschließend zeigt er seine Wunderkraft, indem er einen Dämon austreibt, der schon weiß, dass Jesus die Dämonen entmachten wird (Mk 1,24). In Jerusalem hören die Schriftgelehrten zusammen mit den Hohenpriestern von der Lehre Jesu (Mk 11,18). Daraufhin streben sie danach, ihn zu "entmachten". So weit die Gemeinsamkeiten.[88]

Aber dann beginnen die Unterschiede: In Kafarnaum wird kein Wort über den Inhalt der Lehre Jesu gesagt. Nur die Art und Weise, in der Jesus lehrt, wird hervorgehoben: Jesus lehrt mit Macht (Mk 1,22.27). Darin unterscheidet er sich von den Schriftgelehrten und deshalb erscheint allen seine Lehre wie neu (Mk 1,27). In Jerusalem verkündet Jesus in Zeichen und Wort den Inhalt seiner Lehre. Neu ist daran, dass er sich als Messias auf diese Botschaft von der Liebe Gottes für die Heiden festlegt.

Auch hier in Jerusalem lehrt Jesus, wie zu Beginn in Kafarnaum, mit Macht. Aber das kann der Leser zunächst nur aus der Reaktion der Hohenpriester und Schriftgelehrten auf der einen Seite, aus der Reaktion der Menge auf der anderen Seite erschließen. Ausdrücklich hört der Leser von dieser Macht Jesu erst in der Anfrage der jüdischen Autoritäten am folgenden dritten Tag: "In welcher Vollmacht tust du das?" (Mk 11,28) Literarisch ist damit der Spannungsbogen vom zweiten zum dritten Tag gezogen; die letzten theologischen Auseinandersetzungen sind eingeleitet.

7. Formal klingt in Mk 11,15-18 erneut die Geschichte vom ersten öffentlichen Auftreten Jesu in der Synagoge von Kafarnaum an. Im Rückblick wird die herausragende literarische Bedeutung dieser Anfangsgeschichte sichtbar. Sie hat die Funktion einer Leitmelodie, die als Thema am Anfang, wie in einer Ouvertüre, eingespielt wird, das sich aber im Verlauf des Stückes in immer neuen Variationen wiederholt.

Erinnern sei an die wichtigsten Stellen, an denen diese Leitmelodie aus Mk 1,21-28 anklingt:

---

88 In der Wortstatistik sieht das so aus, dass in beiden Geschichten jeweils folgende Worte vorkommen: διδάσκειν ("lehren"), διδαχή ("Lehre"), ἐκπλήσσεσθαι ἐπὶ τῇ διδαχῇ αὐτοῦ ("außer sich geraten über seine Lehre"), ἀπολλύναι ("verderben", "entmachten").

a) Am Ende des ersten Abschnitts (Mk 3,1-6) kommt Jesus wieder in dieselbe Synagoge in Kafarnaum. Das "Verderben", das er am Anfang den Dämonen gebracht hat, wendet sich jetzt gegen ihn selbst.

b) In Mk 4,35-41 sind es nicht mehr die Dämonen, sondern Wind und Meer, die er "anherrscht", dass sie "verstummen". Die Frage nach der "neuen Lehre mit Macht" in Mk 1,27 richtet sich jetzt auf den Lehrer (Mk 4,38) selbst: "Wer ist dieser?" (Mk 4,41)

c) Die folgende Geschichte vom Besessenen im Gerasener Land (Mk 5,1-20) variiert das Thema von Mk 1,21-28, indem es die Knechtung des besessenen Heiden im Vergleich zum besessenen Juden in der Synagoge in allen Punkten steigert. Er ist allgemein bekannt, wohnt in den Grabkammern, wird gefesselt, zerreißt aber alle Ketten, schreit nachts und tags herum. Es handelt sich um eine übergroße Zahl von Dämonen. Deshalb heißen sie "Legion". Am Schluss enden sie in den Schweinen, die sich deshalb in den See stürzen und dort ersaufen.

d) Das nächste Mal klingt das Thema von Mk 1,21-28 an in der Geschichte vom blinden Bartimäus, der von "Jesus, dem Nazarener" geheilt wird (Mk 10,46-52). Die Verben wiederholen sich. Aber nicht der Besessene schreit auf gegen Jesus, dessen Macht er abwehren will, sondern der Blinde schreit nach Jesus um sein Erbarmen. Nicht Jesus herrscht den Dämon an und bringt ihn zum Verstummen, sondern die Menschen herrschen den Blinden an, um ihn zum "Schweigen" zu bringen, allerdings vergeblich. Während sich am Schluss der Dämon mit lautem Rufen verabschiedet hat, endet die Geschichte des Blinden damit, dass Jesus ihn "rufen" lässt, dass sie, die ihn zuvor angeherrscht haben, er solle schweigen, jetzt "rufen" und ihm ausrichten: "Er ruft dich!" (Mk 10,49)

e) Bei der Zeichenhandlung im Tempel und in der Auseinandersetzung am folgenden Tag über seine Vollmacht wird das Leitthema nochmals variiert. Jetzt ist es nicht mehr nur die machtvolle Art und Weise in der Jesus lehrt und über die alle "außer sich geraten" (Mk 1,22). Mit der Zeichenhandlung im Tempel und ihrer Deutung in Jesu Lehre (Mk 11,17) bekommt seine messianische Sendung einen besonderen Inhalt. Die Hohenpriester und Schriftgelehrten, die davon hören, fürchten ihn daraufhin und wollen ihn "verderben". Denn die Menge war "außer sich geraten" (Mk 11,18).

8. Jesu messianisches Programm ist inhaltlich Gottes außerordentliche Liebe zu den Heiden. Das war der Sinn seiner Zeichenhandlung im Tempel und ihrer anschließenden Deutung. Dieses Programm liegt in keiner Weise außerhalb des Rahmens der Tora. Die Provokation

der Hohenpriester und der Schriftgelehrten ergibt sich gerade daraus, dass Jesus als Jude und als jüdischer Messias dieses Programm aus der Tora zur Mitte seiner Sendung macht.

Zusammenfassend seien nochmals fünf mögliche Missverständnisse bei der Auslegung dieser Perikope aufgezählt, die mit diesem messianischen Programm nicht gemeint sind:

a) Jesus hat nicht erstmals einen ausschließlich jüdischen Kult für die Heiden geöffnet. Der Segen Gottes für alle Welt war von Abraham an das Ziel der Erwählung Israels (Gen 12,3). Nach 1 Kön 8,41-43 hat der König Salomo den ersten Tempel schon ausdrücklich auch den Fremden zum Gebet angeboten.

b) Jesus wollte nicht den Tempel abschaffen. Er interpretierte gerade die Zulassung der Heiden als endzeitliche Erfüllung des Tempeldienstes.[89]

c) Jesus wollte nicht den Opferkult im Tempel aufheben oder kritisieren zugunsten eines Gebetsgottesdienstes. Schon allein die Tatsache, dass er selbst einige Tage später den Tempel als Ort des Opfers in Anspruch nahm, indem er das Passalamm dort schlachten und für das Mahl herrichten ließ, spricht dagegen.

d) Jesus wollte nicht Israel aus dem Bund der Erwählung entlassen. Es ging ihm nicht um eine Ablösung Israels durch die Kirche.[90] Jesus ist also nicht aus dem Judentum "ausgetreten" und er hat insofern auch keine neue Religion begründet.

e) Jesus wollte nicht den Vorrang der Erwählung Israels in Frage stellen. Dann hätte er nicht als Messias in Jerusalem mit diesem konfliktträchtigen Programm auftreten müssen.

2.4. Die Machtfrage (Mk 11,27-12,12)

Die Zeichenhandlung im Tempel und ihre Deutung waren das Thema des zweiten Tages. Nach seiner Proklamation als Messias beim

---

89 Die Zeichenhandlung im Tempel spielt auf diesen endzeitlichen Charakter an. In der Endzeitvision von Sach 14,21 heißt es, dass dann kein Krämer mehr im Haus des Herrn sein wird.

90 Gegen Z. Kato, Die Völkermission im Markusevangelium, Bern 1986. Leider will die Arbeit von Kato genau die Ablösung Israels durch die Kirche beweisen. Nach Kato gibt es zwar durchaus eine Entwicklung im Leben Jesu. Aber diese Entwicklung führt von einer rein jüdischen Sendung Jesu zur "Verwerfung des Volkes Israel", ebd. 192. Zuletzt fallen bei Kato auch sehr harte Formulierungen: "Alle Juden, die Jesus abgelehnt haben und weiter bei ihren alten Führern bleiben, gehen verloren", ebd. 194.

Einzug in die Stadt am ersten Tag hat Jesus am zweiten Tag sein messianisches Regierungsprogramm vorgelegt, ein Programm ganz zugunsten der Heiden.

Die Leser des Evangeliums sind schon lange darauf vorbereitet, dass dieser Messias, der sich so stark für die Heiden einsetzt, auf entschiedenen Widerstand stoßen wird.[91] Jetzt im zweiten Abschnitt wird dieser Widerstand zum ersten Mal in Jerusalem selbst greifbar. Allerdings sind die Gegner zunächst bei der Proklamation seines Programms noch nicht anwesend. Hohepriester und Schriftgelehrte hören aber von Jesu messianischer Botschaft im Tempel und sind herausgefordert, weil sie auch so seine Macht sehr unmittelbar erleben. Denn die Menschen sind von seiner Lehre fasziniert. Hohepriester und Schriftgelehrte fürchten ihn deshalb (Mk 11,18).

1. Am dritten Tag dieser Heiligen Woche geht es auf drei Ebenen um Auseinandersetzungen, die durch das messianische Auftreten Jesu und sein messianisches Programm angestoßen sind. Dabei kommt es erstmalig zur direkten Konfrontation. Zuerst stellen seine Gegner an diesem dritten Tag die Machtfrage. Dann begründet Jesus, nachdem er politische und kasuistische Fangfragen abgewehrt hat, von sich aus theologisch seine Botschaft aus der Tora. Zuletzt geht es um die zukünftigen Auseinandersetzungen, die den Jüngern und der nachösterlichen Gemeinde wegen seiner messianischen Botschaft bevorstehen.

Natürlich ist dieser dritte Tag damit, historisch und biographisch betrachtet, völlig überladen. Das gilt besonders im Vergleich zum zweiten Tag der Woche, in dem es nur um die sehr kurze und knappe Vorstellung des messianischen Programms gegangen war. Aber das ist kein gültiger Einwand gegen den Zusammenhang dieses dritten Tages, der von Mk 11,20 bis Mk 13,37 reicht. Denn es handelt sich bei dem ganzen Wochenschema nicht um eine historisch exakte Schilderung des äußeren Ablaufs, sondern um eine literarische Strukturierung. Nicht der äußere Ablauf, sondern die theologische Bedeutung des Lebens Jesu soll sichtbar werden.

Am zweiten Tag diente die Kürze der Betonung und der Konzentration auf das Programm des Messias. Am dritten Tag geht es ausführlich um die theologischen Fragen, die dieser Messias durch

---

91 Literarisch auf diesen Konflikt vorbereitet sind die Leser durch zwei Hinweise in Mk 3,22 und in Mk 7,1. An beiden Stellen ging es um theologische Konflikte, bei denen Schriftgelehrte aus Jerusalem beteiligt waren. In Mk 3,22-30 wollten diese Schriftgelehrten seine Wundermacht als Macht der Dämonen erklären. In Mk 7,1-13 ging es um eine theologische Auseinandersetzung über die richtige Auslegung der Tora.

sein Programm aufgeworfen hat. Die Auseinandersetzungen um die Macht, um die Tora und um die missionarische Aufgabe der Gemeinde nach Ostern sollen im folgenden schrittweise behandelt werden.

2. Als erstes stellen die Hohenpriester, Schriftgelehrten und Ältesten diesem Messias Jesus die Machtfrage: "In welcher Vollmacht tust du dies?" (Mk 11,28)

Damit stehen sich erstmals Jesus auf der einen Seite, Hohepriester, Schriftgelehrte und Älteste auf der anderen Seite persönlich gegenüber. Es sind die Gruppen, deren Vertreter auch im Synedrium sitzen. Schriftgelehrten aus Jerusalem war Jesus schon in Galiläa begegnet. Den Hohenpriestern und Ältesten von Jerusalem begegnet Jesus hier zum ersten Mal im Evangelium. Der Konflikt spitzt sich in der folgenden Auseinandersetzung um Jesu Vollmacht entscheidend zu.

Literarisch ist die Frage nach der Macht Jesu eng auf das programmatische messianische Auftreten Jesu im Tempel am zweiten Tag bezogen. Die Frage zielt also keineswegs auf das gesamte bisherige Reden und Tun Jesu, sondern nur auf diese prophetische Zeichenhandlung im Tempel (Mk 11,15-17).[92] Die Frage gilt ausschließlich dem Messiasanspruch Jesu und seinem messianischen Programm, mit dem er jetzt erstmals absichtlich und gezielt die Obrigkeit in Jerusalem konfrontiert hat.

Schon in Mk 11,18, also zum Abschluss der prophetischen Zeichenhandlung im Tempel am zweiten Tag, hatte der Erzähler die Leser darauf aufmerksam gemacht, dass Hohepriester und Schriftgelehrte davon gehört haben und dass sie deshalb Jesus zu fürchten beginnen. Die Unterbrechung durch die Nacht in Betanien teilt hier nicht zwei verschiedene Erzählungen, sondern es handelt sich vielmehr, literarisch gesehen, um einen Aufschub, der die anstehende Konfrontation nur noch dringlicher erscheinen lässt. Dieser Aufschub trennt nicht, sondern er erhöht die Spannung.[93]

---

92   Gegen Scholtissek, Vollmacht 215-218. Die meisten Kommentare sehen ebenfalls nicht diese prophetische Zeichenhandlung im Tempel als Ziel der Anfrage. Nach ihnen richtet sich die Machtfrage grundsätzlich gegen das ganze Auftreten Jesu, z.B. Lührmann 198; Kertelge 114; Ernst 336; Gnilka II 137-140. Eine Ausnahme bilden Pesch II 209f und Schmithals II 505. Vgl. auch Pesch I 127f Anm. 50: Die Vollmacht sei vom markinischen Gebrauch her auszulegen.

93   Stock, Gliederung 483f Anm. 8, bemerkt richtig, dass das Verb in Mk 11,19 an dieser Stelle - trotz Mk 14,49 - keine iterative Bedeutung hat, sondern nur das Ende des vorangegangenen Tages markiert. Obwohl der Text bei Lukas

In Mk 11,27 betont der Erzähler zunächst, dass Jesus mit den Jüngern "wieder" nach Jerusalem kommt. Jesus geht dann in den Tempelbezirk und "wandelt umher". Dieses "Umherwandeln" am Beginn des dritten Tages (Mk 11,27) entspricht dem "Herumschauen" am Ende des ersten Tages (Mk 11,11). Weder war Jesus am ersten Tag als Tourist noch jetzt am dritten Tag als Spaziergänger im Tempel. In beiden Fällen geht es vielmehr darum, dass Jesus gerade nicht lehrt. Beide Verben rahmen damit das Lehren, das ausschließlich dem zweiten Tag vorbehalten war[94] und dadurch besonders betont ist.

In der Vollmachtsfrage (Mk 11,28) muss deshalb der Sachverhalt, auf den sich die Frage bezieht, überhaupt nicht mehr ausdrücklich benannt werden. Für beide Seiten, sowohl für die Fragesteller wie auch für Jesus reicht der demonstrative Hinweis auf "diese" Vollmacht: "In welcher Vollmacht tust du dies?"[95] Der Zusammenhang ist für die Kontrahenten eindeutig.

3. Auch Matthäus und Lukas haben Markus so gelesen, dass Markus mit der Vollmachtsfrage auf die prophetische Zeichenhandlung im Tempel zielt. Weil beide, Matthäus und Lukas, gegen Markus die Vollmachtsfrage allgemeiner auf das gesamte Reden und Tun Jesu beziehen wollen, ändern sie den Zusammenhang.

Wie schon erwähnt, empören sich bei Matthäus Hohepriester und Schriftgelehrte nicht über die Zeichenhandlung, sondern über die Kinder, die den Wundertäter Jesus im Tempel als Messias begrüßen. Abweichend von Markus kommt Jesus nach Matthäus am folgenden Tag ausdrücklich zum Lehren in den Tempel (Mt 21,23). Die anschließende Vollmachtsfrage gilt deshalb bei Matthäus Jesu öffentlichem Auftreten allgemein, den Wundern und der Lehre.

Bei Lukas erfolgt die negative Reaktion von Hohenpriestern und Schriftgelehrten ebenfalls nicht auf die Zeichenhandlung im Tempel, sondern auf seine Lehre dort. Lukas macht das deutlich, indem er nach der Zeichenhandlung einfach einfügt, dass Jesus täglich im Tempel lehrt (Lk 19,47). In Lk 20,1 wird diese Bemerkung aufgenommen: "Es geschah an einem der Tage, da er das Volk im Tempel lehrte und das Evangelium verkündete." Daraufhin stellen die Gegner Jesu die Vollmachtsfrage, die sich also, wie bei Matthäus, insgesamt auf die Lehre Jesu bezieht.

---

ganz ähnlich klingt (Lk 21,23; vgl. Lk 19,47), hat er dort im Zusammenhang eindeutig eine andere, nämlich eine iterative Funktion.

94   Das gilt bis Mk 12,35. Erst in Mk 12,35 ergreift Jesus nochmals die Initiative und lehrt im Tempel über seine Davidssohnschaft.

95   "Dies" kommt vor in Mk 11,27 (dreimal); Mk 11,29; Mk 11,33.

Das demonstrative mehrmalige "dies" haben sowohl Matthäus als auch Lukas von Markus übernommen. Dennoch hat es bei beiden Evangelisten durch den neuen Zusammenhang eine andere Bedeutung, weil es bei beiden wegen der Textänderungen nicht auf das messianische Programm des Vortags, sondern auf Jesu Lehre und Tun allgemein hinweist.

4. Die Machtfrage der Hohenpriester, Schriftgelehrten und Ältesten zielt bei Markus ausschließlich auf das Auftreten und die Lehre Jesu am vorangehenden Tag. Daraus folgt unmittelbar eine weitere Beobachtung: Man kann nicht mehr sagen, dass die jüdischen Autoritäten die erste Initiative ergriffen haben.[96] Sie haben die Frage gestellt. Aber die Initiative dazu geht, wie bei der prophetischen Zeichenhandlung am Tag zuvor, in Wirklichkeit von Jesus aus, der wieder nach Jerusalem und in den Tempel gekommen ist, dort aber nicht lehrt, sondern nur "herumwandelt" und also auf die Autoritäten richtiggehend wartet. Diese reagieren auch, wie erwartet, indem sie in hoher Besetzung zu ihm kommen (Mk 11,27)[97] und ihn zur Rede stellen.

Es geht dabei nur um die Machtfrage. Keiner kommt auf die Idee, zunächst die Störung der Tempelordnung durch Jesus anzusprechen. Das ist eine Frage der untergeordneten Organe. Die Tempelpolizei hätte so fragen können. Offensichtlich war das aber nicht einmal notwendig. Die Polizei hatte die Angelegenheit durchaus im Griff. Der Tempelbetrieb ging offenbar friedlich weiter.[98]

Auch literarisch hat der Erzähler die Zuspitzung auf die Machtfrage genau vorbereitet. Die programmatische Zeichenhandlung des zweiten Tages hat er bis in die Wortwahl dem ersten Auftreten Jesu in der Synagoge von Kafarnaum (Mk 1,21-28) nachgestaltet. Nur in einem Punkt gibt es eine signifikante Abweichung. Die Lehre der Schriftgelehrten wird nicht nur in den Köpfen der Zuhörer mit der machtvollen Lehre Jesu verglichen (Mk 1,22), die ihnen dabei charismatisch neu vorkommt (Mk 1,27). Die Spannung der Erzählung richtet sich in diesem Fall auf die Reaktion der Schriftgelehrten. Was werden sie tun, wenn sie davon erfahren.

Jetzt in Mk 11,18 hören die Hohenpriester und Schriftgelehrten sofort von Jesu Zeichenhandlung und deren Deutung. Sie stellen deshalb auch selbst und bei erster Gelegenheit die Machtfrage in

---

96 Gegen Stock, Gliederung 485.
97 Vgl. die Besetzung beim Verhör vor dem Synedrium in Mk 14,53. Bei der Machtfrage handelt es sich noch nicht formell um das Synedrium. Aber es sind erstmals alle Gruppen dabei, die auch im Synedrium aufgezählt werden.
98 Vgl. Schweizer 135, der diese Beobachtung allerdings traditionskritisch erklärt.

Mk 11,28.[99] Nicht ein unbestimmtes Charisma Jesu fordert sie dazu heraus, sondern sein messianisches Programm von der außerordentlichen Liebe Gottes zu den Heiden. Deshalb ist die fällige Auseinandersetzung nicht mehr Sache von zufällig anwesenden Zuhörern, die sich ein Urteil bilden, indem sie Jesu Auftreten mit dem ihrer Schriftgelehrten vergleichen. Jetzt geht es um seinen theologischen Anspruch und damit um eine Sache der Theologen und der jüdischen Obrigkeit.

5. Die folgende Auseinandersetzung zwischen Jesus und den jüdischen Autoritäten um die Macht beginnt mit Jesu Kommen in den Tempel in Mk 11,27 und endet in Mk 12,12 mit dem Weggang seiner Gegner. Dort heißt es ausdrücklich, dass "sie" wieder fortgehen. Dazwischen wird kein anderer Gesprächspartner eingeführt. Das "Kommen" und das "Fortgehen" der höchsten Autoritäten rahmen also diesen ersten Gesprächsteil am dritten Tag.[100]

Die Auseinandersetzung erfolgt in zwei Stufen. Zuerst antwortet Jesus auf die Machtfrage in der Form eines klassischen Schulgesprächs durch eine Gegenfrage: "Die Taufe des Johannes: War sie vom Himmel oder von Menschen? Antwortet mir!" (Mk 11,30) Anschließend erzählt Jesus eine Parabel, die er durch die Hervorhebung einzelner unwahrscheinlicher Elemente selbst allegorisch auf die Machtfrage zwischen sich und seinen Gegnern übersetzt.

Die Gegenfrage Jesu bedeutet kein Ausweichen. Die Frage der Gegner zielt auf seine Vollmacht für die Zeichenhandlung im Tempel am Tag zuvor. Ist seine Vollmacht von Gott, dann war das ein prophetisches Zeichen. Will er das wirklich behaupten?

Jesu Antwort mit der Gegenfrage nach Johannes bewegt sich auf genau derselben Ebene wie die Frage nach seiner Vollmacht. Johannes der Täufer war in den Augen der meisten Menschen ein Prophet, also ein Mann Gottes. Aber beweisen lässt sich das nicht. Entweder man glaubte Johannes und ließ sich deshalb taufen oder man glaubte ihm nicht. Durch seine Gegenfrage vergleicht sich Jesus mit Johannes und bekräftigt damit seinen eigenen prophetischen Anspruch.[101] Die Antwort Jesu lautet eindeutig: Meine Macht für dieses prophetische

---

99 Da der Erzähler in Mk 11,15-19 viele wichtige Begriffe aus Mk 1,21-28 übernommen hat, fällt auf, dass der dort zweimal verwendete Begriff "Macht" in Mk 11,15-19 fehlt. Man hat den Eindruck, dass Markus ihn für die erste Auseinandersetzung des folgenden Tages bewusst aufgespart hat, um damit sein Thema eröffnen zu können.

100 Vgl. Scholtissek, Vollmacht 184.

101 Gegen Lührmann 145, der annimmt, dass im Sinn des Markus nur Johannes Prophet war, nicht Jesus.

Zeichen hat mir Gott gegeben. Genau danach haben ihn seine Gegner gefragt. Zugleich macht er seinen Gegnern klar, dass er gar keinen Glauben von ihnen erwartet. Sie haben Johannes nicht geglaubt und werden ihm ebenso wenig glauben. Die Gegner, aber auch alle Zuhörer verstehen sehr gut, was Jesus sagen will: Sie wollen ihm nicht glauben. Weil sie sich wegen der Menge fürchten, ihren Unglauben gegenüber der Sendung des Johannes zuzugeben, müssen sie jetzt auch gegenüber der Sendung Jesu verstummen. Die Konsequenz muss gar nicht mehr ausgesprochen werden.

In der anschließenden Parabel greift Jesus Elemente dieser Auseinandersetzung auf. War das Gespräch bisher von Jesus eher defensiv geführt - er bestätigt einfach seinen prophetischen Anspruch, so wird er es jetzt offensiver fortführen: Sie glauben ihm nicht und sie werden darüber hinaus an seinem Tod mitschuldig werden. Johannes der Täufer starb durch Herodes. Die jüdischen Autoritäten glaubten Johannes zwar nicht, aber sie waren deshalb nicht an seinem Tod mitschuldig.

In der Parabel vom Weinberg verändert Jesus die ursprüngliche Konstellation der Erzählung von Jesaja. Die jüdischen Oberen werden in der Variante Jesu die Winzer, die alle Knechte, die der Herr des Weinbergs sendet, schlagen, vertreiben und zuletzt auch töten (Mk 12,2-5). Die Gegner Jesu haben gut verstanden, wie das gemeint war: Der Herr des Weinbergs ist Gott, die Knechte sind die Propheten, denen sie nicht geglaubt und die sie sogar selbst getötet haben. Die Verschiebung von dem durch Herodes ermordeten Johannes zu den eigenen Prophetenmorden in der Geschichte Israels muss die Gegner Jesu besonders provozieren.

Aber Jesus geht in seiner Parabel sogar noch weiter. Dort heißt es, dass der Herr des Weinbergs zuletzt seinen "geliebten Sohn" (Mk 12,6) schickt. Auch ihn werden sie töten, gerade weil er der Erbe ist (Mk 12,7). Alle verstehen, dass Jesus sich damit selbst in der Rolle des geliebten Sohns und des Erben beschreibt. Der bibelkundige Zuhörer hört in den Formulierungen darüber hinaus, dass sich Jesus als "geliebter Sohn" mit Isaak (Gen 22,2) und als der Erbe, den die eigenen Brüder töten wollen, mit Josef (Gen 37,20), dem Sohn Jakobs, vergleicht. Damit stellt er sich weit über alle Propheten, von denen bisher die Rede war. Ein aufmerksamer Leser des Evangeliums erinnert sich zudem, dass Jesus bereits zweimal in der bisherigen Erzählung als der "geliebte Sohn" von der Himmelsstimme bei der Taufe (Mk 1,11) beziehungsweise von der Stimme aus der Wolke bei der Verklärung (Mk 9,7) bezeichnet worden ist. Die Parabel endet damit, dass sie auch diesen einzigartigen Propheten, den "geliebten

Sohn", töten werden, dass aber der Herr des Weinbergs gerade ihn, nachdem er von den Bauleuten verworfen wurde, zum Eckstein machen wird.[102]

Die Parabel enthält also eine deutliche Todes- und zugleich eine Auferstehungsansage. Sie nimmt die christologische Deutung des Weges Jesu auf, die er im ersten Abschnitt des zweiten Hauptteils (Mk 8,30-10,52) dreimal seinen Jüngern gegeben hat. Neu daran ist jetzt, dass er diese Deutung der jüdischen Obrigkeit gegenüber abgibt, und zwar indem er seinen messianischen Anspruch und damit sein messianisches Programm der besonderen Liebe Gottes zu den Fremden verteidigt. Dieser Anspruch und dieses Programm werden durch seinen Tod nicht widerlegt, sondern durch Gott selbst bestätigt werden.

Literarisch bindet der Erzähler die Auferstehungsgewissheit in der Parabel mit dem Begrüßungsjubel beim Einzug Jesu als Messias in Jerusalem zusammen, indem er beide Male den messianisch interpretierten Psalm 118 zitiert: beim Einzug in Mk 11,9 den Vers Ps 118,26, in der Parabel in Mk 12,10f die Verse Ps 118,22f.

Der Erzähler Markus beendet die Auseinandersetzung um die Machtfrage mit dem Hinweis, dass die Hohenpriester, Schriftgelehrten und Ältesten (Mk 11,27) gemerkt hatten, "dass Jesus auf sie hin das Gleichnis sprach" (12,12). Indem sich Jesus in der Parabel mit dem "geliebten Sohn" vergleicht, werden die jüdischen Autoritäten zu den Winzern, die schon oft in der Geschichte die Propheten getötet haben und die jetzt auch ihn als den Erben töten werden. Das ist keine Weissagung, sondern eine klare Provokation, durch die Jesus selbst die nächsten Schritte seiner Gegner auslöst. Beide Male, bei Johannes dem Täufer (Mk 11,32) und bei Jesus (Mk 12,12), erzählt Markus, dass die Gegner die Menge fürchteten. Aber der Anlass der Furcht ist ganz verschieden. Bei Johannes können sie wegen der Menge ihren Unglauben nicht zugeben; bei Jesus können sie wegen der Menge nicht sofort eingreifen. Aber die Entscheidung dazu ist gefallen.

6. Fast alle Kommentare gehen darin überein, dass es sich bei diesem Gleichnis Jesu um eine Parabel handelt, die wenigstens teilweise allegorisch zu deuten ist.[103] Das bedeutet, dass die einzelnen Elemente

---

102 Vgl. Jes 28,16; Röm 9,33; 1 Petr 2,6.
103 Gnilka II 144 spricht von einem "allegorisierenden Gerichtsgleichnis"; nach Ernst 339 ist es eine Erzählung mit "allegorisierenden Einschlägen"; nach Pesch II 214 lenkt der Erzähler im Lauf seiner Erzählung zunehmend "auf ein allegorisches Verständnis" hin; nach Schmithals II 512 handelt es sich um eine Parabel, die "eine Anzahl allegorischer Züge" enthält; Kertelge 115 sieht

"Zug um Zug von der Bildhälfte in die Sachhälfte übertragen werden sollen"[104]. Die "Allegorisierung ... wurde von der Sachhälfte aus entworfen und ist für die geschichtlich unmögliche Bildhälfte verantwortlich"[105]. Geschichtlich unmöglich erscheint vor allem die Sendung immer weiterer Knechte[106] und dann noch obendrein die Preisgabe des eigenen Sohnes (Mk 12,6). Die unwahrscheinlichen und unmöglichen Züge sind absichtlich eingefügt. Diese Erzählung soll allegorisch verstanden werden.

Der Beginn (Mk 12,1) erinnert deutlich an die aus Jesaja bekannte Parabel vom Weinberg (Jes 5,1-7). Selbst die Details stimmen überein: der Zaun, die Kelter und der Turm.[107] Jeder versteht diesen Vergleich: Dieser Weinberg ist das Haus Israel (Jes 5,7). Aber es geht inhaltlich und formal bei Jesus ganz anders als bei Jesaja weiter.[108] Inhaltlich: Denn dieser Weinberg bringt im Gegensatz zur Jesajaerzählung (Jes 5,2-4) gute Früchte. Aber die Winzer, die den Weinberg gepachtet haben, wollen den Anteil davon, der dem Herrn des Weinbergs zusteht, nicht abgeben. Formal bedeutet das: Es handelt sich nicht mehr um eine Parabel, die auf einen einzigen Vergleichspunkt hinzielt, bei Jesaja das Zerstören des unfruchtbaren Weinbergs. Bei Markus wird die Parabel zur Allegorie, bei der demnach jeder einzelne Zug in die Sachhälfte zu übertragen ist. Der Leser wird in diese Veränderung durch die in der Erzählung folgenden Unmöglichkeiten eingeführt: die Vielzahl der Knechte, die der Herr hintereinander schickt und zuletzt die Preisgabe des eigenen Sohnes.

Der Herr geht in der jesuanischen Parabel nicht mehr gegen den Weinberg vor, sondern gegen die Pächter, die ihn pflegen sollen. Er wird nicht den "Weinberg Israel" verderben, sondern die Pächter. Ihnen wird er den Weinberg nehmen und "anderen" geben (Mk 12,9). Die Hohenpriester, Schriftgelehrten und Ältesten verstehen den Angriff genau. Sie und nur sie sind gemeint und sie wollen Jesus deshalb "ergreifen". Der Erzähler fügt das ausdrücklich hinzu (Mk 12,12), um kein Missverständnis aufkommen zu lassen.

Wieso sollen die Metaphern dieser Allegorie keine eindeutige

---

in der Geschichte "eine Gleichniserzählung mit stark allegorisierenden Zügen".
104 Schmithals II 512.
105 Ebd.
106 In Mk 12,2-5 werden drei Knechte hintereinander gesandt und dann noch viele andere (Mk 12,5).
107 Vgl. Jes 5,5.2.
108 Die ursprüngliche Parabel von Jesaja war durchaus populär. Lk 13,6-9 nimmt in einem anderen Zusammenhang im Bild des unfruchtbaren Feigenbaums die ursprüngliche Parabel von Jesaja ohne Verschiebung sachgerecht auf.

Auflösung vertragen, wie Kümmel meint?[109] Nicht die Ablösung Israels durch die junge christliche Gemeinde oder das Gericht über das Volk der Erwählung, das sein Erbe unweigerlich verloren habe, ist gemeint.[110] Auch Gnilka behauptet, es ginge um die Aufkündigung der Erwählung Israels, das seine Privilegien verliert und verworfen wird.[111] Nach Pesch ist die Allegorisierung in dieser Geschichte nicht konsequent durchführbar, weil sowohl der Weinberg wie die Pächter Israel symbolisieren.[112] Deshalb gehe es letztlich um den Abfall Israels von Gott.[113]

Der Herr des Weinbergs geht gegen die Pächter vor, nicht gegen den Weinberg. Markus differenziert deutlich zwischen den Führern und dem Volk.[114] Es geht um deren Entmachtung, nicht um die Ablösung Israels. Entscheidend ist wohl die Frage, wer mit den "anderen" gemeint ist, denen der Weinberg übergeben wird (Mk 12,9). Die Erzählung selbst lässt hier die Übertragung offen. Aber ein paar Abgrenzungen sind möglich.

Aus der Perspektive des Erzählers Markus, der nach der Zerstörung der Stadt Jerusalem und des Tempels im Jahr 70 schreibt, denkt Lührmann an die Römer, die das Land übernommen hätten.[115] Aber das stimmt mit dem Bild nicht überein. Die Römer sind schon fast hundert Jahre lang die Herren im Land.[116] Die Zerstörung der Stadt und des Tempels bestätigen diese Herrschaft nur noch. Die Kommentare nennen deshalb die Heiden[117], die Heidenchristen[118], die christliche Gemeinde[119] oder, vorsichtiger, das neue Gottesvolk aus Juden und Heiden[120]. Nach allen diesen Varianten wäre die Erwählung

---

109 W.G. Kümmel, Das Gleichnis von den bösen Weingärtnern (Mk 12,1-9), in: ders., Heilsgeschehen und Geschichte, Marburg 1965, 214.

110 Vgl. Ernst 342. Ernst vertritt diese Auslegung, obwohl er kurz zuvor eindeutig die Winzer als die Führer des Volkes beschreibt, vgl. ebd. 340.

111 Gnilka II 147.

112 Pesch II 215.

113 Pesch II 217. Ganz ähnlich Schweizer 136 oder Limbeck 171.

114 Vgl. Kertelge 116f. Markus differenziert auch noch in Mk 15,8-15 (gegen Kertelge 117). Allerdings kommt auch Kertelge, ebd. trotz dieser Differenzierung am Ende seiner Auslegung zu einer Art Enterbung, indem nach Israel ein neues Volk Gottes aus Juden und Heiden Zukunft erhält.

115 Lührmann 199.

116 Seit 63 v. Chr. ist das Land von Rom abhängig; seit 6 n. Chr. regieren die Römer auch direkt durch ihren Statthalter über Judäa und Jerusalem.

117 Schweizer 149.

118 Gnilka II 149, wobei aber den Juden die Tür nicht verschlossen sei.

119 Schmithals II 518.

120 Ernst 242; Kertelge 117. Vgl. auch die Arbeit von Z. Kato, Die Völkermission im Markusevangelium, Frankfurt 1987.

Israels durch Gottes Eingreifen beendet worden. Israel wäre durch die Kirche enterbt. An dieser Konsequenz ändert sich auch nichts dadurch, dass zusätzlich versichert wird, dem einzelnen Juden sei die Tür in diese Kirche nicht verschlossen. Jesus hat demnach das Judentum "überwunden", "gesprengt", sich aus dem jüdischen Verband gelöst. Das "Neue", das Jesus gebracht hat, wird außerhalb des Judentums gesucht und gefunden.

Die allegorisch veränderte Parabel vom Weinberg gibt für solche Aussagen keinen Anhalt. In ihr wird im Gegenteil die bleibende Erwählung Israels selbstverständlich vorausgesetzt.[121] Der Weinberg ist überhaupt nicht in Gefahr. Warum auch? Er bringt ja gute Frucht. Die Geschichte gibt auch keinerlei Hinweis darauf, dass Jesus aus den Judentum "austreten" wollte. Er gehört im Gegenteil in dieser Erzählung als Jude selbst zu diesem Weinberg Gottes. Seine messianische Botschaft von der außerordentlichen Liebe Gottes zu den Heiden ist eine Frucht dieses Weinbergs. Sie wird vom Herrn des Weinbergs durch seinen "geliebten Sohn" eingefordert, von den jüdischen Oberen aber verweigert.

Wer sind also die "anderen", denen der Herr den Weinberg übergeben wird? Wer sind die neuen Winzer? Aus der Perspektive des Erzählers nach dem Jahr 70 ist das Synedrium, das zur Zeit Jesu das Volk Israel geleitet hatte, tatsächlich entmachtet worden. Auffällig ist, dass bei den Oberen in Mk 11,27 Hohepriester, Schriftgelehrte und Älteste genannt sind, nicht aber die Pharisäer.[122] Denkt der Erzähler Markus an die Rabbinen, die als Nachfolger der Pharisäer nicht ihre Macht verloren haben und das Judentum nach 70 neu organisieren und leiten? Mehr als eine Spekulation kann das allerdings für Markus, der jedenfalls nicht lange nach 70 schreibt, nicht gewesen sein. Dafür waren die Verhältnisse nach so kurzer Zeit noch zu ungeklärt. Markus selbst legt sich nicht fest.

Auszuschließen ist mit Sicherheit, dass Markus für die Zeit Jesu um 30 oder auch für seine eigene Zeit um 70 an ein Ende des Judentums gedacht hat oder auch nur denken konnte. Das gilt sowohl theologisch wie auch historisch. Die "anderen", denen der Weinberg des Herrn übergeben wird, sind auf keinen Fall außerhalb des Judentums zu suchen.

---

121 Auch in der ursprünglichen Parabel bei Jes 5,1-8 ist das Gericht über Israel nicht als endgültige Verwerfung gemeint. Im Kontext, in Jes 4,2-6, ist vom heiligen Rest die Rede, der nach dem Gericht unter der Wolken- und Feuersäule die Herrlichkeit des Herrn erfahren wird. Vgl. auch Jes 6,1-13.

122 Die Pharisäer werden im zweiten Hauptteil überhaupt nur zweimal, in Mk 10,1-12 und in Mk 12,13-17, genannt.

7. Der Erzähler Markus hat die Machtfrage, die nun in Mk 11,27-
12,12 verhandelt wird, in seinem Evangelium sorgfältig eingeleitet
und vorbereitet. In einem kurzen Überblick soll das nochmals aufgezeigt werden.

Die Macht Jesu kommt im Evangelium nur in zwei Zusammen-
hängen ausdrücklich vor: beim Beginn des öffentlichen Auftretens
Jesu in Kafarnaum[123] und jetzt am dritten Tag der Heiligen Woche in
Jerusalem in der Auseinandersetzung mit den jüdischen Oberen.[124]

Der erste Zusammenhang reicht von Mk 1,21 bis Mk 3,6. Zu
Beginn spüren die Menschen die Macht der Gottesherrschaft in der
Lehre Jesu. Sie vergleichen diese machtvolle Lehre mit der ihrer
Schriftgelehrten und sie geraten darüber außer sich. Das Misstrauen
der Pharisäer ist geweckt. Nicht die Lehre greifen diese schließlich
an, sondern die Praxis Jesu im täglichen Miteinander und besonders
seine Wundermacht. Sie bezweifeln, dass die Wunder von Gott kommen und wollen ihn so als Lehrer entmachten (Mk 3,6).

In der ersten Auseinandersetzung am dritten Tag in Jerusalem
(Mk 11,27-12,12) geht es wieder um die Machtfrage, nur bezieht sie
sich jetzt unmittelbar auf Jesu messianisches Programm. Jesus hat am
Tag zuvor mit seiner Zeichenhandlung im Tempel Gottes außerordentliche Liebe zu den Heiden als sein Programm verkündet.
Wieder geraten die Menschen über seine Lehre außer sich. Die jüdischen Oberen hören davon und, wie zuvor die Pharisäer, trachten sie
nun danach, Jesus zu entmachten (Mk 11,18). Weil Jesus in der sich
anschließenden Auseinandersetzung nicht zurückweicht, sondern seinen Anspruch behauptet und sie sogar noch angreift, wollen sie ihn
zuletzt ergreifen, sich seiner also bemächtigen.

Die folgende Tabelle enthält alle Stellen, in denen Gegner Jesu
gegen ihn vorgehen. Ein Vergleich der Gegner, der Dynamik ihres
Vorgehens gegen Jesus, ihrer Absicht und ihrer Motivation zeigt, wie
sorgfältig Markus die zunehmende Bedrohung in seiner Jesusbiographie erzählt.

---

123 Der Begriff ἐξουσία ("Macht") steht in Mk 1,22.27 und in Mk 2,10.
124 "Macht" steht in Mk 11,28 (zweimal); 11,29; 11,33. Darüber hinaus kommt
     der Begriff "Macht" nur noch dreimal im Evangelium vor im Zusammenhang
     der Übertragung dieser Macht durch Jesus an die Jünger (Mk 3,15; 6,7) bzw.
     an die Knechte (Mk 13,34).

Die wachsende Bedrohung Jesu durch seine Gegner				
	Mk 3,6	Mk 11,18	Mk 12,12	Mk 14,1	Mk 14,55
Wer?	Pharisäer	Hohepriester Schriftgel. ⟶	Hohepriester Schriftgel. Älteste ⟶	Hohepriester Schriftgel.	Hohepriester Älteste Schriftgel.
Wie?	halten Rat (mit den Herodianern) ⟶	trachten danach	trachten danach	trachten danach	trachten danach
Was?	ihn zu entmachten	ihn zu entmachten	sich seiner zu bemächtigen ⟶	sich seiner bemächtigend ihn zu töten ⟶	ihn zu Tode zu bringen ⟶
Warum oder warum nicht?	wegen ihrer Hartherzig- keit ⟶	Sie fürchten Jesus wegen der Menge ⟶	Sie fürchten die Menge	Sie wollen einen Aufruhr beim Volk vermeiden	aus Neid ⟶

Entscheidend zum richtigen Verständnis der Eskalation dieser Bedrohung sind Übersetzung und Interpretation der Verben in der dritten Zeile der Tabelle. In Mk 3,6 steht das Verbum ἀπολλύναι. In allen Kommentaren und in den meisten Bibelübersetzungen wird dieses Verb mit "töten", "vernichten", "beseitigen" oder "umbringen" übersetzt. Folgerichtig interpretieren die Kommentatoren, dass in Mk 3,6 der erste Todesbeschluss gegen Jesus gefallen sei. Allein die "Zürcher Bibel" hat ἀπολλύναι vorsichtiger mit "verderben" übersetzt. Diese Übersetzung für ἀπολλύναι ist die übliche im klassischen Griechisch. Liddell-Scott[125] schlagen im Englischen "to ruin" vor, also "ruinieren". Beide Vorschläge, "verderben" und "ruinieren", lassen eine große Breite von Handlungsmöglichkeiten offen: von "unmöglich machen" bis "gewaltsam ausschalten", "vernichten" und "töten". In keinem Fall trifft die äußerste Möglichkeit, das Töten, die Mitte dieses Begriffs. Sie ganz selbstverständlich schon in Mk 3,6 anzunehmen, wird der differenzierten Erzählung des Markus nicht gerecht.

In der Tabelle ist als neuer Vorschlag "entmachten" für ἀπολλύναι

---

125 A.G. Liddell, R. Scott, A Greek-English Lexicon. Vol. I and II. Rev. and augmented by H.S. Jones u.a. with a supplement. Oxford [9]1968.

eingetragen. Das scheint im Zusammenhang mit der Lehre - sowohl in Mk 3,6 wie auch in Mk 11,18 geht es um Jesus als Lehrer - die beste aequivalente Übersetzung.[126] Sie hat zudem den Vorteil, dass sie auch im Deutschen die Steigerung zum κρατεῖν ("sich bemächtigen")[127] in Mk 12,12 und in Mk 14,1 nachahmt.

Die literarischen Mittel, die Markus verwendet, um die Zunahme der Bedrohung zu erzählen, werden in der Tabelle durch Pfeile zwischen den einzelnen Vorkommen angezeigt.

Zur Tabelle im einzelnen:

a) In Mk 3,6 halten die Pharisäer Rat mit den Herodianern, wie sie ihn "entmachten" könnten. Als Grund für ihre Ablehnung hält ihnen Jesus ihre Hartherzigkeit vor (Mk 3,5).

Hier geht es nicht um ein erstes Todesurteil im Evangelium. Die Pharisäer wären dazu auch gar nicht berechtigt. Ihre Ebene ist die Heilige Schrift. Sie bekämpfen Jesus als Lehrer, weil er mit Macht lehrt und die Menge für sich gewinnt. Er ist damit ihr Konkurrent. Die Auseinandersetzung führen sie aber nicht ehrlich über seine Lehre, an der sie nichts aussetzen könnten, sondern über seine Wunder, die sie als gegen die Tora gerichtet auslegen.

Wer in Mk 3,6 schon einen Todesbeschluss hineinliest, verdirbt die Pointe. Natürlich kann man bei einem zweiten oder öfteren Lesen behaupten, die Entscheidung gegen Jesus bahne sich doch schon in Mk 3,6 an. Das geht aber nur, weil man den Ausgang der Erzählung kennt. Die innere Dynamik und Entfaltung der Erzählung muss dabei nicht verloren gehen, weil der Leser sein vom weiteren Verlauf der Erzählung eingetragenes Wissen mitreflektiert.

b) In Mk 11,18, nach dem messianischen Auftreten Jesu im Tempel, hat die Gefährdung Jesu deutlich zugenommen. Jetzt lehnen ihn nicht mehr die Pharisäer ab, sondern die offiziellen Autoritäten in Jerusalem: Hohepriester und Schriftgelehrte. Sie beraten nicht nur gegen Jesus, sondern sie trachten höchst aktiv danach, ihn als Lehrer und als angeblichen Messias zu "entmachten". Noch unternehmen sie nichts, weil sie ihn wegen seines Erfolgs bei der Menge fürchten.

---

126 Gut passt diese Übersetzung auch für Mk 1,24: Die Dämonen werden durch die Herrschaft Gottes "entmachtet".

127 Um konkordant im ganzen Evangelium übersetzen zu können, wählen textnahe Übersetzungen "ergreifen" für κρατεῖν. "Ergreifen" scheint hier das einzige deutsche Wort zu sein, das für alle Stellen passt. Allerdings ist es eindeutig schwächer als das originale κρατεῖν, weil dessen Element der Macht- oder Kraftausübung im "Ergreifen" zu wenig vorkommt. Eine solche Nivellierung scheint in diesem Fall der notwendige Preis für die konkordante Übersetzung zu sein.

Diese Tatsache ist für Jesus im Moment ein Schutz. Auf Dauer muss ihn dieser Schutz mehr in Gefahr bringen, als dass er hilft, weil sie ihn gerade deswegen besonders fürchten.

c) Nach der Auseinandersetzung über Jesu Macht (Mk 11,27-12,12) ist die Entscheidung gegen Jesus bei den jüdischen Autoritäten grundsätzlich gefallen (Mk 12,12). Nachdem Repräsentanten aller Gruppen des Synedriums (Mk 11,27) verstummen mussten, sobald ihnen Jesus ihre eigene Entmachtung (Mk 12,9)[128] angekündigt hatte, lassen sie ihn stehen und gehen weg. Reden hatte aus ihrer Sicht keinen Zweck mehr.

Sie trachten zum ersten Mal im Evangelium danach, sich seiner physisch zu "bemächtigen". Sie halten sich nur noch zurück, weil sie die Menge fürchten. Auch hier liegt gegenüber der vorigen Szene eine Steigerung der Gefahr für Jesus. In Mk 11,18 war Jesus für sie noch Subjekt: Ihn selber haben sie gefürchtet. Jetzt ist er nur noch Objekt. Mit ihm verhandeln sie nicht mehr. Sie fürchten nur noch die Menge (Mk 12,12).

d) In Mk 14,1 wird das Endziel der Gegner Jesu erstmals ausgesprochen. Sie wollen sich seiner bemächtigen, um ihn zu "töten" (ἀποκτείνειν). Der Fall ist für sie schon vorher entschieden. Einen Aufschub gibt es nur noch, um einen Aufruhr beim Volk zu vermeiden. Das Volk (λαός) sind jetzt die Festpilger, nicht mehr die Menge (ὄχλος), die sich um Jesus gesammelt hat. Vermieden werden muss unbedingt, dass sich die Festpilger mit Jesus solidarisieren.[129] Deshalb suchen sie nach einer List, damit sie sich seiner unauffällig und abseits der Pilger bemächtigen können, um ihn dann zu töten.

e) In Mk 14,55 ist ihnen das gelungen. Sie haben sich seiner bemächtigt. Jesus steht gefangen vor dem Hohen Rat (Mk 14,53). Es braucht nur noch einen Vorwand, um ihn "zu Tode zu bringen" (θανατοῦν). Der erste Versuch mit den falschen Zeugen misslingt. Deshalb muss schließlich der Hohepriester selbst den verhassten Messiastitel aussprechen und Jesus nach seinem Messiasbekenntnis mit der falschen Anschuldigung der Gotteslästerung belasten.

Es folgt dann die Übergabe an den römischen Präfekten. Die

---

128 In Mk 12,9 steht ἀπολλύναι gegen die Pächter. Auch hier geht es, wie in Mk 3,6 und Mk 11,18, um "entmachten", nicht um "töten" oder "vernichten".

129 Markus ist auch hier sehr genau: Für die jüdische Obrigkeit ist der ὄχλος ein ungeordneter Haufen, der aber bedrohlich werden kann wegen der Zahl der Menschen, die sich um Jesus gesammelt haben. Die Festpilger (λαός) sind die Frommen, die zur Wallfahrt am Passafest nach Jerusalem gekommen sind. Wenn sie sich mit Jesus solidarisieren, wären die Probleme seiner Gegner viel größer. Durch sie bekäme Jesu Auftreten ein theologisches Gewicht, das sie ihm längst nicht mehr zugestehen wollen.

Anschuldigungen gegen Jesus mussten die Hohenpriester dabei nochmals verändern (Mk 15,3f), um bei dem Heiden Pilatus zum Erfolg zu kommen.

2.5. Die Begründung der Heidenliebe Gottes in der Tora (Mk 12, 13-44)

Der dritte Tag der Heiligen Woche muss insgesamt als Tag der Auseinandersetzungen um das messianische Programm des zweiten Tages verstanden werden. Jesus hatte mit seiner prophetischen Zeichenhandlung der außerordentlichen Liebe Gottes zu den Heiden sein messianisches Programm verkündet und gleichzeitig das jüdische Establishment provoziert.

In dem ersten Durchgang an diesem dritten Tag war es um die Machtfrage gegangen. Von Jesus selbst herausgefordert will die jüdische Obrigkeit durch Repräsentanten aller Gruppen, die im Synedrium vertreten sind, mit dieser Frage nach der Macht seine Sendung von Gott bestreiten. Jesus weicht nicht zurück. Er verteidigt seine messianische Aufgabe und kündigt den jüdischen Oberen ihre eigene bevorstehende Entmachtung an.

1. In einem zweiten Durchgang folgen Anfragen von Theologen und Antworten Jesu darauf. Es handelt sich um fünf theologische Gespräche: die Frage der Pharisäer nach der Kaisersteuer (Mk 12,13-17), die Frage der Sadduzäer nach der Auferstehung (Mk 12,17-27), die Frage eines Schriftgelehrten nach dem ersten Gebot (Mk 12,28-34), eine Interpretation der Davidsohnschaft von Jesus selbst (Mk 12,35-37) und abschließend die warnende Gegenüberstellung Jesu von selbstsüchtigen Schriftgelehrten und einer selbstlosen armen Witwe (Mk 12,38-44). In allen fünf Gesprächen erwähnt der Erzähler ausdrücklich, dass es um die Lehre Jesu geht. Entweder wird er von den Fragestellern als Lehrer angesprochen oder der Erzähler Markus sagt von sich aus, dass Jesus lehrt.[130]

Alle fünf Gespräche müssen im Zusammenhang mit dem messianischen Auftreten und dem messianischen Programm Jesu verstanden

---

130 "Lehrer": Mk 12,14.19.32; "lehren": Mk 12,14.35; "Lehre": Mk 12,38. Im Unterschied dazu fehlen die Begriffe "lehren" oder "Lehrer" in der ersten Auseinandersetzung des dritten Tages mit der jüdischen Obrigkeit um die Macht in Mk 11,27-12,12. Diese Auseinandersetzung bezieht sich ausschließlich auf die Lehre Jesu am zweiten Tag (Mk 11,17)

werden, also mit seinem Einzug in die Stadt am ersten Tag und mit seiner prophetischen Zeichenhandlung im Tempel am zweiten Tag.

In den ersten zwei Gesprächen geht die Initiative nicht von Jesus, sondern von den verschiedenen theologischen Schulen beziehungsweise von deren Auftraggebern aus. Zuerst kommen Pharisäer, dann Sadduzäer mit ihrer Frage zu Jesus. Der Leser erfährt stets zu Beginn, dass es sich um Fangfragen, nicht um echte Fragen handelt.

2. Die Pharisäer kommen nicht aus eigenem Antrieb, sondern im Auftrag der jüdischen Obrigkeit. Über diese hat der Leser soeben erfahren, dass sie nach ihrer Machtfrage und der Antwort Jesu darauf fest zur physischen Gewaltanwendung gegen Jesus entschlossen ist (Mk 12,12). Sie kann nur nicht sofort zugreifen, weil sie eine ablehnende Reaktion der anwesenden Menge fürchtet. Aber sie lässt von nun an nicht mehr von Jesus ab. Es entsteht nur ein Aufschub, den sie aber zunächst selbst ausfüllt, indem sie "einige der Pharisäer und Herodianer" vorschickt, "damit sie ihn mit einem Wort einfingen" (Mk 12,13). Diese stellen dann nach einer sehr devoten Einleitung, die wieder nicht ehrlich gemeint ist, die Frage nach der Kaisersteuer.

Der Erzähler leitet die Antwort Jesu mit der Bemerkung ein, dass er ihre Heuchelei durchschaut.[131] Jesus sagt es ihnen auch, bevor er inhaltlich auf die Frage eingeht: "Was prüft ihr mich?" (Mk 12,15)[132] Es geht ihnen nicht um die Antwort. Sie wollen ihm lediglich eine Falle stellen.

Schon die einfache Tatsache, dass Pharisäer sich wieder mit Herodianern verbündet haben, lässt an der Ehrlichkeit ihrer Motive zweifeln. Der Leser kennt diese ungewöhnliche Koalition aus der Zeit Jesu in Galiläa. Schon einmal, am Beginn des öffentlichen Auftretens Jesu in Kafarnaum hatten die Pharisäer ihn "beobachtet", ob er an einem Sabbat heilen werde. Der Erzähler stellte ausdrücklich fest, dass es ihnen nur darum gegangen war, "ihn anklagen zu können" (Mk 3,2). Am Ende dieser Sabbatgeschichte hatten sie sich mit Herodianern beraten, wie sie ihn als Lehrer entmachten könnten (Mk 3,6). Nach dem wunderbaren Mahl bei den Heiden waren die Pharisäer wieder auf Jesus zugekommen und hatten ein Zeichen von ihm verlangt, um ihn zu "prüfen" (Mk 8,11). Jesus hatte sie abge-

---

131 "Heuchler" hat Jesus in Mk 7,6 mit einem Jesajazitat definiert: "Dieses Volk, mit den Lippen ehrt es mich, ihr Herz hält sich weit weg von mir" (Jes 29,13). Im Gespräch Mk 7,6 blieb es eine allgemeine Feststellung in dem Sinn, dass jeder Mensch darauf achten muss, dass das Reden mit dem übereinstimmt, was aus dem Herzen kommt. In Mk 12,15 ist es eine konkrete Feststellung, die sich auf die Frager nach der Kaisersteuer bezieht.

132 Vgl. Mk 8,11 und 10,2.

wiesen. Anschließend hatte er erstmals - im Boot mit den Jüngern allein - die Jünger vor dem Sauerteig der Pharisäer und des Herodes gewarnt (Mk 8,15).[133]

Die Erzählung von der Frage nach der Kaisersteuer (Mk 12,13-17) ist die erste und letzte Erwähnung der Pharisäer für die Zeit Jesu in Jerusalem. Auch zuvor, auf dem Weg nach Jerusalem, werden die Pharisäer nur einmal erwähnt, bei der Frage über Ehe und Ehescheidung in Mk 10,1-12. Diese beiden Geschichten sind also die einzigen Stellen im ganzen zweiten Hauptteil des Evangeliums, in denen die Pharisäer vorkommen.

Beide Male, bei der Ehefrage und bei der Steuerfrage, wird der Leser darauf hingewiesen, dass die Pharisäer Jesus "prüfen" wollen. Im Zusammenhang der Jesusbiographie erinnert damit der Erzähler daran, dass diese Pharisäer seit ihrer Zeichenforderung in Mk 8,11-13 Jesus gegenüber nicht mehr offen sind. Sie kommen noch zweimal, um ihn zu prüfen. Die Chance, sich selbst in der Begegnung mit ihm zu prüfen, ist vertan.

Gleichzeitig macht der Erzähler aber auch deutlich, dass die Waffe der Pharisäer das Wort ist. Mit physischer Gewalt gegen Jesus haben die Pharisäer unmittelbar nichts zu tun. Sie wollen ihn als Lehrer "entmachten". Die Pharisäer sind deshalb bei den jüdischen Autoritäten, die zuerst Jesus die Machtfrage stellen und die sich anschließend seiner "bemächtigen" wollen, nicht mitgenannt. Im Gegenteil: Sie werden in der Erzählung von dieser Obrigkeit ausdrücklich unterschieden. Sie sind nur eine Theologengruppe, die sich von dieser Obrigkeit benützen und vorschicken lässt, um Jesus bei einem Fehler zu ertappen (Mk 12,13).

Als zweite Gruppe kommen die Sadduzäer. Sie fragen Jesus nach der Auferstehung. Auch ihre Frage ist nicht ehrlich gemeint. Denn sie lehnen die Auferstehung grundsätzlich und entschieden ab. Weil ihre Frage nicht ehrlich ist, trifft Jesu Feststellung der Heuchelei (Mk 12,15) auf sie genauso zu wie auf die Pharisäer, die ihn nach der Kaisersteuer gefragt haben. Die Sadduzäer wollen Jesus mit der Auferstehungsfrage auf ihre Art in Verlegenheit bringen.

Der Leser erahnt dies schon aus der Parallelisierung mit der vorhergehenden Geschichte. Nachdem die Pharisäer gescheitert sind, versuchen es die Sadduzäer. Wie jene reden sie Jesus mit "Lehrer" an, obwohl sie keineswegs bereit sind, sich belehren zu lassen oder auch nur eine offene Diskussion über die Auferstehungsfrage zu führen. Der Erzähler weist insofern darauf hin, als er bei der Vorstellung

---

133 Im Evangelium kommt also nur dreimal diese seltsame Koalition von Pharisäern und Herodianern vor: Mk 3,6; 8,15; 12,13.

dieser Gruppe hinzufügt, dass die Leugnung der Auferstehung das Gruppenmerkmal der Sadduzäer sei. Indirekt verrät die Fragestellung, dass sie Jesus in der Auferstehungsfrage an der Seite der Pharisäer wissen.[134]

Ihre Frage hätte auch jeden Pharisäer in Schwierigkeiten bringen können. Der Fall, den die Sadduzäer vorbringen, ist nicht einfach grotesk[135], auch nicht zynisch[136]. Natürlich ist er konstruiert und in Wirklichkeit unwahrscheinlich. Aber darum geht es nicht. Es handelt sich um eine in der Kasuistik übliche Methode der Zuspitzung, um einen Sachverhalt möglichst deutlich herauszustellen. Wahrscheinlich ist dieser konstruierte Fall in der Diskussion zwischen Sadduzäern und Pharisäern sogar für keine Seite neu, eher schon ein Ladenhüter aus der juristischen Abteilung.

Beiden Fragen, der Steuerfrage der Pharisäer und der Auferstehungsfrage der Sadduzäer, gemeinsam ist, dass es sich um Fangfragen handelt. Den Fragestellern kommt es nicht wirklich auf die Antwort an. Sie wollen nur wissen, wie sich Jesus verhält und sie wollen Material gegen ihn sammeln. Das war ihr Auftrag und genau das nennt Jesus Heuchelei.

Beide Fragen haben auf den ersten Blick mit dem Vorwurf der übergroßen Heidenliebe in der Botschaft Jesu nichts zu tun. Dennoch hängen sie damit zusammen. Die Pharisäer fragen politisch und bringen mit der Steuerfrage einen klassischen Konfliktpunkt aus der Fremdherrschaft durch die heidnische Vormacht. Eine furchtlose Antwort Jesu gegen die Steuer, die sie einfordern, würde ihm zwar bei den Pharisäern Zustimmung einbringen, ihn aber gleichzeitig politisch gefährden (Mk 12,14). Wegen der Heidenliebe Jesu erwarten sie aber eine römerfreundliche Antwort, die ihn als jüdischen Lehrer in Misskredit bringen muss. Die Sadduzäer dagegen tischen einen politisch unwichtigen innerjüdischen Zwist auf. Aber im Weinberggleichnis hat Jesus die Gültigkeit seiner Sendung auch über den Tod hinaus behauptet (Mk 12,10f). Bleibt er in seiner Antwort entsprechend ihrer Erwartung bei der Position der Pharisäer, dann hat er die Sadduzäer gegen sich. Nähert er sich dagegen der Position der Sadduzäer, dann hat er die Pharisäer gegen sich. Außerdem wird seine Sendung durch seinen Tod grundsätzlich widerlegbar.

Jesus geht auf beide Fragen ein, ohne sich in die jeweils gestellte

---

134 Dieser Hinweis reicht nicht aus, um Jesus selbst zu den Pharisäern rechnen zu können, wie Ben-Chorin meint, in: ders., Bruder Jesus. Der Nazarener in jüdischer Sicht, München 1967,22 u.ö..

135 Gegen Lührmann 203.

136 Gegen Ernst 349.

Falle zu begeben. Er lenkt auf sein messianisches Programm von der außerordentlichen Liebe Gottes zu den Heiden zurück, indem er jeweils auf den größeren Gott hinführt. Gott lässt sich weder in ein politisches Programm ummünzen noch durch die Dimensionen des menschlichen Lebens begrenzen.

3. Im dritten Gespräch kommt ein einzelner Schriftgelehrter zu Jesus. Er hat die beiden ersten Gespräche miterlebt und er hat offensichtlich in den theologischen Antworten Jesu auf die zwei heuchlerischen Fragen dessen Charisma gespürt (Mk 12,28). Er sieht sich dadurch veranlasst, nun seinerseits Jesus eine Frage zu stellen, die Frage nach dem allerersten Gebot.

Diese dritte Frage ist die letzte Frage innerhalb der fünf theologischen Gespräche, die Jesus von anderen gestellt wird. Am Ende des dritten Gesprächs heißt es: "Niemand mehr wagte, ihn zu fragen" (Mk 12,34). Die noch folgenden zwei Themen greift Jesus von sich aus auf. Sie dienen der Messiasfrage und der Rolle seiner Gegner.

Der Höhepunkt aller fünf theologischen Gespräche liegt sowohl literarisch wie auch inhaltlich in diesem dritten Gespräch mit der Frage nach dem allerersten Gebot. Die Frage ist so legitim wie die Antwort selbstverständlich. Sie zielt auf die Mitte des jüdischen Lebens. Im Unterschied zu den beiden ersten Fragen der Pharisäer und Sadduzäer ist diese Frage ernst gemeint, also keine Fangfrage. Der Schriftgelehrte will von Jesus selbst wissen, wie er zum Judentum steht angesichts seiner Botschaft von der außerordentlichen Liebe Gottes zu den Heiden, die er am Tag zuvor mit messianischer Vollmacht durch seine prophetische Zeichenhandlung im Tempel verkündet hat. Jesus erhält mit dieser Frage Gelegenheit, seine Botschaft von der Fremdenliebe Gottes theologisch aus der Tora zu begründen.

Seine Antwort (Mk 12,29-31) enthält zwei Teile. Zuerst zitiert Jesus den Anfang des "Höre Israel" aus Dtn 6,4f: "Das erste ist: Höre Israel, der Herr, unser Gott, der Herr ist Einer. Und du sollst den Herrn, deinen Gott lieben aus deinem ganzen Herzen und aus deiner ganzen Seele und aus deinem ganzen Denken und aus deiner ganzen Kraft." Danach fügt Jesus aus Lev 19,18 hinzu: "Das zweite ist dies: Du sollst deinen Nächsten lieben wie dich selbst."

Mittels einer einfachen literarischen Methode erfährt der Leser, wie der Schriftgelehrte Jesus verstanden hat. Der Schriftgelehrte wiederholt zuerst zustimmend die ganze Antwort und ist mit ihr offensichtlich hochzufrieden (Mk 12,32). Der erste Teil mit dem "Höre Israel" ist für ihn das eindeutige Bekenntnis Jesu zum Judentum. Den zweiten Teil mit dem Gebot der Nächstenliebe versteht er als theologische Begründung der Botschaft Jesu zugunsten der Heiden.

Dass er Jesus so verstanden hat, sagt er selbst ausdrücklich am Schluss. Denn nach der Wiederholung der Antwort Jesu fügt er noch von sich aus hinzu: Die Nächstenliebe ist weit mehr als alle Opfer im Tempel (Mk 12,33). Dieser Zusatz macht deutlich, dass der Schriftgelehrte seine Frage im Zusammenhang mit Jesu Zeichenhandlung im Tempel gemeint hat und dass Jesus in seinem Verständnis genau darauf geantwortet hat. Für den Schriftgelehrten hat Jesus also nicht den Tempeldienst angegriffen oder gar abgeschafft.[137] Aber er hat die Nächstenliebe aus der Tora zitiert und als das wichtigste Gebot nach der Gottesliebe bezeichnet. Darin liegt die Begründung für seine Zeichenhandlung im Tempel, mit der er als Messias die vorbehaltlose Liebe Gottes zu Heiden verkündet hat.

Der Schriftgelehrte ist mit dieser Antwort vollständig einverstanden. Jetzt, nach der Antwort Jesu, bezeichnet er ihn auch als "Lehrer" und bestätigt theologisch seine Aussage (Mk 12,32). Jesus erklärt seinerseits, dass der Schriftgelehrte ihn richtig verstanden hat und er spricht ihm deshalb die Nähe des Gottesreiches zu (Mk 12,34).[138]

Das Besondere in der Antwort Jesu liegt also nicht in der Konzentration auf das Liebesgebot, nicht in der Verbindung der Gottes- und der Nächstenliebe, die aus verschiedenen Stellen der Tora von Jesus zitiert werden[139], auch nicht darin, dass Jesus die Nächstenliebe so hoch bewertet.[140] Heute vermeidet man bei der Kommentierung im allgemeinen diese Lösungsversuche, weil sie alle auf eine indirekte Abwertung des Judentums hinauslaufen. Aber auch die abgemilderten Versuche, Jesu Antwort aus der katechetischen Unterweisung des Diasporajudentums herzuleiten und darin eine Neuinterpretation des Begriffs vom Nächsten, "der im Judentum eingeschränkt worden war"[141], zu entdecken, entgeht einer solchen negativen Bewertung des

---

137 Gegen Lührmann 207, der aber immerhin den Bezug der Frage zu Jesu Zeichenhandlung im Tempel feststellt.

138 In der Form der Zusage Jesu liegt keine Einschränkung. Eine endgültige Heilszusage ist angesichts der Tatsache, dass der Schriftgelehrte ja noch weiterlebt, theologisch nicht sinnvoll; gegen Schweizer 144, der meint, es fehle eben noch der letzte Schritt, und gegen Lührmann 207, der in der Antwort Jesu einen bleibenden unüberbrückbaren Gegensatz zum Schriftgelehrten erkennen will.

139 Vgl. zum Beispiel Ernst 354; Grundmann 338.

140 Schon Schniewind 160f hat 1949 alle diese Überlegungen mit Hinweisen aus der jüdischen zeitgenössischen Literatur gültig widerlegt.

141 Vgl. als Beispiel Gnilka II 165-167, Schmithals II 540, Lührmann 206f. Auch die Voraussetzung dieser Annahme, dass das Diasporajudentum liberaler und deshalb weltoffener eingestellt war als das rabbinische Judentum, bedarf

Judentums nicht. Das Besondere dieses Gesprächs zwischen dem Schriftgelehrten und Jesus an dieser Stelle im Evangelium liegt darin, dass der Schriftgelehrte seine Frage auf das messianische Programm Jesu von der Liebe Gottes auch zu den Heiden (Mk 11,15-17) bezieht. Der Schriftgelehrte will wissen, ob Jesus in seinem Selbstverständnis damit noch ganz auf dem Boden des Judentums stehen kann. Jesus anerkennt in seiner Antwort die Berechtigung der Anfrage. Und er bestätigt dem Schriftgelehrten, dass er seine messianische Sendung vom endzeitlichen Hinzukommen der Heiden ganz in der Tora begründet sieht. Jesus will also mit seiner Sendung gerade nicht die Grenzen des Judentums überschreiten und so zum Häretiker werden.

Matthäus und Lukas haben dieses Gespräch relativ stark ändern müssen, weil sie den unmittelbaren Bezug zur prophetischen Zeichenhandlung im Tempel aufgegeben haben. Das bedeutet im Umkehrschluss, dass sie Markus richtig verstanden haben. Für sie fragt der Schriftgelehrte in der Markusfassung Jesus nach der theologischen Begründung seiner messianischen Botschaft.[142]

Bei Matthäus und Lukas entsteht der Plan, gegen Jesus mit Gewalt vorzugehen, nicht direkt aus der Zeichenhandlung Jesu am Tempel, sondern aus seinem gesamten Auftreten. Die Zeichenhandlung ist bei ihnen nur eine Episode. Der Fragesteller fragt in der Konsequenz nicht nach Jesu Judentum, sondern, wie zuvor Pharisäer und Sadduzäer, in der Absicht, Jesus zu prüfen. Jesus antwortet deshalb auch nicht mit dem jüdischen Glaubensbekenntnis in Form des "Höre Israel". Nach Matthäus antwortet Jesus mit der Konzentration der ganzen Bibel auf das Doppelgebot der Liebe (Mt 22,36-40). Nach Lukas spielt die Geschichte viel früher im Leben Jesu. Jesus lässt den Frager zunächst selbst antworten und erklärt in der Parabel vom "Barmherzigen Samariter" (Lk 10,29-37) anschließend, wer der Nächste ist.

4. Nach diesen drei theologischen Gesprächen, in denen Jesus jeweils auf Fragen antwortet, folgen noch zwei theologische Aussagen, die Jesus von sich aus als Messias macht.

---

einer grundsätzlichen Überprüfung. Vgl. M. Hengel, Judentum und Hellenismus. Studien zu ihrer Begegnung unter besonderer Berücksichtigung Palästinas bis zur Mitte des 2. Jh.s v.Chr. (WUNT 10), Tübingen (1969) [3]1988.

142 Bei Matthäus wird die Intention der markinischen Aussage aufgenommen in der doppelten Einfügung des Hoseazitats "Erbarmen will ich und nicht Opfer" (Hos 6,6) in Mt 9,13 und Mt 12,7. Nach Lukas erklärt Jesus allgemein in der Parabel vom "Barmherzigen Samariter" (Lk 10,29-37), dass auch der "fremde" Samariter ein Nächster sein kann.

In der ersten Aussage bestätigt Jesus, dass er als Messias der Sohn Davids ist. Zugleich weiß er sich größer als David, von dem der Messias im Heiligen Geist als Herr bezeichnet worden ist (Mk 12,36). Denn er wird zur Rechten Gottes sitzen und über seine Feinde richten. In der zweiten Aussage übt er dieses Richteramt erstmals aus.[143] Wie ein Untersuchungsrichter sammelt er die Anklagepunkte gegen solche Schriftgelehrte, die nur nach den ersten Plätzen streben, die Häuser der Witwen aufzehren und nur zum Schein lange beten (Mk 12,38-40). Er kündigt für sie ein "schlimmeres Urteil" an. Im abschließenden Vergleich der Reichen mit der armen Witwe werden die Maßstäbe dieses Richters allgemein erläutert: Die arme Witwe hat mehr gegeben als die Reichen, weil sie sich selbst und ganz hingegeben hat (Mk 12,41-44).

Literarisch sind diese Aussagen über den Messias auf den Einzug in Jerusalem zurückbezogen, also auf die Selbstvorstellung Jesu als Messias (Mk 11,1-11). Das geschieht, indem ein unmittelbarer Bezug auf die vorausgegangenen Gespräche ausdrücklich abgewiesen wird. Am Ende des dritten Gesprächs heißt es, dass ihn niemand mehr zu fragen wagte (Mk 12,34). Dennoch beginnt die Aussage über sich als den Sohn Davids in Mk 12,35 damit, dass Jesus eine "Antwort" gibt. Die Frage, für die diese Antwort gilt, steckt unausgesprochen im ganzen bisherigen Auftreten Jesu als Messias, also in seiner Selbstvorstellung als Messias (Mk 11,1-11) und in seinem messianischen Programm (Mk 11,15-17). Literarisch näherhin hat der Erzähler die Frage in der Einzugserzählung vorbereitet.

Am Ende des ersten Abschnitts im zweiten Hauptteil hatte der blinde Bartimäus Jesus erstmals als Sohn Davids bezeichnet (Mk 10,47f). Beim darauffolgenden Einzug in Jerusalem begrüßen die Menschen Jesus zuerst mit dem Ruf aus Psalm 118,26: "Gesegnet der Kommende im Namen des Herrn!" (Mk 11,9) Dann fügen sie interpretierend noch hinzu: "Gesegnet das kommende Reich unseres Vaters David!" (Mk 11,10) Beide Sätze zusammen werden vom doppelten Hosannaruf gerahmt. Der "Kommende" ist in diesem Zusammenhang der Messias. Das "kommende Reich" ist das Reich Gottes, das durch den Messias herbeigeführt werden soll.

Die überraschende Formulierung "Reich unseres Vaters David" legt durchaus nahe, dass dieser Jesus der Sohn Davids ist, sagt es aber

---

143 Vgl. Mk 8,38 (und im Zusammenhang damit den Torapsalm 119, hier Ps 119,6).

nicht ausdrücklich.[144] Für Jesus steckt darin die Frage, auf die er selbst am Ende der theologischen Gespräche eine Antwort geben will.[145] Er gibt die Antwort mit dem Eingangsvers von Ps 110,1. Darin bekennt er sich einerseits eindeutig zu seiner Davidsohnschaft: Er ist als Christus der Sohn Davids. Andererseits ist er größer als David und kann deshalb dennoch sein Herr sein (Mk 12,35-37). Der Psalm 110,1 liefert dafür auch eine Begründung. Der Messias ist deshalb Herr über David, weil er den Ehrenplatz zur Rechten Gottes erhalten wird und weil ihm seine Feinde unterworfen werden (Mk 12,36).

Damit leitet der Erzähler auf das letzte Gespräch in diesem Zusammenhang über, in dem Jesus in richterlicher Funktion auftritt und vor heuchlerischen Schriftgelehrten warnt. Diese Gerichtsansage trifft aber nicht einfach alle Schriftgelehrten.[146] Dagegen steht schon der eine Schriftgelehrte in Mk 12,28-34, dem Jesus soeben die Nähe zum Reich Gottes zugesprochen hat. Gemeint sind nur solche Schriftgelehrte, die ihre Stellung missbrauchen. Der Missbrauch, den Jesus dabei meint, ist in drei Beispielen benannt: Ehrsucht, Ausbeutung von Armen und Scheingebete. Im Fortgang der Erzählung, die nicht mehr weit von der Passion entfernt ist, hat diese Gerichtsansage allerdings auch die Funktion, den Lesern mitzuteilen, dass es solche Schriftgelehrte tatsächlich gibt und dass Jesus mit ihrer Macht und mit ihrer Gegnerschaft rechnet und rechnen muss.

2.6. Das Testament Jesu (Mk 13,1-37)

1. Bevor der Erzähler zur Passionsgeschichte überleitet, kommt er in einem letzten Durchgang innerhalb des dritten Tages auf die Auseinandersetzungen zu sprechen, die die Jünger und die nachösterliche

---

144 Neben der literarischen Begründung gibt es andere Vermutungen für diese überraschende Formulierung, die aber nicht überzeugen: Schmithals II 485 will darin das Messiasgeheimnis entdecken; Gnilka II 114 hält in einer traditionskritischen Überlegung die Formulierung für nachträglich eingeschoben, weil sie unjüdisch sei.

145 Damit entsteht ein literarischer Rahmen von der Einzugsgeschichte in Mk 11,10 bis zum Ende der theologischen Gespräche in Mk 12,35-37, vergleichbar dem Rahmen von Mk 11,9 mit dem Vers aus dem Hallel (Ps 118,26) bis zum Abschluss der Machtfrage in Mk 12,10f, wieder aus dem Hallel (Ps 118,22f). Vgl. Stock, Gliederung 501.

146 Vgl. z.B. Lührmann 209: Schon seine Überschrift "Warnung vor den Schriftgelehrten" ist irreführend.

Gemeinde wegen ihrer Jesusanhängerschaft in Zukunft zu erwarten haben. Nach der Machtfrage wegen Jesu Zeichenhandlung im Tempel (Mk 11,27-12,12) und der Begründung der besonderen Heidenliebe aus der Tora (Mk 12,13-44) kündigt Jesus an diesem dritten Tag noch vier Jüngern[147] an, wie es ihnen in seiner Nachfolge ergehen wird.

Der dritte Tag ist insgesamt geprägt von Auseinandersetzungen Jesu über sein messianisches Programm. Diese Auseinandersetzungen fanden bisher alle im Tempel statt, an dem Ort, an dem Jesus am ersten Tag sich als Messias proklamiert und an dem er am zweiten Tag sein Programm in einer Zeichenhandlung öffentlich gemacht hatte. Jetzt am Ende des dritten Tages verlässt Jesus den Tempel, für sein Leben endgültig. Er zieht wieder, wie die beiden Tage zuvor, über den Ölberg in Richtung Betanien[148], macht aber nochmals einen Halt auf dem Ölberg, den Tempel vor Augen (Mk 13,3). In der folgenden Rede erfahren Jesu engste Vertraute, dass und wie die Auseinandersetzungen um sein messianisches Programm der Fremdenliebe Gottes auch in der Zukunft und nach seinem Tod weitergehen werden. Sie werden in seiner Nachfolge innerhalb der Gemeinde Irrlehren und Spaltungen erleben und sie werden nach außen Konflikte vor jüdischen und heidnischen Gerichten bestehen müssen (Mk 13,1-37).

Literarisch handelt es sich bei der Rede auf dem Ölberg um eine Abschiedsrede Jesu, also um sein Testament.[149] Die Rede ist vom Erzähler durch die Unterscheidung von drei Zeitebenen strukturiert. Die erste Ebene spielt in der erzählten Zeit, also in der Zeit Jesu unmittelbar vor seinem Tod. Sie leitet das Testament Jesu ein. Die zweite Ebene handelt von der Zeit des Erzählers Markus, also von der Zeit nach der Zerstörung der Stadt und des Tempels, kurz nach dem Jahr 70. In diesem Teil spricht Jesus im Futur über die Gemeinde des Erzählers Markus und bereitet sie so auf die bevorstehenden Auseinandersetzungen vor. Die dritte Ebene betrifft die Endzeit, die die Gemeinde in naher Zukunft erwartet, in der der Menschensohn kommen wird. Nur dieser Teil liegt auch für die Gemeinde des Markus in

---

147 Es handelt sich hier um dieselben vier Jünger wie in Mk 1,16-20. Nur die Reihenfolge der Nennung hat sich verändert. Statt Simon, dessen Bruder Andreas, Jakobus und dessen Bruder Johannes in Mk 1,16-20 stellen jetzt in Mk 13,3 Petrus (von Jesus so benannt in Mk 3,16), Jakobus, Johannes und Andreas "für sich" Jesus die Frage nach den zukünftigen Ereignissen.

148 In Betanien bleibt Jesus dann am vierten (Mittwoch) und fünften Tag (Donnerstag). Vgl. Mk 14,3.

149 Vgl. z.B. Lührmann 215; Kertelge 128.

der Zukunft.[150] Mit diesem Ausblick auf das bald und sicher erwartete Kommen des Menschensohns soll der Gemeinde Trost und Mut zugesprochen werden.

Die Struktur von Mk 13

Erste Zeitebene	*Die Zeit Jesu*	*Mk 13,1-4*
Zweite Zeitebene	*Die Zeit des Erzählers Markus*	*Mk 13,5-23*
Rahmen	Einführung	Mk 13,5f
A: 66-70	Die Gemeinde hat von Kriegen und Kriegsgerüchten gehört	
	Der Anfang der Wehen	Mk 13,6-8
B: nach 70	Die Gemeinde erlebt in ihrer Zeit Auslieferung - an jüdische Gerichte - an heidnische Gerichte - durch eigene Familienangehörige	Mk 13,9-13a
	weil sie um Jesu willen das Evangelium an alle Heidenvölker verkündet	**Mk 13,10**
	Die Gemeinde muss ausharren	Mk 13,13b
C: 10.Aug.70	Die Gemeinde hat von der Zerstörung des Tempels gehört und wird jetzt daran erinnert	
	Der Gipfel der Drangsal	Mk 13,14-20
Rahmen	Ausklang	Mk 13,21-23
Dritte Zeitebene	*Die Zukunft nach der Drangsal*	*Mk 13,24-37*

---

150 Die Überschrift "Endzeitrede" trifft also nicht für das ganze Kapitel Mk 13 zu.

2. Markus beginnt mit der Zeit Jesu. Der staunende Ausruf eines Jüngers beim Hinausgehen aus dem Tempel und die Antwort Jesu darauf (Mk 13,1f) leiten dann rasch über zu der Zeit, in der Markus schreibt. Der Jünger äußert zunächst seine Bewunderung über den riesigen und prächtigen Tempel. Jesus reagiert mit der Weissagung von der bevorstehenden Zerstörung dieses Prachtbaus.

In diesem kurzen Gespräch über den Tempel und seine Zerstörung klingt die Tempelrede aus Jeremia wieder an (Jer 7). Schon der staunende Ausruf des Jüngers erinnert an Jeremias Rede: "Verlasst euch nicht auf täuschende Worte wie diese: 'Der Tempel des Herrn, der Tempel des Herrn, der Tempel des Herrn ist hier!'" (Jer 7,4)

Jesus hatte bei seiner programmatischen Zeichenhandlung im Tempel (Mk 11,17) erstmalig die Tempelrede von Jeremia zitiert, allerdings in abgewandelter Form. Bei Jeremia ist der Satz als anklagende Frage formuliert: "Ist denn dieses Haus, das nach meinem Namen genannt ist, in euren Augen eine Räuberhöhle geworden?" (Jer 7,11) Jesus hatte aus der Frage eine Feststellung gemacht: "Ihr aber habt es zur Räuberhöhle gemacht!" (Mk 11,17) Diese Veränderung passt gut zu der neuen Situation nach dem Jahr 70. Denn der Tempel ist zur Zeit des Erzählers Markus schon zerstört.

In den letzten Monaten vor der endgültigen Niederlage war der Tempel durch die internen Kämpfe der jüdischen Parteien und ihrer Anführer um die Vorherrschaft schon sehr in Mitleidenschaft gezogen worden. Das Wort von der Räuberhöhle gibt recht anschaulich die wirklichen Verhältnisse wieder.

Der Erzähler Markus hatte seit dem Zitat Jesu in Mk 11,17 bis zu dieser Abschiedsrede in Mk 13 schon mehrmals die Tempelrede Jeremias in Erinnerung gerufen. Diese Tempelrede des Propheten Jeremia war für Markus somit geradezu Untermalung und Begleitmelodie aller Auseinandersetzungen des dritten Tages geworden. Die Anspielungen waren für die Zuhörer und Leser des Markus umso deutlicher verstehbar, als die Zerstörung erst kurz zurücklag und die Erschütterung über diese Katastrophe noch längst nicht abgeklungen war.

So mussten schon in der Auseinandersetzung Jesu mit der jüdischen Obrigkeit um die Frage nach seiner Vollmacht die Gegner heraushören, dass Jesus in seiner Parabel (Mk 12,1-12) auf die Tempelrede bei Jeremia anspielte, als er erzählte, wie widersinnig oft der Besitzer des Weinbergs einen Knecht nach dem anderen gesandt hatte, zuletzt sogar seinen eigenen Sohn. "Von dem Tage an, da eure Väter auszogen aus dem Land Ägypten, bis auf den heutigen Tag sandte ich zu euch all meine Knechte, die Propheten, Tag für Tag, früh und spät." (Jer 7,25) Auch die in Mk 12,9 angekündigte Übereignung des Weinbergs an andere Bauern hatte nach der endgültigen Entmachtung des Synedriums durch die Zerstörung des Tempels und der Stadt im Jahr 70 einen neuen Klang.

Auf die Frage des Schriftgelehrten nach dem allerersten Gebot (Mk 12,28-34) hatte Jesus mit dem Doppelgebot der Liebe geantwortet. Der Schriftgelehrte hatte das auch durchaus richtig verstanden, indem er Jesu Betonung der Nächstenliebe als Begründung für dessen messianische Sendung aufgefasst hatte. Denn darin lag der Konfliktgrund für alle Auseinandersetzungen des dritten Tages. Jesu Einsatz für die Heiden war in der außerordentlichen Liebe Gottes zu den Fremden grundgelegt. Jesus hatte als Antwort für den Schriftgelehrten nur aus der Tora des Mose, also aus dem ersten und wichtigsten Teil der Bibel zitiert (Mk 12,29-31). Der Schriftgelehrte hatte verstanden, dass Jesus seine Heidenliebe mit der von Gott gebotenen Nächstenliebe hatte erklären wollen. Er hatte deshalb zunächst Jesu Antwort aus der Tora wiederholt und diese dann zusätzlich mit einem Hinweis auf eine Prophetenstelle aus Jeremia, also auf eine Stelle aus dem zweiten Teil der Bibel interpretiert. Auch dieser Schriftgelehrte hatte dabei auf die Tempelrede des Jeremia angespielt (Jer 7,21f), indem er zur Antwort Jesu erklärend nach Jeremia hinzugefügt hatte, dass dieses Doppelgebot der Liebe viel mehr sei als alle Brand- und Schlachtopfer (Mk 12,33).

In der Überleitung zur Abschiedsrede hatte Jesus vor den Schriftgelehrten gewarnt, die nach den ersten Plätzen gieren, nur zum Schein lange beten und die Häuser der Witwen aufessen (Mk 12,40). Ihnen hatte er die arme Witwe gegenüber gestellt, die überhaupt nicht an sich denkt, sondern alles gibt, was sie hat (Mk 12,41-44). Die Zuhörer konnten darin wieder ein Thema der Tempelrede des Jeremia heraushören: Die Bedrückung von Fremdlingen, Waisen und Witwen muss zum Untergang des Tempels führen. So hat schon der Prophet Jeremia gewarnt (Jer 7,6).

Jetzt war der Tempel tatsächlich vernichtet worden. Genau das hatte Jesus auf die Bemerkung des Jüngers hin in Mk 13,2 angekündigt. Auch die Ankündigung von der Zerstörung des Tempels war in der Tempelrede des Jeremia schon als Möglichkeit angeklungen. Jeremia hatte die Vernichtung des ersten, salomonischen Tempels, durch einen warnenden Hinweis auf das Schicksal der "Stätte" Silo[151] angesagt (Jer 7,12-14). Jesus hatte genau diese Warnung des Jeremia in Mk 13,2 auf seine Gegenwart des zweiten Tempels übertragen.

---

151 Silo war vor Jerusalem Zentralheiligtum gewesen und damit "Stätte", an der die Bundeslade stand

3. Für den Erzähler Markus und seine Gemeinde lag der römische Sieg schon in der Vergangenheit.[152] Allerdings konnte das Jahr 70, in dem die Stadt und der Tempel zerstört worden waren, noch nicht lange zurückliegen. Die Kriegswirren (Mk 13,7) und vor allem die Folgen des Krieges waren grausame Gegenwart. Die Leser des Evangeliums mussten in Jesu Weissagung von der Zerstörung in Mk 13,2 heraushören, dass sich alle Warnungen des Propheten Jeremia in ihrer Zeit erneut zuverlässig erfüllt haben. Für die Menschen in der Zeitebene des Markus war deshalb diese Erzählung, nach der Jesus die jetzt geschehene Zerstörung des Tempels schon vorausgesagt hatte, zugleich eine eindringliche Bekräftigung auch der folgenden Aussagen, die der Erzähler aus der Perspektive Jesu im Futur bringt und die sich unmittelbar als Testament Jesu an die gegenwärtige Gemeinde des Markus richten.

In seinem Testament deutet Jesus der Gemeinde ihre gegenwärtige Situation des Ausgeliefertseins als eine Zeit der unvermeidlichen Drangsal (Mk 13,5-23). Damit ist die zweite Zeitebene, die Gegenwart des Erzählers, in der Abschiedsrede Jesu erreicht.[153] Es folgt dann noch eine dritte Zeitebene: Mit dem Ausblick auf das bald bevorstehende Ende tröstet und ermutigt Jesus die Jünger und er ermahnt sie gleichzeitig zur Beharrlichkeit (Mk 13,13) und zur Wachsamkeit (Mk 13,33-37).

Der Rahmen für den Redeteil in der zweiten Zeitebene wird von den Versen Mk 13,5f und Mk 13,21-23 gebildet. Chiastisch steht ganz am Anfang (Mk 13,5) und ganz am Ende (Mk 13,23) jeweils der warnende Ruf: "Habt acht!" Die Warnung vor Irrlehrern wiederholt sich ebenfalls innerhalb dieses äußeren Rahmens. Am Anfang heißt es: Es werden viele kommen und diese werden viele irreführen (Mk 13,6). Am Ende steht: Um die Erwählten in der Gemeinde irrezuführen, werden sie sogar Zeichen und Wunder tun (Mk 13,22). Als Irrlehre wird am Anfang erklärt, dass sich viele im Namen Jesu für den Christus ausgeben und sagen "Ich bin es!" (Mk 13,6) Am Ende steht, dass Pseudochristi und Falschpropheten auftreten und behaupten werden, hier sei der Christus oder dort sei er (Mk 13,21f).

---

152 Vgl. Pesch II 271f.289f.
153 Hier liegt deshalb für die Gemeinde der aktuellste Teil der Abschiedsrede Jesu. Gegen Pesch II 295, der den aktuellsten Teil nur in Mk 13,14-20 sieht.

Der Rahmen für die zweite Zeitebene Mk 13,5-23

Mk 13,5f   *Mk 13,21-23*

Habt acht!   Sieh hier: der Christus, sieh dort!

Dass nicht einer euch irreführt: Um irrezuführen.

Auf meinen Namen: Ich bin es!   Habt acht!

Innerhalb dieses Rahmens stehen Jesu Worte an seine Gemeinde. Sie lassen sich wieder in drei Abschnitte gliedern. Im ersten Abschnitt (Mk 13,7f) geht es allgemein um Kriege und Kriegsgerüchte, von denen die Gemeinde hört. Aus dieser Bemerkung lässt sich schließen, dass die Gemeinde, für die Markus schreibt, nicht in Jerusalem, aber doch in der Nähe, also innerhalb des Landes lebt, vermutlich in Galiläa.[154] Es könnte sich um die Zeit zwischen 66 und 70 handeln, also die Kriegsjahre bis zur Einnahme und Zerstörung der Stadt Jerusalem, auf die der Erzähler hier anspielt. Für Markus rechnen diese Kriegszeit wie auch Erdbeben oder Hungersnöte zu der allgemeinen Drangsal, die vor dem Ende kommen müssen. Diese Drangsal ist aber ausdrücklich nur der Anfang der Wehen (Mk 13,8).

Im zweiten Abschnitt (Mk 13,9-13) ist die Gemeinde des Markus selbst unmittelbar angesprochen. Der Erzähler wiederholt seinen Warnruf "Habt acht!", aber jetzt mit einem Zusatz: "Habt acht auf euch selbst!" (Mk 13,9) Die folgenden Warnungen geben wohl ein zutreffendes Bild von den Gefahren, denen sich die neue Gemeinde in der Zeit kurz nach 70 ausgesetzt sieht.[155]

Im dritten Abschnitt (Mk 13,14-20) spricht Jesus von der Zerstörung der Stadt und von der Entweihung des Tempels. Titus, der römische Sieger, hat noch kurz vor der endgültigen Vernichtung des Tempels das Allerheiligste frevlerisch betreten. Der Leser fühlt sich an die Entweihung des Tempels durch den heidnischen Zeusaltar erinnert, den Antiochus IV. Epiphanes 167 v. Chr. im Tempel hatte errichten lassen. Markus verwendet deshalb auch für seine Erzählung von dieser Katastrophe des Jahres 70 n. Chr. Zitate aus dem Buch Daniel, das unter dem Eindruck der Tat des Antiochus IV. verfasst worden

---

154 Vgl. dazu Mk 14,28 und Mk 16,7.
155 Vgl. Pesch II 275.

war. So spricht er zu Beginn, wie Daniel[156], vom "Greuel der Verwüstung" (Mk 13,14)[157], am Ende von einer Drangsal, "wie eine
derartige nicht entstand seit Anfang der Schöpfung, die Gott schuf,
bis jetzt" (Mk 13,19)[158].

Markus lässt, wie gesagt, in seiner Erzählung erkennen, dass
seine Gemeindemitglieder die Zerstörung des Tempels nicht als
Augenzeugen miterlebt haben. Darauf deutet auch die Bemerkung
hin, dass "die in Judäa" in die Berge fliehen sollen (Mk 13,14). Auch
der im ganzen Evangelium einmalige Einschub "der Leser begreife"
(Mk 13,14) sagt eine gewisse äußere Distanz zu den Ereignissen in
Jerusalem aus. Es fehlt auch der sonst in Mk 13[159] übliche Warnruf:
"Habt acht!" Die Gemeinde des Markus war von der Eroberung der
Stadt nicht unmittelbar betroffen. Aber jeder hat selbstverständlich
davon gehört. Sicher gab es auch Flüchtlinge, die es bis Galiläa
geschafft hatten. Jedenfalls sitzt der Schock über diese Katastrophe
auch in der Gemeinde des Markus tief. Anspielungen reichen für den
Erzähler deshalb durchaus. Es braucht kein Breittreten der Ereignisse,
damit jeder versteht.

Wie der erste Abschnitt der Abschiedsrede Jesu auf den Beginn
und den Verlauf des jüdischen Krieges bis zum Jahr 70 anspielt, so
greift dieser dritte Abschnitt die Niederlage der jüdischen Verteidiger
und den römischen Sieg mit der Zerstörung der Stadt und des Tempels im Jahr 70 auf.[160] Die Drangsale des ersten Abschnitts hat der
Erzähler als "Anfang der Wehen" gedeutet. Die Drangsal bei der Zerstörung ist für ihn in Anlehnung an den Propheten Daniel der Gipfel
aller Drangsale (Dan 12,1). Gott muss sogar die Tage verkürzen.
Sonst würde sie niemand überleben (Mk 13,20).

---

156 Vgl. Dan 9,27; 11,31; 12,11.
157 Markus hat im Unterschied zu Daniel mit dem "Greuel der Verwüstung"
    nicht eine Sache im Auge, den Zeusaltar, sondern eine Person, vielleicht den
    römischen Feldherrn Titus. Das würde die maskuline Form des Verbums
    erklären. Vgl. Lührmann 222.
158 Vgl. Dan 12,1.
159 Vgl. Mk 13,5.9.23.33.
160 Manche Kommentatoren, z.B. Schweizer 156, meinen, wegen Mk 13,18
    müsse die endgültige Zerstörung der Stadt noch bevorstehen. Für die Datie-
    rung folge daraus, dass Markus kurz vor dem Jahr 70 sein Evangelium ver-
    fasst haben müsse. Doch dieser Einwand überzeugt nicht. Die ganze Rede ist
    im Futur und in der Form einer Weissagungsrede abgefasst. Markus hat sie
    Jesus in den Mund gelegt, aber natürlich aus seiner Perspektive manche
    Akzente gesetzt. So erklärt sich auch Mk 13,18: "Betet, dass es nicht im
    Winter geschehe!" Markus weiß, dass die Eroberung der Stadt Jerusalem im
    Sommer (am 10. August 70) stattgefunden hat.

4. Eingerahmt von diesen Drangsalen, von denen die Gemeinde aus der nahen Ferne Anteil nimmt, deutet Jesus im zweiten Abschnitt die Gegenwart der bedrohten Gemeinde. Die Gemeinde wird zum einen von außen bedroht, weil Mitglieder von ihr wegen ihrer Jesusanhängerschaft vor jüdische und heidnische Gerichte gestellt werden (Mk 13,9). Allerdings gibt ihnen das zugleich die Gelegenheit, für Jesus Zeugnis abzulegen, ganz offensichtlich auch mit Erfolg.[161] Diesen Erfolg schreiben sie dem Beistand des Geistes zu, den ihnen Jesus verheißen hat (Mk 13,11).

Die Gemeinde ist zum anderen wohl noch mehr nach innen bedroht, weil der Namen Jesu die Familien spaltet und Hass hervorbringt, sogar bis zum Tod. Denn der Bruder liefert den eigenen Bruder aus, ein Vater sein Kind und umgekehrt Kinder ihren Vater, jeweils bis zum Tod (Mk 13,12f). Eine solche Zerstörung gerade der engsten Familienbande kann Jesu messianische Sendung zur Folge haben (Mi 7,6).[162]

Beide Bedrohungen, die von außen und die von innen, entstehen wegen Jesus. Die Gemeinde muss, will sie in der Nachfolge Jesu bleiben, sein messianisches Programm der extremen Fremden- und Heidenliebe weitertragen. Jesus hatte in seiner Zeichenhandlung im Tempel (Mk 11,17) die Liebe Gottes zu den Heiden und deren endzeitliches Hinzukommen in messianischer Vollmacht in seine Gegenwart übersetzt. Die Gemeinde erleidet also nicht einfach deswegen Verfolgung, weil sie Jesus für den Messias hält, sondern weil Jesus sich mit diesem messianischen Programm der Liebe Gottes auch zu den Heiden vorgestellt und profiliert hat. Die Gemeinde wird verfolgt, weil sie diesem Messias Jesus[163] nachfolgt, der sein Programm für die Heiden verkündet hat und der deswegen gestorben ist.

Der Erzähler Markus wählt in seinem Begründungssatz für die

---

161 Vgl. die Erfahrungen des Paulus während seiner Gefangenschaft, die er in Phil 1,12-14 beschreibt.

162 Den Kontrast zwischen Johannes dem Täufer und Jesus haben Matthäus und Lukas in ihren Evangelien mit der Gegenüberstellung der versöhnenden Aufgabe nach Mal 3,23f für Johannes (vgl. Mk 9,12) und der die Familien spaltenden Sendung Jesu nach Mi 7,6 (vgl. Mk 13,12) in Anlehnung an diese Markusstelle stärker hervorgehoben. Vgl. die unterschiedlichen Geburtsgeschichten des Johannes (Lk 1,17) und Jesu (Lk 2,34f) im Lukasevangelium.

163 In Mk 13,9 (um meinetwillen) und Mk 13,13 (um meines Namens willen) steht nicht mehr die doppelte Formulierung "um meinet- und des Evangeliums willen", wie sie am Beginn des zweiten Hauptteils noch verwendet wurde: Mk 8,35; 10,29. Die Doppelung ist jetzt nicht mehr notwendig, weil Jesus sich mit seinem messianischen Programm vorgestellt und identifiziert hat. Er hat damit seiner Verkündigung der Gottesherrschaft einen besonderen Akzent gegeben, der sich unablösbar mit seinem Namen verbunden hat.

gegenwärtigen Drangsale der Gemeinde eine Formulierung, in der die historische Sicht des Lebens Jesu mit seiner Erzählperspektive aus der Zeit kurz nach dem Jahr 70 in Einklang gebracht ist. Jesus sagt als Begründung für die Situation des Ausgeliefertseins[164] der Gemeinde in der Gegenwart: "Bei allen Heidenvölkern muss zuerst das Evangelium verkündet werden" (Mk 13,10). Durch diese Formulierung wird die Heidenmission und werden die neuen Heidengemeinden eindeutig auf die messianische Sendung Jesu zurückgeführt, ohne dass behauptet wird, Jesus selbst habe einen ausdrücklichen Missionsbefehl erteilt. Denn einen solchen Missionsbefehl hat der historische Jesus nie gegeben. Dennoch verdankt sich die Heidenmission mit vollem Recht ganz der Sendung Jesu. Markus verbindet beide Perspektiven, indem er Jesus in seiner Abschiedsrede die Heidenmission und die daraus für seine Gemeinde folgenden Drangsale als göttliches "Muss" ansagen lässt. Jesus begründet also im Markusevangelium die Heidenmission der Gegenwart als Fortsetzung seiner eigenen Aufgabe als Messias.

Die anderen beiden synoptischen Evangelien, Matthäus und Lukas, lassen den Satz von Mk 13,10 an ihrer Parallelstelle weg.[165] Sie führen die Heidenmission in anderer Weise auf die Initiative Jesu zurück, ohne die historische Perspektive zu verfälschen. Denn auch bei ihnen gibt nicht der historische Jesus den Auftrag zur Heidenmission. Das entspräche eben nicht der historischen Wirklichkeit. Bei ihnen ist es erst der auferstandene Christus, der seine Jünger zu den Heiden sendet.[166] Matthäus und Lukas bestätigen damit wieder indirekt, dass sie die Ansage der Heidenmission in Mk 13,10 als von Gott gewollt und in Mk 13,11 als vom Geist Gottes begleitet verstanden haben. Die Missionsansage in Mk 13,10 ist auch für sie die Kernaussage in dem Testament Jesu nach Markus. Sie übersetzen sie in ihrem eigenen Evangelium nur anders.[167]

---

164 Dreimal verwendet Markus in dem kurzen Stück Mk 13,9-13 das Verb παραδιδόναι ("ausliefern"), um die Situation der Gemeinde zu beschreiben. Das Verb steht bis zu dieser Stelle im Markusevangelium bei Johannes dem Täufer (einmal) und bei Jesus (viermal). In der Passionsgeschichte kommt das Verb noch zehnmal bei Jesus vor.

165 Vgl. Mt 24,17-22; Lk 21,12-19.

166 Vgl. Mt 28,19f; Lk 24,47f.

167 In vielen Kommentaren, vgl. z.B. Gnilka II 189; Pesch II 283-285, wird Mk 13,10 als sekundäre redaktionelle Bildung des Markus gesehen und dadurch zwar hervorgehoben, aber gleichzeitig vom übrigen Text abgesetzt. In einer synchronen Sicht ist Mk 13,10 der wichtigste Vers, weil er die Begründung für die Drangsale in der Gemeinde gibt. Aber er hat diese besondere Bedeutung nur im Zusammenhang des Textes. Die Redaktion des Markus lässt sich deshalb nur in der Komposition des ganzen Textes verstehen.

5. Von Mk 13,9-13 aus lässt sich die Situation der Gemeinde, für die Markus sein Evangelium schreibt, noch etwas genauer umreißen. Sicher steht die Gemeinde unter dem Eindruck der Zerstörung Jerusalems und besonders des Tempels. Der jüdische Krieg ist, wenn auch nur ganz kurz, vorüber (Mk 13,2.14-20). Aber die weiteren Folgen sind noch nicht abzusehen. Im Moment nimmt der Verfolgungsdruck zu, und zwar sowohl von den jüdischen und heidnischen Obrigkeiten (Mk 13,9), als auch in den Familien, aus denen die Mitglieder der Gemeinde kommen (Mk 13,12).

Vermutlich handelt es sich um eine Gemeinde in Galiläa, die Markus bei der Abfassung seines Evangeliums vor Augen hat.[168] Wahrscheinlich ist es eine heidenchristliche Gemeinde, das heißt eine Gemeinde, die überwiegend aus Heidenchristen besteht und die wohl auch von Heidenchristen geleitet wird. Die Gemeinde ist dann ähnlich zusammengesetzt wie die paulinischen Gemeinden in Korinth oder Thessaloniki. Sie steht auch vor demselben Grundproblem: Sie ist selbständig neben der Synagoge und sie muss sich doch als "Zweiten Weg" (Gal 2,9) neben den Juden begreifen. Das bedeutet: Sie ist darauf angewiesen, dass ihr jüdische Jesusanhänger Gemeinschaft gewähren und so den Zusammenhang mit dem "Ersten Weg" garantieren.

Im Unterschied zu den paulinischen Gemeinden, die Paulus seit etwa zwanzig Jahren gegründet und dann für den Rest seines Lebens begleitet hatte, sieht sich die Gemeinde des Markus der Exkommunikationsdrohung durch die jüdische Obrigkeit ausgesetzt. Paulus konnte noch nicht einmal ahnen, dass seine Heidengemeinden einmal vom Judentum getrennt werden würden. Für ihn war die Zuordnung seiner heidenchristlichen Gemeinden zu den jüdischen Jesusanhängern immer selbstverständlich.

Dass die Trennung vom offiziellen Judentum auf der einen Seite noch bevorstand, zeigt die Tatsache, dass jüdische Gerichte zuständig waren und die Geißelungsstrafe aussprechen und vollziehen lassen konnten.[169] Dass die Trennung auf der anderen Seite aber sehr nahe bevorstand, zeigt der buchstäblich tödliche Hass in den Familien, mit dem Jesusanhänger jetzt bekämpft wurden.

Mit aller Vorsicht lässt sich noch eine weitere Überlegung

Markus hat nicht nur einen Vers "dazwischengeschaltet", sondern er ist als "Architekt" auch der Redaktor des ganzen Textes. Damit ist aber das übliche Verständnis von Redaktionskritik wesentlich verändert.

168 Vgl. Mk 14,28 und Mk 16,7.

169 Gegen Gnilka II 175, der wegen Mk 12,38-40 die Trennung vollzogen sieht. Gnilka meint allerdings im direkten Gegensatz dazu ein paar Seiten weiter, Gnilka II 190, auch, dass die Trennung noch nicht vollzogen sei

anschließen. Nicht die ganze heidenchristliche Gemeinde war wirklich in Gefahr. Zunächst waren sicher nur die jüdischen Jesusanhänger betroffen, die dieser heidenchristlichen Gemeinde Gemeinschaft gewährten. Nur sie unterstanden der jüdischen Gerichtsbarkeit und konnten gegeißelt werden. Nur sie mussten wegen ihrer Gemeinschaft mit Heiden den Hass in den eigenen Familien aushalten. Die Heiden in diesen Gemeinden waren solchen Juden, die nicht an Jesus glaubten, mit Sicherheit eher gleichgültig. Auch in den Familien der Heiden entstanden wegen des Christusglaubens einiger Mitglieder in der Regel kaum Schwierigkeiten. Selbst die heidnischen Gerichte wurden erst tätig, wenn sie von Juden dazu aufgefordert wurden. Und jüdische Ankläger wendeten sich zunächst auch bei heidnischen Gerichten nur gegen ihre eigenen jüdischen Glaubensgenossen, also gegen die jüdischen Jesusanhänger, die sie als Unruhestifter und Spalter bekämpfen und ausschalten wollten.

Die Gemeinde des Markus unterscheidet sich von den paulinischen Gemeinden also vor allem darin, dass der jüdische Krieg dazwischen lag. Er führte bei der jüdischen Obrigkeit zu einer Restaurationsbewegung. Alles, was jüdische Identität gefährden konnte, musste deshalb jetzt verstärkt abgelehnt werden. Das galt zweifellos besonders für die Juden, die als Jesusanhänger Heidenmission betrieben hatten und auch in der Folge weiter die Verbindung zu den neuen heidenchristlichen Gemeinden hielten. Diese Juden waren deshalb in der Folge die Hauptleidtragenden in den heidenchristlichen Gemeinden, wenngleich natürlich die ganze Gemeinde davon mitbetroffen war und ehrlich sagen konnte, dass sie dabei auch mitleiden musste.[170]

Damit erging es den jüdischen Jesusanhängern ähnlich wie Paulus fünfzehn bis zwanzig Jahre früher. Der Jude Paulus, nicht die Heidenchristen in seinen Gemeinden, musste, weil er Jude war und es bleiben wollte, von jüdischen Gerichten die Geißelungsstrafe hinnehmen (2 Kor 11,24). Auch die heidnischen Gerichte befassten sich zuerst mit ihm als jüdischem Unruhestifter, nicht mit den Heidenchristen, die er durch seine Missionsarbeit überzeugt hatte (Phil 1,7).[171] Ihm drohte vom heidnischen Gericht sogar die Todesstrafe (Phil 1,19-25). Gleichzeitig wirkte sich aber bei Paulus sein Gefängnisaufenthalt in Philippi so aus, dass Heiden durch sein Zeugnis im Praetorium für Jesus Christus gewonnen wurden (Phil 1,13) und dass seine

---

170 Markus kann das Michazitat von der Spaltung in den Familien (in der 3. Person; vgl. Mk 13,12) auf die ganze Gemeinde beziehen. Vgl. die allgemeine Pluralanrede 2. Person in Mk 13,9-13.
171 Vgl. 2 Kor 11,25 und als sekundäre Quelle Apg 18,12-16.

Geschwister in der heidenchristlichen Gemeinde, Juden und Heiden, durch ihn im Glauben gestärkt wurden und Zuversicht für die eigene Verkündigung erwarben (Phil 1,14).

Markus ist vermutlich, wie Paulus, hellenistischer Jude und als solcher Jesusanhänger. Er gehört zu diesen wenigen jüdischen Jesusanhängern, die in einer heidenchristlichen Gemeinde mitleben und die deshalb zu den Hauptleidtragenden zählen. Im Unterschied zu Paulus sieht er sich der akuten Exkommunikationsdrohung gegenüber. Ihr begegnet er in einem Akt der Selbstpreisgabe dadurch, dass er sein Evangelium für die heidenchristliche Gemeinde schreibt, ihr also damit einen selbständigen Zugang zu Jesus Christus, zur Quelle aller christlichen Überlieferung, ermöglicht. Paulus hatte die Überlieferungen aus dem Leben Jesu noch weitgehend dem Ersten Weg überlassen. An ihm hatten seine heidenchristlichen Gemeinden ja Anteil durch die Zusammengehörigkeit mit diesem Ersten Weg. Markus ermöglicht mit seinem Evangelium, auch wenn er das vielleicht gar nicht gewusst und gewollt hat, den Heidengemeinden den Weg in eine selbständige Heidenkirche. Sie entstand kurze Zeit später, als die Exkommunikation der jüdischen Jesusanhänger Wirklichkeit wurde und diese also den Ersten Weg nicht mehr eigenständig vertreten konnten. Insofern kann man das Markusevangelium mit Recht als Gründungsurkunde einer solchen heidenchristlichen Kirche betrachten.

6. Literarisch ist in der Abschiedsrede Jesu mit dem Gipfel der Drangsal in Mk 13,19 die Schwelle zur dritten Zeitebene erreicht. Der Erzähler leitet zu dieser letzten Zeitebene über, der Zeit "nach dieser Drangsal", also zur Endzeit, die auch aus der Perspektive der Gemeinde des Markus noch in der Zukunft liegt (Mk 13,24).

Der Ausblick auf die Zukunft dient dem Trost und der Ermutigung. Die Christen, jüdische Jesusanhänger und Heidenchristen, sollen in der Gemeinde ausharren. Denn in den Tagen "nach jener Drangsal" wird unter apokalyptischen Zeichen der Menschensohn auf den Wolken kommen, "mit viel Kraft und Herrlichkeit" (Mk 13,26).[172] Er wird die Erwählten von überallher sammeln lassen. Neben Texten aus dem Propheten Jesaja für die apokalyptischen Zeichen[173] verwendet der Erzähler hier vor allem die Sprache des

---

172 Hingewiesen sei auf Mal 1,11, eine Vergleichsstelle aus dem Prophetenbuch, das vermutlich seinen Namen von seinem Thema des Endzeitboten (Elija) hat.

173 Vgl. Jes 13,10; 34,4.

Buches Daniel, um das Kommen des Menschensohns anzusagen.[174] Dort ist von dem Menschensohn die Rede, der auf den Wolken des Himmels kommt: "Ihm wurde Macht verliehen und Ehre und Reich, dass die Völker aller Nationen und Zungen ihm dienten. Seine Macht ist eine ewige Macht, die niemals vergeht, und nimmer wird sein Reich zerstört" (Dan 7,14).

Dieses Kommen des Menschensohns steht sehr nahe bevor. Das Gleichnis vom Feigenbaum (Mk 13,28f) lässt nur einen ganz kurzen Zeitraum erwarten. Dieses Wissen gibt Zuversicht und auch Ansporn für die Missionsarbeit. Denn je kürzer die Zeit ist, die bleibt, desto drängender ist auch die Aufgabe der Verkündigung des Evangeliums bei allen Heidenvölkern (Mk 13,10). Wenn sich das Kommen des Menschensohns nicht schon im selben Jahr ereignet, dann doch sicher in dieser Generation (Mk 13,30f).[175]

Jesus selbst und mit ihm und in seiner Nachfolge auch Markus und dessen Gemeinde leben also aus einer intensiven Naherwartung.[176] Allerdings lehnen sie jede bei Apokalyptikern so beliebte Berechnung der Zeit ab. Letztlich bleibt der Zeitpunkt doch allein Gott überlassen (Mk 13,32).

Weil das so ist, mündet die Zusage des baldigen und sicheren Sammelns der Erwählten durch den Menschensohn in den dreimaligen Aufruf zur Wachsamkeit (Mk 13,33-37). Dieser Aufruf wird noch mit dem Gleichnis von den Knechten verstärkt, die der Herr des Hauses, mit Vollmacht ausgestattet, allein zurücklässt, die aber nicht wissen, wann dieser Herr kommt und die deshalb ständig wachen sollen (Mk 13,34-36).[177]

Schon zuvor beim Gleichnis vom Feigenbaum (Mk 13,28f) hatte Jesus durch die zwei Aufforderungen: "Lernt!" und "Erkennt!" die Konsequenzen der Zukunftsaussagen für die Gegenwart betont. Damit rahmen literarisch fünf Imperative, die in die Gegenwart der Gemeinde weisen[178], die feste Zusage der Erfüllung der Worte Jesu in

---

174 Durch den deutlichen Bezug auf Daniel in Mk 13,26 ist literarisch ein Zusammenhang dieser Trostworte mit der Beschreibung der Drangsale in Mk 13,14.19.22 hergestellt, die ebenfalls nach Daniel geschildert sind. In beiden Zusammenhängen ist von den Erwählten die Rede. Vgl. Mk 13,20.22 und Mk 13,27.

175 Vgl. die Ansage der Verklärung in Mk 9,1.

176 Vgl. Ernst 389.

177 Die Vollmacht in Mk 13,34 erinnert an die Vollmachtsfrage der jüdischen Obrigkeiten in Mk 11,28, die Knechte in Mk 13,34 erinnern an die an die Vollmachtsfrage anschließende Parabel vom Weinberg (Mk 12,1-12). Beide Szenen rahmen den dritten Tag der Heiligen Woche und halten so literarisch zusätzlich das überlange Programm dieses Tages zusammen.

178 Vgl. Kertelge 128.

der Zukunft: "Der Himmel und die Erde werden vergehen, meine Worte werden nicht vergehen" (Mk 13,31).

Der Leser kann sich darüber hinaus zugleich an die Verfluchung des Feigenbaums erinnern (Mk 11,12-14). Diese Verfluchungsgeschichte hatte zunächst die Funktion, den zweiten Tag der heiligen Woche vom ersten Tag deutlich abzutrennen und ihn damit hervorzuheben als den Tag der Proklamation des messianischen Programms Jesu.[179] Aber darüber hinaus gab diese Geschichte Jesus Gelegenheit, in drei Imperativen Grundhaltungen christlichen Lebens anzuschließen (Mk 11,23-25). Diese drei Grundhaltungen sind: fester Glaube, beharrliches Beten und Bitten und unendliche Bereitschaft zur Vergebung.

Der Erzähler schließt das Testament Jesu mit dem Satz: "Was ich aber euch sage, sage ich allen: Wachet!" (Mk 13,33) Dieser Schlusssatz erinnert literarisch daran, dass nur vier Jünger Jesu Abschiedsworte gehört haben (Mk 13,3). Zugleich leitet er damit zum letzten Teil des Lebens Jesu über, an dem wieder alle Jünger beteiligt sind.

---

179 Die Rahmung des zweiten Tages erfolgt durch die Aufteilung der Feigenbaumverfluchung in Mk 11,12-14 und in Mk 11,20-26. Markus sagt dabei ausdrücklich, dass Jesu Wunsch nach Feigen aussichtslos war, denn es war überhaupt nicht die richtige Jahreszeit (Mk 11,13).

3. ABSCHNITT: DER KÖNIG WIRD AM KREUZ INTHRONISIERT (MK 14,1-16,8)

Markus kommt jetzt zum Abschluss seiner Jesusbiographie. Er muss nur noch den Tod und die Auferweckung Jesu erzählen. Zunächst braucht er literarisch einen Übergang, der von der Welt des Erzählers und seiner Leser kurz nach dem Jahr 70 zur erzählten Welt Jesu um das Jahr 30 zurückführt.

Denn im "Testament Jesu" (Mk 13) war zuletzt die Gemeinde, für die Markus schreibt, also die Zeit nach 70 im Mittelpunkt gestanden. Die Leser erkennen ihre Gegenwart und ihre nahe Vergangenheit wieder, wenn Jesus in seinem Testament die bevorstehenden Kriegswirren ansagt, von der Zerstörung Jerusalems und des Tempels spricht und vor dem Auftreten falscher Propheten warnt. Es kommt vor, dass sie sogar tödliche Konflikte in den eigenen Familien durchstehen müssen, weil sie in der Nachfolge Jesu bleiben wollen. Denn in seinem Auftrag müssen sie das Evangelium in alle Heidenvölker hinaustragen (Mk 13,10). Betroffen von den Konflikten sind vor allem jüdische Jesusanhänger, die der heidnischen Christengemeinde des Markus die Gemeinschaft weiter gewähren. In Jesu Namen werden sie dafür gehasst (Mk 13,13) und sie werden sogar manchmal von den engsten Familienangehörigen den Gerichten ausgeliefert und dadurch zum Tod gebracht.

Zuletzt hat Jesus ihren Blick auf das bevorstehende Ende der Zeiten und das Kommen des Menschensohns (Mk 13,26f) gelenkt. Die genaue Zeitdauer weiß niemand. Aber bis dahin gilt es wachsam zu sein (Mk 13,34-37) und in seiner Vollmacht (Mk 13,34) sein Werk fortzusetzen (Mk 13,34).

In einem ersten Kapitel soll untersucht werden, wie Markus die Leser mit Hilfe seiner typologischen Chronologie der Heiligen Woche auf die erzählte Welt zurücklenkt. Zwei ruhige Zwischentage federn den Übergang ab. Gleichzeitig bereitet Markus mit der Salbung in Betanien Jesu Todestag vor (3.1.).

Der darauf folgende Tag, ein Freitag, ist der Todestag Jesu. In drei Kapiteln soll untersucht werden, wie Markus zuerst die christologische Begründung der Abendmahlsfeier bringt (3.2.). Dann geht es ihm um das Christusbekenntnis Jesu vor dem Hohen Rat. (3.3.) Zuletzt erzählt er Jesu Hinrichtung durch Pilatus am Kreuz (3.4.).

Der folgende Sabbat ist Ruhetag, zumindest was das Wirken der Menschen betrifft. Am Tag danach, dem ersten Wochentag, erfahren die Frauen am leeren Grab, dass Jesus, der Gekreuzigte, von Gott auferweckt worden ist. Dieser auffällig kurze Schluss des Markusevangeliums soll in einem fünften Kapitel untersucht werden (3.5.).

In einem abschließenden sechsten Kapitel folgen noch einige Hinweise auf den Verfasser und die Gemeinde dieses ersten Evangeliums. Sie schließen an die Verheißung an, dass Jesus ihnen nach Galiläa vorausgehen wird und dass sie ihn dort sehen werden. Damit kommt auch wieder ausdrücklich das revidierte neutestamentliche Geschichtsbild aus dem Einleitungsteil in den Blick (3.6.).

3.1. Die Salbung Jesu vor seiner Inthronisation als König (Mk 14,1-9)

Nach dem "überlangen" dritten Tag der Heiligen Woche führt Markus seine Leser mit Hilfe der schon eingeführten Wochenzählung wieder auf die erzählte Zeit zurück. Es bleiben noch zwei Tage bis zum Passafest (Mk 14,1). Dabei handelt es sich um den Mittwoch und den Donnerstag.

Jesus geht an diesen beiden Tagen nicht nach Jerusalem, sondern er bleibt in Betanien. Fast beiläufig nennt Markus als Aufenthaltsort Jesu Betanien und dort das Haus des Simon, des Aussätzigen.[1]

1. Das Ereignis des vierten Tages, das Markus erzählt, ist die Salbung Jesu durch eine unbekannte Frau. Diese Salbung geschieht für alle überraschend während eines festlichen Mahls. Vom Mahl selbst wird nichts weiter berichtet. Die Salbung bleibt das einzige Thema dieses Tages.

Jesus interpretiert diese Salbung selbst als vorweggenommene Salbung seines Leibes zum Begräbnis (Mk 14,8). Die richtige Salbung seines Leichnams konnte nach seinem Tod am Kreuz nicht mehr erfolgen. Drei Frauen wollten seinen Leichnam zwar salben. Aber zuerst mussten sie auf das Ende des Sabbat warten und am Morgen des ersten Wochentages fanden sie das Grab leer (Mk 16,1).

In der Abfolge des Evangeliums müssen die Leser an Königssalbungen im alten Israel erinnert sein, besonders an die Salbung Davids in Betlehem durch den Propheten Samuel.[2]

---

1 Über diesen Simon erzählt Markus sonst nichts. Man darf nicht auf den Aussätzigen in Mk 1,40-45 schließen. Der Beiname hat nur die Funktion, ihn von anderen Trägern desselben Namens zu unterscheiden: von Simon Petrus (Mk 3,16) und von Simon aus Kyrene (Mk 15,21).

2 Vgl. 1 Sam 9,16 (Saul); 1 Sam 16,1-13, bes. 1 Sam 16,13 (David); 1 Sam 10,1; 2 Sam 19,11; 1 Kön 1,34.39.45 (Salomo); 1 Kön 19,16, 2 Kön 9,6

Im ersten Abschnitt des zweiten Hauptteils (Mk 8,30-10,52) war es um die Inbesitznahme des Landes durch den designierten König gegangen. Jesus hatte seinen Jüngern allein "für sich" seine Aufgabe als Messias erklärt und ihnen dreimal seinen bevorstehenden Tod und seine Auferweckung angekündigt.

In den letzten beiden Abschnitten (Mk 11,1-16,8) gehen diese Ankündigungen in aller Öffentlichkeit Schritt für Schritt in Erfüllung. Literarisch gebündelt durch die Heilige Woche und durch die Zählung der einzelnen Tage gilt das ab dem feierlichen Einzug als Messias in Jerusalem.

Das Messiasthema bestimmt den Erzählfaden des Markus auch im dritten und letzten Abschnitt des zweiten Hauptteils. Der vierte Tag dieser Woche, der Mittwoch, ist in der Abfolge der Heiligen Woche der Tag der Salbung des neuen Königs. Der künftige König wird vor seiner Inthronisierung mit Öl gesalbt.

2. Dieser König muss sterben. Das ist für die Gegner Jesu schon lange keine Frage mehr. Ihre Entscheidung war endgültig am dritten Tag der Heiligen Woche gefallen. Dort haben sie ihn nach seiner Vollmacht gefragt. Jesus hat in dem Vergleich mit Johannes dem Täufer nicht nur seine Vollmacht bestätigt, sondern darüber hinaus seinen Gegnern in der Weinbergparabel ihre eigene Entmachtung angekündigt (Mk 12,9). Das war zu viel für sie. Jetzt sind sie entschieden. Sie wollen ihn nicht mehr nur als Lehrer ruinieren und "entmachten" (Mk 3,6; 11,18), sondern sie wollen sich seiner selbst "bemächtigen", weil er dieses Gleichnis gegen sie gesagt hatte (Mk 12,12).

Die Eskalation der Gegnerschaft wird in den Gefühlen seiner Gegner zwischen Mk 11,18 und Mk 12,12 durch den Erzähler Markus noch zusätzlich dadurch sichtbar gemacht, dass er ihre Furcht vor und nach der Weinbergparabel vergleicht. In Mk 11,18 fürchten sie noch Jesus, weil die Schar über seine Lehre ganz außer sich ist. Sie fürchten also den Lehrer und seine Kompetenz. In Mk 12,12 fürchten sie nicht mehr Jesus selbst, nur noch die Schar. Jesus gegenüber sind sie jetzt festgelegt und entschieden.

Genau an dieser Stelle nimmt Markus nach den langen Auseinandersetzungen des dritten Tages und mit dem Beginn des vierten Tages, also am Mittwoch, den Erzählfaden wieder auf (Mk 14,1f). Hohepriester und Schriftgelehrte sind entschlossen, ihre Macht gegen Jesus einzusetzen. Sie wollen sich seiner bemächtigen, und zwar mit dem eindeutigen Ziel ihn zu töten, wie der Erzähler jetzt erstmals im

---

(Jehu); 2 Kön 11,12 (Joas); 2 Kön 22,30 (Joahas). Vgl. M. Fander, Die Stellung der Frau im Markusevangelium, Altenberge 1990, 118.130f u.ö..

Evangelium hinzufügt. Bei der nächsten Erwähnung in Mk 14,55 geht es nur noch darum, wie sie "mit Anstand" ihr Ziel erreichen können.

Eine Schwierigkeit gilt es für die Gegner noch zu beachten. Sie müssen darauf sehen, dass sich nicht die Festpilger mit Jesus solidarisieren. Das wäre für sie gefährlich, je näher das Fest kommt, desto mehr. Deshalb suchen sie jetzt nach einer List, um ihn zu ergreifen. Das bevorstehende Fest wirft immer deutlicher seine Schatten voraus. Jetzt müssen die Gegner nicht nur mit der Schar rechnen, die gerade da ist und zuhört und die dann über Jesu Lehre außer sich geraten kann. Von nun an müssen sie vor allem auf die Festpilger schauen. Diese dürfen am besten gar keine Gelegenheit bekommen, sich auf seine Seite zu schlagen. Denn würden sie für Jesus Stellung beziehen, dann wären die Hohenpriester und Schriftgelehrten dagegen ziemlich machtlos.[3]

Der Leser erfährt eher beiläufig, dass es für die Gegner Jesu keinen Diskussionsbedarf mehr gibt. Gründe, die für oder gegen Jesus sprechen könnten, spielen keine Rolle mehr. Jede zukünftige Verhandlung über Jesu Sache vor diesem Gremium ist damit sinnlos.

3. Aber nicht nur die Gegner sind entschlossen, auch Jesus weiß, dass er sterben muss. Mehr noch: Er wählt von sich aus diesen Weg. Schon seit dem Tod Johannes des Täufers in Mk 6,17-29 ist das Todesschicksal eines Propheten dem Leser nahegebracht. Literarisch ist der Tod des Johannes so dargestellt, dass sich Jesus ganz allein mit dieser Nachricht konfrontiert sieht. Die Jünger sind gerade auf Missionsreise.

Nach diesem Ereignis hat sich Jesus selbst, immer im sicheren Wissen um die Führung Gottes, für diesen Weg in den Tod entschieden. Deshalb ist er nach Jerusalem gezogen (Mk 8,30-10,52). Bei der Salbung in Betanien kommt beides durch Jesus zur Sprache: die Tatsache des unmittelbar bevorstehenden Todes, den er sicher erwartet, und als wahrer Grund des letztendlich tödlichen Konflikts die Ankündigung, dass in Zukunft wegen Jesus das Evangelium an die ganze Welt verkündet werden wird (Mk 14,9). Damit ist erneut sein messianisches Programm von der besonderen Liebe Gottes zu den Heiden umschrieben.[4]

---

3   In Mk 14,2 steht für "Volk" der Begriff λαός. Dieser Begriff kommt bei Markus nur zweimal vor, hier in Mk 14,2 und innerhalb eines Zitats aus Jesaja in Mk 7,6. Beide Male ist damit das "erwählte Volk" Israel gemeint: in Mk 7,6 als Empfänger der Tora, in Mk 14,2 als Pilger, die zum Passafest nach Jerusalem gekommen sind.

4   Vgl. Mk 13,27.

4. Und die Zwölf?[5] Jesus hatte sie ausgewählt, dass sie "mit ihm" seien und damit er sie sende (Mk 3,14; 6,7). Markus hat sie einzeln namentlich aufgezählt (Mk 3,16-19). Der dritte Abschnitt, in dem Jesus auf seine Heidenreise ging, endete mit dem völligen Unverständnis der Jünger. Ihr Herz war verhärtet. Sie waren blind und taub (Mk 8,17-21). Auf dem Zug durch das ganze Land, hatte ihnen Jesus seinen bevorstehenden Weg als Messias erklärt (Mk 9,35; 10,32). Aber sie waren unfähig zur Nachfolge und dachten lieber an die ersten Plätze, die sie erringen wollten. Jesus erkannte, dass er seinen Weg ganz allein zu Ende gehen musste (Mk 10,45).

Im nächsten Abschnitt spielen die Jünger dann eher eine Statistenrolle. Erst in seiner testamentarischen Abschiedsrede deutet Jesus denselben vier Jüngern (Mk 13,3), die er zuerst am See als seine Begleiter eingeladen hatte (Mk 1,16-20), die zukünftige Aufgabe der Gemeinde nach seinem Tod und seiner Auferstehung (Mk 13,9-13). Der Schlusssatz lautet: "Was ich aber euch sage, sage ich allen: Wachet!" (Mk 13,37) "Alle", das sind im Erzählzusammenhang wieder die "Zwölf", die Jesus bei seinem Zug durch das Land und jetzt in der Heiligen Woche bei seinem Pendeln zwischen Betanien und Jerusalem begleitet haben (Mk 11,11). Mit ihnen will er jetzt das Passamahl halten (Mk 14,17).

Aus diesem Zusammenhang folgt auch, dass diejenigen, die wegen der Salbung mit dem kostbaren Öl gemurrt haben (Mk 14,4), aus dem Zwölferkreis stammten.[6] Markus hat damit die Zwölf wieder stärker in den Mittelpunkt gerückt. Sie begleiten die einzelnen Ereignisse der folgenden Nacht, aber weiter ohne dass sie etwas verstehen. Im Gegenteil: Einer der Zwölf wird ihn ausliefern, einer wird ihn verleugnen, alle werden sie zuletzt fliehen.

Aus der Antwort Jesu an die murrenden Jünger lässt sich heraushören, dass sich Jesus jetzt mit diesem Nichtverstehen abgefunden hat. Er verteidigt die unbekannte Frau nicht einfach mit dem Hinweis auf sein Begräbnis. Er nimmt den Einwand der Jünger auf und bestätigt ihnen, dass sie später, nach seinem Tod, in der Gemeinde an die Armen denken sollen. Deshalb wird das Almosengeben durchaus zu den christlichen "Pflichten" gehören (Mk 14,7).

Jesus unterscheidet damit erneut seine Gegenwart, in der die Jünger von dem Messias Jesus wenig oder nichts verstehen, und die

---

5   Die "Zwölf" kommen bei Markus vor in Mk 3,14.16; 4,10; 6,7; 9,35; 10,32; 11,11; 14,10.17.20.43.

6   Diese Aussage folgt synchron gelesen aus der Tatsache, dass sich die am Beginn der Woche in Mk 11,11 genannte Gruppierung nicht verändert hat. Vgl. die Interpretation des Matthäus an der Parallelstelle Mt 26,8: Bei Mt sind es ausdrücklich Jünger, die unwillig werden.

Zeit nach seinem Tod und seiner Auferweckung, in der sie in der Gemeinde und in seiner Nachfolge selber als Christen leben werden (Mk 14,7). Markus hatte eine ähnliche Unterscheidung schon früher bei der Fastenfrage (Mk 2,18-22) und bei der Aufforderung zum rechten Beten (Mk 11,24f) getroffen. Für die Gemeinde des Markus ist diese Trias unverzichtbar: Fasten, Beten und die Fürsorge für die Armen. Das gilt für die Zeit, in der die Jünger nicht nur von der kommenden Auferweckung Jesu gehört haben, sondern auch ihre Bedeutung verstehen (Mk 9,9f).[7]

5. Für Jesus ist der folgende fünfte Tag, der Donnerstag, ein Ruhetag. Markus benützt diesen freien Tag, um die Leser auf die Ereignisse des nächsten Tages einzustimmen.

Als erstes bietet dieser Tag für Judas die Gelegenheit, allein wegzugehen und die Hohenpriester aufzusuchen, um mit ihnen eine Vereinbarung zu treffen: Er ist von sich aus bereit, Jesus auszuliefern (Mk 14,10f). Über seine Motive sagt Markus nichts. Immerhin: Er lässt sich für sein Vorhaben Geld versprechen. Der Entschluss der Hohenpriester, Jesus zu töten, hat mit dem Angebot des Judas aber nichts zu tun. Dieser Entschluss steht schon lange fest. Jetzt bietet sich nur die Gelegenheit, die sie gesucht haben. Sie brauchen keine besondere List mehr zu ersinnen und anzuwenden (Mk 14,1f).

Die Leser können von dem Plan des Judas nicht überrascht sein. Schon bei der Berufung der Zwölf (Mk 3,13-19) hat Markus den Judas als denjenigen bezeichnet, der Jesus ausliefern werde (Mk 3,19). Jetzt wird diese Ankündigung Wirklichkeit. Darüber hinaus macht Markus erneut darauf aufmerksam, dass Judas zum Zwölferkreis zählt. Derjenige, der Jesus ausliefern will, kommt aus dem engsten Kreis.

Außer Judas gehen noch zwei Jünger an diesem Tag nach Jerusalem. Diese gehen aber nicht heimlich, sondern offen nach Anfrage und dann im Auftrag Jesu, um dort das Passamahl vorzubereiten.[8] Der Raum für das Festmahl ist zwar schon gerichtet (Mk 14,15). Aber das

---

7 Vgl. dazu Mt 6,1-18, der diese drei "Pflichten" (Almosen, Beten, Fasten) in der Bergpredigt zusammen nennt, sie ausdrücklich bestätigt und nur ihren Missbrauch zur eigenen Selbstdarstellung kritisiert. Der Missbrauch kommt auch bei Markus als Trias zusammengefasst in Mk 12,38-40 vor: Ehrsucht, Ausbeutung der Armen, Scheingebete.

8 Markus erzählt die Vorbereitung des Passamahls durch die zwei Jünger ganz ähnlich wie die Vorbereitung des messianischen Einzugs in Mk 11,1-6. Dort musste von den zwei Jüngern ein bisher unberittener Esel beschafft werden (Mk 11,2), Symbol des messianischen Friedenskönigs, auf dem Jesus in die Stadt einziehen wollte.

für das Mahl notwendige Lamm kann nur an diesem einen Tag vor dem Fest geschlachtet werden. Die zwei Jünger müssen das Lamm kaufen und schlachten lassen (Mk 14,12) und sie müssen es dorthin bringen, wo Jesus mit seinen Jüngern das Passamahl essen will.

Die rituell richtige Schlachtung erfolgte zur Zeit Jesu ausschließlich am Tempel in Jerusalem. Diese Vorschrift galt schon seit über 600 Jahren. Das anschließende Mahl fand dann in den Familien oder in anderen Kleingruppen zu Hause statt. Danach mussten die Festpilger innerhalb des erweiterten Stadtbezirks[9] in Jerusalem die Nacht zubringen. Daraus folgt: Das rituell vollständige Passafest, das acht Tage dauert und das mit dem Passamahl beginnt, konnte Jesus nur in Jerusalem feiern.

Außerhalb der Stadt feierte man natürlich auch das Fest. Man hielt auch dort zu Beginn der Festzeit ein Passamahl nach der genau vorgeschriebenen Ordnung.[10] Aber dieses Mahl fand immer ohne ein ganzes Lamm statt. An seiner Stelle gab es anderes Fleisch, möglichst kein Lammfleisch.[11] Die Unterscheidung zum richtigen Fest in Jerusalem wurde darin symbolisch sichtbar und die Sehnsucht, das Fest "nächstes Jahr in Jerusalem"[12] zu feiern, wurde dadurch auch liturgisch immer wachgehalten.

Die Leser haben schon in Mk 14,1f erfahren, dass das Passafest in zwei Tagen bevorsteht. An einem Freitag, am vorletzten Tag der Heiligen Woche, in der Jesus öffentlich in Jerusalem als Messias aufgetreten ist, beginnt in diesem Jahr die einwöchige Festzeit. Genauer: Die Festzeit beginnt am Donnerstagabend, weil die jüdische Tageseinteilung jeweils von einem Sonnenuntergang bis zum nächsten Sonnenuntergang am Abend danach reicht. Mit der Sendung der Jünger in Mk 14,13 macht Markus nochmals eindeutig klar, dass Jesus zum Passafest nach Jerusalem gezogen ist und dass er dieses Fest auch mitfeiern will. Auch für die Jünger ist das völlig sicher. Daher fragen sie ja nach der Passavorbereitung und nach dem Lamm (Mk 14,12). Und deshalb sendet Jesus zwei Jünger am Vortag des Festes zur Bereitung des Lammes.

---

9 Der Stadtbezirk musste wegen der großen Zahl der Pilger symbolisch erweitert werden. Der Ölberg mit Getsemani zählte zu diesem erweiterten Stadtbezirk, Betanien auf der anderen Seite des Ölbergs nicht mehr.

10 Von dieser Ordnung hat der Festabend seinen Namen: Seder.

11 Vgl. den IV. Exkurs: Das Passamahl, in: P. Billerbeck, Kommentar zum Neuen Testament aus Talmud und Midrasch (Bd IV, 1. Teil), München (1928) [6]1975, 41-76.

12 Dieser Ausruf gehört zum Seder. Damit endet der Lobgesang vor dem vierten Becher.

3.2. Das Abschiedsmahl Jesu (Mk 14,17-25)

Am Abend des Donnerstag, mit dem Sonnenuntergang, beginnt nach jüdischer Zählung der sechste Tag der Woche. Übertragen auf die vierundzwanzig Stunden eines Tages heißt das in dieser Zählung: zuerst kommt etwa zwölf Stunden[13] lang die Nacht, dann folgt bis zum folgenden Sonnenuntergang etwa zwölf Stunden lang der Tag.

Der sechste Tag der Heiligen Woche (Mk 14,17-15,47)

Nacht

	Erste Hälfte der Nacht (Mk 14,17-42)	In der Stadt: Passa- und Abschiedsmahl (Mk 14,17-31) Am Ölberg: Getsemani (Mk 14,32-42)
	Zweite Hälfte der Nacht (Mk 14,43-72)	Am Ölberg: Gefangennahme Jesu (Mk 14,43-52) Im Palast (oben): Jesus vor dem Hohen Rat (Mk 14,53-65) Im Hof des Palastes (unten): Verleugnung durch Petrus (Mk 14,66-72)

Tag

	Am Morgen (Mk 15,1)	Übergabe an Pilatus (Mk 15,1-20)
	Dritte Stunde (9 Uhr) (Mk 15,25)	Kreuzigung Jesu (Mk 15,20-26)
	Sechste Stunde (12 Uhr) (Mk 15,33)	Verspottung des Gekreuzigten (Mk 15,27-33)
	Neunte Stunde (15 Uhr) (Mk 15,33f)	Tod Jesu (Mk 15,34-39)
	Vor dem Abend (Rüsttag) (Mk 15,47)	Grablegung Jesu (Mk 15,40-47)

---

13 Je nach der Jahreszeit und damit nach dem Sonnenstand kann die Nacht oder der Tag länger und dafür der andere Teil kürzer sein. Zur Zeit des Passafestes sind die zwei Teile ungefähr gleich lang.

In der Heiligen Woche kommt Jesus zum Abend des Donnerstag von
Betanien nach Jerusalem (Mk 14,17). Es ist also der Anfang des
sechsten Tages dieser Woche, die mit Jesu Einzug in Jerusalem am
ersten Tag begonnen hatte. Für Jesus beginnt der allerletzte Tag in
seinem Leben.

Die Nacht von Donnerstag auf Freitag lässt sich nochmals unterteilen. In der ersten Hälfte der Nacht feiert Jesus noch in Freiheit mit
seinen Jüngern das Passamahl und zugleich sein Abschiedsmahl. Zum
Abschluss ziehen sie gemeinsam zum Ölberg, um dort zu übernachten. In der zweiten Hälfte der Nacht wird er verhaftet, vor den Hohen
Rat gebracht und dort als Gotteslästerer "verurteilt". Die Nacht endet
frühmorgens mit dem Hahnenschrei, durch den Petrus nach der Verleugnung aufgerüttelt wird (Mk 14,72).

Am Morgen "übergibt" das Synedrium Jesus an Pilatus, den römischen Präfekten (Mk 15,1). Dieser lässt ihn kreuzigen (Mk 15,15).
Zur dritten Stunde hängt er schon am Kreuz, zur neunten Stunde stirbt
er (Mk 15,33f). Der Tag endet mit dem raschen Begräbnis Jesu noch
vor Sonnenuntergang in einem Felsengrab (Mk 15,46).

1. Markus lässt bei seinen Lesern keinen Zweifel daran aufkommen,
dass es sich bei dem letzten Mahl Jesu um ein Passamahl handelt.

Literarisch hat er die Leser schon seit Mk 14,1 darauf vorbereitet.
Dort hat er die Zählung der Tage der Heiligen Woche wieder aufgenommen und erwähnt, dass in zwei Tagen das Passafest bevorsteht. In
Mk 14,12 weist er erneut auf das Fest hin. Jetzt handelt es sich um
den Vortag des Festes, an dem die Lämmer für das Passamahl im
Tempel geschlachtet wurden. Wegen der Vorbereitung des Lammes
sendet Jesus zwei Jünger an diesem Tag nach Jerusalem. Nur das
Lamm muss noch bereitet werden. Der Raum für das Mahl ist schon
gerichtet (Mk 14,15).[14]

Beim anschließenden Mahl am Abend wird zwar nichts vom
Essen des Lammes erzählt. Aber immerhin weisen der Zeitpunkt "am
Abend" (Mk 14,17), das "zu Tische Liegen" (Mk 14,18)[15] und das
gemeinsame Eintauchen in die Schüssel (Mk 14,20) deutlich auf ein
Passamahl hin. Das gilt auch für das Singen des Hallel zum Abschluss
der Feier und das Übernachten im Stadtbezirk, wie es in der Passa-

---

14   Die Erzählung sagt über die notwendige Vorbereitung des Mahles in der
     Küche nichts aus. Die zwei Jünger sind offensichtlich nur für das rituell
     richtig geschlachtete Lamm zuständig. Man kann sich kaum vorzustellen,
     dass diese beiden zusätzlich auch die Küche besorgt haben. Auch lässt die
     Erzählung das nicht zu. Denn in Mk 14,17 sind sie schon wieder bei Jesus
     und kommen mit ihm zusammen von Betanien nach Jerusalem.

15   Vgl. allerdings auch das Mahl in Mk 14,3.

nacht vorgeschrieben ist (Mk 14,26). Jesus geht offensichtlich deshalb in dieser Nacht nicht nach Betanien zurück, sondern nur bis zum Ölberg.

2. Vom Markustext her gibt es keinen Zweifel: Jesu letztes Mahl war ein Passamahl. Damit ist aber die historische Frage noch nicht eindeutig entschieden.[16] Drei Überlegungen sprechen dagegen, dass Markus die Ereignisse, die er zuerst von der Nacht und dann vom Tag des sechsten Wochentages erzählt, als chronologisch und historisch exakte Berichte versteht.

Die erste Überlegung beruht darauf, dass viele der erzählten Ereignisse am Passafest historisch unwahrscheinlich, ja sogar unmöglich sind.[17] Die wichtigsten sind: die Verhandlung des Synedriums in der Nacht mit der Verurteilung Jesu, die Gerichtsverhandlung vor Pilatus und besonders die aktive Beteiligung der Juden am Morgen[18] sowie die Hinrichtung Jesu noch am Festtag.

Die zweite Überlegung ergibt sich aus dem Gegensatz von johanneischer und synoptischer Datierung. Nach den Synoptikern feierte Jesus zwar das Passamahl vor seinem Tod und darin zugleich sein letztes Abendmahl mit den "Einsetzungsworten". Nach Johannes hielt Jesus sein letztes Mahl aber einen Tag vor dem Passafest, sodass sein Tod mit dem Passarüsttag und dem Termin der Schlachtung der Lämmer im Tempel zusammenfiel. Das Passafest in Jesu Todesjahr begann nach Johannes also erst nach seinem Tod und es fiel mit dem Sabbat zusammen.

Die dritte Überlegung stützt sich auf den typologischen Charakter der Heiligen Woche, nach der Markus literarisch und theologisch die letzten beiden Abschnitte in seinem Evangelium gliedert. Was Jeremias nur für die johanneische Datierung annimmt, nämlich dass der

---

16 Das gilt trotz J. Jeremias, War Jesu letztes Mahl ein Passamahl? in: ders., Die Abendmahlsworte Jesu, Göttingen ([1]1955) [3]1960, 9-82. Historisch ist aus den neutestamentlichen Berichten nur zu belegen, dass Jesus in der "Passaatmosphäre", also in der Nähe des Festes "hingerichtet" wurde. Weder der synoptische noch der johanneische Zeitplan sind historisch problemlos plausibel zu machen.

17 Vgl. W. Bösen, Der letzte Tag des Jesus von Nazaret. Was wirklich geschah, Freiburg, Basel, Wien [3]1994, bes. 73-87; vgl. auch: Der Prozess gegen Jesus. Historische Rückfrage und theologische Deutung (QD 112), hg. von K. Kertelge, Freiburg, Basel, Wien 1988. Die Argumente sind schon vielfach und sehr ausführlich vorgetragen worden. Deshalb soll hier ein kurzer Hinweis genügen.

18 Auch wenn Pilatus keine theologischen Bedenken gegen einen Prozess am Fest haben konnte, wäre ein solcher Prozess politisch nicht klug gewesen, weil er die Frommen provozieren musste

Evangelist Johannes die Typologie als Chronologie verstanden hat, kann genauso auch für die Synoptiker zutreffen. Aus der Tatsache, dass die eine Datierung typologisch zu deuten ist, folgt keineswegs, dass die andere historisch exakt und also nicht typologisch ist.[19]

Für eine vorwiegend typologisch bestimmte Strukturierung bei Markus spricht die genaue Aufzählung aller Tage der Heiligen Woche. Ihr Hintergrund ist vor allem die kultische Begehung der Gemeinde des Markus, nicht zuerst der historische Verlauf. Die erzählten Ereignisse an den einzelnen Tagen sind deshalb theologisch zu gewichten.[20] Der zweite Tag enthält zum Beispiel nur ein einziges kurzes Ereignis, der dritte Tag ist dagegen überlang. Vom Festmahl des vierten Tages in Betanien wird nur die Salbung erzählt. Ganz ähnlich wird vom Passamahl selbst am Beginn des sechsten Tages nichts berichtet, ausgenommen zwei kurze Gespräche. Im ersten kündigt Jesus an, dass einer der Zwölf ihn ausliefern werde, im zweiten deutet er mit einer doppelten Zeichenhandlung seinen bevorstehenden Tod als Hingabetod für "Viele" und bezeichnet das jetzige Mahl als sein Abschiedsmahl.

3. Selbst die Frage nach dem genauen Verlauf dieses Abschiedsmahls lässt sich nicht einfach beantworten. Wie hat Jesus das letzte Abendmahl gehalten? Es liegen insgesamt vier von einander verschiedene Abendmahlsberichte vor: drei in den synoptischen Evangelien und einer bei Paulus im Ersten Korintherbrief.[21] Immer wieder hat man diese Frage nach dem genauen Ablauf von Jesu letztem Mahl gestellt und eine Antwort gesucht.[22] Das Anliegen ist verständlich. Man fragt allgemein nach dem äußeren Verlauf und im besonderen nach dem genauen Wortlaut der "Einsetzungsworte", um das Testament Jesu möglichst gut zu verstehen, um die Eucharistiefeier der Kirche immer neu an dieser "Stiftung" Jesu ausrichten zu können, um das eigene Leben und das der Kirche gehorsam an Jesus als Herrn und Stifter zu

---

19 Vgl. Jeremias, Mahl 77, dort mit Berufung auf J. Betz, Die Eucharistie in der Zeit der griechischen Väter I 1, Freiburg 1955, 21 Anm. 85.

20 Auch in Details lässt sich das beobachten. Auf einen historischen Bericht kommt es dem Erzähler nicht an. Markus berichtet z.B. nicht, wann Judas (unbemerkt) von Betanien weggegangen ist (Mk 14,10) und wie er wieder zurückgekommen ist (Mk 14,17) oder wann er die Gruppe erneut nach dem Abendmahl verlassen hat (Mk 14,43). Die zwei Jünger, die das Mahl in der Stadt vorbereiten (Mk 14,13), sind am Abend schon wieder bei den Zwölf, mit denen Jesus zum Mahl kommt, ohne dass berichtet wird, wie und wann sie zurückgekommen sind (Mk 14,17).

21 Mt 26,26-29; Mk 14,22-25; Lk 22,15-20; 1 Kor 11,23-25.

22 Vgl. den populären Titel bei R. Pesch, Wie Jesus das Abendmahl hielt, Freiburg 1977.

binden. Die Frage ist: Was genau hat Jesus getan und gesagt, als er sein letztes Abendmahl zusammen mit den Jüngern hielt?

So verständlich das Anliegen ist, so enttäuschend ist das Ergebnis bis heute. Die Zeugen des ersten Jahrhunderts, von den Aposteln bis zu den Evangelisten, scheinen offensichtlich nicht so am genauen Ablauf interessiert gewesen zu sein, wie wir das gern hätten. Das gilt von der Erzählung des Verlaufs und auch von Jesu Worten selbst. Der Hinweis auf die sofort einsetzende liturgische Entfaltung und Formung ist dabei keine Hilfe. Die Frage ist ja gerade, weshalb es zu einer solchen freien Entwicklung gleich in den ersten Generationen nach Jesu Tod kommen konnte.

Für die Frage nach dem exakten Verlauf des Abendmahls ist deshalb die historische Fragestellung, ob Jesu letztes Mahl zugleich ein Passamahl war, so bedeutsam. Alle, die glauben, Jesu letztes Abendmahl genauer beschreiben zu können, bevorzugen die synoptische Datierung. Danach war das letzte Abendmahl zugleich ein Passamahl. Wegen der strengen Ordnung (Seder), nach der ein Passamahl abläuft, lässt sich daraus wenigstens der Ritus für dieses letzte Mahl Jesu beschreiben, obwohl alle Evangelisten und auch Paulus vom Passamahl selbst nichts berichten. Innerhalb dieses Ritus lässt sich der Ort für die "Einsetzungsworte" erschließen, nämlich das Brotbrechen zu Beginn der Mahlzeit und der dritte Becher, der nach dem Essen des Lammes getrunken wird.

Deren Wortlaut kann damit noch nicht festgestellt werden. Jesus hatte ja nach dieser Annahme innerhalb des Festes etwas Ungewöhnliches gesagt. Dafür bleibt nur der mühsame Weg über die Rekonstruktion der ältesten Form der "Einsetzungsworte" aus allen vier vorhandenen Texten. Zwar ist dann immer noch eine Differenz zwischen Jesu Worten und dieser ältesten festgestellten Sprachgestalt denkbar, aber eine größere Sicherheit ist nicht erreichbar. Deshalb heißt es zum Ergebnis oft einschränkend und vorsichtig bei Exegeten: Dies ist Jesu eigenes Wort (ipsissima vox) oder komme ihm doch wenigstens ganz nahe. Das Ergebnis bleibt also unsicher und ist obendrein recht mager.

Wer die johanneische Chronologie vertritt, weiß sogar noch weniger über Jesu letztes Mahl und die "Einsetzungsworte" zu sagen; denn für ihn entfällt der äußere Rahmen des Passaritus. Vom Mahl selbst erzählt Johannes überhaupt nichts, nicht einmal das Brotbrechen und das gemeinsame Trinken des Weines - insgesamt ein noch spärlicheres Ergebnis, das auffällig mit der Bedeutung kontrastiert, die der Frage gewöhnlich beigemessen wird.

4. Die Frage lässt sich auch von einer anderen Seite her stellen: Wie feierte Jesus überhaupt das Passafest in seinem Leben? Diese Frage richtet sich jetzt nicht so sehr nach dem äußeren Verlauf. Der ist weitgehend bekannt. Jesus hat das Passa sicher nicht anders gefeiert als es zu seiner Zeit allgemein üblich war. Die Frage richtet sich mehr nach Jesu innerer Einstellung: Was bedeutete ein Passafest für ihn? In welchem Bewusstsein hat er das Passamahl gehalten?

Natürlich gibt es dafür keine direkten Quellen. Aber man kann die naheliegende Antwort, dass Jesus die Passafeste sicher wie andere Juden auch begangen hat, theologisch neu gewichten. Das bedeutet: Man muss die dogmatischen Aussagen von der Unwiderruflichkeit der Berufung Israels ernster nehmen als bisher üblich.

Jesus hat, wenn der Bund mit Israel nie gekündigt wurde, das Passafest nicht umfunktionieren wollen oder gar müssen. Es war für ihn, wie für alle Juden, das jährlich wiederkehrende Fest der Befreiung und Erlösung, in Erinnerung an die Nacht der Befreiung aus Ägypten; es war eine kultische Feier von Gottes befreiender Nähe in der jeweiligen Nacht des Festes und in Erwartung der endgültigen freimachenden Herrschaft Gottes am Ende der Zeiten.

Das gilt für alle Passafeste in Jesu Leben vor seinem öffentlichen Auftreten, die er entweder daheim in Nazaret oder aber bei der Wallfahrt in Jerusalem gefeiert hat, und das gilt, rechnet man wie das Johannesevangelium, von den drei oder vier Passafesten während seines öffentlichen Auftretens.

Mit Sicherheit kann man dabei voraussetzen, dass Jesus oft vor seinem öffentlichen Auftreten in Jerusalem zum Passafest war. Denn nur dort konnte das vollständige Passamahl gehalten werden. Nur dort gab es das rituell geschlachtete Passalammm, das am Passarüsttag, für alle Festteilnehmer zwingend, im Tempel geschlachtet werden musste.

5. Was folgt daraus für das Abschiedsmahl Jesu? In allen vier Abendmahlstexten der Bibel wird berichtet, dass Jesus seinen Tod in der Nähe des Passafestes erlitt.[23] Er ging aus Anlass des bevorstehenden Festes nach Jerusalem und er ging dorthin, um wirklich das Fest zu begehen, nicht, um es abzulösen oder etwas anderes an seine Stelle zu setzen. Das gilt auch, wenn man annimmt, dass Jesus die Gefährlichkeit dieser Wallfahrt durchaus erkannt hatte und dass er mit seinem gewaltsamen Tod rechnen musste.[24] Jesus wollte nicht die

---

23 Diese Aussage reicht als historische Basis für die typologischen Aussagen aller vier Evangelien aus.
24 Vgl. H. Schürmann, Jesu ureigener Tod, Freiburg 1975.

jüdische Religion verdrängen oder gar selbst aus dem Judentum austreten. Er wollte die jüdische Führung und die Menschen insgesamt beim Fest in Jerusalem gewinnen und von seiner messianischen Sendung überzeugen.

Auch wenn hier offen bleiben soll, ob Jesus in seinem Todesjahr nochmals das Passamahl halten konnte oder ob das letzte Abendmahl Jesu vor dem Passatermin stattfand und Jesus also bei Beginn des offiziellen Passafestes schon tot war, für beide Fälle gilt: das letzte Abendmahl Jesu sollte im Verständnis Jesu das Passamahl nicht verdrängen.

Keiner der Jünger konnte auf die Idee kommen, Jesus habe im ersten Fall das Passamahl nur benutzt für sein Abschiedsmahl, es aber nicht mehr selbst mitgefeiert. Auch die Vermutung, Jesus habe vielleicht in dieser Passafeier das Passalamm selbst gar nicht mehr gegessen und so den Jüngern zeigen wollen, dass er das wahre Passalamm sei, ist abwegig. Im zweiten Fall konnte keiner der Jünger das Abschiedsmahl als vorweggenommenes Passamahl verstehen.[25]

Man kann deshalb das Passamahl nicht mehr nur als kultischen Rahmen für Jesu letztes Abendmahl betrachten, auch nicht, wenn dieses letzte Abendmahl zeitlich mit einem Passamahl zusammengefallen sein sollte.[26] Denn wer das Passamahl als Rahmen bezeichnet, wertet in der Regel dessen eigene theologische Bedeutung schon ab. Für die Jünger gab es diese Abwertung jedenfalls nicht. Für sie enthielten die besonderen Mahl- und Abschiedsworte Jesu eine Bedeutung, die sie immer vom Festgedanken des Passa unterscheiden und, wie sich nach Jesu Tod und Auferweckung erwies, auch rituell leicht trennen konnten. Auch wenn Passa und Abendmahl Jesu zeitlich zusammenfielen, waren sie theologisch unterscheidbar, wurden also nebeneinander erlebt.

Wenn Jesu Abschiedsmahl vor dem Passatermin stattfand, ist noch leichter zu verstehen, dass es sich nach Ostern zu einer eigenständigen kultischen Feier weiterentwickelte, die die Jesusjünger das ganze Jahr über immer wieder und nicht nur einmal jährlich zusammenführte und zusammenhielt.

6. Das letzte Abendmahl Jesu hat das Passamahl, zunächst jedenfalls, nicht verdrängt. Und doch braut sich in diesem Nebeneinander ein Konflikt zusammen, der in der Zeit des Markus gewaltig eskaliert war und vor allem jüdische Jesusanhänger in Schwierigkeiten brachte.

---

25 Vgl. zum Beispiel J. Betz, Die Eucharistie in der Zeit der griechischen Väter II, 1 Band, Freiburg 1964, 47.
26 Gegen z.B. Kertelge 138f.

Diesen Konflikt hat Markus vor Augen, wenn er von Jesu Abschiedsmahl im Rahmen eines Passamahls erzählte. Er hat ihn vor Augen, weil er ihn offensichtlich selbst als Betroffener erleidet.

Literarisch steht für den Leser des Markusevangeliums zum einen fest, dass Jesus zum Passamahl am Abend des Donnerstag, nach der jüdischen Zählung also am Beginn des Freitag, in die Stadt ging. Zum anderen fällt aber auf, dass Markus nichts vom Ablauf dieses Passafestes erzählt. Er berichtet in einer Abschiedsszene lediglich von einer Zeichenhandlung, in der Jesus seinen bevorstehenden Tod in Anlehnung an Jes 53,10-12 als stellvertretenden Sühnetod für die Heiden deutet. Die Zwölf kennen diese Deutung schon aus den Gesprächen nach der dritten Ankündigung des Todes und der Auferweckung (Mk 10,45). Aber jetzt wird es offenbar ernst mit dieser Ankündigung.

Wenn man Markus als Erzähler gelten lässt, ihn also synchron lesen will, darf man das Nebeneinander dieser beiden Beobachtungen nicht verschiedenen Traditionen und einem ungeschickten Sammler zuschreiben. Der Kontrast muss gewollt sein. Jesus kommt absichtlich zum Passafest nach Jerusalem und tritt in den Tagen vor dem Fest dort erstmalig als Messias öffentlich auf. Beim Passamahl erzählt Markus aber nur, wie Jesus von seinen Jüngern beim Mahl Abschied nimmt, indem er ihnen ankündigt, dass er gerade wegen seines messianischen Programms der besonderen Liebe Gottes zu den Heiden jetzt sterben muss.

Markus und seine Leser mussten die Dimensionen dieses Konflikts nach einer vierzigjährigen Wirkungsgeschichte viel deutlicher erkennen als die Zwölf, denen zunächst nur Jesu Schicksal vor Augen stand. Diese konnten nicht einmal ahnen, dass dieser Konflikt wegen der Heidenfrage in der Zeit nach der Tempelzerstörung in heidenchristlichen Gemeinden noch viel heftiger seine Fortsetzung finden würde. Denn jüdische Jesusanhänger, und zu ihnen zählt Markus, erleiden jetzt, ganz ähnlich wie Jesus und aus demselben Grund, als Juden Verfolgung, werden ausgeliefert und vor Gerichte gestellt (Mk 13,9). Die Konflikte reichen bis in die Familien. Manche werden dabei sogar zu Tode kommen (Mk 13,12).

Um diese Situation zu verstehen, muss man sich die Geschichte der jüdischen Jesusanhänger in den ersten vierzig Jahren vor Augen halten. Im folgenden soll diese Entwicklung bis zur Zeit des Markus kurz wiederholt und zusammengefasst werden.[27]

Die jüdischen Jünger Jesu konvertierten nach Ostern keineswegs

---

27 Basis des folgenden Zusammenfassung ist das im Einleitungskapitel dargelegte revidierte neutestamentliche Geschichtsbild.

vom Judentum zum Christentum. Sie waren und blieben Juden. Ihre Besonderheit bestand allein darin, dass sie Jesus für den Messias, den Gesalbten Gottes, also den Christus hielten. Damit trennten sie sich zunächst weder ihrem Selbstverständnis nach noch im Verständnis der übrigen Juden und der jüdischen Führung vom Judentum. Sie bildeten, ähnlich wie die Pharisäer oder die Sadduzäer nur eine eigene Gruppe, eben eine messianische Bewegung oder, wie sie die Apostelgeschichte nennt, einen "Weg" oder eine Richtung innerhalb des Judentums. Das änderte sich allerdings im Laufe des ersten Jahrhunderts.

In den ersten zwei Jahrzehnten nach Jesu Tod, zwischen 30 und 50, feierten jüdische Jesusanhänger den Sabbat wie alle Juden und sie feierten die Feste selbstverständlich nach dem jüdischen Festkalender, also auch das Passa. Das Passa begingen sie wegen des Passalamms, wenn möglich, in Jerusalem. Natürlich erinnerten sie sich bei allen diesen Anlässen auch an Jesus als ihren gekommenen und zugleich erwarteten Messias. Aber das führte vom traditionellen Festinhalt nicht weg, sondern machte Gottes Heilshandeln in der Gegenwart für sie nur konkreter und lebendiger. Es gibt nicht den geringsten Grund anzunehmen, Petrus, Jakobus oder Johannes, die Jerusalemer "Säulen" (Gal 2,9), hätten den Sabbat oder das Passafest nur noch äußerlich mitvollzogen oder sie seien zwar, wie die Apostelgeschichte erzählt, weiterhin in den Tempel gegangen (Apg 2,46), aber nicht wegen des offiziellen Tempelgottesdienstes, sondern um sich in den "Hallen Salomos" im Tempelbezirk zu ihrem eigenen getrennten Morgengottesdienst zu treffen.[28]

Daneben feierten sie als Jesusanhänger, wohl in wöchentlicher Wiederholung, in ihren Hausgemeinschaften im Rahmen eines Abendessens und in besonderer Aufnahme von Jesu Worten bei seinem letzten Mahl ihren Gruppengottesdienst, die Eucharistiefeier. Diese Feier verband sie untereinander, auch über verschiedene Hausgemeinschaften hinweg, ohne sie von den übrigen Juden, theologisch gesehen, zu trennen.

Wegen der Jesusanhängerschaft gab es nach dem Zeugnis der Schrift während der ersten zwanzig Jahre nur in einem Teilbereich Probleme, und zwar bei den griechischsprechenden Juden, den sogenannten Hellenisten, besonders in Jerusalem, und da verstärkt an den Wallfahrtsfesten. Denn diese Hellenisten mussten in ihren Synagogen zu den Festen auch gottesfürchtige heidnische Wallfahrer aus ihrem Herkunftsland aufnehmen und beherbergen. Damit war für sie, und

---

28 So die Meinung von Rordorf, Sonntag 118-120.

zunächst nur für sie[29], das Problem der Abgrenzung oder Ver-
mischung zwischen Juden und Heiden vorhanden.

Das Problem zeigte sich zuerst sicher nicht an der jährlichen
Passafeier. Dafür gab es seit langem eingespielte Regeln, nach denen
die Abgrenzung zwischen Juden und Heiden allgemein funktionierte.
Das galt, ob die Juden nun Jesusanhänger waren oder nicht. Die Probleme entstanden bei der regelmäßigen Tischgemeinschaft der Juden
mit den Heiden. Offensichtlich war hier der Grenzbereich zwischen
Juden und Heiden nicht so festgelegt und offensichtlich verletzten
jüdische Jesusanhänger hier durch ihre regelmäßigen Abendmähler,
an denen sie in der Nachfolge Jesu auch die Heiden teilnehmen
ließen, den geduldeten Spielraum, vielleicht weil diese Mähler inzwischen verstärkt kultisch-rituellen Charakter angenommen hatten.
Aus Sicht der Jesusanhänger zwang sie die Verbindung mit ihrem
Herrn zu einer engeren Gemeinschaft[30] mit gottesfürchtigen Heiden
als es theologisch bisher zulässig und soziologisch in einer jüdischen
Synagogengemeinschaft erträglich war.

In den Jahren zwischen 50 und 70, nach dem Apostelkonzil in
Jerusalem und nach dem darauf folgenden Konflikt zwischen Petrus
und Paulus in Antiochien, verlagerte sich das Problem von den
jüdisch-hellenistischen Gemeinden in die vor allem durch die Mission
des Paulus neu gegründeten heidnischen Christengemeinden rund um
die Ägäis. Man kann erst dann von heidnischen Gemeinden sprechen,
wenn sie, wie zum Beispiel in Korinth, neben der Synagogengemeinschaft existierten und auch unter nichtjüdischer Führung standen oder
zumindest stehen konnten.

Betroffen waren von der neuen Problemlage aber nicht zuerst die
Heidenchristen selbst, sondern vorwiegend die sicher relativ geringe
Zahl jüdischer Jesusanhänger, die mit diesen heidnischen Christen
Gemeinschaft hielten und deshalb nicht mehr oder nur unter Schwierigkeiten am Leben der Synagoge teilnehmen konnten. Vor allem am
jüdischen Passafest konnte es für sie zu Spannungen kommen, weil
die Heidenchristen am gleichen Termin ihr christliches Osterfest
begingen.

Die heidnischen Christengemeinden hatten als ihre identitäts-
stiftende und -tragende Feier die Eucharistie, die wie bei den jüdischen Gemeinden in Jerusalem, in Form einer Abendmahlzeit in

---

29   Vgl. Apg 8,1.
30   Vgl. E. Stegemann, Zwischen Juden und Heiden, aber "mehr" als Juden und
      Heiden? Neutestamentliche Anmerkungen zur Identitätsproblematik des
      frühen Christentums, in: KuI 9 (1994) 53-69. Stegemann spricht von einer
      "programmatischen Kommensalität", ebd. 57.

Hausgemeinschaften begangen wurde. Selbstverständlich gab es aber bei ihnen als Heiden daneben kein Passafest, sondern nur ein besonders intensiv gefeiertes Jahresfest in Erinnerung an Tod und Auferweckung Jesu, das am jüdischen Passatermin begangen wurde, das christliche Osterfest.[31]

Unter dieser Voraussetzung spricht Paulus im 1. Korintherbrief an einer Stelle, ohne das Passa zu erwähnen, von der Stiftung der Abendmahlsfeier durch Jesus, wenn er die gegenwärtig gefeierte Eucharistie auf Jesus als ihren Grund zurückführt.[32] Er erzählt von Jesu Tun beim letzten Abendmahl, beim Austeilen des Brotes und des Weines, und er fügt jeweils ausdrücklich den kultischen Wiederholungsbefehl dazu (1 Kor 11,23-26). An einer anderen Stelle desselben Briefes deutet er allegorisierend und spiritualisierend für die heidenchristliche Gemeinde von Korinth, die ja kein Passa feiert, Christus als "unser Passalamm" und die Gemeinde selbst, wohl an Ostern und in der zeitlichen Nähe einer Passafeier, als den vom alten Sauerteig befreiten neuen Teig "der Lauterkeit und der Wahrheit" (1 Kor 5,7f).

Mit der Zerstörung des Tempels im Jahr 70 verschärfte sich das Problem für die jüdischen Jesusanhänger in den heidenchristlichen Gemeinden. Jetzt konnte auch bei allen Juden in Jerusalem das Passafest nur noch verkürzt gefeiert werden. Das rituell geschlachtete Lamm musste entfallen. Jerusalem glich sich damit der auch bisher schon in der jüdischen Diaspora üblichen Form an. Dort war auch bisher nur eine solche verkürzte Feier möglich gewesen. Das Ende des Tempels und das Erstarken der eigenständigen heidnischen Christengemeinden machten in den folgenden drei Jahrzehnten bis zur Jahrhundertwende eine deutlichere und bewusstere Abgrenzung der Juden zu diesen Heiden erforderlich.

Eine solche Abgrenzung durch die jüdische Obrigkeit richtete sich natürlich nicht unmittelbar gegen die Heidenchristen, sondern zuerst nur gegen Juden, die als Jesusanhänger mit diesen Heiden Gemeinschaft hielten. Zum Symbol und zum Anlass der Abgrenzung wurde das Passafest. Jüdische Jesusanhänger mussten jetzt wählen zwischen ihrer Gemeinschaft mit den Heidenchristen, symbolisiert in der mit ihnen gemeinsam gefeierten Eucharistie im Gedenken an das

---

31 Daher der spätere Name "Quartodecimaner" für diejenigen, die an diesem jüdischen Passatermin für das christliche Osterfest aus theologischen Gründen festhalten wollten.

32 Weil Paulus an dieser Stelle ekklesiologisch argumentiert, bringt er den doppelten Wiederholungsbefehl. Markus beschreibt in seiner Jesusbiographie, also christologisch, den Stiftungsakt für das jetzt gefeierte Abendmahl. Vgl. Lührmann 239.

letzte Abendmahl Jesu, oder der Teilnahme am jüdischen Gemeindeleben. Die Abgrenzung bezog sich vor allem auf das Passafest, wohl
weil das um das Lamm verkürzte Passafest dem bei Heidenchristen
zum selben Termin gefeierten Osterfest zu ähnlich geworden war.

Das Markusevangelium spiegelt diese neue Zwangslage der jüdischen Jesusanhänger wieder. Jesu letztes Abendmahl war jetzt der
Auslöser dafür geworden, dass sie nicht mehr weiter unbehelligt das
Passa bei den Juden mitfeiern konnten. Zwar gibt es formell sicher
einen solchen Unvereinbarkeitsbeschluss so kurz nach der Zerstörung
des Tempels noch nicht. Aber der Druck in diese Richtung wurde
offenbar stärker.

Ein solcher Beschluss ist auch in den folgenden Jahren des ersten
Jahrhunderts nicht zu belegen. Allerdings stammt aus dieser Zeit die
Ketzerbitte im Achtzehngebet, die sich wohl nicht gegen Heiden
überhaupt wendet, vielleicht nicht einmal nur gegen Heidenchristen,
sondern zuerst gegen die jüdischen Jesusanhänger, die inzwischen als
Ketzer betrachtet wurden.

7. Markus erzählt aus dieser Konfliktperspektive heraus die Geschichte Jesu am sechsten Tag dieser Woche. Jesus kommt als Messias zum
Passafest nach Jerusalem. Dort stirbt er wegen seines messianischen
Programms der Liebe Gottes für die Heiden. So deutet er auch den
Zwölf seinen Tod beim Abschiedsmahl. Zuvor hat er ihnen aber
angekündigt, dass einer von ihnen (Mk 14,20) ihn ausliefern werde:
"der mit mir isst" (Mk 14,18).[33] Es bleibt jedoch offen, wer der Auslieferer sein wird. Aus Sicht der Jünger heißt das, dass jeder sich
fragen muss: "Doch nicht ich?" (Mk 14,19) Keiner kann sich selber
oder der anderen ganz sicher sein.

Damit ist die Situation der Gemeinde des Markus nach dem Jahr
70 im Leben Jesu vorabgebildet. Sie glauben an diesen Messias, der
am Passafest hingerichtet wurde, weil er als Messias so extrem für die
Fremden eintrat. In Erinnerung an sein Schicksal kann die heidnische
Christengemeinde des Markus jetzt Ostern feiern; in Erinnerung an
sein Abschiedsmahl, in dem er seinen Tod als Tod für die Heiden
gedeutet hat, feiern sie häufig und regelmäßig das Abendmahl. Bei
den sicher wenigen jüdischen Jesusanhängern in dieser Gemeinde
führt die Mitfeier bei den Heidenchristen zur Spaltung und zu Konflikten in ihren Familien. Das geht bis dahin, dass man die eigenen
Familienmitglieder anzeigt und vor den Richter schleppt. Sie werden
"ausgeliefert" genau wie Jesus selbst. Das Gerichtswort Jesu über
seinen Auslieferer in Mk 14,21 ist deshalb so hart, weil dadurch die

---

33 Vgl. Ps 41,10.

ganze Gemeinde bedroht ist.[34] Was einzelne jüdische Jesusanhänger erleiden, trifft die ganze Gemeinde. Solche Konflikte werden am Passafest verstärkt sichtbar. Zu Recht! Denn im Passafest wird einerseits die enge und unlösbare Verbindung der christlichen Gemeinden mit den Juden erfahrbar: Jesus hat das Fest gewählt, um erstmals öffentlich als Messias aufzutreten. Andererseits ist dieses Auftreten Jesu der Grund für die Trennung. Denn jetzt können deswegen heidnische Gemeinden eigenständig Abendmahl und Ostern feiern.

In der Erzählung des Markus wird deutlich: Jesus hat nicht mit seinem Abschiedsmahl das jüdische Passamahl ablösen wollen. Das jüdische Passa gibt es selbstverständlich weiter. Aber die jüdischen Jesusanhänger bekommen wegen Jesus Schwierigkeiten und sie werden ermutigt, diesen Konflikt in der Nachfolge Jesu auszuhalten, auch wenn sie von den eigenen Familienangehörigen dafür verfolgt werden. Sie müssen und können diesen Konflikt nur deswegen aushalten, weil auch Jesus für sein Programm der Liebe Gottes zu den Fremden in den Tod gegangen ist.

Wenige Jahre nach Markus ist der Ausschluss der jüdischen Jesusanhänger von der Synagoge offenbar besiegelt. Die lukanische Version macht Jesus mit seinem Verhalten bei seinem Abschiedsmahl unmittelbar dafür verantwortlich, dass eine Mitfeier des Passa für jüdische Jesusanhänger jetzt nicht mehr möglich ist. Lukas dehnt dafür den kurzen eschatologischen Ausblick von Mk 14,25 und Mt 26,29, der nur vom letzten gemeinsamen Trinken des Weines handelt, auf das ganze Passamahl aus (Lk 22,14-18). Darauf folgt erst die Stiftung des Abendmahls (Lk 22,19f). Jesus selbst hat also das Ende des Passafeierns eingeleitet, man muss hinzufügen: selbstverständlich nur für die jüdischen Jesusanhänger, nicht für alle Juden.

Für den vierten Evangelisten war die Trennung schon eindeutig Vergangenheit. Er deutet deshalb in freier Interpretation Jesus als das Lamm Gottes (Joh 1,29.36) und nimmt zur Verstärkung dieser Interpretation die Tradition auf, dass Jesus am Rüsttag des Passa, zur Zeit, als man im Tempel die Lämmer schlachtete, gestorben ist (Joh 19,14.31.42). Darin liegt für ihn aber keine antijüdische Spitze, denn das Lammessen war für alle Juden durch Gründe entfallen, die mit der Christenfrage in keinem Zusammenhang standen. Es war eher von den jetzt exkommunizierten jüdischen Jesusanhängern ein Deutungsangebot an die jüdische Führung, ihr Passamahl, das ohne Lamm stattfinden musste, theologisch-christlich zu interpretieren und mit ihnen, den jüdischen Jesusanhängern, die Gemeinschaft wieder

---

34 Vgl. das ganz ähnliche Wort in Mk 9,42, das auf das Zusammenleben in der Gemeinde bezogen ist.

aufzunehmen. Johannes macht damit einen ehrlich gemeinten Ver-
söhnungs- und Vermittlungsversuch, der freilich zu spät kam.

Die Kirche wurde nach der Jahrhundertwende zunehmend zur
Heidenkirche. Nachdem der Versuch einer positiven Rückbindung an
das jüdische Passafest misslungen war, entwickelte sich das christliche Osterfest scheinbar eigenständig nach dem bisherigen heidenchristlichen Muster. Tatsächlich führte die Rückbindung an das jüdische Passa seit dem zweiten Jahrhundert immer mehr zum antijüdischen Ablösungsmodell. Beispiele für diese Konfrontation, wie der
Osterfeststreit um den richtigen Termin des christlichen Osterfestes
oder das christliche Stellvertretungsfasten, demonstrativ für die
"irrenden Brüder", zu den Stunden, in denen die Juden ihr Passa
feiern, stammen frühestens aus dem zweiten Jahrhundert. Sie spiegeln
Abhängigkeit und Polemik gleichzeitig wieder.

Im Mittelalter sind die fürchterliche Karfreitagsfürbitte aus dem
neunten Jahrhundert für die "perfiden" Juden oder die Ritualmord-
vorwürfe vom zwölften Jahrhundert an Ausdruck für diese negative
Beziehung. Deren Auswirkungen in der Shoa unseres Jahrhunderts
haben erst in den letzten Jahrzehnten zu einer Besinnung und Umkehr
in den Kirchen beigetragen.

3.3. Jesus, der Christus, allein vor dem Hohen Rat (Mk 14,26-72)

In diesem Kapitel geht es um die Auseinandersetzung Jesu mit dem
Hohen Rat. Diese spielt sich in der zweiten Hälfte der Nacht ab und
beginnt unmittelbar im Anschluss an das Abschiedsmahl. Es ist die
Wiederaufnahme und die Fortsetzung der Auseinandersetzung um die
Macht Jesu am dritten Tag der Heiligen Woche.

Der folgende Machtkampf hat zwei Teile, die auf zwei verschiedene Schauplätze verteilt sind. Der erste davon ist Getsemani, ein
Landgut am Westabhang des Ölbergs. Hier erwartet Jesus im Gebet
die Stunde der äußeren physischen Gewalt (Mk 14,41). Eine Schar
mit Knüppeln und Schwertern, ausgesandt von den Hohenpriestern,
den Schriftgelehrten und den Ältesten, "bemächtigt" sich dieses Jesus
und führt ihn zum Palast des Hohenpriesters. Literarisch ist dieser
Teil gerahmt von der Flucht aller Jünger. Zu Beginn, auf dem Weg
vom Abendmahl zum Ölberg, kündigt ihnen Jesus an, dass alle an
ihm Anstoß nehmen werden (Mk 14,26f). Am Ende, nachdem die
Schar Jesus in ihre Gewalt gebracht hat, verlassen ihn tatsächlich alle
und fliehen (Mk 14,50).

Der zweite Schauplatz ist der Palast des Hohenpriesters. Hier geht

es um die messianische Sendung Jesu selbst, die er am zweiten Tag
der Heiligen Woche mit seiner Zeichenhandlung im Tempel vorgestellt und von der er am dritten Tag gegenüber Hohenpriestern,
Schriftgelehrten und Ältesten erklärt hatte, dass sie ihm von Gott aufgegeben sei (Mk 11,28). Literarisch ist dieser Teil, in dem es um
Bekenntnis und Glauben geht, gerahmt von der Verleugnung des
Petrus. Die Ankündigung der Verleugnung erfolgt zwar schon zusammen mit der Ankündigung der Jüngerflucht auf dem Weg vom
Abendmahlssaal zum Ölberg (Mk 14,30). Dennoch rahmt die Verleugnung erst die Verhörszene, also den zweiten Teil der Auseinan-
dersetzung.[35] Diese Anordnung hat inhaltliche Gründe. Nach der
Gefangennahme Jesu hätte ein solches Gespräch zwischen Jesus und
Petrus nicht mehr stattfinden können. Markus hilft sich, indem er
unmittelbar vor der Verhörszene Petrus an den Ort im Hof des
Hohenpriesters gehen lässt, an dem danach die Verleugnung stattfindet.

Petrus, dem Jesus die bevorstehende Verleugnung angekündigt
hat (Mk 14,30), ist dem gefangenen Jesus bis in den Hof des Hohenpriesters gefolgt (Mk 14,54). Dadurch kommt nach dem Bekenntnis
Jesu vor dem Hohen Rat, das er "oben" im Palast des Hohenpriesters
ablegt, Petrus bei den Mägden und Dienern "unten" (Mk 14,66) im
Hof in Bedrängnis. Weil er sich dabei nicht mehr anders zu helfen
weiß, verleugnet er Jesus dreimal (Mk 14,66-72).

1. Das Versagen der Jünger und die Verleugnung des Petrus kommen
für die Leser nicht überraschend. Diese sind durch den Erzähler längst
darauf vorbereitet.

Seit dem dritten Abschnitt des ersten Hauptteils (Mk 6,7-8,30) ist
die Möglichkeit eines gewaltsamen Prophetentodes in das Blickfeld
Jesu gerückt. Johannes der Täufer wurde zwischen irdischen Macht-
interessen zerrieben und stirbt einen solchen gewaltsamen Tod (Mk
6,16-29). Literarisch geschickt hat Markus den Tod des Johannes in
einem Zusammenhang erzählt, in dem nur Jesus als stiller Zuhörer in
der Nähe war. Die Erzählung vom Tod des Johannes hat gerade die
Zeit ausgefüllt, in der die Zwölf, von Jesus ausgesandt, abwesend
waren, weil sie selber die Gottesherrschaft verkündet und in seiner
Vollmacht sogar Wunder getan haben (Mk 6,7). Vom Tod des Johannes waren die Jünger an dieser Stelle noch nicht betroffen.

Nach dem Christusbekenntnis des Petrus, befindet sich Jesus auf
dem Weg in seine Stadt. Strukturiert ist dieser Abschnitt durch die
drei Stationen, an denen Jesus, jeweils abseits der Menge, den

---

35 Mk 14,54 und Mk 14,66-72.

Jüngern seinen bevorstehenden gewaltsamen Tod beschreibt und deutet. Er tut das völlig offen und unzweideutig (Mk 8,32). Die Jünger müssen schließlich genau wissen, wem und auf welchem Weg sie nachfolgen sollen. Denn dazu fordert sie Jesus jetzt in diesem Abschnitt auf.

Die Jünger verstehen wohl, dass dieser Weg lebensgefährlich wird und sie fürchten sich deshalb (Mk 10,32). Sie verstehen aber überhaupt nicht, was Jesus mit der Auferweckung meint (Mk 9,9f) und warum gerade dieser Weg in den Tod von Gott gewollt sein könnte. Es ist kein Wunder, dass sie bei der Gefangennahme Jesu die Flucht ergreifen. Die Jünger trauen dieser messianischen Perspektive, die ihnen Jesus anbietet, nicht mehr. Es wird ihnen zu riskant und sie fliehen.

Markus betont, dass alle geflohen sind. Das schließt auch Petrus ein, der sich hier ebenso wie alle anderen vom Schicksal Jesu durch die Flucht eindeutig abkoppelt. Dass er anschließend "von weitem" (Mk 14,54) und, wie er allerdings vergeblich hofft, auch unerkannt, Jesus bis in den Hof des Hohenpriesters (Mk 14,66) nachgeht, hebt die Tatsache, dass er sich von Jesus bereits durch diese Flucht äußerlich distanziert hat, nicht mehr auf.[36]

Mit der Flucht aller (Mk 14,50) erfüllt sich die Ankündigung Jesu, die er seinen Jüngern gegenüber auf dem Gang zum Ölberg gemacht hat: "Alle werdet ihr Anstoß nehmen!" (Mk 14,27) Jesus kennt seinen bevorstehenden Weg in den Tod. Er ist sich sicher, dass dieser Weg gottgewollt ist. Deshalb ist für ihn auch die Jüngerflucht nur die Erfüllung eines Prophetenspruchs: "Ich werde den Hirten schlagen und die Schafe werden zerstreut werden!" (Mk 14,27)[37]

---

36 Das Wort "nachfolgen" in Mk 14,54 meint nicht die Nachfolge im theologischen Sinn, gegen Pesch II 382. Schon das "von weitem" weist darauf hin. Markus verwendet "nachfolgen" oft in dem allgemeinen Sinn von hinterhergehen, vgl. bes. Mk 11,9.

37 Sach 13,7. Es handelt sich um das einzige Reflexionszitat in der Passionsgeschichte des Markus. In diesem Zitat ist allein Gott der Handelnde, der den Hirten schlägt. Vgl. Mk 6,34 und bes. Num 27,17. Ganz ähnlich war zuvor die Auslieferung durch Judas nur der für die jüdische Obrigkeit günstige Anlass. Letztlich war es auch hier Gott, der diesen Weg für Jesus bestimmt hat, vgl. Mk 14,21. Die Judasgestalt reizte schon die anderen Evangelisten zur Ausgestaltung und Interpretation. Besonders aber in den späteren Oster- und Passionsspielen verlockte die Judasgestalt immer wieder zu phantasiereichen Erweiterungen. Das Evangelium des Markus gibt dazu keinen Grund.

2. Das Wissen Jesu um seinen baldigen gewaltsamen Tod hindert nicht, dass er vor der physischen Gewalt "erschaudert" und "zagt".[38] Markus erzählt in der Getsemaniszene in doppelter Weise, wie Jesus seine Angst zeigt und mitteilt. Jesus nimmt zum einen seine drei vertrautesten Jünger[39], nämlich Petrus, Jakobus und Johannes, mit sich und bittet sie um ihren Beistand (Mk 14,34). Zum anderen wendet er sich im Gebet an Gott als seinen Vater und bittet, dass diese Stunde an ihm vorübergehe (Mk 14,35).

Den Jüngern teilt Jesus seine Angst mit: "Betrübt ist meine Seele zu Tode." Er macht sich damit den bekannten Refrain eines Klagepsalms[40] zu eigen, der von den größten Bedrängnissen durch die Feinde handelt: Der Beter lebt in der Verbannung. Die Feinde fragen voll Hohn: "Wo ist dein Gott?" (Ps 42,4.11)

Die Jünger haben noch keine vergleichbare Situation mit Jesus erlebt und müssten also hellwach und alarmiert sein. Jesus bittet sie zunächst nur, dass sie mit ihm wachen (Mk 14,34) und dann beim zweiten Mal, dass sie wachen und beten (Mk 14,38). Die zweite Bitte ist, genau genommen, schon nicht mehr die Bitte um Beistand in seiner Bedrängnis. Er bittet sie zu ihrem eigenen Heil, dass sie wachen und beten sollen. Nicht dass ihr Leben äußerlich in größerer Gefahr wäre! Sie sind aber in Gefahr, ihre Seele zu verlieren[41]: "Wacht und betet, dass ihr nicht in Versuchung kommt!" (Mk 14,38) Dreimal geht er zu den Jüngern. Doch dreimal schlafen sie.[42] Ihr Schlaf hat zuletzt dämonische Züge (Mk 14,40).[43] Jesus bleibt im Ergebnis ganz allein. Die Jünger, selbst die drei engsten Vertrauten, haben sich damit schon vor ihrer Flucht innerlich von ihm abgesetzt. Markus lässt die Distanz merken: Jesus nennt den Petrus im ganzen Evange-

---

38 Nur an dieser Stelle wird das Wort ἐκθαμβεῖσθαι ("erschaudern") von Jesus selbst ausgesagt (vgl. Mk 1,27; 9,15; 10,24.32; 16,5.6). Das Wort ἀδημονεῖν ("zagen") ist Hapaxlegomenon des Markus.

39 Vgl. bes. Mk 5,37; 9,2-13.

40 Dieser Refrain steht in Ps 42,6.12 und in Ps 43,5. Die Psalmen 42 und 43 gehören zusammen und bilden ein Lied in drei Strophen, in allen drei Strophen mit jeweils demselben Refrain am Ende. Ps 43,5 enthält zusätzlich eine sehr kleine Abweichung (ein Jota!), die in deutschen Übersetzungen meist nicht aufgenommen ist. Eine Ausnahme macht die Übersetzung von Martin Buber, Das Buch der Preisungen, Heidelberg (neu bearbeitete Ausgabe 1958) [8]1975.

41 Vgl. Mk 8,35-37.

42 Vgl. als Vermächtnis Jesu an seine Gemeinde den dreimaligen Aufruf zum Wachen in der Parusierede (Mk 13,33-37).

43 Gegen die Überlegung von Pesch II 392, der hier, wenn auch vorsichtig, erwägt, ob die vorausgehende festliche Mahlzeit nicht die Müdigkeit verursacht habe.

lium zum ersten und einzigen Mal wieder Simon, nachdem er ihm in
Mk 3,16 den Beinamen Petrus, der Fels, gegeben hatte.[44]

Verschränkt mit der dreimaligen vergeblichen Bitte an die Jünger
erzählt Markus in derselben Szene von einem dreimaligen Gebet, mit
dem sich Jesus an Gott wendet.

Es handelt sich um die dritte und letzte Stelle im ganzen Evangelium, in dem Markus berichtet, dass Jesus betet. Wie an den anderen
beiden Stellen[45] ist nicht die Tatsache bemerkenswert, dass Jesus
überhaupt betet. Bemerkenswert ist jeweils die besondere Stelle im
Leben Jesu, an der Markus auf das Beten Jesu hinweist. Jedesmal
handelt es sich um einen neuen und wichtigen Schritt in seinem
Leben. Jesus steht jeweils vor einer bedeutenden Entscheidung, die
den weiteren Verlauf seines Lebens bestimmen sollte. Das erste Mal
wurde er nach seinem Gebet zum Wanderprediger; beim zweiten Mal
stand er kurz vor seiner Reise in das Land der Heiden. Jetzt beim
dritten Mal am Ölberg geht es um seinen gewaltsamen Tod. Nur
durch Flucht könnte er sich der sonst unvermeidlichen Auseinandersetzung mit der jüdischen Obrigkeit entziehen. Solche
"lebenswichtigen" Entscheidungen trifft Jesus nie allein, sondern nur
zusammen mit seinem Vater.

Bei diesem dritten und letzten Gebet berichtet Markus auch den
Inhalt des Gebets, im ganzen Evangelium zum ersten und einzigen
Mal. Es fällt auf, dass Jesus nur seinen Jüngern gegenüber den
Refrain des Klagepsalms zitiert hat, in dem auf Gott bezogen der Satz
steht: "Warum hast du meiner vergessen? Warum muss ich trauernd
einhergehen, da der Feind mich bedrängt?" (Ps 42,10) Gott gegenüber
bittet Jesus einfach, dass diese Stunde und dieser Becher an ihm vorübergehe (Mk 14,35f). Aber weiter als diese Bitte reicht die Hingabe
an seinen Vater im folgenden Satz: "Aber nicht, was ich will, sondern
was du willst!" (Mk 14,36) Statt mit der Klage des Psalms, dass Gott
ihn vergessen habe, endet das Gebet also mit der vollständigen Hingabe an Gottes Willen.

Für Jesus folgt aus dieser Hingabe, dass er sterben muss. Trotzdem geht er aus diesem Gebet innerlich gestärkt und gefestigt heraus.
In Entsprechung zur Bitte, dass diese Stunde "vorübergehe", kann er
am Ende, geborgen im Willen Gottes und sicher über seinen weiteren
Weg, den Jüngern sagen: "Gekommen ist die Stunde! Siehe, ausgeliefert wird der Menschensohn in die Hände der Sünder" (Mk 14,41).

---

44 Der Namenswechsel ist besonders auffällig, weil auch der Erzähler Markus
    von Mk 3,16 an immer nur den Beinamen Petrus verwendet. Vgl. dagegen
    Mk 1,16.29.36.
45 Die beiden anderen Stellen sind Mk 1,35; 6,46.

Als Gebetsanrede verwendet Markus an dieser einen Stelle die aramäische und die griechische Fassung nebeneinander: Abba, Vater![46] Diese Anrede ist, entgegen einer lang verbreiteten Version, nicht Kindersprache. Es darf also nicht ein Lallwort, etwa das deutsche Papa assoziiert werden.[47] Das Abba ist aber auch nicht vox ipsissima Jesu, wie es seit dem bekannten Abba-Aufsatz von Joachim Jeremias häufig behauptet wird.[48] "Abba" ist überhaupt kein Unikat, sondern einfach das aramäische Wort für "Vater". Natürlich hat es Jesus, der Aramäisch als Muttersprache hatte, oft gebraucht, auch für Gott.

Auffällig ist also nicht diese Bezeichnung oder Anrede "Abba" bei Jesus, sondern auffällig ist allein, dass der griechisch schreibende Verfasser Markus an dieser einzigen Stelle seines Evangeliums das Fremdwort "Abba" stehen läßt, obwohl er sonst immer die richtige Übersetzung Vater für πατήρ bringt. Er unterstreicht damit, dass Jesus auch jetzt, in der vorweggenommenen Stunde seines Todes, "Vater" sagt. Die Zitierung der Muttersprache deutet in diesem Fall auf die extrem zugespitzte Situation Jesu in der Nacht vor seinem Tod hin. Er erleidet auch den Tod nicht als blindes Schicksal, sondern als den ihm von Gott, seinem Vater, verfügten Weg.[49]

In der Getsemaniszene erlebt Jesus ein Fiasko mit seinen drei engsten Freunden. Sie lassen ihn in seiner schlimmsten Stunde im Stich. Er ist vollständig allein, allein mit Gott. Das Gebet Jesu in dieser Situation und seine totale Hingabe an den Willen Gottes lassen etwas von der einzigartigen Beziehung Jesu zu Gott als seinem Vater ahnen. Allein, ohne jeden menschlichen Beistand, aber getragen von dem sicheren Rückhalt in Gottes Willen, geht Jesus in die Auseinandersetzung mit dem Synedrium. Diese Auseinandersetzung steht jetzt bevor.

Große Schwierigkeiten hat die Exegese mit dem unbekannten

---

46 Die aramäische Fassung "Abba" steht einmalig an dieser herausragenden Stelle. Sie kommt an keiner anderen Stelle im Markusevangelium und überhaupt nie bei den anderen Evangelien vor. Nur Paulus verwendet zweimal in seinen Briefen darüber hinaus das "Abba" in einer ähnlichen zweisprachigen Fassung: Gal 4,6 und Röm 8,15.

47 J. Jeremias, Das Vater-Unser im Lichte der neueren Forschung (Calwer Hefte 50), Stuttgart 1962, 8-15. Dagegen J. Barr, 'Abba' isn't 'Daddy', in: JThS N.S. 39 (1988) 28-46.

48 J. Jeremias, Abba, in: ders., Abba. Studien zur neutestamentlichen Theologie und Zeitgeschichte, Göttingen 1966, 15-80. Vgl. dazu bes. G. Schelbert, Abba, Vater. Stand der Frage, in FZPhTh 40 (1993) 257-281; ebd. 260 weitere Literatur.

49 R. Feneberg, Abba, bes, 49f.

Jüngling in Mk 14,51f: Dieser Jüngling, nur ein Leinen auf dem bloßen Leib "übergeworfen", ist der einzige, den sie neben Jesus ergreifen. Aber sie können nur das Leinen festhalten. Dieser lässt aber das
Leinen fahren und flieht nackt.[50] Matthäus lässt die Episode ganz aus.
Eine historisierende Deutung auf den Evangelisten Markus als Zeugen des ganzen Geschehens hat keinen Anhalt im Text.[51] Auch kann
in einer literarisch anspruchsvollen Biographie, deren Text suffizient
sein muss, nicht plötzlich ein nie zuvor erwähnter zufällig anwesen-
der "Schaulustiger" auftauchen und dann wieder verschwinden.[52]
Auch die Bemerkung, Markus und seine Leser müssten noch gewusst
haben, wer hier gemeint war, hilft nicht weiter.[53]

Wegen der symbolischen Bedeutung der Szene, nach der Jesus
ganz allein zurückbleibt, nur in der Gewissheit der Nähe Gottes,
scheint eine Verbindung mit dem himmlischen Boten in Mk 16,5, der
den Frauen am leeren Grab die Botschaft von dem Auferstandenen
ausrichtet, durchaus erneut erwägenswert.[54] Dann wäre die Notiz ein
Hinweis darauf, dass Jesus jetzt nicht nur von den Menschen, sondern
auch von allen himmlischen Mächten verlassen wird. Noch ein anderes Detail der Erzählung wäre mit dieser Deutung erklärt: Ein solcher
Bote Gottes ist natürlich von der bewaffneten Schar nicht zu fassen.

Theologisch würde das Fliehen auch seines Engels das Alleinsein
Jesu unterstreichen. Auch sein "Schutzengel" verlässt ihn jetzt.[55]
Dieses Verlassen darf allerdings nicht auf eine Gottverlassenheit Jesu
ausgedeutet werden. Im Gegenteil: Er bleibt für seinen weiteren Weg
ganz allein und ausschließlich auf Gott selbst verwiesen. Alle anderen

---

50 Vgl. Am 2,16.
51 Gegen J.H. McIndoe, The Young Man at the Tomb, in: ET 80 (1968/69) 125.
52 Gegen Pesch II 402.
53 Vgl. Lührmann 246.
54 Vgl. H. Waetjen, The Ending of Mark and the Gospel's Shift in Eschatology,
    in: ASTI 4 (1965) 114-131, hier 120. Dafür spricht die bei Markus nur an
    diesen beiden Stellen verwendete Bezeichnung für den Jüngling: νεανίσκος.
    Beide Male ist auch die Art der Bekleidung gleich: Περιβεβλημένος
    ("übergeworfen") ein Leinen beziehungsweise einen weißen Talar. Zu dieser
    Interpretation auf einen himmlischen Boten auch in Mk 14,51 passt das un-
    vermittelte Erscheinen (vgl. Mk 16,5), abgefedert durch das unbestimmte
    Pronomen τις ("einer"), auch die Aussage, dass er nur mit dem Leinen
    bekleidet war. Gundry 881.999f erwägt diesen Bezug, entscheidet sich dann
    aber doch negativ. Ähnlich H. Frankemölle, Hat Gott Jesus im Tode verlas-
    sen? Zur Theodizee-Problematik im Markusevangelium. Anmerkungen zu
    Mk 16,1-8 im Kontext, in: ders., Jüdische Wurzeln christlicher Theologie.
    Bodenheim 1998, 190.
55 Vgl. dazu G. Kittel, Die Engellehre des Judentums, in: ThWB I 79-87, bes.
    85; vgl. auch Billerbeck I 781-784.

irdischen und himmlischen Mächte scheiden aus. Für Lukas war diese Aussage zu missverständlich. Er ändert sie ohne Sinnverschiebung.[56]

3. Der erste Teil der folgenden Auseinandersetzung spielt sich noch draußen in Getsemani ab. Jesus wird ein Opfer der rohen physischen Gewalt. Eine Schar mit Schwertern und Knüppeln kommt und bringt Jesus in ihre Gewalt (Mk 14,43-46). Es handelt sich nicht um die Tempelpolizei; es handelt sich überhaupt nicht um eine ordentliche Verhaftung.[57] Die Schar ist eher eine zusammengewürfelte Schlägertruppe. Sie ist nicht einheitlich ausgerüstet. Keiner von ihnen kennt das Opfer. Judas zeigt ihnen den Weg und benennt durch den Begrüßungskuss als vereinbartes Zeichen Jesus als ihr Zielobjekt. Sie sind bei Nacht und heimlich (Mk 14,1f) ausgesandt worden. Der Auftrag war so ungesetzlich wie die Mittel unangemessen sind. Sie kämpfen mit roher Gewalt gegen einen unbewaffneten Lehrer (Mk 14,49).

Die Zusammensetzung der Schar und deren Bewaffnung zeigen, dass die Auftraggeber mit Widerstand gerechnet haben. Aber der Versuch eines Widerstands durch einen einzelnen "Dabeistehenden" (Mk 14,47)[58] hat keine Auswirkungen auf die gesamte Aktion. Er endet kläglich, vor allem, weil Jesus selbst keinerlei Unterstützung oder Ermutigung gewährt. Im Gegenteil: Er widersetzt sich der physischen Gewalt nicht, weil seine Aufgabe nur die des Lehrers ist (Mk 14,49). Dass sie ihn nicht im Tempel aufgegriffen haben, zeigt noch einmal, dass die Auftraggeber der Aktion ihn als Lehrer fürch-

---

56 Vgl. dazu Lk 22,43. Der Text ist allerdings schlecht bezeugt. Ist er echt, dann hat Lukas die Markusstelle uminterpretiert, um das Missverständnis, auch Gott habe Jesus verlassen, zu vermeiden. Der unbekannte "Jüngling" aus Mk 14,51f, der flieht, wird zum "Engel", der Jesus in Getsemani stärkt. In beiden Varianten bleibt die Aussage gleich: Jesus ist allein auf Gott angewiesen, der ihn auch in der Situation des Todes nicht im Stich lässt.

57 Deshalb passt das Wort "Gefangennahme" nicht gut. Es weckt falsche Assoziationen. Es ist keine richtige Polizei, die ihn verhaftet. Entsprechend ist das folgende Verhör keine richtige "Gerichtsverhandlung", der Todesbeschluss kein richtiges "Urteil".

58 Die Szene ist so erzählt, dass nur einer der Jünger dafür in Frage kommt, obwohl Markus das nicht ausdrücklich erwähnt. Außer Jesus und den Jüngern (ohne Judas) auf der einen Seite, der Schlägergruppe auf der anderen Seite ist nämlich niemand in der Szene dabei. Matthäus und Lukas haben deshalb Markus auch so weiterinterpretiert, dass es einer von den Jüngern war (vgl. Mt 26,51; Lk 22,49f); Johannes weiß sogar zusätzlich, dass es Petrus war und dass der Knecht des Hohenpriesters Malchus hieß (Joh 18,10). Anzunehmen, dass einer der Häscher aus Versehen einen der eigenen Leute, vielleicht sogar den Anführer getroffen habe, ist nicht belegbar; gegen Pesch II 392, der das sogar als sicher annimmt.

ten.[59] Die Schar war darauf eingestellt, einen gefährlichen Räuber-hauptmann (Mk 14,48) zu fangen, trifft aber nur auf einen für sie ganz harmlosen Rabbi.[60]

Markus erhöht mit diesem Hinweis für den Leser nochmals die Spannung auf die bevorstehende theologische Auseinandersetzung Jesu mit dem Synedrium. Es sind die höchsten Repräsentanten aus der Tempelaristokratie, die das Synedrium bilden, vor dem Jesus Rede und Antwort stehen soll. Zu ihnen wird Jesus gebracht (Mk 14,53). Er ist in ihrer Gewalt.

4. Der letzte Teil der Auseinandersetzung findet im Palast des Hohenpriesters statt. Die Fronten sind klar: Jesus steht allein dem ganzen Synedrium gegenüber. Jetzt muss es doch zu einer inhaltli-chen Begründung und Rechtfertigung der Gewalt kommen! Aber auch nach dem erfolgreichen Abschluss der Kommandoaktion geht es nicht um einen richtigen Prozess.

In einem ersten Durchgang sucht das Synedrium noch den Anschein eines Gerichtsverfahrens zu wahren.[61] Allerdings macht Markus von Anfang an klar, dass es nicht um eine echte Gerichtsver-handlung geht, die diesen Namen verdient. Das Urteil steht von vorneherein fest. Es gibt nichts mehr zu verhandeln. Lange lässt sich der Anschein auch nicht aufrecht erhalten. Markus hat dem Leser von Anfang an mitgeteilt und ihn daran erinnert, dass das Synedrium nur noch seinen Tod will (Mk 14,55).

Für das Synedrium war die Sache gegen Jesus seit dem dritten Tag dieser Woche (Mk 11,27-12,12) grundsätzlich entschieden. Jesus hatte nicht nur seinen messianischen Anspruch vor den höchsten Repräsentanten aufrecht erhalten; er hatte sogar darüber hinaus in seiner Parabel vom Weinberg deren bevorstehende eigene Entmach-tung angekündigt (Mk 12,9). Als Adressaten dieser Parabel waren dieselben Gruppen des Synedriums aufgezählt, die jetzt im Palast des Hohenpriesters gegen Jesus versammelt sind: Hohepriester, Schrift-gelehrte und Älteste (Mk 11,27).

---

59 Vgl. Mk 11,18.
60 Judas spricht Jesus in Mk 14,45 als Rabbi an.
61 Markus behauptet nirgends, dass ein Gerichtsverfahren wegen des Passafestes rechtlich nicht haltbar gewesen wäre. Eine solche Aussage wäre auch durch den bisherigen Text nicht vorbereitet. Die typologische Chronologie der Heiligen Woche überlagert hier das historische Interesse. Die Tatsache, dass Markus auf diesen Vorwurf verzichtet, lässt sogar umgekehrt darauf schließen, dass die typologische Chronologie nicht exakt mit dem tatsäch-lichen historischen Verlauf der Ereignisse übereinstimmt und deshalb für einen Unrechtsvorwurf ungeeignet ist.

Gegenüber dem Konflikt mit den Pharisäern in Galiläa ist eine deutliche Eskalation zu erkennen. Dort war er mächtiger charismatischer Lehrer. Jetzt war Jesus im Tempel in Jerusalem ausdrücklich mit dem Anspruch, der Messias zu sein, aufgetreten. In diesem Auftreten ist ein einzigartiger persönlicher Machtanspruch impliziert. Seine Gegner sind nicht mehr nur theologische Lehrer, sondern es ist die ganze jüdische Tempelaristokratie mit dem Hohenpriester an der Spitze, die höchste jüdische Autorität in dieser Zeit. Diese hat Einfluss und sie übt deshalb in einer Zeit, in der von Rom eingesetzte Präfekten das Land diktatorisch beherrschen, reale politische Macht aus. Der römische Präfekt muss mit dieser Macht durchaus rechnen. Es ist fast selbstverständlich, dass diese jüdischen Machtträger auf irgendwelche Konkurrenten ihrer Macht äußerst allergisch und aggressiv reagieren. Die jüdischen Oberen fragen deshalb überhaupt nicht mehr nach dem Inhalt seines messianischen Programms, sondern nur nach seiner Legitimation: "In welcher Macht tust du dies? Oder wer hat dir diese Macht gegeben, dass du dies tust?" (Mk 11,28)

Der Erzähler Markus hat die Leser auf diese Eskalation in der Ablehnung Jesu literarisch eingestimmt, indem er an vier Stellen dasselbe Verbum für die Aktivität der Gegner Jesu verwendet: Sie "trachten" jeweils etwas gegen ihn zu tun. Die Dynamik wächst bei jeder Stelle. Zuerst "trachten" sie am zweiten Tag der Heiligen Woche danach, Jesus als Lehrer zu "entmachten", nachdem sie von seiner Zeichenhandlung im Tempel gehört haben (Mk 11,18). Nach der Machtfrage am dritten Tag und der Weinbergparabel, in der Jesus von ihrer eigenen Entmachtung spricht, "trachten" sie erstmals danach, sich dieses Jesus zu "bemächtigen" (Mk 12,12). Am Beginn der Erzählung des vierten Tages (Mk 14,1) nennt Markus auch das Endziel. Sie "trachten" danach, sich seiner zu bemächtigen, "um ihn zu töten". Jetzt, in Mk 14,55, ist der erste Schritt dazu getan. Jesus ist in ihrer Gewalt. Bei der folgenden Auseinandersetzung vor dem Hohen Rat geht es ihnen nur noch um den Weg, wie sie ihn "zu Tode bringen" können. Jetzt "trachten" sie also nur noch nach einem Zeugnis, mit dem sie ihr Ziel "mit Anstand" erreichen können.[62]

Der Versuch, ihn durch Falschzeugen zu überführen, knüpft an die Zeichenhandlung im Tempel am zweiten Tag als Bezugsstelle an (Mk 11,15-17).[63] Diesem Tag kommt eine Schlüsselstellung für die

---

62　Vgl. die Tabelle bei der Machtfrage am Beginn des dritten Tages: Mk 3,6; Mk 11,18; Mk 12,12; Mk 14,1; Mk 14,55.

63　Die Falschzeugnisse lassen sich nicht auf das Tempelwort in Mk 13,2 beziehen. Bei dem Tempelwort in Mk 13,2 sagt Jesus mit keiner Silbe, dass

Biographie Jesu zu. Die Zeichenhandlung im Tempel war für die Öffentlichkeit bestimmt. Jesus hat damit sein messianisches Programm von der außerordentlichen Liebe Gottes zu den Heiden verkündet. Das Programm richtete sich im Zeichen gegen die bestehende Ordnung des Tempels, weil es das endzeitliche Hinzukommen der Heiden implizierte. Falschzeugen, die dem Hohen Rat zu Willen sein wollten, konnten daraus leicht ein angebliches Wort Jesu gegen den Tempel konstruieren.[64] Dass Jesus selbst daraufhin einen "nicht mit Händen gemachten Tempel" in drei Tagen aufbauen wollte, ist eher eine karikierende Aufnahme seiner Auferstehungsworte.[65] Von der Wahrheit ist diese Behauptung ähnlich weit entfernt wie das Wort von der geplanten Zerstörung des Tempels.

Das Zeugnis ist falsch. Darüber gibt es keinen Zweifel. Die Hohenpriester und der Hohe Rat verwenden es auch im weiteren Verlauf nicht mehr gegen Jesus. Markus macht zusätzlich darauf aufmerksam, dass die Zeugen nicht einmal untereinander übereinstimmten (Mk 14,56). Jesus beteiligt sich an diesem Scheinprozess ohnehin nicht (Mk 14,60f).

Für die Leser des Markus ist die Aussage der Falschzeugen, die behaupten, Jesus habe den Tempel abreißen wollen, besonders abwegig. Sie haben gerade in ihrer Zeit die Zerstörung des Tempels durch die Römer nach einem langen vierjährigen Krieg miterlebt. Mit dieser Gewalt der römischen Kriegswalze kann man Jesus und seine Lehre nicht vergleichen und auch nicht in Verbindung bringen. Der Versuch, Jesus in einem Verfahren wegen irgendeiner abstrusen Äußerung zu verurteilen, ohne die Messiasfrage zu berühren, ist damit gescheitert.

Aus der Perspektive des Markus und seiner Leser gewinnt dieses angebliche Tempelwort Jesu dennoch Gewicht. Als Gerücht lebt es nämlich offensichtlich noch lang weiter. Natürlich unternehmen die jüdischen Obrigkeiten nichts, um das Gerücht zu bekämpfen oder zu widerlegen. Unter dem Kreuz wiederholen folgerichtig die Vorüberziehenden, also die Gaffer, die sich die Hinrichtung anschauen wollen, voll Hohn dieses Gerücht als Grund der Hinrichtung (Mk 15,29). Das lässt sich allerdings auch als einen zusätzlichen Hinweis darauf

---

er selbst etwas gegen den Tempel unternehmen wolle. Außerdem ist die Ansage der Zerstörung des Tempels an dieser Stelle ausschließlich an die Jünger gerichtet. Geht man von der Suffizienz des Textes aus, dann lässt sich literarisch daraus keine Quelle für ein fremdes Zeugnis gegen Jesus ableiten.

64 Christliche Exegese macht es ja bei der Auslegung der Zeichenhandlung Jesu im Tempel im Prinzip ganz ähnlich.

65 Öffentlich hat Jesus in seiner Weinbergparabel davon gesprochen, vgl. Mk 12,10f.

interpretieren, dass ein anderer Grund für Jesu Hinrichtung bei der Menge nicht bekannt war.

5. Was jetzt im Palast des Hohenpriesters in einem zweiten Durchgang folgt, hat mit einem Gerichtsverfahren auch dem Anschein nach nichts mehr zu tun. Es geht nur noch um den Messiasanspruch Jesu. Dass er von Gott gesandt ist, kann er nicht beweisen. Seine Gegner glauben es ihm nicht (Mk 11,29-33). Aber sie können ihn auch nicht widerlegen.

Warum kümmern sie sich überhaupt um Jesus und seinen messianischen Anspruch? Es gab in dieser Zeit auch andere, die mit dem Christusanspruch aufgetreten sind und gegen die das Synedrium nichts unternommen hat. Was ist der wahre Grund für die Ablehnung Jesu? Pilatus fasst es ein paar Stunden später als Außenstehender kurz und bündig zusammen: Es ist der Neid auf Jesus (Mk 15,10). Neidisch sind sie auf seinen Erfolg bei der Menge. Deswegen fürchten sie ihn (Mk 11,18).

Aber worin gründet sein Erfolg? Im Tempel hatte Jesus keine Wundertaten vollbracht. Die Menge war außer sich allein über seine Lehre (Mk 11,18). Bei dieser Lehre ging es nicht mehr allgemein, wie in Galiläa, um Jesu machtvolle Verkündigung der Gottesherrschaft.[66] In Jerusalem ging es um das messianische Programm Jesu der außerordentlichen Liebe Gottes zu den Heiden, das er in einer Zeichenhandlung im Tempel am zweiten Tag der Heiligen Woche vorgestellt hatte.

Man kann sagen: Die Mitglieder des Synedriums fürchten nicht irgendeinen Christus. Sie fürchten diesen Christus, der mit seinem Heidenprogramm die bewährte Ordnung und Hierarchie am Tempel stören könnte, wie seine Zeichenhandlung zumindest andeutet und wie sein Erfolg bei der Menge befürchten lässt. Darüber hinaus hat er ihnen, als sie ihn zur Rede gestellt haben, im Zusammenhang mit seiner messianischen Botschaft sogar ihre eigene Entmachtung angekündigt (Mk 12,9).

Liest man das Markusevangelium synchron als theologische Biographie, dann weist also die Szene vor dem Hohen Rat mit dem Christusbekenntnis auf dieses Auftreten Jesu als Messias und auf sein Programm für die Heiden[67] am zweiten Tag der Woche zurück. Im

---

66 Vgl. das erste Auftreten als Lehrer in der Synagoge Mk 1,21-28, bes. Mk 1,22 und 27.

67 Vgl. das Menschensohnwort in Mk 14,62, mit Bezug auf Mk 13,26f: Dieser Menschensohn (Dan 7,13f) wird auch über die Heiden richten. Er wird auf den Wolken kommend von allen vier Winden die Erwählten sammeln. Vgl. auch Mal 1,11; Ps 110,1 (Mk 12,36).

Ritual der Einführung des neuen Königs handelt es sich nun beim Christusbekenntnis am sechsten Tag um die Vorlage der Legitimation bei den jüdischen Autoritäten. Jesus ist dabei allein. Sein einziger Zeuge ist Gott selbst. Die jüdischen Autoritäten weisen seine Legitimation zurück und behandeln ihn als Lügenpropheten (Mk 14,65).

Jesus wird zuletzt vom Hohenpriester selbst nach seinem messianischen Anspruch gefragt, den der Hohepriester und alle Versammelten genau kennen. Denn sie haben ihm nach seinem messianischen Einzug und seinem messianischen Programm am dritten Tag der Woche deshalb schon die Machtfrage gestellt (Mk 11,27f). Es ist eine Ironie dieser Geschichte, dass der Hohepriester selbst den verhassten Titel in seiner Frage aussprechen muss: "Bist du der Christus, der Sohn des Gepriesenen?" (Mk 14,61) Jesus bejaht diese Frage: "Ich bin es!"[68] und er bestätigt zusätzlich in seiner Erläuterung, dass er die Macht Gottes auf seiner Seite weiß: "Ihr werdet sehen den Menschensohn, zur Rechten sitzend der Kraft und kommend mit den Wolken des Himmels" (Mk 14,62).[69]

Dieser Anspruch enthält keine Gotteslästerung, wie der Hohepriester daraufhin mit pathetisch gespielter Geste behauptet (Mk 14,63f).[70] Er ist auch sonst kein Vergehen. Die übereinstimmende Beurteilung aller, er sei des Todes schuldig (Mk 14,64), ist nur noch eine Farce. Alle wissen das auch. Das emotionale Nachspiel mit der hasserfüllten Reaktion der "ehrwürdigen" Ratsherren entlarvt sie

---

68 Zweimal im Markusevangelium (Mk 6,50; Mk 14,62; vgl. auch negativ Mk 13,6) sagt Jesus diesen Satz: ἐγώ εἰμι ("Ich bin es!"). Im ersten Hauptteil des Evangeliums, beim Wandel auf dem See, geht es um den Lehrer des Evangeliums (Genitivus subjectivus), der die Schar unterwiesen hat (Mk 6,34) und ein (kultisches) Festmahl mit ihnen gefeiert hat. Im zweiten Hauptteil, vor dem Hohen Rat, geht es um den Christustitel (Genitivus objectivus), den Jesus seit seinem Einzug in die Stadt öffentlich beansprucht hat.

69 Die Erläuterung Jesu bezieht sich einmal auf Ps 110,1 (vgl. Mk 12,36). Jesus beruft sich zur Begründung seiner Macht auf die Macht Gottes. Zum anderen zitiert er Dan 7,13f. Damit spielt er auf das endzeitliche Kommen des Menschensohns an, dem Macht, Ehre und Reich verliehen werden, dass die Heidenvölker aller Nationen und Zungen ihm dienen. Damit bestätigt Jesus also nochmals sein messianisches Programm von der Zuwendung Gottes zu den Heiden. Der Menschensohn kommt auf den Wolken des Himmels, die von den Winden getrieben werden. Von den Winden, also von allen Richtungen her, werden die "Erwählten" gesammelt (vgl. Mk 13,26).

70 Vgl. die viel vorsichtigere Anfrage der Pharisäer in Mk 2,7. Eine Gotteslästerung wäre es gewesen, wenn Jesus den Namen Gottes in den Mund genommen hätte. Er vermeidet es aber, genauso wie auch der Hohepriester, den Gottesnamen auszusprechen. Er umschreibt ihn (als "Kraft") und zeigt gerade so, dass er sich keineswegs an die Stelle Gottes setzen will.

obendrein. Jesus wegen seiner messianischen Sendung in Misskredit zu bringen, ist ihnen nicht gelungen. Diesen Machtkampf haben sie nicht gewonnen. Sie konnten nicht einmal den Schein wahren. Deshalb begeben sich einige sogar mit eigener Hand auf die Ebene der physischen Gewalt und misshandeln Jesus als falschen Propheten (Mk 14,65).

3.4. Die Inthronisation des Königs der Juden am Kreuz (Mk 15,1-39)

Mit der Verleugnung des Petrus (Mk 14,65-72), die der Erzähler literarisch in scharfen Kontrast[71] zum Christusbekenntnis Jesu stellt, endet diese Nacht, nach jüdischer Zählung die erste Hälfte des sechsten Tages. Im Lauf der bevorstehenden zweiten Hälfte des sechsten Tages wird Jesus in der dritten Stunde (Mk 15,24f) gekreuzigt. Sechs Stunden später, in der neunten Stunde (Mk 15,34) stirbt er am Kreuz.

1. Vom zweiten Abschnitt des zweiten Hauptteils (Mk 11,1) an hat Markus durch das Schema der Heiligen Woche seine Erzählung strukturiert.[72] Es handelt sich bei der Heiligen Woche nicht um einen historisch und chronologisch exakten Bericht, sondern um eine typologische Einteilung des Geschehens in Jerusalem, angefangen von dem messianischen Einzug in die Stadt bis zum Tod am Kreuz. Mit dieser Typologie will der Erzähler Markus Jesu Auftreten in Jerusalem als Thronbesteigungsritual eines neuen Königs interpretieren. Diese Typologie war allen leicht verständlich. Denn genau danach hat die Gemeinde des Markus jedes Jahr ihr Osterfest vorbereitet.

Schon im ersten Abschnitt des zweiten Hauptteils (Mk 8,30-10,52) hat Markus literarisch darauf hingeführt. Der neue König zieht durch sein ganzes Herrschaftsgebiet und nimmt es symbolisch in Besitz.

Dann beginnt mit der Heiligen Woche das Ritual der Thron-

---

71 Vgl. die Rahmung der Verhörszene mit dem Bekenntnis Jesu durch Mk 14,54 und Mk 14,65-72.

72 Die Heilige Woche ist keine Erfindung des Evangelisten. Sie ist zu seiner Zeit und in seiner Gemeinde durch die kultische Begehung des Osterfestes längst geformt und ausgebildet. Das Osterfest wurde zur Zeit des jüdischen Passa begangen. Denn zum Passafest war Jesus nach Jerusalem gegangen und dort gestorben. Heidenchristliche Gemeinden können nicht das jüdische Passa feiern. Aber ihr Osterfest verdankt sein Entstehen dem Gang Jesu nach Jerusalem zum Passafest, seinem Tod dort und seiner Auferstehung.

besteigung. Am ersten Tag zieht Jesus als neuer König in seine Stadt ein. Er proklamiert sich dabei selbst in einem feierlich inszenierten, mit messianischen Symbolen reich ausgestatteten Einzug in die Stadt erstmalig öffentlich als Messias, das heißt als der neue König.

Am zweiten Tag der Woche verkündet Jesus als sein messianisches Programm Gottes außerordentliche Liebe zu den Heiden. Diesem Tag kommt eine Schlüsselstellung für die Biographie Jesu zu. Schon hier vermerkt Markus, dass die Hohenpriester und die Schriftgelehrten, die von Jesu Auftritt im Tempel hören, danach trachten, ihn zu entmachten. Damit verhalten sie sich ähnlich wie die Pharisäer in Mk 3,6. Diese wollen ihn als Lehrer "entmachten" und "ruinieren".

Auch in Mk 11,18 gründet die Ablehnung der Gegner in dem außerordentlichen Eindruck von Jesu Auftreten bei der Menge. Der Unterschied zwischen beiden Szenen besteht einmal darin, dass Jesus jetzt im Tempel in Jerusalem ausdrücklich mit dem Anspruch, der König zu sein, aufgetreten ist. In diesem Auftreten ist natürlich ein besonderer Machtanspruch impliziert. Zum anderen sind seine Gegner nicht nur theologische Lehrer, sondern es ist die ganze jüdische Tempelaristokratie mit dem Hohenpriester an der Spitze, die höchste jüdische Autorität in dieser Zeit. Diese hat großen Einfluss und sie übt deshalb in einer Zeit, in der von Rom eingesetzte Präfekten das Land diktatorisch beherrschen und es keinen eigenen jüdischen König oder anderen Herrscher gibt, reale politische Macht aus. Der römische Präfekt muss mit dieser Macht durchaus rechnen, wie sein weiteres Verhalten beweist.

Es ist fast selbstverständlich, dass diese verbliebenen jüdischen Machtträger auf irgendwelche Konkurrenten ihrer Macht äußerst allergisch und aggressiv reagieren. Die jüdischen Oberen fragen überhaupt nicht nach dem Inhalt seines messianischen Programms, sondern nur nach seiner Legitimation: "In welcher Macht tust du dies? Oder wer hat dir diese Macht gegeben, dass du dies tust?" (Mk 11,28)

Der dritte Tag beginnt mit einem Bericht von der jetzt unvermeidlich gewordenen Auseinandersetzung um die Macht und damit um den messianischen Anspruch Jesu. Jesus verteidigt nicht nur seinen Messiasanspruch. Er geht in der Weinbergparabel sogar zum Gegenangriff über: Die Bauern werden den Erben zwar töten. Aber dann wird der Herr des Weinbergs kommen, die Bauern entmachten und den Weinberg anderen geben (Mk 12,8f). Hohepriester, Schriftgelehrte und Älteste (Mk 11,27) verstanden, dass dieses Gleichnis auf sie hin gesagt war (Mk 12,12). Damit war für sie die Sache entschieden. Sie brauchen sich jetzt aus ihrer Sicht überhaupt nicht mehr mit dem Programm Jesu auseinanderzusetzen. Dass er dieses Programm am selben Tag in einem Gespräch mit einem Schriftgelehrten aus der Tora begründet, interessiert sie nicht mehr. Sie lassen Jesus stehen, sind aber von jetzt an fest entschlossen, ihn nicht nur zu entmachten, sondern sich seiner zu bemächtigen (Mk 12,12). Für sie sind die Würfel gefallen.

Markus verzögert zunächst literarisch die Fortführung dieses Machtkampfes. Das erhöht aber nur die Spannung. Er erreicht das durch eine große Dehnung des dritten Tages. Nach den theologischen Auseinandersetzungen mit den verschiedenen jüdischen Gruppen und weiteren Lehren im Tempel folgt am gleichen dritten Tag noch die große Rede Jesu auf dem Ölberg, dem Tempel gegenüber, bei dem vor allem die Gemeinde der Gegenwart und deren Zukunft, literarisch in der Form einer testamentarischen Rede, in den Blick kommt.

Dann folgen noch zwei Tage, an denen Jesus nicht nach Jerusalem geht. Am vierten Tag der Woche, wird nur die Salbung in Betanien erzählt, die Jesus selbst auf seinen Tod und sein Begräbnis hin deutet. Im Zusammenhang der bevorstehenden Inthronisation des Königs am Kreuz steht die Salbung durch diese Interpretation an der Stelle der Königssalbung. Am fünften Tag lässt Jesus durch zwei seiner Jünger das am Abend fällige Passamahl mit der Schlachtung des Lammes vorbereiten. Sonst wird von Jesus an diesem Tag nichts weiter erzählt.

Diese beiden Tage sind aber nicht einfach friedvoll. Am Beginn des vierten Tages hat Markus die Entschlossenheit der jüdischen Obrigkeit wieder in Erinnerung gebracht, gegen Jesus vorzugehen, Zugleich hat sich die Radikalität ihrer Ziele gegen Jesus verschärft. Sie trachten danach, sich seiner zu bemächtigen, um ihn zu töten. Eine kleine Frist von zwei Tagen bleibt noch. Denn sie wissen nicht genau, wie und wann sie ihn ohne Aufsehen festnehmen können. Die ganze Spannung konzentriert sich auf den bevorstehenden sechsten Tag der Woche, den Beginn des einwöchigen Passafestes. Der Ausbruch des tödlichen Konflikt steht unmittelbar bevor.

Der sechste Tag beginnt mit der Nacht, in deren ersten Hälfte Jesus in der Stadt sein Abschiedsmahl mit den Jüngern hält. In der zweiten Hälfte wird er von einer Schlägertruppe am Ölberg in Getsemani gefangen genommen und mit Gewalt zum Palast des Hohenpriesters geführt. Dort kommt es zu dem Messiasbekenntnis, mit dem er vor der höchsten jüdischen Autorität seine Identität als Messias behauptet. Im Ablauf des Thronbesteigungsrituals entspricht dieses Bekenntnis Jesu der Vorlage seiner Legitimationsurkunde. Der Hohepriester erklärt diesen Akt des Bekenntnisses als Gotteslästerung. Das

ganze Synedrium urteilt, dass er des Todes schuldig sei. Bei Tages-
beginn am sechsten Tag treffen sie eine Entscheidung: Sie fesseln Jesus, bringen ihn weg und übergeben ihn dem Pilatus (Mk 15,1).

Pilatus lässt Jesus nach einem kurzen Verhör kreuzigen. Am
Nachmittag desselben Tages stirbt Jesus am Kreuz. Alles vom Gang
nach Jerusalem und vom Abschiedsmahl dort (Mk 14,17) bis zum
Tod am Kreuz und zur folgenden Bestattung in einem leeren Felsengrab (Mk 15,42-47) spielt sich also in den vierundzwanzig Stunden
des sechsten Tages ab. In der Abfolge des Rituals für den neuen König entspricht seine Erhöhung am Kreuz (Mk 15,30.32) der Inthronisation des neuen Königs.[73] Der Thron für diesen König ist das Kreuz
geworden. Zum Beleg für diese grausame Inthronisation lässt Pilatus
am Kreuz eine Schrift anbringen mit dem Titel: "Der König der Juden!" (Mk 15,26)

2. Historisch gibt es keinen Zweifel: Allein der römische Präfekt
Pilatus konnte die Kreuzigung veranlassen. Insofern trägt er die
Hauptverantwortung. Aufruhr und Hochverrat waren die wichtigsten
Gründe für die Kreuzigungsstrafe bei den Römern. Aber ein Präfekt
konnte diese Gründe durchaus großzügig auslegen und auf ähnliche
Tatbestände erweitern.[74] Dass Pilatus grausam und gewalttätig regiert
hat, ist außerbiblisch gut belegt.[75] Auch bei Verhängung der Kreuzi-
gungsstrafe war er mit Sicherheit nicht zimperlich.

Literarisch stellt der Erzähler diese Verantwortung des Pilatus
nicht in Frage. Aber der Leser weiß längst, dass der wahre Grund für
die Hinrichtung Jesu in seinem machtvoll vorgetragenen Messiasanspruch liegt (Mk 14,62). Der Hohepriester und mit ihm das ganze
Synedrium urteilen daraufhin, es handle sich um Gotteslästerung und
er sei des Todes schuldig (Mk 14,63f). Im juristischen Sinn war das
kein Todesurteil. Sie führen keinen Prozess und sie wissen schon im
Voraus, dass sie ihn zu Tode bringen wollen. Nicht einmal die
Falschzeugen helfen weiter, um den Anschein eines Prozesses wahren
zu können. Alles konzentriert sich auf die Christusfrage des Hohenpriesters und auf Jesu Antwort.

Die weiteren Schritte ergeben sich fast zwangsläufig. Markus
zählt ausdrücklich nochmals (Mk 15,1) alle Repräsentanten auf, die
im Tempel nach Jesu Vollmacht gefragt haben (Mk 11,27f) und denen

---

73 Vgl. Ph. Vielhauer, Erwägungen zur Christologie des Markusevangeliums,
    in: ders., Aufsätze zum Neuen Testament (TB 31), München 1965, 139-214,
    hier bes. 213.
74 Vgl. Mk 15,27.
75 Philo, LegGaj 302; Josephus, Bell 2,169-177.

gegenüber Jesus seinen Messiasanspruch bestätigt hat (Mk 14,53). Sie müssen jetzt überlegen, wie sie ihr Ziel erreichen (Mk 15,1). Da allein Pilatus für die Todesstrafe zuständig ist, wird Jesus gefesselt[76] und als gefährlicher Aufrührer an Pilatus übergeben.

In der Folge müssen sie strikt bei dieser Linie bleiben. Schon die Fesselung hat taktische Gründe. Pilatus muss von der Gefährlichkeit Jesu überzeugt werden. Zur Begründung übersetzen sie dem Heiden Pilatus Jesu Messiasanspruch: Er ist ein Aufrührer, weil er als "König der Juden"[77] auftritt. Die Leser erfahren das indirekt aus der Frage des Pilatus an Jesus: "Bist du der König der Juden?" (Mk 15,2) Dass Pilatus die Anklage richtig als Aufruhr versteht, geht aus dem weiteren Verlauf eindeutig hervor. Das beweist vor allem die Kreuzesstrafe, aber auch schon der Vergleich mit Barabbas, der bei einem Aufstand zusammen mit anderen einen Mord verübt hat (Mk 15,7). Die Kreuzesaufschrift benennt dies als Hinrichtungsgrund.

Allerdings weiß Pilatus auch, dass der Vorwurf nicht stimmt. Aus Neid haben sie ihn ausgeliefert. Davon ist er überzeugt (Mk 15,10). Trickreich will er deshalb im weiteren Verlauf den ungeliebten Hohenpriestern eine Niederlage beibringen. Um Gerechtigkeit für Jesus geht es ihm nicht. Er treibt sein eigenes Spiel, indem er Jesus der anwesenden Menge zur Freigabe anbietet. Damit hat er ihn aber neben Barabbas zum Aufrührer erklärt und sich gleichzeitig dem Urteil der Menge ausgeliefert. Und er verliert bei diesem Spiel. Denn die Menge lässt sich von den Hohenpriestern aufputschen und manipulieren. Sie verlangt wider Erwarten Barabbas zur Freigabe. Für Pilatus bedeutet das, dass er Jesus als Aufrührer behandeln muss.

Er kann nicht mehr zurück. Es wird ein "verkehrter" Prozess. Wie sehr Pilatus jetzt ein Getriebener ist, deutet der Erzähler dadurch an, dass er nicht einmal mehr ein formelles Todesurteil berichtet.[78] Pilatus gibt einfach der Menge nach und liefert Jesus zur Kreuzigung aus. Er, der die Hohenpriester austricksen wollte, wird selbst manipuliert. Eine kleine Rache an den Hohenpriestern ist ihm noch gelungen. Mit der Rückfrage an die Menge, was er mit dem von ihr so genannten "König der Juden" tun solle, zwingt er die Menge und damit die

---

76 Erst jetzt geschieht das. Beim feierlichen Messiasbekenntnis war Jesus in der Markuserzählung zwar gewaltsam vorgeführt worden, aber noch nicht gefesselt.

77 Erst in Mk 15 wird dieser Titel verwendet, insgesamt fünfmal, jeweils im Zusammenhang mit der römischen Besatzungsmacht (Mk 15,2.9.12.18.26).

78 Im Markusevangelium gibt es kein formelles Todesurteil. Auch in Mk 14,64 hatte es nur geheißen, dass das Synedrium "urteilte", er sei des Todes schuldig. Das Synedrium spricht damit kein Urteil; es war dazu auch gar nicht befugt.

Hohenpriester, die die Menge steuern, dass sie als Erste die verhasste römische Strafe der Kreuzigung aussprechen und sie für einen Juden von dem Heiden Pilatus fordern (Mk 15,13f). Auch die jüdischen Ankläger können nicht mehr zurück, weil sie die Anklage des Aufruhrs zur Gesichtswahrung durchhalten müssen.

3. Der Grund für Jesu Kreuzigung liegt letztlich in Jesu eigenem Messiasanspruch. Die beiden letzten Sätze, die Jesus in der Markuserzählung überhaupt spricht, bestätigen jeweils diesen Anspruch: einmal gegenüber dem Hohenpriester und dem Synedrium (Mk 14,62f), zum anderen gegenüber Pilatus (Mk 15,2). Diese Aussagen werden literarisch umso deutlicher hervorgehoben, als Jesus im übrigen schweigt, sowohl auf die Aussagen der falschen Zeugen hin als auch auf weitere Fragen des Pilatus.

Der Erzähler lässt im ganzen Verlauf nicht den geringsten Zweifel darüber aufkommen, dass Jesus unschuldig ist. Der Grund, für den er am Kreuz hingerichtet wird, sein Messiasanspruch, wäre für Juden kein Grund, etwas gegen ihn zu unternehmen, schon gar kein Grund zur Todesstrafe. Pilatus hatte ebenfalls keinen Grund, weil er klar durchschaut hatte, dass der Vorwurf des Aufruhrs gegen diesen "König der Juden" eindeutig falsch war (Mk 15,10).

Trotzdem war es nicht blinder Hass, der die Hohenpriester und das ganze Synedrium zur Ablehnung Jesu trieb. Ein kleines Gedankenexperiment kann das bewusst machen. Hätte Jesus sich in Jerusalem als frommer Pilger ruhig verhalten, dann hätte ihn nach der Erzählung des Markus dort niemand belangt. Man kann sogar noch weitergehen. Hätte sich Jesus in Jerusalem als Messias proklamiert, dann wäre das immer noch kein Verfolgungsgrund gewesen. Die Obrigkeit und wohl die Mehrheit der anwesenden Pilger hätten ihn distanziert beobachten können, weil sie selbst gar nicht hätten Stellung nehmen müssen.

Gerade diese neutrale Distanz hat Jesus selbst verhindert. Zweimal, nach seiner Zeichenhandlung im Tempel und beim Verhör vor dem Hohen Rat, hat er erfolgreich die jüdische Obrigkeit zu einer Stellungnahme gezwungen. Beim ersten Mal geschah es dadurch, dass er am Tag nach seiner Zeichenhandlung wieder in den Tempel kam und dort herumging. Jetzt mussten sie sich mit seinem Anspruch auseinandersetzen. Sie taten es, indem sie ihn nach seiner Vollmacht fragten (Mk 11,28). Beim zweiten Mal misslang ihr Versuch einer Ausflucht mittels der falschen Zeugen, die sie vorladen und vortragen lassen. Jesus ging darauf nicht ein und verteidigte sich nicht. Er hatte das nach dem Erzähler Markus auch nicht nötig, weil die

Falschzeugnisse nicht übereinstimmten. Zuletzt sah sich der Hohepriester gezwungen, Jesus nach seinen Christustitel zu fragen. Er musste den Titel in seiner Frage selbst aussprechen und, nach Jesu eindeutigem Bekenntnis, auch dazu Stellung beziehen.

Der Hohepriester und das Synedrium haben Jesus, genau genommen, also nicht wegen seines messianischen Anspruchs abgelehnt, sondern deswegen, weil er sie gezwungen hat, sich mit diesem Anspruch auseinanderzusetzen. Insofern kann man sagen: Nicht die Hohenpriester oder Pilatus, sondern Jesus selbst ist "schuld". Er hat den ganzen Ablauf durch sein Auftreten selbst verursacht und in jeder Phase gesteuert. Dass er sich dabei ausschließlich nach dem Willen Gottes richten wollte, ist selbstverständlich.[79]

4. Damit bleibt noch als letzte Frage: Warum haben die jüdischen Autoritäten, nachdem sie zur Stellungnahme gezwungen waren, Jesus nicht zustimmen können oder wollen? Aufgrund der literarischen Strukturierung des ganzen Ablaufs durch die Heilige Woche muss die Antwort dazu am zweiten Tag in der Zeichenhandlung Jesu im Tempel gesucht werden. Dort hat Jesus seine Sendung inhaltlich erklärt und öffentlich in Jerusalem vorgestellt. Es geht ihm um die Liebe Gottes zu den Heiden.

Im Zusammenhang damit fällt ihre Entscheidung, ihn mit Gewalt auszuschalten (Mk 12,12). Jesus sagt ihnen in der Weinbergparabel ins Gesicht, dass der Wille, den Sohn und Erben zu töten, in ihnen schon herangereift ist. Es ist literarisch nur konsequent, dass ein richtiger Prozess weder vor dem Hohen Rat noch vor Pilatus stattfindet. In beiden Fällen wird kein Urteil mehr gesprochen. Die Entscheidung ist vorher gefallen, nach der Zeichenhandlung Jesu im Tempel am zweiten und am dritten Tag der Heiligen Woche.[80]

Sie lehnen mit dem Vorwurf der Gotteslästerung in Mk 14,63f nicht jeden Messias ab, sondern sie lehnen diesen Christus ab, der in dieser Zeichenhandlung als sein messianisches Programm Gottes außerordentliche Liebe zu den Heiden verkündet hat. Jesus selbst verweist bei seiner Gefangennahme auf seine Lehre im Tempel (Mk 14,49). Auf dieser theologischen Ebene hätten sie sich mit ihm auseinandersetzen müssen. Aber sie sind mit dieser Botschaft Jesu überfordert. Sie sehen ihre jüdische Identität und damit ihre Berufung und Sendung gefährdet, wenn die Abgrenzung zu den Heiden

---

79 Vgl. die Erklärung seines Weges an die Jünger in den drei Ankündigungen seines Todes und der Auferweckung im ersten Abschnitt des zweiten Hauptteils; vgl. auch Mk 12,6-9; 14,21.27.36.49.

80 Vgl. Pesch II 412.

undeutlich wird.[81] Die Situation der heidenchristlichen Gemeinden in der Zeit des Markus scheint ihnen nachträglich auch Recht zu geben und ihre Befürchtungen zu bestätigen.

Der Konflikt wegen der zu engen Gemeinschaft mit den Heiden zerreißt bei Juden, die diese Gemeinschaft gewähren, die Familien, manchmal sogar bis in den Tod (Mk 13,12). Die Heidenchristen sind an Zahl gewachsen und sie wollen sich scheinbar zunehmend von ihrer jüdischen Wurzel emanzipieren.[82] Der jüdisch-römische Krieg mit der Zerstörung des Tempels zum Schluss hat diesen durch Jesus eingestifteten Konflikt unübersehbar aufgedeckt.

Umgekehrt hat die Tatsache, dass Jesus diesen Konflikt bis zum Tod ausgetragen und kein Ausweichen oder Verdrängen akzeptiert hat, die jetzige heidenchristliche Gemeinde des Markus erst ermöglicht und begründet. Mit Recht können diese Christen im Leben und Sterben dieses Messias Jesus die Stiftung ihrer heidenchristlichen Gemeinde erkennen. Das Evangelium des Markus enthält ihre Gründungsurkunde, weil sie das Leben Jesu als theologische Biographie aus der Perspektive dieser Frage erzählt.

5. Das Kreuz ist zum Thron des neuen Königs geworden. Markus verlangsamt die Erzählung an diesem sechsten Tag der Heiligen Woche noch zusätzlich, indem er die Stunden aufzählt. Er nennt die dritte (Mk 15,25), die sechste (Mk 15,33) und die neunte Stunde (Mk 15,33f). Sechs lange Stunden hängt Jesus am Kreuz bis zu seinem Tod. Der tritt in der neunten Stunde ein. Jesus stirbt mit einem lauten Schrei (Mk 15,37).

In dieser Zeit treten die verschiedenen Gruppen und Sprecher auf, um ihn öffentlich zu verspotten und zu verhöhnen. Der Erzähler erwähnt wiederholt, dass Jesus am Kreuz erhöht ist und die Spötter also unter ihm stehen.[83]

Im Ablauf des Thronbesteigungsrituals entspricht die folgende Verspottung der Huldigung des neuen Königs durch seine Untertanen. In dieser perversen Form werden nochmals alle die Gründe genannt,

---

81   Gegen Pesch II 412, der annimmt, dass hier ein Gegensatz zwischen Evangelium und Gesetz sichtbar wird.

82   Paulus muss die Heidenchristen schon etwa fünfzehn Jahre vor Markus ermahnen, dass sie sich nicht über Israel erheben. Gott hat sein Volk nicht verstoßen (Röm 11,1). Die Heidenchristen sind nur nachträglich eingepfropfte Zweige und haben deshalb keinen Grund, sich gegen die natürlichen Zweige zu rühmen (Röm 11,17f).

83   Vgl. Mk 15,30.32.36.

die Jesus zum neuen König qualifizieren.[84] Schon nach dem Messias-bekenntnis haben einige aus dem Synedrium Jesus misshandelt (Mk 14,65). In dem grausamen Spiel, ihm die Augen zu verhüllen, ihn zu schlagen und ihn dann zu fragen, wer es war, spielen sie auf seinen prophetischen Anspruch an.[85]

Die Soldaten verspotten Jesus, nachdem Pilatus ihn übergeben hat, drinnen im Palast des Pilatus. Das geschieht vor der Kreuzigung Jesu als "König der Juden". Sie verspotten ihn mit einem Purpur-gewand, einer Dornenkrone, mit Kniebeugungen und indem sie ihn mit einem Rohr[86] auf den Kopf schlagen und ihn anspeien (Mk 15,16-20). Die Tafel am Kreuz (Mk 15,26) mit dem Titel "König der Juden" ist aus ihrer Sicht und aus der des Pilatus wieder nur Hohn und Spott.

Nachdem Jesus am Kreuz[87] erhöht hängt, losen die Henker vor seinen Augen um seine Kleider (Mk 15,24). Ohne es selbst zu wissen, erklären sie mit dieser Handlung Jesus zum "leidenden Gerechten", der auf diese Art im Psalm 22,19 beschrieben ist.

Dann kommen die Gaffer (Mk 15,29f). Sie kennen das angebliche Wort Jesu, dass er den Tempel abreißen und in drei Tagen wieder aufbauen werde. Der Leser weiß, dass es von den Falschzeugen vor dem Hohen Rat in die Welt gesetzt wurde, in Anlehnung an die Zeichenhandlung Jesu im Tempel. Gegenüber den Falschzeugen (Mk 14,58) klingt es jetzt einfacher und wirkt noch mehr vergröbert.[88] Diese Verspottung bekommt durch die Tatsache, dass der Tempel in-

---

84 In Mk 15,3 steht noch allgemein: Sie klagen "Vieles" (vgl. auch Mk 1,45 und Mk 8,31) an. Das wird im folgenden von den verschiedenen Spöttern aus-geführt.

85 Mk 14,65 steht nur kurz προφήτευσον, also: "prophezeie" (Übersetzung in: Synoptisches Arbeitsbuch zu den Evangelien, hg. von R. Pesch). Durch eine Übersetzung, wie "sage uns" oder "offenbare" geht die literarische Anspie-lung auf diesen prophetischen Anspruch Jesu verloren. Mt 26,68 und Lk 22,64 haben die Geschichte ausführlicher erzählt.

86 Matthäus erweitert das grausame Spiel, indem er in seiner Parallelstelle (Mt 27,29) aus dem Rohrstock zusätzlich ein Zepter macht, mit dem sie ihn danach auch auf den Kopf schlagen (Mt 27,30).

87 Das Wort "Kreuz" kommt (mit Ausnahme von Mk 8,34) zum ersten Mal in Mk 15,21 vor. Auch ist im ganzen Evangelium vor dem Auftreten des Pilatus in Mk 15 nie vom Kreuzestod die Rede. In Mk 15,21 heißt es, dass Simon von Kyrene Jesus das Kreuz tragen muss. Nach der Markuserzählung trägt Jesus überhaupt nicht sein eigenes Kreuz. In Mk 8,34 gilt das Wort vom Kreuztragen im übertragenen Sinn (gegen Limbeck 107). Nur in diesem Sinn muss Jesus selber sein Kreuz tragen und er kann seine Jünger auffordern, in seiner Nachfolge ihr Kreuz zu tragen. Immerhin hat Markus bei ihrer Aussendung schon erwähnt, dass auch sie Misserfolg erfahren werden (Mk 6,11).

88 Es fehlt "nicht mit Händen gemacht".

zwischen zwar nicht von Jesus, aber von den Römern zerstört worden ist, für die Leser einen besonderen Klang.

Anschließend spotten die Hohenpriester mit den Schriftgelehrten: "Andere hat er gerettet, sich selbst kann er nicht retten! Der Christus, der König Israels, steige er jetzt herab vom Kreuz, damit wir sehen und glauben!" (Mk 15,31f) Sie bestätigen darin nochmals, dass Jesus Wunder gewirkt hat und dass er vielen geholfen hat. Und sie wiederholen ein letztes Mal mit dem Titel den Anspruch Jesu. Weil sie daran nicht vorbeigehen konnten, mussten sie ihren Unglauben bekennen. Das hatte ihnen Jesus im Vergleich mit dem toten Johannes den Täufer schon angesagt (Mk 11,30-33). Jetzt tun sie es explizit. Zugleich wird dadurch die Anschuldigung der Gotteslästerung (Mk 14,64) widerlegt und die Schwäche ihrer eigenen Position entlarvt. Sie glauben ihm einfach nicht.[89]

Die unmittelbaren Zeugen seines Sterbens missverstehen[90] sein letztes Gebet, den Anfang von Ps 22: "Eloi, Eloi, lema sabachthani!" (Mk 15,34) Sie finden darin einen letzten Anlass zum Verspotten, denn sie meinen, wegen des ähnlichen Klangs der Silben, er rufe Elija (Mk 15,35). Einer gibt ihm darauf den Schwamm mit Essig. Mit einem letzten Schock soll sein Leben noch einen Augenblick verlängert werden, damit Elija Gelegenheit hat, ihn herunterzunehmen (Mk 15,36). Selbst in dieser abscheulichen Verhöhnung verraten sie noch, dass sie Jesu prophetisches Auftreten als Endzeitgestalt kennen, für die doch Elija, der Endzeitbote schlechthin, zur Rettung kommen müsste (Mal 3,23f).

Sechs Stunden lang wird dem neuen König am Kreuz auf diese Weise "gehuldigt". Abgeschlossen werden diese verkehrten "Huldigungen" an den neuen König durch das Bekenntnis des heidnischen Hauptmanns: "Wahrhaftig, dieser Mensch war Gottes Sohn!" (Mk 15,39) Es ist dies die einzige Huldigung, die nicht erst wie durch einen Spiegel von der Spottebene in die umgekehrte reale Welt übertragen werden muss, um richtig gelesen zu werden. Der Hauptmann huldigt dem am Kreuz inthronisierten Jesus, indem er in einer dem Heiden möglichen Form den Gott Israels bekennt.

Diese überraschende positive Form einer "Huldigung" und der dabei gebrauchte Titel "Sohn Gottes" hat immer wieder dazu verführt, hier eine letzte Zuspitzung des christologischen Bekenntnisses zu

---

89 Dass die mitgekreuzigten zwei Räuber (Mk 15,27) den Unglauben der Hohenpriester und Schriftgelehrten mit Lästerungen ergänzen, desavouiert diese zusätzlich.

90 Ob absichtlich oder nicht absichtlich, spielt keine Rolle, gegen die Vermutung von Pesch II 495.

vermuten. Der heidnische Hauptmann habe zuletzt die Wahrheit ausgesprochen, die von der jüdischen Obrigkeit hartnäckig geleugnet
wurde. Der Titel "Sohn Gottes" hat aber im Mund des Heiden eine
andere Bedeutung als bei den zwei Offenbarungsstellen im Evangelium, in denen die Himmelsstimme Jesus als "geliebten Sohn" bezeichnet.[91] Das Zeugnis des Hauptmanns soll literarisch nicht das
Gewicht vom Messiasbekenntnis Jesu wegschieben.

6. Markus hat die letzten Stunden Jesu am Kreuz von der dritten bis
zur neunten Stunde wie in einem lebendigen Passionsspiel gestaltet.
Zur Aufführung kommt dabei in der Geschichte Jesu der Psalm 22.
Als Mitspieler sind neben Jesus sowohl Heiden als auch Juden beteiligt. Jeder von ihnen trägt abwechselnd einen Ausschnitt aus diesem Psalm vor.

Den Anfang machen die Soldaten, die Jesus hinrichten. Unmittelbar nachdem sie Jesus gekreuzigt haben (Mk 15,24), verteilen sie
seine Kleider, indem sie das Los um sie werfen. Die Soldaten verhalten sich damit nach altem Gewohnheitsrecht. Ihnen gehören die
Kleider des Verurteilten als Henkerslohn. Ein Leser des Evangeliums,
der die jüdische Bibel und also auch die Psalmen kennt, wird deutlich
an den Ps 22,19 erinnert.

Dann kommen die Gaffer (Mk 15,29). Sie tragen in diesem
lebendigen "Passionsspiel" Ps 22,8 vor, indem sie "ihre Köpfe schüt-
teln", bevor sie das Tempelwort vorbringen und Jesus höhnend zum
Herabsteigen vom Kreuz auffordern.

Die Hohenpriester und Schriftgelehrten übernehmen mit ihrem
Spott über seine aussichtslose Lage (Mk 15,30f) das Wort von der
vergeblichen Rettung aus Ps 22,9, das schon die Gaffer anklingen
ließen.

Mit dem Einbruch der Finsternis zur sechsten Stunde beginnt die
letzte Phase. Diese Finsternis darf sicher nicht als historische Notiz
gelesen werden.[92] Sie ist Anspielung auf Amos 8,9f: "An jenem Tage
wird es geschehen, spricht Gott der Herr, da lasse ich die Sonne
untergehen am Mittag und bringe Finsternis über die Erde am hellich-
ten Tag. ... Ich schaffe Trauer wie um den einzigen Sohn ..."[93]

Als letzter "Mitspieler" hat Jesus selbst das Wort. Er gibt mit der

---

91 Fragwürdig ist deshalb die häufige Zusammenstellung der zwei Offen-
     barungsstellen in Mk 1,11 und 9,7, die sich an Gen 22,2; Jes 42,1 und Ps 2,7
     anlehnen, mit diesem Wort des Hauptmanns. Schon das auffällige "war" im
     Satz des Hauptmanns müsste zur Vorsicht mahnen.
92 Gegen Pesch II 493.
93 Vgl. Am 5,20. Lukas hat die Markusvorlage in seiner Parallelstelle über-
     nommen und die Anspielung auf Am 8,9f noch deutlicher hervorgehoben.

Anrufung vom Beginn des Psalms 22 die Gattung für das "Spiel" an. Es handelt sich insgesamt um ein Gebet: "Mein Gott, mein Gott, warum hast du mich verlassen!" (Ps 22,2; in Mk 15,34) Das "Spiel" ist also ein lebendiges Gebet, auch wenn die einzelnen Rollen für sich genommen gar nicht wie ein Gebet klingen. Es folgt nur noch die Verdrehung des Gebetsrufs Jesu von "Eloi" zu "Elija". Damit wird die Darreichung des Essigschwamms begründet (Mk 15,36), die an Ps 22,16 erinnert.[94] Anschließend stirbt Jesus mit einem lauten Schrei (Mk 15,37).

Das Zerreißen des Tempelvorhangs zur neunten Stunde (Mk 15,38) rahmt als weiteres Zeichen in der sechsten Stunde die letzten drei Stunden Jesu am Kreuz. Hier muss man sich vor antijüdischen Auslegungen hüten. Das Zerreißen des Vorhangs bedeutet nicht, dass die Erwählung von den Juden zu den Heiden übergegangen sei.[95] Im Zusammenhang des Evangeliums weist dieses Zeichen darauf hin, dass Jesu messianische Botschaft in seinem Tod in Erfüllung gegangen ist: Jesus ist für die "Vielen", das sind die Heiden, gestorben und er hat mit seinem stellvertretenden Tod Gottes außerordentliche Liebe zu den Heiden geoffenbart.

Inzwischen ist der Tempel in Jerusalem von den Römern tatsächlich zerstört worden. Das Zeichen des zerrissenen Tempelvorhangs interpretiert die Gemeinde jetzt, wie zuvor schon die Zeichenhandlung Jesu im Tempel (Mk 11,15-17), in Anlehnung an Sach 14,21 für ihre eigene Situation: Das bisherige Verhältnis von Juden und Heiden hat sich durch Jesu Tod verändert, weil auch die Heiden Gottes Liebe erfahren haben.[96]

Zuletzt erhält, wie auch zu Beginn, nochmals ein heidnischer Mitspieler das Wort, der Hauptmann. Mit seinem Bekenntnis zum Gott Israels (Mk 15,39) spielt er den Abschnitt in Psalm 22, in dem Grund und Ziel des Leidens des "Gerechten" zusammengefasst werden: "Alle Enden der Erde werden dessen gedenken und sich zu dem Herrn

---

94 Die Anspielung wird verstärkt in der Verbindung mit Ps 69,22. Vgl. auch Joh 19,28.

95 Vgl. Pesch II 499, der vor solchen Interpretationen warnt. Allerdings nimmt Pesch auch an, dass schon die Urgemeinde in Jerusalem das Ende des Tempels als Kultort und Opferstätte erwartet habe. In etwas verdeckterer Form ist in dieser Annahme die Ablösungstheorie, die Pesch vermeiden will, ebenfalls enthalten.

96 Aus Sach 9-14 stammen eine ganze Reihe von messianischen Zeichen in der Passionsgeschichte des Markus: Sach 9,9 (das Eselfüllen beim Einzug) in Mk 11,2; Sach 14,4 (der gespaltene Ölberg für den Weg des Messias) in Mk 11,1; Sach 14,21 (die Krämer im Tempel) in Mk 11,15f; Sach 10,4 (der Eckstein) in Mk 12,10f; Sach 13,7 (die Ansage der Zerstreuung der Schafe, weil der Hirte geschlagen wird) in Mk 14,27.

bekehren; und alle Geschlechter der Heiden werden vor ihm nieder-
fallen. Denn des Herrn ist das Reich, und er ist Herrscher über die
Heiden." (Ps 22,28f)

Der Psalm 22 eignet sich deswegen besonders zur literarischen
Strukturierung der letzten Stunden Jesu am Kreuz, weil er nicht nur
das Leiden und Sterben Jesu als des "leidenden Gerechten" ausdrücken hilft, sondern auch sein messianisches Programm "für die
Heiden" enthält. Er stirbt, weil er als Messias Gottes außerordentliche
Liebe zu den Heiden verkündet hat. Der Bote und seine Botschaft
sind, wie es Jesus am Beginn dieses Hauptteils[97] angesagt hatte, unlöslich durch dieses Sterben verbunden.

3.5. Jesus, der Gekreuzigte, wurde auferweckt (Mk 16,1-8)

Innerhalb der Heiligen Woche hat der sechste Tag ein besonderes
Gewicht. Das kommt auch literarisch zum Ausdruck. Vom Beginn am
Abend davor (Mk 14,17) bis zum Tod am Kreuz in der neunten Stunde des Freitag (Mk 15,34) und der anschließenden Beisetzung im
Felsengrab ist dieser Tag lückenlos ausgefüllt. Die Ereignisse der
ganzen Woche sind auf diesen Tag ausgerichtet. Jesus stirbt wegen
seines messianischen Anspruchs, den er mit seinem inszenierten
Einzug in Jerusalem erstmals öffentlich erhoben und den er am zweiten Tag der Woche mit seiner Zeichenhandlung im Tempel program-
matisch erklärt hat. Sein messianisches Programm ist die Verkündigung von der außerordentlichen Liebe Gottes zu den Fremden.

Jesus bezweifelt damit nicht die Erwählung Israels, aber er erinnert die jüdische Obrigkeit an die Aufgabe, die mit der Erwählung
Israels immer verbunden ist. Weil er diese Obrigkeit aber in der Auseinandersetzung um seine Vollmacht zu einer Stellungnahme zwingt,
lehnt sie ihn ab. Mit dem Vorwurf der Gotteslästerung weist sie
seinen messianischen Anspruch und sein Programm zurück. Dann
übergibt sie ihn Pilatus, indem sie zielgerichtet für den römischen
Präfekten den Vorwurf der Gotteslästerung in die Anklage des Aufruhrs umwandelt. Dieser lässt daraufhin Jesus kreuzigen.

Mit dem Tod Jesu ist das Evangelium aber noch nicht zu Ende. Es
fehlt der Schluss, in dem erzählt wird, dass Gott gerade diesen Jesus
mit seiner messianischen Sendung, für die er am Kreuz gestorben ist,
bestätigt hat. Wie schon mehrfach im Verlauf der bisherigen Erzäh-

---

97 Vgl. die Nebeneinanderstellung "um meinet- und um des Evangeliums
willen" in Mk 8,35 und 10,29.

lung angekündigt[98], erfolgt diese Bestätigung von Gott durch die Auferweckung Jesu. Diese geschieht "am dritten Tag", nach der Zählung der Tage am ersten Wochentag der neuen Woche.

1. Literarisch ist die Geschichte von der Auferweckung eng an den Kreuzestod gebunden. Zunächst erinnert der Erzähler nach dem langen sechsten Tag wieder an die Chronologie der Heiligen Woche: "Es wurde schon Abend" (Mk 15,42). Dabei handelt es sich um den Freitagabend. Der Erzähler betont zusätzlich, dass es noch kurz vor dem Abend war. Noch befindet sich die Handlung "am Rüsttag zum Sabbat", also am späten Freitagnachmittag.[99] Aber der Sabbat steht unmittelbar bevor. Nach jüdischer Tageseinteilung beginnt der Sabbat mit dem Sonnenuntergang am Freitagabend.

Vergleichbar ist die ausdrückliche Wiederaufnahme der Chronologie in Mk 15,42 mit der Bemerkung in Mk 14,1, dass nach zwei Tagen das Passafest bevorstand. In beiden Fällen geht ein übervoller Tag voraus, dort der dritte Tag mit den theologischen Auseinandersetzungen um Jesu messianisches Auftreten, hier der sechste Tag. Um den Zusammenhang der Heiligen Woche jeweils wieder in Erinnerung zu rufen, musste der Erzähler die Chronologie erneut ausdrücklich benennen. Jetzt erreicht er dadurch, dass die Erzählung von der Auferweckung "am dritten Tag" mit der ganzen letzten Woche Jesu in Jerusalem auch theologisch verknüpft bleibt.

Dem Ratsherrn Josef von Arimatäa gelingt es noch vor Beginn des Sabbat, den Leichnam Jesu von Pilatus frei zu bekommen. Er wickelt ihn in eine Leinwand und setzt ihn in einem Felsengrab bei. Dann wälzt er einen Stein vor das Grab (Mk 15,46).

Eine besondere Brückenfunktion kommt den Frauen zu. Markus erzählt zuerst, dass drei Frauen[100], die er mit Namen aufzählt, von weitem den Kreuzestod mitangeschaut haben (Mk 15,40f). Anschließend beobachteten zwei von ihnen, wohin der Leichnam Jesu von Josef von Arimatäa gelegt worden war (Mk 15,47). Vom Sabbat selbst wird nichts erzählt. Aber unmittelbar danach, "als der Sabbat vorüber war" (Mk 15,1), gehen die drei Frauen, die die Kreuzigung mitangesehen haben, zum Einkaufen. Sie kaufen Kräuteröle für die Salbung. Nach der Erzählung geschieht das alles, so bald als irgend möglich, also noch am Abend nach Sonnenuntergang. Es handelt sich

---

98 Mk 8,31; 9,32; 10,34. Vgl. auch Mk 9,9f und Mk 14,28.
99 Von dieser Tagesangabe in Mk 15,42 ausgehend lassen sich die einzelnen Tage der Heiligen Woche genau benennen (vgl. das Schema zur typologischen Chronologie der Heiligen Woche).
100 Gegen Pesch II 505f, der Jakobus und Joses nicht Brüder sein lässt und der deshalb zwei Mütter mit dem Namen Maria annehmen muss.

um den Samstagabend, mit dem der jüdischen Zählung nach die nächste Woche beginnt. Am selben ersten Wochentag, aber nach der Nacht, in aller Frühe, machen sie sich dann zum Felsengrab auf, um den Leichnam Jesu zu salben (Mk 15,2).

Mit diesem Hinweis auf die zuschauenden Frauen und deren Geschichte vermeidet Markus, dass er jeden einzelnen der drei Tage aufzählen muss. Das wäre literarisch langweiliger und entspräche auch nicht dem typologischen Charakter der ganzen Chronologie. Der Leser soll nicht einen historischen Ablauf kennenlernen, sondern auf die angekündigte Auferweckung Jesu "am dritten Tag" eingestimmt werden. Das Ziel ist die Botschaft von der Auferweckung Jesu, die ein himmlischer Bote den Frauen im Felsengrab verkündet (Mk 16,6).

2. Bevor die Frauen diese Botschaft hören, hat Markus durch seine Erzählung dafür gesorgt, dass zwei mögliche spätere Einwände gegen die Auferweckung von vorneherein ausgeschlossen sind.

Der erste Einwand ist die Scheintodhypothese. Jesus sei gar nicht wirklich tot gewesen und deshalb lediglich von irgendwelchen Freunden wiederbelebt worden. Dagegen betont Markus mit der Geschichte von Josef von Arimatäa, dass der Tod Jesu amtlich festgestellt wurde. Dieser Josef, eine bekannte und angesehene Persönlichkeit, erbittet von Pilatus den Leichnam. Pilatus verlangt zuerst von dem Hauptmann die Bestätigung des Todes und "schenkt" dann die Leiche dem Josef zum Begräbnis (Mk 15,44f). Jesus war wirklich tot. Nicht nur die freundlich gesinnten Frauen und Josef von Arimatäa, der ihn in dem Felsengrab beisetzt, können das bezeugen. Auch Pilatus und der Hauptmann bestätigen es ausdrücklich.

Der zweite Einwand ist die Diebstahlhypothese. Danach sei Jesus zwar tot gewesen. Aber sein Leichnam sei von Anhängern Jesu gestohlen worden. Diese hätten dann mit dem Hinweis auf das leere Grab behauptet, er sei auferstanden. Gegen diesen Einwand stellt Markus das lückenlose Zeugnis der Frauen, die sich als letzte vor dem Beginn des Sabbat und als erste nach dem Sabbat um den Leichnam Jesu kümmern.[101]

Der Gegeneinwand, die Leiche könne doch einfach am Sabbat gestohlen worden sein, kann in der Erzählung des Markus nicht gelten. Denn die Aufzählung der Tage darf nicht als historischer Bericht verstanden werden. Die Heilige Woche ist bei Markus als typologische Chronologie zu verstehen. Sie dient der theologischen

---

101 Vgl. die haggadische Erweiterung dieses Motivs bei Mt 27,62-66. Die Grabwache soll den Diebstahl verhindern und wird ungewollt zum "Nebenzeugen" der wunderbaren Auferweckung.

Strukturierung der Biographie Jesu. Der Sabbat nach dem Todestag ist deshalb nicht einfach ein freier Tag, an dem der Diebstahl möglich gewesen wäre. Der Sabbat ist, typologisch gesehen, der Tag des Handelns Gottes und deshalb der Tag der Ruhe für den Menschen.

Während die Frauen noch ganz ahnungslos zum Felsengrab eilen, sind die Leser auf das Eingreifen Gottes schon lange vorbereitet. Die enge Verbindung mit Johannes dem Täufer hat das Thema "Auferweckung" schon in das Blickfeld gerückt. Ganz beiläufig erfahren die Leser, dass selbst der König Herodes, der Johannes hat umbringen lassen, den Glauben an die Auferweckung eines Propheten durch Gott kennt und teilt.[102] Jesus hat es den Jüngern gesondert auf seinem Weg nach Jerusalem dreimal angekündigt, dass er sterben müsse, aber am dritten Tag auferstehen werde.[103]

Die Jünger verstehen zunächst noch nicht, was "Auferstehen von den Toten" bedeutet.[104] Aber die Leser wissen, dass es um ein besonderes Handeln Gottes geht: Die Aussage "am dritten Tag"[105] bei den drei Ankündigungen auf dem Weg nach Jerusalem, das verwendete Passivum divinum und die Formel "es muss geschehen" weisen darauf hin.

Jetzt ist dieser "dritte Tag" nach dem Kreuzestod Jesu gekommen. Durch die Aufzählung der Tage beim Auftritt der Frauen ist der Leser darauf aufmerksam gemacht. Darüber hinaus liegt zwischen dem Todestag Jesu und dem ersten Wochentag der Sabbat, der Tag Gottes. Der fromme Bibelleser soll merken, dass die ganze Heilige Woche, wie beim Schöpfungslied am Anfang der Bibel, in diesem siebten Tag gipfelt.[106]

Als die Frauen das Grab betreten, wissen sie sofort, dass der Jüngling, der da sitzt, ein himmlischer Bote ist. Damit ist für sie vollständig erklärt, warum der Stein weggewälzt ist. Sein "Sitzen zur Rechten" und sein weißes Gewand kennzeichnen ihn offensichtlich eindeutig. Das Verhalten der Frauen zeigt es dem Leser an. Denn sie gehen in das Grab, sehen den Boten und erschaudern (Mk 16,5). Am Schluss gehen sie aus dem Grab heraus und fliehen. Zittern und

---

102 Vgl. Mk 6,14.16 mit dem Verb ἐγείρειν ("auferwecken").

103 Vgl. Mk 8,31; 9,31; 10,34 mit dem Verb ἀνιστάναι ("auferstehen").

104 Vgl. Mk 9,9f; Mk 14,28f.

105 Vgl. Hos 6,2 in Anlehnung an Ex 19,11.16-20. Vgl. auch 1 Kor 15,3-5, hier 15,4.

106 Wer den Sabbat hier vor allem zum Tag der Grabesruhe Jesu erklärt, begeht den gleichen Fehler, der bei der Erstellung der Kapiteleinteilung der Genesis um 1200 begangen wurde. Das Schöpfungslied endet nicht nach der Schaffung des Menschen mit dem sechsten Tag in Gen 1,31, sondern es gipfelt im siebten Tag, dem Tag Gottes, in Gen 2,4a.

Entsetzen hält sie gebannt und sie sagen niemand etwas, weil sie sich fürchten (Mk 16,8).

Die Frauen erschaudern nicht deshalb, weil der Leichnam Jesu weg und das Grab "leer"[107] ist. Sie reagieren mit Erschrecken auf die Begegnung mit dem himmlischen Boten und auf die Nähe der göttlichen Macht in diesem Boten. Markus lässt offen, ob sie die Botschaft überhaupt verstanden haben. Die Mitteilung, dass sie trotz des Auftrags nichts weitersagen, spricht eher dagegen. Die Ankündigungen von der Auferstehung waren jedenfalls nur an die Zwölf gerichtet, in einem Fall sogar nur an die drei engsten Vertrauten.[108] Den Inhalt dessen, was sie weitersagen sollen, können sie also gar nicht richtig begreifen. Die Botschaft, dass er ihnen nach Galiläa voranzieht, gilt nicht den Frauen. Der Nachsatz "wie er zu euch sprach" (Mk 16,7) belegt, dass allein die Zwölf gemeint sind, darunter besonders Petrus. Nur an sie war die Ankündigung in Mk 14,28 gerichtet.

Markus lässt also mindestens offen, wie weit die Botschaft bei den Frauen angekommen ist. Aber von den Lesern wird die Botschaft verstanden: Jesus, der Nazarener, der gekreuzigt und hier im Felsengrab hingelegt worden ist, wurde von Gott auferweckt (Mk 16,6). Das "leere" Grab ist kein Beweis.[109] Es ist lediglich der Ort der Verkündigung für diese frohe Botschaft und es dient der eindeutigen Identifikation Jesu. Dieser Jesus, der aufgrund seiner messianischen Botschaft nach Gottes Willen in den Tod gegangen ist, wurde von Gott auferweckt und so in seiner Sendung bestätigt. Mit dieser Botschaft endet das Markusevangelium.

3. Die drei Frauen nehmen im Evangelium des Markus eine eigentümliche Zwischenstellung ein. Einerseits sind sie die ersten, die die Botschaft von der Auferweckung Jesu hören. Andererseits verstehen sie diese Botschaft selbst nicht und sie erfüllen auch nicht den Auftrag an die Jünger und an Petrus.

Erklären kann diese widersprüchliche Rolle der Frauen eine Rückbesinnung auf das revidierte neutestamentliche Geschichtsbild:

---

107 Bei Markus ist nicht einmal eindeutig gesagt, dass Jesus in ein leeres Felsengrab gelegt wurde. Erst Matthäus (Mt 27,60), Lukas (Lk 23,53) und Johannes (Joh 19,41) interpretieren die Markusstelle dahingehend, dass das Grab unbenutzt und neu war.

108 Die "Zwölf" hörten die drei Ankündigungen auf dem Weg nach Jerusalem (Mk 10,32.35.41) und bei dem Gespräch in der letzten Nacht auf dem Ölberg (Mk 14,28). Petrus, Jakobus und Johannes sind allein die Zeugen der Verklärung und die Gesprächspartner beim folgenden Gespräch über die Auferweckung (Mk 9,2-10).

109 So die meisten Kommentare übereinstimmend, z.B. Pesch II 533

Der Jude Markus schreibt sein Leben Jesu für eine heidenchristliche Gemeinde. Er gibt ihr damit ihre eigene Gründungsurkunde in die Hand, die sie braucht, wenn jetzt nach dem Jahr 70 zunehmend diejenigen jüdischen Jesusanhänger unter Druck geraten, die ihr Gemeinschaft gewähren. Wenn diese jüdischen Jesusanhänger von der Synagoge ausgeschlossen werden, verliert die christliche Heidengemeinde die selbstverständliche organisatorische Verbindung zu ihrer jüdischen Wurzel und wird weiter in die Rolle einer getrennten Heidenkirche gedrängt.

Das Evangelium des Markus begründet und ermöglicht also die selbständige Weiterexistenz einer heidenchristlichen Gemeinde, aber es steht natürlich nicht an deren Anfang. Älter als das markinische Zeugnis von der Auferweckung Jesu ist die bei Paulus im 1. Brief an die Korinther überlieferte Glaubensformel (1 Kor 15,3-5).[110] Der 1. Korintherbrief ist kurz nach dem Jahr 50 geschrieben. Die Adressaten in Korinth bilden eine der ersten heidenchristlichen Gemeinden, die Paulus neben einer bestehenden Synagogengemeinde gegründet hat. Das Credo, in dem Tod und Auferstehung Jesu Christi zusammengefasst sind, wird von Paulus ausdrücklich als "übernommen" zitiert, das heißt, es ist noch wesentlich früher entstanden und längst zur bekannten Formel geworden.

Man darf voraussetzen, dass die Formel von 1 Kor 15,3-5 auch den heidenchristlichen Adressaten des Markusevangeliums bekannt war. Markus musste deshalb das Kunststück fertigbringen, diese Glaubensformel im Abschluss seines Lebens Jesu zu vermitteln, ohne sie zitieren zu können. Denn zur biographischen Form seines Evangeliums passt diese Glaubensformel nicht. Wen sollte er sie auch sprechen lassen und woher würde sie sich ableiten?

Die Botschaft von Jesu Auferweckung nach Markus stimmt mit der vorpaulinischen Glaubensformel gut überein.[111] Zusätzlich sind nur die Frauen als die Empfänger dieser Botschaft und das leere Grab als Ort der Verkündigung dieser Botschaft in der Erzählung eingeführt:

Nach Mk 10,45 und 14,24 hat Jesus sein Leben für die "Vielen" gegeben und er ist nach Mk 14,41 in die Hände der Sünder ausgeliefert worden. Das entspricht 1 Kor 15,3: "Er starb für unsere Sünden." Nach Mk 15,43-47 wurde Jesus begraben und nach Mk 16,1-6 am dritten Tag nach den Schriften auferweckt. Das entspricht in der

---

110 Die apologetische Tendenz (gegen Scheintod- und Diebstahlhypothese) in der Auferweckungsgeschichte des Markus weist gegenüber der Glaubensformel auf eine spätere Entstehung hin.

111 Vgl. Klauck, Jünger 24.

Glaubensformel genau 1 Kor 15,4. Nach Mk 16,7 sollen die Frauen seinen Jüngern und Petrus eine Botschaft übermitteln. Nach 1 Kor 15,5 ist Petrus der Erstzeuge. An zweiter Stelle werden die "Zwölf" genannt, und das, obwohl Petrus natürlich einer der Zwölf ist. Er wird also doppelt aufgezählt. Ganz ähnlich sollen die Frauen nach dem Markusevangelium seinen Jüngern die Botschaft weitersagen. Gemeint sind mit den Jüngern die "Zwölf", die in Mk 14,28 von Jesus hören, dass er ihnen nach Galiläa "vorangehen wird". In Mk 16,7 steht dieses selbe "Vorangehen" in der Gegenwartsform und es wird ausdrücklich von dem Boten auf die Ankündigung in Mk 14,28 Bezug genommen. Wie in 1 Kor 15,5 wird Petrus auch im Evangelium für sich genannt, obwohl er bei den Jüngern schon mitgenannt ist.

Das Grab, das Markus zusätzlich als Ort der Verkündigung einführt, ist durch die Beisetzung Jesu verständlich begründet. Schwieriger für Markus ist die Rolle der Frauen. Sie erfahren als erste von der Auferweckung Jesu und dürfen doch nicht zu allererst Zeugen vor den Erstzeugen, wie sie die Glaubensformel aufzählt, werden.

Markus erreicht das, indem er den Frauen strikt nur die Brückenfunktion zwischen dem Ort der Kreuzigung und dem offenen Grab zuerkennt. Er betont, dass auch sie, wie die Jünger, noch keine richtigen Nachfolgerinnen Jesu waren (Mk 15,40f): Sie "schauen zu" bei der Kreuzigung, und das "von weitem" und neben "vielen anderen". Sie sind ihm in Galiläa "nachgefolgt", aber nur, wie bei Lk 8,1-3 zusätzlich erläutert wird, um ihm zu dienen.[112] Mit ihm sind sie "nach Jerusalem heraufgestiegen", aber wieder nicht als Nachfolgerinnen. Ob sie zu denjenigen, die nachfolgen wollten, gezählt haben, bleibt offen (Mk 10,32). Der Unterschied ist bald auch nicht mehr wichtig, weil am Ende alle versagt haben und Jesus seinen Weg allein zu Ende gehen musste (Mk 10,45).

Man muss festhalten: Die Frauen gehen "blind" zum Grab, nur mit der Absicht, ihn zu salben. Die Botschaft, die sie hören, verstehen sie nicht. Den Auftrag, den sie erhalten, führen sie nicht aus. Die Jünger und Petrus sind offenbar in der Folge auf diesen Auftrag auch nicht angewiesen. "Das Osterzeugnis der Zwölfe wird nicht durch das Zeugnis der Frauen mediatisiert."[113] Die Jünger bleiben trotz der Rolle der Frauen am leeren Grab die "Erstzeugen" des Osterereignisses. "Die Frauen werden auffälligerweise vom Engel gar nicht ange-

---

112 Zur Erinnerung: "Nachfolge" in theologischen Sinn gibt es im Markusevangelium erst vom zweiten Hauptteil in Mk 8,30 an, als Jesus als der Christus entschieden seinen Weg nach Jerusalem geht.
113 Pesch II 535.

354 Zweiter Hauptteil: 3. Abschnitt (Mk 14,1-16,8)

wiesen, den Jüngern zu melden, Jesus sei auferstanden."[114] Sie fliehen und sagen niemandem etwas.

4. Am Ende des Markusevangeliums steht nur diese Botschaft von der Auferweckung des gekreuzigten Jesus. Gott hat ihn in seinem messianischen Anspruch bestätigt. Für den Erzähler ist damit die Biographie Jesu vollständig und abgeschlossen.

Aber schon sehr früh war man mit diesem Schluss nicht mehr einverstanden. Die vom zweiten Jahrhundert an entstandenen und auch bald angefügten zusätzlichen Markusschlüsse zeigen, was man vermisste. Der Text endete für die einen zu abrupt, vor allem weil die Frauen den Auftrag des himmlischen Boten nicht ausgeführt haben. Ein kürzerer Schluss[115] verkehrt ohne weiteren Kommentar den Abschluss von Mk 16,8 in sein Gegenteil. Die Frauen führten danach ihren Auftrag doch aus. Jesus erteilte zuletzt auch selbst den Befehl, das Evangelium weiterzuverkünden.

Den anderen erschien vor allem die Erzählung von der Auferweckung zu knapp. Auch vermisste man im Vergleich zu den anderen Evangelien Erscheinungsberichte und einen Sendungsbefehl an die Jünger. Der längere, in den Kanon aufgenommene Schluss (Mk 16, 9-20)[116] ersetzt inhaltlich den kürzeren Schluss, weil auch hier zuerst die Frauen den Auftrag, entgegen der Aussage in Mk 16,8, ausführen. Dann folgen eine Reihe von Erscheinungsberichten und ein Sendungsbefehl. Den Abschluss bilden eine Erzählung von der Himmelfahrt Jesu und ein Ausblick auf das missionarische Wirken der "Elf".

Textkritisch sind diese Versuche, das Markusevangelium zu ergänzen und abzurunden, eindeutig als sekundär erwiesen. Daraus folgt aber noch nicht für alle genauso eindeutig, dass Mk 16,8 der ursprüngliche Abschluss des Evangeliums ist. Manche können den vorliegenden Schluss dennoch nicht akzeptieren und vermuten deshalb, dass es ursprünglich einen anderen Schluss gegeben haben musste, der verloren gegangen sei.[117] Danach müssten schon das

---

114 Pesch II 535. Auffällig ist auch das Fehlen Marias, der Mutter Jesu, unter den namentlich genannten Frauen.

115 Der Text ist nur in einer altlateinischen Handschrift des 4./5. Jahrhunderts überliefert, im Codex Bobbiensis (k), geht aber auf das 2. Jahrhundert zurück. Vgl. Gnilka II 351f.

116 Der Text ist schon im 2. Jahrhundert entstanden und an das Markusevangelium angefügt worden, schon in alten Handschriften und deshalb auch in den meisten Bibelausgaben mit einem Vermerk versehen, dass dieser Teil ursprünglich nicht zum Markus gehörte.

117 Z.B. Schweizer 212f, der einen zufälligen Verlust annimmt. Vgl. die Hinweise bei Gnilka II 345 Anm. 41.

Original oder mindestens eine sehr frühe Abschrift, von der alle weiteren Handschriften abhängen, beschädigt worden sein. Diese Annahme ist unwahrscheinlich. Sie führt auch nicht weiter, zeigt aber, wie brennend das Problem des richtigen Markusschlusses empfunden wird.

Man muss sich endgültig damit abfinden, dass der Erzähler Markus selbst sein Evangelium mit Mk 16,8 abgeschlossen hat. Dann hat man allerdings die Aufgabe, diesen auffälligen Schluss zu interpretieren. Warum hat Markus so abrupt aufgehört? Die Frage stellt sich vor allem im Vergleich mit den anderen Evangelien und mit dem unechten Markusschluss. Matthäus und Lukas folgen der Markusvorlage bis Mk 16,8, bringen dann aber eigene Kompositionen von Erscheinungs- und Sendungsberichten. Auch mit Mk 16,9-20 sollte ein ganz neuer Schluss gefunden werden. Gerade die verschiedenen Weiterführungen belegen im Umkehrschluss zusätzlich, dass die Markusvorlage mit Mk 16,8 als ursprünglichem Schluss des Evangeliums endete.

5. Die Mehrzahl der Kommentatoren heute sieht die literarische Integrität des Evangeliums von Mk 1,1 bis Mk 16,8 für gegeben an. In der Interpretation macht dieser Schluss aber nach wie vor große Schwierigkeiten. Meist wird er als theologisch offener Schluss[118] gelesen. Er lade ein zur "relecture", zum Neulesen des ganzen Evangeliums; er sei damit eine Aufforderung zur Übersetzung in die "gehandelte Welt", also zur eigenen Nachfolge auf dem Weg Jesu.[119] Nach Lührmann erinnert gerade das Schweigen der Frauen an die bisherigen Schweigegebote und daran, dass sie durch Mk 9,9 befristet waren. Deshalb sei jetzt die Zeit der Verkündigung und nicht des Schweigens.[120]

Diese Deutungen wirken sehr bemüht.[121] Sie gehen vom Vergleich des Markusevangeliums mit den anderen Evangelien aus, die mit den Erscheinungsberichten und dem Sendungsbefehl einen weitaus ausführlicheren Schlussteil haben, und unterstellen damit, bewusst oder unbewusst, dem Markus doch einen defizitären Schluss.

Man muss in einer synchronen Lektüre des Evangeliums diese Perspektive umdrehen. Das Evangelium des Markus ist nicht defi-

---

118 Vgl. Ernst 489f.498; Pesch II 536.
119 Vgl. Gnilka II 345; Pesch II 536; Kertelge 163.
120 Vgl. Lührmann 271.
121 Nach W. Eckey, Markusevangelium 18, habe Markus "seinen zeitgenössischen Hörern und Lesern in ihrer durch Bedrängnis und Verfolgung bestimmten Situation das Bild des Gekreuzigten nicht durch Szenen mit dem Auferstandenen verstellen" wollen.

zitär, sondern in sich vollständig. Die Frage richtet sich an die Seiten-referenten Matthäus und Lukas, die eine Ausweitung der Osterge-schichten vornahmen, und auch an die Redaktoren des zweiten Jahr-hunderts, die einen sekundären Markusschluss für notwendig hielten. Warum haben Matthäus und Lukas im ersten Fall ihr Evangelium gegenüber dem des Markus erweitert oder hat die Redaktion im zweiten Fall den vorliegenden Markustext ergänzt?

Markus schreibt aus seiner Zeit nach dem Jahr 70 und aus seiner Sicht für eine heidenchristliche Gemeinde ein Leben Jesu. Angetrie-ben durch die Konflikte, die vor allem die jüdischen Jesusanhänger zu erleiden hatten, verfasst er dieses Leben Jesu unter der einen Leit-frage: Wie ist im Leben Jesu begründet, dass es nach Ostern zunächst zur Tischgemeinschaft mit Heiden und dann zu eigenen Heiden-gemeinden kommen konnte und dass jetzt sogar eine selbständige Heidenkirche denkbar wurde?

In der Geschichte des Lebens Jesu, wie Markus sie erzählt, lernt Jesus im ersten Hauptteil schrittweise, dass seine Sendung die Ver-kündigung von Gottes außerordentlicher Liebe zu den Fremden ist. Im zweiten Hauptteil übernimmt er diese Sendung als seinen ihm von Gott bestimmten Weg, den er als der Christus Gottes zu gehen hat und der ihn in den Tod führen wird.

Die Botschaft von Gottes Liebe zu den Heiden ist also für Markus der Leitfaden seiner ganzen Jesusbiographie geworden. Was am Anfang des Evangeliums nur in Spuren sichtbar ist, macht Jesus in seinem Auftreten als Messias in Jerusalem öffentlich zu seinem Pro-gramm. Das wird besonders am zweiten Tag der Heiligen Woche deutlich, bei seiner Zeichenhandlung im Tempel (Mk 11,15-17). Wenn nach dem Kreuzestod die Botschaft verkündet wird, dass dieser Jesus von Gott auferweckt wurde, dann ist das zuerst eine Bestätigung seines ganzen messianischen Programms und seines Weges in den Tod, den er für dieses Programm der Liebe Gottes zu den Heiden auf sich genommen hat.

Markus hat also deshalb keine Erscheinungsberichte und keinen Sendungsbefehl am Ende seines Evangeliums, weil er die Sendung zu den Heiden als messianisches Programm Jesu inhaltlich schon am zweiten Tag der Heiligen Woche vorgestellt hat und im Leben Jesu, nicht erst nachösterlich begründet sieht.[122] Für dieses Programm muss er sterben. Einen Tag später und als Antwort auf dieses Programm fällt die endgültige Entscheidung gegen ihn.

---

122 Nach den drei Ankündigungen seines Leidens und Sterbens in Mk 8,31; 9,31; 10,33f wird zwar jeweils auch die Auferweckung durch Gott ("nach drei Tagen") genannt. Von Erscheinungen des Auferweckten ist nie die Rede.

Bei seiner testamentsähnlichen Abschiedsrede hat er vier seiner Jünger die Konsequenzen daraus für ihre Zukunft angekündigt: Eine Gemeinde in seiner Nachfolge hat dafür zu sorgen, dass sein Evangelium bei allen Heiden verkündet wird (Mk 13,10).[123] Dieser Auftrag muss ausgeführt werden, auch wenn er zu schweren Konflikten mit der jüdischen und heidnischen Obrigkeit führt (Mk 13,9), ja sogar dann, wenn bei den jüdischen Jesusanhängern dadurch die Familien in tödlicher Feindschaft zerrissen werden (Mk 13,12).

Die strukturelle Klammer durch die Heilige Woche bindet einerseits den Tod Jesu an dieses messianische Programm des zweiten Tages. Dieser Messias mit dem Programm der außerordentlichen Liebe Gottes zu den Heiden wird von der jüdischen Obrigkeit abgelehnt. Andererseits verknüpft die Heilige Woche aber auch die Auferweckung mit diesem Programm. Gott hat diesen Jesus auferweckt und damit dieses messianische Programm für die Heiden bestätigt. Deshalb ist inhaltlich vor der Auferweckungsbotschaft schon alles gesagt. Es fehlt "nur" die Bestätigung durch Gott. Erscheinungsberichte, in denen Jesus seinen Jüngern erst seine Sendung erklärt und sie dann zu den Heidenvölkern schickt, sind nicht mehr notwendig.

6. Genau das sehen Matthäus und Lukas anders. Sie bringen in ihren Evangelien solche Erscheinungsberichte und darin einen ausdrücklichen Befehl, seine Botschaft an die Heiden weiterzuverkünden.[124] Sie bringen diese Berichte aber nicht deshalb, weil sie Markus in seiner biographischen Konzeption nicht mehr verstanden haben, sondern, gerade umgekehrt, weil sie ihn richtig verstehen, aber für ihr Evangelium ein anderes Konzept gewählt haben. Ihr neuer Entwurf ist auch der Grund dafür, dass sie überhaupt ein eigenes Evangelium schreiben, obwohl sie Markus kennen, ihn als Vorlage benützen und obwohl sie ihn in seiner Aussage auch nicht verdrängen wollen. Nach ihrem Konzept begründet erst der Auferstandene die Heidenmission. Jesus gerät bei ihnen nicht unmittelbar wegen des Heidenprogramms mit der jüdischen Obrigkeit in Konflikt, sondern wegen der Konsequenz und Radikalität seiner Verkündigung von der Herrschaft Gottes. Diese führen zur Ablehnung Jesu durch die jüdische Obrigkeit und zu seinem Tod. Erst daraufhin sendet der Auferstandene seine Jünger zu den Heiden.

Literarisch wird dieser konzeptionelle Unterschied besonders gut an der veränderten Rezeption der Zeichenhandlung im Tempel sichtbar. In der Biographie des Markus ist das eine Schlüsselstelle. Der

---

123 Vgl. im Zusammenhang damit auch Mk 13,26f.
124 Vgl. Mt 28,18-20; Lk 24,47f

Todesweg Jesu hängt bei Markus von dieser Zeichenhandlung und der anschließenden Auseinandersetzung mit der jüdischen Obrigkeit ab. Matthäus und Lukas übernehmen die Zeichenhandlung von Markus, ändern aber ihren Stellenwert. In ihrem biographischen Konzept handelt es sich nicht um eine Schlüsselstelle. Das wird an mehreren kleinen Eingriffen sichtbar. Diese sollen im folgenden nochmals zusammengestellt werden:

a) Matthäus und Lukas haben von Markus nicht das typologische Schema der Heiligen Woche übernommen.[125] Es entfällt also für sie der unmittelbare enge Zusammenhang zwischen dem messianischen Programm von Gottes außerordentlicher Liebe zu den Fremden und dem Tod und der Auferweckung dieses Messias.

b) Die Zeichenhandlung Jesu selbst ist darüber hinaus bei beiden verändert. Matthäus und Lukas haben das bei Markus richtig wiedergegebene biblische Zitat aus Jes 56,7 "mein Haus wird ein Gebetshaus gerufen werden für alle Heiden" nur verkürzt übernommen. [126] Sie streichen "für alle Heiden". Damit wird bei ihnen das messianische Programm Jesu für die Heiden zu einem allgemeinen Aufruf, den Tempel in der richtigen, ehrerbietigen Einstellung zu betreten.

c) Der "Unwille" der Hohenpriester gegen Jesus ergibt sich bei Matthäus aus dem Hosannaruf der Kinder nach Wundertaten Jesu und auf die Ablehnung Jesu hin, diesen Kindern das Rufen zu verbieten. Bei Lukas ist die Zeichenhandlung durch die kurze Bemerkung "er lehrte täglich im Tempel"[127] von der "Tempelreinigung" getrennt. Die Ablehnung Jesu durch die jüdische Obrigkeit bezieht sich im Anschluss daran allgemein auf diese tägliche Lehre Jesu. Die Zeichenhandlung im Tempel spielt bei beiden Evangelisten für die weitere Geschichte Jesu keine so große Rolle wie bei Markus.

d) In der Abschiedsrede Jesu auf dem Ölberg kündigt Jesus seinen Jüngern als Summe seines Lebens an, dass das Evangelium bei allen Heiden verkündet werden muss, bevor das Ende kommt (Mk 13,10). Matthäus und Lukas lassen in einem längeren Textausschnitt, den sie von Markus übernehmen, allein diese Ankündigung Jesu weg und bringen dafür an späterer Stelle einen eigenen Missionsbefehl des Auferstandenen, den umgekehrt Markus nicht hat.

---

125 Bei Mt 21,12 und Lk 19,45 folgt die sogenannte Tempelreinigung unmittelbar nach dem Einzug, also am selben Tag. Damit ist das Wochenschema schon aufgelöst.

126 Diese Verkürzung des Zitats ist besonders auffällig bei Matthäus, weil er als "Schriftgelehrter" ganz aus dem Alten Testament lebt und denkt.

127 Lk 19,47. Vgl. Lk 20,1.

Die Evangelien des Matthäus und des Lukas sind etwa zehn bis fünfzehn Jahre nach dem Evangelium des Markus entstanden. Ihre
Rezeption des Markustextes beweist, dass sie dessen Konzeption
verstanden haben. Auch bei ihnen geht die Heidenmission auf Jesus
zurück. Aber bei ihnen wird die Sendung zu den Heiden erst nach
Ostern durch den Auferstandenen ausgesprochen, als Konsequenz
seines Todes und der Auferstehung. Bei Markus verursacht schon das
messianische Programm Jesu für die Heiden den Tod.

Die Verfasser der sekundären Markusschlüsse haben, im Unterschied zu Matthäus und Lukas, nicht mehr verstanden, dass der Leitfaden der ganzen Biographie Jesu nach Markus die Heidenfrage ist.[128]
Sie stellen also nicht mehr einen eigenen Entwurf eines Lebens Jesu
dem des Markus gegenüber, sondern sie ergänzen den Markustext
und zeigen damit, dass ihnen die Konzeption des Markus nicht mehr
zugänglich ist.

Daran spiegelt sich natürlich die Entwicklung der Heidenkirche in
den folgenden Jahrzehnten. Die Entstehung dieser Texte liegt zeitlich
dreißig bis fünfzig Jahre nach den Evangelien des Matthäus und
Lukas. Die Selbständigkeit der Heidenkirche ist inzwischen offensichtlich so weit gediehen, dass sie es immer weniger für notwendig
hält, ihre Herkunft und bleibende Abhängigkeit von der jüdischen
Wurzel anzuerkennen.[129]

3.6. In Galiläa werdet ihr ihn sehen (Mk 16,7)

Der scheinbar harte Schluss mit dem Schweigen der Frauen in
Mk 16,8 ist aus der Konzeption des Markus erklärbar. Ein Sendungsbefehl ist unnötig, weil Jesus schon in der ersten Hälfte seines öffentlichen Auftretens lernen musste, dass sein prophetischer Auftrag die
Verkündigung der Liebe Gottes zu den Heiden sein sollte. In der
zweiten Hälfte ging er mit diesem Programm als Messias vor die

---

128 Diese Aussage gilt, wenn der sekundäre Schluss Mk 16,9-20 schon mit der
Absicht, den Markus zu ergänzen, geschrieben worden ist. Das scheint, zusammen mit der Annahme, dass der Text aus den Auferstehungsberichten der
anderen Evangelien kompiliert ist, immer noch die wahrscheinlichste Lösung.
Wäre sie falsch, trifft das Urteil trotzdem zu, dann aber nur bezogen auf die
Redaktoren, die dann einen selbständig entstandenen Text dem Evangelium
angehängt hätten.

129 In derselben Zeit entstehen die ersten eindeutig antijüdischen Schriften von
Christen, z.B. der Barnabasbrief um 130. Auch die Thesen Marcions (um
150), in denen darüber hinaus die jüdische Wurzel verleugnet wird, sind zeitlich nicht mehr weit entfernt.

Öffentlichkeit. Wegen dieser Botschaft von der Fremdenliebe Gottes
musste er in Jerusalem sterben. Kurz vor seinem Tod hat er einigen
seiner Jüngern angekündigt, dass diese Botschaft bei allen Heiden
verkündet werden müsse (Mk 13,10).

Mit dem Tod Jesu kann deshalb die theologische Biographie des
Markus gut enden. Der Erzähler fügt zum Abschluss nur noch eine
Bestätigung dieses Messias und seines Weges durch Gott an. Die
Frauen, die von fern Zeugen seines Todes waren, bekommen vom
himmlischen Boten diese Bestätigung: "Erschaudert nicht! Jesus
sucht ihr, den Nazarener, den Gekreuzigten. Er ward auferweckt, er
ist nicht hier! Sieh der Ort, wo sie ihn hingelegt hatten" (Mk 16,6).

1. Der abschließende Auftrag an die Frauen hat literarisch die Funktion, auf Galiläa als Zielpunkt des ganzen Evangeliums überzuleiten.
Die Frauen führen den Auftrag nicht aus. Die Botschaft, dass er nach
Galiläa voranzieht und dass sie ihn dort sehen werden, gilt nicht ihnen
selbst. Der Nachsatz "wie er zu euch sprach" (Mk 16,7) bezieht sich
nur auf die Jünger und belegt, dass sie allein gemeint sind, darunter,
besonders genannt und hervorgehoben Petrus. Einerseits sind diese
anschließend auf die Nachricht der Frauen gar nicht angewiesen.
Andererseits handelt es sich bei der Ankündigung des "Sehens" nicht
um die Bestätigung der Auferweckung in einem einmaligen Akt, sondern um die andauernde Sammlung der durch die Passion Zerstreuten
unter der Führung des auferweckten Christus.[130]

Denn mit dem Ausblick auf Galiläa leitet der Erzähler zum
Schluss seines Evangeliums von der erzählten Zeit um das Jahr 30
wieder[131] über in die Zeit des Markus kurz nach dem Jahr 70. Zugleich wechselt er vom erzählten Ort der Kreuzigung Jesu in und vor
Jerusalem zu seiner heidenchristlichen Gemeinde in Galiläa.

Der Leser ist auf diesen Ausblick vorbereitet. Denn nach dem
Abschiedsmahl hat Jesus auf dem Ölberg allen Jüngern angekündigt,
dass er ihnen nach seiner Auferweckung nach Galiläa voranziehen
werde (Mk 14,28). Die Ankündigung, die im Futur formuliert ist, geht
jetzt in Erfüllung. Der himmlische Bote bezieht sich auch ausdrücklich auf diese Ankündigung Jesu in Mk 14,28 und meldet in der
Gegenwartsform: "Er zieht euch voran nach Galiläa! Dort werdet ihr
ihn sehen, wie er zu euch sprach" (Mk 16,7).

Am einfachsten erklärt sich diese auffällige Nennung von Galiläa
am Ende des Evangeliums, wenn man annimmt, dass eine oder

---

130 Vgl. Mk 14,27f.
131 Vgl. den testamentarischen Ausblick unmittelbar vor der Passion auf die Zeit
    der Gemeinde in Mk 13,5-23.

mehrere real existierende heidenchristliche Gemeinden in Galiläa die Adressaten des Evangelisten Markus sind.[132]

2. Um die Augen für diese in der Einleitungswissenschaft heute ungewöhnliche Annahme zu öffnen, muss man die Argumente, die dagegen sprechen, entkräften. Es sind vor allem zwei: das Zeugnis des kleinasiatischen Bischofs von Hierapolis, Papias[133], nach dem Markus als Begleiter des Petrus sein Evangelium, wahrscheinlich in Rom, geschrieben habe, und eine literarkritische Analyse des Evangeliums, nach der Markus vom Land Israel nur eine ganz vage Kenntnis gehabt haben könne.

Papias schrieb sein Werk etwa um 130. Nach seinem Zeugnis war Markus ein Begleiter und Schüler des Petrus und er verfasste sein Evangelium als "Dolmetscher" und "Interpret"[134] des Petrus, indem er dessen "Lehrreden", die dieser je nach Bedarf gehalten hatte, aufschrieb. Markus selbst war danach kein Augen- und Ohrenzeuge Jesu, sondern er hielt sich ausschließlich und genau an die Petruspredigten. Bei Papias steht nicht ausdrücklich, dass Markus sein Evangelium in Rom verfasst hat. Aber er beruft sich auf die Stelle in 1 Petr 5,13, nach der sich Petrus zusammen mit Markus in Babylon-Rom befand. Daraus lässt sich schließen, dass schon Papias als Abfassungsort für das Markusevangelium Rom angenommen hat. Alle späteren Aussagen zu dieser Frage hängen von Papias ab und haben keine andere Quellenbasis.[135]

Papias geht es vor allem darum, das Markusevangelium möglichst eng mit Petrus in Verbindung zu bringen, um ihm dadurch indirekt apostolische Herkunft zuschreiben zu können. Mit dieser Abhängigkeit des Evangeliums von Petrus begründet Papias sogar, dass das Evangelium des Markus keine richtige Reihenfolge und Ordnung habe und auch nicht haben könne. Denn Markus sei selber kein Augen- und Ohrenzeuge Jesu und deshalb ganz auf das Petruszeugnis angewiesen gewesen. Der habe je nach Notwendigkeit gepredigt und Markus habe diese Predigten nach seiner Erinnerung möglichst genau, vollständig und unverfälscht überliefert. Unverkennbar ist im Text des Papias die apologetische Tendenz. Es geht ihm einzig um die apostolische Autorität dieses Evangeliums nach Markus, obwohl dieser kein Erstzeuge und Apostel war.

---

132 Vgl. Marxsen, Evangelist 47-77, bes. 54f.70f.89f; vgl. auch van Iersel 298.

133 Das Werk des Papias ist verschollen. Auszüge davon sind bei Euseb überliefert, HistEccl III 39.14f.

134 Im griechischen Original: ἑρμηνευτής ("Dolmetscher", "Interpret").

135 Die Verbindung mit Rom behauptet wohl zum ersten Mal ausdrücklich Irenäus um 180, sicher jedenfalls Clemens von Alexandrien um 200.

In seinem apologetischen Beweisgang verrät Papias, dass er selbst die literarische Konzeption des Markus nicht mehr verstanden hat. Für ihn handelt es sich nur um ein Sammelwerk, das keine innere Ordnung hat. Dieses angebliche Fehlen einer Ordnung deutet er sogar in einen Vorzug um. Denn dieses Fehlen belege die Treue des Markus zu seiner Quelle, den Predigten des Petrus, die er möglichst genau und ohne eigene Ergänzung nach seiner Erinnerung aufgezeichnet habe.

Etwa sechzig Jahre nach der Entstehung des Evangeliums konnte also Papias nicht mehr nachvollziehen, dass Markus ein theologisches Leben Jesu geschrieben hat und dass seine Leitfrage dabei die Entstehung von immer selbständigeren Heidengemeinden war: Der jüdische Messias Jesus war nach Markus "schuld" daran, dass es jetzt eigene heidenchristliche Gemeinden gab und dass jüdische Jesusanhänger, die diesen Heidenchristen Gemeinschaft gewährten, in größte Konflikte, zuerst mit der Leitung der Synagogen und dann auch mit ihren engsten Verwandten, gerieten.

Papias befindet sich damit auf demselben theologischen Niveau wie die Verfasser der unechten Markusschlüsse, die etwa zeitgleich zu ihm entstanden sein können. Auch diese verstehen nicht mehr, dass Markus deshalb keine Erscheinungen und keinen Sendungsbefehl hat, weil er das Leben Jesu so erzählt, dass dort schon die Entwicklung zu eigenständigen Heidengemeinden begründet ist. Was sie nach dem Tod und der Auferweckung Jesu vermissen und deshalb von sich aus ergänzen, steckt schon in der Erzählung des Lebens Jesu von Markus.

Anders sind die Großevangelien des Matthäus und Lukas zu beurteilen. Sie bringen zwar Erscheinungsberichte, in denen sich der Auferstandene den Jüngern zeigt und sie zu den Heiden sendet. Aber sie haben zuvor bei der Übernahme des Textes aus der Markusvorlage diejenigen vorösterlichen Stellen im Leben Jesu gestrichen oder verändert, in denen Markus die Entstehung von eigenständigen Heidengemeinden nach Ostern angelegt und begründet hat. Das bedeutet, dass sie das Konzept von Markus verstanden haben, aber für sich ein eigenes Konzept gewählt haben, das in der Gesamtaussage durchaus mit dem des Markus harmoniert. Denn auch Matthäus und Lukas führen die christlichen Heidengemeinden, die es in ihrer Zeit gibt, auf diesen Jesus Christus zurück.

Man kann das auch von der anderen Seite sehen: Die Evangelien waren mit ihrer Begründung von selbständigen christlichen Heidengemeinden in ihren literarischen Darstellungen des Lebens Jesu so erfolgreich, dass diese Heidengemeinden 40 bis 60 Jahre später ihre

Abhängigkeit von der jüdischen Wurzel vergessen und nicht mehr anerkennen wollten. Wurde bei ihnen diese Abhängigkeit dennoch und zum Teil wohl unbewusst empfunden, dann wurde sie jetzt rasch mit antijüdischen Reaktionen verdrängt. Beispiele dafür sind vom zweiten Jahrhundert an das "stellvertretende Fasten" am jüdischen Passatermin "für die irrenden Brüder", der Vorwurf des "Gottesmordes" gegen die Juden und die Ablehnung des alten Oster-festtermins am jüdischen Passafest unter dem Vorwurf der Judaisie-rung des Christentums.[136]

Papias hat das Konzept des Markus nicht mehr verstanden. Sein Beweisgang für die Petrusabhängigkeit des Markus belegt gerade, dass sein Zeugnis über Markus als Verfasser des Evangeliums und im Zusammenhang damit über Rom als Abfassungsort keinen histori-schen Wert hat. Dieses Ergebnis wird von zahlreichen Exegeten ge-teilt. Allerdings gibt es einen Unterschied in der Begründung.

Im allgemeinen beruht die Skepsis auf der schwachen histori-schen Bezeugung allein durch Papias. Je nach Skepsis lehnen die einen dann Rom als Abfassungsort ganz ab und vermuten etwa den syrischen Raum als Ort der markinischen Gemeinde.[137] Andere bleiben bei der Annahme "Rom", aber auch nur, weil sie keine Alter-native dazu sehen. Sehr überzeugend klingt es jedenfalls nicht, wenn man sagt: "Die Alternative zu Rom ist offensichtlich ein allgemeines Rätselraten"[138], oder, man solle der altkirchlichen Tradition trauen, weil nichts gegen eine römische Herkunft spreche.[139] Im übrigen wird die Bedeutung der Frage auch dadurch herabgestuft, dass Rom nur als Abfassungsort, als "Sammelort von Jesustraditionen"[140], diskutiert wird. Die Frage nach den Adressaten ist dabei nicht mitentschieden.

Die Ablehnung von Rom als Abfassungsort in dieser Unter-suchung beruht im Gegensatz dazu nicht nur auf der Einschätzung der historischen Unzuverlässigkeit des Papias, sondern auch auf der literarkritischen Analyse, nach der im Ergebnis Papias den Markus in

---

136 Vgl. H. Schreckenberg, Die christlichen Adversus-Judaeos-Texte und ihr literarisches und historisches Umfeld (1.-11. Jh.), Frankfurt 1982.

137 Es ist sicher kein Zufall, dass katholische Exegeten eher Rom als Herkunfts-ort akzeptieren, evangelische diese Herkunft in der Mehrzahl ablehnen. Vgl. z.B. Lührmann 7.

138 M. Hengel, Mc 7,3 πυγμῇ, in: ZNW 60 (1969) 182-198, hier 198 Anm. 74.

139 Vgl. z.B. Pesch I 13. Dass die Latinismen und die Petrustraditionen im Markusevangelium kein Argument für das Papiaszeugnis und die römische Herkunft abgeben, ist inzwischen allgemein anerkannt. Gerade diese ver-geblichen Stützungsversuche belegen erneut, wie unsicher das ganze Funda-ment ist.

140 Ebd.

seinem Konzept eines Lebens Jesu nicht mehr verstanden hat. Aus diesem Grund ist auch die fast allgemein akzeptierte These nicht richtig, Markus könne deshalb nicht im Land Israel selbst geschrieben haben, weil er nur eine ganz vage Kenntnis des Landes gehabt habe.[141] Die These geht von der irrigen Annahme aus, dass sowohl die chronologischen als auch die geographischen und topographischen Angaben einen Verlaufsbericht des Lebens Jesu wiedergeben wollen. Markus schreibt aber keinen langweiligen Verlaufsbericht, sondern eine literarisch und theologisch hochstehende Biographie. Chronologische und topographische Angaben erstrecken sich auch nicht durchgehend über das ganze Evangelium. Sie dienen jeweils der Strukturierung von einem oder zwei Abschnitten, dürfen dann aber in dieser Funktion nicht auf den weiteren Text ausgedehnt werden. Insofern müssen sie typologisch und nicht historisch oder geographisch gelesen werden.

Zusammenfassend ist festzuhalten: Es gibt erstens keinen tragfähigen Beleg dafür, dass das Evangelium in Rom entstanden sein muss. Das unsichere Zeugnis des Papias lässt sich historisch-kritisch nicht absichern. Zweitens ist auch die Behauptung, Markus habe keine Ahnung oder fast keine Ahnung von der Geographie des Landes gehabt, nicht zu beweisen. Denn Markus wollte gar keinen Reisebericht schreiben, sondern eine Biographie Jesu, in der das Hinzukommen der Heiden die theologische und literarische Perspektive des ganzen Lebens Jesu ist. Geographische und topographische Angaben haben deshalb bei ihm immer zuerst typologischen Charakter. Dieser kann in seiner Bedeutung zwischen den einzelnen Abschnitten wechseln. Es findet sich deshalb keine durchgehende und in sich stimmige geographische Gliederung, weil sie Markus gar nicht beabsichtigt hat.

Damit sind die beiden Hauptargumente widerlegt, die gegen eine Abfassung des Markusevangeliums in Galiläa und auch dagegen sprechen, dass eine oder mehrere heidenchristliche Gemeinden in Galiläa die Adressaten sind.

3. Der Hinweis auf Galiläa in Mk 16,7 ist nicht im übertragenen Sinn gemeint, als "die Heimat des Evangeliums" und als "Schwerpunkt des Wirkens des irdischen Jesus"[142], als "Ort der Verkündigung der Nähe des Reiches Gottes"[143]. Dagegen spricht schon die literarische Einheit des Evangeliums mit seiner dynamischen Ausrichtung auf die Ereignisse in Jerusalem, die am Ende nicht einfach rückgängig gemacht

---

141 Vgl. Lührmann passim, z.B. 6, 43f.229.233.236; Pesch I 12-15.
142 Gnilka II 343; vgl. Kertelge 163; Ernst 488; Schmithals II 722.
143 Lührmann 270.

wird. Mit Galiläa ist auch nicht nur "die Urgemeinde der Galiläer" in Jerusalem gemeint. Das Evangelium münde danach "in der gehandelten Welt der Urgemeinde"[144]. Deshalb werde nach Mk 16,8 nicht mehr weitererzählt.[145]

Warum soll Markus das "Vorangehen" in Mk 16,7 nicht auf wirklich existierende heidenchristliche Gemeinden in Galiläa im siebten Jahrzehnt des ersten Jahrhunderts beziehen, für die er sein Evangelium schreibt? Mit dieser Hypothese stimmen auch gut die Angaben in Mk 13,5-23 überein, die in diese Zeit des Erzählers und seiner Gemeinde kurz nach dem Jahr 70 weisen. Es muss sich um Adressaten handeln, die die Zerstörung Jerusalems und des Tempels zwar nicht unmittelbar selbst erleben und erleiden, die aber von den Ereignissen ganz in ihrer Nähe stark betroffen sind.[146] Sie sind nicht nur betroffen, weil sie davon hören, unter den Kriegswirren leiden und vielleicht auch Flüchtlinge aufnehmen müssen, sondern weil ihre Existenz als Gemeinde in der Folge dieses Ereignisses in größte Gefahr gerät. Ihre Mitglieder werden vor jüdische und heidnische Gerichte geschleppt; in den Gemeinden selbst kommt es zu größten Konflikten und Spannungen, die sogar Familienbande zerreißen (Mk 13,9-13).

Alle diese Ankündigungen passen gut auf heidenchristliche Gemeinden in Galiläa kurz nach dem jüdischen Krieg. Die Spannungen hängen mit der Zerstörung des Tempels und der Stadt unmittelbar zusammen, weil diese Ereignisse eine restaurative Bewegung bei den Überlebenden der katastrophalen Niederlage und bei allen Frommen auslösen mussten. Im Kampf um die Sammlung des Judentums nach der Zerstörung des Tempels geraten die heidenchristlichen Gemeinden ins Visier. Dabei werden nicht die Heiden selbst, sondern immer die jüdischen Jesusanhänger, die diesen Heidenchristen Gemeinschaft gewähren, die ersten Opfer. Denn sie stören die neuen Abgrenzungsbemühungen und werden deshalb von der Synagoge bedrängt und wohl auch bedroht.

Um das Jahr 70 gab es überall im Römischen Reich neben den Synagogen auch eigene heidenchristliche Gemeinden. Grundsätzlich konnte ein Konflikt also auch überall ausbrechen. Galiläa war dafür aber besonders geeignet. Das gilt schon wegen seiner geographischen Lage, nahe zum zerstörten bisherigen Zentrum Jerusalem und doch genügend weit davon entfernt, um einen eigenen Schwerpunkt bilden zu können. Die Geschichte der folgenden Jahrhunderte bestätigt das

---

144 Pesch I 40.
145 Vgl. ebd.; Pesch II 534.
146 Vgl. Mk 13,14-20, bes. 14.

zusätzlich. Denn Galiläa wurde das neue Zentrum des Judentums. Von dort ging die Sammlung des Judentums aus. Die spätere Ausbildung der neuen Führungsstrukturen gerade in Galiläa[147] beweist, dass Galiläa ein besonders günstiger Boden für die restaurativen Kräfte im Judentum war. Von daher lässt sich gut verstehen, dass in Galiläa vor anderen Gebieten die Existenz der heidenchristlichen Gemeinden zum Ärgernis wurde. Um dem Druck standhalten zu können, bedurften sie als erste einer theologischen Interpretationshilfe, wie sie das Evangelium des Markus darstellt.

4. Unter der Voraussetzung, dass Markus am Schluss seines Evangeliums auf Galiläa hinweist, weil er wieder, wie in Mk 13,5-23, von der "erzählten Welt" in seine Gegenwart kurz nach dem Jahr 70 wechseln wollte, lassen sich die beiden Ankündigungen des himmlischen Boten in Mk 16,7 genauer zuordnen.

Die erste Ankündigung steht im Präsens: "Er zieht euch voran nach Galiläa!" (Mk 16,7) Der Bote selbst bezieht diese Ankündigung auf das Wort Jesu am Ölberg. Dort hieß es in der Futurform: "Nach meiner Auferweckung werde ich euch voranziehen nach Galiläa" (Mk 14,28). Im Satz davor ist auch erklärt, was dieses "Vorangehen" bedeutet. Es geht um die Sammlung der Schafe, die sich ohne Hirten verlieren und zerstreuen müssen (Mk 14,27).[148] Das "Voranziehen" darf von diesem Zusammenhang her nicht als ein einmaliger Akt des Gehens nach Galiläa interpretiert werden. Es ist vielmehr ein andauernder Vorgang, den die Gemeinde in Galiläa zu ihrer Zeit als Sammlung der Zerstreuten erfährt. Zerstreuung bedroht diese Gemeinde wegen der Leiden und Konflikte, die besonders ihre jüdischen Jesusanhänger wegen der Heidenfrage erwarten müssen und die sie allein nicht aushalten kann. Markus ruft sie zur Sammlung und Nachfolge[149] auf, indem er auf Jesus zeigt, der ihr als Hirte jetzt voranzieht. Diese galiläische Gemeinde ist also der erste Adressat der Ankündigung Jesu und der Ansage des himmlischen Boten. Sie ist auf ihrem Weg nicht allein.

---

147 Vgl. S. Safrai, Das Zeitalter der Mischna und des Talmuds (70-640), in: Geschichte des jüdischen Volkes (Erster Band), hg. von H.H. Ben-Sasson. München 1978, 377-420, bes. 412f.
148 Diese Aufgabe des Messias ist literarisch hervorgehoben. Denn in Mk 14,27 steht innerhalb der Passionsgeschichte das einzige Reflexionszitat aus dem AT, Sach 13,7.
149 Vgl. Mk 10,32. Vgl. auch H. Frankemölle, Hat Gott Jesus im Tode verlassen? Zur Theodizee-Problematik im Markusevangelium. Anmerkungen zu Mk 16,1-8 im Kontext, in: ders., Jüdische Wurzeln christlicher Theologie, Bodenheim 1998, 191-193.

Die zweite Ankündigung steht im Futur: "Dort werdet ihr ihn sehen!" (Mk 16,7) Auch dieses "Sehen" ist im Evangelium schon literarisch vorbereitet, dieses Mal nicht durch ein Wort Jesu allein, sondern durch die Geschichte auf dem Berg, auf dem Jesus "verwandelt wurde" (Mk 9,3) und auf dem drei seiner Jünger ihn zusammen mit Mose und Elija "gesehen haben".[150] Am Ende der Verklärungsgeschichte heißt es, dass sie niemanden mehr sahen. Gemeint sind damit die "verwandelten" Gestalten.[151] Denn der irdische Jesus allein war ja weiter bei ihnen und schärfte ihnen ein, niemandem zu erzählen, was sie gesehen hatten, bis zu seiner Auferweckung (Mk 9,9f). Jetzt ist dieser Zeitpunkt gekommen. Der himmlische Bote kündigt also dieses neue "Sehen" den Jüngern in Galiläa an.

Es handelt sich nicht um ein erneutes Sehen des irdischen Jesus. Es geht auch nicht um einen einmaligen Akt einer Erscheinung zum Beweis dafür, dass er lebt und auferweckt wurde[152], oder um die erwartete Parusie, im Vergleich zu der die Auferweckung ein vorläufiges Ereignis wäre, das überboten oder abgeschlossen werden sollte.[153] Sondern jetzt in der Gemeinde in Galiläa ist Jesus "verwandelt" gegenwärtig.[154] Was die drei Jünger bei der Verklärung in einer einmaligen Vision gesehen haben, geschieht jetzt dauernd. Man kann zugespitzt sagen: Sie sehen ihn, weil sie jetzt verstehen, was die Auferweckung bedeutet (Mk 9,10). Gleichzeitig verlangt dieses "Sehen", dass sie jetzt auf ihn "hören" und von ihm Weisung erfahren (Mk 9,7). In der Kraft des Heiligen Geistes können sie ihn hören und seine Weisung befolgen (Mk 13,11).

Von da aus lässt sich abschließend die neue Bedeutung der Überschrift des Evangeliums nach Markus zusammenfassen: "Anfang des Evangeliums Jesu Christi" (Mk 1,1). Zuerst war unklar, wie weit dieser Anfang reicht: bis zum Beginn des öffentlichen Auftretens Jesu (Mk 1,14f), bis zur Verwicklung seiner Person in seine machtvolle Lehre von der Herrschaft Gottes (Mk 1,45), bis zur Ablehnung Jesu als Lehrer durch die Schriftgelehrten (Mk 3,6) oder bis zur Schulung und Aussendung seiner eigenen Jünger als Folge dieser Ablehnung

---

150 Literarisch dient die Verklärungsgeschichte der Interpretation des Sehens nach der Auferweckung, ist also keine vordatierte Ostergeschichte, die diese ersetzen soll. Gegen Schmithals II 400f. Vgl. Pesch I 45f.

151 Sie sehen Jesus "verwandelt", wie Mose und Elija.

152 Gegen Pesch II 534f.540.

153 Gegen Marxsen, Evangelist 47-61, bes. 54f, der die Parusie als "Ereignis" von der Auferweckung unterscheidet.

154 Vgl. Paulus, der besonders im 1. Korintherbrief betont, dass der Auferstandene in einem verwandelten, nicht in seinem irdischen Leib erschienen ist vgl. 1 Kor 15,42-44.51f; 2 Kor 5,4.

(Mk 6,7-13). Im Zusammenhang mit der Jüngerschulung gerät Jesus zum ersten Mal in das Land der Heiden und er erlebt deren noch viel größere Unheilssituation (Mk 5,1-20). Durch deren Not herausgefordert bringt er das Heilszeichen des wunderbaren Mahls auch den Heiden und provoziert damit die Pharisäer (Mk 8,10-13).

Am Ende des ersten Hauptteils nennen ihn die Jünger daraufhin erstmals den "Christus" (Mk 8,29). Der in der Überschrift verwendete Genitiv "Evangelium Jesu Christi" wurde bis dahin als Genitivus subjectivus gelesen, das heißt Markus schreibt eine frohe Botschaft, die Jesus als Lehrer gebracht hat. Mit dem Christustitel in Mk 8,29 hat sich dieser Genitivus subjectivus in einen Genitivus objectivus umgewandelt. Von jetzt an geht es um die frohe Botschaft von Jesus als dem Christus. Der Inhalt der Botschaft und die Person Jesu als Christus sind untrennbar verbunden (Mk 8,35; 10,29).

Im zweiten Hauptteil des Evangeliums erzählt Markus folgerichtig vom weiteren Schicksal Jesu: von seinem Zug nach Jerusalem, vom öffentlichen Auftreten Jesu als Christus in der Stadt und im Tempel, von seiner Inthronisation als verspotteter König am Kreuz und von der Bestätigung dieses Weges durch Gott in der Auferweckung.

Aus dieser Entwicklung folgt, dass der "Anfang des Evangeliums Jesu Christi" nicht mit Mk 16,8 endet. Weil dieser gekreuzigte Jesus auferweckt wurde, mündet der Anfang in die Gemeinde, der er vorangeht und in der die Jünger ihn erneut sehen werden. Zunächst endet dieses Evangelium unmittelbar bei den Adressaten des Markusevangeliums. Allerdings ist dieses "Vorangehen" nicht auf diese Gemeinde begrenzt, gilt deshalb grundsätzlich in gleicher Weise für die christliche Gemeinde aller Zeiten bis zur Parusie. Die christologische Aussage lautet: Jesus selbst als ihr Hirte und König wird sie sammeln und leiten. Sonst kann sie die bevorstehenden Konflikte nicht überstehen.

5. Die Jünger und besonders Petrus sind an heidenchristliche Gemeinden in Galiläa verwiesen. Dort werden sie ihn sehen (Mk 16,7). Warum findet diese Begegnung mit dem Auferstandenen in Galiläa und nicht in Jerusalem statt?

Nach Gnilka drückt sich darin "ein Sich-Abwenden von Jerusalem" aus. Es gehe nicht um ein mit Jerusalem konkurrierendes Christentum. "Von Jerusalem weg- heißt darum auch: zu den Heiden gehen."[155] Pesch warnt vor dieser einfachen Ablösungstheorie. "Dass Markus Jesu Tod als definitives Gericht über das Judentum verstehe,

---

155 Gnilka II 343; vgl. Ernst 489, der von einer "Abkehr von Jerusalem" spricht.

wie oft vermutet wurde, ist gewiss falsch."[156] Die Entstehung der Heidengemeinden bedeutet keinerlei Absage an das Judentum.

Im Markuskonzept ist Jesus mit seinem messianischen Programm daran "schuld", dass es nach Ostern zur Entstehung von eigenständigen heidenchristlichen Gemeinden kam. Heidenchristliche Gemeinden, die sich vom Judentum ablösen wollen, wären weder für die Römer noch für die Juden ein Problem gewesen. Ein Problem entsteht deshalb, weil diese Gemeinden trotz ihrer selbständigen Organisation auf die Anerkennung durch jüdische Jesusanhänger und darauf, dass diese ihnen Gemeinschaft gewähren, angewiesen sind. Sie wollen keine Ablösung, sondern sie brauchen im Gegenteil diese Anerkennung als "Zweiter Weg".[157] Nach Markus hat Jesus diesen "Zweiten Weg" der Heiden durch seine messianische Botschaft begründet.

Als erste betroffen sind die jüdischen Jesusanhänger in einer solchen galiläischen Gemeinde, die diese Gemeinschaft gewähren und die deshalb in Konflikt mit der jüdischen Obrigkeit geraten. Markus selbst gehört zu ihnen. Betroffen sind aber darüber hinaus alle jüdischen Jesusanhänger. Denn ihre eigene Jesusnachfolge wird innerhalb des Judentums zum Problem, wenn die Erstbetroffenen das Hinzukommen der Heiden als christliches Proprium behaupten und in der ganzen Lebensgeschichte Jesu verankern. Auch sie müssen jetzt Stellung nehmen.

Dieser innerjüdische Konflikt wegen der Heidenfrage wurde erstmals greifbar in der Hellenistengemeinde des Stefanus in Jerusalem bald nach dem Tod Jesu und dann wieder in der Auseinandersetzung zwischen Paulus und Petrus in Antiochien kurz vor dem Jahr 50. Paulus hat von da an seine Missionsreisen unternommen und eigenständige Heidengemeinden neben den jüdischen Synagogengemeinden gegründet. Das barg an allen Orten Konfliktstoff, der aber jetzt nach dem Jahr 70 in Galiläa neue Dimensionen erreichte.[158]

Die Jünger und Petrus besonders werden Jesus in Galiläa "sehen" (Mk 16,7). Der Text gibt zwei Hinweise darauf, wie dieses "Sehen" gemeint ist. Einmal hängt es zusammen mit dem "Vorangehen" Jesu nach Galiläa. Zum anderen hängt es aber nicht damit zusammen, dass die Jünger von den Frauen diese Nachricht erfahren. Was folgt daraus für das "Sehen" der Jünger?

Der erste Hinweis sagt etwas über das Leben in den heidenchristlichen Gemeinden in Galiläa. Die Jünger "sehen", dass tatsächlich das

---

156 Pesch II 502. Pesch gesteht ein, dass er selbst früher diese Ansicht vertreten hat.
157 Vgl. Gal 2,6-10.
158 Vgl. Mk 13,9-13.

Evangelium Jesu Christi bei den Heiden in Galiläa gehört und angenommen wird. Das messianische Programm Jesu von der außerordentlichen Fremdenliebe Gottes setzt sich in der Gegenwart des
Markus durch, weil es neben den jüdischen Jesusanhängern eigene
heidenchristliche Gemeinden gibt. Der auferweckte Christus geht dabei voran. Diese Tatsache macht eine Anerkennung des heidenchristlichen Weges durch die Jünger zwingend notwendig.

Dieses "Sehen" erinnert an eine frühere Übereinkunft in Jerusalem. Paulus kam von Antiochien nach Jerusalem und kämpfte um
den Handschlag der Gemeinschaft für seine Sendung unter den
Heiden. Jakobus, Kephas und Johannes gaben ihm diesen Handschlag, weil sie "sahen", dass Paulus dieses Evangelium anvertraut
war, weil sie den Erfolg seiner Arbeit sahen und weil sie die Gnade
erkannten, die ihm verliehen war.[159] Wie problematisch und konflikt-
trächtig dieser Handschlag für Petrus war, zeigte der weitere Verlauf.
Petrus kam kurz danach nach Antiochien und zog, gemahnt von jüdischen Jesusanhängern, die Anerkennung des heidenchristlichen
Weges wieder zurück. Darauf stellte Paulus ihn zur Rede und verlang-
te, dass er auch weiter den Heidenchristen die Tischgemeinschaft
gewähre, ohne von ihnen die Beschneidung zu verlangen.[160]

Der zweite Hinweis macht deutlich, dass dieses "Sehen" nicht in
einem unmittelbaren zeitlichen und sachlichen Zusammenhang mit
der Auferweckungsbotschaft an die Frauen zu suchen ist. Die Ansage
des himmlischen Boten darf man nicht als Reiseempfehlung an die
Jünger mit dem besonders attraktiven Programm einer Christus-
erscheinung verstehen. Die Jünger werden nach Galiläa verwiesen,
weil sie das messianische Programm Jesu von der Heidenliebe Gottes
dort verwirklicht "sehen". Im Zusammenhang mit diesem "Sehen"
verstehen sie jetzt, was die Auferstehung Jesu bedeutet. Bei der Verklärung auf dem Berg konnten sie damit noch nichts anfangen.[161] Es
handelt sich also nicht um ein einmaliges "Sehen", sondern um einen
mühsamen Prozess des Verstehens, bei dem ihnen noch oft genug die
Augen "gehalten" sind. Dieser Prozess ist auch nach 70 noch nicht
abgeschlossen. Im Gegenteil, er erreicht in diesem Moment einen kri-
tischen Punkt, weil den jüdischen Jesusanhängern Konflikte bis in
den Tod drohen (Mk 13,12), und zwar gerade deshalb, weil sie dazu
beitragen, dass jetzt das Evangelium Jesu Christi unter allen Heiden

---

159 Vgl. Gal 2,6-10, bes. 7; vgl. auch Apg 15,8.
160 Vgl. Gal 2,11-14. Es ist denkbar, dass Markus auf diesen berühmten Konflikt
    des Paulus mit Petrus anspielt, wenn er in Mk 16,7 Petrus ausdrücklich
    benennt, obwohl dieser doch bei den Jüngern schon mitgezählt ist.
161 Vgl. Mk 9,9f.

verkündet wird (Mk 13,10). Natürlich ist es aber ganz unwahrscheinlich, dass die Jünger, die das nach dem jüdischen Krieg lernen müssen, mit denen identisch sind, die den irdischen Jesus auf seinem Weg begleitet haben.

Historisch ist ohnehin nicht anzunehmen, dass die Zwölf sich jemals gemeinsam nach dem Tod Jesu in Galiläa versammelt haben. Eine Nachricht darüber gibt es nicht. Für eine Flucht wäre ein solches Verhalten höchst unangemessen. Für die Zeit nach 70 ist eine solche Versammlung völlig ausgeschlossen. Es gibt über keinen einzigen der Zwölf einen sicheren Beleg, dass er um diese Zeit noch am Leben war. Gerade weil das so ist, zieht man überhaupt nicht Betracht, dass sich diese Ankündigung des himmlischen Boten in Mk 16,7 auf die Gemeinden des Markus in Galiläa bezieht.

Anders sieht die Sache aus, wenn die Jünger und Petrus, die der Bote nennt, für die führenden jüdischen Jesusanhänger stehen, die den Heidenchristen in Galiläa jetzt Gemeinschaft gewähren müssen, weil sie Jesus dort am Werk sehen. Was sie sehen, ist die Ausführung des messianischen Programms Jesu. Die Jünger und Petrus, die den auferweckten Jesus Christus in Galiläa "sehen", stehen in der Ankündigung des himmlischen Boten für alle Repräsentanten des Ersten Weges, also für die jüdischen Jesusanhänger, die dem Zweiten heidenchristlichen Weg Gemeinschaft gewähren, und das, obwohl dieser Akt für sie zunehmend gefährlich wird.

Dabei geht es nicht mehr nur um die Heidenmission. Inzwischen sind, angestoßen durch die paulinische Missionsarbeit, eigenständige Heidengemeinden entstanden. Jedenfalls gilt: Die Heiden sind die Nutznießer, die jüdischen Jesusanhänger, die den Heidengemeinden Gemeinschaft gewähren, sind jeweils die Hauptleidtragenden. Aber genau darin sind sie gleichzeitig Nachfolger Jesu, der aus demselben Grund in den Tod gegangen ist.

Die betroffenen jüdischen Jesusanhänger "sehen" jetzt an den Heidengemeinden in Galiläa, dass Jesus wirklich der von den Bauleuten verworfene "Eckstein" geworden ist: "Vom Herrn her geschah dies, und erstaunlich ist es in unseren Augen" (Ps 118,22f). Jesus hat diesen Text aus dem Psalm 118 zum Schluss seiner umgedeuteten Weinbergparabel zitiert, als er gegenüber der jüdischen Obrigkeit seine messianische Sendung verteidigen musste (Mk 12,10f).

6. Der Evangelist Markus ist ein solcher betroffener Jude, der als Jesusanhänger einer oder mehreren heidenchristlichen Gemeinden, vermutlich in Galiläa, nicht nur die Gemeinschaft gewährt, sondern der darüber hinaus für diese Gemeinden sein "Leben Jesu" verfasst

und es ihnen widmet: Jesus selbst hat den Grund gelegt für das endzeitliche Hinzukommen der Heiden als Zweiter Weg.

Es kommen als Adressaten dieses Evangeliums demnach nicht
entweder Juden oder Heiden in Frage. Es waren vielmehr heidenchristliche Gemeinden, die aber mit der jüdischen Synagoge in enger
Verbindung gestanden haben müssen. Diese Verbindung besteht darin, dass die heidenchristlichen Gemeinden auch einige jüdische Mitglieder haben, die ihnen Gemeinschaft gewähren. Die Gemeinden
kennen also ihre jüdische Wurzel hautnah und sie leben aus einer
existentiellen Verbindung zum Ersten Weg. Markus kann deshalb
durchaus einige aramäische Worte verwenden, die er dann aber gleich
selbst übersetzt.[162] Er setzt auch jüdische Einrichtungen als bekannt
voraus. Zum Beispiel erklärt er nicht den Sabbat oder das Passafest,
auch nicht, wer die Pharisäer oder die Sadduzäer sind. Aber es gibt
auch den Fall, dass er jüdische Bräuche erklärt. Bei den Reinheits-
fragen (Mk 7,3f) ist das vom Thema her besonders einsichtig. Markus
erklärt hier jüdische Bräuche aber nicht deshalb, weil sie vollständig
unbekannt waren, sondern weil es gerade um diese Frage geht, ob
auch die Heidenchristen verpflichtet sind, die Speisegesetze zu
halten.[163]

Das Hauptthema des Evangeliums ist nicht ein Konflikt zwischen
Juden und Heiden. Es geht vielmehr um einen innerjüdischen Kon-
flikt, der sich durch Jesus an der Heidenfrage entzündet hat und der
jetzt nach dem jüdischen Krieg wegen der notwendigen jüdischen
Restaurationsbemühungen eskaliert. Man kann durchaus von einem
Konflikt sprechen, der sich zwischen Jerusalem und Galiläa abspielt.
Aber die beiden Namen stehen symbolisch nicht für Juden und
Heiden, sondern für Juden, die sich, besorgt um die eigene Identität,
von den Heiden deutlicher abgrenzen wollen, und solchen Juden, die
wegen Jesus Heiden Gemeinschaft gewähren.

Das Evangelium des Markus ist anonym verfasst. Der Text selbst
gibt keinen brauchbaren Hinweis auf seinen Verfasser. Nach dem
Zeugnis des Papias aus der Zeit um 120 stammt das Evangelium von
Markus, einem Petrusschüler. Diese Notiz hat immer schon zu Spekulationen über die Identität dieses Markus angeregt. War es ein unbe-
kannter Christ dieses Namens aus der zweiten Generation, der vielleicht erst durch Papias mit dem Petrusbegleiter Markus aus dem ers-

---

162 Mk 3,17; 5,41; 7,34; 14,36; 15,34.
163 Vgl. Hahn, Überlegungen 192f. Für Hahn ist sicher, dass die Adressaten
"mit jüdischer Tradition nicht mehr vertraut" sind. Wegen Mk 13,9
(Synagogengerichte) müsse man eine "gewisse Verbindung" mit der Synagoge annehmen. Was ist das für eine Verbindung, wenn jüdische Tradition
unbekannt ist, jüdische Gerichtsbarkeit aber gelten soll?

ten Petrusbrief (1 Petr 5,13) identifiziert wurde?[164] Oder war es der Johannes Markus, der in der Apostelgeschichte als Paulusbegleiter eine Rolle spielt[165] und der manchmal zusätzlich mit dem Markus aus dem Paulusbrief an Philemon (Phlm 24) identifiziert wird?[166]

Die Diskussion über diese Frage verläuft heute irgendwo zwischen diesen beiden Positionen, mit denen die Papiasnotiz interpretiert wird. Die Notiz des Papias ist aber ganz von seinem apologetischen Anliegen[167] geprägt. Es geht ihm um die apostolische Herkunft und um die Genauigkeit und Zuverlässigkeit des Markusevangeliums. Die apostolische Herkunft ist nach ihm hinreichend dadurch vermittelt, dass Markus ein Schüler des Petrus war; die Zuverlässigkeit folgt aus der mangelnden Ordnung des Evangeliums. Markus habe alles genau nach seiner Erinnerung aus den Petruspredigten aufgezeichnet und diese waren natürlich Gelegenheitsreden.[168] Mit dem letzten Argument verrät Papias, dass er selbst das literarische Konzept des Markus nicht mehr verstanden hat.[169]

Für die Verfasserfrage empfiehlt es sich, weniger der Papiasnotiz zu trauen[170] und dafür die Zuschreibung des Evangeliums an Markus kurz nach der Abfassung der Evangelien des Matthäus und des Lukas, jedenfalls noch vor der Jahrhundertwende, anzunehmen. Wenn die Namengebung in dieser Zeit erfolgt ist, dann war das vorherrschende Motiv nicht die historische Frage nach der wahren Identität des Markus, sondern die theologische nach der richtigen pseudepigraphi-

---

164 Die Frage, ob diese Identifikation historisch zutrifft, ist vor allem wegen des eindeutig pseudepigraphischen Charakters des Petrusbriefes kaum zu beantworten.

165 Vgl. Apg 12,12-17.25; 13,5.13; 15,36-39.

166 Vgl. aus den Deuteropaulinen Kol 4,10 und 2 Tim 4,11.

167 Pesch I 6 spricht von einem "apologetischen Klima" bei Papias.

168 Vgl. Pesch I 7: Papias "versteht es sogar, die Mängel durch Hervorhebung anderer Qualitäten gewissermaßen in Vorzüge umzudeuten".

169 Im Unterschied zu Papias haben Matthäus und Lukas das Markuskonzept richtig verstanden. Sie verfolgen dasselbe Ziel der "Zwei Wege" wie Markus, aber mit jeweils neuen literarischen Konzepten. Sie benützen das Markusevangelium, ändern aber den Text, wenn er mit ihrem Konzept nicht übereinstimmt. Ein auffälliges Beispiel ist der im Vergleich zu Markus zusätzliche Sendungsbefehl des Auferstandenen in Mt 28,18-20 und in Lk 24,47. Dafür streichen Matthäus und Lukas Jesu Ankündigung der Heidenmission in Mk 13,10. Matthäus und Lukas wollen Markus nicht korrigieren oder ersetzen. Sie wollen dasselbe in einem anderen biographischen Gesamtkonzept erzählen.

170 Zu welch gewagten Folgehypothesen diese Annahme führt, zeigt Gundry, der zuerst eine Frühdatierung des Papias behaupten muss, ebd. 1034, und darüber hinaus sogar eine Frühdatierung des Evangeliums in die Jahre 60-62, ebd. 1042.

schen Benennung.[171] Der Name Markus ist als literarische Fiktion deshalb besonders geeignet, weil er den Inhalt dieses Evangeliums theologisch zutreffend charakterisiert. Denn der Name Markus ist einerseits in der Jerusalemer Tradition (Apg 12,12) verankert. Der pseudepigraphische 1. Petrusbrief mag gleichfalls an diese Tradition anknüpfen. Andererseits ist Markus als Begleiter des Paulus bekannt (Phlm 24). Die Deuteropaulinen und die Apostelgeschichte führen diese Tradition weiter. Mit der Benennung des Evangeliums nach Markus wird die konfliktreiche Situation zwischen Jerusalem und Galiläa aufgegriffen. Die Jünger und Petrus, also die wichtigsten Repräsentanten der jüdischen Jesusanhänger, müssen lernen, dass Jesus auch den Gemeinden in Galiläa "vorangeht", die den von Paulus begründeten heidenchristlichen Weg hin zu eigenen Heidengemeinden fortführen. Nicht nur die Heidenzulassung und die aktive Heidenmission sollen sie also anerkennen.

Markus hat darüber hinaus die Biographie Jesu als Gründungsgeschichte von eigenständigen Heidengemeinden verfasst. Die Heidengemeinden waren ihrerseits auf die Anerkennung durch die jüdischen Jesusnachfolger angewiesen. Wenn sie ihr Auferstehungsfest und das wöchentliche Herrenmahl am ersten Wochentag feierten, dann zuerst nicht deshalb, weil sie das jüdische Passafest und den jüdischen Sabbat ablösen wollten. Erst im zweiten Jahrhundert haben Heidenchristen ihre Festtermine in Konkurrenz zum jüdischen Festkalender verstanden. Auch wenn die Quartodecimaner Ostern zeitgleich mit dem jüdischen Passa feierten, wurde dieser Ostertermin in der zweiten Hälfte des zweiten Jahrhunderts damit begründet, dass er symbolisch das jüdische Fest ablösen sollte. Deshalb wurde auch der Ablauf ihres Festes verändert. Während des jüdischen Passamahles fasteten die Christen in Stellvertretung "für die irrenden Brüder". Ihr eigenes Festmahl begannen sie erst nach dem Abschluss des jüdischen Passamahl.

Der erste Wochentag ist schon kurz nach dem Jahr 50 in den allerersten von Paulus gegründeten heidenchristlichen Gemeinden als besonderer Tag erwähnt (1 Kor 16,2), vermutlich weil es der Tag war, an dem die heidenchristliche Gemeinden das Herrenmahl feierten. Nach 1 Kor 11,17-20 fand die Feier zunächst am Abend statt. Vermutlich war das der Abend nach dem Sabbat, also in der jüdischen Tageszählung der Beginn des ersten Wochentags. Die Feier am Abend legt auch noch Apg 20,7 nahe. Dort heißt es, dass Paulus bis

---

171 Vgl. N. Brox, Zur pseudepigraphischen Rahmung des 1. Petrusbriefes, in: BZ NF 19 (1975) 78-96. Brox zieht keine Konsequenzen für das Markusevangelium.

Mitternacht geredet habe. In Apg 20,7 ist der erste Wochentag ausdrücklich als Tag des Herrenmahls bezeugt.

Solange sich die heidenchristlichen Gemeinden als "Hinzugekommene" und als "Zweiter Weg" verstanden und also den Vorrang des Ersten Weges anerkannten, so lange konnte ein Festtermin am ersten Wochentag nicht als Ablösung des jüdischen Festkalenders interpretiert werden. Vielleicht ist die Verlegung des Herrenmahls auf den ersten Wochentag sogar zum Schutz der mitfeiernden jüdischen Jesusanhänger erfolgt. Sie konnten nicht gleichzeitig und vor allem, ohne weiteren Anstoß bei den anderen Juden zu erregen, Sabbat feiern und am Herrenmahl teilnehmen.

Die Osterfeier in der heidenchristlichen Gemeinde könnte aus demselben Grund auf den ersten Wochentag gelegt worden sein. Das erste Zeugnis dafür ist das Markusevangelium mit seiner Ostergeschichte (Mk 16,1-8). Da sich das Osterfest an der Woche des Leidens und Sterbens Jesu orientieren musste, fiel der erste Wochentag auf den "dritten Tag", den Tag des rettenden Handelns Gottes nach Hos 6,2. Diese Festanordnung konnte nicht nur als Ausweichen vor dem jüdischen Termin, sondern darüber hinaus als Anerkennung des jüdischen Sabbat verstanden werden. Der Sabbat nach Jesu Tod war dann nicht einfach der Tag der Grabesruhe Jesu, sondern - wie jeder Sabbat - der Tag des Handelns Gottes.[172] Typologisch und theologisch wussten die Heidenchristen zunächst durchaus mit diesem Termin am ersten Wochentag ihre Osterfeier vom Sabbat nach dem Passafest und damit vom Ersten Weg abhängig. Die Tradition der Quartodecimaner, die für ihr Osterfest am Passatermin festhielt, verzichtete auf diesen Zusammenhang mit dem jüdischen Sabbat. Das quartodecimanische Ostern konnte, wie das Passafest, auf jeden Wochentag fallen. Wann die quartodecimanische Tradition zum ersten Mal antijüdisch im Sinn der Ablösung des Judentums verstanden wurde, lässt sich nicht mehr feststellen. Wenn jüdische Jesusanhänger die Träger dieser Tradition waren, konnten sie allerdings berechtigt auf eine eigene symbolische Rückbindung an die jüdische Wurzel verzichten. Denn sie feierten als Juden den Sabbat selbst und brauchten nicht an diesen Zusammenhang durch ihren Festkalender erinnern.

---

172 Nach Hos 6,2 beginnt das Heilshandeln Gottes schon am zweiten Tag, also in der Markuserzählung am Sabbat. Am dritten Tag wird dieses Handeln nur offenkundig.

SCHLUSS

Jesus stammt nicht nur aus dem Judentum. Er ist zeitlebens, auch theologisch, Jude geblieben. Die Arbeit am Markusevangelium hat unter dieser Vorgabe an vielen Stellen ganz neue Perspektiven und Einsichten eröffnet.

Hier ist nicht der Ort, um alle Ergebnisse der vorliegenden Untersuchung zu wiederholen. Aber zum Schluss seien nochmals fünf Bereiche genannt, in denen sich im Zusammenhang mit dem revidierten neutestamentlichen Geschichtsbild neue Perspektiven und Einsichten für die Markusforschung ergeben haben.

1. Das Neue in der Verkündigung Jesu besteht nicht in einer gegenüber dem Judentum wesentlich anderen Botschaft von der Herrschaft Gottes. Jesus hat die bleibende und endgültige Erwählung Israels nie in Frage gestellt. Der Bund Gottes mit Israel wird durch ihn weder aufgelöst noch abgelöst.

Markus muss demnach beim ersten öffentlichen Auftreten Jesu in Mk 1,21-28 überhaupt nicht erzählen, was Jesus in der Synagoge gelehrt hat. Nicht durch den Inhalt seiner Verkündigung unterscheidet sich Jesus zu Beginn von den Schriftgelehrten, sondern allein durch seine charismatische Macht in Wort und Tat. Das bedeutet eine neue Perspektive für den Beginn des Evangeliums gegenüber der bisherigen Interpretation. Auch im weiteren Verlauf des Lebens Jesu kommt es nie zur Ablösung vom Judentum. Das wirkt sich besonders deutlich aus bei der Interpretation der sogenannten Tempelreinigung in Mk 11,15-19 und bei der Parabel von den bösen Weinbergpächtern in Mk 12,1-12.

2. Jesus hat zunehmend in seiner Sendung die außerordentliche Liebe Gottes zu den Heiden verkündet. Auch mit dieser Botschaft wird der Vorrang der Erwählung Israels nicht aufgehoben. Den Heiden öffnet Jesus einen neuen Weg zu Gott, dessen zukünftige organisatorische Ausgestaltung aber zur Zeit Jesu noch völlig offen ist. Die Zuordnung zu Israel muss jedoch immer so gestaltet sein, daß dessen Vorrang auch durch den Zweiten Weg der Heiden nicht angetastet wird. Die Heiden werden nicht einfach in den Bund Israels integriert, so dass dieser Bund ohne Unterscheidung nivelliert wäre. Die Heidenchristen sind insofern bleibend Hinzugekommene, als sie eine neue Erwählung erfahren haben, die neben das Judentum tritt, ohne dieses abzulösen.

Markus wählt zur Verdeutlichung dieser eingestifteten Beziehung für die Reise Jesu ins Heidenland von Mk 5,1-20 an sein typologisches Itinerar. Jesus bewegt sich mit dem Boot zwischen der westlichen und der östlichen Seite des Sees. Die Typologie ermöglicht dem Leser eine deutliche Unterscheidung und zugleich eine innere Zuordnung von Geschichten auf dem westlichen jüdischen und auf dem östlichen heidnischen Ufer. Die zwei Brotvermehrungen lassen sich deshalb sowohl genau unterscheiden als auch vergleichen. Die Zeichenforderung in Mk 8,10-13 auf der westlichen Seeseite bezieht sich deshalb nicht ganz allgemein auf das Auftreten Jesu, sondern sie hängt unmittelbar mit der vorangehenden zweiten Brotvermehrung auf der östlichen heidnischen Seite zusammen. Die zwei "komplizierten" Heilungswunder des Taubstummen in Mk 7,31-37 und des Blinden in Mk 8,22-26 erzählen von der Liebe Gottes auch zu Heiden in einer Art und Weise, dass durch diese Heilstat Gottes der Unterschied in der Erwählung nicht aufgehoben wird.

3. Die Erwählung Israels für die Heiden hat nicht erst Jesus gelehrt und begründet. In der Erwählung Israels ist die Indienstnahme und damit die Sendung für die Welt der Heiden grundsätzlich schon immer eingestiftet. Jesus hat seine neue Aufgabe darin gesehen, die Liebe Gottes zu den Heiden ohne Rücksicht auf die empfindliche vorhandene Balance zwischen Juden und Heiden zu lehren. In den Augen seiner Freunde und seiner Gegner war er dabei zu unvorsichtig, zu radikal oder auch einfach gefährlich.

Im Markusevangelium "wird" Jesus erst in dem Moment zum Christus, in dem sein Eintreten für die außerordentliche Liebe Gottes auch zu den Heiden eindeutig feststeht und die Konsequenzen daraus sichtbar geworden sind. Das ist nach der Heidenreise der Fall, genauer: nach der zweiten Brotvermehrung, der Heilsgabe Gottes auch an Heiden. Jesus akzeptiert jetzt den Christustitel, nicht weil er eine grundsätzlich neue Lehre verkündet, sondern weil von nun an ein neuer Weg des Miteinanders von Juden und Heiden zu suchen ist, der sowohl die bleibende Ersterwählung Israels bestehen lässt als auch das Hinzukommen der Heiden deutlicher als bisher und auf Dauer festhält. Jesus wird deshalb zum Christus, also zum König, weil er auf der Suche nach diesem Weg vorangehen will und muss. Erst jetzt auf diesem Weg ruft er die Jünger in seine Nachfolge. Für diese Sendung und für diesen Weg steht er nicht mehr nur als Lehrer, sondern als Christus, das heißt als gesalbter König, mit seinem Leben und zuletzt auch mit seinem Tod ein.

4. Zur Zeit des Markus, also etwa vierzig Jahre nach Jesu Tod zeichnet sich ab, dass Vorrang und bleibende Verschiedenheit nicht in Gemeinschaft mit den Heidenchristen innerhalb der Synagoge bewahrt werden können. Auch der Versuch des Paulus, Heidenchristen als Zweiten Weg in eigenen Heidengemeinden zusätzlich und neben der Synagoge anzusiedeln und so die bleibende Verbindung zur jüdischen Synagoge sichtbar zu halten, gelingt nach dem jüdischen Krieg nicht mehr.

In der Nachfolge Jesu kommt es nach dem Jahr 70 allmählich zur organisatorischen Abtrennung der Heidenchristen und zur Ausbildung einer eigenen Heidenkirche. Es sind nur wenige jüdische Jesusanhänger, die diesen Schritt mittragen und die den Heidenchristen weiterhin Gemeinschaft gewähren. Für sie kommt es zu größten Spannungen, die letztendlich zwischen den Jahren 70 und 100 zum Ausschluß aus der Synagogengemeinschaft führen. In der Nachfolge Jesu, der als Christus-König diesen Weg bis zum Tod am Kreuz vorangegangen ist, gehen sie dennoch diesen für sie schmerzlichen Weg.

5. Markus schreibt aus der Situation seiner Gemeinde eine theologische Biographie des Lebens Jesu. In großer Dichte und Dynamik entwickelt er den Weg Jesu von der Taufe durch Johannes bis zu seinem Tod am Kreuz. Die innere Einheit und Ausrichtung (Entelechie) des Lebens Jesu erschließt sich ihm in Jesu außerordentlicher Fremdenliebe. Mit ihr wurde Jesus auch zum Stifter der Heidenkirche, wie Markus sie zu erkennen beginnt.

Die soziologische Analyse der Gemeindesituation des Markus erlaubt also auch neue Aussagen über manche bisher unentschieden gebliebenen Fragen der Einleitungswissenschaft, zum Beispiel über die literarische Leistung, über die Abfassungszeit, über die Adressaten, über die Zuschreibung gerade an Markus oder über den scheinbar abrupten und kurzen Schluss. In der Markusforschung muss also nicht weiter "völlige Orientierungs- und Ratlosigkeit" (F. Hahn) herrschen. Sie kann aus der "Sackgasse" (U. Luz) herausfinden. Das Schiff der Markusforschung, das - nach einem anderen Bild - seit Jahren vor sich hindümpelt, gewinnt wieder frischen Wind und kann neue Fahrt aufnehmen.

LITERATUR

1. Kommentare zum Markusevangelium

Die in dieser Liste aufgezählten Kommentare zum Markusevangelium werden in den Anmerkungen nur mit dem Verfassernamen zitiert.

Ernst, J., Das Evangelium nach Markus (RNT 2), Regensburg 1981.

Gnilka, J., Das Evangelium nach Markus (EKK II 1.2), Zürich, Neukirchen (1978, 1979) ³1989.

Grundmann, W., Das Evangelium nach Markus (ThHK 2), Berlin (1959) ⁹1984.

Gundry, R.H., Mark. A Commentary on His Apology for the Cross, Grand Rapids 1993.

Haenchen, E., Der Weg Jesu. Eine Erklärung des Markus-Evangeliums und der kanonischen Parallelen (GLB), Berlin 1966.

Iersel, B. van, Markus Kommentar, Düsseldorf (1986) 1993.

Kertelge, K., Markusevangelium (NEB 2), Würzburg 1994.

Klostermann, E., Das Markusevangelium (HNT 3), Tübingen ³1936 (⁵1971).

Limbeck, M., Markusevangelium (SKK NT 2), Stuttgart 1984.

Lohmeyer, E., Das Evangelium des Markus (KEK I 2), Göttingen (1937) ¹⁷1967.

Lührmann, D., Das Markusevangelium (HNT 3), Tübingen 1987.

Pesch, R., Das Markusevangelium (HThK II 1.2), Freiburg, Basel, Wien 1976, 1977.

Schmid, J., Das Evangelium nach Markus (RNT 2), Regensburg ⁴1958.

Schmithals, W., Das Evangelium nach Markus (ÖTBK II 1.2.), Gütersloh, Würzburg 1979.

Schniewind, J., Das Evangelium nach Markus (NTD 1), Göttingen 1949.

Schweizer, E., Das Evangelium nach Markus (NTD 1), Göttingen 1967.

2. Sekundärliteratur (in Auswahl)

Die hier aufgezählten Werke werden in den Anmerkungen abgekürzt mit dem Verfassernamen und einem Stichwort zitiert.

Annen, F., Heil für die Heiden. Zur Bedeutung der Geschichte der Tradition vom besessenen Gerasener (Mk 5,1-20 parr), Frankfurt 1976.

Baeck, L., Das Wesen des Judentums, Wiesbaden o.J. (= unveränderter Nachdruck der 4. Auflage von 1925).

Baumann, R., "Gottes Gerechtigkeit" - Verheißung und Herausforderung für diese Welt (Herder TB 1643), Freiburg 1989.

Bertram, G., Die Leidensgeschichte Jesu und der Christuskult. Eine formgeschichtliche Untersuchung, Göttingen 1922.

Blinzler, J., Jesusverkündigung im Markusevangelium, in: Jesus in den Evangelien (SBS 45), hg. von H. Haag, R. Kilian, W. Pesch, Stuttgart 1970, 71-104.

Breytenbach, C., Nachfolge und Zukunftserwartung nach Markus (AThANT 71), Zürich 1984.

--, Das Markusevangelium als episodische Erzählung. Mit Überlegungen zum 'Aufbau' des zweiten Evangeliums, in: Der Erzähler der Evangeliums. Methodische Neuansätze in der Markusforschung, hg. von F. Hahn (SBS 118/119), Stuttgart 1985, 137-169.

Bultmann, R., Die Geschichte der synoptischen Tradition, Göttingen (1921) [6]1964.

--, Jesus (Siebenstern TB 17), Hamburg, München (1926) 1964.

--, Die Bedeutung des geschichtlichen Jesus für die Theologie des Paulus, in: GUV I (1929) 188-213.

--, Theologie des Neuen Testaments, Tübingen (1958) [4]1961.

Burchard, Chr., Jesus von Nazaret, in: J. Becker u.a., Die Anfänge des Christentums, Stuttgart 1987, 12-58.

Cancik, H., Die Gattung Evangelium. Das Evangelium des Markus im Rahmen der antiken Historiographie, in: Markus-Philologie. Historische, literargeschichtliche und stilistische Untersuchungen zum zweiten Evangelium, hg. von H. Cancik (WUNT 33), Tübingen 1984, 85-113.

Conzelmann, H., Zur Methode der Leben-Jesu-Forschung, in: ders., Theologie als Schriftauslegung. Aufsätze zum Neuen Testament, München 1974.

Dautzenberg, G., Jesus und die Tora, in: Die Tora als Kanon für Juden und Christen, hg. von E. Zenger, Freiburg, Basel, Wien 1996, 345-362.

--, Elija im Markusevangelium, in: The Four Gospels (FS F. Neirynck; BETL 100), ed. by F. van Segbroeck u.a., Leuven 1992, Vol. II 1077-1094.

Eckey, W., Das Markusevangelium. Orientierung am Weg Jesu. Ein Kommentar, Neukirchen 1998.

Fendler, F., Studien zum Markusevangelium. Zur Gattung, Chronologie, Messiasgeheimnistheorie und Überlieferung des zweiten Evangeliums, Göttingen 1991.

Feneberg, R., Formgeschichte und historischer Jesus, in: R. Feneberg, W. Feneberg, Das Leben Jesu im Evangelium (QD 88), Freiburg 1980, 17-183.

--, Abba-Vater. Eine notwendige Besinnung, in: KuI 3 (1988) 41-52.

--, Theologische Wege des christlich-jüdischen Gesprächs seit 1945, in: Jüdisches Leben im Bodenseeraum, hg. von A. Kustermann und D. Bauer, Ostfildern 1994, 241-275.

--, Passa und Eucharistie in der Kirche des Ersten Jahrhunderts, in: Entschluß 50 (1995) 2,9-14.

Feneberg, W., Jesus - der nahe Unbekannte, München 1990.

Fiedler, P., Jesus und die Sünder (BET 3), Frankfurt 1976.

Frankemölle, H., Matthäus-Kommentar (Bd. 1.2.), Düsseldorf 1994, 1997.

Gnilka, J., Jesus von Nazaret. Botschaft und Geschichte (HThK Supplementband 3), Freiburg 1990.

Hahn, F., Einige Überlegungen zu gegenwärtigen Aufgaben der Markusinterpretation, in: Der Erzähler des Evangeliums. Methodische Neuansätze in der Markusforschung, hg. von F. Hahn (SBS 118/119), Stuttgart 1985, 180-191.

--, Die Verwurzelung des Christentums im Judentum. Exegetische Beiträge zum christlich-jüdischen Gespräch, Neukirchen 1996.

Harnack, A. von, Das Wesen des Christentums (Siebenstern TB 27), München, Hamburg (1900) 1964.

Hengel, M., Zwischen Jesus und Paulus. Die "Hellenisten", die "Sieben" und Stephanus, in: ZThK 72 (1975) 151-206.

--, Probleme des Markusevangeliums, in: Das Evangelium und die Evangelien, hg. von P. Stuhlmacher (WUNT 28), Tübingen 1983, 221-265.

--, Die Evangelienüberschriften, Heidelberg 1985.

Hofius, O., Jesu Zuspruch der Sündenvergebung. Exegetische Erwägungen zu Mk 2,5b, in: JBTh 9 (1994) 125-143.

Jeremias, J., Das Problem des historischen Jesus (Calwer Hefte 32), Stuttgart (1960) 1973.

--, War Jesu letztes Mahl ein Passamahl? in: ders., Die Abendmahlsworte Jesu, Göttingen ([1]1955) [3]1960, 9-82.

--, Neutestamentliche Theologie I: Die Verkündigung Jesu, Gütersloh (1971) [2]1973.

Käsemann, E., Der Ruf der Freiheit, Tübingen 1968.

--, Das Problem des historischen Jesus, in: EVB I 187-214.

--, Sackgassen im Streit um den historischen Jesus, in: EVB II 31-68.

Kato, Z., Die Völkermission im Markusevangelium. Eine redaktionsgeschichtliche Untersuchung, Frankfurt 1986.

Klauck, H.J., Die erzählerische Rolle der Jünger im Markusevangelium. Eine narrative Analyse, in: NT 24 (1982) 1-26.

--, Vorspiel im Himmel? Erzähltechnik und Theologie im Markusprolog, Neukirchen 1997.

Klein, Ch., Theologie und Antijudaismus. Eine Studie zur deutschen theologischen Literatur der Gegenwart, München 1975.

Koch, D.A., Inhaltliche Gliederung und geographischer Aufriß im Markusevangelium, in: NTS 29 (1983) 145-166.

Kümmel, W.G., Das Problem des geschichtlichen Jesus in der gegenwärtigen Forschungslage, in: Der historische Jesus und der kerygmatische Christus, hg. von H. Ristow und K. Matthiae, Berlin [3]1964.

Kuhn, H.W., Ältere Sammlungen im Markusevangelium (StUNT 8), Göttingen 1971.

Lang, Fr.G., Kompositionsanalyse des Markusevangeliums, in: ZThK 74 (1977) 1-24.

--, "Über Sidon mitten ins Gebiet der Dekapolis". Geographie und Theologie in Markus 7,31, in: ZDPV 94 (1978) 145-160 (= Festgabe für F. Lang zum 65. Geburtstag, hg. von O. Bayer und G.U. Wanzeck, Tübingen 1978, 401-427).

Lee, M.Y.-H., Jesus und die jüdische Autorität. Eine exegetische Untersuchung zu Mk 11,27-12,12, Würzburg 1986.

Limbeck, M., Das Gesetz im Alten und Neuen Testament, Darmstadt 1997.

Lohse, E., Entstehung des Neuen Testaments (ThW 4), Stuttgart 1972.

Luz, U., Das Geheimnismotiv und die markinische Christologie, in: ZNW 56 (1965) 9-30.

--, Markusforschung in der Sackgasse? in: ThLZ 105 (1980) 641-655.

Marxsen, W., Der Evangelist Markus. Studien zur Redaktionsgeschichte des Evangeliums (FRLANT 67), Göttingen [2]1959.

Mayer, R., War Jesus der Messias? Geschichte der Messiasse Israels in drei Jahrtausenden, Tübingen 1998.

Müller, K., Tora der Völker. Die noachidischen Gebote und Ansätze zu ihrer Rezeption im Christentum (SKI 15), Berlin 1994.

Müller, P., Wer ist dieser? Jesus im Markusevangelium. Markus als Erzähler, Verkündiger und Lehrer, Neukirchen 1995.

Neubrand, M., Abraham - Vater von Juden und Nichtjuden. Eine exegetische Studie zu Röm 4 (FzB 85), Würzburg 1997.

Niederwimmer, K., Johannes Markus und die Frage nach dem Verfasser des zweiten Evangeliums, in: ZNW 58 (1967) 172-188.

Nützel, J.M., Elija- und Elischatraditionen im Neuen Testament, in: BiKi 41 (1986) 161-171.

Pesch, R., Die Zuschreibung der Evangelien an apostolische Verfasser, in: ZKTh 97 (1975) 56-71.

Pesch, R., Zwergel, H., Kontinuität in Jesus, Freiburg 1974.

Petersen, N.R., "Literarkritik", the new Literary Criticism and the Gospel according to Mark, in: The Four Gospels (Festschrift für H. Neirynck), ed. by F. van Segbroeck u.a.. Leuven 1992, Vol. II 935-948.

Räisänen, H., Das "Messiasgeheimnis" im Markusevangelium, Helsiniki 1976.

Reiser, M., Syntax und Stil des Markusevangeliums im Licht der hellenistischen Volksliteratur (WUNT II 11), Tübingen 1984.

Rendtorff, R., Christen und Juden heute, Neukirchen 1998.

--, Die Kirchen und das Judentum. Dokumente von 1945-1985, hg. von R. Rendtorff und H.H. Henrix, Paderborn, München 1988.

Rordorf, W., Der Sonntag. Geschichte des Ruhe- und Gottesdiensttages im ältesten Christentum, Zürich 1962.

Rückfrage nach Jesus. Zur Methodik und Bedeutung der Frage nach dem historischen Jesus, hg. von K. Kertelge (QD 63), Freiburg 1974.

Schenke, L., Das Markusevangelium (UB 405), Stuttgart 1988.

Schenke, H.-M., Fischer, K.M., Einleitung in die Schriften des Neuen Testaments, Bd. II: Die Evangelien und die anderen neutestamentlichen Schriften, Gütersloh 1979.

Schille, G., Das Leiden des Herrn. Die evangelische Passionstradition und ihr "Sitz im Leben", in: ZThK 52 (1955) 161-205.

Schmid, J., Einleitung in das Neue Testament, Freiburg [6]1973.

Schmidt, K.L., Der Rahmen der Geschichte Jesu. Literarkritische Untersuchungen zur ältesten Jesusüberlieferung, Darmstadt (1919) [2]1964.

Schmithals, W., Paulus und der "historische" Jesus (1962), in: ders., Jesus Christus in der Verkündigung der Kirche, Neukirchen 1972, 36-59.

--, Das Bekenntnis zu Jesus Christus (1970), in: ders., Jesus Christus in der Verkündigung der Kirche, Neukirchen 1972, 60-79.

Schnackenburg, R., Die Person Jesu Christi im Spiegel der vier Evangelien (HThK Supplementband 4), Freiburg, Basel, Wien 1993.

Scholtissek, K., Die Vollmacht Jesu. Traditions- und redaktionsgeschichtliche Analysen zu einem Leitmotiv markinischer Christologie, Münster 1992.

Schweitzer, A., Geschichte der Leben-Jesu-Forschung (Siebenstern TB, 2 Bde: 77/78, 79/80), München, Hamburg (1906) 1966.

Schweitzer, W., Der Jude Jesus und die Völker der Welt. Ein Gespräch mit Paul M. van Buren (VIKJ 19), Berlin 1993.

Schweizer, E., Jesus Christus im vielfältigen Zeugnis des Neuen Testaments (Siebenstern TB 126), Hamburg, München 1968.

Schürmann, H., Jesu ureigener Tod, Freiburg 1975.

--, Jesus. Gestalt und Geheimnis. Gesammelte Beiträge, hg. von K. Scholtissek, Paderborn 1994.

Simonis, W., Jesus von Nazareth. Seine Botschaft vom Reich Gottes und der Glaube der Urgemeinde, Düsseldorf 1985.

Sommer, U., Die Passionsgeschichte des Markusevangeliums (WUNT II 58), Tübingen 1993.

Stegemann, E., Zwischen Juden und Heiden, aber "mehr" als Juden und Heiden? Neutestamentliche Anmerkungen zur Identitätsproblematik des frühen Christentums, in: KuI 9 (1994) 53-69.

Stock, K., Gliederung und Zusammenhang in Mk 11-12, in: Bib. 59 (1978) 481-515.

Stuhlmacher, P., Zum Thema: Das Evangelium und die Evangelien, in: Das Evangelium und die Evangelien, hg. von P. Stuhlmacher (WUNT 28), Tübingen 1983, 1-26.

Theißen, G., Urchristliche Wundergeschichten (StNT 8), Gütersloh 1974.

--, Der Schatten des Galiläers, München 1986.

Theißen, G., Merz, A., Der historische Jesus. Ein Lehrbuch, Göttingen 1996.

Theobald, M., Der Primat der Synchronie vor der Diachronie, in: BZ NF 22 (1978) 161-186.

Vorster, W., Markus - Sammler, Redaktor, Autor oder Erzähler? in: Der Erzähler des Evangeliums. Methodische Neuansätze in der Markusforschung, hg. von F. Hahn (SBS 118/119), Stuttgart (1980) 1985, 11-36.

Waetjen, H., The Ending of Mark and the Gospel's Shift in Eschatology, in: ASTI 4 (1965) 114-131.

Wrede, W., Das Messiasgeheimnis in den Evangelien. Zugleich ein Beitrag zum Verständnis des Markusevangeliums, Göttingen (1901) ⁴1969.

Zeller, D., Elija und Elischa im Frühjudentum, in: BiKi 41 (1986) 154-160.

Zenger, E., Das erste Testament. Die jüdische Bibel und die Christen, Düsseldorf 1991.

--, Am Fuß des Sinai. Gottesbilder des Ersten Testaments, Düsseldorf 1993.

Zuntz, G., Ein Heide las das Markusevangelium, in: Markusphilologie. Historische, literargeschichtliche und stilistische Untersuchungen zum zweiten Evangelium, hg. von H. Cancik (WUNT 33), Tübingen 1984, 205-222.